Praktische Grammatik der französischen Sprache

Wolfgang Reumuth
Otto Winkelmann

Praktische Grammatik der französischen Sprache

3. Auflage

gottfried egert verlag
2020

Praktische Grammatik der französischen Sprache

von
Oberstudienrat Wolfgang Reumuth, Mannheim,
Prof. Dr. Otto Winkelmann, Grünberg.

Bibliografische Information Der Deutschen Bibliothek
Die Deutsche Bibliothek verzeichnet diese Publikation in der Deutschen Nationalbibliografie; detaillierte bibliografische Daten sind im Internet über <http://dnb.ddb.de> abrufbar.

ISBN 3-936496-50-5 3., neu bearbeitete Auflage 2020
ISBN 3-936496-29-3 2., neu bearbeitete Auflage 2005
(ISBN 3-926972-29-7 Erstausgabe) 1994

www.egertverlag.de
Gedruckt auf Recyclingpapier aus 100% Altpapier

Herstellung: Sonnendruck GmbH, Wiesloch
Printed in Germany

klimaneutral
natureOffice.com | DE-291-ZS5FAYK
gedruckt

Vorwort zur dritten Auflage

Die *Praktische Grammatik der französischen Sprache*, die seit 25 Jahren vor allem im universitären Französisch-Unterricht ihren festen Platz hat, erscheint nunmehr in einer inhaltlich und formal überarbeiteten Neuauflage.

In formaler Hinsicht wurde sie an das Layout der im gleichen Verlag erschienenen Praktischen Grammatiken der italienischen, spanischen und portugiesischen Sprache angepasst. Dies bedeutet, dass diejenigen Kästen, die Formen und veranschaulichende Beispiele enthalten, zur besseren Einprägung hellblau hinterlegt sind, während die übrigen Kästen in Hellgrau erscheinen.

Alle Beispiele und Regeltexte wurden gründlich überprüft und, wo nötig, modifiziert oder aktualisiert. Die Paragrapheneinteilung wurde beibehalten, damit alle drei Auflagen nebeneinander benutzt werden können.

Nach wie vor steht der aktuelle Sprachgebrauch im Vordergrund, der anhand einer sehr großen Zahl von Beispielsätzen veranschaulicht wird. Die aufgeführten Beispielsätze, Wendungen und Ausdrücke sind überwiegend so gewählt, dass sie in der Alltagskommunikation der Französisch-Lernenden sogleich verwendet oder ohne Schwierigkeit abgewandelt werden können. Alle Beispielsätze sind vollständig ins Deutsche übersetzt, damit den Lernenden die oft unterschiedlichen Sprachstrukturen bewusst werden und sie auf diese Weise zu einer kontrastiven Sprachbetrachtung angeregt werden.

Auch wenn der Schwerpunkt dieser Grammatik auf der gepflegten französischen Umgangssprache liegt, werden doch auch rein schriftsprachliche und familiäre Ausdrucksweisen berücksichtigt und entsprechend gekennzeichnet.

Wir danken den zahlreichen Leserinnen und Lesern der zweiten Auflage für Anregungen und Verbesserungsvorschläge. Unserem Verleger, Herrn Gottfried Egert, sind wir für die Veröffentlichung der dritten Auflage unserer Grammatik zu besonderem Dank verpflichtet.

Mannheim und Gießen, Dezember 2019
Wolfgang Reumuth & Otto Winkelmann

Inhaltsverzeichnis

Kapitel 1 Aussprache und Schrift
(Prononciation et orthographe)

Das Alphabet (l'alphabet) 1

1. Das französische Alphabet umfasst folgende Buchstaben:

a	[a]	***h***	[aʃ]	***o***	[o]	***v***	[ve]
b	[be]	***i***	[i]	***p***	[pe]	***w***	[dubləve]
c	[se]	***j***	[ʒi]	***q***	[ky]	***x***	[iks]
d	[de]	***k***	[ka]	***r***	[ɛʀ]	***y***	[igʀɛk]
e	[ə]	***l***	[ɛl]	***s***	[ɛs]	***z***	[zɛd]
f	[ɛf]	***m***	[ɛm]	***t***	[te]		
g	[ʒe]	***n***	[ɛn]	***u***	[y]		

Anmerkung: In eckigen Klammern ist der Name der Buchstaben in Lautschrift angegeben (zur Aussprache vgl. § 2).

2. Zur Schreibung des Französischen werden 26 Buchstaben verwendet. Hinzu kommen die Buchstaben mit diakritischen Zeichen ***à, â, é, è, ê, ë, î, ï, ô, û, ç*** (c cédille) sowie die Ligatur ***œ***. Die Buchstaben ***k*** und ***w*** erscheinen nur in wenigen Wörtern fremden Ursprungs, wie z.B. in *kimono, klaxon* [klaksɔn] Hupe, *wagon* Eisenbahnwagen, *waters* [watɛʀ] Toilette. Buchstabenkombinationen mit eigenem Lautwert sind: ***ou*** [u], ***oi*** [wa], ***eu*** [ø/œ], ***au/eau*** [o], ***ai*** [e/ɛ], ***ei*** [ɛ], ***ch*** [ʃ]. Als Doppelkonsonanten kommen vor ***bb***, ***cc***, ***dd***, ***ff***, ***gg***, ***ll***, ***mm***, ***nn***, ***pp***, ***rr***, ***ss*** und ***tt*** (zur Aussprache vgl. § 5).

3. Die Buchstaben sind maskulin; ***f***, ***h***, ***l*** und ***m*** können auch feminin sein: *Observer s'écrit avec un b.* 'Observer' schreibt man mit b. Vor Vokalen wird der Artikel in der Regel nicht elidiert: *le a* [lə a] das A.

4. Beim Buchstabieren am Telefon verwendet man zur Bezeichnung der Buchstaben meist Vornamen:

a	Anatole	***h***	Henri	***o***	Oscar	***v***	Victor
b	Berthe	***i***	Irma	***p***	Pierre	***w***	William
c	Célestin	***j***	Joseph	***q***	Quintal	***x***	Xavier
d	Désiré	***k***	Kléber	***r***	Raoul	***y***	Yvonne
e	Emile	***l***	Louis	***s***	Suzanne	***z***	Zoé
f	François	***m***	Marcel	***t***	Thérèse		
g	Gaston	***n***	Nicolas	***u***	Ursule		

2 Die Laute und ihre Schreibung (son et graphie)

In der folgenden Übersicht werden die Laute der französischen Sprache und die Möglichkeiten ihrer graphischen Wiedergabe aufgeführt. Häufig vorkommende Buchstaben und Buchstabenkombinationen erscheinen fett; Schreibweisen, die auf einzelne Wörter oder Formen beschränkt sind, werden in Normaldruck wiedergegeben (zu Besonderheiten von Aussprache und Orthographie vgl. §§ 3-5).

1. Orale Vokale (voyelles orales)

Laut	Schreibung	Beispiele
[a]	***a***	*aller* gehen, *rapport* Bericht, *plat* flach
[ɑ]	***â/a***	*âme* Seele, *pâte* Teig, *mât* Mast, *gras* fett
[e]	***é/*** ***er/ez/*** ***ai/*** *œ/* *aî*	*été* Sommer/gewesen, *misérable* erbärmlich *chanter* singen, *nez* Nase *aimer* lieben, *amaigrir* abnehmen, *j'ai* ich habe *œsophage* Speiseröhre, *œnologie* Weinkunde *aîné* älterer
[ɛ]	***è/ê/****er/* **e** +*s* + Kons. (außer s)/ ***ai/*** ***aî/*** ***aie/ais/ait/*** *ë*	*mère* Mutter, *prêt* bereit, *amer* bitter *espoir* Hoffnung, *rester* bleiben, *ouest* Westen *aigle* Adler, *connaissance* Kenntnis, *vrai* wahr *connaître* kennen *craie* Kreide, *frais* frisch, *lait* Milch *Noël* Weihnachten
[i]	***i/î/ï/y***	*hiver* Winter, *île* Insel, *maïs* Mais, *Pyrénées* Pyrenäen
[o]	***o/ô/au*** ***eau***	*gros* dick, *zéro* Null, *ôter* wegnehmen, *haut* hoch *eau* Wasser, *tonneau* Fass
[ɔ]	***o/****au/* *um*	*ordre* Ordnung, *port* Hafen, *rigolo* lustig, *Paul* *album* Album, *maximum* Maximum
[u]	***ou/*** ***oû/****aoû/où*	*ouvrir* öffnen, *ressources* Mittel, *fou* verrückt *goût* Geschmack, *août* August, *où* wo
[y]	***u/*** ***û/****eu/eû*	*utile* nützlich, *humeur* Laune, *ruse* List, *nu* nackt *mûr* reif, *eu* gehabt, *il eut* er bekam, *bien qu'elle eût* obwohl sie hatte
[ø]	***eu/****eû/œu*	*jeu* Spiel, *jeûner* fasten, *vœu* Wunsch
[œ]	***eu/œu*** + *r*	*fleur* Blume, *cœur* Herz
[ə]	***e/*** *ai*	*regretter* bedauern, *département, quatre-vingts* achtzig *faisable* [fəzabl(ə)] machbar, *faisan* [fəzɑ̃] Fasan

2. Nasalvokale (voyelles nasales)

Laut	Schreibung	Beispiele
[ɑ̃]	***an/am/*** ***en/em/*** *aon/aen*	***an*** Jahr, *d**an**ser* tanzen, ***am**ple* weit, *ch**am**bre* Zimmer ***en**core* noch, ***em**ployer* verwenden, *t**em**ps* Zeit *paon* Pfau, *Caen*
[ɛ̃]	***in/im/*** ***ain/aim/*** ***ein**/eim* ***yn/ym/*** ***en***	***in**croyable* unglaublich, *p**in**ceau* Pinsel, *v**in*** Wein, ***im**pensable* undenkbar, *s**im**ple* einfach ***ain**si* so, *cr**ain**dre* fürchten, *m**ain*** Hand, *f**aim*** Hunger *p**ein**dre* malen, *s**ein*** Busen, *Reims* *s**yn**drome* Syndrom, *s**ym**pathique* sympathisch *référ**en**dum* Volksbefragung, *chi**en*** Hund, *exam**en*** Prüfung
[ɔ̃]	***on/om***	***on**de* Welle, *h**on**te* Schande, *rac**on**ter* erzählen, *m**on*** mein, ***om**bre* Schatten, *n**om**bre* Zahl, *n**om*** Name
[œ̃/ɛ̃]	***un/um/*** *eun*	***un*** ein, *br**un*** braun, *h**um**ble* bescheiden, *parf**um*** Duft *à jeun* nüchtern

3. Halbvokale (semi-voyelles)

Laut	Schreibung	Beispiele
[j]	***i** + Vokal/**y**/* ***ill/*** ***il/ille***	*p**i**ed* Fuß, *l**i**en* Band, *pa**y**er* zahlen, ***y**eux* Augen *ma**ill**ot* Trikot, *embouteillage* Stau *déta**il*** Einzelheit, *fam**ille*** Familie
[ɥ]	***u*** + Vokal	*h**u**ître* Auster, *p**u**is* dann, *sal**u**er* grüßen
[w]	***oi/*** ***oy/oî/*** ***ou*** + Vokal/ *oê/w*	***oi**seau* Vogel, *b**oi**re* trinken, *r**oi*** König *nett**oy**er* reinigen, *b**oî**te* Schachtel ***ou**i* ja, ***ou**est* Westen, *s**ou**haiter* wünschen *le p**oê**le* der Ofen, ***w**aters* Toilette

4. Konsonanten (consonnes)

Laut	Schreibung	Beispiele
[b]	***b**/bb*	***b**on* gut, *a**b**ri* Schutz, *ro**b**e* Kleid, *abbaye* Abtei
[d]	***d**/dd*	***d**on* Gabe, *a**d**apter* anpassen, *mala**d**e* krank, *additionnel* zusätzlich
[f]	***f/*** ***ff/*** ***ph***	***f**er* Eisen, *gi**f**le* Ohrfeige, *vi**f*** lebhaft *e**ff**ort* Anstrengung ***ph**are* Scheinwerfer, *gra**ph**ie* Schreibung, *Jose**ph***
[g]	***g** + a/o/u* ***g** + r/l/m* ***gu** + e/i/y*	***g**arde* Wache, ***g**omme* Gummi *dé**g**uster* kosten ***g**rimper* klettern, *é**g**lise* Kirche, *éni**g**me* Rätsel ***gu**érir* genesen, *va**gu**e* Welle, ***gu**ide* Führer, ***Gu**y*
[ʒ]	***g** + e/i/y/* ***j***	***g**ens* Leute, *exi**g**er* verlangen, *ra**g**e* Wut, ***g**igot* Hammelkeule, ***g**ymnastique* Gymnastik ***j**anvier* Januar, ***j**eune* jung, ***j**oie* Freude, ***j**us* Saft

Laut	Schreibung	Beispiele
[k]	***c*** *+ a/o/u/*	***c****anard* Ente, ***c****oller* kleben, ***c****ou* Hals, ***c****ulte* Kult
	c (Wortende)/	*tra****c*** Lampenfieber, *fli****c*** Polizist, *tru****c*** Ding
	cc *+ a/o/u/*	*a****cc****abler* bedrücken, *a****cc****ompagner* begleiten, *a****cc****umuler* anhäufen
	c *+ l/r/*	***c****lou* Nagel, ***c****ravate* Krawatte *é****c****ran* Bildschirm, *mira****c****le* Wunder
	qu*/*	***qu****atre* vier, *en****qu****ête* Untersuchung, ***qu****inze* fünfzehn, ***qu****otidien* täglich
	cqu*/*	*a****cqu****érir* erwerben, *a****cqu****itter* freisprechen
	q/	*cinq* fünf
	ch/	*choléra, psychologie, archaïque* archaisch, *écho* Echo, *varech* Seetang
	k	*karaté, kermès* Kirmes, *kilo* Kilo
[l]	***l****/*	***l****angue* Sprache, *mer****l****e* Amsel, *co****l*** Pass, *péri****l*** Gefahr
	ll	*a****ll****onger* verlängern, *ba****ll****e* Ball
[m]	***m****/*	***m****ère* Mutter, *a****m****our* Liebe, *dra****m****e* Drama
	mm	*gro****mm****eler* brummen, *ho****mm****e* Mensch
[n]	***n****/*	***n****ous* wir, *a****n****éantir* vernichten, *pei****n****e* Mühe
	nn*/*	*ha****nn****eton* Maikäfer, *to****nn****e* Tonne
	mn	*automne* Herbst, *condamner* verurteilen
[ɲ]	***gn***	*bai****gn****er* baden, *pei****gn****e* Kamm
[p]	***p****/*	***p****orter* tragen, *a****p****te* geeignet, *ca****p*** Kap
	pp*/*	*fra****pp****er* schlagen, *na****pp****e* Tischtuch
[ʀ]	***r****/*	***r****ond* rund, ***r****a****r****e* selten, *fie****r*** stolz
	rr	*ho****rr****eur* Schrecken, *gue****rr****e* Krieg
[s]	***s****/*	***s****alade* Salat, ***s****iècle* Jahrhundert, ***s****ûr* sicher, *oasi****s*** Oase, ***s****colaire* schulisch, ***s****table* stabil, ***s****pécialité* Besonderheit, *e****s****pace* Raum
	ss*/*	*e****ss****ai* Versuch, *ma****ss****e* Masse
	c *+ e/i/y/*	***c****éder* nachgeben, ***c****ire* Wachs, ***c****ygne* Schwan, *ra****c****e* Rasse
	ç*/*	***ç****a* das, *gar****ç****on* Junge/Kellner
	sc *+ e/i/*	***sc****ène* Szene, *fa****sc****iner* faszinieren
	t *+ i/*	*na****t****ion* Nation, *démocra****t****ie* Demokratie, *balbu****t****ier* stottern
	x	*soixante* sechzig, *six* sechs, *dix* zehn
[z]	***s****/*	*arro****s****er* gießen, *ro****s****e* Rose
	z*/*	***z****èle* Eifer, *ga****z****ouiller* zwitschern, *ga****z*** Gas
	x	*sixième* sechster
[ʃ]	***ch****/*	***ch****asse* Jagd, ***ch****er* teuer, ***ch****ose* Sache, ***ch****ute* Fall, *ca****ch****er* verstecken, *po****ch****e* Tasche
	sch	*schéma* Schema

Laut	Schreibung	Beispiele
[t]	***t/***	***t**ard* spät, ***t**rembler* zittern, *épa**t**er* verblüffen, *tar**t**e* Kuchen
	tt/	*fro**tt**er* reiben, *me**tt**re* setzen, *lu**tt**e* Kampf
	th	***th**é* Tee, ***th**éâtre* Theater, ***th**éologie* Theologie, *vermout(h)* Wermut
[v]	***v/***	***v**erre* Glas, *en**v**ers* gegenüber, *gra**v**e* schwerwiegend
	w	*wagon* Eisenbahnwagen

Bemerkungen zu Aussprache und Orthographie

Im Folgenden werden die Fälle behandelt, in denen die Aussprache deutschen Lernenden erfahrungsgemäß Schwierigkeiten bereitet.

Die Vokale (les voyelles) 3

Vorbemerkung: Die Länge der Vokale in betonter Silbe schwankt; sie ist abhängig von Sprechtempo, Sprachregister und regionaler Herkunft des Sprechers. Daher wird in dieser Grammatik, wie auch zum Beispiel im *Petit Robert,* auf eine Kennzeichnung der Vokallänge verzichtet.

1. Palatales und velares ***a***

1.1. Die Norm unterscheidet ein helles (palatales) ***a*** [a] und ein dunkles (velares) ***a*** [ɑ]. Das velare ***a*** ist selten. Man erkennt es in der Regel an der Schreibung ***â***. Darüber hinaus wird ***a*** in einer Reihe von Wörtern auf *-as, -asse,* und *-aille* als [ɑ] ausgesprochen, z.B. in *cas* Fall, *tasse* Tasse, *paille* Stroh. Da die überwiegende Mehrheit der Franzosen den Unterschied zwischen [a] und [ɑ] heute nicht mehr beachtet und nur noch palatales [a] spricht, erscheint es nicht mehr sinnvoll, von den Lernenden eine solche Unterscheidung zu verlangen. Im Folgenden wird daher nur noch mit palatalem [a] transkribiert.

1.2. ***a*** ist stumm in: *août* [u(t)] August, *toast* [tost], *eau* [o] Wasser, *Saône* [son] (Nebenfluss der Rhone).

2. Geschlossenes und offenes ***e***

2.1. Das geschlossene ***e*** ist an der Schreibweise ***é*** zu erkennen.

2.1.1. Ausnahmen, bei denen ***é*** als [ɛ] gesprochen wird:

événement [evɛnmɑ̃]	Ereignis
céleri [sɛlʀi]	Sellerie
crémerie [kʀɛmʀi]	Milchgeschäft
je céderai/céderais [sɛdʀɛ]	ich werde/würde weichen

Anmerkung: Nach § 31 des Toleranzerlasses vom 28. Dezember 1976 werden die Schreibweisen *évènement* und *cèderai/cèderais* nicht mehr als Fehler gerechnet.

2.2. Die Buchstaben **è** und **ê** werden immer als [ɛ] gesprochen.

2.2.1. ***er(s)*** am Wortende wird [e] gesprochen, z.B. in Substantiven wie *ferm**ier*** Landwirt, *dang**er*** Gefahr, in Adjektiven wie *premi**er*** erster, *lég**er*** leicht, außerdem im Infinitiv (*chant**er*** [ʃɑ̃te] singen). Gleiches gilt für das Adverb *volonti**ers*** gern (vgl. auch § 5.13.2).

2.2.2. Ausnahmen, in denen ***er(s)*** am Wortende als [ɛʀ] ausgesprochen wird:

amer	bitter	*fier*	stolz
aster	Aster	*hier*	gestern
cancer	Krebs [med.]	*hiver*	Winter
cher	lieb/teuer	*tiers*	Drittel
cuiller	Löffel	*ver*	Wurm
enfer	Hölle	*vers*	Vers/gegen
fer	Eisen		

Anmerkung: In Lehnwörtern aus dem Englischen wird *-er* als [ɛʀ] oder [œʀ] ausgesprochen:

Nur [ɛʀ]: *revolver* Revolver, *poker* Poker, *starter* Starter, *poster* Plakat.

Nur [œʀ]: *leader* Anführer, *bookmaker* Buchmacher, *quaker* Quaker, *flipper* Flipper, *speaker* Sprecher.

Schwankende Aussprache liegt vor in: *pull-over* Pullover, *reporter* Reporter, *scooter* (Auto)Scooter.

2.2.3. ***ez*** am Wortende wird [e] gesprochen (vgl. auch § 5.19.1): *vous fermez* [fɛʀme] ihr schließt.

2.2.4. Die Buchstabengruppe ***ai*** kann [ɛ] oder [e] gesprochen werden. In einsilbigen Wörtern und in der letzten Silbe mehrsilbiger Wörter lautet die Aussprache [ɛ]: ***ai**r* Luft, *m**ai**re* Bürgermeister, *l**ai**d* hässlich, *bal**ai*** Besen, *fonctionn**ai**re* Beamter. Für die übrigen Fälle können keine verbindlichen Ausspracheregeln angegeben werden. Es besteht jedoch die Tendenz, ***ai*** in offener Silbe (d.h. die Silbe endet auf Vokal) geschlossen [e] und in geschlossener Silbe (d.h. die Silbe endet auf einen gesprochenen Konsonanten) offen [ɛ] auszusprechen.

2.2.5. Zwischen Grundwort und Ableitung bzw. zwischen Infinitiv und konjugierten Verbformen kann es zu einem Wechsel von [ɛ] und [e] (Alternanz) kommen:

aile [ɛl]	Flügel	- *ailier* [elje]	Flügelstürmer
aide [ɛd]	Hilfe	- *aider* [ede]	helfen
aise [ɛz]	Wohlbefinden	- *aisé* [eze]	bequem
éclair [eklɛʀ]	Blitz(strahl)	- *éclairer* [ekleʀe]	erhellen
je laisse [lɛs]	ich lasse	- *laisser* [lese]	lassen
j'aime [ʒɛm]	ich liebe	- *aimer* [eme]	lieben

Anmerkung: Die Buchstabengruppe *ai* hat die Aussprache [ə] in der 1. Pers. Pl. Indikativ Präsens des Verbs *faire* machen (*nous faisons* [fəzõ] wir machen) und in den davon abgeleiteten Verbformen, wie z.B. *je faisais* [fəzɛ] ich machte, *(en) faisant* [fəzɑ̃] machend.

2.2.6. In der 1. Person Sing. Präs. des Verbs *avoir (j'**ai**)* sowie in der 1. Pers. Sing. *passé simple* der Verben auf *-er (je chant**ai**)* und in der 1. Pers. Sing. Futur aller Verben (*je viendr**ai***) wird ***ai*** nach der Norm [e] gesprochen.

Anmerkung: Im Falle von *j'ai* hört man oft die Aussprache [ʒɛ]; in der Umgangssprache wird die Endung der 1. Pers. Sing. Futur offen [ɛ] ausgesprochen und fällt somit mit der Endung der 1. Pers. Sing. des Konditionals zusammen, z.B. in *je viendrai/viendrais* [vjɛ̃dʀɛ] ich werde/würde kommen.

2.2.7. ***aî*** wird [ɛ] gesprochen in einsilbigen Wörtern (*f**aî**te* Giebel, *ch**aî**ne* Kette) und in mehrsilbigen, wenn ihnen eine unbetonte Silbe folgt (*conn**aî**tre* kennen). Folgt auf ***aî*** eine betonte Silbe mit geschlossenem Vokal, so wird es in der Regel als [e] gesprochen, z.B. ***aî**né* älterer, *ench**aî**né* angekettet, *m**aî**trise* Beherrschung; enthält die Folgesilbe einen offenen Vokal, lautet die Aussprache meist [ɛ], z.B. ***aî**nesse* Erstgeburt, *ench**aî**nement* Verkettung, *m**aî**tresse* Herrin.

2.2.8. ***aie/ais/ait*** am Wortende wird immer als [ɛ] gesprochen, z.B. *h**aie*** [ɛ] Hecke, *rab**ais*** Rabatt, *stupéf**ait*** verblüfft.

2.2.9. ***e*** vor *s* + Konsonant wird [ɛ] gesprochen, wie z.B. in *respect* [ʀɛspɛ] Achtung, *restaurant* [ʀɛstɔʀɑ̃], *rester* [ʀɛste] bleiben. Bei anlautendem ***ress***- wird [ʀəs-] gesprochen, wie z.B. in *ressac* Brandung, *ressaisir* wieder ergreifen, *ressembler* ähneln, *resserrer* einengen, *ressource* Mittel, *se ressouvenir* sich wieder erinnern.

Aber: *ressusciter* [ʀesysite] wiedererwecken/auferstehen

2.2.10. In gewählter Aussprache und auf der Bühne wird ***e*** in *mes, tes, ses, les, des* und *ces* als [ɛ] gesprochen.

2.2.11. ***e*** wird vor ***mm*** und ***nn*** als [a] gesprochen:

femme [fam]	Frau
prudemment [pʀydamɑ̃]	vorsichtig [Adv.]
solennel [sɔlanɛl]	feierlich

2.2.12. ***e*** ist stumm in dem Ortsnamen *Caen* [kɑ̃].

2.2.13. ***ë*** ist stumm in dem Eigennamen *Madame de Staël* [stal].

3. Das [ə] *instable*

3.1. ***e*** ist stumm:

3.1.1. am Wortende oder Silbenende nach einem vorangehenden Vokal, z.B. in *musée* Museum, *vie* Leben, *roue* Rad, *rue* Straße; *dénouement* Auflösung, *il nettoiera* [nɛtwaʀa] er wird säubern;

3.1.2. am Wortende nach einem einfachen Konsonanten, z.B. in *robe* Kleid, *malade* krank, *philosophe* [filɔzɔf] Philosoph, *blague* [blag] Scherz, *page* Seite, *matraque* [matʀak] Gummiknüppel, *tôle* Blech, *âme* Seele, *haine* Hass, *soupe* Suppe, *père* Vater, *chose* Sache, *tête* Kopf, *ruche* Bienenkorb, *grève* Streik, oder einem Doppelkonsonanten, z.B. in *gaffe* Schnitzer, *ville* Stadt, *femme* Frau, *bonne* Dienstmädchen, *nappe* Tischtuch, *serre* Gewächshaus, *chasse* Jagd, *patte* Pfote;

3.1.3. im Wortinnern zwischen zwei Konsonanten, z.B. in *acheter* [aʃte] kaufen, *haleter* [alte] keuchen, *empereur* [ɑ̃pʀœʀ] Kaiser, *étouffement* Ersticken, *étonnement* Erstaunen, *drôlement* lustig [Adv.], *lentement* [lɑ̃tmɑ̃] langsam [Adv.].

Merke: *netteté* [nɛtte], *honnêteté* [ɔnɛtte], *verrerie* [vɛʀʀi] Glashütte. Dies gilt auch über die Wortgrenze hingweg: *je vous remercie* [ʒvuʀmɛʀsi], *au revoir* [ɔʀvwaʀ].

3.2. ***e*** kann als [ə] gesprochen werden:

3.2.1. nach Lautverbindungen, die aus einem Konsonanten und folgendem ***l*** oder ***r*** (Liquide) bestehen, wie z.B. in *noble* adlig, *rafle* Razzia, *règle* Regel, *miracle* Wunder, *Naples* Neapel, *merle* Amsel, *sabre* Säbel, *cidre* Most, *chiffre* Ziffer, *maigre* mager, *nacre* Perlmutt, *âpre* herb, *pupitre* Pult, *vivre* leben.

Anmerkung: Bei der Buchstabenfolge *-ble* ist darauf zu achten, dass [bl(ə)] gesprochen wird und nicht [bəl].

3.2.2. nach Lautverbindungen aus ***r*** + Konsonant + ***r***: *arbre* Baum, *ordre* Ordnung.

3.3. ***e*** muss als [ə] gesprochen werden, wenn durch seinen Wegfall schwer sprechbare Verbindungen aus drei oder vier Konsonanten entstehen würden. Dies ist in der Regel der Fall, wenn zwei gesprochene Konsonanten vorausgehen und einer folgt, wie z.B. *appartement* Wohnung, *gouvernement* Regierung, *désarmement* Abrüstung, *quatre-vingts* achtzig, *garde-boue* Kotflügel, *portefeuille* Brieftasche. Diese Regel gilt auch über die Wortgrenze hinaus, z.B. in *une fenêtre* [ynfənɛtʀ(ə)]. Aber: *la fenêtre* [lafnɛtʀ(ə)]

Ausnahmen: *parce que* [paʀskə], *vous resterez* [vuʀɛstʀe], *garde-manger* [gaʀdmɑ̃ʒe] Speisekammer, *portemanteau* [pɔʀtmɑ̃to] Kleiderständer

3.4. Wenn ein gesprochener Konsonant vorausgeht und zwei (oder drei) Konsonanten folgen – dieser Fall kommt fast nur in Syntagmen vor –, kann ***e*** jedoch verstummen, wie z.B. in *Tu connais le droit?* [tykɔnɛldʀwa] Kennst du das Recht? *Vous le croyez?* [vulkʀwaje] Glauben Sie es? *Elle n'a pas de sclérose.* [ɛlnapadskleʀoz] Sie hat keine Sklerose.

4. Geschlossenes und offenes ***o***

4.1. Auslautendes ***o*** wird geschlossen gesprochen: *pot* Topf, *gros* dick, *trop* zu viel, *numéro* Nummer, *Pernod*.

Anmerkung: In Zusammensetzungen mit *pot,* in denen *t* gebunden wird, wird *o* offen ausgesprochen, wie z.B. in *pot-au-feu* [pɔtofø] Rindfleischsuppe; hingegen heißt es *pot à fleurs* [poaflœʀ] Blumentopf.

4.2. In betonter Silbe wird ***o*** vor einem oder mehreren Konsonanten offen gesprochen, wie z.B. in *r**o**be* Kleid, *m**o**de* Mode, *ét**o**ffe* Stoff, *dr**o**gue* Droge, *horl**o**ge* Turmuhr, *ivr**o**gne* Trunkenbold, *ch**o**c* Schlag, *c**o**lle* Leim, *p**o**mme* Apfel, *téléph**o**ne* Telefon, ***o**r* Gold, *n**o**ces* Hochzeit, *fl**o**tte* Flotte, *r**o**che* Felsen, *n**o**ble* adlig, *pr**o**pre* sauber, *p**o**rte* Tür, *p**o**ste* Post, *m**o**rgue* Leichenhalle.

4.3. Vor [z] wird ***o*** stets geschlossen gesprochen, wie z.B. in *ch**o**se* [ʃoz] Sache, ***o**ser* wagen, *mim**o**sa* Mimose, *gr**o**seille* Stachelbeere, *écl**o**sion* Aufblühen, *mor**o**sité* Missmut.

Ausnahmen: *mosaïque* [mɔzaik] Mosaik, *my**o**sotis* [mjɔzɔtis] Vergissmeinnicht, *phil**o**sophe* [filɔzɔf] Philosoph, *M**o**selle* [mɔzɛl] Mosel

4.4. Ein der Tonsilbe vorangehendes ***o*** wird in der Regel als [ɔ] artikuliert, wie z.B. in *propreté* Sauberkeit, *proportion* Verhältnis, *extraordinaire* außergewöhnlich, *orgueil* Stolz, *poterie* [pɔtʀi] Töpferei, *postérité* Nachwelt.

Ausnahmen: In Substantiven auf -***otion***, wie z.B. *notion* Begriff, *émotion* Gemütsbewegung, wird ***o*** geschlossen gesprochen. Dasselbe gilt für abgeleitete Substantive, deren Grundwort ein geschlossenes ***o*** aufweist, wie z.B. in *dos* [do] Rücken – *dossier* [dosje] Akte, *gros* [gʀo] dick – *grossier* [gʀosje] grob.

4.5. ***au/eau/ô*** wird als [o] artikuliert, wie z.B. in *p**eau*** Haut, *f**au**x* falsch, *r**ô**le* Rolle.

Anmerkung 1: Vor folgendem *r,* insbesondere in der Vortonsilbe, wird *au* in der Regel als [ɔ] ausgesprochen: *les maures* die Mauren, *Laure* Laura, *taureau* Stier, *baccalauréat* Abitur, *restaurant* Restaurant; das Präfixoid *auto-* kann sowohl [oto-] als auch [ɔtɔ] ausgesprochen werden: *autobus* Omnibus.

Anmerkung 2: In den Substantiven *côtelette* Kotelett, *hôpital* Krankenhaus, *hôtel* Hotel und *rôtir* braten kann geschlossenes oder offenes *o* gesprochen werden.

4.6. ***oo*** wird [ɔɔ] gesprochen, wie z.B. in *coopération* Zusammenarbeit, *coordonner* koordinieren.

Ausnahmen: *alcool* [alkɔl] Alkohol (in den Ableitungen wie z.B. *alcoolique* alkoholisch kann [ɔ] oder [ɔɔ] gesprochen werden), *Waterloo* [watɛʀlo]; *coolie* [kuli] Lastenträger/Kuli

4.7. ***o*** ist stumm in *faon* [fɑ̃] Rehkitz, *paon* [pɑ̃] Pfau, *taon* [tɑ̃] Bremse (Insekt) und *Laon* [lɑ̃] Städtename.

5. Geschlossenes und offenes ***eu/œ*** [ø/œ]

5.1. ***eu*** am Wortende wird, auch wenn ein nicht gesprochener Konsonant folgt, geschlossen [ø] gesprochen, wie z.B. in *peu* wenig, *jeu* Spiel, *il pleut* es regnet, *heureux*, [œʀø] glücklich, *cheveux* [ʃ(ə)vø] Haare, *St.-Brieuc* [sɛ̃bRiø], *nœud* [nø] Knoten.

5.2. Folgt auf ***eu*** als gesprochener Konsonant ***b***, ***f***, ***l***, ***il(l)*** [j], ***n***, ***p***, ***v*** oder ***r***, so wird offenes [œ] artikuliert, wie z.B. in *immeu**b**le* Gebäude, *neu**f*** neu/neun, *seu**l*** allein, *fauteu**il*** Sessel, *jeu**n**e* jung, *peu**p**le* Volk, *veu**v**e* Witwe, *peu**r*** Angst.
Aber: *meule* [møl] Mühlstein, *il jeûne* [ilʒøn] er fastet

5.3. Folgt auf ***eu*** als gesprochener Konsonant ***d***, ***t***, ***s*** [z] oder ***g*** [ʒ], wird ***eu*** geschlossen gesprochen, wie z.B. in *le roi et ses leu**d**es* [lød] der König und seine Getreuen, *émeu**t**e* [emøt] Aufstand, *Meu**s**e* [møz] Maas, *Maubeu**g**e* [mobøʒ].

5.4. ***eu*** in einer der Tonsilbe vorangehenden Silbe wird in der Regel geschlossen ausgesprochen, wie z.B. in *leucocythe* [løkɔsit] weißes Blutkörperchen, *Eugénie* [øʒeni], *eunuque* [ønyk] Eunuch(e), *européen* [øʀɔpeɛ̃] europäisch, *jeudi* Donnerstag, *euskarien* [øskaʀjɛ̃] baskisch, *neutraliser* neutralisieren, *zieuter* [zjøte] angaffen. Diese Regel wird durch den Einfluss des Grundwortes häufig durchkreuzt: *jeune* [ʒœn] jung – *jeunesse* [ʒœnɛs] Jugend; *peur* [pœʀ] Angst – *peureux* [pœʀø] ängstlich. Vor ***r*** + Konsonant wird ***eu*** in der Vortonsilbe offen ausgesprochen: *heurter* [œʀte] stoßen.

6. Die Nasalvokale (les voyelles nasales)

6.1. Die Norm unterscheidet vier Nasalvokale: [ɑ̃], [ɔ̃], [ɛ̃] und [œ̃]. Da die überwiegende Mehrheit der Franzosen den Unterschied zwischen [œ̃] und [ɛ̃] heute nicht mehr beachtet und nur noch [ɛ̃] spricht, erscheint es nicht mehr sinnvoll, von den Lernenden eine solche Unterscheidung zu verlangen. Im Folgenden wird daher unterschiedslos mit [ɛ̃] transkribiert.

6.2. Vokale und Vokalverbindungen werden am Ende eines Wortes oder einer Silbe nasal ausgesprochen, wenn Ihnen ***n*** oder ***m*** folgt, wie z.B. in *plan* [plɑ̃] Plan, *ramper* [ʀɑ̃pe] kriechen, *dent* [dɑ̃] Zahn, *embrasser* [ɑ̃bʀase] küssen, *bon* [bɔ̃] gut, *ombre* [ɔ̃bʀ(ə)] Schatten, *vin* [vɛ̃] Wein, *impôt* [ɛ̃po] Steuer, *gain* [gɛ̃] Gewinn, *daim* [dɛ̃] Damwild, *rein* [ʀɛ̃] Niere, *Reims* [ʀɛ̃s], *foin* [fwɛ̃] Heu, *examen* [ɛgzamɛ̃] Prüfung, *lien* [ljɛ̃] Band, *synthèse* [sɛ̃tɛz] Synthese, *symbole* [sɛ̃bɔl] Symbol, *brun* [bʀɛ̃] braun, *parfum* [paʀfɛ̃] Duft, *humble* [ɛ̃bl(ə)] bescheiden, *à jeun* [aʒɛ̃] nüchtern.

Anmerkung 1: In den Endungen *-ien/-yen* und *-éen* wird *en* stets [ɛ̃] ausgesprochen: *chrétien* Christ, *citoyen* Bürger, *lycéen* Gymnasiast.

Anmerkung 2: Ferner lautet *en/em* [ɛ̃] in *agenda* Notizbuch, *référendum* Referendum, *appendicite* Blinddarmentzündung, *benzine* Reinbenzol, *pensum* Strafarbeit, *Benjamin, Rubens, Nuremberg* Nürnberg, *Wurtemberg* Württemberg.

6.3. Folgt auf ***n*** oder ***m*** ein Vokal, so wird der vorangehende Vokal bzw. die vorangehende Vokalverbindung nicht nasaliert, wie z.B. in *planète* [planɛt] Planet, *dame* [dam] Dame, *énergie* [enɛʀʒi] Energie, *sonore* [sɔnɔʀ] stimmhaft, *homard* [ɔmaʀ] Hummer, *finale* [final] Finale, *imiter* [imite] nachahmen, *graine* [gʀɛn] Saatgut, *aimer* [eme] lieben, *reine* [ʀɛn] Königin, *moine* [mwan] Mönch.

Ausnahme: *s'enivrer* [sɑ̃nivʀe] sich betrinken

6.4. Die Nasalierung unterbleibt auch, wenn infolge der *Liaison* (vgl. § 8) das auslautende ***n*** eines Adjektivs mit dem anlautenden Vokal eines folgenden Substantivs gebunden wird, wie z.B. in *un bon élève* [ɛ̃bɔnelɛv] ein guter Schülter, *en plein air* [ɑ̃plɛnɛʀ] im Freien, *un certain âge* [ɛ̃sɛʀtɛnaʒ] ein gewisses Alter, *le moyen âge* [ləmwajɛnaʒ] das Mittelalter.

Aber: Die Nasalierung wird auch in der *Liaison* beibehalten im Falle von *un, aucun, on, mon, ton, son, en, rien* und *bien*: *un homme* [ɛ̃nɔm] ein Mann, *aucun enfant* [okɛ̃nɑ̃fɑ̃] kein Kind, *on arrive* [õnaʀiv] man kommt an/wir kommen an, *mon amour* [mõnamuʀ] meine Liebe, *en hiver,* [ɑ̃nivɛʀ] im Winter, *rien à déclarer* [ʀjɛ̃nadeklaʀe] nichts zu verzollen, *bien entendu* [bjɛ̃nɑ̃tɑ̃dy] natürlich.

6.5. Folgt auf ***n*** oder ***m*** ein weiterer Nasalkonsonant, so wird der vorangehende Vokal nicht nasaliert, wie z.B. in *année* [ane] Jahr, *flamme* [flam] Flamme, *amnistie* [amnisti] Amnestie, *ennemi* [ɛnmi] Feind, *le ennième* [ləɛnjɛm] der xte, *femme* [fam] Frau, *indemne* [ɛ̃dɛmn(ə)] unversehrt, *honneur* [ɔnœʀ] Ehre, *homme* [ɔm] Mensch, *omnipotent* [ɔmnipɔtɑ̃] allmächtig, *gymnastique* [ʒimnastik] Gymnastik, *sunnite* [synit] sunnitisch.

Anmerkung: Bei den Buchstabenfolgen *imm-* und *inn-* kann [mm] bzw. [nn] gesprochen werden, wie z.B. in *immigré* [im(m)igre] Einwanderer, *immense* [im(m)ɑ̃s] gewaltig, *inné* [in(n)e] angeboren, *innovation* [in(n)ɔvasjõ] Neuerung (mit Ausnahme der Wortfamilie *innocent* [inɔsɑ̃] unschuldig).

Merke: *automne* [otɔn] Herbst, *automnal* [otɔnal] herbstlich, *condamner* [kõdane] verurteilen

Ausnahmen: *enneigé* [ɑ̃neʒe] verschneit, *ennoblir* [ɑ̃nɔbliʀ] adeln [fig.], *s'ennuager* [sɑ̃nɥaʒe] sich bewölken, *immangeable* [ɛ̃mɑ̃ʒabl(ə)] ungenießbar, *ennui* [ɑ̃nɥi] Langeweile (mit Ableitungen), *immanquable* [ɛ̃mɑ̃kabl(ə)] unfehlbar, sowie Wörter mit anlautendem ***emm-***, wie z.B. *emmener* [ɑ̃mne] mitnehmen, *ça m'emmerde* [samɑ̃mɛʀd] das stinkt mir, *emmagasiner* [ɑ̃magazine] speichern, *emmailloter* [ɑ̃majɔte] wickeln (Kleinkind), *emmêler* [ɑ̃mele] verwickeln (aber: *emmenthal* [emɛ̃tal] Emmentaler)

6.6. Keine Nasalierung findet statt in den Fremdwörtern:

*tr**am**(way)* [tʀam(wɛ)]	Straßenbahn
*Amster**dam*** [amstɛʀdam]	Amsterdam
*abdom**en*** [abdɔmɛn]	Unterleib
*am**en*** [amɛn]	Amen
*cyclam**en*** [siklamɛn]	Alpenveilchen
*dolm**en*** [dɔlmɛn]	Dolmen
*hym**en*** [imɛn]	Hymen

*lich**en*** [likɛn]	Flechte [Botanik]
*poll**en*** [pɔlɛn]	Pollen
*spécim**en*** [spesimɛn]	Muster
*susp**en**se* [syspɛns]	Spannung
*requi**em*** [ʀekɥijɛm]	Requiem
*tand**em*** [tɑ̃dɛm]	Tandem
*b**oum*** [bum]	Party
*alb**um*** [albɔm]	Album
*aluminii**um*** [alyminjɔm]	Aluminium
*maxim**um*** [maksimɔm]	Maximum
*référend**um*** [ʀefeʀɛ̃dɔm]	Referendum

Die Halbvokale (les semi-voyelles) 4

Halbvokale können alleine keine Silbe bilden; sie schließen sich daher in der Aussprache an einen vorangehenden oder folgenden Vokal an.

1. Der Halbvokal [j] kann:

1.1. einem Vokal vorangehen: ***pi**eux* [pjø] fromm, ***li**on* [ljõ] Löwe, ***y**acht* [jɔt] Yacht;

1.2. einem Vokal folgen: *coba**ye*** [kɔbaj] Meerschweinchen, *œ**il*** [œj] Auge, *fenou**il*** [f(ə)nuj] Fenchel, *bata**ille*** [bataj] Schlacht, *gor**ille*** [gɔʀij] Gorilla;

1.3. zwischen zwei Vokalen stehen: *pa**y**er* [peje] zahlen, *do**y**en* [dwajɛ̃] Dekan, *bou**ill**ir* [bujiʀ] kochen.

Ausnahmen: *v**ille*** [vil] Stadt, *tranqu**ille*** [tʀɑ̃kil] ruhig, *osci**ll**er* [ɔsile] schwanken

Unterscheide: *paye* [pɛj] Bezahlung – *pays* [pei] Land
abeille [abɛj] Biene – *abbaye* [abei] Abtei

2. In folgenden Buchstabenkombinationen tritt der Halbvokal [w] auf:

2.1. ***oi***: ***oi**e* [wa] Gans, *refr**oi**dir* [ʀ(ə)fʀwadiʀ] erkalten, *l**oi*** [lwa] Gesetz, ***foi**n* [fwɛ̃] Heu, *m**oi**ns* [mwɛ̃] weniger;

Ausnahme: ***oi**gnon* [ɔɲõ] Zwiebel

2.2. ***oî***: *cr**oî**tre* [kʀwatʀ(ə)] wachsen, *Ben**oî**t* [bənwa] Benedikt;

2.3. ***oy***: *nett**oy**er* [nɛtwaje] reinigen, *l**oy**er* [lwaje] Miete;

2.4. ***oe/oê***: *la m**oe**lle* [mwal] das Mark, *le/la p**oê**le* [pwal] Ofen/Pfanne;

2.5. ***ou*** + Vokal: ***ou**ate* [wat] Watte, *d**ou**ane* [dwan] Zoll, *s**ou**hait* [swɛ] Wunsch;

2.6. ***w***: ***w**eek-end* [wikɛnd] Wochenende, ***w**hisky* [wiski] Whisky;

2.7. ***ua***: *ling**ua**l* [lɛ̃gwal] lingual.

Anmerkung : Folgt auf *o* ein *ï*, so werden die Vokale getrennt ausgesprochen, wie z.B. in *égoïste* [egɔist] Egoist, *coïncidence* [kɔɛ̃sidɑ̃s] zufälliges Zusammentreffen.

3. Der Halbvokal [ɥ] steht vor einem Vokal, einer Vokalverbindung oder vor ***y*** und wird stets ***u*** geschrieben: *p**u**is* [pɥi] dann, *pl**u**ie* [plɥi] Regen, *t**u**ile* [tɥil] Ziegel, *s**u**er* [sɥe] schwitzen, *ess**u**yer* [esɥije] abwischen, *ambig**u**ïté* [ɑ̃bigɥite] Zweideutigkeit.

Anmerkung 1: Während die Aussprache von *gui* normalerweise [gi] lautet, wird in folgenden Fällen [gɥi] gesprochen: *aiguille* [egɥij] Nadel (und Ableitungen), *aiguiser* [egɥize] (häufiger [egize]) schärfen, *linguiste* [lɛ̃gɥist] Sprachwissenschaftler.

Anmerkung 2: Nach Konsonant + *l/r* wird *u* als [y] gesprochen, wenn als Vokal *a* oder *e* folgt, wie z.B. in *truand* [tʀyɑ̃] Gauner, *affluer* [aflye] herbeiströmen.

5 Die Konsonanten (les consonnes)

1. Die Aussprache von ***b***

1.1. ***b*** wird im Wortanlaut und im Wortinnern als voll stimmhaftes [b] gesprochen, ebenso zwischenvokalisches ***bb***, das jedoch nur in wenigen Wörtern vorkommt: in *a**bb**é* Abt/Geistlicher und den Ableitungen *a**bb**esse* Äbtissin, *a**bb**aye* Abtei, *a**bb**atial* [abasjal] Abt.../Abtei... sowie in *ra**bb**in* und *sa**bb**at*; außerdem in *gi**bb**eux* buckelig und *gi**bb**osité* Buckel.

1.2. Am Wortende wird ***b*** meistens gesprochen: *clu**b*** [klœb] Klub, *toubi**b*** [tubib] [fam.] Arzt, *sno**b*** [snɔb]. Nach einem Nasal ist ***b*** stumm: *plom**b*** [plõ] Blei, ebenso in einigen Eigennamen: *le Dou**b**s* [du], *Lefè**b**vre* [ləfɛvʀ(ə)].

1.3. Folgt auf ***b*** ein stimmloser Konsonant, so wird es [p] gesprochen (Assimilation): *o**b**server* [ɔpsɛʀve] beobachten, *o**b**tenir* [ɔptəniʀ] bekommen.

Ausnahme: *su**b**sister* [sybziste] fortbestehen

2. Die Aussprache von *c*

2.1. ***c*** wird vor *a, o, u* sowie vor Konsonant als [k] gesprochen. Dabei ist darauf zu achten, dass [k] im Gegensatz zum Deutschen nicht aspiriert wird: *cage* Käfig, *code* Gesetzbuch, *cuir* Leder, *éclater* platzen, *cri* Schrei, *action* Handlung.
Ausnahme: *second* 'zweiter' wird [s(ə)gõ] gesprochen.

2.2. Vor ***e***, ***i*** und ***y*** lautet ***c*** [s]: *cesser* aufhören, *cible* Zielscheibe, *bicyclette* Fahrrad, ***cc*** lautet vor ***a, o, u*** sowie vor Konsonant [k]: *accalmie* Windstille, *d'accord* einverstanden, *succulent* saftig, *acclamer* zujubeln, *accroc* Riss/Hindernis; vor ***e*** und ***i*** wird es [ks] gesprochen: *accessible* zugänglich, *accident* Unfall. Am Wortende wird ***c*** meistens als [k] ausgesprochen: *avec* mit, *bec* Schnabel, *bac* Abi. Ausnahme: *zinc* 'Zink' wird [zɛ̃g] gesprochen.

2.3. Stumm ist es, wenn ein Nasal vorausgeht: *banc* (Sitz)Bank, *blanc* weiß, *tronc* Stamm und in folgenden Einzelwörtern:

escroc [ɛskʀo]	Gauner	*caoutchouc* [kautʃu]	Kautschuk
croc [kʀo]	Haken	*estomac* [ɛstɔma]	Magen
porc [pɔʀ]	Schwein	*clerc* [klɛʀ]	Kleriker/Schreiber

Anmerkung 1: *Donc* wird am Satzanfang, in der *Liaison* und vor einer Pause [dõk] gesprochen, sonst [dõ]. Die Aussprache [dõk] setzt sich aber immer mehr in allen Fällen durch.

Anmerkung 2: Der Stammauslaut [k] vor der Adjektivendung [-abl(ə)] wird ***c*** geschrieben, wenn das entsprechende Substantiv auf ***-tion*** endet; andernfalls wird er mit ***qu*** wiedergegeben:

applicable anwendbar – *application* Anwendung
communicable mittelbar – *communication* Mitteilung
remarquable bemerkenswert – *remarque* Bemerkung
critiquable angreifbar – *critique* Kritik

Aber: *praticable* anwendbar – *pratique* Praxis

2.4. Die Verbindung ***ch*** wird in der Regel [ʃ] gesprochen, wie z.B. in *chose* Sache, *acheter* kaufen, *vache* Kuh. Vor Konsonant lautet die Aussprache [k], wie z.B. in *chronologie* Chronologie, *chrétien* christlich, *chlorophylle* [klɔʀɔfil] Chlorophyll, *technique* Technik. Ferner lautet die Aussprache [k] in einer Reihe von gelehrten Wörtern:

archaïque	archaisch	*choral*	Choral
archaïsme	Archaismus	*écho*	Echo
archange	Erzengel	*eucharistie*	Eucharistie
archéologie	Archäologie	*lichen* [likɛn]	Flechte
chaos [kao]	Chaos	*orchestre*	Orchester

chaotique	chaotisch	*orchidée*	Orchidee
choléra	Cholera	*psychiatre*	Psychiater
chêur	Chor [Gebäude]	*psychologue*	Psychologe

Anmerkung 1: Ferner wird ***ch*** als [k] in folgenden Eigennamen ausgesprochen: *Achéron* Acheron, *Charon, Machiavel* Machiavelli, *Michel-Ange* Michelangelo.

Anmerkung 2: ***ch*** wird [ʃ] gesprochen in *archevêque* [aʀʃəvɛk] Erzbischof, *psychique* [psiʃik] psychisch, sowie in allen Zusammensetzungen mit *archi-,* wie z.B. *archiépiscopal* erzbischöflich, *archifaux* grundfalsch, *architecte* Architekt.

2.5. ***ch*** am Wortende wird [k] gesprochen in *krach* Börsenkrach, *varech* Seetang, ferner in den Eigennamen *Bach, Metternich, Offenbach* und in den Städtenamen *Munich, Zurich*.

2.6. Besonderheiten:

2.6.1. Das aus dem Englischen stammende *sandwich* wird [sɑ̃dwi(t)ʃ] gesprochen.

2.6.2. Die Aussprache der Verbindung ***sch*** lautet [ʃ], wie z.B. in *schéma* Schema, *schisme* Kirchenspaltung. [sk] wird gesprochen in *scherzo* [skɛRdzo] Scherzo, *schizophrénie* [skizɔfʀeni] Schizophrenie.

2.6.3. Die Verbindung ***sc*** lautet [ʃ] in *fasciste* [faʃist] Faschist.

3. Die Aussprache von ***d***

3.1. Der Konsonant [d] ist voll stimmhaft auszusprechen.

3.2. ***d*** wird im Anlaut und im Wortinnern als [d] gesprochen, ebenso ***dd*** in *a**dd**ition* Addition/Rechnung und *adducteurs* Adduktoren sowie in davon abgeleiteten Wörtern. Auslautendes ***d*** ist in der Regel stumm, wie z.B. in *pie**d*** Fuß, *ron**d*** rund, *nor**d*** Norden.

3.3. Ausnahmen:

sud [syd]	Süden	*bled* [blɛd]	Kaff
stand [stɑ̃d]	Stand	*week-end* [wikɛnd]	Wochenende
George Sand [sɑ̃d]		*Alfred*	
Bagdad		*Madrid*	

3.4. Folgt auf ein mit ***d*** endendes Wort ein Wort, das mit Vokal beginnt, so wird [t] gesprochen: *Quan**d** arrivera-t-il?* [kɑ̃taʀivʀatil] Wann wird er ankommen?

4. Die Aussprache von ***f***

4.1. ***f, ff*** und ***ph*** werden als [f] gesprochen.

4.2. Stumm ist ***f*** in folgenden Wörtern:

cerf [sɛʀ]	Hirsch	*nerf* [nɛʀ]	Nerv
clef [kle]/*clé*	Schlüssel	*chef-d'êuvre* [ʃɛdœvʀ(ə)]	Meisterwerk
bœufs [bø]	Ochsen	*œufs* [ø]	Eier

Anmerkung: Im Singular wird bei *bœuf* und *œuf* das ***f*** gesprochen.

4.3. Das auslautende ***f*** im Zahlwort *neuf* wird vor konsonantisch anlautendem Substantiv stets [f] gesprochen: *neuf livres* [nœflivʀ(ə)] neun Bücher. Nach der Norm wird [v] nur gesprochen, wenn als Substantiv *ans* oder *heures* in der Bedeutung 'Uhr' folgt: *neuf‿ans* [nœvɑ̃] neun Jahre, *neuf‿heures* [nœvœʀ] neun Uhr. Auch wenn das folgende Wort mit Vokal oder *h muet* beginnt, bleibt die Aussprache [f] erhalten: *neuf oiseaux* neun Vögel, *neuf hommes* neun Männer (vgl. § 99.7).

4.4. Wörter, die mit [ef-] anlauten, werden immer mit ***ff*** geschrieben, wie z. B. *effort* Anstrengung, *effacer* auswischen, *s'effrayer* erschrecken.

5. Die Aussprache von ***g***

5.1. ***g*** wird im Anlaut und im Wortinnern vor *a, o, u* und vor *r, l, m* als [g], vor *e, i* und *y* als [ʒ] gesprochen: ***g****ant* Handschuh, ***g****a****g****a* vertrottelt, ***g****onfler* aufblasen, *fi****g****ure* Figur/Gesicht, ***g****rand* groß, ***g****lace* Eis, *au****g****menter* vermehren; ***g****enou* Knie, ***g****énie* Genie, ***g****enre* Art/Genus, ***g****igantesque* riesig, ***g****ynécologue* Gynäkologe/Frauenarzt.

5.2. Es ist darauf zu achten, dass ***g*** auch vor Konsonant als [g] und nicht als [k] zu sprechen ist. Zu unterscheiden ist: *hongrois* [õgʀwa] 'ungarisch' von *on croit* [õkʀwa] man glaubt.

5.3. ***g*** ist stumm am Wortende nach Nasalkonsonant, wie z.B. in *sang* [sɑ̃] Blut, *long* [lõ] lang, *shampooing* [ʃɑ̃pwɛ̃] Haarshampoo, *bourg* [buʀ] Marktflecken sowie in den Wörtern, in denen *bourg* als Endsilbe erscheint, *faubourg* [fobuʀ] Vorstadt, *Cherbourg*, *Hambourg*; ferner in *doigt* [dwa] Finger; es ist meist stumm in *joug* [ʒu(g)], es kann stumm sein in *amygdale* [ami(g)dal] Mandel [med.].

Anmerkung 1: In Fremdwörtern wird auslautendes *g* gesprochen, wie z.B. in *gang* [gɑ̃g] Verbrecherbande, *gong* [gõg] Gong, *zigzag* [zigzag] Zickzack.

Anmerkung 2: In Entlehnungen aus dem Englischen auf *-ing* spricht man [iŋ], wie z.B. in *camping* [kãpiŋ] Camping, *meeting* [mitiŋ] Treffen.

5.4. ***gn*** wird [ɲ] gesprochen, wie z.B. in *di**gn**e* [diɲ] würdig, *ma**gn**ifique* [maɲifik] herrlich, *ivro**gn**e* [ivrɔɲ] Trunkenbold.

Ausnahmen: *diagnostique* [diagnɔstik] Diagnose, *magnum* [magnɔm] Magnum (Eineinhalbliterflasche Champagner) *agnosticisme* [agnɔstisizm(ə)] Agnostizismus,

6. Der Buchstabe ***h***

6.1. ***h*** ist immer stumm. Man unterscheidet das sog. *h muet* und das sog. *h aspiré*. Während sich das *h muet* phonetisch nicht auswirkt, beeinflusst ein am Anfang eines Substantivs, Adjektivs oder Verbs stehendes *h aspiré* die Aussprache der jeweiligen Wortgruppe in folgender Weise:

6.2. Der bestimmte Artikel mask./fem. Sing. wird vor einem folgenden Substantiv oder Adjektiv nicht elidiert, wie z.B. in *le hanneton* [ləantõ] der Maikäfer, *la hache* [laaʃ] die Axt, *la haute tour* [laot(ə)tuʀ] der hohe Turm. Gleichfalls unterbleibt die Elision des Subjektpersonalpronomens der 1. Pers. Sing., wie z.B. in *je hais* [ʒəɛ] ich hasse.

6.3. Die Liaison unterbleibt, wie z.B. in *les hannetons* [leantõ] die Maikäfer, *les haches* [leaʃ] die Äxte, *un hamac* [ɛ̃amak] eine Hängematte, *très haut* [tʀɛo] sehr hoch, *nous haïssons* [nuaisõ] wir hassen, *vous haïssez* [vuaise] ihr hasst, *ils haïssent* [ilais] sie hassen.

Anmerkung: Wörter, die mit einem *h aspiré* beginnen, sind meist germanischen Ursprungs.

6.4. Mit *h aspiré* beginnende Substantive:

la hache	die Axt	*la hardiesse*	die Kühnheit
la hachure	die Schraffur	*le harem* [aʀɛm]	der Harem
la haie	die Hecke	*le hareng*	der Hering
le haillon	der Lappen	*le haricot*	die Bohne
la haine	der Hass	*le harnais*	das Pferdegeschirr
le halètement	das Keuchen	*le harnois*	die Ritterrüstung
le hall [ləol]	die Halle	*la harpe*	die Harfe
la halle	die Markthalle	*le harpon*	die Harpune
le halo	der Hof [Mond]	*le hasard*	der Zufall
la halte	der Halt/die Rast	*la hâte*	die Hast/Eile
le hameau	der Weiler	*la hausse*	der Anstieg
le hamster [amstɛʀ]	der Hamster	*le hautbois*	die Oboe

la hanche	die Hüfte	*la hauteur*	die Höhe
le handball [ləɑ̃dbal]	der Handball	*le hautparleur*	der Lautsprecher
le handicap	das Handikap	*le hénnissement*	das Wiehern
le hangar	die Flugzeughalle	*le héraut*	der Herold
le hanneton	der Maikäfer	*le hérisson*	der Igel
la hanse	die Hanse	*la hernie*	der Bruch [med.]
la hantise	die Besessenheit	*le héros*	der Held
la harangue	die Ansprache	*le héron*	der Reiher
le haras	das Gestüt	*la herse*	die Egge
le harassement	die Übermüdung	*le hêtre*	die Buche
le harcèlement	die Belästigung	*le hibou*	die Eule
les hardes	die Klamotten	*le hochement de tête*	das Kopfschütteln
le hockey	das Hockey	*le hors-d'êuvre*	die Vorspeise
le holding	die Holding	*le hors-jeu*	das Abseits
le hold-up [ləɔldœp]	der Raubüberfall	*la hotte*	der Tragekorb
le homard	der Hummer	*la hutte*	die Hütte
la honte	die Schande	*le houblon*	der Hopfen
le hoquet	der Schluckauf	*la houille*	die Steinkohle
la horde	die Horde	*le hublot*	das Bullauge
le hors-bord	der Außenbord-motor	*la huppe*	der Wiedehopf
		le hurlement	das Heulen

Anmerkung 1: Obwohl es sich bei dem *h* in *handicapé* um ein *h aspiré* handelt, wird es im heutigen Sprachgebrauch oft wie ein *h muet* behandelt: *les handicapés* [le(z)ɑ̃dikape] die Behinderten. Auch in anderen Fällen, in denen nach der Norm *h aspiré* vorliegt, tritt in nachlässiger Redeweise Elision oder Liaison auf, wie z.B. in *les haricots* [le(z)aRiko] die Bohnen.

Anmerkung 2: Die Aussprache von *la hierarchie* lautet: [lajeRaRʃi].

Unterscheide: [leeRo] *les héros/les hérauts* die Helden/die Herolde – [lezeRo] *les zéros* die Nullen. Die feminine Entsprechung zu *le héros* ist *l'héroïne* [leRɔin] die Heldin (auch: das Heroin).

6.5. Mit *h aspiré* beginnende Eigennamen:

La Havane	Havanna
Le Havre	Le Havre
La Haye	Den Haag
le Hainaut	der Hennegau
la Hesse	Hessen
la Hollande	Holland
la Hongrie	Ungarn
les Hautes-Pyrénées	die Hochpyrenäen
la ville de Hambourg	die Stadt Hamburg
les habitants de Hanovre	die Einwohner Hannovers

les Habsbourg	die Habsburger
les Hambourgeois	die Hamburger
les Hanovriens	die Hannoveraner
les Hessois	die Hessen
les Hollandais	die Holländer
les Hongrois	die Ungarn
les Hottentots	die Hottentotten
les Huguenots	die Hugenotten
les Huns	die Hunnen
les Hussites	die Hussiten

Anmerkung 1: Vor den Eigennamen *Henri* und *Hubert* findet üblicherweise, vor *Henriette* immer Elision statt: *le professeur d'Henri* Henris Lehrer, *l'anniversaire d'Hubert* Huberts Geburtstag, *la jupe d'Henriette* Henriettes Rock.

Anmerkung 2: Der Hamburger (heiße Frikadelle aus Rinderhackfleisch zwischen zwei Brötchenscheiben) heißt *le hamburger* [ləɑ̃byʀgɛʀ].

6.6. Mit *h aspiré* beginnende Adjektive:

hâbleur	großsprecherisch	*hargneux*	mürrisch
hagard	verstört	*hasardeux*	waghalsig
haineux	gehässig	*hâtif*	übereilt
haïssable	verhasst	*hautain*	hochmütig
hanté	besessen	*hérissé*	struppig
harassant	ermattend	*hideux*	grässlich
hardi	kühn	*honteux*	beschämt

Anmerkung: Mit *h aspiré* beginnen ferner die Zahlwörter *huit* acht und *huitième* achter.

6.7. Mit *h aspiré* beginnende Verben:

hacher	zerhacken	*hâter*	beschleunigen
hachurer	schraffieren	*hausser*	hochziehen
haïr	hassen	*héler*	herbeirufen
hâler	bräunen	*hennir*	wiehern
haleter	keuchen	*hérisser*	sträuben
handicaper	benachteiligen	*heurter*	stoßen
hanter	heimsuchen	*hisser*	hissen
happer	schnappen	*hocher*	schütteln
harasser	ermatten	*huer*	auszischen
harceler	belästigen	*humer*	einatmen
harnacher	anschirren	*hurler*	brüllen

6.8. Ein ***h*** im Wortinnern zeigt an, dass der vorangehende und der folgende Vokal getrennt gesprochen werden, wie z.B. in *trahir* [traiʀ] verraten, *dehors* [dəɔʀ] draußen, *cahin-caha* [kaɛ̃kaa] mit Ach und Krach.

7. Die Aussprache von *l*

7.1. *l* ist stumm am Wortende in:

cul	Arsch	*outil*	Werkzeug
cul-de-jatte	Krüppel	*persil*	Petersilie
cul-de-sac	Sackgasse	*saoul/soûl* [su]	besoffen
fusil	Gewehr	*sourcil*	Augenbraue
gentil	nett		

7.2. *l* wird am Wortende gesprochen in:

baril	Fässchen	*grésil*	Graupel
cil	Wimper	*gril*	Grill
fil	Faden	*péril*	Gefahr

Anmerkung: Fakultativ ist die Aussprache von *l* in *nombril* Nabel.

7.3. Ferner wird *l* nicht gesprochen in *fils* [fis] Sohn, *pouls* [pu] Puls sowie in den Endungen *-ault/-auld* wie z.B. in *Renault* [ʀəno], *La Rochefoucauld* [laʀɔʃfuko].

Unterscheide: *les fils* [lefis] die Söhne – *les fils* [lefil] die Fäden

7.4. Die Endung *-il* in Wörtern wie *œil* Auge, *fauteuil* Sessel, *fenouil* Fenchel wird [-ij] ausgesprochen (vgl. § 4.1.2.).

7.5. In der Umgangssprache verstummt *l* häufig in den Subjektpersonalpronomen *il/ils: il vient* [ivjɛ̃] er kommt, *ils ont dit* [izõdi] sie haben gesagt.

8. Die Aussprache von *ll*

8.1. *ll* wird in den meisten Wörtern als einfaches [l] ausgesprochen wie z.B. in *vallée* Tal, *ballon* Ball, *mallette* kleiner Koffer, *belle* [fem.] schön.

8.2. Die Aussprache [ll] ist in einigen Wörtern gelehrten Ursprungs möglich, wie z.B. in *allocution* Ansprache, *illisible* unleserlich, *syllabe* Silbe, *collègue* Kollege.

8.3. Die Verbindung -***ille***- wird [ij] gesprochen, wie z.B. in *famille* Familie, *fille* Tochter, *grenouille* Frosch (vgl. § 4.1.2.). Einfaches [l] ist zu sprechen in *ville* Stadt, *tranquille* ruhig, *osciller* schwanken, *bacille* Bazillus.

9. Zur Aussprache von *m* vgl. § 3.6.

10. Zur Aussprache von *n* vgl. § 3.6.

11. Die Aussprache von ***p***

11.1. ***p*** wird im Gegensatz zum Deutschen nicht aspiriert.

11.2. ***p*** ist stumm im Wortinnern folgender Wörter:

baptême	Taufe	*exempt* [egzɑ̃]	ausgenommen
baptiser	taufen	*exempter*	ausnehmen
baptistère	Taufkapelle	*printemps*	Frühling
compte	Rechnung	*prompt* [pʀɔ̃]	rasch
compter	zählen	*sculpter*	in Stein hauen
corps [kɔʀ]	Körper	*sculpteur*	Bildhauer
dompter	zähmen	*sept/septième*	sieben/siebter
dompteur	Dompteur	*temps* [tɑ̃]	Zeit/Wetter

Anmerkung: Gesprochen wird *p* in *impromptu* [ɛ̃pʀɔ̃pty] improvisiert/Stegreifgedicht.

11.3. Während ***p*** am Wortende im Allgemeinen stumm ist, wird es gesprochen in:

cap	Kap	*stop*	Halt
cep [sɛp]	Weinstock	*top*	Ton [Zeitansage]
handicap	Benachteiligung	*vamp* [vɑ̃p]	Vamp

12. Die Aussprache von ***qu***

qu wird ausgesprochen als:

12.1. [k] wie z.B. in *quatre* vier, *quasi* fast, *question* Frage, *quitter* verlassen;

12.2. [kw] in Wörtern, die mit *quadr-* beginnen, wie z.B. in *quadrupède* Vierbeiner, *quadruple* vierfach (Ausnahme: *quadrille* [kadʀij] Quadrille [Tanz]); ferner in gelehrten Wörtern wie *adéquat* adäquat, *équateur* Äquator, *équation* Gleichung, *quartz* Quarz;

12.3. [kɥ] in einigen gelehrten Wörtern, wie z.B. in *équisyllabique* gleichsilbig, *équilatéral* gleichseitig.

13. Die Aussprache von ***r***

13.1. ***r*** wird überwiegend als Zäpfchen-r (r grasseyé) ausgesprochen. Die Aussprache des ***r*** als gerolltes Zungen-r ist veraltet und kommt nur noch regional vor. Deutsche Lernende sollten darauf achten, dass auslautendes [ʀ] im Französischen nicht als a-ähnlicher Laut ausgesprochen wird.

13.2. ***r*** ist stumm:

13.2.1. in der Infinitivendung -***er***: *fermer* [fɛʀme] schließen;

13.2.2. bei Substantiven und Adjektiven, die auf -***ier*** enden: *fermier* Bauer, *grenier* Speicher, *premier* erster, *dernier* letzter (Ausnahmen vgl. § 3.2.2.2. und § 105 Anm. 2);

13.2.3. bei Substantiven und Adjektiven, die auf -***cher***/-***ger*** ausgehen: *rocher* Fels, *danger* Gefahr, *léger* leicht.

13.3. Ferner ist ***r*** stumm in *gars* [ga] Bursche, *monsieur* [məsjø] Herr, *messieurs* [mesjø] Herren.

13.4. In nachlässiger Redeweise verstummt ***r*** in *parce que* [paskə] 'weil' und in *quatre* [kat] vier.

14. Das stimmlose und das stimmhafte ***s***

14.1. Je nach seiner lautlichen Umgebung kann ***s*** stimmlos oder stimmhaft ausgesprochen werden. Am Wortende ist es in der Regel stumm.

14.2. Stimmloses ***s*** [s] wird im Wortanlaut, am Silbenanfang nach Konsonant oder Nasalvokal gesprochen, wie z.B. in *savoir* [savwaʀ] wissen, *soleil* [sɔlɛj] Sonne, *université* [ynivɛʀsite] Universität, *chanson* [ʃɑ̃sõ] Lied.

Anmerkung 1: Stimmhaft ist jedoch ***s*** in *Alsace* [alzas].

Anmerkung 2: Das ***s*** des Präfixes ***trans***- wird vor folgendem Vokal stimmhaft gesprochen, wie z.B. in *transitif* [tʀɑ̃zitif] transitiv, *transition* [tʀɑ̃zisjõ] Übergang, *transatlantique* [tʀɑ̃zatlɑ̃tik] überseeisch/ transatlantisch; ebenso *transi* [tʀɑ̃zi] erstarrt.

14.3. Stimmhaftes ***s*** [z] erscheint zwischen Vokalen – außer nach einem Nasalvokal – wie z.B. in *rose* [ʀoz] Rose, *oser* [oze] wagen, *saisir* [seziʀ] packen.

14.4. ***s*** zwischen Vokalen ist in der Regel stimmlos, wenn der vorangehende Vokal zu einem Präfix bzw. Präfixoid (vgl. § 377) gehört, wie z.B. in:

a*symétrique*	asymmetrisch
anti*sémite*	antisemitisch
para*sol*	Sonnenschirm
homo*sexuel*	homosexuell
idio*syncrasie*	(krankhafte) Überempfindlichkeit
micro*sonde*	Mikrosonde
photo*sensible*	lichtempfindlich
re*saluer*	wiedergrüßen

Anmerkung 1: Stimmhaft ist ***s*** in den Präfixen ***bis-***, ***dés-*** und ***més-***: *bisaïeul* Urgroßvater, *désillusion* Enttäuschung, *mésaventure* Missgeschick.

Anmerkung 2: Die Aussprache eines auf das Präfix ***pré-*** folgenden ***s*** schwankt. Stimmloses ***s*** wird gesprochen in *préséance* Vortritt, *présupposer* voraussetzen; stimmhaftes ***s*** wird gesprochen in *présage* Vorzeichen, *présumer* vermuten.

Anmerkung 3: Ferner wird ***s*** stimmlos ausgesprochen in Wortzusammensetzungen wie *contresens* Widersinn, *entresol* Zwischengeschoss, *vraisemblable* wahrscheinlich und in zusammengesetzten Namen des Typs *Lesage*, *Lasalle, Beausoleil.*

14.5. ***s*** am Wortende wird als [s] gesprochen in:

albatros	Albatros	*lys/lis*	Lilie
anus	After	*maïs* [mais]	Mais
atlas	Atlas	*mœurs* [mœʀ(s)]	Sitten
autobus	Omnibus	*myosotis*	Vergissmeinnicht
bis	noch einmal	*oasis*	Oase
blocus	Blockade	*ours*	Bär
cassis	schwarze Johannisbeere	*palmarès*	Hitparade
cosmos	Weltall	*processus*	Prozess/Vorgang
crocus	Krokus	*prospectus*	Prospekt
fils [fis]	Sohn	*rhinocéros*	Nashorn
fêtus	Fötus	*sens*	Sinn
hélas!	ach!	*tennis*	Tennis
hiatus	Hiat	*terminus*	Endstation
infarctus	Infarkt	*utérus*	Uterus
jadis	ehemals	*virus*	Virus
lapsus	Sprachfehler	*vis*	Schraube

Anmerkung 1: Bei *ananas* Ananas, *anis* Anis, *détritus* Abfälle ist die Aussprache des ***s*** fakultativ.

Anmerkung 2: Ferner wird *s* am Wortende folgender Namen gesprochen:
Personennamen: *Agnès* Agnes, *Clovis* Chlodwig, *Iris, Jonas, les Médici(s)* die Medici, *Stanislas* Stanislaus;
geographische Namen: *Anvers* Antwerpen, *Arras*, *Aunis*, *Calvados*, *Tunis*.

14.6. Besonderheiten:

14.6.1. Substantivisches *tous* ‘alle’ wird stets [tus] gesprochen, auch vor einem vokalisch anlautenden Folgewort: *tous ensemble* [tusɑ̃sɑ̃bl(ə)] alle zusammen.

14.6.2. In der Konjunktion *tandis que* ‘während’ wird das ***s*** gelegentlich gesprochen.

14.6.3. Das Adverb *plus* wird [ply] ausgesprochen, wenn es Bestandteil der Negation *ne ... plus* 'nicht mehr' ist. Gleiches gilt für die Korrelativausdrücke *plus ... plus* je mehr ... desto mehr, und *plus ... moins* je mehr ... desto weniger, und wenn *plus* zur Bildung des Komparativs oder Superlativs verwendet wird. Wird *plus* jedoch im Sinne von *davantage* 'mehr' gebraucht, lautet die Aussprache [plys]: *J'en veux plus* – Ich will mehr; ferner in der Verbindung *plus que* 'mehr als' und als Rechenoperator: *Deux plus trois font cinq.* – Zwei und drei gibt fünf.

14.6.4. ***s*** ist stumm im Wortinnern der Eigennamen *Vosges* [voʒ] Vogesen, *Aisne* [ɛn] (französisches Département), *Dumesnil* [dymɛnil].

15. Die Aussprache von ***t***

15.1. ***t*** wird im Gegensatz zum Deutschen nicht aspiriert.

15.2. Am Wortende ist ***t*** in der Regel stumm; gesprochen wird es aber in:

abrupt	abrupt	*granit*	Granit
azimut	Scheitelpunkt	*lest*	Ballast
ballast	Ballast	*mat*	matt
brut	roh	*ouest* [wɛst]	Westen
chut!	pst!	*mazout*	Heizöl
cobalt	Kobalt	*net*	klar/rein
coït	Koitus	*prurit*	Juckreiz
compost	Kompost	*rut*	Brunst
concept	Begriff	*toast* [tost]	Toast
déficit	Defizit	*trust* [tʀœst]	Trust
dot	Mitgift	*vermout(h)*	Wermut
est [ɛst]	Osten	*yacht* [jɔt]	Yacht
flirt [flœʀt]	Flirt	*zut!*	verflixt!

Anmerkung 1: Bei den Wörtern auf ***-ct*** wird [kt] gesprochen, wie z.B. in *contact* Kontakt, *direct* direkt; stumm ist diese Verbindung in *aspect* [aspɛ] Aspekt, *respect* [ʀɛspɛ] Respekt. Die Aussprache schwankt in *suspect* [syspɛ/syspɛkt] verdächtig und in *exact* [egza/egzakt] genau.

Anmerkung 2: In den Eigennamen *Brest, Ernest, Proust* wird ***-st*** gesprochen.

Anmerkung 3: Fakultativ ist die Aussprache des ***t*** in *yog(h)ourt* [joguʀ(t)]/*yaourt* [jauʀ(t)].

Anmerkung 4: In der Regel wird ***th*** wie [t] gesprochen, wie z.B. in *thé* Tee, *théâtre* Theater, *sympathique* sympathisch, *chrestomathie*. In *asthme* [asm(ə)] 'Asthma' und *isthme* [ism(ə)] 'Isthmus' wird ***th*** nicht gesprochen.

15.3. In folgenden Endungen wird ***t*** wie [s] gesprochen:

-tiable	*insatiable*	unersättlich
-tial	*initial*	anfänglich
-tie	*démocratie*	Demokratie
-tience	*patience*	Geduld
-tien	*haïtien*	haitianisch
-tient	*patient*	Patient/geduldig
-tieux	*ambitieux*	ehrgeizig
-tion	*nation*	Volk

Anmerkung 1: Bei den femininen Partizipien und den formgleichen Substantiven auf ***-tie*** wird [t] gesprochen, wie z.B. in *sentie* gefühlt, *sortie* ausgegangen/Ausgang.

Anmerkung 2: In den folgenden Wörtern wird [t] in der Endung ***-tien*** gesprochen: *chrétien* Christ/christlich, *entretien* Unterredung, *soutien* Stütze.

Anmerkung 3: Die Endung ***-tier*** wird nur in den Verben *balbutier* stottern, *initier* einweihen/einführen als [sje] ausgesprochen, sonst als [tje] wie z.B. in *héritier* Erbe, *métier* Beruf.

15.4. Besonderheiten:

15.4.1. In *août* 'August' und *but* 'Ziel/Tor' kann ***t*** gesprochen werden.

15.4.2. ***t*** in *fait* 'Tatsache' wird üblicherweise vor einer Sprechpause und in einer Reihe von Wendungen (*au fait* im Grunde genommen, *de fait* de facto, *dire son fait à qn* jdm. die Meinung sagen, *le fait est que* Tatsache ist, dass) gesprochen. Im Plural und in den Ausdrücken *fait divers* 'Begebenheit' und *tout à fait* 'völlig' ist ***t*** stumm.

15.4.3. In *soit* 'meinetwegen' wird ***t*** gesprochen.

15.4.4. In *Christ* 'Christus' wird ***t*** üblicherweise gesprochen, in *Jésus Christ* ist es stumm [ʒezykʀi].

15.4.5. ***t*** in *sept* 'sieben' wird stets gesprochen: *sept jours* [sɛtʒuʀ] sieben Tage, *sept ans* [sɛtɑ̃] sieben Jahre, *sept cents* [sɛtsɑ̃] siebenhundert. In *huit* 'acht' wird ***t*** gesprochen, außer vor konsonantisch anlautendem Folgewort: *huit‿ans* [ɥitɑ̃] acht Jahre, *huit jours* [ɥiʒuʀ] acht Tage, *huit cents* [ɥisɑ̃] achthundert (vgl. § 99.6).

15.4.6. Die Aussprache von *etc.* lautet [ɛtseteʀa].

16. Die Aussprache von *w*

16.1. ***w*** wird wie [v] gesprochen, wie z.B. in *wagon* Eisenbahnwagen, *warrant* 'Pfandschein' und in den Eigennamen *Wagner, Wagram, Wurtemberg.*

16.2. Die Aussprache [w] erscheint in Ausdrücken wie *wallon* 'wallonisch' sowie in Entlehnungen aus dem Englischen, wie z.B. in *waters* Klosett, *weekend* Wochenende, *whisky.*

Anmerkung: Das von *interview* [ɛ̃tɛʀvju] Interview abgeleitete Verb lautet *interviewer* [ɛ̃tɛʀvjuve] interviewen. Der Buchstabe ***w*** ist stumm in *bungalow* [bɛ̃galo] Bungalow.

17. Die Aussprache von *x*

17.1. Der Buchstabe ***x*** kann als [ks], [gz], [s], [z] ausgesprochen werden oder stumm sein.

17.2. Die Aussprache [ks] ist am häufigsten; sie erscheint z.B. in *taxi* Taxi, *luxe* Luxus, *texte* Text, *expliquer* erklären, *index* Zeigefinger, *larynx* [laʀɛ̃ks] Kehlkopf.

Anmerkung: Die Aussprache des Ortsnamens *Chamonix* lautet [ʃamɔni(ks)].

17.3. In der Vorsilbe ***ex***- mit folgenden Vokal oder ***h*** + Vokal wird [gz] gesprochen, wie z.B. in *examen* [ɛgzamɛ̃] Prüfung, *exagérer* übertreiben, *exemple* Beispiel, *exercice* Übung, *exhorter* ermahnen.

Anmerkung: Die Aussprache von ***x*** im Anlaut von Fremdwörtern schwankt zwischen [gz] wie in *xénophobie* Fremdenfeindlichkeit, und [ks] in *xérographie* Xerographie. Der Personenname *Xavier* wird [gzavje] ausgesprochen.

17.4. Die Aussprache [s] erscheint in *six* [sis] sechs, *dix* [dis] zehn, *soixante* [swasɑ̃t], *coccyx* [kɔksis] Steißbein. Das auslautende [s] der Zahlwörter *six* und *dix* verstummt vor konsonantisch anlautendem Folgewort: *six livres* [siliVʀ(ə)] sechs Bücher; vor vokalisch anlautendem Folgewort wird es als [z] gebunden (vgl. § 8): *dix enfants* [dizɑ̃fɑ̃] zehn Kinder.

Anmerkung: Das ***x*** in den Ortsnamen *Auxerre, Auxonne* und *Bruxelles* wird teils als [s], teils als [ks] ausgesprochen.

17.5. ***x*** wird als [z] gesprochen in *deuxième* zweiter, *sixième* sechster, *dixième* zehnter, *dix-huit* achtzehn, *dix-neuf* neunzehn, sowie in der Liaison, wie z.B. in *deux‿ans* [døzɑ̃] zwei Jahre.

17.6. ***x*** ist stumm

17.6.1. am Wortende folgender Substantive:

choix	Wahl	*paix*	Friede
courroux	Grimm	*perdrix*	Rebhuhn
croix	Kreuz	*poix*	Pech
crucifix	Kruzifix	*prix*	Preis
faix	Bürde	*reflux*	Zurückfluten
flux	Flut	*toux*	Husten
noix	Nuss	*voix*	Stimme

Anmerkung: Ferner ist ***x*** stumm in den Ortsnamen *Bordeaux*, *Meaux* [mo], *Roncevaux, Roubaix.*

17.6.2. am Wortende der auf -***eux*** endenden Adjektive, wie z.B. *heureux* [œʀø] glücklich, sowie folgender weiterer Adjektive:

doux	sanft	*roux*	rothaarig
faux	falsch	*vieux*	alt
jaloux	eifersüchtig		

17.6.3. als Verbendung, wie z.B. in *je veux* ich will, *je peux* ich kann, und als Pluralkennzeichen, wie z.B. in *journaux* Zeitungen, *cheveux* Haare, *beaux* [mask. Pl.] schön(e), *amicaux* [mask. Pl.] freundschaftlich(e), *aux* [Präp. *à* + best. Artikel Pl.].

18. Die Aussprache von ***y***

18.1. Folgt auf ***y*** ein Nasal (m/n) + Konsonant, so wird [ɛ̃] gesprochen: *symbole* [sɛ̃bɔl] Symbol, *synthèse* [sɛ̃tɛz] Synthese. Die gleiche Aussprache gilt auch für ***ym*** am Wortende: *thym* [tɛ̃] Thymian.

18.2. In den übrigen Fällen wird ***y*** vor Konsonant als [i] gesprochen, wie z.B. in *lycée* Gymnasium, *système* System. Ebenso lautet die Aussprache des Pronominaladverbs ***y*** (vgl. § 135).

18.3. Nach Vokal lautet die Aussprache des ***y*** [j], wie z.B. in *payer* [peje] (be)zahlen, *nettoyer* [nɛtwaje] reinigen, *essuyer* [esɥije] abwischen (vgl. § 4.3).

18.4. Besonderheiten:

Die Aussprache von *abbaye* ‘Abtei’ und *pays* ‘Land’ lautet [abei] bzw. [pei]. Die Verbindung ***aye*** wird [aj] gesprochen in *cobaye* ‘Meerschweinchen’ sowie in den Ortsnamen *Hendaye* und *Biscaye* Biscaya. Die Aussprache von *la Haye* Den Haag lautet [laɛ].

19. Die Aussprache von ***z***

19.1. ***z*** am Wortende ist in der Regel stumm, wie z.B. in *nez* Nase, *assez* genug, *chez* bei, *riz* Reis sowie in den Verbformen auf -***ez***, wie z.B. in *vous avez* ihr habt.

19.2. Gesprochen wird *z* am Wortende in *gaz* [gaz] Gas, *merguez* [mɛʀgɛz] Würstchen aus Hammelfleisch, ferner in den Eigennamen *Suez* [sɥɛz], *Berlioz.*

19.3. Besonderheiten:

19.3.1. In Wörtern spanischen Ursprungs wird ***z*** am Wortende als [s] gesprochen, wie z.B. in *Cortez, Lopez, Gonzalez.*

19.3.2. Die Aussprache [ts] erscheint in dem Personennamen *Leibniz* und in den Ortsnamen *Austerlitz, Biarritz.*

19.3.3. Die Stadt *Metz* wird [mɛs] ausgesprochen.

Die orthographischen Zeichen (les signes orthographiques) 6

Zu den orthographischen Zeichen gehören die Akzente, das Trema, die Cedille, der Apostroph und der Bindestrich. Bei den Akzenten unterscheidet man zwischen dem *accent aigu* (´), dem *accent grave* (`) und dem *accent circonflexe* (^). Diese Akzente erscheinen in der Regel nicht auf Großbuchstaben.

1. Der *accent aigu* [aksɑ̃tegy]

Der *accent aigu* kennzeichnet ein geschlossenes [e], wie z.B. in *été* gewesen/Sommer, *fermé* geschlossen, *pré* Wiese, *église* Kirche, *étroit* eng.

Anmerkung 1: Nicht jedes geschlossene [e] trägt einen *accent aigu*; so wird der Vokal *e* in Wörtern wie *nez* 'Nase', *pied* 'Fuß', in Fremdwörtern wie *penalty* 'Strafstoß' oder *vice-versa* [vis(e)vɛʀsa] 'umgekehrt', in den auf *-ez* ausgehenden Verbformen, wie z.B. in *vous fermez* 'ihr schließt' und in den Verbindungen *ecc-, eff-, ess-* geschlossen gesprochen, wie z.B. in *ecclésiastique* kirchlich, *effort* Anstrengung, *essayer* versuchen.

Anmerkung 2: In einigen Fällen wird *é* als [ɛ] gesprochen (vgl. § 3.2.1.1).

Anmerkung 3: Mit oder ohne *accent aigu* können geschrieben werden: *allégro/allegro* Allegro, *sélect/select* ausgewählt, *référendum/referendum* [ʀefeʀɛ̃dɔm], *révolver/revolver* Revolver.

Anmerkung 4: Innerhalb der Konjugation einer Gruppe von Verben kann die Akzentsetzung wechseln, wie z.B. in *nous espérons* wir hoffen – *j'espère* ich hoffe (vgl. § 182.2). Bei abgeleiteten Wörtern (vgl. § 377) kann im Unterschied zum Grundwort ein Akzent gesetzt werden, wie z.B. in *refuge* [ʀə-] Zuflucht – *se réfugier* [ʀe-] sich flüchten, *religieux* [ʀə-] religiös – *irréligieux* [iʀ(ʀ)e-] gottlos.

2. Der *accent grave*

2.1. Der *accent grave* kennzeichnet ein offenes [ɛ], wie z.B. in *grève* Streik, *mère* Mutter, *ère* Ära, *thème* Thema/Hinübersetzung.

Anmerkung: Nicht jedes offene [ɛ] trägt einen *accent grave*; so wird *e* in den Verbindungen *est, el, ell, ett, err* offen gesprochen, wie z.B. in *estimer* schätzen, *rester* bleiben, *carrousel* Karussell, *passerelle* Landesteg, *fillette* Mädchen, *équerre* Winkeldreieck.

2.2. Ein *accent grave* auf den Vokalen *a* oder *u* ist ein rein graphisches Unterscheidungszeichen: *(il) a* (er) hat – *à* Präposition, *la* best. Artikel fem. – *là* dort, *ou* oder – *où* wo/wohin.

3. Der *accent circonflexe*

3.1. Der *accent circonflexe* kann auf allen Vokalen erscheinen: *âme* Seele, *fenêtre* Fenster, *abîme* Abgrund, *trône* Thron, *moût* [mu] Most, *piqûre* Stich/Spritze. Ein *e* mit *accent circonflexe* wird offen gesprochen, wie z.B. in *fête* [fɛt] 'Fest', ein *o* mit *accent circonflexe* wird meist geschlossen gesprochen, wie z.B. in *ôter* [ote] ausziehen (vgl. jedoch § 3.4.5. Anm. 2).

Als graphisches Unterscheidungszeichen dient der *accent circonflexe* in:

bât	Packsattel	- *(il) bat*	(er) schlägt
(il) croît	(er) wächst	- *(il) croit*	(er) glaubt
crû	gewachsen	- *cru*	geglaubt/roh
dû	geschuldet	- *du*	kontr. Art. *(de + le)*
faîte	Giebel	- *faite*	gemacht [fem.]
(il) jeûne [ʒøn]	(er) fastet	- *jeune* [ʒœn]	jung
mûr	reif	- *mur*	Mauer
sûr	sicher	- *sur*	auf
tâche	Aufgabe	- *tache*	Fleck

Anmerkung 1: Der *accent circonflexe* unterscheidet die 3. Pers. Sing. Konj. Imperf. der 1., 2. und 3. Konjugation von der gleichlautenden Form der 3. Pers. Sing. *passé simple*, bei den Verben der 3. Konjugation mit Stammerweiterung sowie bei den Verben *conclure* '(be)schließen', *inclure* 'einschließen' und *suffire* 'genügen' auch von der 3. Pers. Sing. Präs. Ind.:

il alla er ging – *bien qu'il allât* obwohl er ging
il attendit er wartete – *pour qu'il attendît* damit er wartete
il dormit er schlief – *sans qu'il dormît* ohne dass er schlief
il finit er beendet(e) – *avant qu'il finît* bevor er beendete
il conclut er (be)schließt/(be)schloss – *bien qu'il conclût* obwohl er (be)schloss

Anmerkung 2: Die Possessivadjektive der 1. und 2. Pers. Pl. lauten *notre* [nɔtʀ(ə)] unser, *votre* [vɔtʀ(ə)] euer, die entsprechenden Possessivpronomen *(le) nôtre* [notʀ(ə)] unserer, *(le) vôtre* [votʀ(ə)] eurer (vgl. §§ 58, 67).

Anmerkung 3: Bei einigen abgeleiteten Wörtern (vgl. §§ 373-375) entfällt der *accent circonflexe* im Gegensatz zum Grundwort, wie z.B. in:

grâce Anmut	- *gracieux* anmutig
disgrâce Ungnade	- *disgracieux* anmutslos
infâme niederträchtig	- *infamie* Niedertracht
cône [o] Kegel	- *conique* [ɔ] kegelförmig
symptôme [o] Symptom	- *symptomatique* [ɔ] symptomatisch

4. Das Trema (le tréma)

4.1. Das Trema (¨) wird nur auf die Vokale *e, i* und *u* gesetzt. Es gibt an, dass zwei aufeinander folgende Vokale getrennt zu sprechen sind, wie z.B. in:

haïr [aiʀ]	hassen
égoïste [egɔist]	Egoist
coïncider [kɔɛ̃side]	zusammentreffen
païen [pajɛ̃]	heidnisch
canoë [kanɔe]	Kanu
Noël [nɔɛl]	Weihnachten
Citroën [sitʀɔɛn]	Citroën
Saül [saul]	Saul
Capharnaüm [kafaʀnaɔm]	Kapernaum

4.2. In der Endung *-guë* zeigt das Trema an, dass [gy] zu sprechen ist, wie z.B. in:

aiguë [fem.] [egy]	spitz
ambiguë [fem.]	zweideutig
contiguë [fem.]	angrenzend

Anmerkung 1: Die Aussprache der Endung *-gue* lautet hingegen [g], wie z.B. in *figue* [fig] Feige, *exsangue* [ɛksɑ̃g] blutlos.

Anmerkung 2: In dem Namen *Madame de Staël* [stal] ist *ë* stumm.

5. Die Cedille (la cédille)

Die Cedille zeigt an, dass *c* vor den Vokalen *a, o* und *u* als [s] zu sprechen ist, wie z.B. in *ça* das, *leçon* Lektion, *aperçu* Überblick.

Merke: Dieses Wort schreibt sich mit Cedille. – *Ce mot s'écrit avec un c cédille.*

6. Der Apostroph (l'apostrophe [fem.])

Der Apostroph zeigt den Ausfall eines Vokals (Elision, vgl. § 7) an, wie z.B. in *l'homme* der Mensch, *l'année* das Jahr, *il l'a fait* er hat es getan, *s'il vous plaît* bitte, *elle n'est pas venue* sie ist nicht gekommen, *la presqu'île* die Halbinsel.

7. Der Bindestrich (le trait d'union)

Der Bindestrich kann zur Bildung zusammengesetzter Wörter verwendet werden, wie z.B. in *chef-lieu* Hauptort (vgl. § 378); ferner verbindet er bestimmte syntaktisch zusammengehörige Wortformen, wie z.B.

7.1. Verbform im Imperativ + Personalpronomen: *Donne-le-moi.* – Gib es mir!

7.2. Verbform + Personalpronomen in der Inversion: *Vient-elle?/Est-ce qu'elle vient?* – Kommt sie? *L'a-t-il vu?* – Hat er ihn gesehen?

7.3. Demonstrativpronomen und von einem Demonstrativadjektiv begleitete Substantive: *celle-ci* diese *celui-là* jener, *cette maison-ci* dieses Haus hier, *cette maison-là* dieses Haus dort/jenes Haus;

7.4. *ci* + Partizip: *ci-joint* beigefügt, *ci-inclus* beigeschlossen, *ci* + Präposition: *ci-contre* nebenstehend, *ci-après* nachstehend, *ci* + Adverb: *ci-dessus* weiter oben, *ci-dessous* weiter unten, *ci* in der Wendung *ci-gît* hier ruht (Grabinschrift);

7.5. *là* + Adjektiv: *là-bas* da/dort, *là* + Adverb: *là-dedans* darin, *là* in dem Ausdruck *jusque-là* bis dahin;

7.6. unverbundenes Personalpronomen + Indefinitadjektiv *même*: *moi-même* ich selbst, *nous-mêmes* wir selbst;

7.7. bei den Zahlwörtern wie *dix-sept* 17, *trente-trois* 33, *soixante-dix* 70, *quatre-vingt-un* 81 (vgl. § 98).

7 **Die Elision** (l'élision)

Unter Elision versteht man das Verstummen des auslautenden *e*, *a* oder *i* vor einem Folgewort, das mit einem Vokal oder mit einem *h muet* beginnt. In der geschriebenen Sprache wird der ausgefallene Vokal durch einen Apostroph (vgl. § 6.6) gekennzeichnet.

1. **Elision findet statt**

1.1. bei den Formen des bestimmten Artikels im Singular sowie beim partitiven Artikel: *l'article* der Artikel, *l'idée* die Idee, *de l'or* Gold, *de l'huile* Öl.

1.2. bei den verbundenen Personalpronomen *je, me, te, se, le* und *la*: *J'arrive!* – Ich komme! *Il m'a vu.* – Er hat mich gesehen. *Elle t'appelle.* – Sie ruft dich. *Il s'en va.* – Er geht weg. *Ce roman, je l'ai déjà lu.* – Diesen Roman habe ich schon gelesen. *Cette revue, je l'ai déjà lue.* – Diese Zeitschrift habe ich schon gelesen.

1.3. nach *que* in allen seinen Funktionen: *Qu'as-tu fait?* – Was hast du gemacht? (Fragepronomen, vgl. § 116), *la maison qu'il a construite* – das Haus, das er gebaut hat (Relativpronomen, vgl. § 146), *J'espère qu'il viendra.* – Ich hoffe, dass er kommt (Konjunktion, vgl. § 364), *Je gagne plus qu'eux.* – Ich verdiene mehr als sie (Vergleichspartikel, vgl. § 173).

1.4. nach den mit *que* zusammengesetzten Konjunktionen *lorsque, quoique, puisque* vor den Personalpronomen *il, ils, elle, elles,* dem Indefinitpronomen *on* 'man', dem unbestimmten Artikel im Sing. *un, une* sowie vor dem Adverb *ainsi* 'so' und dem Pronominaladverb/der Präposition *en.*

Anmerkung 1: In der geschriebenen Sprache wird bei den genannten Konjunktionen die Elision gelegentlich auch auf andere Fälle ausgedehnt.

Anmerkung 2: Im Falle der mit *que* zusammengesetzten, aber nicht zusammengeschriebenen Konjunktionen, wie z.B. *après que* 'nachdem', *aussitôt que* 'sobald', *parce que* 'weil', *pour que* 'damit', gelten dieselben Regeln der Elision wie bei *que*: ... *parce qu'Angélique ne vient pas* - ... weil Angélique nicht kommt.

1.5. bei *jusque* 'bis': *jusqu'à Dijon* bis nach Dijon, *jusqu'ici* bis hierher/jetzt, *jusqu'en Angleterre* bis nach England;

1.6. bei der Verneinungspartikel *ne*: *Il n'est pas là.* – Er ist nicht da. *Elle n'a rien vu.* – Sie hat nichts gesehen. *Je n'ose pas.* – Ich traue mich nicht.

1.7. bei der Präposition *de*: *Défense d'afficher.* – Ankleben verboten. *La femme d'André* Andrés Frau, *plus d'un* so mancher;

1.8. nach dem neutralen Demonstrativpronomen *ce*: *C'est difficile.* – Das ist schwierig.

Anmerkung: Wenn die folgende Verbform mit dem Vokal *a* beginnt, wird *ç'* geschrieben: *Ç'a été dur.* – Das war hart.

1.9. bei *quelque* nur vor *un/une*: *quelqu'un* 'jemand', *quelqu'une de tes collègues* eine deiner Kolleginnen;

1.10. bei der Konjunktion *si* 'wenn/falls' nur vor den Personalpronomen *il, ils*: *s'ils viennent* falls sie kommen, *s'il vous plaît* bitte;

1.11. bei *presque* 'fast' nur in der Zusammensetzung *presqu'île* Halbinsel.

2. **Elision unterbleibt**

2.1. vor folgendem *h aspiré*: *le hêtre* die Buche, *la honte* die Schande, *Mon chef me harcèle.* – Mein Chef bedrängt mich.

2.2. wenn die verbundenen Personalpronomen *le, la* betont sind: *Dites-le avec des fleurs.* – Sagt es mit Blumen! *Emmène-la avec toi.* – Nimm sie mit!

2.3. vor den Zahlwörtern *un, une, huit, huitième, onze, onzième*: *le un* die eins, *à la une* auf der Titelseite [Zeitung], *la huitième édition* die achte Auflage, *le onze de France* die französische Nationalmannschaft [Fußball].

Aber: *l'un l'autre* gegenseitig, *l'un d'eux* einer von ihnen

2.4. vor den mit *y* [j] + Vokal anlautenden Wörtern, wie z.B. *le yacht* [jɔt] die Yacht, *la conférence de Yalta* die Konferenz von Yalta, *le yaourt* [jauʀ(t)] der Joghurt, *le Yémen du Sud* der Südjemen, *le yod* das Jod, *le yoga* das Yoga, *La Yougoslavie n'existe plus.* – Jugoslawien gibt es nicht mehr.

Aber: *l'yeuse* die Steineiche, *l'île d'Yeu* die Insel Yeu, *le département de l'Yonne* das Départment Yonne, *Il n'avait d'yeux que pour elle.* – Er hatte nur Augen für sie.

3. **Elision ist möglich**

3.1. vor den vokalisch anlautenden Namen der Buchstaben: *l'a, l'o, l'h muet* [laʃmɥɛ] das stumme h. Der Deutlichkeit halber unterbleibt sie jedoch oft: *le a, le m* [ləɛm] das m. *Le o de homme se prononce ouvert.* – Das *o* von *homme* wird offen ausgesprochen.

3.2. vor *ouate* Watte: *doublé d'ouate* wattiert, *la ouate* die Watte,

3.3. in dem Wort *hyène* [jɛn] Hyäne: *les cris de hyène/d'hyène* die Hyänenschreie.

Anmerkung: Im *français populaire* kann auch das *u* [y] von *tu* 'du' elidiert werden: *T'as vu?* – Hast du (das) gesehen?

Die Liaison (la liaison) 8

Unter Liaison versteht man eine Ausspracheregelung, nach der ein sonst stummer Endkonsonant ausgesprochen wird, wenn das folgende Wort mit einem Vokal oder einem *h muet* (vgl. § 5.6) beginnt. Die von der Norm geforderte Liaison wird jedoch nicht in allen Sprachregistern beachtet.

les plantes [leplɑ̃t] die Pflanzen	-	*les‿arbres* [le**z**aʀbʀ(ə)] die Bäume
trois jours [tʀwaʒuʀ] drei Tage	-	*trois‿heures* [tʀwa**z**œʀ] drei Stunden
trop tard [tʀɔtaʀ] zu spät	-	*trop‿osé* [tʀɔ**p**oze] zu gewagt
un livre [ɛ̃livʀ(ə)]	-	*un‿ami* [ɛ̃**n**ami] ein Freund

Man unterscheidet zwischen obligatorischer Bindung *(liaison obligatoire)* und fakultativer Bindung *(liaison facultative)*. In bestimmten Fällen darf nicht gebunden werden (*liaisons interdites)*.

Zu beachten ist, dass bei der Liaison die Buchstaben *s* und *x* als [z] und *d* als [t] gesprochen werden: *très‿occupé* [tʀɛzɔkype] sehr beschäftigt, *les faux‿amis* [lefozami] die falschen Freunde, *Attend-il?* [atɑ̃til] – Wartet er? *un grand‿écrivain* [ɛ̃gʀɑ̃tekʀivɛ̃], In der Wendung *suer sang‿et eau* 'Blut und Wasser schwitzen' wird *g* als [k] gesprochen: [sɥesɑ̃keo].

1. **Liaison ist obligatorisch**

1.1. zwischen einem Personalpronomen und einer Verbform: *Ils‿arrivent* [ilzaʀiv]. – Sie kommen an. *Elles‿attendent* [ɛlzatɑ̃d]. – Sie warten. *Il nous‿invite* [ilnuzɛ̃vit]. – Er lädt uns ein. *Vous‿avez le temps* [vuzaveltɑ̃]? – Habt ihr Zeit? *On‿espère* [õnɛspɛʀ]. – Man hofft. *Je les‿aime* [ʒəlezɛm]. – Ich liebe sie.

1.2. zwischen einer im Plural stehenden Artikelform, einem Demonstrativadjektiv, einem Possessivadjektiv, einem Zahlwort und dem Folgewort: *les‿amis* die Freunde, *des‿amis* Freunde, *ces‿amis* diese Freunde, *mes‿amis* meine Freunde, *leurs‿amis* ihre Freunde, *six‿amis* sechs Freunde, *les‿autres* die anderen.

1.3. zwischen einem Adjektiv und einem Substantiv:

un heureux‿événement	-	ein glückliches Ereignis
un grand‿arbre [ɛ̃gʀɑ̃taʀbʀ(ə)]	-	ein großer Baum
un petit‿appartement	-	eine kleine Wohnung
un bon‿ami [ɛ̃bɔnami]	-	ein guter Freund
au premier‿étage [opʀəmjɛʀetaʒ]	-	im ersten Stock

de grands‿arbres	- große Bäume
de beaux‿yeux [dəbozjø]	- schöne Augen

Anmerkung: Nicht gebunden wird in der Regel auslautendes *-t/-d* nach *r*: *un fort accent* [ɛ̃fɔʀaksɑ̃] ein starker Akzent, *un court arrêt* [ɛ̃kuʀaʀɛ] ein kurzer Halt, *un lourd héritage* [ɛ̃luʀeʀitaʒ] ein schweres Erbe.

1.4. zwischen einem Adverb der Menge sowie zwischen *bien* und *mieux* und dem Folgewort: *plus‿agréable* angenehmer, *très‿utile* sehr nützlich, *moins‿étonnant* weniger erstaunlich, *trop‿osé* zu gewagt, *bien‿aimable* sehr liebenswürdig, *pour mieux‿apprendre* um besser zu lernen.

Anmerkung: Die Liaison unterbleibt nach dem Adverb *fort*: *fort aimable* [fɔʀɛmabl(ə)] sehr liebenswürdig.

1.5. zwischen den Präpositionen *chez, dans, en, sans* und *sous* und dem folgenden Wort: *chez‿eux* bei ihnen, *dans‿un livre* in einem Buch, *en‿Angleterre* in England, *sans‿avoir* ohne zu haben, *sous‿un arbre* unter einem Baum.

Anmerkung 1: Nach der Norm findet Liaison auch zwischen den Präpositionen *après* 'nach' und *devant* 'vor' und vokalisch anlautendem Folgewort statt: *Après‿avoir rencontré son mari devant‿une boîte de nuit ...* – Nachdem sie ihren Mann vor einem Nachtlokal getroffen hatte ...

Anmerkung 2: Nach *vers/envers* wird das *s* nicht gebunden: *vers Avignon* in Richtung Avignon, *envers eux* ihnen gegenüber.

1.6. zwischen *est* 'ist' und *sont* 'sind' und dem Folgewort: *C'est‿un ordinateur.* – Das ist ein Computer. *Elle est‿au restaurant.* – Sie ist im Restaurant. *Ils sont‿arrivés.* – Sie sind angekommen.

Zur Bindung der übrigen Formen von *avoir* und *être* vgl. § 8.2.2.

1.7. zwischen einer Verbform und dem nachgestellten Personalpronomen *il, ils, elle, elles* und *on* (zur Inversion vgl. § 352): *Viennent-ils?* – Kommen sie? *Peut-elle venir?* – Kann sie kommen? *Sait-on jamais?* – Weiß man's? ..., *dit-il* ..., sagt(e) er.

Anmerkung: Folgt auf eine Verbform, die auf *-e* oder *-a* ausgeht, eines der nachgestellten Personalpronomen *il, ils, elle, elles* oder *on,* so wird in Analogie zu obigem Fall ein *t* (*t intercalé,* Fugen-t) eingeschoben: *Mange-t-il?* – Isst er? *Porte-t-il un manteau?* [pɔʀtətil] – Trägt er einen Mantel? *S'en va-t-elle?* – Geht sie weg? *Attendra-t-il?* – Wird er warten? *Que fera-t-on?* – Was werden wir tun? Beachte ferner: *Vainc-t-il?* [vɛ̃til] – Siegt er? *Convainc-t-elle?* [kɔ̃vɛ̃tɛl] – Überzeugt sie?

1.8. zwischen dem Imperativ und einem folgenden Pronominaladverb *y* oder *en*: *Allons-y.* – Los!/Auf geht's! *Portez-en trois.* – Bringen Sie drei davon! *Allez-y.* –Los!/Tun Sie das! Dabei wird an den Imperativ der 2. Pers. Sing. zum Zweck der Liaison ein *s* angefügt: *Vas-y.* – Los!/Tu das! *Manges-en.* – Iss davon! *Penses-y* [pɑ̃səzi]. – Denk daran!

2. **Liaison ist fakultativ**

2.1. zwischen einem Substantiv im Plural und einem folgenden Adjektiv: *des‿enfants‿| heureux* glückliche Kinder, *des livres‿| intéressants* interessante Bücher.

2.2. zwischen der 1. Pers. Sing. oder Pl. sowie der 2. Pers. Pl. des Verbs *être* und dem Folgewort: *Je suis‿| Allemand.* – Ich bin Deutscher. *Nous sommes‿| étonnés.* – Wir sind erstaunt. *Vous vous‿êtes‿| aperçu que ...?* – Haben Sie bemerkt, dass ...?

2.3. zwischen einem Partizip Perfekt und seiner Ergänzung: *les moyens mis‿| en œuvre* die eingesetzten Mittel, *pris‿| en flagrant délit* auf frischer Tat ertappt.

2.4. nach der Konjunktion *mais* und dem Adverb *jamais: Mais‿| elle n'est pas venu.* – Aber sie ist nicht gekommen. *Je n'ai jamais‿| eu la chance de la connaître.* – Ich habe nie das Glück gehabt, sie kennen zu lernen.

2.5. bei der Angabe des Datums: *le six‿| avril* der sechste April, *le deux‿| août* der zweite August.

3. **Liaison ist ausgeschlossen**

3.1. vor folgendem *h aspiré*: *les | héros* die Helden

3.2. vor den Zahlwörtern *un, une, huit, huitième, onze, onzième*: *Les | uns sont mal écrits.* – Die Einsen sind schlecht geschrieben. *les | onze joueurs* die elf Spieler, *les | huitièmes de finale* die Achtelfinalspiele.

Anmerkung 1: Bei pronominalem Gebrauch von *un(s)* findet Liaison statt: *pas‿un* – kein einziger, *les‿uns ... les‿autres* die einen ... die anderen. *Ils s'insultent les‿uns les‿autres.* – Sie beschimpfen sich gegenseitig.

Anmerkung 2: Beachte die Aussprache von *Un | et | un font deux* [ɛ̃eɛ̃fɔ̃dø]. – Eins und eins ist zwei.

3.3. nach der Konjunktion *et*: *Et | il partit.* – Und er ging weg.

3.4. zwischen einem substantivischen Subjekt und einem folgenden Verb: *Les‿invités | arrivent.* – Die Gäste kommen.

3.5. zwischen einem Substantiv im Singular und einem folgenden Adjektiv: *un complet* | *élégant* ein eleganter Anzug, *un chemin* | *étroit* ein schmaler Weg.

Anmerkung: Eine Ausnahme bilden die folgenden festen Ausdrücke: *l'accent‿aigu* der *accent aigu*, *un fait‿accompli* eine vollendete Tatsache, *un fait‿acquis* eine unbestrittene Tatsache, *le cas‿échéant* gegebenenfalls.

3.6. zwischen den der Verbform nachgestellten Pronomen *ils, elles* oder *on* und einem Folgewort: *Sont-ils* | *heureux?* – Sind sie glücklich? *Les portes sont-elles* | *ouvertes?* – Sind die Türen offen? *A-t-on* | *encore de l'essence?* – Haben wir noch Benzin?

3.7. Die folgende im *français populaire* vorkommende Liaison ist hyperkorrekt: *entre quatre yeux* [katzjø] unter vier Augen.

9 Die Betonung (l'accent tonique)

Die französische Betonung unterscheidet sich grundsätzlich von der deutschen. Während im Deutschen in der Regel die erste Silbe bzw. die Stammsilbe eines Wortes stark betont wird, trägt im Französischen die letzte Silbe einer Wortgruppe die Betonung, wobei der Gegensatz zwischen betonten und unbetonten Silben nur schwach ausgeprägt ist. Neben dieser normalen Betonung existieren im Französischen auch eine emphatische und eine kontrastive Betonung.

1. Die normale Betonung

Bei einem einzeln gesprochenen mehrsilbigen französischen Wort wird der letzte gesprochene Vokal etwas stärker betont als die vorangehenden: *fermer* [fɛʀme] schließen, *école* [ekɔl] Schule, *possible* [pɔsibl(ə)] möglich, *magasin* [magazɛ̃] Geschäft, *kinésitherapeute* [kineziteʀapøt] Heilgymnastiker.

In gesprochenen Äußerungen werden Einzelwörter nur in Ausnahmefällen betont (vgl. § 9.2.3.). In der Regel werden die Wörter zu inhaltlich und syntaktisch zusammengehörigen Wortgruppen zusammengefasst, und die Betonung liegt auf der letzten gesprochenen Silbe einer jeden Wortgruppe:

A une heure avancée de la nuit, dans un village touristique, une dame élégante entra dans un café.	Zu vorgerückter Stunde betrat eine elegante Dame in einem Ferienort ein Café.
En tout cas, si tu le vois, dis-lui de me téléphoner.	Auf jeden Fall, wenn du ihn siehst, sag ihm, er soll mich anrufen.

2. Die emphatische Betonung

2.1. Mit der emphatischen Betonung können einzelne Wörter gefühlsmäßig hervorgehoben werden, die beim Sprecher Ausdruck von Freude, Überraschung, Entrüstung oder Zorn sind.

2.2. Die emphatische Betonung betrifft die erste Silbe, wenn das betreffende Wort mit Konsonant beginnt: *C'est formidable.* – Das ist toll. *Il a remporté une victoire sensationnelle.* – Er hat einen sensationellen Sieg errungen. *Il a fait une bêtise monumentale.* – Er hat eine Riesendummheit gemacht.

2.3. Beginnt das hervorzuhebende Wort mit einem Vokal, wird die zweite Silbe betont: *C'est exaspérant.* – Es ist zum Aus-der-Haut-Fahren. *C'est une histoire invraisemblable.* – Das ist eine unwahrscheinliche Geschichte. *C'est un crime abominable.* – Das ist ein scheußliches Verbrechen.

3. Die kontrastive Betonung

Die kontrastive Betonung dient zur Gegenüberstellung meist gegensätzlicher Begriffe. Hierbei wird stets die erste Silbe betont: *Ce ne sont pas des armes offensives, ce sont des armes défensives.* – Das sind keine Angriffs-, das sind Verteidigungswaffen. *Ce n'est pas l'importation, c'est l'exportation qu'il faut encourager.* – Nicht den Import, sondern den Export muss man ankurbeln.

Die Intonation (l'intonation) 10

Die Intonation bzw. der Tonhöhenverlauf ist von vielen individuellen Faktoren abhängig, wie z.B. Temperament, Stimmung, Sprechtempo. Folgende Grundregeln können festgehalten werden:

1. Aussagesatz (phrase déclarative)

1.1. Im einfachen Aussagesatz steigt die Tonhöhe von Silbe zu Silbe allmählich an und fällt auf der letzten oder vorletzten Silbe stark ab: *Je passe toujours mes vacances au bord* (↑) *de la mer* (↓). – Ich verbringe meine Ferien immer am Meer.

1.2. Besteht ein Satz aus mehreren Wortgruppen, so steigt die Tonhöhe zum Ende jeder Wortgruppe hin an und fällt am Satzende deutlich ab: *En sortant du village* (↑), *vous tournez à gauche* (↑) *et vous continuez tout droit* (↓). – Wenn Sie das Dorf verlassen, biegen Sie links ab und fahren geradeaus weiter.

2. Fragesatz (phrase interrogative)

2.1. Im Fragesatz ohne Fragewort steigt die Intonation kontinuierlich an und fällt am Satzende nicht ab: *Vient-elle ce soir?* (↑). – Kommt sie heute Abend? *Robert va-t-il s'excuser?* (↑) – Wird sich Robert entschuldigen? Nur die Intonation macht deutlich, ob es sich im folgenden Satz um einen Frage- oder einen Aussagesatz handelt: *Il vient ce soir?* (↑) – Kommt er heute Abend? *Il vient* (↑) *ce soir* (↓). – Er kommt heute Abend.

2.2. Im Fragesatz mit Fragewort fällt die Intonation zum Satzende hin ab: *Qui a dit ça?* (↓) – Wer hat das gesagt? *Depuis quand* (↑) *travaille-t-il chez Renault?* (↓) – Seit wann arbeitet er bei Renault?

2.3. Im indirekten Fragesatz ist die Intonation fallend, im übergeordneten Satz steigt sie an: *Je lui avais demandé* (↑) *s'il viendrait* (↓). – Ich hatte ihn gefragt, ob er kommen werde. *Je lui avais demandé* (↑) *pourquoi elle n'était pas venue* (↓). – Ich hatte sie gefragt, warum sie nicht gekommen war/sei.

3. Ausrufesatz (phrase exclamative)

Die Intonation eines Ausrufesatzes verläuft im Allgemeinen steigend: *Au voleur!* (↑) – Haltet den Dieb! *Au feu!* (↑) – Es brennt!/Feuer! *Vive la France!* (↑) – Es lebe Frankreich! Kommentiert ein Ausrufesatz unglückliche Umstände, so verläuft die Intonationskurve von oben nach unten: *Quel malheur!* (↓). – Was für ein Unglück! *Pauvre de moi!* (↓) – Ich Armer!

4. Befehlssatz (phrase impérative)

In einem Befehlssatz setzt der Ton in der Regel hoch ein und fällt zum Satzende hin ab: *Viens tout de suite* (↓). – Komm sofort! *Fous le camp* [fulkɑ̃] (↓). – Hau ab! *Range tes affaires* (↓). – Räum deine Sachen auf!

11 **Die Silbentrennung** (la division en syllabes)

Bei der Silbentrennung wird nach folgenden Regeln verfahren:

1. Ein einzelner zwischen zwei Vokalen stehender Konsonant gehört zur Folgesilbe: *ha-bi-ter* wohnen, *ta-lent* Talent, *hô-tel* Hotel.

2. Zwei aufeinander folgende Konsonanten werden getrennt, mit Ausnahme der Verbindungen Konsonant + *l* oder *r* und *ch, ph, gn, th* und *ll* (wenn es als [j] gesprochen wird): *grom-me-ler* brummen, *ap-par-te-nir* gehören, *jar-din* Garten, *res-ter* bleiben, *é-blou-ir* blenden, *a-gres-sif* aggressiv, *é-troit* eng, *at-ta-cher* anbinden, *té-lé-pho-ner* telefonieren, *oi-gnon* Zwiebel, *a-thée* – atheistisch/Atheist, *gas-pi-ller* [j] vergeuden, aber: *tran-quil-li-ser* [l] beruhigen.

3. Folgen drei oder vier Konsonanten aufeinander, so wird nach dem zweiten Konsonanten getrennt: *abs-ten-tion* Enthaltung, *abs-trait* abstrakt; aber: *or-dre* Ordnung, *sar-cler* jäten (vgl. § 11.2)

4. Aufeinander folgende Vokale dürfen nicht getrennt werden: *fuir* fliehen, *croire* glauben, *loin* fern, *haïr* hassen, *réa-li-ser* verwirklichen.

5. Durch einen Apostroph verbundene Wörter dürfen nicht an der Verbindungsstelle getrennt werden: *l'homme* der Mensch, *pas d'ar-gent* kein Geld, *jus-qu'à Paris* bis Paris, *pres-qu'île* Halbinsel.

Anmerkung 1: Tonlose Endsilben werden in der Regel nicht abgetrennt: *té-lé-phone* Telefon, *dé-truire* zerstören, *pra-tique* praktisch.

Anmerkung 2: Man lässt keine Zeile mit einem einzelnen Vokal enden.

Anmerkung 3: Zuweilen wird bei der Trennung auch die Herkunft berücksichtigt: *de-struc-tion* 'Zerstörung' neben *des-truc-tion*.

Die Großschreibung (l'emploi des majuscules) **12**

Außer am Satzanfang werden im Französischen die Wörter klein geschrieben. Mit großem Anfangsbuchstaben erscheinen hingegen:

1. Eigennamen von

1.1. Personen: *Napoléon Bonaparte*, *Jean-Jacques Rousseau*, *Nathalie Sarraute*. Ist der Artikel Bestandteil des Familiennamens, wird auch er groß geschrieben: *La Fontaine*, *La Rochefoucauld*, *Le Nain*, *Mme de La Fayette*;

Anmerkung: Wird bei *Joachim* [ʒɔakɛ̃] *du Bellay* der Vorname weggelassen, kann *du/Du Bellay* geschrieben werden.

1.2. Kontinenten und Ländern: *l'Afrique* Afrika, *l'Europe* Europa, *l'Asie* Asien; *la France* Frankreich, *l'Allemagne* Deutschland, *le Portugal* Portugal, *les Etats-Unis* [lezetazyni] die Vereinigten Staaten;

1.3. Regionen und Provinzen: *la Bretagne*, *le Roussillon*, *l'Ile-de-France*, *la Provence*, *le Palatinat* die Pfalz, *la Rhénanie* das Rheinland;

1.4. Inseln: *la Corse* Korsika, *l'île d'Elbe* Elba, *Guernsey* [gɛRnəzɛ], *Crète* Kreta;

1.5. Städten: *Paris, Rouen, Lyon, Cologne* Köln, *Aix-la-Chapelle* Aachen, *Spire* Speyer, *Mayence* Mainz. Ist der Artikel Bestandteil des Städtenamens, wird auch er groß geschrieben: *Le Havre, La Rochelle, La Haye* den Haag;

Aber: *le Paris du XIXe siècle* das Paris des 19. Jahrhunderts

1.6. Flüssen, Seen und Meeren: *la Seine, le Rhône, la Saône* [son], *le Rhin* der Rhein, *l'Elbe* die Elbe, *la Meuse* die Maas; *le lac Léman* der Genfer See, *le lac de Constance* der Bodensee, *le lac des Quatre-Cantons* der Vierwaldstättersee; *L'Atlantique* der Atlantik, *le Pacifique* der Pazifik, *la Manche* der Ärmelkanal, *la Méditerranée* das Mittelmeer;

1.7. Bergen und Gebirgen: *le mont Ventoux*, *le mont Blanc/Mont Blanc, le (mont) Cervin* das Matterhorn, *les Alpes* die Alpen, *les Pyrénees* die Pyrenäen, *les Cévennes* die Cevennen.

2. Namen von

2.1. Angehörigen eines Volkes oder einer Nation: *les Français* die Franzosen, *les Belges* die Belgier, *les Allemands* die Deutschen, *les Américains* die Amerikaner, *les Israéliens* die Israelis, *les Arabes* die Araber; *Il est anglais/Anglais.* – Er ist Engländer.

Aber: *le français* das Französische, *la langue française* die französische Sprache

2.2. Himmelsrichtungen, die den Teil eines Landes oder eines Kontinents bezeichnen: *la France de l'Ouest* Westfrankreich, *l'Europe du Nord* Nordeuropa, *l'Amérique du Sud* Südamerika, *dans le Midi* im Süden (Frankreichs);

Aber: *au nord de Paris* nördlich von Paris, *dans le sud de l'Allemagne* im Süden Deutschlands

2.3. Festen und Feiertagen: *Noël* Weihnachten, *Pâques* Ostern, *Pentecôte* Pfingsten, *la Toussaint* Allerheiligen, *le Jour/jour de l'an* der Neujahrstag, *le Premier Mai* der 1. Mai;

2.4. Institutionen: *l'Etat* der Staat, *l'Académie française, la Comédie-Française, l'Assemblée nationale* die Nationalversammlung, *le Sénat* der Senat, *la Chambre des députés* die Abgeordnetenkammer, *le ministère de l'Intérieur* das Innenministerium;

2.5. öffentlichen Ämtern: *le président de la République* der Präsident der Republik, *le Premier ministre* der Premierminister;

2.6. Straßen, Plätzen, Parks und Gebäuden: *la rue de Rivoli, l'avenue Foch* [fɔʃ], *le boulevard Saint-Germain, la place de la Concorde, la place du Vieux Marché* der Alte Marktplatz, *le bois de Boulogne, la tour Eiffel* der Eiffelturm, *le palais du Louvre*;

2.7. Herrschern und Päpsten: *Philippe le Bel* Philipp der Schöne, *Albert le Grand* Albert der Große, *Charles Quint* Karl V., *Richard Cœur de Lion* Richard Löwenherz, *Jean sans Terre* Johann Ohneland, *le Roi-Soleil* der Sonnenkönig.

3. Ferner werden groß geschrieben:

3.1. die Anredeformen *Monsieur/Messieurs, Madame/Mesdames, Mademoiselle/Mesdemoiselles* bei direkter Anrede mit und ohne Familiennamen bzw. Titel: *Bonjour, Monsieur Dupont.* – Guten Tag, Herr Dupont. *Pardon, Madame.* – Verzeihung (gnädige Frau). *Est-ce que je peux vous aider, Mademoiselle?* – Kann ich Ihnen helfen (mein Fräulein)? *Etes-vous d'accord, Madame la Présidente?* – Sind Sie einverstanden, Frau Präsidentin?

Anmerkung 1: Beziehen sich diese Anredeformen auf Dritte in Verbindung mit einem Familiennamen, so können sie groß oder klein geschrieben werden: *Hier, j'ai rencontré Madame/madame Durand.* – Gestern traf ich Frau Durand. Nur die Anredeformen *Monsieur/Messieurs* können in Bezug auf Dritte auch ohne Familiennamen gebraucht werden: in diesem Fall werden sie stets klein geschrieben: *Est-ce que tu connais ce monsieur/ces messieurs?* – Kennst du diesen Herrn/diese Herren?

Anmerkung 2: Bei der Anrede am Anfang und Ende eines Briefes werden die oben genannten Anredeformen benutzt. Im Gegensatz zum Deutschen folgt ihnen kein Familienname: *Madame, ...* Sehr geehrte Frau ...., *Cher monsieur, ...* Lieber Herr ....; *Veuillez agréer, Monsieur le Directeur, l'expression de mes sentiments distingués* – Mit freundlichen Grüßen.

Anmerkung 3: Es ist zu beachten, dass in der Anschrift die Anredeform und der Name in derselben Zeile stehen.

3.2. Bezeichnungen aus der Welt des Christentums: *Dieu* Gott, *le Seigneur* der Herr, *la Bible* die Bibel, *les Evangiles* die Evangelien, *l'Ancien et le Nouveau Testament* das Alte und das Neue Testament, *l'Eglise* die Kirche, *le Sauveur* der Heiland, *le Rédempteur* der Erlöser, *les Psaumes* die Psalmen, *la Vierge* die Jungfrau Maria, *Le Notre-Père* das Vaterunser.

3.3. Namen von Epochen und historischen Ereignissen: *l'Antiquité/l'antiquité* die Antike, *la Renaissance*, *la Réforme* die Reformation, *la Contre-Réforme* die Gegenreformation, *le Moyen(-)Age/le moyen(-)âge* das Mittelalter; *l'Empire romain* das Römische Reich, *Le Nouveau Monde* die Neue Welt, *les Serments de Strasbourg* die Straßburger Eide, *l'Edit de Nantes* das Edikt von Nantes, *la Résistance*; *la guerre de Cent ans* der Hundertjährige Krieg, *la Défénestration de Prague* der Prager Fenstersturz, *la guerre de Trente ans* der Dreißigjährige Krieg, *la Révolution française* die Französische Revolution, *la Grande Guerre/la Première Guerre mondiale* der Erste Weltkrieg.

3.4. Titel von Büchern, Zeitschriften, Theaterstücken, Filmen usw.: *La Chanson de Roland* das Rolandslied, *L'éducation sentimentale de Gustave Flaubert* Flauberts *Education Sentimentale*, *La guerre de Troie n'aura pas lieu* Der Trojanische Krieg findet nicht statt.

Anmerkung: Oft wird bei der Nennung von Buchtiteln nur der erste Buchstabe des ersten Wortes groß geschrieben.

3.5. Marken von Autos, Flugzeugen etc.: *une Citroën* ein Citroën, *deux Renaults* zwei Renaults, *Le Concorde* die Concorde.

3.6. die Buchstaben von amtlichen Abkürzungen, wie z.B. *S.N.C.F.* (Société nationale des chemins de fer français), *H.L.M.* (Habitation à loyer modéré), *R.A.T.P.* (Régie autonome des transports parisiens), *R.E.R* (Réseau express régional), *S.M.I.C.* (Salaire minimum interprofessionnel de croissance).

3.7. nach der Anrede im Brief das erste Wort: *Monsieur, J'ai reçu votre lettre du ...* – Sehr geehrter Herr, ich habe Ihren Brief vom ... erhalten.

13 **Die Satzzeichen** (les signes de ponctuation)

Als Satzzeichen werden im Französischen verwendet:

.	*le point*	der Punkt
,	*la virgule*	das Komma
;	*le point-virgule*	der Strichpunkt
:	*les deux-points*	der Doppelpunkt
?	*le point d'interrogation*	das Fragezeichen
!	*le point d'exclamation*	das Ausrufezeichen
...	*les points de suspension*	die Fortführungspunkte
-	*le trait d'union*	der Bindestrich
–	*le tiret*	der Gedankenstrich
« »	*les guillemets* [gijmɛ]	die Anführungszeichen/Gänsefüßchen
( )	*les parenthèses*	die runden Klammern
[]	*les crochets*	die eckigen Klammern

Bemerkungen zum Gebrauch einzelner Satzzeichen

1. Der Punkt

1.1. Außer als satzschließendes Zeichen wird der Punkt in Abkürzungen verwendet: *M.* (Monsieur) *Dupont* Herr Dupont, *c.-à.-d.* (c'est-à-dire) das heißt, *fév.* (février) Februar, *p.* (page) Seite, *vol.* (volume) Band, *T.V.A.* (taxe sur la valeur ajoutée) Mehrwertsteuer.

1.2. Kein Punkt steht

1.2.1. in Abkürzungen, die mit dem letzten Buchstaben des abgekürzten Wortes schließen: *Mme* (Madame) *Dupont* Frau Dupont, *dépt* Departement, *D^r^* (docteur) *Rieux* Dr. Rieux, *M^e^* (maître) *Blondel* Rechtsanwalt Blondel;

1.2.2. nach Maßangaben: *cm* (centimètre(s)) Zentimeter, *1* (litre(s)) Liter, *km/h* (kilomètre(s) à l'heure) Stundenkilometer, *cal* (calories) Kalorien, *ch* (*cheval/chevaux*-vapeur) PS;

1.2.3. bei der Zählung von Herrschern und Päpsten: *Henri IV* Heinrich IV., *Louis XIV* Ludwig XIV., *Napoléon 1er* Napoleon I., *Napoléon III* Napoleon III., *Jean Paul II* Johannes Paul II.;

1.2.4. bei der Angabe des Datums: *le 29 mars 1991, 26/1/1949.*

2. Zum Gebrauch des Kommas im Französischen

2.1. Das Komma wird gesetzt

2.1.1. bei Aufzählungen: *Papa, Maman, oncle Jacques, tante Martine, tous me grondaient.* – Papa, Mama, Onkel Jacques, Tante Martine, alle schimpften mit mir.

2.1.2. vor und hinter einer adverbialen Bestimmung. Steht diese am Satzanfang, so wird meist ein Komma gesetzt, selbst wenn sie nur aus einem Wort besteht: *Aujourd'hui, c'est mon anniversaire.* – Heute habe ich Geburtstag. *Ton comportement, pendant les vacances, laissait beaucoup à désirer.* – Dein Verhalten in den Ferien ließ viel zu wünschen übrig.

2.1.3. nach Nebensätzen, Partizipial- und *gérondif*-Konstruktionen sowie nach Infinitivkonstruktionen, die dem Hauptsatz vorausgehen: *Une fois arrivée à la gare, Maman s'est aperçue qu'elle avait oublié son billet.* – Als Mama am Bahnhof ankam, merkte sie, dass sie ihre Fahrkarte vergessen hatte. *Après avoir réussi à son examen, Jean a fait le tour du monde.* – Nachdem Jean seine Prüfung bestanden hatte, machte er eine Weltreise.

2.1.4. nach einem nach links versetzten Satzteil: *Ce roman, je l'ai déjà lu.* – Diesen Roman habe ich schon gelesen. *A Paris, j'y vais souvent.* – Nach Paris fahre ich oft.

2.2. Kein Komma wird gesetzt

2.2.1. vor einem Objektsatz: *Je trouve que ton frère a raison.* – Ich finde, dass dein Bruder Recht hat. *Je sais que c'est difficile.* – Ich weiß, dass es schwierig ist.

2.2.2. vor einem indirekten Fragesatz: *Je ne sais pas pourquoi il n'est pas venu.* – Ich weiß nicht, warum er nicht gekommen ist.

2.2.3. vor einem Infinitivsatz: *J'ai peur de rater mon examen.* – Ich habe Angst, dass ich bei der Prüfung durchfalle.

2.2.4. vor einem Adverbialsatz: *Il me le dira dès qu'il le saura.* – Er wird es mir sagen, sobald er es weiß. *Gisèle n'est pas venue à ma boum bien que je l'aie invitée.* – Gisèle ist nicht zu meiner Party gekommen, obwohl ich sie eingeladen hatte.

2.2.5. vor einem einschränkenden Relativsatz: *As-tu déjà vu les fotos que j'ai prises pendant les vacances?* – Hast du schon die Fotos gesehen, die ich in den Ferien gemacht habe?

3. Der Doppelpunkt steht

3.1. vor direkter Rede: *Mme Pompadour aurait dit: Après moi le déluge.* – Mme Pompadour soll gesagt haben: Nach mir die Sintflut.

3.2. vor Äußerungen, die einen Gedanken fortführen oder erläutern: *Je vais vous dire une chose: Si vous continuez de cette manière, vous finirez par perdre la sympathie de tout le monde.* – Ich will Ihnen mal was sagen: Wenn Sie so weitermachen, verscherzen Sie sich noch die Sympathie aller.

4. Das Ausrufezeichen steht nur bei einem wirklichen Ausruf, wie z.B. *Au secours!* Hilfe!, *Sortez!* Raus!, *Au voleur!* Haltet den Dieb!, nicht jedoch am Ende gewöhnlicher Imperativsätze.

5. Die Anführungszeichen dienen zur Hervorhebung einzelner Ausdrücke und zur Kennzeichnung wörtlicher Rede im fortlaufenden Text:

Hier soir, on a dîné au «Cheval Blanc». *Il m'a dit: «Les voilà.» J'ai demandé: «Qui?» et il a répété: «Les journaux.»* (Camus, *L'Etranger*)	Gestern Abend haben wir im „Cheval Blanc" gegessen. Er sagte: „Da sind sie." Ich fragte: „Wer?" und er wiederholte: „Die Zeitungen".

6. Der Gedankenstrich zeigt in schriftlich wiedergegebenen Dialogen einen Wechsel der Sprecherrolle an:

- *Tu as des frères et sœurs?*	„Hast du Geschwister?“
- *Je suis enfant unique.*	„Ich bin Einzelkind.“
- *Ton père vit avec toi?*	„Lebt dein Vater bei dir?“
- *Il est mort.*	„Er ist tot.“
- *Ta mère travaille?*	„Arbeitet deine Mutter?“
- *Elle fait des ménages.*	„Sie putzt.“
(Simenon, *Maigret et le corps sans tête*)	

Kapitel 2 Das Substantiv (le substantif/le nom)

Ein französisches Substantiv ist seinem Genus nach entweder maskulin oder feminin; ein Neutrum wie im Deutschen gibt es nicht. Jedes in einem Text vorkommende Substantiv kann in der Regel im Singular oder im Plural stehen (Ausnahmen vgl. § 25). Im Gegensatz zum Deutschen kennt das französische Substantiv auch keine Kasusendung. Ein Substantiv kann mit bestimmten anderen Wortarten eine Nominalgruppe bilden (vgl. § 26) und im Satz verschiedene Funktionen, wie z.B. die eines Subjekts, eines direkten oder indirekten Objekts oder einer prädikativen Ergänzung (vgl. § 27), erfüllen.

Das Genus (le genre)

Das grammatische Geschlecht (Genus) ist mit dem Substantiv fest verbunden. Es ist teilweise an der Endung erkennbar und wird im Singular meist auch durch dem Substantiv vorangestellte Determinanten (Artikel, Demonstrativ- oder Possessivadjektiv) ausgedrückt. Bei der Bezeichnung von Personen stimmen grammatisches und natürliches Geschlecht in der Regel überein.

14 Das maskuline Genus (le genre masculin)

Maskulin sind:

1. Substantive auf -***ment*** [mɑ̃]:

le gouvernement	die Regierung	*le sentiment*	das Gefühl
le moment	der Augenblick	*le froment*	der Weizen
un appartement	eine Wohnung	*un isolement*	eine Isolation

Ausnahme: *la jument* die Stute

2. Substantive auf -***age*** [aʒ]:

le fromage	der Käse	*le garage*	die Garage
un otage	eine Geisel	*le barrage*	der Staudamm
un élevage	eine Aufzucht	*un orage*	ein Gewitter

Ferner: *l'âge* [laʒ] das Alter

Ausnahmen: Feminin sind die folgenden sechs Substantive, bei denen *-age* zum Stamm gehört: *la cage* der Käfig, *l'image* das Bild, *la nage* das Schwimmen, *la page* die Seite, *la plage* der Strand, *la rage* die Wut.

3. Substantive auf *-**au/-aud/-aut/-eau*** [o]:

le tuyau	das Rohr	*un étau*	ein Schraubstock
le salaud	der Schuft	*le nigaud*	der Dummkopf
le saut	der Sprung	*le héraut*	der Herold
le château	das Schloss	*le seau*	der Eimer
le hameau	der Weiler	*le blaireau*	der Dachs
le tableau	die Tafel	*le bureau*	das Büro

Ausnahmen: Feminin sind *l'eau* das Wasser, *la peau* die Haut.

4. Substantive auf *-**on/-onc*** [õ]:

le balcon	der Balkon	*le poisson*	der Fisch
le nourrisson	der Säugling	*le piston*	der Kolben
le melon	die Honigmelone	*le fronton*	der Giebel
le jonc	die Binse	*le tronc*	der Baumstamm

Ausnahmen: Feminin sind *la boisson* das Getränk, *la façon* die Art, *la liaison* die Verbindung, *la maison* das Haus, *la raison* die Vernunft, *la rançon* das Lösegeld, *la saison* die Jahreszeit.

5. Substantive auf *-**al*** [al]:

le cheval	das Pferd	*le festival*	das Festival
le métal	das Metall	*le bal*	der Ball [Tanz]
un hôpital	ein Krankenhaus	*un idéal*	ein Ideal

6. Substantive auf *-**et*** [ɛ]:

le filet	das Netz	*le gilet*	die Weste
le guichet	der Schalter	*le sobriquet*	der Spitzname
le briquet	das Feuerzeug	*le crochet*	der Haken

7. Substantive auf *-**isme*** [ism(ə)]:

le germanisme	der Germanismus	*le séisme*	das Erdbeben
le socialisme	der Sozialismus	*le classicisme*	die Klassik
le tourisme	der Tourismus	*un égoïsme*	ein Egoismus

8. Substantive auf *-**oir*** [waʀ]:

le rasoir	das Rasiermesser	*un espoir*	eine Hoffnung
le miroir	der Spiegel	*le terroir*	der Boden
le tiroir	die Schublade	*le pouvoir*	die Macht

9. Substantive auf *-**toire*** [twaʀ]:

le laboratoire	das Labor	*le territoire*	das Gebiet
le moratoire	das Moratorium	*le directoire*	das Direktorium

Anmerkung: Zu dieser Gruppe gehört auch *le dortoir* der Schlafsaal.

10. Substantive auf -***teur*** [tœʀ]:

un aspirateur	ein Staubsauger	*un ordinateur*	ein Computer
le moniteur	der Monitor	*un émetteur*	ein Sender
le moteur	der Motor	*un accélérateur*	ein Gaspedal

11. Substantive auf -***ice*** [is]:

un armistice	ein Waffenstill-stand	*un artifice*	ein Kunstgriff
		le bénéfice	der Nutzen
le caprice	die Laune	*un hospice*	ein Hospiz

Ausnahmen: *la justice* die Gerechtigkeit, *la blandice* die Schmeichelei, *une avarice* ein Geiz

12. Substantive auf -***ège*** [ɛʒ]:

le collège	die Realschule	*le cortège*	der Festzug
le manège	die Manege	*le sortilège*	die Zauberei

13. Substantive auf -***ier*** [je]:

le tablier	die Schürze	*le métier*	der Beruf
le fumier	der Mist	*le courrier*	die Post(sendung)

14. Substantive auf -***o/-ot/-ôt*** [o]:

le vélo	das Fahrrad	*le halo*	der Hof [Mond]
le gigot	die Keule [Tier]	*un abricot*	eine Aprikose
un îlot	eine kleine Insel	*le sabot*	der Holzschuh
le dépôt	das Depot	*un entrepôt*	eine Lagerhalle

Anmerkung: Die Kurzwörter *la photo* das Foto, *la météo* der Wetterbericht, *la diapo* das Dia, *la moto* das Motorrad, *la vidéo* das Video, *une auto* ein Auto, *la radio* das Radio, *la dynamo* der Dynamo, *la roto* die Rotationsmaschine, *la dactylo* die Schreibkraft, sind feminin.

15. Substantive auf -***ain/-ein/-in*** [ɛ̃]:

le gain	der Gewinn	*le bain*	das Bad
le pain	das Brot	*le nain*	der Zwerg
le sein	der Busen	*le frein*	die Bremse
le dessein	die Absicht	*le rein*	die Niere
le brin	der Halm	*le machin*	das Dings
le dessin	die Zeichnung	*le vin*	der Wein

16. Substantive auf ***-an/-anc/-and/-ang/-ant/-ent*** [ɑ̃]:

un an *le plan*	ein Jahr der Plan	*le bilan* *un écran*	die Bilanz ein Bildschirm
le banc	die Bank	*le franc*	der Franken
le gland	die Eichel	*le truand*	der Gauner
le sang	das Blut	*un étang*	ein Teich
le gant *le vent*	der Handschuh der Wind	*un instant* *l'argent*	ein Augenblick das Geld

Ebenso: *le hareng* der Hering

17. Substantive auf ***-ail*** [aj]:

le chandail *le détail*	der Pullover die Einzelheit	*le gouvernail* *le travail*	das Steuerruder die Arbeit

18. Substantive auf ***-asme*** [asm(ə)]/***-isme*** [ism(ə)]:

le fantasme *le pléonasme* *le marxisme*	die Einbildung der Pleonasmus der Marxismus	*un orgasme* *un enthousiasme* *le pessimisme*	ein Orgasmus eine Begeisterung der Pessimismus

19. Substantive auf ***-ème/-ême*** [ɛm]:

le thème *le baptême* [batɛm] *le système*	das Thema die Taufe das System	*le problème* *le barème* *le poème*	das Problem die Lohntabelle das Gedicht

20. Substantive auf ***-ome/-ôme*** [om]:

un idiome *le fantôme*	eine Sprache das Phantom	*le diplôme* *le symptôme*	das Diplom das Symptom

21. Substantive auf ***-é*** [e]:

le résumé *le blé*	das Resumee der Weizen	*le pré* *le dé*	die Wiese der Würfel

22. die Bezeichnungen der Himmelsrichtungen:

le nord [nɔʀ] *le sud* [syd]	der Norden der Süden	*l'est* [ɛst] *l'ouest* [wɛst]	der Osten der Westen

23. die Namen der Wochentage, Monate und Jahreszeiten:

le mardi	der Dienstag	*le dimanche*	der Sonntag
janvier	Januar	*août* [u(t)]	August
le printemps	der Frühling	*un hiver*	ein Winter

Merke: *la mi-janvier* Mitte Januar

24. die Namen von Flugzeugen und Zügen:

le Concorde	die Concorde	*le Boeing*	die Boeing
le TGV [teʒeve]	der TGV	*le métro*	die Metro

Ausnahme: *la Caravelle*

25. die Bezeichnungen von Metallen:

l'or	das Gold	*l'argent*	das Silber
le fer	das Eisen	*le cuivre*	das Kupfer

26. die Bezeichnungen von Bäumen:

le chêne	die Eiche	*le pin*	die Pinie
le sapin	die Tanne	*le frêne*	die Esche
le hêtre	die Buche	*le peuplier*	die Pappel

Anmerkung: Die maskulinen Bezeichnungen bestimmter Obstbäume sind aus den Namen der Früchte abgeleitet:

la pomme der Apfel – *le pommier* der Apfelbaum
la poire die Birne – *le poirier* der Birnbaum
la cerise die Kirsche – *le cerisier* der Kirschbaum
le citron die Zitrone – *le citronnier* der Zitronenbaum
une orange eine Orange – *un oranger* ein Orangenbaum
le coing die Quitte – *le cognassier* der Quittenbaum

27. die Namen von Sportmannschaften:

Lille a été battu par Monaco (par) deux buts à un.	Lille wurde von Monaco (mit) zwei zu eins geschlagen.

28. die Namen von Weinsorten und hochprozentigen Alkoholika: *le Bordeaux*, *le Châteauneuf-du-Pape*, *le Beaujolais*, *le Côtes-du-Rhône*, *le Cognac*, *le Calvados*.

29. die Namen von Sprachen:

le français	das Französische	*l'allemand*	das Deutsche

30. die Namen der Buchstaben (mit Ausnahme von *f, h, l* und *m*, die auch feminin sein können):

'Cigare' s'écrit avec un seul r.	*Cigare* wird nur mit einem *r* geschrieben.

31. substantivisch gebrauchte Wörter anderer Wortarten:

le rien	das Nichts	*le pourquoi*	das Warum
le moi	das Ich	*le devant*	die Vorderseite
le manger	das Essen	*l'au-delà*	das Jenseits
le qu'en-dira-t-on	das Gerede	*le rouge*	das Rot

Das feminine Genus (le genre féminin) 15

Feminin sind:

1. Substantive auf -***tion*** [sjõ]:

la nation	die Nation	*la population*	die Bevölkerung
la solution	die Lösung	*la motion*	der Antrag
la destruction	die Zerstörung	*une interruption*	eine Unterbrechung

2. Substantive auf -***sion*** [zjõ]/(nach Nasal) [sjõ]:

la décision	die Entscheidung	*une occasion*	eine Gelegenheit
la précision	die Genauigkeit	*une infusion*	ein Kräutertee
la pension	die Pension	*la tension*	die Spannung

3. Substantive auf -***aison*** [ɛzõ]/-***oison*** [wazõ]:

la raison	die Vernunft	*la saison*	die Jahreszeit
la crevaison	die Reifenpanne	*la maison*	das Haus
la floraison	die Blütezeit	*la démangeaison*	der Juckreiz
la cloison	die Zwischenwand	*la toison*	das Schaffell

Ferner: *la trahison* der Verrat

4. Substantive auf -***ée*** [e]:

la fusée	die Rakete	*une assemblée*	eine Versammlung
la pensée	der Gedanke	*la marée*	die Flut
la percée	der Durchbruch	*la chaussée*	die Fahrbahn

Ausnahmen: Maskulin sind jedoch: *le musée* das Museum, *le lycée* das Gymnasium, *le trophée* die Trophäe, *un apogée* ein Höhepunkt, *le mausolée* das Mausoleum.

5. Substantive auf *-eur* [œʀ]:

la chaleur	die Hitze	*la grandeur*	die Größe
la peur	die Angst	*la fleur*	die Blume
une erreur	ein Irrtum/Fehler	*la hauteur*	die Höhe

Ausnahmen: Maskulin sind: *le bonheur* das Glück, *le malheur* das Unglück, *un honneur* eine Ehre, *le secteur* der Sektor, *les pleurs* [lit.] die Tränen sowie alle Substantive auf *-eur*, die männliche Personen oder Geräte bezeichnen, wie z.B. *le facteur* der Briefträger, *le tracteur* der Traktor, *le distributeur* der Automat.

6. Substantive auf *-té* [te]:

la puberté	die Pubertät	*la pauvreté*	die Armut
la fierté	der Stolz	*la santé*	die Gesundheit
l'honnêteté	die Ehrlichkeit	*la dureté*	die Härte

Ausnahmen: Maskulin sind *le comité* das Komitee, *le côté* die Seite, *un été* ein Sommer, *le pâté* die Pastete, *le traité* der Vertrag.

7. Substantive auf *-ité* [ite]:

une activité	eine Tätigkeit	*la célébrité*	die Berühmtheit
une égalité	eine Gleichheit	*la fraternité*	die Brüderlichkeit
la fertilité	die Fruchtbarkeit	*la densité*	die Dichte

8. Substantive auf *-ie* [i]:

la maladie	die Krankheit	*une infamie*	eine Ehrlosigkeit
la scie	die Säge	*la démocratie* [-si]	die Demokratie
une encyclopédie	eine Enzyklopädie	*une académie*	eine Akademie

Ausnahme: Maskulin ist *l'incendie* der Brand.

9. Substantive auf *-ine* [in]:

la famine	die Hungersnot	*la colline*	der Hügel
la cuisine	die Küche	*la marine*	die Marine
la nicotine	das Nikotin	*la pénicilline*	das Penizillin

Ausnahme: *le trampoline* das Trampolin

10. Substantive auf *-ance/-ence* [ɑ̃s]:

la confiance	das Vertrauen	*la constance*	die Stetigkeit
l'arrogance	die Arroganz	*la connaissance*	die Kenntnis
la science	die Wissenschaft	*une absence*	eine Abwesenheit
une innocence	eine Unschuld	*la différence*	der Unterschied
la concurrence	die Konkurrenz	*la prudence*	die Vorsicht

Ausnahme: *le silence* die Stille/das Schweigen

Anmerkung: In folgenden Fällen ist die vom Dt. abweichende Schreibung zu beachten: *la tendance* die Tendenz, *la correspondance* die Korrespondenz, *la provenance* die Herkunft/Provenienz, *la délinquance* die Kriminalität/Delinquenz.

11. Substantive auf -***rie*** [Ri]:

la sonnerie	die Klingelanlage	*la plaidoirie*	das Plädoyer
la boulangerie	die Bäckerei	*la brasserie*	die Brauerei
la librairie	die Buchhandlung	*la mairie*	das Rathaus

12. Substantive auf -***ade*** [ad]:

la baignade	das Baden	*la façade*	die Fassade
la promenade	der Spaziergang	*la salade*	der Salat
la roulade	die Roulade	*la brimade*	die Schikane

Ausnahme: *le stade* das Stadion

13. Substantive auf -***tude*** [tyd]:

une attitude	eine Haltung	*une habitude*	eine Gewohnheit
une étude	ein Studium	*la solitude*	die Einsamkeit
une inquiétude	eine Unruhe	*une aptitude*	eine Fähigkeit

14. Substantive auf -***aie*** [ɛ]:

la haie	die Hecke	*la baie*	die Bucht
la craie	die Kreide	*la monnaie*	die Münze
la chênaie	der Eichenwald	*la roseraie*	der Rosengarten

15. Substantive auf -***aine/-aîne*** [ɛn]:

la graine	der Samen	*la haine*	der Hass
la chaîne	die Kette	*la semaine*	die Woche
la douzaine	das Dutzend	*la migraine*	die Migräne

Ausnahme: *le capitaine* der Hauptmann/Kapitän

16. Substantive auf -***esse*** [ɛs]:

la jeunesse	die Jugend	*la richesse*	der Reichtum
la tristesse	die Traurigkeit	*l'ivresse*	die Trunkenheit
la vieillesse	das (hohe) Alter	*la forteresse*	die Festung

17. Substantive auf -***ette*** [ɛt]:

une allumette	ein Streichholz	*la brouette*	der Schubkarren
la serviette	das Handtuch	*la bicyclette*	das Fahrrad
la girouette	die Wetterfahne	*la ciboulette*	der Schnittlauch

18. Substantive auf -***elle*** [ɛl]:

la querelle	der Streit	*la bagatelle*	die Kleinigkeit
la demoiselle	das Fräulein	*les bretelles*	die Hosenträger
la tourelle	das Türmchen	*une aisselle*	eine Achsel

19. Substantive auf -***ure*** [yʀ]:

la voiture	das Auto	*la confiture*	die Konfitüre
la déchirure	der Riss	*la blessure*	die Wunde
la cure	die Kur	*une aventure*	ein Abenteuer

Ausnahme: *le murmure* das Murmeln

20. Substantive auf -***euse*** [øz]:

une agrafeuse	ein Hefter	*la perceuse*	die Bohrmaschine
la couveuse	der Brutkasten	*la moissonneuse*	die Mähmaschine

21. Substantive auf -***ise*** [iz]:

la maîtrise	die Beherrschung	*la franchise*	die Offenheit
la crise	die Krise	*la marchandise*	die Ware

22. Substantive auf -***aise*** [ɛz]:

la chaise	der Stuhl	*la punaise*	die Wanze
la braise	die Kohlenglut	*la fraise*	die Erdbeere

23. Substantive auf -***aille*** [aj]:

la bataille	die Schlacht	*la pagaille*	das Durcheinander
la canaille	das Gesindel	*la ferraille*	der Schrott

24. Substantive auf -***oire*** [waʀ]:

la gloire	der Ruhm	*la baignoire*	die Badewanne
la balançoire	die Schaukel	*une armoire*	ein Schrank

Ausnahmen: *un accessoire* ein Zubehörteil, *le pourboire* das Trinkgeld
Anmerkung: Die Substantive auf -*toire* [twaʀ] sind maskulin (vgl. § 14.9).

25. die Namen von Kontinenten (zu den Namen von Ländern und Regionen vgl. § 16.1.):

l'Europe	Europa	*l'Asie*	Asien

26. die Namen von wissenschaftlichen Disziplinen:

la médecine	die Medizin	*la chimie*	die Chemie
la philosophie	die Philosophie	*la théologie*	die Theologie

27. Die Namen christlicher Feiertage:

la Pentecôte	Pfingsten	*la Toussaint*	Allerheiligen
l'Ascension	Himmelfahrt	*la Chandeleur*	Mariä Lichtmess

Anmerkung 1: *Noël* 'Weihnachten' ist maskulin, *joyeux Noël* frohe Weihnachten; 'das Weihnachtsfest' heißt *la (fête de) Noël*; *à (la) Noël* an Weihnachten, *passer (la) Noël en famille* das Weihnachtsfest in der Familie verbringen.

Anmerkung 2: Mit *la pâque/Pâque (juive)* ist das jüdische Passahfest gemeint; *Pâques* ist maskulin Singular, wenn es sich auf das christliche Osterfest bezieht: *Pâques est tombé tôt cette année.* – Dieses Jahr ist Ostern früh gefallen. Wird *Pâques* von einem Adjektiv begleitet, so ist es feminin Plural: *joyeuses/bonnes Pâques* frohe Ostern, *les Pâques précédentes* vorige Ostern, *les prochaines Pâques* nächste Ostern.

28. die Namen von Automarken und Autotypen:

la Citroën [sitrɔɛn]	der Citroën	*la Renault*	der Renault
la 2 CV [døʃvo]	die „Ente"	*la Fiat*	der Fiat

Besonderheiten des Genus 16

1. Das Genus von Länder- und Regionennamen

1.1. Feminin sind Namen von Ländern und Regionen, die auf -**e** enden:

la France	Frankreich	*l'Allemagne*	Deutschland
l'Espagne	Spanien	*la Grèce*	Griechenland
la Chine	China	*l'Irlande*	Irland
la Bretagne	die Bretagne	*la Provence*	die Provence
la Bourgogne	Burgund	*la Gascogne*	die Gaskogne

Ausnahmen: *le Bengale* [bɛ̃gal] Bengalen, *le Cambodge* Kambodscha, *le Mexique* Mexico

1.2. Maskulin sind die Namen von Ländern und Regionen, die auf einen anderen Vokal als *-e* oder auf einen Konsonanten enden:

le Canada	Kanada	*le Panama*	Panama
le Chili	Chile	*le Mali*	Mali
le Togo	Togo	*le Pérou*	Peru
le Paraguay [-gwɛ]	Paraguay	*l'Uruguay* [-gwɛ]	Uruguay
le Brésil	Brasilien	*le Portugal*	Portugal
le Maroc	Marokko	*le Danemark*	Dänemark
le Luxembourg	Luxemburg	*le Japon*	Japan

2. Das Genus von Flussnamen

2.1. Feminin sind die Namen von Flüssen, die auf ***-e*** enden:

la Seine	die Seine	*la Loire*	die Loire
la Meuse	die Maas	*la Moselle*	die Mosel
la Saône [son]	die Saône	*l'Elbe*	die Elbe
l'Amazone	der Amazonas	*la Garonne*	die Garonne

Ausnahmen: *le Rhône* die Rhone, *le Danube* die Donau, *le Gange* der Ganges

2.2. Maskulin sind die Namen von Flüssen, die auf einen anderen Vokal als *-e* oder auf einen Konsonanten enden:

le Pô	der Po	*le Mississippi*	der Mississippi
le Volga	die Wolga	*le Rhin*	der Rhein
le Tarn	der Tarn	*le Doubs* [du]	der Doubs
le Nil	der Nil	*le Cher*	der Cher

3. Das Genus von Städtenamen

Außer in den Fällen, in denen der bestimmte Artikel fester Bestandteil des Städtenamens ist, wie z.B. in *Le Havre, Le Caire* Kairo, *La Rochelle, La Haye* Den Haag, lässt sich bezüglich des Genus von Städtenamen keine feste Regel angeben. Die Tendenz scheint jedoch dahin zu gehen, Städtenamen als maskulin zu behandeln:

le Paris du vingtième siècle	das Paris des 20. Jahrhunderts
Rome ne s'est pas faite en un jour.	Rom wurde nicht an einem Tag erbaut.

Anmerkung: Die Unsicherheit der Genuswahl lässt sich vermeiden, wenn man dem Städtenamen den Ausdruck *la ville de* voranstellt.

4. Das Genus von Schiffsnamen

Bei den Namen von Schiffen treten Schwankungen im Genus auf. Traditionell wird das Genus des Namens übernommen, auf den das Schiff getauft wurde, wie z.B. *la Provence, la Jeanne-d'Arc, le Vercingétorix, le Jaguar.* Das maskuline Genus überwiegt, so z.B. in *le Titanic, le France.* In Zweifelsfällen besteht die Möglichkeit, dem Namen des Schiffes die Bezeichnung des Schiffstyps voranzustellen: *le paquebot France* der Passagierdampfer France.

5. Das Genus von Krankheitsbezeichnungen

5.1. Die auf ***-ite*** ausgehenden Krankheitsbezeichnungen sind feminin:

la bronchite [-ʃ-]	die Bronchitis
la poliomyélite	die Kinderlähmung
la méningite	die Hirnhautentzündung

5.2. Feminin sind ferner folgende Krankheitsbezeichnungen:

la grippe	die Grippe
la pneumonie	die Lungenentzündung
la scarlatine	der Scharlach
la varicelle	die Windpocken
la rubéole	die Röteln
la rougeole	die Masern
la jaunisse	die Gelbsucht
la septicémie	die Blutvergiftung

5.3. Maskulin sind folgende Krankheitsbezeichnungen:

le sida	Aids
le cancer [kɑ̃sɛʀ]	der Krebs
le diabète	der Diabetes
le croup [kʀup]	der Krupphusten
les oreillons	der Mumps

6. Einzelwörter mit Genusschwankungen

6.1. Bei den folgenden Wörtern ist der Genusgebrauch schwankend:

un/une après-midi	ein Nachmittag
la/le météorite	der Meteorit
le/la prière d'insérer	der Waschzettel

6.2. Besonderheiten:

6.2.1. *gens* 'Leute' ist maskulin. Geht *gens* ein Adjektiv voraus, dessen feminine Form sich in der Aussprache von der maskulinen Form unterscheidet, so steht die feminine Form. Geht dem Adjektiv ein Determinant voraus, so erscheint auch dieser im Femininum:

tous les gens	alle Leute
tous les jeunes gens	alle jungen Leute
les vieilles gens	die alten Leute
certaines vieilles gens	manche alten Leute
toutes les petites gens	alle kleinen Leute

Anmerkung: Partizipien und prädikativ gebrauchte Adjektive erscheinen in der maskulinen Form: *Arrivés à la maison, ces bonnes gens se mirent à raconter ce qu'ils avaient vu.* – Zu Hause angekommen, fingen die guten Leute an zu erzählen, was sie gesehen hatten. *Toutes les vieilles gens ne sont pas mécontents.* – Nicht alle alten Leute sind unzufrieden.

6.2.2. *délice* 'Genuss/Wonne' ist im Singular maskulin, im Plural ist es im gehobenen Stil feminin: *Quel délice!* Welch ein Genuss! *Quelles délices!* Welche Freuden!

6.2.3. *amour* 'Liebe' ist im Singular immer, im Plural üblicherweise maskulin; im Sinne von 'Liebesabenteuern/Amouren' kann es feminin sein: *l'amour maternel* die Mutterliebe. *On revient toujours à ses premières amours*. – Alte Liebe rostet nicht.

6.2.4. *orgue* 'Orgel' im Singular ist maskulin. Im Plural kann es feminin sein, wenn es sich auf ein einziges Instrument bezieht und in emphatischer Redeweise gebraucht wird: *Cette église a deux beaux orgues.* Diese Kirche hat zwei schöne Orgeln. – *Quelles belles orgues!* Was für eine wunderschöne Orgel!

17 Die Bezeichnungen von männlichen und weiblichen Personen

1. In einigen Fällen, insbesondere bei Verwandtschaftsbezeichnungen, werden männliche und weibliche Personen durch maskuline und feminine Substantive bezeichnet, die verschiedenen Wortstämmen angehören:

un homme	ein Mann	*- une femme*	eine Frau
le monsieur	der Herr	*- la dame*	die Dame
le garçon	der Junge	*- la (jeune) fille*	das Mädchen
le confrère	der Kollege	*- la consœur*	die Kollegin

le père	der Vater	- *la mère*	die Mutter
le fils	der Sohn	- *la fille*	die Tochter
le frère	der Bruder	- *la sœur*	die Schwester
le mari	der Ehemann	- *la femme/l'épouse*	die Ehefrau
le beau-fils/ (le gendre)	der Schwieger-sohn	- *la belle-fille/ (la bru)*	die Schwieger-tochter
un oncle	ein Onkel	- *une tante*	eine Tante
le neveu	der Neffe	- *la nièce*	die Nichte
le parrain	der Pate	- *la marraine*	die Patin

2. Häufig weisen Bezeichnungen für männliche und weibliche Personen denselben Stamm auf, unterscheiden sich jedoch in der Endung:

2.1. maskulin -***an*** [ɑ̃] – feminin -***ane*** [an]:

le courtisan	der Höfling	- *la courtisane*	die Kurtisane
le gitan	der Zigeuner	- *la gitane*	die Zigeunerin
le Catalan	der Katalane	- *la Catalane*	die Katalanin
le Castillan	der Kastilier	- *la Castillane*	die Kastilierin

Ausnahme: *un paysan* ein Bauer – *une paysanne* eine Bäuerin

2.2. maskulin -***ant/ent*** [ɑ̃] – feminin -***ante/ente*** [ɑ̃t]:

un étudiant	ein Student	- *une étudiante*	eine Studentin
le participant	der Teilnehmer	- *la participante*	die Teilnehmerin
le dissident	der Dissident	- *la dissidente*	die Dissidentin
le client	der Kunde	- *la cliente*	die Kundin

2.3. maskulin -***ais*** [ɛ] – feminin -***aise*** [ɛz]:

le Français	der Franzose	- *la Française*	die Französin
le Polonais	der Pole	- *la Polonaise*	die Polin
le Portugais	der Portugiese	- *la Portugaise*	die Portugiesin

2.4. maskulin -***ain*** [ɛ̃] – feminin -***aine*** [ɛn]:

un Américain	ein Amerikaner	- *une Américaine*	eine Amerikanerin
le Romain	der Römer	- *la Romaine*	die Römerin

Ausnahme: *un copain* ein Freund – *une copine* eine Freundin

2.5. maskulin -***in*** [ɛ̃] – feminin -***ine*** [in]:

le voisin	der Nachbar	- *la voisine*	die Nachbarin
le gamin	der kleine Junge	- *la gamine*	das kleine Mädchen
le citadin	der Städter	- *la citadine*	die Städterin

2.6. maskulin ***-en/-ien*** [ɛ̃/jɛ̃] – feminin ***-enne/-ienne*** [ɛn/jɛn]:

un Européen	ein Europäer	*- une Européenne*	eine Europäerin
le lycéen	der Gymnasiast	*- la lycéenne*	die Gymnasiastin
le physicien	der Physiker	*- la physicienne*	die Physikerin
le végétarien	der Vegetarier	*- la végétarienne*	die Vegetarierin

2.7. maskulin ***-er/-ier*** [e/je] – feminin ***-ère/-ière*** [ɛʀ/jɛʀ]:

un étranger	ein Ausländer	*- une étrangère*	eine Ausländerin
le gaucher	der Linkshänder	*- la gauchère*	die Linkshänderin
le boulanger	der Bäcker	*- la boulangère*	die Bäckerin
le jardinier	der Gärtner	*- la jardinière*	die Gärtnerin
un ouvrier	ein Arbeiter	*- une ouvrière*	eine Arbeiterin
un hôtelier	ein Gastwirt	*- une hôtelière*	eine Gastwirtin

2.8. maskulin ***-on/-ion*** [õ/jõ] – feminin ***-onne/-ionne*** [ɔn/jɔn]:

le patron	der Chef	*- la patronne*	die Chefin
le fripon	der Gauner	*- la friponne*	die Gaunerin
un espion	ein Spion	*- une espionne*	eine Spionin

Ausnahme: *le compagnon* der Begleiter/der Lebensgefährte – *la compagne* die Begleiterin/die Lebensgefährtin

2.9. maskulin ***-eur*** [œʀ] – feminin ***-euse*** [øz]:

le vendeur	der Verkäufer	*- la vendeuse*	die Verkäuferin
le joueur	der Spieler	*- la joueuse*	die Spielerin
le coiffeur	der Friseur	*- la coiffeuse*	die Friseurin

Ausnahmen: *le défendeur* der Beklagte – *la défenderesse* die Beklagte
le pécheur der Sünder – *la pécheresse* die Sünderin
le bailleur der Verpächter – *la bailleresse* die Verpächterin

2.10. maskulin ***-teur*** [tœʀ] – feminin ***-trice*** [tʀis]:

le traducteur	der Übersetzer	*- la traductrice*	die Übersetzerin
le directeur	der Direktor	*- la directrice*	die Direktorin
un acteur	ein Schauspieler	*- une actrice*	eine Schauspielerin

Ausnahmen: *le menteur* der Lügner – *la menteuse* die Lügnerin
le flatteur der Schmeichler – *la flatteuse* die Schmeichlerin

Anmerkung: Die weibliche Entsprechung zu *le serviteur* 'der Diener' lautet *la servante* die Dienerin; *la serveuse* bedeutet 'die Bedienung' (im Restaurant).

2.11. maskulin -Konsonant + -***e*** – feminin -Konsonant + -***esse*** [ɛs]:

le comte	der Graf	- *la comtesse*	die Gräfin
le prince	der Prinz	- *la princesse*	die Prinzessin
le maître	der Herr	- *la maîtresse*	die Herrin

Besonderheit: *un abbé* ein Abt/Pfarrer – *une abbesse* eine Äbtissin

2.12. maskulin -***ois*** [wa] – feminin -***oise*** [waz]:

le bourgeois	der Bürger	- *la bourgeoise*	die Bürgerin
le Danois	der Däne	- *la Danoise*	die Dänin
le Hongrois	der Ungar	- *la Hongroise*	die Ungarin
le Suédois	der Schwede	- *la Suédoise*	die Schwedin

3. Sonderformen:

le roi	der König	- *la reine*	die Königin
un empereur	ein Kaiser	- *une impératrice*	eine Kaiserin
le duc	der Herzog	- *la duchesse*	die Herzogin
le marquis	der Markgraf	- *la marquise*	die Markgräfin
un époux	ein Ehemann	- *une épouse*	eine Ehefrau
le dieu	der Gott	- *la déesse*	die Göttin
le héros	der Held	- *l'héroïne*	die Heldin
le speaker [spikœʀ]	der Sprecher	- *la speakerine* [spikʀin]	die Sprecherin
le tsar	der Zar	- *la tsarine*	die Zarin
le veuf	der Witwer	- *la veuve*	die Witwe
le juif	der Jude	- *la juive*	die Jüdin
le fou	der Verrückte	- *la folle*	die Verrückte

4. Bei einer Reihe von Substantiven unterscheidet sich die feminine Form von der maskulinen Form nur in der Schrift durch ein angefügtes -***e***:

un ami	ein Freund	- *une amie*	eine Freudin
un employé	ein Angestellter	- *une employée*	eine Angestellte
le député	der Abgeordnete	- *la députée*	die Abgeordnete

Merke: *le favori* der Favorit – *la favorite* die Favoritin

5. Bei zahlreichen Substantiven, insbesondere solchen, die auf -***iste*** oder -***aire*** enden, sind die maskuline und die feminine Form in Aussprache und Schreibung identisch; sie können nur im Singular durch die Form des Determinanten (Artikel, Demonstrativadjektiv, Possessivadjektiv) unterschieden werden:

un artiste	ein Künstler	- *une artiste*	eine Künstlerin
le touriste	der Tourist	- *la touriste*	die Touristin
le journaliste	der Journalist	- *la journaliste*	die Journalistin

le partenaire	der Partner	- *la partenaire*	die Partnerin
le propriétaire	die Eigentümer	- *la propriétaire*	die Eigentümerin
le bibliothécaire	der Bibliothekar	- *la bibliothécaire*	die Bibliothekarin
un homicide	ein Mörder	- *une homicide*	eine Mörderin
le concierge	der Hausmeister	- *la concierge*	die Hausmeisterin
un élève	ein Schüler	- *une élève*	eine Schülerin
le collègue	der Kollege	- *la collègue*	die Kollegin
le compatriote	der Landsmann	- *la compatriote*	die Landsmännin
le Belge	der Belgier	- *la Belge*	die Belgierin

Merke: *un enfant* ein Kind/ein kleiner Junge – *une enfant* ein kleines Mädchen

Anmerkung: Gleiche Aussprache, aber unterschiedliche Schreibweise zeigen:

le Grec	der Grieche	–	*la Grecque*	die Griechin
le Turc	der Türke	–	*la Turque*	die Türkin
le criminel	der Verbrecher	–	*la criminelle*	die Verbrecherin

6. Für zahlreiche Berufsbezeichnungen gibt es keine eigene feminine Form, weil die Berufe traditionell von Männern ausgeübt wurden:

un architecte	ein Architekt/eine Architektin
un auteur	ein Autor/eine Autorin
le comparse	der Statist/die Statistin
le chef	der Chef/die Chefin
le défenseur	der Verteidiger/die Verteidigerin
le diplomate	der Diplomat/die Diplomatin
un écrivain	ein Schriftsteller/eine Schriftstellerin
le guide	der Fremdenführer/die Fremdenführerin
un ingénieur	ein Ingenieur/eine Ingenieurin
le juge	der Richter/die Richterin
le maire	der Bürgermeister/die Bürgermeisterin
le médecin	der Arzt/die Ärztin
le ministre	der Minister/die Ministerin
le peintre	der Maler/die Malerin
le professeur	der Lehrer/die Lehrerin
le reporter	der Reporter/die Reporterin

Anmerkung 1: Meist ergibt sich das Geschlecht der Berufsbezeichnung aus dem Zusammenhang, wie z.B. in: *Madame Lagrange s tun excellent médecin.* – Frau Lagrange ist eine ausgezeichnete Ärztin. *Mon professeur d'anglais s'appelle Madame Dubois.* – Meine Englischlehrerin heißt Frau Dubois.

Anmerkung 2: Soll auf das weibliche Geschlecht abgehoben werden, so kann der Berufsbezeichnung das Substantiv *femme* vorangestellt werden (bei *professeur* kann es ihr auch folgen): *Je ne voudrais pas envoyer une femme reporter à ce point chaud.* – Ich möchte keine Reporterin in dieses Krisengebiet schicken. *Il n'y a que peu de femmes professeurs/professeurs femmes qui ont participé à ce concours.* – Nur wenige Lehrerinnen haben an diesem Wettbewerb teilgenommen.

Anmerkung 3: Derzeit gibt es im Französischen verschiedene Tendenzen, maskuline Berufsbezeichnungen morphologisch zu kennzeichnen, wenn sie sich auf Frauen beziehen, wie z.B. in *un avocat* ein Anwalt – *une avocate* eine Anwältin, *le président* der Präsident – *la présidente* die Präsidentin. Im kanadischen Französisch sind Formen wie *une architecte* eine Architektin, *une écrivaine* eine Schriftstellerin, *la professeure* die Lehrerin bereits üblich. Die in der Schülersprache verwendete Kurzform *prof* lässt eine Genusdifferenzierung mit Hilfe des Determinanten zu: *mon prof de maths* mein Mathelehrer – *ma prof de maths* meine Mathelehrerin.

Bei den folgenden Substantiven existiert ebenfalls nur eine maskuline Form:

un amateur	ein Amateur/eine Amateurin
un assassin	ein Mörder/eine Mörderin
le connaisseur	der Kenner/die Kennerin
un expert	ein Experte/eine Expertin
un otage	eine (männliche) Geisel/eine (weibliche) Geisel
le successeur	der Nachfolger/die Nachfolgerin
le témoin	der Zeuge/die Zeugin
le vainqueur	der Sieger/die Siegerin

7. Folgende Substantive weisen lediglich eine feminine Form auf, die für beide Geschlechter verwendet wird:

la canaille	der Lump/das Luder
la connaissance	der Bekannte/die Bekannte
la dupe	der Betrogene/die Betrogene
la vedette	der (männliche) Star/der (weibliche) Star
la victime	das (männliche) Opfer/das (weibliche) Opfer

Anmerkung: Meistens auf männliche Personen beziehen sich: *la fripouille* [fam.] der Schuft/Schurke, *la recrue* der Rekrut, *la sentinelle* der Wachposten. Meistens auf weibliche Personen bezieht sich *la star* der (weibliche) Star.

Die Bezeichnungen von männlichen und weiblichen Tieren 18

Es gibt verschiedene Möglichkeiten, das männliche und das weibliche Tier einer Gattung zu bezeichnen:

1. Die Bezeichnungen des männlichen und des weiblichen Tieres weisen denselben Wortstamm auf, unterscheiden sich aber in der Endung:

l'âne	der Esel	- *l'ânesse*	die Eselin
le chien	der Hund	- *la chienne*	die Hündin

le daim	der Damhirsch	- *la daine*	die Damhirschkuh
le lion	der Löwe	- *la lionne*	die Löwin
le loup	der Wolf	- *la louve*	die Wölfin
le tigre	der Tiger	- *la tigresse*	die Tigerin

Anmerkung 1: Die maskuline Form dieser Tierbezeichnungen bezieht sich auch auf die gesamte Gattung. Die feminine Form wird nur gebraucht, wenn auf weibliche Tiere eigens Bezug genommen wird.

Anmerkung 2: Beim Maultier ist die Bezeichnung des männlichen Tieres von der des weiblichen abgeleitet: *la mule* die Mauleselin – *le mulet* der Maulesel.

2. Männliche und weibliche Tiere werden durch maskuline und feminine Substantive bezeichnet, die zu verschiedenen Wortstämmen gehören:

le bouc [buk]	der Ziegenbock	- *la chèvre*	die Ziege
le bélier	der Hammel	- *la brebis*	das Mutterschaf
le coq	der Hahn	- *la poule*	die Henne
le matou/chat	der Kater	- *la chatte*	die Katze
un étalon	ein Hengst	- *la jument*	die Stute
le taureau/bœuf	der Stier/Ochse	- *la vache*	die Kuh

Anmerkung: Neben den geschlechtsspezifischen Ausdrücken existieren in einigen Fällen eigene Oberbegriffe für die Gattung: *le mouton* das Schaf, *le chat* die Katze, *le cheval* das Pferd.

3. Für die meisten Tiere gibt es nur eine maskuline oder feminine Gattungsbezeichnung, die das natürliche Geschlecht des jeweils gemeinten Tieres nicht berücksichtigt:

le chevreuil	das Reh	*le cerf* [sɛʀ]	der Hirsch
le lièvre	der Hase	*le lapin*	das Kaninchen
le renard	der Fuchs	*le blaireau*	der Dachs
le hérisson	der Igel	*un écureuil*	ein Eichhörnchen
le sanglier	das Wildschwein	*un ours* [uʀs]	ein Bär
le rat	die Ratte	*le serpent*	die Schlange
le merle	die Amsel	*le rossignol*	die Nachtigall
le roitelet	der Zaunkönig	*le moineau*	der Spatz
un éléphant	ein Elefant	*le chameau*	das Kamel
le léopard	der Leopard	*le singe*	der Affe
la mouche	die Fliege	*la fourmi*	die Ameise
la belette	das Wiesel	*la martre*	der Marder
la souris	die Maus	*la chauve-souris*	die Fledermaus
une alouette	eine Lerche	*la mésange*	die Meise
la corneille	die Krähe	*la grive*	die Drossel
la panthère	der Panther	*la girafe*	die Giraffe

Will man sich ausdrücklich auf ein männliches oder weibliches Tier beziehen, so fügt man ***mâle*** bzw. ***femelle*** an:

le crocodile mâle	das männliche Krokodil
le crocodile femelle	das weibliche Krokodil
la girafe mâle	die männliche Giraffe
la girafe femelle	die weibliche Giraffe

Gleich lautende Substantive mit unterschiedlichem Genus und unterschiedlicher Bedeutung 19

un aide	ein Gehilfe	*- une aide*	eine Gehilfin/Hilfe
un aigle	ein Adler	*- une aigle*	ein Feldzeichen
un aune	eine Erle	*- une aune*	eine Elle
le champagne	der Champagner	*- la Champagne*	die Champagne
le Concorde	die Concorde	*- la concorde*	die Eintracht
le critique	der Kritiker	*- la critique*	die Kritik
le finale	das Finale [Mus.]	*- la finale*	der Endkampf
le garde	der Wächter/ die Wache	*- la garde*	die Bewachung/ die Aufsicht
un hymne [imn(ə)]	die Hymne	*- une hymne*	der Hymnus
le livre	das Buch	*- la livre*	das Pfund
le manche	der Stiel	*- la manche*	der Ärmel
le mémoire	die Denkschrift	*- la mémoire*	das Gedächtnis
le mode	die Art/Weise	*- la mode*	die Mode
le moral	die Moral [Stimmung]	*- la morale*	die Moral [Sittenlehre]
le mort	der Tote	*- la mort*	der Tod
le moule	die Backform	*- la moule*	die Miesmuschel
le mousse	der Schiffsjunge	*- la mousse*	das Moos/der Schaum
le page	der Page	*- la page*	die Seite
le parallèle	die Parallele [fig.]	*- la parallèle*	die Parallele [geom.]
le parti	die Partei	*- la partie*	der Teil
le pendule [phys.]	das Pendel	*- la pendule*	die Wanduhr
le physique	das Äußere (eines Menschen)	*- la physique*	die Physik
le poêle [pwal]	der Ofen	*- la poêle*	die Pfanne
le poste	der Posten	*- la poste*	die Post [Gebäude]
le radio	der Funker/ Funkspruch	*- la radio*	das Radio
le somme	der Schlaf	*- la somme*	die Summe
le tour	die Umdrehung	*- la tour*	der Turm
le trompette	der Trompeter	*- la trompette*	die Trompete
le vague	die Verschwommenheit	*- la vague*	die Welle

le vapeur	der Dampfer	*- la vapeur*	der Dampf
le vase	die Vase	*- la vase*	der Schlamm
le voile	der Schleier	*- la voile*	das Segel

Merke: 'die Post' (Briefe, Karten etc.) *le courrier*

20 Ähnlich lautende Substantive mit unterschiedlichem Genus im Französischen und im Deutschen

1. Im Französischen sind maskulin:

un abricot	eine Aprikose	*le gala*	die Gala
le banc	die (Sitz)Bank	*le geste*	die Geste
le bar	die Bar	*le groupe*	die Gruppe
le bronze	die Bronze	*un hémisphère*	eine Hemisphäre
le buste	die Büste	*le mark*	die Mark
le canon	die Kanone	*le masque*	die Maske
le carrosse	die Karosse	*le microbe*	die Mikrobe
le chiffre	die Ziffer	*le million*	die Million
le chocolat	die Schokolade	*le môle*	die Mole
le choléra [k-]	die Cholera	*un opéra*	eine Oper
le cigare	die Zigarre	*le parti*	die Partei
le comique	die Komik	*le pore*	die Pore
le contrôle	die Kontrolle	*le pronostic* [-ik]	die Prognose
le(s) débat(s)	die Debatte	*le rôle*	die Rolle
le diagnostic [djagnɔstik]	die Diagnose	*le Sahara*	die Sahara
		le sauna	die Sauna
le diocèse	die Diözese	*le show* [ʃo]	die Show
le dividende	die Dividende	*le trophée*	die Trophäe
un épisode	eine Episode	*le tube*	die Tube
le front	die Front [milit.]	*un uniforme*	eine Uniform

2. Im Französischen sind feminin:

une alarme	ein Alarm	*la molécule*	das Molekül
une ancre	ein Anker	*la mosaïque*	das Mosaik
une auto	ein Auto	*la nasale*	der Nasal
la caféine	das Koffein	*la nicotine*	das Nikotin
la charnière	das Scharnier	*la panthère*	der Panther
la comète	der Komet	*la pédale*	das Pedal
la danse	der Tanz	*la photo*	das Foto
la date	das Datum	*la planète*	der Planet
la dictée	das Diktat	*la poudre*	der Puder
la dispute	der Disput	*la radio*	das Radio
une épigramme	ein Epigramm	*la recrue*	der Rekrut
une étiquette	ein Etikett	*la ruine*	der Ruin
la flanelle	der Flanell	*la salade*	der Salat

la fresque	das Fresko	*la salle*	der Saal
une interview	ein Interview	*la solde*	der Sold
la liqueur	der Likör	*la star* [Frau]	der Star
la manœuvre	das Manöver	*la testostérone*	das Testosteron
la marche	der Marsch	*la valse*	der Walzer

3. Das Genus folgender Substantive wird häufig verwechselt:

le beurre	die Butter	*un incendie*	ein Brand
la dent	der Zahn	*le reproche*	der Vorwurf
le doute	der Zweifel	*le rêve*	der Traum

Der Numerus (le nombre)

Wie im Deutschen gibt es auch im Französischen den Singular (le singulier) und den Plural (le pluriel). Im Gebrauch von Singular und Plural stimmen die beiden Sprachen allerdings nicht immer überein (vgl. § 25).

Die regelmäßige Pluralbildung 21

1. Der regelmäßige Plural wird gebildet, indem der Singularform des Substantivs in der Schrift die Endung *–**s*** angefügt wird, die in der Aussprache jedoch nicht hörbar ist. Ob es sich um eine Singular- oder eine Pluralform handelt, ist an der Schreibung und der Aussprache des Determinanten erkennbar:

la porte [lapɔʀt]	die Tür	- *l**es** porte**s*** [lepɔʀt]	die Türen
ma clé [makle]	mein Schlüssel	- *m**es** clé**s*** [mekle]	meine Schlüssel
le frère [ləfʀɛʀ]	der Bruder	- *l**es** frère**s*** [lefʀɛʀ]	die Brüder
ce texte [sətɛkst]	dieser Text	- *c**es** texte**s*** [setɛkst]	diese Texte

2. Bei vokalisch anlautenden Substantiven wird der Plural darüber hinaus auch in der Aussprache durch das hörbar gebundene Endungs-***s*** des vorausgehenden Determinanten oder Adjektivs angezeigt:

un élève [ɛ̃nelɛv]	ein Schüler	- ***des*‿*élève**s*** [dezelɛv]	Schüler
cet élève [sɛtelɛv]	dieser Schüler	- *c**es**‿élève**s*** [sezelɛv]	diese Schüler
le bon élève [ləbɔnelɛv]	der gute Schüler	- *l**es** bon**s**‿élève**s*** [lebõzelɛv]	die guten Schüler

Anmerkung: Folgt dem im Plural stehenden Substantiv ein vokalisch anlautendes Adjektiv, so kann das Plural-*s* des Substantivs mit dem Adjektiv in der Aussprache verbunden werden (zur fakultativen Liaison vgl. § 8.2): *les élèves intelligents* [lezelɛv(z)ɛ̃teliʒɑ̃] die intelligenten Schüler.

22 Besonderheiten der Pluralbildung

1. Die Anfügung eines Plural-*s* unterbleibt bei Substantiven, die im Singular auf -***s***, -***x*** oder -***z*** ausgehen:

le héros [lǝeʀo]	der Held	- *les héros* [leeʀo]	die Helden
la perdrix [pɛʀdʀi]	das Rebhuhn	- *les perdrix*	die Rebhühner
le nez	die Nase	- *les nez*	die Nasen

2. Substantive auf -***al*** [al] bilden den Plural in der Regel auf -***aux*** [o]:

le cheval	das Pferd	- *les chevaux*	die Pferde
le métal	das Metall	- *les métaux*	die Metalle
le journal	die Zeitung	- *les journaux*	die Zeitungen
le canal	der Kanal	- *les canaux*	die Kanäle

Hiervon gibt es zahlreiche Ausnahmen:

le bal	der Ball/Tanz	- *les bals*	die Bälle
le cal	die Schwiele	- *les cals*	die Schwielen
le carnaval	der Karneval	- *les carnavals*	die Karnevale/-als
le chacal	der Schakal	- *les chacals*	die Schakale
le choral	der Choral	- *les chorals*	die Choräle
le festival	das Festival	- *les festivals*	die Festivals
le pal	der Pfahl	- *les pals*	die Pfähle
le récital	das Konzert	- *les récitals*	die Konzerte
le régal	der Leckerbissen	- *les régals*	die Leckerbissen

Anmerkung: *Un idéal* 'ein Ideal' lässt beide Pluralformen zu: *des idéaux/idéals* Ideale.

3. Substantive auf -***ail*** [aj] bilden den Plural meist auf -***ails*** [aj]:

le détail	die Einzelheit	- *les détails*	die Einzelheiten
le portail	das Portal	- *les portails*	die Portale
le rail	die Schiene	- *les rails*	die Schienen
le gouvernail	das Steuerruder	- *les gouvernails*	die Steuerruder

Ausnahmen hiervon sind:

le bail	der Pachtvertrag	- *les baux*	die Pachtverträge
le corail	die Koralle	- *les coraux*	die Korallen
un émail	eine Emailarbeit	- *des émaux*	Emailarbeiten
le soupirail	das Kellerfenster	- *les soupiraux*	die Kellerfenster
le travail	die Arbeit	- *les travaux*	die Arbeiten
le vitrail	das Kirchenfenster	- *les vitraux*	die Kirchenfenster

Anmerkung: Die französische Bezeichnung *le bétail* 'das Vieh' kennt keinen Plural. Sie ist gleichbedeutend mit *les bestiaux,* das seinerseits keinen Singular aufweist.

4. Substantive auf -***au/-eau*** [o] bilden den Plural üblicherweise auf -***aux/-eaux*** [o]:

un étau	ein Schraubstock	- *des étaux*	Schraubstöcke
le noyau	der Kern	- *les noyaux*	die Kerne
le tuyau	das Rohr	- *les tuyaux*	die Rohre
le blaireau	der Dachs	- *les blaireaux*	die Dachse
le bureau	das Büro	- *les bureaux*	die Büros
le château	das Schloss	- *les châteaux*	die Schlösser
l'eau	das Wasser	- *les eaux*	die Gewässer
le seau	der Eimer	- *les seaux*	die Eimer
le tableau	das Bild	- *les tableaux*	die Bilder

Ausnahme: *le landau* der Landauer/Kinderwagen (mit Verdeck) – *les landaus* die Landauer/Kinderwagen

5. An Substantive, die auf -***eu*** [ø] enden, wird im Plural ein -***x*** angefügt:

un aveu	das Geständnis	- *des aveux*	Geständnisse
le cheveu	das Haar	- *les cheveux*	die Haare
un essieu	eine Achse (eines Wagens)	- *des essieux*	Achsen
le feu	das Feuer	- *les feux*	die Feuer
le lieu	der Ort	- *les lieux*	die Orte

Merke: *le vœu* das Gelübde/der Wunsch – *les vœux* die Gelübde/die Wünsche

Ausnahmen: *le bleu* das Blau/der blaue Fleck – *les bleus* die blauen Flecken
le pneu der Reifen – *les pneus* die Reifen

6. Substantive auf -***ou*** [u] bilden den Plural in der Regel auf -***ous***:

le clou	der Nagel	- *les clous*	die Nägel
le filou	der Gauner	- *les filous*	die Gauner
le matou	der Kater	- *les matous*	die Kater
le trou	das Loch	- *les trous*	die Löcher
le verrou	der Riegel	- *les verrous*	die Riegel

7. Die folgenden sieben Substantive bilden den Plural auf -***oux***:

le bijou	der Juwel	- *les bijoux*	die Juwelen
le caillou	der Kieselstein	- *les cailloux*	die Kieselsteine
le chou	der Kohl	- *les choux*	die Kohlköpfe
le genou	das Knie	- *les genoux*	die Knie
le hibou	die Eule	- *les hiboux*	die Eulen
le joujou	das Spielzeug	- *les joujoux*	die Spielsachen
le pou	die Laus	- *les poux*	die Läuse

8. Unregelmäßige Pluralbildungen

8.1. In der Schrift regelmäßig, jedoch in der Aussprache unregelmäßig ist der Plural von:

le bœuf [ləbœf]	der Ochse	- *les bœufs* [lebø]	die Ochsen
un œuf [ɛ̃nœf]	ein Ei	- *des œufs* [dezø]	Eier
un os [ɛ̃nɔs]	ein Knochen	- *des os* [dezo]	Knochen

Anmerkung: Die Pluralform *os* wird in folgenden Ausdrücken [ɔs] gesprochen: *Jean s tun sac/paquet d'os.* – Jean ist nur Haut und Knochen; *en chair et en os* leibhaftig; *des os à moelle* [dezɔsamwal] Markknochen.

8.2. In Schreibung und Aussprache unregelmäßig ist:

un œil [ɛ̃nœj]	ein Auge	- *des yeux*	Augen

Aber: *les œils-de-bœuf* die Bullaugen

8.3. Einen doppelten Plural weisen auf:

un aïeul [ajœl]	ein Großvater	- *des aïeuls* [ajœl]	Großväter
		- *des aïeux* [ajø]	Vorfahren
le ciel	der Himmel	- *les ciels*	die Himmel [atm.]
		- *les cieux*	der Himmel [relig.]

Ausdrücke: *Notre père qui êtes aux cieux ...* – Vater unser im Himmel ...
le royaume des cieux das Himmelreich

8.4. Bei den Anredeformen *madame, mademoiselle* und *monsieur* wird im Plural nicht nur ein -***s*** angefügt, sondern auch das in ihnen enthaltene Possessivadjektiv erscheint im Plural:

madame	(gnädige) Frau	- *mesdames*	meine Damen
mademoiselle	(gnäd.) Fräulein	- *mesdemoiselles* [medmwazɛl]	meine (jungen) Damen
monsieur [məsjø]	(mein) Herr	- *messieurs* [mesjø]	(meine) Herren

Anmerkung 1: In familiärer Ausdrucksweise findet sich auch die Pluralform *madames,* so z.B. in *Elles font les madames.* – Sie spielen die Madame.

Anmerkung 2: 'Meine Damen und Herren' lautet in gehobener Sprache *Mesdames‿et Messieurs* oder *Mesdames, Messieurs. Messieurs (et) dames* [mesjødam] ist familiär, jedoch nicht beim Betreten eines Geschäfts.

Zur Verwendung des Artikels nach *monsieur* vgl. § 33.2 Anm.1.

8.5. Die Pluralbildung von Fremdwörtern hängt davon ab, wie stark diese in den französischen Wortschatz integriert sind. Meistens wird das Plural-***s*** angefügt. Daneben kann die Pluralbildung der Herkunftssprache weiter bestehen. In einigen Fällen existiert nur diese:

le scénario	das Drehbuch	- *les scénarios*	die Drehbücher
un album [albɔm]	ein Album	- *des albums*	Alben
la pizza [pidza]	die Pizza	- *les pizzas*	die Pizzas/Pizzen
le match	das Spiel	- *les matchs/ matches*	die Spiele
le penalty	der Strafstoß	- *les penaltys/ penalties*	die Strafstöße
le libretto	das Textbuch	- *les librettos/ libretti*	die Textbücher
le lied	das Lied	- *les lieds/lieder*	die Lieder
le bravo	der gedungene Mörder	- *les bravi*	die gedungenen Mörder
la lady	die Lady [ledi]	- *les ladies* [lediz]	die Ladies
le gentleman	der Gentleman	- *les gentlemen*	die Gentlemen

9. Die Pluralbildung von Eigennamen

9.1. Familiennamen bleiben unverändert, wenn auf eine bestimmte Familie Bezug genommen wird:

Les Durand sont déjà rentrés de vacances.	Die Durands sind schon aus den Ferien zurück.

Anmerkung: Nach § 17 a des Toleranzerlasses vom 28.12.1976 ist die Hinzufügung eines Plural-*s* statthaft.

9.2. Die Namen von Dynastien weisen in der Regel ein Plural *-s* auf:

les Mérovingiens	die Merowinger
les Capétiens [kapesjɛ̃]	die Kapetinger
les Médicis [medisi(s)]	die Medici
les Bourbons	die Bourbonen

Anmerkung: Die Namen ausländischer Dynastien stehen teils mit, teils ohne Plural-*s.* Ein Plural-*s* weisen auf: *les Pharaons* die Pharaonen, *les Flaviens* die Flavier, *les Plantagenets.* Kein Plural-*s* verzeichnen: *les Borgia, les Sforza, les Habsbourg* die Habsburger, *les Hohenzollern.*

9.3. Personennamen können im Plural stehen, wenn man sich damit auf Menschen bezieht, denen Eigenschaften zugeschrieben werden, über die der Träger des Namens verfügt(e):

Aujourd'hui il y a des Napoléons partout.	Heutzutage gibt es überall (kleine) Napoleons.

9.4. In Aufzählungen stehen die Namen von Personen im Plural, wenn man sie stellvertretend für eine Gruppe nennt:

Les Corneilles, les Racines ont illustré le siècle du Roi-Soleil.	Autoren wie Corneille und Racine haben dem Jahrhundert des Sonnenkönigs Glanz verliehen.
Les Pelés, les Beckenbauers ont bien mérité du football.	Pelé, Beckenbauer (und andere Spieler ihres Formats) haben sich um den Fußball verdient gemacht.

9.5. Bezeichnet man mit dem Namen eines Künstlers seine Werke, so bleibt der Eigenname in der Regel unverändert:

Notre ville vient d'acquérir deux Picasso.	Unsere Stadt hat gerade zwei Picassos gekauft.

9.6. Typenbezeichnungen und Markennamen erhalten kein Plural-*s*:

Deux Mirage ont survolé la ville. *Elle adore les Porsche.* *Hier soir, j'ai bu trois Armagnac.*	Zwei Mirage haben die Stadt überflogen. Sie ist ein Porsche-Fan. Gestern Abend habe ich drei Armagnac getrunken.

9.7. Titel von Büchern, Zeitschriften und Zeitungen weisen kein Plural-*s* auf:

J'ai acheté deux Petit Robert.	Ich habe zwei 'Petit Robert' gekauft.
Dans notre bibliothèque, il y a plusieurs Grevisse.	In unserer Bibliothek gibt es mehrere Grevisse.
Notre école a commandé cinquante Larousse des débutants.	Unsere Schule hat fünfzig Larousse für Anfänger bestellt.
As-tu encore les France-Soir de la semaine dernière?	Hast du noch die France-Soir der letzten Woche?

23 Der Plural zusammengesetzter Substantive
(le pluriel des substantifs composés) (vgl. auch § 378)

1. Zusammengesetzte Substantive, die in einem Wort geschrieben werden, verhalten sich wie die einfachen Substantive, d.h. im Plural wird die Endung –***s*** angefügt.

le passeport	der Pass	- *les passeport**s***	die Pässe
le portefeuille	die Brieftasche	- *les portefeuille**s***	die Brieftaschen
une autoroute	eine Autobahn	- *des autoroute**s***	Autobahnen
le contrebandier	der Schmuggler	- *les contrebandier**s***	die Schmuggler

Ausnahmen: *le bonhomme* der (gutmütige) Kerl – ***les** bon**s**hommes* [bõzɔm] die (gutmütigen) Kerle; im *français populaire* findet sich auch ***les** bonhomme**s*** [bɔnɔm];
le gentilhomme [ʒɑ̃tijɔm] der Adlige/Kavalier – ***les** gentil**s**hommes* [ʒɑ̃ntizɔm] die Adligen/Kavaliere.

Zum Plural von *madame, mademoiselle* und *monsieur* vgl. § 22.8.4.

2. Wenn das zusammengesetzte Wort aus zwei unverbundenen Substantiven besteht, gibt es zwei Möglichkeiten:

2.1. Beide Substantive stehen im Plural:

le médecin-chef	der Chefarzt	- ***les** médecin**s**-chef**s***	die Chefärzte
le chef-lieu	der Hauptort	- ***les** chef**s**-lieu**x***	die Hauptorte
la dame-jeanne	die Korbflasche	- ***les** dame**s**-jeanne**s***	die Korbflaschen
le mot clé	der Schlüsselbegriff	- ***les** mot**s** clé**s***	die Schlüsselbegriffe
la surprise-partie	die Party	- ***les** surprise**s**-partie**s***	die Partys
l'accord-cadre	das Rahmenabkommen	- ***les** accord**s**-cadre**s***	die Rahmenabkommen
le cas limite	der Grenzfall	- ***les** cas limite**s***	die Grenzfälle

2.2. Das erste Substantiv steht im Plural:

le timbre-poste	die Briefmarke	- ***les** timbre**s**-poste*	die Briefmarken
la photo-couleur	das Farbfoto	- ***les** photo**s**-couleur*	die Farbfotos
le bébé-éprouvette	das Retortenbaby	- ***les** bébé**s**-éprouvette*	die Retortenbabys
le soutien-gorge	der Büstenhalter	- ***les** soutien**s**-gorge*	die Büstenhalter

3. Besteht das Kompositum aus zwei durch eine Präposition verbundenen Substantiven, so erhält nur das erste Substantiv, das als Grundwort fungiert, ein Plural-*s* angefügt:

l'arc-en-ciel	der Regenbogen	- ***les** arc**s**-en-ciel* [lezaʀkɑ̃sjɛl]	die Regenbogen
le chef-d'œuvre [ʃɛdœvʀ(ə)]	das Meisterwerk	- ***les** chef**s**-d'œuvre*	die Meisterwerke
la conférence de presse	die Pressekonferenz	- ***les** conférence**s** de presse*	die Pressekonferenzen
le complet sur mesure	der Maßanzug	- ***les** complet**s** sur mesure*	die Maßanzüge

Anmerkung: Bei einigen zusammengesetzten Wörtern erscheint das Bestimmungswort stets im Plural: *une épingle à cheveux* eine Haarnadel – *des épingles à cheveux* Haarnadeln; *la brosse à dents* die Zahnbürste – *les brosses à dents* die Zahnbürsten; *le vernis à ongles* der Nagellack – *les vernis à ongles* die Nagellacke.

4. Ist das Kompositum aus einem Substantiv und einem ihm vorangehenden oder folgenden Adjektiv zusammengesetzt, so erhalten in der Regel sowohl das Substantiv als auch das Adjektiv das Plural-*s*:

le coffre-fort	der Tresor	- *le**s** coffre**s**-fort**s***	die Tresore
le coup franc	der Freistoß	- *le**s** coup**s** franc**s***	die Freistöße
la carte postale	die Postkarte	- *le**s** carte**s** postale**s***	die Postkarten
la belle-sœur	die Schwägerin	- *le**s** belle**s**-sœur**s***	die Schwägerinnen
le court-circuit	der Kurzschluss	- *le**s** court**s**-circuit**s***	die Kurzschlüsse
la basse-cour	der Hühnerhof	- *le**s** basse**s**-cour**s***	die Hühnerhöfe
le nouveau venu	der Neuankömmling	- *le**s** nouveau**x** venu**s***	die Neuankömmlinge
le grand-père	der Großvater	- *le**s** grand**s**-père**s***	die Großväter

Ausnahmen: *le haut-parleur* der Lautsprecher – *le**s** haut-parleur**s*** die Lautsprecher, *le nouveau-né* das Neugeborene – *le**s** nouveau-né**s*** die Neugeborenen, *les filles nouveau-nées* die neugeborenen Mädchen

Anmerkung: Bei den femininen Komposita mit *grand* kann das Adjektiv im Plural verändert werden: *la grand-mère* die Großmutter – *les grand(s)-mères* die Großmütter, *la grand-tante* die Großtante – *les grand(s)-tantes* die Großtanten, *la grand-messe* das Hochamt – *les grand(s)-messes* die Hochämter, *la grand-rue* die Hauptstraße – *les grand(s)-rues* die Hauptstraßen. Tendenz: *grand* ohne *–s*.

5. In französischen Wortzusammensetzungen, die aus einer Präposition und einem Substantiv bestehen, erhält nur das Substantiv im Plural die Endung -***s***:

un en-tête	ein Briefkopf	- *des en-têtes*	Briefköpfe
un avant-centre	ein Mittelstürmer	- *des avant-centres*	Mittelstürmer
une arrière-pensée	ein Hintergedanke	- *des arrière-pensées*	Hintergedanken
le contre-exemple	das Gegenbeispiel	- *les contre-exemples*	die Gegenbeispiele

Ausnahme: *un/une après-midi* ein Nachmittag – *des après-midi* Nachmittage

6. Bei den Komposita, die aus einer Verbform und einem Substantiv bestehen, bleibt im Plural die Verbform stets unverändert. Hinsichtlich des Substantivs können drei Fälle unterschieden werden: Das Substantiv wird in den Plural gesetzt, die Anfügung eines Plural-*s* ist fakultativ oder das Substantiv wird nicht verändert. Welcher Fall vorliegt, hängt von der Bedeutung des Kompositums, vom Verb und von der Art des Substantivs (zählbar oder nicht-zählbar) ab. Bei französischen Grammatikern und Lexikographen finden sich im Einzelnen oft widersprüchliche Angaben.

6.1. Das Substantiv erhält ein Plural-***s***:

le tourne-disque *les tourne-disques*	der Plattenspieler die Plattenspieler
le pèse-bébé *les pèse-bébés*	die Babywaage die Babywaagen
le prête-nom *les prête-noms*	der Strohmann die Strohmänner
le couvre-chef *les couvre-chefs*	die Kopfbedeckung die Kopfbedeckungen
le protège-slip *les protège-slips*	die Slipeinlage die Slipeinlagen

Anmerkung: Es gibt Komposita aus Verbform + Substantiv, bei denen das Substantiv bereits im Singular auf Grund der Bedeutung im Französischen ein Plural-*s* aufweist: *le porte-avions* der Flugzeugträger, *le pare-chocs* die Stoßstange, *le casse-noisettes* der Nussknacker.

6.2. Die Anfügung eines Plural-***s***/-***x*** an das Substantiv ist fakultativ:

le lave-vaisselle *les lave-vaisselle(s)*	die Spülmaschine die Spülmaschinen
un attrape-nigaud *des attrape-nigaud(s)*	eine Bauernfängerei Bauernfängereien
le porte-drapeau *les porte-drapeau(x)*	der Fahnenträger die Fahnenträger
le chasse-neige *les chasse-neige(s)*	der Schneepflug die Schneepflüge

6.3. Das Substantiv bleibt im Plural unverändert:

le/les porte-bonheur	der/die Glücksbringer
le/les gratte-ciel	der/die Wolkenkratzer
le/les pare-brise	die Windschutzscheibe(n)
le/les perce-neige	das/die Schneeglöckchen
l'/les essuie-glace	der/die Scheibenwischer

Anmerkung: In den Komposita mit *garde-* kann der erste Bestandteil eine Verbform oder ein Substantiv sein.

1. Ist er ein Substantiv (*le garde* der Wächter/Wärter), so erhält *garde-* im Plural in der Regel ein *-s*: der zweite Bestandteil kann verändert werden, es sei denn, dieses Substantiv tritt nur im Singular auf: *le garde-barrière* der Schrankenwärter – *les gardes-barrière(s)* die Schrankenwärter, *le garde-port* der Hafenmeister – *les gardes-port(s)* die Hafenmeister; *le garde-pêche* der Fischereiaufseher – *les gardes-pêche* die Fischereiaufseher.
2. Ist der erste Bestandteil eine Verbform, wird sie nicht verändert; der zweite Teil des Kompositums wird teils verändert, teils nicht verändert: *le garde-fou* das Geländer – *les garde-fous* die Geländer, *le garde-meuble* das Möbellager – *les garde-meubles* die Möbellager, *le/les garde-manger* die Speisekammer(n).

7. Stets unverändert bleiben Zusammensetzungen mit anderen Wortarten:

le/les savoir-vivre	die Lebensart(en)
le/les laissez-passer	der/die Passierschein(e)
le/les rendez-vous	die Verabredung(en)
le/les couche-tard	der/die Nachtschwärmer
le/les passe-partout	der/die Hauptschlüssel
le/les va-et-vient	das Hin und Her
un/des on-dit	ein Gerücht/Gerüchte
le/les qu'en dira-t-on	das Gerede
le/les ouï-dire	das/die Gerücht(e)

24 Sonderbedeutungen französischer Pluralformen (zusätzlich zu der Normalbedeutung)

une amitié	eine Freundschaft	*- des amitiés*	1. Freundschaften 2. Grüße
une arme	eine Waffe	*- des armes*	1. Waffen 2. Wappen
une attribution	eine Zuweisung	*- des attributions*	1. Zuweisungen 2. Kompetenz
la bouche	der Mund	*- les bouches*	1. die Münder 2. die Mündung
le ciseau	der Meißel	*- les ciseaux*	1. die Meißel 2. die Schere
le début	der Anfang	*- les débuts*	1. die Anfänge 2. das Debüt

le devoir	die Pflicht	*- les devoirs*	1. die Pflichten 2. die Hausaufgaben
un échec	der Misserfolg	*- les échecs*	1. die Misserfolge 2. das Schachspiel
l'enfer	die Hölle	*- les enfers*	die Unterwelt
la façon	die Art	*- les façons*	1. die Arten 2. die Ziererei
la force	die Kraft	*- les forces*	1. die Kräfte 2. die Streitkräfte
l'humanité	die Menschlichkeit	*- les humanités*	die Geisteswissenschaften
la lettre	1. der Buchstabe 2. der Brief	*- les lettres*	1. die Buchstaben 2. die Briefe 3. die Philologie
la lunette	1. das Fernrohr 2. die Klobrille	*- les lunettes*	1. die Fernrohre 2. die Klobrillen 3. die Brille
la poursuite	die Verfolgung	*- les poursuites*	die Strafverfolgung
la règle	die Regel	*- les règles*	1. die Regeln 2. die Regel [med.]
la science	die Wissen-schaft	*- les sciences*	die Naturwissenschaften
le soin	die Sorgfalt/ Sorge	*- les soins*	die Pflege/ Bemühungen

Numerusunterschiede zwischen französischen und deutschen Substantiven 25

1. Nur im Singular werden im Französischen gebraucht:

le coût de la vie	die Lebenshaltungskosten
la main-d'œuvre	die Arbeitskräfte
la rougeole	die Masern
la rubéole	die Röteln
la varicelle	die Windpocken

Wendungen:

Chien qui aboie ne mord pas.	Hunde, die bellen, beißen nicht.
mettre qn devant le fait accompli	jdn. vor vollendete Tatsachen stellen
se faire du souci	sich Sorgen machen
courir le cent mètres en onze secondes	die hundert Meter in elf Sekunden laufen

2. Nur im Plural werden im Gegensatz zum Deutschen gebraucht:

les alentours [mask.]	die Umgebung
les apparences [fem.]	der Schein
les applaudissements [mask.]	der Applaus/Beifall
les appointements [mask.]	das Gehalt [von Angestellten]
les archives [fem.]	das Archiv
les arrhes [lezaʀ] [fem.]	die Anzahlung
les Asturies [fem.]	Asturien
les bagages [mask.]	das Gepäck
les Balkans [mask.]	der Balkan
les bans [mask.] *de mariage*	das Aufgebot
les bijoux [mask.]	der Schmuck
les cancans [mask.]	der Klatsch
les commérages [mask.]	der Klatsch
les condoléances [fem.]	das Beileid
les Cornouailles [fem.]	Cornwall
les décombres [mask.]	der Schutt
les dégâts [mask.]	der Schaden
les dommages-intérêts [mask.]	der Schadenersatz
les environs [mask.]	die Umgebung
les épinards [mask.]	der Spinat
les fesses [fem.]	der Hintern
les fiançailles [fem.]	die Verlobung
les fondations [fem.]	das Fundament [Haus]
les fondements [mask.]	das Fundament/die Grundlagen
les fonds [mask.]	das Geld/die Geldmittel
les funérailles [fem.]	das Begräbnis
les gaz [mask.]	das Gas [Autofahren]
les gencives [fem.]	das Zahnfleisch
les bonnes grâces	die Gunst/das Wohlwollen
les honoraires [mask.]	das Honorar
les jérémiades [fem.]	das Gejammere
les jumelles [fem.]	das Fernglas
les lavabos [mask.]	die Toilette
les légumes [fem.]	das Gemüse
les lettres de créance [fem.]	das Beglaubigungsschreiben
les loisirs [mask.]	die Freizeit
les louanges [fem.]	das Lob
les mathématiques [fem.]	die Mathematik
les munitions [fem.]	die Munition
les obsèques [fem.]	die Beisetzung
les ordures [fem.]	der Müll
les potins [mask.]	der Klatsch
les prévisions météorologiques [fem.]	die Wettervorhersage
les remords [mask.]	die Gewissensbisse/das Schuldgefühl
les ténèbres [fem.]	die Dunkelheit
les toilettes [fem.]	die Toilette

les vêpres [fem.]	die Vesper
les vivres [mask.]	die Verpflegung
les W.-C. [vese/dubləvese] [mask.]	das WC

Wendungen:

sur les bords de la Seine	am Ufer der Seine
faire ses besoins	seine Notdurft verrichten
sauver les apparences	den Schein wahren
faire ses débuts	sein Debüt geben
se présenter aux élections	(bei der Wahl) kandidieren
passer aux actes (aber: *à l'action*)	zur Tat schreiten
avoir de bonnes fréquentations	guten Umgang haben
se rendre sur les lieux	sich an Ort und Stelle begeben
fêter ses noces d'argent	seine silberne Hochzeit feiern
jouer les innocents/les ingénues	den Unschuldigen/die Naive spielen
avoir des rapports avec qn	mit jdm. ein Verhältnis haben
arriver à ses fins	sein Ziel erreichen
rendre des comptes à qn	jdm. Rechenschaft ablegen
jouer les prolongations	in die Verlängerung gehen [Fußball]
les pluies acides	der saure Regen
les glaces éternelles	das ewige Eis
présenter ses remerciements à qn	jdm. seinen Dank aussprechen

3. Nur im Plural werden wie im Deutschen gebraucht:

les denrées [fem.]	die Esswaren
les entrailles [fem.]	die Eingeweide
les frais [mask.]	die Kosten
les gens [mask./fem.] (vgl. § 16.6.2.1)	die Leute
les hardes [leaʀd] [fem.]	die Lumpen
les mœurs [mœʀ(s)] [fem.]	die Sitten

4. Singular oder Plural wird gebraucht in:

descendre l'escalier/les escaliers	die Treppe hinuntergehen
des clins d'œil/ *des clignements d'yeux*	Blinzeln/ Augenzwinkern
fermer l'oreille/les oreilles aux on-dit	Gerüchten gegenüber die Ohren verschließen
le pain d'épice(s)	der Lebkuchen
un roman à clé(s)	ein Schlüsselroman
un fort en thème(s)	ein Musterschüler

26 Die Struktur der Nominalgruppe
(la structure du groupe nominal)

Substantive können allein stehen oder sich mit anderen Wortarten, präpositionalen Fügungen oder Relativsätzen zu mehr oder weniger umfangreichen Nominalgruppen verbinden.

Nominalgruppen können bestehen aus

1. einem Eigennamen: *Jacques, Jacqueline*;

2. einer Form des bestimmten, unbestimmten oder partitiven Artikels (vgl. Kap. 3) + Substantiv: *la femme* die Frau, *une femme* eine Frau, *du pain* Brot;

3. einem Demonstrativadjektiv (vgl. Kap. 4) + Substantiv: *cette femme* diese Frau;

4. einem Possessivadjektiv (vgl. Kap. 5) + Substantiv: *ma femme* meine Frau;

5. einem Indefinitadjektiv (vgl. Kap. 6) + Substantiv; *quelques femmes* einige Frauen;

6. einem Zahlwort (vgl. Kap. 7) + Substantiv: *trois femmes* drei Frauen;

7. einem Interrogativadjektiv/Exklamativadjektiv (vgl. Kap. 8) + Substantiv: *quelle femme?* welche Frau?/*quelle femme!* was für eine Frau!

8. einem Artikel + Adjektiv + Substantiv bzw. einem Artikel + Substantiv + Adjektiv (vgl. Kap. 11): *une jolie robe* ein hübsches Kleid, *un virage dangereux* eine gefährliche Kurve.

Ein Substantiv kann mehrere der aufgezählten Wortarten zu sich nehmen und außerdem durch eine präpositionale Fügung oder durch einen Relativsatz erweitert werden:

une femme intelligente	eine intelligente Frau
les trois femmes	die drei Frauen
toutes les autres femmes	all die anderen Frauen
une femme de trente ans	eine dreißigjährige Frau
Quelle jolie femme!	Was für eine hübsche Frau!
la femme que j'ai vue hier	die Frau, die ich gestern sah

Die Funktionen der Nominalgruppe im Satz **27**
(les fonctions syntaxiques du groupe nominal)

Die Nominalgruppe kann im Satz (vgl. Kap. 24) erscheinen als

1. Subjekt: *Ma femme travaille dans un bureau.* – Meine Frau arbeitet in einem Büro.

2. direktes Objekt: *J'ai une femme très compréhensive.* – Ich habe eine sehr verständnisvolle Frau.

3. indirektes Objekt: *J'ai écrit à ma femme.* – Ich habe meiner Frau geschrieben.

4. Präpositionalobjekt: *Je pense toujours à ma femme.* – Ich denke immer an meine Frau.

5. adverbiale Ergänzung: *Ce que j'apprécie chez ma femme, c'est qu'elle est très compréhensive.* – Was ich an meiner Frau schätze, ist, dass sie sehr verständnisvoll ist.

6. prädikative Ergänzung: *Marie-Claire est devenue une femme très attrayante.* – Marie-Claire ist eine sehr attraktive Frau geworden.

7. Apposition: *Marie-Claire, la femme de mon collègue, nous a invités à dîner.* – Marie-Claire, die Frau meines Kollegen, hat uns zum Abendessen eingeladen.

Kapitel 3 Der Artikel (L'article)

Man unterscheidet im Französischen drei Arten des Artikels, den bestimmten, den unbestimmten und den partitiven Artikel. Der Artikel begleitet in der Regel das Substantiv, gibt im Singular meist das Genus des Substantivs an und erlaubt, Singular und Plural des Substantivs hörbar zu unterscheiden. In bestimmten Fällen kann der Artikel fehlen (Nullartikel). Die kommunikative Funktion des Artikels besteht darin, Personen, Gegenstände oder Sachverhalten, auf die sich das von ihm begleitete Substantiv bezieht, in einen bestimmten Kontext einzuordnen.

Die Formen des bestimmten Artikels, des unbestimmten Artikels und des partitiven Artikels

(les formes de l'article défini, de l'article indéfini et de l'article partitif)

28 **Die einfachen Artikelformen** (les formes simples de l'article):

Artikel	Numerus	maskulin	feminin
bestimmter Artikel	Singular	*le* [lə]	*la* [la]
	Plural	*les* [le]	
unbestimmter Artikel	Singular	*un* [ɛ̃]	*une* [yn]
	Plural	*des* [de]	
partitiver Artikel	Singular	*du* [dy]	*de la* [dəla]

Vor vokalisch anlautendem Folgewort werden die Artikelformen *les, un* und *des* gebunden (zur Liaison vgl. § 8).

Beispiele zum Gebrauch der einfachen Artikelformen:

***Le** professeur explique **la** règle.* ***Les** garçons taquinent **les** filles.* ***Les** uns* [lezɛ̃] *sont d'accord,* ***les** autres* [lezotʀ(ə)] *pas.*	Der Lehrer erklärt die Regel. Die Jungen necken die Mädchen. Die einen sind einverstanden, die anderen nicht.
*J'ai **un** frère et **une** sœur.* *Jean est **un** élève* [ɛ̃nelɛv] *doué.*	Ich habe einen Bruder und eine Schwester. Jean ist ein begabter Schüler.
*As-tu encore **des** cigarettes?* *J'ai fait **du** café.* *Il y a encore **de la** soupe.*	Hast du noch Zigaretten? Ich habe Kaffee gekocht. Es ist noch Suppe da.

Die elidierten Formen (les formes élidées) 29

Vor vokalisch anlautendem Substantiv bzw. Adjektiv wird der bestimmte Artikel im Singular zu *l'* elidiert (zur Elision vgl. § 7). Beim partitiven Artikel steht in diesem Fall *de l'* anstelle von *du* bzw. *de la*:

***L**'homme est né mortel.*	Der Mensch ist sterblich.
***L**'affaire est réglée.*	Die Angelegenheit ist erledigt.
*C'est **l**'éternel cliché.*	Das ist das ewige Klischee.
*C'est **de l**'or pur.*	Das ist reines Gold.
*Il faut ajouter **de l**'eau.*	Man muss Wasser hinzugeben.

Die Kontraktionsformen des bestimmten Artikels (les formes contractées de l'article défini) 30

Die Präpositionen ***à*** und ***de*** bilden mit dem Maskulin Singular und mit dem Plural des bestimmten Artikels die folgenden Kontraktionsformen (articles contractés):

	Kontraktionsformen des bestimmten Artikels	
Präposition	maskulin Singular	Plural
à	*au*	*aux*
de	*du*	*des*

Anmerkung: In den festen Ausdrücken *docteur ès lettres/sciences* 'Doktor der Philosophie/Naturwissenschaften' ist die alte Kontraktionsform *ès* [ɛs] (aus *en* + *les*) erhalten geblieben.

Beispiele zum Gebrauch der Kontraktionsformen:

*Jacqueline va **au** lycée.*	Jacqueline geht ins Gymnasium.
*Il ne faut pas se fier **aux** apparences.*	Der Schein trügt.
*La femme **du** boulanger est allergique à la farine.*	Die Frau des Bäckers ist gegen Mehl allergisch.
*D'après lui, c'est toujours la faute **des** autres.*	Nach ihm/Seiner Meinung nach sind immer die anderen schuld.

Anmerkung: Man beachte, dass *du/des* sowohl Kontraktionsformen der Präposition *de* und der Artikelformen *le/les* als auch maskuliner partitiver Artikel bzw. Plural des unbestimmten Artikels sein können: *Pourquoi est-ce que la femme du boulanger achète du pain au supermarché?* – Warum kauft die Frau des Bäckers Brot im Supermarkt? *La fille des voisins fréquente des milieux louches.* – Die Tochter der Nachbarn verkehrt in zweifelhaften Kreisen.

Anstelle der Kontraktionsformen ***au*** bzw. ***du*** steht ***à l'*** bzw. ***de l'***, wenn das Folgewort vokalisch anlautet:

la chute ***de l'****empire romain*	der Zusammenbruch des römischen Reiches
Qu'est-ce que tu as promis ***à l'****oncle Marcel?*	Was hast du Onkel Marcel versprochen?

Anmerkung: Wenn *le* oder *les* erster Bestandteil des Titels eines Werkes ist und die Präposition *de* vorausgeht, können die Artikelformen unverändert erhalten bleiben – in diesem Fall steht der Titel in Anführungszeichen – oder mit der Präposition *de* die Kontraktionsformen *du* bzw. *des* bilden. Um Unsicherheiten zu vermeiden, wird hierbei oft die Bezeichnung des Genres eingeschoben. Auf André Gide, den Verfasser von *Les caves du Vatican* (dt. 'Die Verliese des Vatikans'), kann beispielsweise wie folgt Bezug genommen werden: *L'auteur de «Les caves du Vatican»/L'auteur des «Caves du Vatican»/L'auteur du roman «Les caves du Vatican».*

31 Die Reduktionsformen des unbestimmten Artikels
(les formes réduites de l'article indéfini)

1. Geht einem im Plural stehenden Substantiv ein Adjektiv voraus, so lautet der unbestimmte Artikel *de,* wenn das Adjektiv mit einem Konsonanten beginnt:

Elle a de bons réflexes.	Sie hat gute Reflexe.
J'ai de bonnes connaissances de portugais.	Ich habe gute Portugiesischkenntnisse.
Soudain, on a entendu de grands cris.	Plötzlich hörte man laute Schreie.

Anmerkung: In der Umgangssprache kann in diesem Fall auch die Vollform *des* gebraucht werden: *Nous avons bu des bons vins.* – Wir haben gute Weine getrunken. *Elle porte toujours des jolies robes.* – Sie trägt immer hübsche Kleider.

2. Die Reduktionsform *de* wird ferner stets gebraucht,

2.1. wenn dem vorangestellten Adjektiv ein Adverb vorausgeht:

Nous avons bu de très bons vins.	Wir haben sehr gute Weine getrunken.

2.2. wenn das Adjektiv eine Quantität ausdrückt:

De nombreuses rivières sont en crue.	Zahlreiche Flüsse führen Hochwasser.
Cette année, notre entreprise a subi de lourdes pertes.	Dieses Jahr hat unsere Firma schwere Verluste erlitten.

2.3. in Verbindung mit dem Indefinitadjektiv *tels/telles* (vgl. auch § 84):

A-t-on jamais vu de tels imbéciles?	Hat man schon jemals solche Dummköpfe gesehen?

3. Die Reduktionsform *d'* wird sowohl in der geschriebenen als auch in der gesprochenen Sprache verwendet, wenn das Adjektiv vokalisch anlautet:

Dans ce siècle, la médecine a fait d'étonnants progrès.	In diesem Jahrhundert hat die Medizin erstaunliche Fortschritte gemacht.
Les parents lui ont fait d'amers reproches.	Die Eltern haben ihm bittere Vorwürfe gemacht.
Elle a d'excellentes notes.	Sie hat ausgezeichnete Noten.
Il a commis d'innombrables erreurs.	Er hat zahllose Fehler gemacht.
Connais-tu d'autres exceptions?	Kennst du weitere Ausnahmen?

4. Bilden das Adjektiv und das im Plural stehende Substantiv eine begriffliche Einheit, so steht immer *des*:

des petits pois	Erbsen
des grandes personnes	Erwachsene
des jeunes gens	junge Leute
des jeunes filles	Mädchen
des petits-fils/petites-filles/ petits-enfants	Enkel/Enkelinnen/ Enkelkinder
des mauvaises herbes	Unkraut
des mauvaises langues	Lästermäuler
des bons mots	Witze
des petits pains	Brötchen
des petits-bourgeois	Kleinbürger
des grandes surfaces	Einkaufszentren

Der Gebrauch des bestimmten Artikels (l'emploi de l'article défini) 32

1. Wie im Deutschen steht der bestimmte Artikel im Französischen bei Substantiven, die auf Lebewesen, Gegenstände oder Sachverhalte verweisen, von denen der Sprecher annimmt, dass sie dem Hörer bekannt sind. Die Bekanntheit kann dadurch motiviert sein, dass die bezeichneten Lebewesen, Gegenstände oder Sachverhalte in einer vorangehenden Äußerung bereits erwähnt wurden, in der Gesprächssituation wahrnehmbar sind oder ihre Existenz aus dem bereits Gesagten erschlossen werden kann. Im Einzelnen steht der bestimmte Artikel, wenn

1.1. auf eine bereits im vorangehenden Text auftretende Nominalgruppe verwiesen wird:

Au marché, j'ai acheté des fraises et des framboises. Les framboises étaient très sucrées, tandis que les fraises n'avaient pas bon goût.	Auf dem Markt habe ich Erdbeeren und Himbeeren gekauft. Die Himbeeren waren sehr süß, während die Erdbeeren nicht gut schmeckten.
Gisèle nous a apporté de la glace. La glace était très crémeuse.	Gisèle hat uns Eis mitgebracht. Das Eis war sehr sahnig.

1.2. das gemeinte Lebewesen oder die Sache in der Sprechsituation vorhanden ist:

Passe-moi les verres, s'il te plaît.	Reiche mir bitte die Gläser!
Tu as vu le clochard?	Hast du den Clochard gesehen?

1.3. der Hörer auf Grund des Vorwissens, das er mit dem Sprecher teilt, das gemeinte Lebewesen oder die Sache eindeutig identifizieren kann:

Est-ce que le facteur est déjà passé?	Ist der Briefträger schon vorbeigekommen?
N'oublie pas de rentrer les pots de fleurs.	Vergiss nicht, die Blumentöpfe hereinzuholen!
L'opposition a tenté de renverser le gouvernement.	Die Opposition hat versucht, die Regierung zu stürzen.
Je n'ai pas encore lu le journal.	Ich habe die Zeitung noch nicht gelesen.
Tu as déjà fait le café?	Hast du schon Kaffee gekocht?
Elle prend la pilule.	Sie nimmt die Pille.
Aujourd'hui, le ciel est dégagé.	Heute ist der Himmel wolkenlos.

1.4. das gemeinte Lebewesen oder die Sache durch den nachfolgenden Kontext identifizierbar wird:

L'autre jour, j'ai rencontré la jeune fille dont je t'avais parlé.	Neulich traf ich das Mädchen, von dem ich dir erzählt hatte.
Je vais prendre la valise de mon frère.	Ich werde den Koffer meines Bruders nehmen.

1.5. die gemeinte Sache oder das Lebewesen aufgrund einer vorangehenden Nominalgruppe mitverstanden wird:

Le moteur de ma voiture chauffe anormalement. Il va falloir vérifier le radiateur.	Der Motor meines Wagens wird ungewöhnlich heiß. Man muss den Kühler nachschauen.

Le onze de France est bien préparé; le sélectionneur espère battre l'équipe d'Espagne.	Die französische Elf ist gut vorbereitet; der Trainer hofft, die spanische Mannschaft zu schlagen.

2. Der bestimmte Artikel kann zur Verallgemeinerung dienen. Er steht

2.1. in Verbindung mit Gattungsnamen sowohl im Singular als auch im Plural:

Le joueur intelligent ne va pas s'exposer à ce risque.	Der intelligente Spieler wird sich dieser Gefahr nicht aussetzen.
L'automobile est en crise.	Das Auto steckt in der Krise.
Les loups ne se mangent pas entre eux.	Eine Krähe hackt der anderen kein Auge aus.
Les baleines sont des mammifères.	Wale sind Säugetiere.
J'aime les chats.	Ich mag Katzen.

Anmerkung: Wenn das Prädikat einer verallgemeinernd gebrauchten Subjektnominalgruppe auf alle Glieder einer Gattung zutrifft, sind Singular und Plural in der Regel austauschbar: *Le chien est un animal fidèle./Les chiens sont des animaux fidèles.* – Der Hund ist ein treues Tier./Hunde sind treue Tiere. Auch der unbestimmte Artikel im Singular ist in diesem Fall möglich: *Un chien est un animal fidèle.* – Ein Hund ist ein treues Tier. Ist jedoch der Typ gemeint (dt. meist 'als solcher'), ist nur der bestimmte Artikel im Singular möglich: Also nicht: **Les automobiles sont en crise./*Une automobile est en crise.* Tritt eine verallgemeinernd gebrauchte Nominalgruppe in Objektfunktion auf, so wird der Plural vorgezogen. Ein Satz wie *J'aime le chat* wird in der Regel auf eine bestimmte Katze bezogen oder er bedeutet: Ich mag Katzenfleisch!

2.2. In Verbindung mit Stoffnamen und nicht zählbaren Abstrakta nur im Singular:

Le lait est bon pour la santé.	Milch ist gesund.
La patience est une vertu.	Geduld ist eine Tugend.
J'aime la bière.	Ich trinke gerne Bier.

Anmerkung: Kommt ein Stoffname oder ein nicht zählbares Abstraktum im Französischen nur im Plural vor, so steht der Plural notwendigerweise auch in verallgemeinernden Aussagen: *Tous les bébés n'aiment pas les épinards.* – Nicht alle Babys mögen Spinat. *Les loisirs sont indispensables.* – Freizeit ist unbedingt notwendig.

3. Der bestimmte Artikel kann in distributiver Funktion gebraucht werden:

Les tomates coûtent deux euros le kilo.	Die Tomaten kosten 2 Euro das Kilo.
Le prix de cette collection est de 35 euros le volume.	Der Preis dieser Buchreihe beträgt 35 Euro pro Band.

Anmerkung: In einigen Fällen kann anstelle des bestimmten Artikels die Präposition *par* + Substantiv stehen: *Mon petit-fils vient me voir deux fois la semaine/par semaine.* – Mein Enkel besucht mich zweimal die Woche. *Un chargé de cours gagne 25 euros l'heure/par heure.* – Ein Lehrbeauftragter verdient 25 Euro pro Stunde. Nur *par* + Substantiv ist möglich in *par jour/mois/an* – pro Tag/Monat/Jahr (vgl. auch § 331).

4. Der bestimmte Artikel kann in Nominalgruppen auftreten, die die Art und Weise angeben:

Le grand-père était assis dans son fauteuil, la pipe à la bouche.	Der Großvater saß in seinem Sessel mit der Pfeife im Mund.
Ils se promenaient, la main dans la main.	Sie gingen Hand in Hand spazieren.
Hier, mon fils est rentré de l'école, la tête basse.	Gestern kam mein Sohn mit gesenktem Kopf von der Schule heim.

5. In den folgenden Ausdrücken hat der bestimmte Artikel demonstrative Funktion:

de la sorte	so/auf diese Art
à la fois	zugleich
à l'instant	sofort/augenblicklich
pour le moment	im Augenblick
à l'époque	zu dieser Zeit
tout à l'heure	soeben/gleich
en l'occurrence	in diesem Fall

Unterschiedliche Verwendung des bestimmten Artikels

33 Bestimmter Artikel im Französischen – kein Artikel im Deutschen

Im Gegensatz zum fehlenden Artikel im Deutschen steht im Französischen der bestimmte Artikel

1. vor Familiennamen:

Les Duport sont déjà arrivés.	Duports sind schon da.
Tu as vu les Lagrange?	Hast du Lagranges gesehen?

Anmerkung 1: Wird ein Vorname genauer bestimmt, so steht wie im Deutschen der bestimmte Artikel: *le petit Nicolas* der kleine Nicolas.

Anmerkung 2: Vor den Verwandschaftsbezeichnungen *tante* und *oncle* und folgendem Vornamen ist der Gebrauch des bestimmten Artikels fakultativ: *(l')oncle Jules* Onkel Jules, *(la) tante Marie* Tante Marie.

2. wenn dem Personennamen ein Titel vorausgeht:

le docteur Delacroix	Doktor Delacroix
le professeur Dubois	Professor Dubois
le président Mitterand	Präsident Mitterrand
le général de Gaulle	General de Gaulle
le roi Edouard III d'Angleterre	König Eduard III. von England
le prince Charles	Prinz Charles
l'empereur Charlemagne	Kaiser Karl der Große
le pape Jean XXIII	Papst Johannes XXIII.

Anmerkung 1: Folgt in der Anrede auf *madame/monsieur* ein Titel, so geht ihm der bestimmte Artikel voraus: *madame le Proviseur* Frau Direktor [Gymnasium], *monsieur le Président* Herr Präsident.
Aber: *Bonne année, docteur.* – Gutes neues Jahr, Herr Doktor.

Anmerkung 2: Der Artikel entfällt bei *Maître* [Titel eines Rechtsanwalts, abgekürzt *M*[e]] und *Monseigneur* [Titel eines hohen Geistlichen, abgekürzt *Mgr*]: *Maître Colbert, Monseigneur Lefebvre.*

Merke: *le Christ* Christus

3. bei Gattungsnamen und Stoffnamen, wenn sie verallgemeinernd gebraucht werden, und Abstrakta (vgl. § 32.2.2):

Les femmes vivent en moyenne huit ans de plus que les hommes.	Frauen leben im Durchschnitt acht Jahre länger als Männer.
L'or coûte plus cher que l'argent.	Gold ist teurer als Silber.
Je m'intéresse aux langues.	Ich interessiere mich für Sprachen.
Le foot est mon sport favori.	Fußball ist mein Lieblingssport.
Les boîtes ne sont pas pour les vieux.	Diskos sind nicht(s) für Alte.

Anmerkung: In einer Reihe von Sprichwörtern wird der bestimmte Artikel nicht gesetzt: *Charbonnier est maître chez soi.* – Jeder ist Herr in seinem Haus. *Bien mal acquis ne profite jamais.* – Unrecht Gut gedeiht nicht (vgl. § 37.9).

4. bei der Angabe von Anlagen, Netzen oder Systemen, die dem modernen Menschen im Haus zur Verfügung stehen:

As-tu le téléphone?	Hast du Telefon?
Nous avons le chauffage central.	Wir haben Zentralheizung.
Avez-vous le gaz/l'électricité/l'eau courante?	Haben Sie Gas/Strom/fließend Wasser?
Quoi, tu n'as pas la télé?	Was, du hast kein Fernsehen?

Aber: Ich habe ein Handy. – *J'ai un portable.*

5. bei im Plural stehenden Namen von Körperteilen

5.1. als direktes Objekt nach *avoir*:

Gisèle a les cheveux roux.	Gisèle hat rote Haare.
J'ai les pieds plats.	Ich habe Plattfüße.
Ma femme a les yeux bleus.	Meine Frau hat blaue Augen.

Anmerkung 1: In denjenigen Fällen, in denen *les* nicht durch *quelques* ersetzt werden kann, kann an die Stelle des bestimmten Artikels der unbestimmte Artikel im Plural treten, ohne dass ein Bedeutungsunterschied eintritt. Dies ist in der Umgangssprache häufig der Fall: *Marie-Edwige a des yeux bleus* (Sempé/Goscinny) – Marie-Edwige hat blaue Augen.

Anmerkung 2: In denjenigen Fällen, in denen *les* durch *quelques* ersetzt werden kann, kann durch die Wahl des Artikels eine Nuance ausgedrückt werden: *Paul a les cheveux gris.* – Paul hat graues Haar. *Paul a des cheveux gris.* – Paul hat (einige) graue Haare.

Anmerkung 3: Enthält das Adjektiv eine Wertung, so steht immer der unbestimmte Artikel: *Elle a des ongles soignés.* – Sie hat gepflegte Fingernägel. *Ma fiancée a des yeux resplendissants.* – Meine Verlobte hat funkelnde Augen.

Anmerkung 4: Bei einem Körperteil im Singular steht im Gegensatz zum unbestimmten Artikel im Deutschen in einer konstatierenden Aussage im Französischen der bestimmte Artikel: *Il a le nez aquilin.* – Er hat eine Adlernase. *Elle a la taille svelte.* – Sie hat eine schlanke Taille. Dies gilt auch im übertragenen Sinn: *Il faut avoir la peau dure.* – Man muss ein dickes Fell haben. *Il faut garder la tête froide.* – Man muss einen kühlen Kopf bewahren. In wertenden Aussagen steht hingegen der unbestimmte Artikel: *Il a une voix criarde.* – Er hat eine schrille Stimme. *Elle a une poitrine plantureuse.* – Sie hat einen üppigen Busen.

5.2. als charakterisierendes Attribut oder Adverbial:

un monsieur aux yeux bleus	ein Herr mit blauen Augen
une dame au nez en trompette	eine Frau mit Stupsnase
un garçon aux oreilles décollées	ein Junge mit abstehenden Ohren

Merke: *Ils se promenaient la main dans la main.* – Sie gingen Hand in Hand spazieren. Aber: *Ils se promenaient bras dessus, bras dessous.* – Sie gingen Arm in Arm spazieren.

6. bei Namen von Krankheiten:

Il suffit de se piquer avec une seringue usagée pour contracter le sida.	Man braucht nur eine gebrauchte Spritze zu verwenden, um Aids zu bekommen.

J'ai attrapé/eu le mal de mer.	Ich bin seekrank geworden.
L'infarctus et le cancer comptent parmi les causes de décès les plus fréquentes.	Herzinfarkt und Krebs zählen zu den häufigsten Todesursachen.
Sa femme était malade du cœur.	Seine Frau war herzkrank.
J'ai la diarrhée/[fam.] *la courante.*	Ich habe Durchfall.

Anmerkung: Obige Regel gilt auch im übertragenen Sinne: *Ma fille a la téléphonite.* – Meine Tochter hat die Telefonitis.

Aber: *souffrir d'insomnie* an Schlaflosigkeit leiden
mourir d'un cancer (du poumon, etc.) an (Lungen-)Krebs sterben

7. bei Farben:

Le vert est la couleur de l'espérance.	Grün ist die Farbe der Hoffnung.
Les feux sont passés à l'orange.	Die Ampel hat auf Gelb geschaltet.
Je suis passé au rouge.	Ich bin bei Rot durchgefahren.
J'aime le bleu.	Ich mag Blau.

8. bei Bruchzahlen, die einen Zähler aufweisen, der größer als 1 ist:

les deux tiers de la population	zwei Drittel der Bevölkerung
les trois quarts des Français	drei Viertel der Franzosen

9. bei Namen von Musikinstrumenten, Tänzen und Gesellschaftsspielen:

J'apprends à jouer du piano.	Ich lerne Klavier spielen.
J'aime jouer aux échecs.	Ich spiele gern Schach.
Sais-tu danser la valse?	Kannst du Walzer tanzen?

Aber: *En piano, tu n'as pas fait de progrès.* – Im Klavierspielen hast du keine Fortschritte gemacht.

10. bei Namen von Fußballvereinen, wenn sie nicht mit Städtenamen identisch sind:

Au match retour, Auxerre a battu l'Ajax Amsterdam.	Im Rückspiel hat Auxerre Ajax Amsterdam geschlagen.
Le Real Madrid a triomphé du Bayern.	Real Madrid hat Bayern München besiegt.

11. bei Ausrufen:

Oh! La menteuse!	Oh, du Lügnerin!
Faites vite, les enfants!	Macht schnell, Kinder!

12. in folgenden Wendungen:

à l'aide de qc/avec l'aide de qn	mit Hilfe einer Sache/mit jds. Hilfe
appeler à l'aide	um Hilfe rufen
prendre l'air	Luft schnappen
donner l'alarme	Alarm schlagen
accorder l'asile politique à qn	jdm. politisches Asyl gewähren
apprendre le chant	Gesang studieren
bien faire la classe	guten Unterricht geben
aux dépens de qn	auf jds. Kosten
arriver le dernier	als Letzter ankommen
jeter le désordre	Unruhe stiften
semer la discorde	Zwietracht säen
tomber dans le discrédit	in Misskredit/Verruf geraten
employer la douceur	Milde walten lassen
donner le feu vert à qc	für etw. grünes Licht geben
faire la guerre à	Krieg führen gegen
avoir la guigne [fam.]	Pech/eine Pechsträhne haben
faire la haie	Spalier stehen
donner/offrir l'hospitalité à qn	jdm. Gastfreundschaft gewähren
demander l'impossible à qn	Unmögliches von jdm. verlangen
Ma voiture consomme 7 litres aux 100 kilomètres.	Mein Wagen verbraucht 7 Liter auf 100 Kilometer.
avoir les larmes aux yeux	Tränen in den Augen haben
voter une loi à la majorité absolue	ein Gesetz mit absoluter Mehrheit beschließen
avoir le mal du pays	Heimweh haben
faire/régler la mise en scène	Regie führen
être à la mode	in Mode sein
garder les moutons	Schafe hüten
étudier le piano	Klavier spielen lernen
fumer la pipe	Pfeife rauchen
comprendre la plaisanterie	Spaß verstehen
marcher sur la pointe des pieds	auf Zehenspitzen gehen
se tourner/se rouler les pouces	Daumen/Däumchen drehen
partir la première	als Erste abreisen
faire la queue	Schlange stehen
trouver le repos	Ruhe finden
avoir le sens de qc	Sinn für etw. haben
garder le silence	Stillschweigen bewahren
trouver le sommeil	Schlaf finden
avoir le temps de faire qc	Zeit haben, etw. zu tun
garder la tête froide	kühlen Kopf bewahren
avoir le trac	Lampenfieber haben
entrer dans l'usage	in Gebrauch kommen
suite de la page un	Fortsetzung von Seite 1

Merke: *apprendre l'italien* Italienisch lernen, *comprendre l'allemand* Deutsch verstehen, *savoir le français* Französisch können
Das hat Zeit. – *Ça ne presse pas.*

Bestimmter Artikel im Französischen – unbestimmter Artikel im Deutschen 34

Im Gegensatz zum unbestimmten Artikel im Deutschen steht im Französischen der bestimmte Artikel in folgenden Wendungen:

souhaiter la bonne année à qn	jdm. ein gutes neues Jahr wünschen
donner l'aumône à qn	jdm. ein Almosen geben
se laisser pousser la barbe	sich einen Bart wachsen lassen
courir à la catastrophe	einer Katastrophe entgegengehen
avoir la chair de poule	eine Gänsehaut haben
faire le circuit de qc	eine Rundreise durch etw. machen
avoir la frousse de faire qc [fam.]	eine Heidenangst haben, etw. zu tun
faire la grimace	eine Grimasse ziehen
avoir l'haleine courte	einen kurzen Atem haben
dégager/tirer la leçon de qc	aus etw. eine Lehre ziehen
avoir la mémoire courte	ein kurzes Gedächtnis haben
faire/former le mur	eine Mauer bilden [Fußball]
avoir la peau fragile	eine empfindliche Haut haben
fermer le poing	eine Faust machen
recourir au référendum	einen Volksentscheid herbeiführen
faire la roue	ein Rad schlagen [Pfau/Sport]
faire la sieste	ein Mittagsschläfchen machen
attraper le/un torticolis	einen steifen Hals bekommen
jouer les trouble-fête	ein Spielverderber sein
avoir la veine poétique	eine dichterische Ader haben
avoir le ventre creux	einen leeren Magen haben
avoir la vie facile	ein leichtes Leben haben

Anmerkung: Der umgekehrte Fall, dass im Deutschen der bestimmte, im Französischen der unbestimmte Artikel steht, ist sehr selten: *Pour un début, ce n'était pas mauvais.* – Für den Anfang war das nicht schlecht. *Je me suis fait un devoir d'accomplir chaque jour une bonne action.* – Ich habe es mir zur Pflicht gemacht, jeden Tag eine gute Tat zu vollbringen.

Der Gebrauch des unbestimmten Artikels 35
(l'emploi de l'article indéfini)

1. Wie im Deutschen steht der unbestimmte Artikel bei zählbaren Substantiven, die auf Lebewesen, Gegenstände oder Sachverhalte verweisen, von denen der Sprecher nicht annimmt, dass sie dem Hörer bekannt sind, oder die er bewusst unbestimmt lässt. Im Singular bezeichnet der unbestimmte Artikel ein beliebiges Einzelobjekt, während er sich im Plural auf eine unbestimmte Anzahl bezieht. Er wird insbesondere verwendet, wenn Lebewesen, Gegenstände oder Sachverhalte zum ersten Mal in einem Text erwähnt werden:

Il était une fois un roi qui avait trois filles.	Es war einmal ein König, der hatte drei Töchter.
Je connais un monsieur qui parle couramment cinq langues.	Ich kenne einen Herrn, der fünf Sprachen fließend spricht.
Des cambrioleurs ont pénétré dans notre maison.	Einbrecher sind in unser Haus eingedrungen.
Des pluies diluviennes ont provoqué des inondations géantes dans tout le Midi.	Sintflutartige Regenfälle haben in ganz Südfrankreich gewaltige Überschwemmungen verursacht.
Cette usine produit des camions.	Diese Fabrik stellt Lastwagen her.

Anmerkung: Man beachte, dass dem Plural des unbestimmten Artikels im Französischen im Deutschen immer der Nullartikel entspricht.

2. Der unbestimmte Artikel im Singular kann in Verbindung mit zählbaren Substantiven zur Verallgemeinerung dienen:

Un castor construit des barrages.	Ein Biber baut Dämme.
Un chat ne vous caresse pas, il se caresse à vous. (La Rochefoucauld)	Eine Katze streichelt einen nicht, sondern sich an einem.
Un professeur ne sait pas tout.	Ein Lehrer weiß nicht alles.

Anmerkung: In bestimmten Fällen ist der Singular des unbestimmten Artikels in verallgemeinernder Funktion mit dem Singular oder Plural des bestimmten Artikels austauschbar (vgl. § 32.2.1 Anm.): *Un/Le professeur doit donner l'exemple./Les professeurs doivent donner l'exemple.* Ein/Der Lehrer muss mit gutem Beispiel vorangehen./ (Die) Lehrer müssen mit gutem Beispiel vorangehen.

3. In Verbindung mit nicht zählbaren Substantiven steht der unbestimmte Artikel nur dann, wenn diese näher bestimmt werden:

Le ministre a répondu avec une gentillesse qu'on ne lui connaissait pas.	Der Minister hat mit einer Freundlichkeit geantwortet, die man von ihm nicht kannte.
Elle a fait preuve d'un courage incroyable.	Sie hat einen unglaublichen Mut bewiesen.

Anmerkung: Werden Stoffnamen im Plural gebraucht, so sind Sorten gemeint: *Notre vigneron cultive des vins excellents.* – Unser Winzer baut ausgezeichnete Weine an. *En Normandie, il y a de bons fromages.* – In der Normandie gibt es guten Käse (gute Käsesorten).

4. In Verbindung mit einem Eigennamen drückt der unbestimmte Artikel einen impliziten Vergleich aus. Man bezieht sich auf Personen, die ähnliche Charakteristika aufweisen wie der Träger des Eigennamens:

Ce n'est pas tous les jours que naît un Napoléon.	Nicht alle Tage wird ein Napoleon geboren.

Dans notre siècle, il nous faudrait des Voltaires.	In unserem Jahrhundert könnten wir Menschen vom Schlage Voltaires brauchen.
Un Camus n'aurait jamais accepté cette solution.	Ein Camus hätte diese Lösung nie akzeptiert.

5. Der unbestimmte Artikel im Plural entfällt nach einem Ausdruck, der die Präposition *de* verlangt:

L'Etat a besoin d'hommes politiques expérimentés.	Der Staat braucht erfahrene Politiker.
Mon père ne peut plus se passer de médicaments.	Mein Vater kommt nicht mehr ohne Medikamente aus.
Je ne veux plus entendre parler de grammaires.	Ich will von Grammatiken nichts mehr hören.

6. In einigen Wendungen steht im Gegensatz zum fehlenden Artikel im Deutschen im Französischen der unbestimmte Artikel:

être atteint/souffrir d'un cancer	an Krebs leiden
avoir un cancer	Krebs haben
vivre sur un grand pied	auf großem Fuß leben
demander un congé	um Urlaub bitten
en un sens/dans un certain sens	in gewissem Sinn

Zu beachten ist, dass *un/une* auch Zahlwort (vgl. § 98) sein kann, wie z.B. in *Une hirondelle ne fait pas le printemps.* – Eine Schwalbe macht noch keinen Sommer.

Der Gebrauch des partitiven Artikels 36

(l'emploi de l'article partitif)

1. Der partitive Artikel steht in Verbindung mit nicht zählbaren Substantiven, insbesondere Stoffnamen und Abstrakta, deren Bekanntheit nicht vorausgesetzt wird. Er bezeichnet eine unbestimmte Menge:

Tu veux encore de la soupe?	Willst du noch Suppe?
Avez-vous du feu, monsieur?	Haben Sie Feuer?
Il faut que nous achetions du fromage.	Wir müssen Käse kaufen.
On peut relever le goût de la sauce avec du vin blanc.	Man kann den Geschmack der Sauce mit Weißwein verfeinern.
Ce genre d'affaire demande du doigté.	Diese Art Geschäft verlangt Fingerspitzengefühl.

C'est avec de la patience qu'on peut résoudre tout problème.	Mit Geduld kann man jedes Problem lösen.
De la musique avant toute chose. (Verlaine)	Musik über alles.

Anmerkung 1: Handelt es sich jedoch um eine bestimmte Menge, deren Bekanntheit beim Hörer vorausgesetzt werden kann, steht der bestimmte Artikel. *Va chercher le lait qui est dans le frigo.* – Hol die Milch aus dem Kühlschrank!

Anmerkung 2: Nach der Präposition *avec* entfällt der partitive Artikel, wenn man die Präpositionalgruppe durch ein entsprechendes Adverb ersetzen kann: *Il faut procéder avec prudence (= prudemment).* – Man muss vorsichtig vorgehen. *Le professeur m'a expliqué le problème avec patience (= patiemment).* – Der Lehrer hat mir die Aufgabe geduldig erklärt.

2. In Verbindung mit Tiernamen steht der partitive Artikel zur Bezeichnung des betreffenden Fleischs:

Veux-tu encore du lapin?	Willst du noch Kaninchen(fleisch)?
Il nous reste encore du bœuf.	Es ist noch Rindfleisch da.

Anmerkung: Übertragener Gebrauch liegt vor in *manger du curé* die Pfaffen nicht verknusen können.

3. In Verbindung mit Schriftsteller-/Künstlernamen dient der partitive Artikel zur Bezeichnung des Werkes:

J'ai lu du Camus/du Sagan.	Ich habe Camus/Sagan gelesen.
J'aime jouer du Mozart.	Ich spiele gern Mozart.

4. Wendungen mit *faire* und partitivem Artikel:

faire de l'auto-stop/du stop	per Anhalter fahren
faire du bateau	mit dem Schiff fahren
faire du camping	campen
faire du chantage à qn	jdn. erpressen
faire du deltaplane	Drachen fliegen
faire de l'équitation	reiten
faire de la poterie	töpfern
faire du lèche-vitrines	einen Schaufensterbummel machen
faire de la planche à voile	surfen
faire de la plongée	tauchen
faire du porte à porte	Klinken putzen
faire du ski nautique	Wasserski fahren
faire de la voile	segeln

Merke: *Elle veut faire du cinéma.* – Sie will zum Film. *C'est du cinéma.* – Das ist Schau./Das ist alles Theater. *Il fait du théâtre .* – Er ist Schauspieler.

5. Der partitive Artikel entfällt nach Ausdrücken, die die Präposition *de* verlangen:

J'ai besoin d'argent.	Ich brauche Geld.
Elle s'occupe d'informatique.	Sie beschäftigt sich mit Informatik.
Son mari manque de tact.	Ihrem Mann fehlt es an Takt.
Si tu ne manges pas la soupe, je vais te priver de dessert.	Wenn du die Suppe nicht isst, dann bekommst du keinen Nachtisch.

Aber: *J'ai besoin de l'argent que je t'ai prêté il y a deux mois.* – Ich brauche das Geld, das ich dir vor zwei Monaten geliehen habe.

6. In einigen Fällen kann anstelle des partitiven Artikels

6.1. der bestimmte Artikel stehen:

J'ai (de) la fièvre.	Ich habe Fieber.

Unterscheide: *Je vais faire du café.* – Ich werde Kaffee kochen. – *Je vais faire le café.* – Ich werde Kaffee kochen (, den wir gewohnheitsmäßig trinken).

6.2. der Nullartikel stehen:

Il fait (du) soleil.	Die Sonne scheint.
Il y a (du) danger à ...	Es ist gefährlich, ...

Kein Artikel im Französischen

Kein Artikel im Französischen und Deutschen 37

Wie im Deutschen fehlt der Artikel im Französischen

1. oft in Aufzählungen:

Au marché, elle a acheté cerises, poires, pommes et bananes.	Auf dem Markt hat sie Kirschen, Birnen, Äpfel und Bananen gekauft.
Mon fils joue de trois instruments: violon, piano et guitare.	Mein Sohn spielt drei Instrumente: Geige, Klavier und Gitarre.

2. bei allem, was listenhaften Charakter hat, wie z.B. bei Programmen oder Chronologien:

- arrivée des participants	- Ankunft der Teilnehmer
- déjeuner en commun	- gemeinsames Mittagessen
- visite de la ville	- Stadtbesichtigung
- retour à l'hôtel	- Rückkehr zum Hotel

- 1804 Couronnement de Napoléon	- 1804 Krönung Napoleons
- 1805 Défaite à Trafalgar	- 1805 Niederlage inTrafalgar
- 1806 Victoire d'Iéna	- 1806 Sieg von Jena
- 1812 Campagne de Russie	- 1812 Russlandfeldzug
- 1815 Bataille de Waterloo	- 1815 Schlacht von Waterloo

3. oft in Zeitungsüberschriften:

Prévisions pour le 25 mars 2004	Wetteraussichten für den 25. März 2004
Crise ouverte en Belgique	Offene Krise in Belgien
Famine persistante en Somalie	Anhaltende Hungersnot in Somalia

4. in manchen Buchtiteln:

Dictionnaire étymologique de la langue française	Etymologisches Wörterbuch der französischen Sprache
Histoire de la linguistique française	Geschichte der französischen Sprachwissenschaft

Aber: *La Grammaire d'aujourd'hui* Die heutige Grammatik; *Le bon usage* Der gute Sprachgebrauch

5. in kommentierenden Äußerungen ohne Verb (insbesondere in der Sportsprache):

bon sauvetage de la part de Tavard	gute Rettungstat von Tavard
centre raté	missglückte Flanke
dernière occasion pour les Italiens	letzte Gelegenheit für die Italiener

6. in Definitionen (z.B. in Wörterbüchern):

Dot [dɔt]: *argent ou biens qu'une femme apporte en se mariant.*	Mitgift: Geld oder Güter, die eine Frau in die Ehe mitbringt.
Xénophobie: hostilité aux étrangers.	Xenophobie: Fremdenfeindlichkeit.

7. in mit *et* verbundenen inhaltlich zusammengehörenden Ausdrücken sowie in festen Wendungen:

Ma cousine a abandonné famille et amis.	Meine Cousine hat Familie und Freunde verlassen.
Il ne faut pas confondre responsabilité et culpabilité.	Man darf nicht Verantwortung und Schuld verwechseln.
avoir bec et ongles	Haare auf den Zähnen haben
remuer ciel et terre	Himmel und Erde in Bewegung setzen
corps et âme	mit Haut und Haaren

corps et biens	mit Mann und Maus
cracher feu et flammes	Gift und Galle spucken
promettre monts et merveilles	goldene Berge versprechen
contre vents et marées	auf Biegen und Brechen

8. in Wendungen mit bestimmten Verben:

***avoir** faim/soif*	Hunger/Durst haben
avoir confiance en qn	zu jdm. Vertrauen haben
avoir droit à qc	auf etw. Anspruch haben
avoir peur	Angst haben
avoir envie de qc/+ Inf.	Lust haben auf/zu
avoir raison/tort	Recht/Unrecht haben
avoir mal au ventre	Bauchschmerzen/Bauchweh haben
avoir pitié de qn	mit jdm. Mitleid haben
avoir sommeil	Schlaf haben/schläfrig/müde sein
avoir beau jeu	leichtes Spiel haben
***chercher** querelle à qn*	mit jdm. Streit suchen
chercher refuge	Zuflucht suchen
***demander** réflexion*	Nachdenken erfordern
demander justice	Gerechtigkeit fordern/verlangen
demander pardon à qn	jdn. um Verzeihung bitten
***donner**/fournir matière à qc*	zu etw. Anlass geben
donner raison/tort à qn	jdm. Recht/Unrecht geben
***faire** place à qn*	jdm. Platz machen
faire attention à qn/qc	auf jdn./etw. Acht geben
se faire justice	sich Gerechtigkeit verschaffen
faire mal à qn	jdm. wehtun
faire peur à qn	jdm. Angst machen
faire plaisir	Spaß machen
***jurer** fidélité à qn*	jdm. Treue schwören
***parler** (le) français*	Französisch sprechen
parler affaires	über Geschäfte reden
parler politique	über Politik reden
***porter** bonheur à qn*	jdm. Glück bringen
porter malheur	Unglück bringen
***prendre** patience*	sich in Geduld fassen
prendre contact avec qn	mit jdm. Kontakt aufnehmen
prendre corps	Gestalt annehmen
prendre feu	Feuer fangen
prendre fin	zu Ende gehen
prendre part à qc	an etw. teilnehmen
prendre pied	Fuß fassen
prendre place	Platz nehmen
prendre plaisir à faire qc	Spaß daran haben, etw. zu tun
prendre position	Stellung beziehen
prendre possession de qc	von etw. Besitz ergreifen

prêter *assistance à qn* *prêter attention à qn/qc*	jdm. Beistand/Hilfe leisten jdm./einer Sache Aufmerksamkeit schenken
rendre *justice à qn* *se rendre compte de*	jdm. Gerechtigkeit widerfahren lassen sich über etw. Rechenschaft ablegen/ klar werden/etw. bemerken

Aber: *rendre la justice* Recht sprechen

Anmerkung 1: Fakultativ ist der bestimmte Artikel auch in *parler bien/couramment (le) français* gut/fließend Französisch sprechen. Immer steht der bestimmte Artikel bei Linksversetzung: *Le français, elle le parle couramment.* – Französisch spricht sie fließend.

Anmerkung 2: Wenn eine Ergänzung folgt, steht der bestimmte Artikel: *avoir le droit de faire qc* das Recht haben, etw. zu tun; *parler de la politique extérieure de la France* über die Außenpolitik Frankreichs sprechen.

9. in einer Reihe von Sprichwörtern:

Pauvreté n'est pas vice.	Armut schändet nicht.
Contentement passe richesse.	Zufriedenheit geht über Reichtum.
Chat échaudé craint l'eau froide.	Gebranntes Kind scheut das Feuer.

Aber: *L'union fait la force.* – Einigkeit macht stark.

10. in einigen präpositionalen Ausdrücken (vgl. auch § 324):

sans succès	ohne Erfolg
entre amis	unter Freunden
en pays non francophones	in nicht französischsprachigen Ländern
sur mesure	nach Maß
par beau temps	bei schönem Wetter
sauf cas exceptionnels	außer in besonderen Fällen

Anmerkung: Folgt auf das Nomen eine Ergänzung, so steht der Artikel: *sans l'aide de son père* ohne die Hilfe seines Vaters; *sauf les cas mentionnés dans les paragraphes précédents* außer in den vorangehenden Paragraphen erwähnten Fällen.

11. bei Ausdrücken des Sich-Veränderns:

Les ruisseaux se transforment en torrents.	Die Bäche verwandeln sich in Sturzbäche.
Le citoyen paisible qui vous a obligeamment invité à prendre place dans sa voiture peut se métamorphoser sous vos yeux en pilote démoniaque. (Pierre Daninos)	Der friedliche Bürger, der Sie zuvorkommenderweise eingeladen hat, in seinem Wagen Platz zu nehmen, kann vor Ihren Augen zu einem besessenen Fahrer werden.
La prairie s'est muée en véritable marécage.	Die Wiese hat sich in einen richtigen Sumpf verwandelt.

Zur Auslassung des Artikels in zusammengesetzten Ausdrücken, wie z.B. *un verre à vin* ein Weinglas, *un chien de berger* ein Schäferhund, vgl. § 378.

Kein Artikel im Französischen – bestimmter Artikel im Deutschen 38

Im Gegensatz zum bestimmten Artikel im Deutschen fehlt der Artikel im Französischen:

1. zwischen den Namen von Herrschern, Päpsten usw. und den Zahlwörtern:

Henri IV sut pacifier la France par l'Edit de Nantes.	Heinrich IV. verstand es, Frankreich mit dem Edikt von Nantes zu befrieden.
On appelle Louis XIV le «Roi-Soleil».	Man nennt Ludwig XIV. den Sonnenkönig.
Napoléon 1er mourut à Sainte-Hélène en 1821.	Napoleon I. starb 1821 auf Sankt Helena.

2. vor *saint*:

Sainte Geneviève est la patronne de Paris.	Die heilige Genoveva ist die Schutzpatronin von Paris.
L'ordre des franciscains fut fondé par saint François d'Assise.	Der Franziskanerorden wurde von dem heiligen Franz von Assisi gegründet.

3. bei Transportmitteln, wenn die Präposition *en* vorangeht:

aller en voiture/(auto)car	mit dem Auto/Reisebus fahren
aller en Sicile en bateau	mit dem Schiff nach Sizilien fahren
aller en Grèce en avion	nach Griechenland fliegen
voyager en train	mit dem Zug reisen
aller à la gare en taxi	mit dem Taxi zum Bahnhof fahren
sauter en parachute	mit dem Fallschirm abspringen

Anmerkung 1: In Verbindung mit *bateau* und *train* ist auch die Präposition *par* mit dem bestimmten Artikel möglich: *aller en Sicile par le bateau, voyager par le train.*

Anmerkung 2: In Verbindung mit *bicyclette/vélo* ist neben der Präposition *en* auch *à*, aber nicht *par* möglich: *aller en/à bicyclette/vélo* mit dem Fahrrad fahren.

Anmerkung 3: Wird das Verkehrsmittel näher bestimmt, kann die Präposition *en* nicht verwendet werden: *arriver par le train de 10 heures* mit dem Zehn-Uhr-Zug ankommen.

Anmerkung 4: In der Handelssprache ist die Präposition *par* ohne Artikel üblich: *envoyer une lettre par avion* einen Brief per Luftpost schicken.

Anmerkung 5: Der Ausdruck 'mit dem Zug fahren' wird häufig auch durch *prendre le train* wiedergegeben.

4. bei den Namen von Straßen und Plätzen als Adress- oder Ortsangabe:

Nous habitons 15 boulevard Saint-Michel.	Wir wohnen am Boulevard Saint-Michel 15.
Hier, il s'est produit un accident rue Voltaire.	Gestern hat sich in der Voltaire-Straße ein Unfall ereignet.
Ce matin, un incendie s'est déclaré place de l'Opéra.	Heute Morgen ist am Opernplatz ein Feuer ausgebrochen.

5. bei *tout* + folgendem Autornamen:

Michel prétend avoir lu tout Balzac.	Michel will den ganzen Balzac gelesen haben.
Elle a dévoré tout Sagan.	Sie hat die ganze Sagan verschlungen.

6. in Attributen, die ein Substantiv näher definieren und im Deutschen als Genitivergänzung erscheinen:

les verbes de perception	die Verben der Wahrnehmung
les adverbes de temps	die Adverbien der Zeit
un soupir de soulagement	ein Seufzer der Erleichterung
un homme d'action	ein Mann der Tat
une forme de liberté	eine Form der Freiheit
un jour de joie	ein Tag der Freude/Freudentag
un sentiment de mélancolie	ein Gefühl der Schwermut
des signes de fatigue	Zeichen der Ermüdung
les années d'abondance	die Jahre des Überflusses
la vertu d'humilité	die Tugend der Demut
le vice de voracité	das Laster der Gefräßigkeit
le métier d'écrivain	der Beruf des Schriftstellers
la tentative de subornation de témoin	der Versuch der Zeugenbestechung
C'est une question de goût/de temps	Das ist eine Frage des Geschmacks/der Zeit.

Aber: *le problème de la toxicomanie* das Problem der Drogensucht

7. in einigen mit *en* + Substantiv + *de* gebildeten Ausdrücken:

en cas de	im Falle von/bei
en quête de	auf der Suche nach
en raison de	im Verhältnis zu
en reconnaissance de	zum Dank für
en signe de	zum Zeichen für
en souvenir de	zum Andenken/zur Erinnerung an
en témoignage de	zum Zeichen für
en voie de	auf dem Weg + Genitiv

Aber: *à la recherche du bonheur* auf der Suche nach dem Glück

Unterscheide: *Cet adverbe n'apparaît jamais en tête de phrase.* – Dieses Adverb erscheint nie am Satzanfang. – *A la tête de l'Eglise catholique il y a le Pape.* – An der Spitze der katholischen Kirche steht der Papst.

8. in folgenden Wendungen:

se tirer d'affaire	sich aus der Affäre ziehen
spéculer en Bourse	an der Börse spekulieren
chanter en canon	im Kanon singen
descendre de cheval	vom Pferd steigen
aller/partir en classe	in die Schule gehen
entrer en clinique	in die Klinik/ins Krankenhaus gehen/kommen
perdre connaissance/conscience	das Bewusstsein verlieren
être en construction	im Bau sein
perdre courage/patience	den Mut/die Geduld verlieren
arriver à destination	am Bestimmungsort/Ziel ankommen
être menacé de disparition	vom Aussterben bedroht sein
faire escorte à qn	jdm das Geleit geben
vivre en exil	im Exil leben
arriver en finale	ins Finale kommen
être en minorité	in der Minderheit sein
jusqu'à preuve du contraire	bis zum Beweis des Gegenteils
voyager en première	in der ersten Klasse reisen
accuser réception de qc	den Empfang einer Sache bestätigen
s'asseoir en rond	sich im Kreis hinsetzen
faire un pèlerinage en Terre Sainte	eine Pilgerreise ins Heilige Land machen
rentrer de vacances	aus den Ferien heimkehren

Unterscheide: *Le train entre en gare.* – Der Zug fährt (in den Bahnhof) ein. [Funktion] – *Les gens entrent dans la gare.* – Die Leute gehen in den Bahnhof. [Ortsangabe]

Kein Artikel im Französischen – unbestimmter Artikel im Deutschen 39

Im Gegensatz zum fehlenden Artikel im Französischen steht im Deutschen der unbestimmte Artikel in folgenden Wendungen:

livrer bataille à qn	jdm. eine Schlacht liefern
faire bloc contre qn	einen Block gegen jdn. bilden
tenir boutique	einen Laden haben
mettre en cage	in einen Käfig sperren [auch fig.]

faire compliment à qn de/pour qc	jdm. über etw. ein Kompliment machen
être en conférence	in einer Sitzung sein
avoir bonne/mauvaise conscience	ein gutes/schlechtes Gewissen haben
(aber: avoir la conscience nette/ tranquille/élastique)	(ein reines/ruhiges/weites Gewissen haben)
avoir bon appétit	einen gesunden Appetit haben
avoir bon caractère	ein verträglicher Mensch sein
être en crise	in einer Krise stecken
avoir bon dos	einen breiten Rücken/Buckel haben
faire bonne figure	eine gute Figur machen/abgeben
faire problème	ein Problem darstellen
avoir bon sommeil	einen guten Schlaf haben
travailler en équipe	in einem Team arbeiten
prendre exemple sur qn	sich an jdm. ein Beispiel nehmen
faire exception	eine Ausnahme bilden
avoir (un) rendez-vous avec qn	mit jdm. eine Verabredung haben
prendre rendez-vous avec qn	mit jdm. einen Termin vereinbaren
prêter serment	einen/den Eid leisten
rendre visite à qn	jdm. einen Besuch abstatten
Avez-vous fait (un) bon voyage?	Haben Sie eine gute Reise gehabt?

Anmerkung: Mit einem Adjektiv oder einer anderen Ergänzung wird der Artikel gebraucht: *J'ai un rendez-vous urgent chez le dentiste.* – Ich habe einen dringenden Zahnarzttermin. *Je lui ai rendu une brève visite.* – Ich habe ihr/ihm einen kurzen Besuch abgestattet. *Il lui prêta le serment de fidélité absolue.* – Er schwor ihr absolute Treue.

40 Der Artikel bei geographischen Namen

1. Der bestimmte Artikel steht vor Namen von Kontinenten, Ländern, Regionen, Provinzen oder Départements, wenn diese in Subjekt-, Objektfunktion oder als Prädikatsnomen erscheinen:

L'Afrique est plus grande que l'Europe.	Afrika ist größer als Europa.
Paris n'est pas la France.	Paris ist nicht Frankreich.
La Belgique confine à la France.	Belgien grenzt an Frankreich.
La Bourgogne est le pays des grands monastères.	Burgund ist das Gebiet der bedeutenden Klöster.
J'ai lu un article sur la Dordogne.	Ich habe einen Artikel über die Dordogne gelesen.
Est-ce que tu connais la Lorraine?	Kennst du Lothringen?

Anmerkung: Immer ohne Artikel werden gebraucht: *Israël, Cuba, Malte* Malta.

2. Auf die Frage '**wo**?'/'**wohin**?' steht

2.1. vor den Namen von Kontinenten oder femininen Namen von Ländern, Regionen oder Provinzen die Präposition *en* ohne Artikel. Gleiches gilt für vokalisch anlautende maskuline Länder- und Regionennamen:

Beaucoup d'Alsaciens travaillent en Allemagne.	Viele Elsässer arbeiten in Deutschland.
Nous avons l'intention de faire un voyage en Inde.	Wir haben vor, eine Reise nach Indien zu machen.
L'année dernière, j'ai passé quinze jours en Artois.	Letztes Jahr habe ich vierzehn Tage im Artois verbracht.
Une délégation de l'O.N.U. s'est rendue en Irak.	Eine Delegation der UNO ist in den Irak gereist.

Anmerkung 1: Die Präposition *en* steht auch dann, wenn Ländernamen eine Ergänzung bei sich haben, mit der sie einen festen Begriff bilden:

en Grande-Bretagne - in/nach Großbritannien
en Nouvelle-Guinée - in/nach Neuginea
en Nouvelle-Zélande - in/nach Neuseeland
en Arabie saoudite - in/nach Saudiarabien
en Suisse romande - in der/die Franz. Schweiz
en Afrique du Nord - in/nach Nordafrika
en Afrique Noire - in/nach Schwarzafrika
en Côte-d'Ivoire - an der/die Elfenbeinküste
en Extrême-Orient - in/nach Fernost
en/au Proche-Orient - im/in den Nahen Osten

Anmerkung 2: Der Gebrauch schwankt, wenn dem Ländernamen *ex-* vorausgeht: *en ex-Yougoslavie/dans l'ex-Yougoslavie* im ehemaligen Jugoslawien.

Anmerkung 3: Wenn zu den oben genannten geographischen Namen eine Ergänzung hinzutritt, die mit dem Namen keinen festen Begriff bildet, steht *dans* + bestimmter Artikel: *dans la France du XXe siècle* im Frankreich des 20. Jahrhunderts; *dans l'Allemagne de l'après-guerre* im Nachkriegsdeutschland.

2.2. *au* vor maskulinen Länder- oder Regionennamen, die mit Konsonant anlauten; vor pluralischen Ländernamen wird *aux* verwendet:

J'ai fait mes études au Portugal.	Ich habe in Portugal studiert.
Mon oncle a émigré au Brésil.	Mein Onkel ist nach Brasilien ausgewandert.
Au Limousin, il y a la plus longue procession du monde.	Im Limousin gibt es die längste Prozession der Welt.
Notre entreprise vient de fonder une succursale aux Etats-Unis.	Unser Unternehmen hat gerade in den USA eine Filiale gegründet.
Nous exportons la plus grande partie de nos marchandises aux Pays-Bas.	Wir exportieren den größten Teil unserer Waren in die Niederlande.
Cette année, nous allons passer nos vacances au Danemark.	Dieses Jahr werden wir unsere Ferien in Dänemark verbringen.

2.3. bei maskulinen Namen von Provinzen mit konsonantischem Anlaut *dans le* oder *en* ohne Artikel:

Dans le/En Roussillon, plus de 150.000 personnes parlent encore catalan.	Im Roussillon sprechen noch mehr als 150.000 Menschen Katalanisch.
Dans le/En Béarn on a découvert un important gisement de gaz naturel.	Im Béarn hat man ein bedeutendes Erdgasvorkommen entdeckt.

2.4. bei den Namen von Départements stets die Präposition *dans* mit dem bestimmten Artikel:

Le candidat socialiste a été réélu dans le Tarn.	Der sozialistische Kandidat wurde im Tarn wiedergewählt.
Dans la Manche, le parti communiste a subi de lourdes pertes.	In der Manche hat die kommunistische Partei schwere Verluste erlitten.
Dans les Yvelines, les verts ont fait un très bon score.	In den Yvelines haben die Grünen ein sehr gutes Ergebnis erreicht.

Anmerkung 1: Bei mit *et* zusammengesetzten Namen von Départements steht in der Regel *en: en Saône-et-Loire, en Loir-et-Cher.*

Anmerkung 2: Nach dem Verb *partir* setzt sich die Präposition *en* ohne folgenden Artikel immer stärker gegen *pour* mit bestimmtem Artikel durch: *partir en France/pour la France* nach Frankreich reisen. Es heißt jedoch stets *s'embarquer pour* mit bestimmtem Artikel: *s'embarquer pour l'Amérique* sich nach Amerika einschiffen.

Unterscheide: *Ma fille habite dans le Nord.* – Meine Tochter wohnt im Département Nord. *Ma fille habite au Nord.* – Meine Tochter wohnt im Norden. *Ma fille habite au nord de Paris.* – Meine Tochter wohnt nördlich von Paris. *Ma fille habite dans le nord de la France.* – Meine Tochter wohnt im Norden Frankreichs. *Ma fille habite dans la France du Nord.* – Meine Tochter wohnt in Nordfrankreich.

3. Auf die Frage '**woher**?' steht

3.1. vor konsonantisch anlautenden femininen Namen von Ländern, Regionen oder Provinzen die Präposition *de* ohne Artikel:

Aujourd'hui, nos voisins sont rentrés de Grèce.	Heute sind unsere Nachbarn aus Griechenland heimgekehrt.
Ces condiments proviennent de Provence.	Diese Gewürze kommen aus der Provence.
Mon beau-père est originaire de Bourgogne.	Mein Schwiegervater stammt aus Burgund.

3.2. vor den Namen der Kontinente oder vor vokalisch anlautenden Länder-, Regionen- oder Provinznamen *d'*:

En 1492, les juifs furent expulsés d'Espagne.	1492 wurden die Juden aus Spanien vertrieben.
Les esclaves ont été transportés d'Afrique en Amérique.	Die Sklaven wurden von Afrika nach Amerika gebracht.
Ce vin est importé d'Alsace.	Dieser Wein wird aus dem Elsass importiert.

3.3. vor maskulinen Länder- oder Regionennamen, die mit Konsonant anlauten, *du*:

Demain, notre directeur rentrera du Japon.	Morgen wird unser Direktor aus Japan zurückkommen.
Ma fiancée vient du Palatinat.	Meine Verlobte kommt aus der Pfalz.

3.4. vor Ländernamen im Plural *des*:

Cette musique vient des Etats-Unis.	Diese Musik kommt aus den USA.
Les terroristes ont été expulsés des Pays-Bas.	Die Terroristen wurden aus den Niederlanden ausgewiesen.

4. Wenn die Namen von Ländern, Regionen oder Provinzen als Attribut einer vorangehenden Nominalgruppe fungieren und mit dieser keinen festen Begriff bilden, so folgt auf die Präposition *de* der bestimmte Artikel:

Le climat de la France est relativement doux.	Das Klima in Frankreich ist verhältnismäßig mild.
Copenhague est la capitale du Danemark.	Kopenhagen ist die Hauptstadt Dänemarks.
Les habitants des Etats-Unis ont élu un nouveau président.	Die Einwohner der Vereinigten Staaten haben einen neuen Präsidenten gewählt.

5. Wenn die Namen von Ländern, Regionen oder Provinzen als Attribut einer vorangehenden Nominalgruppe fungieren und mit dieser einen festen Begriff (Titel, Institution, typisches Erzeugnis, etc.) bilden, steht

5.1. bei femininen konsonantisch anlautenden Länder- und Regionennamen im Singular *de*:

L'équipe de France a triomphé de l'Angleterre.	Die französische Mannschaft hat England bezwungen.
Je m'intéresse beaucoup à l'histoire de France.	Ich interessiere mit sehr für französische Geschichte.

J'apprécie les vins de Bourgogne.	Ich schätze die burgundischen Weine.
C'est du fromage de Hollande.	Das ist holländischer Käse.

Unterscheide: *les vins de France* die französischen Weine [Qualitätsbegriff] – *les vins de la France* die französischen Weine [in ihrer Gesamtheit]
Les régions de France sont au nombre de 18. – Es gibt 18 französische Regionen. *Chaque région de la France a sa physionomie.* – Jede Region Frankreichs hat ihr eigenes Gepräge.

5.2. vor vokalisch anlautenden Länder- oder Regionennamen im Singular *d'*:

L'ambassadeur d'Iran a été révoqué.	Der iranische Botschafter wurde abberufen.
Le royaume d'Aquitaine fut créé par Charlemagne en 778.	Das Königreich Aquitanien wurde 778 von Karl dem Großen gegründet.
La reine d'Angleterre s'est enfin décidée à payer des impôts.	Die englische Königin hat sich endlich entschlossen, Steuern zu zahlen.

5.3. vor konsonantisch anlautenden maskulinen Länder- oder Regionennamen *du*:

Le prix du café du Brésil a de nouveau augmenté.	Der Preis des brasilianischen Kaffees ist von neuem gestiegen.
Quels vins du Portugal connaissez-vous?	Welche portugiesischen Weine kennen Sie?
La province du Dauphiné confine à la Savoie.	Die Provinz Dauphiné grenzt an Savoyen.

5.4. vor pluralischen Länder- oder Regionennamen *des*:

Le président des Etats-Unis a réitéré son soutien au président russe.	Der Präsident der Vereinigten Staaten hat dem russischen Präsidenten erneut seine Unterstützung zugesichert.
Comment se fait-il que le consul des Pays-Bas n'aime pas le fromage?	Wie kommt es, dass der niederländische Konsul keinen Käse mag?

6. Enthält die Nominalgruppe, die durch einen Ländernamen ergänzt wird, ein Adjektiv im Superlativ, so

6.1. entfällt der Artikel vor den Namen von Kontinenten sowie vor femininen oder vokalisch anlautenden maskulinen Ländernamen:

La Russie est le pays le plus peuplé d'Europe.	Russland ist das am meisten bevölkerte Land Europas.

Quel est l'homme le plus important d'Irak?	Wer ist der wichtigste Mann des Irak?
La tour Eiffel est le monument le plus célèbre de France.	Der Eiffelturm ist das berühmteste Baudenkmal Frankreichs.

6.2. steht der bestimmte Artikel vor konsonantisch anlautenden maskulinen oder vor pluralischen Länder- oder Regionennamen:

Comment s'appelle la plus haute montagne du Japon?	Wie heißt der höchste Berg Japans?
Cette plage fait partie des plus belles plages des Pouilles.	Dieser Strand gehört zu den schönsten Stränden Apuliens.

7. Der bestimmte Artikel bei Städtenamen:

7.1. Städtenamen werden ohne Artikel verwendet: *Marseille est le premier port de France.* – Marseille ist der bedeutendste Hafen Frankreichs.

7.2. Werden Städtenamen jedoch durch eine Ergänzung näher bestimmt, geht ihnen der bestimmte Artikel voraus: *la Florence des Médicis* [medisi(s)] das Florenz der Medici, *le Paris du XIXe siècle* das Paris des 19. Jahrhunderts.

7.3. In einigen wenigen Fällen ist der bestimmte Artikel Bestandteil des Städtenamens: *le Havre, la Rochelle, la Haye* Den Haag, *la Havane* Havanna, *le Caire* Kairo. Die Präpositionen *à* und *de* bilden mit dem bestimmten Artikel in *le Havre* und *le Caire* Kontraktionsformen: *aller au Havre* nach Le Havre fahren, *rentrer du Caire* aus Kairo zurückkehren.

Anmerkung: Geht dem mit dem bestimmten Artikel zusammengesetzten Städtenamen ein Adjektiv voraus, so tritt der bestimmte Artikel vor das Adjektiv: *la belle Haye* das schöne Den Haag. Aber eher: *la belle ville de la Haye.*

8. Der bestimmte Artikel bei Inselnamen:

8.1. Feminine Inselnamen haben in der Regel den bestimmten Artikel bei sich: *la Corse* Korsika, *la Sardaigne* Sardinien, *la Sicile* Sizilien, *la Crète* Kreta, *l'Islande* Island, *la Nouvelle-Zélande* Neuseeland, *la Martinique, la Réunion, les Baléares* die Balearen, *les Canaries* die Kanarischen Inseln, *les Antilles* die Antillen.

Ausnahmen: *(l'île d')Elbe* Elba, *(l'île de) Malte* Malta, *Chypre* Zypern, *Terre-Neuve* Neufundland

8.2. Maskuline Inselnamen werden in der Regel ohne Artikel gebraucht: *Jersey, Guernesey, Madagascar*

Ausnahme: *le Groenland* [grønlɑ̃d] Grönland

9. Auf die Frage '**wo?**'/'**wohin?**' steht

9.1. vor femininen Inselnamen mit dem bestimmten Artikel die Präposition *en* ohne Artikel: *en Corse* auf/nach Korsika, *en Sardaigne* auf/nach Sardinien, *en Crète* auf/nach Kreta.

Ausnahmen: *à la/en Martinique* auf/nach Martinique, *à la Réunion* auf/nach Réunion.

9.2. vor maskulinen Inselnamen mit dem bestimmten Artikel *au*: *au Groenland* auf/nach Grönland.

9.3. vor artikellosen Inselnamen die Präposition *à*: *à Malte* auf/nach Malta, *à Chypre* auf/nach Zypern, *à Terre-Neuve* auf/nach Neufundland.

Anmerkung: Dt. 'auf/nach Elba', 'auf/nach Rhodos' wird als *à l'île d'Elbe* oder *dans l'île d'Elbe* bzw. *à l'île de Rhodes* oder *dans l'île de Rhodes* wiedergegeben.

9.4. vor pluralischen Inselnamen steht *aux*: *aux Baléares* auf den/die Balearen, *aux Canaries* auf den/die Kanarischen Inseln.

10. Auf die Frage '**woher?**' steht

10.1. vor femininen Inselnamen mit bestimmtem Artikel und vor artikellosen Inselnamen die Präposition *de* ohne Artikel: *revenir de Corse* von Korsika zurückkommen, *rentrer de Malte* von Malta heimkehren.

Anmerkung 1: Der bestimmte Artikel wird beibehalten in: *revenir de la Martinique/de la Réunion* von Martinique/Réunion zurückkommen.

Anmerkung 2: Dt. 'von Elba' bzw. 'von Rhodos' wird als *de l'île d'Elbe* bzw. *de l'île de Rhodes* wiedergegeben.

10.2. vor maskulinen Inselnamen mit bestimmtem Artikel *du*: *Cet avion vient du Groenland.* – Dieses Flugzeug kommt aus Grönland.

10.3. vor pluralischen Inselnamen *des*: *Ma femme est originaire des Antilles.* – Meine Frau stammt von den Antillen.

11. Der bestimmte Artikel bei Gewässernamen:

Die Namen von Flüssen, Seen, Meeren werden stets mit dem bestimmten Artikel verbunden:

11.1. *le Rhône* die Rhone, *la Saône, la Seine, la Loire, le Doubs, l'Indre, le Rhin* der Rhein, *le Danube* die Donau;

Anmerkung: In Ortsnamen, die einen Flussnamen enthalten, kann der bestimmte Artikel stehen, wie z.B. in *Bazouges-sur-le-Loir*, oder entfallen, wie z.B. in *Marcilly-sur-Vienne.*

11.2. *le Lac Léman* der Genfer See, *le Lac de Constance* der Bodensee;

11.3. *la Méditerranée* das Mittelmeer, *la Mer du nord* die Nordsee, *la Manche* der Ärmelkanal, *la (mer) Baltique* die Ostsee, *le Pacifique* der Pazifik.

12. Der bestimmte Artikel bei Gebirgsnamen:

Die Namen von Bergen und Gebirgen werden mit dem bestimmten Artikel verbunden: *le Mont-Blanc, Le Puy-de-Dôme, le Ventoux, le Grand Ballon* der Große Belchen, *les Alpes* die Alpen, *les Pyrénées* die Pyrenäen, *le Massif Central* das Zentralmassiv.

Der Artikel bei Zeitangaben 41

1. Der Artikel bei der Angabe der Tageszeit

1.1. Wenn sich ein Vorgang zu einer bestimmten Tageszeit regelmäßig abspielt, werden *matin, après-midi, soir* und *nuit* präpositionslos mit dem bestimmten Artikel verbunden; *midi* und *minuit* hingegen stehen ohne Artikel aber mit einer Präposition:

Le matin, je me lève tôt.	Am Morgen/Morgens stehe ich früh auf.
L'après-midi, je me repose un peu.	Am Nachmittag/Nachmittags ruhe ich mich ein wenig aus.
Le soir, je regarde la télé.	Am Abend/Abends sehe ich fern.
La nuit, tous les chats sont gris.	Nachts sind alle Katzen grau.
A midi, je ne rentre pas à la maison.	Mittags komme ich nicht nach Hause.
Je me couche toujours après minuit.	Ich gehe immer nach Mitternacht ins Bett.

1.2. Wenn eine bestimmte Uhrzeit angegeben ist, werden *matin, après-midi, soir* und *nuit* mit der Präposition *de* und dem bestimmten Artikel angeschlossen:

J'ai reçu un coup de fil à cinq heures du matin.	Ich habe um 5 Uhr morgens einen Anruf erhalten.
Mon père rentre du bureau à quatre heures de l'après-midi.	Mein Vater kommt um 4 Uhr nachmittags vom Büro heim.
Je suis allé chercher ma fille à la discothèque à onze heures du soir.	Ich habe meine Tochter um 11 Uhr abends von der Diskothek abgeholt.

Mes parents sont rentrés de vacances à trois heures de la nuit.	Meine Eltern sind um 3 Uhr nachts vom Urlaub zurückgekehrt.

1.3. Tritt zu den Tageszeiten ein Zeitadverb oder ein Wochentag hinzu, so werden sie artikellos gebraucht:

Hier soir, je suis sorti avec Jeanne.	Gestern Abend bin ich mit Jeanne ausgegangen.
Le match aller sera retransmis vendredi soir.	Das Hinspiel wird am Freitag Abend übertragen.
Le lendemain matin, je me suis réveillé avec un œil poché.	Am folgenden Morgen bin ich mit einem blauen Auge aufgewacht.

Anmerkung 1: In gehobenem Stil findet sich auch *hier au soir* gestern Abend. In Verbindung mit *veille* oder mit einem Datum muss die Präposition *à* mit bestimmtem Artikel stehen: *la veille au soir* am Abend des Vortages, *le trente novembre au matin* am Morgen des 30. November.

Anmerkung 2: In Verbindung mit einem Zeitadverb oder einem Wochentag kann bei *midi* die Präposition *à* stehen, bei *minuit* muss sie stehen: *Le cessez-le-feu entrera en vigueur demain (à) midi.* – Die Waffenruhe tritt morgen Mittag in Kraft. *Il y aura un grand feu d'artifice samedi à minuit.* – Samstag um Mitternacht wird ein großes Feuerwerk stattfinden.

Anmerkung 3: Eine Zeitangabe wie 'jeden Donnerstag Morgen' wird im Französischen mit *tous les jeudis matin(s)* wiedergegeben: *Mon mari joue aux cartes avec ses collègues tous les samedis soir(s).* – Mein Mann spielt mit seinen Kollegen jeden Samstag Abend Karten.

Anmerkung 4: Dt. 'heute' + Tageszeit wird im Französischen durch das Demonstrativadjektiv ausgedrückt: *ce matin* heute Morgen, *cet après-midi* heute Nachmittag, *ce midi/aujourd'hui à midi* heute Mittag.

Merke: *tard dans la nuit* spät nachts, *travailler jusque tard dans la nuit* bis spät in die Nacht arbeiten.

2. Der Artikel bei den Namen der Wochentage

2.1. Die Namen der Wochentage stehen ohne Artikel, wenn sie einen bestimmten Wochentag benennen:

Aujourd'hui, nous sommes/c'est mardi.	Heute haben wir/ist Dienstag.
Demain, ce sera mercredi.	Morgen ist Mittwoch.
Hier, c'était lundi.	Gestern war Montag.

Anmerkung 1: Tritt das Datum hinzu, wird der bestimmte Artikel gesetzt: *Aujourd'hui, c'est le mardi onze juin.* – Heute ist Dienstag, der 11. Juni.

Anmerkung 2: Handelt es sich um einen nicht näher bestimmten Wochentag, steht der unbestimmte Artikel: *C'était un jeudi.* – Es war ein Donnerstag./Es war an einem Donnerstag.

2.2. Die Namen der Wochentage werden ohne Artikel gebraucht, wenn sie sich auf einen zurückliegenden oder einen bevorstehenden Tag beziehen. Sie können dabei durch die Adjektive *dernier* bzw. *prochain* oder eine weitere Zeitangabe präzisiert werden:

François viendra me voir mardi (prochain).	François wird mich (am) Dienstag/ (am) nächsten Dienstag besuchen.
J'ai envoyé la lettre vendredi (dernier).	Ich habe den Brief (am) Freitag/ (am) letzten Freitag abgeschickt.
Ma femme a subi une opération mercredi il y a trois semaines.	Meine Frau hat sich am Mittwoch vor drei Wochen einer Operation unterzogen.
Mon mari partira en voyage d'affaire samedi dans un mois.	Mein Mann wird am Samstag in einem Monat auf Geschäftsreise gehen.

Merke: *aujourd'hui en huit/quinze* [fam.] heute in acht/vierzehn Tagen

2.3. Die Namen von Wochentagen stehen mit dem bestimmten Artikel, wenn sie sich auf einen Tag beziehen, der im Kalender fixiert ist:

Les résultats des épreuves écrites seront affichés le vendredi 5 avril.	Die Ergebnisse der schriftlichen Prüfungen werden am Freitag, dem 5. April, ausgehängt.
Mon beau-père est mort le dimanche de Pâques.	Mein Schwiegervater ist am Ostersonntag gestorben.

2.4. Der bestimmte Artikel steht, wenn sich ein Vorgang an einem Wochentag regelmäßig abspielt:

Le jeudi, je joue au tennis.	Donnerstags spiele ich Tennis.
Le dimanche, nous allons à la campagne.	Sonntags fahren wir aufs Land.

Merke: *la circulation du dimanche* der Sonntagsverkehr
le chauffeur du dimanche der Sonntagsfahrer

Unterscheide: *l'édition du samedi* die Samstagsausgabe – *l'édition de samedi* die Ausgabe des vergangenen/kommenden Samstags

3. Der Artikel bei Monatsnamen
Monatsnamen stehen ohne Artikel:

Mars a 31 jours.	Der März hat 31 Tage.
Nous avons passé tout juillet en Espagne.	Wir haben den ganzen Juli in Spanien verbracht.
En décembre dernier, le restaurant a ouvert ses portes.	(Im) letzten Dezember hat das Restaurant seine Pforten geöffnet.

Anmerkung: Monatsnamen geht oft *le mois de* voraus: *le mois de février* der Februar; *au mois de mai* im Mai.

Merke: Anfang März *au début de mars/début mars*
Mitte Mai *à la mi-mai/mi-mai*
von Mitte September bis Anfang Juni *de la mi-septembre au début de juin*
Ende Juli *à la fin de juillet/fin juillet*
im September 1993 *en septembre 1993*
jemanden in den April schicken *faire un poisson d'avril à qn*

4. Der Artikel bei den Namen der Jahreszeiten

4.1. Die Namen der Jahreszeiten werden mit dem bestimmten Artikel verbunden:

Le printemps a été pluvieux.	Der Frühling war verregnet.
Elle a passé l'hiver en Grèce.	Sie hat den Winter in Griechenland verbracht.
Nous pourrons emménager dans l'appartement au début de l'été.	Wir werden Anfang Sommer in die Wohnung einziehen können.

4.2. Bei Jahreszeiten in Verbindung mit der Präposition *en* entfällt der Artikel:

En hiver, je fais du ski, en été, je joue au golf miniature et en automne, je vais à la chasse.	Im Winter fahre ich Ski, im Sommer spiele ich Minigolf, und im Herbst gehe ich zur Jagd.

Auch: *à l'automne* im Herbst
Aber: *au printemps* im Frühling

Merke: im Frühling/Sommer/Herbst/Winter des Jahres 1985 *au printemps/à l'été/en été/à l'automne/en automne/à l'hiver/en hiver de l'année 1985*

5. Die Namen der kirchlichen Feste

Die Namen der kirchlichen Feste stehen mit dem Artikel:

Chez qui allez-vous fêter la Saint-Sylvestre?	Bei wem werdet ihr Silvester feiern?
A la Toussaint, toute la famille va au cimetière.	An Allerheiligen geht die ganze Familie auf den Friedhof.
Qu'est-ce que tu feras à la Pentecôte?	Was wirst du an Pfingsten machen?

Ausnahmen: *Pâques* Ostern und *Noël* Weihnachten: *Noël tombe un dimanche cette année.* – Weihnachten fällt dieses Jahr auf einen Sonntag.

Merke: *un temps de Toussaint* ein nasskaltes und nebliges Wetter

Der Artikel in verneinten Sätzen (vgl. auch § 322)

1. Nominalgruppen, die in bejahten Sätzen den bestimmten Artikel aufweisen, behalten diesen auch im verneinten Satz bei:

J'ai déjà vu le facteur. *Je n'ai pas encore vu le facteur.*	Ich habe den Briefträger schon gesehen. Ich habe den Briefträger noch nicht gesehen.
Aujourd'hui, j'ai le temps d'aller au cinéma. *Aujourd'hui, je n'ai pas le temps d'aller au cinéma.*	Heute habe ich Zeit, ins Kino zu gehen. Heute habe ich keine Zeit, ins Kino zu gehen.

2. Wird eine als direktes Objekt fungierende Nominalgruppe mit einem unbestimmten Artikel oder einem partitiven Artikel verneint, so steht die Reduktionsform *de* bzw. *d'*, falls das Folgewort mit einem Vokal beginnt:

Paul a acheté ***un*** *dictionnaire.* *Paul n'a pas acheté* ***de*** *dictionnaire.*	Paul hat ein Wörterbuch gekauft. Paul hat kein Wörterbuch gekauft.
J'ai ***une*** *voiture.* *Je n'ai pas* ***de*** *voiture.*	Ich habe ein Auto. Ich habe kein Auto.
Elle fume ***des*** *cigares.* *Elle ne fume plus* ***de*** *cigares.*	Sie raucht Zigarren. Sie raucht keine Zigarren mehr.
Ma tante m'a offert ***du*** *chocolat.* *Ma tante ne m'a pas offert* ***de*** *chocolat.*	Meine Tante hat mir Schokolade geschenkt. Meine Tante hat mir keine Schokolade geschenkt.
J'ai mangé ***de la*** *viande.* *Je n'ai jamais mangé* ***de*** *viande.*	Ich habe Fleisch gegessen. Ich habe niemals Fleisch gegessen.
Il y a encore ***de l'****espoir.* *Il n'y a plus* ***d'****espoir.*	Es besteht noch Hoffnung. Es besteht keine Hoffnung mehr.

3. Handelt es sich bei der Nominalgruppe mit unbestimmtem oder partitivem Artikel jedoch um eine prädikative Ergänzung, bleiben die jeweiligen Artikelformen bei der Verneinung erhalten:

C'est une Citroën. *Ce n'est pas une Citroën.*	Das ist ein Citroën. Das ist kein Citroën.
Ce sont des propositions relatives explicatives. *Ce ne sont pas des propositions relatives explicatives.*	Das sind erläuternde Relativsätze. Das sind keine erläuternden Relativsätze.
C'est du bon français. *Ce n'est pas du bon français.*	Das ist gutes Französisch. Das ist kein gutes Französisch.

4. Werden Nominalgruppen mit unbestimmtem oder partitivem Artikel einander gegenübergestellt, verändern sich die jeweiligen Artikelformen im verneinten Satz nicht:

Tu ne devais pas m'apporter un dictionnaire bilingue mais un dictionnaire monolingue.	Du solltest mir kein zweisprachiges, sondern ein einsprachiges Wörterbuch mitbringen.
Ce n'est pas de la soupe, c'est de l'eau de vaisselle.	Das ist keine Suppe, das ist Spülwasser.

5. Artikellose Ausdrücke und Wendungen bleiben in der Verneinung unverändert:

J'ai soif. *Je n'ai plus soif.*	Ich habe Durst Ich habe keinen Durst mehr.
Elle a besoin d'argent. *Elle n'a pas besoin d'argent.*	Sie braucht Geld. Sie braucht kein Geld.

43 Der Artikel in Verbindung mit Mengenausdrücken

1. Auf Mengenadverbien folgt die Präposition *de*, an die das Substantiv ohne Artikel angeschlossen wird (vgl. § 310):

Beaucoup d'électeurs ont tourné le dos au parti socialiste.	Viele Wähler haben der Sozialistischen Partei den Rücken gekehrt.
Tu as fait trop de fautes d'orthographe.	Du hast zu viele Rechtschreibfehler gemacht.
Ajoute un peu plus de lait.	Gib ein bisschen mehr Milch hinzu!

Anmerkung 1: Bezieht sich das Substantiv auf etwas Bekanntes oder wird es nachfolgend näher bestimmt, folgt auf die Präposition *de* der bestimmte Artikel (gegebenenfalls als Kontraktionsform, vgl. § 30): *Beaucoup des étudiants touchés par ces mesures sont descendus dans la rue.* – Viele der Studenten, die von diesen Maßnahmen betroffen sind, sind auf die Straße gegangen.

Anmerkung 2: Nach *bien* steht *des/du/de la/de l'*: *Maman a bien des soucis.* – Mama hat sehr viele Sorgen. *J'ai eu bien de la peine à rédiger cet article.* – Ich habe sehr viele Mühe gehabt, diesen Artikel zu schreiben. *Il y avait bien du monde.* – Es waren sehr viele Leute da.

Anmerkung 3: Auch einige abgeleitete Adverbien können als Mengenausdrücke gebraucht werden: *Robert a tellement/énormément/suffisamment d'argent.* – Robert hat so viel/sehr viel/genug Geld.

Anmerkung 4: In der Umgangssprache findet sich häufig *pas mal de* als Mengenausdruck: *Je connais pas mal de gens qui sont toujours en train de rouspéter.* – Ich kenne eine Menge Leute, die ständig herummosern.

2. Auf Nominalgruppen, die als Mengenangaben fungieren, folgt die Präposition *de*, wobei das Substantiv artikellos angeschlossen wird:

Mon fils m'a posé un tas de questions.	Mein Sohn hat mir eine Menge Fragen gestellt.
Je viens de manger un morceau de chocolat.	Ich habe gerade ein Stück Schokolade gegessen.
Ajoutez une pincée de sel.	Geben Sie eine Prise Salz hinzu!
Je bois deux litres de lait par jour.	Ich trinke zwei Liter Milch am Tag.
Il nous reste encore trois sachets de thé.	Wir haben noch drei Beutel Tee da.
Un groupe de touristes s'est égaré dans les égouts de Paris.	Eine Gruppe von Touristen hat sich in der Pariser Kanalisation verirrt.

Anmerkung 1: Bezieht sich das Substantiv auf etwas Bekanntes oder wird es nachfolgend näher bestimmt, folgt auf die Präposition *de* der bestimmte Artikel (gegebenenfalls als Kontraktionsform, vgl. § 30): *Donnez-moi deux paquets de la lessive dont on parle toujours à la télévision.* – Geben Sie mir zwei Pakete des Waschmittels, von dem im Fernsehen immer die Rede ist.

Anmerkung 2: Nach den Nominalgruppen *la moitié, la majorité, la plus grande partie* und nach dem Ausdruck *la plupart* wird das Substantiv mit der Präposition *de* und dem bestimmten Artikel angeschlossen: *La majorité des députés s'est prononcée pour cette solution.* – Die Mehrheit der Abgeordneten hat sich für diese Lösung ausgesprochen. *La plupart des enfants mangent trop de sucreries.* – Die meisten Kinder essen zu viele Süßigkeiten.

Der Artikel beim Prädikatsnomen 44

1. Wie im Deutschen steht auch im Französischen kein Artikel, wenn das Prädikatsnomen aus einem Substantiv oder einem substantivierten Adjektiv besteht, das keine Ergänzung bei sich hat:

Il est médecin.	Er ist Arzt.
Ils sont médecins.	Sie sind Ärzte.
Il est débutant.	Er ist Anfänger.
Elle est catholique.	Sie ist Katholikin/katholisch.
Mon frère deviendra architecte.	Mein Bruder wird Architekt.
Mon mari est fumeur.	Mein Mann ist Raucher.
Michel Rocard est socialiste.	Michel Rocard ist Sozialist.
Elle est étrangère.	Sie ist Ausländerin.
Elle est française.	Sie ist Französin.
Elles sont françaises.	Sie sind Französinnen.

Anmerkung: Folgt ein Prädikatsnomen auf *c'est* bzw. *ce sont,* so steht es mit Artikel: *C'est un médecin.* – Das ist ein Arzt. *Ce sont des médecins.* – Das sind Ärzte. *C'est le maire.* – Das ist der Bürgermeister. *Ce sont les champions.* – Das sind die Meister.

2. Wird das Prädikatsnomen näher bestimmt, steht

2.1. der unbestimmte Artikel, wenn das Prädikatsnomen auch für andere Lebewesen oder Gegenstände gilt:

Le docteur Duport est un excellent médecin.	Doktor Duport ist ein ausgezeichneter Arzt.
Les messieurs que je viens de saluer sont des médecins de notre hôpital.	Die Herren, die ich gerade gegrüßt habe, sind Ärzte unseres Krankenhauses.

Anmerkung 1: Wenn dem Prädikatsnomen das Adjektiv *bon* oder *mauvais* (einschließlich Komparativ) vorausgeht, kann in bestimmten Fällen der unbestimmte Artikel entfallen: *Mon mari est bon danseur.* – Mein Mann ist ein guter Tänzer. *Mon frère est encore meilleur danseur que mon mari.* – Mein Bruder ist ein noch besserer Tänzer als mein Mann. *Il est bon garçon.* – Er ist ein guter Junge. *Jean est bon marcheur.* – Jean ist gut zu Fuß.

Anmerkung 2: Wird die Subjektnominalgruppe durch ein Pronomen ersetzt, so muss anstelle des Personalpronomens das neutrale Demonstrativpronomen *ce* eintreten: *C'est un excellent médecin.* – Er/Das ist ein ausgezeichneter Arzt. *Ce sont des médecins de notre hôpital.* – Sie/Das sind Ärzte unseres Krankenhauses.

Merke: *C'est bon/mauvais signe.* – Das ist ein gutes/schlechtes Zeichen.
C'est autre chose. – Das ist eine andere Sache./Das ist etwas anderes.

2.2. der bestimmte Artikel, wenn das Prädikatsnomen im gegebenen Kontext nur auf eine Person oder Sache oder auf alle in Frage kommenden Personen oder Sachen bezogen wird:

Le docteur Duport est le meilleur médecin que je connaisse.	Doktor Duport ist der beste Arzt, den ich kenne.
Les personnes que tu vois sur cette photo (, ce) sont les médecins de notre hôpital.	Die Personen, die du auf diesem Foto siehst, sind die Ärzte unseres Krankenhauses.

45 Der Artikel in der Apposition

1. Die Apposition steht im Französischen ohne Artikel, wenn sie eine zusätzliche Information zum Bezugswort gibt, insbesondere bei Angabe des Berufes, biographischer Daten usw.:

Madame de Staël, fille d'un banquier genevois, est une des femmes les plus remarquables de la littérature française.	Madame de Staël, (die) Tochter eines Genfer Bankiers, ist eine der bemerkenswertesten Frauen der französischen Literatur.

Monsieur Leblanc, professeur d'anglais au lycée Voltaire, pose sa candidature à la présidence des Verts.	Herr Leblanc, Englischlehrer am Voltaire-Gymnasium, kandidiert für den Vorsitz der Grünen.
Louis XIV, monarque absolu, aurait dit: L'Etat c'est moi.	Ludwig XIV., ein absoluter Monarch, soll gesagt haben: „Der Staat bin ich."
Descartes fait paraître en 1637 le «Discours de la Méthode», ouvrage rédigé en français, qui nous raconte la genèse de ses réflexions et nous expose ses nouveaux principes.	Descartes veröffentlicht 1637 den *Discours de la Méthode,* ein auf Französisch geschriebenes Werk, das uns die Genese seiner Überlegungen erzählt und seine neuen Prinzipien darlegt.
Strasbourg, capitale de l'Alsace, est le siège du Conseil de l'Europe.	Straßburg, die Hauptstadt des Elsass, ist Sitz des Europarates.

2. Die Apposition steht wie im Deutschen mit dem bestimmten Artikel, wenn sie eine Identifizierung des Bezugswortes darstellt:

Isabelle, la femme de Jules, attend un bébé.	Isabelle, die Frau von Jules, erwartet ein Baby.
Voltaire, l'auteur de «Candide», est l'un des philosophes les plus connus du siècle des Lumières.	Voltaire, der Autor des *Candide,* ist einer der bekanntesten Philosophen des Jahrhunderts der Aufklärung.
Chaque année, Paris, la ville des amoureux, attire des millions de touristes.	Paris, die Stadt der Verliebten, zieht jedes Jahr Millionen Touristen an.

3. Die Apposition steht wie im Deutschen mit dem unbestimmten Artikel, wenn zum Ausdruck gebracht werden soll, dass die Person oder Sache, auf die Bezug genommen wird, zu einer bestimmten Gruppe gehört:

Anne, une jeune fille de 18 ans, vient de passer son bac.	Anne, ein achtzehnjähriges Mädchen, hat gerade ihr Abi gemacht.
Le calvados, une eau-de-vie de cidre, est un produit typique de la Normandie.	Der Calvados, ein Schnaps aus Apfelmost, ist ein typisches Erzeugnis der Normandie.
Charles de Gaulle a établi sa résidence à Colombey-les-deux-Eglises, un petit village dans la Haute-Marne.	Charles de Gaulle hat seinen Wohnsitz in Colombey-les-deux-Eglises, einem kleinen Dorf im Département Haute-Marne, genommen.

Anmerkung 1: Im Französischen treten in der Apposition keine Präpositionen auf: *La Normandie se compose de deux régions, la Haute-Normandie et la Basse-Normandie.* – Die Normandie besteht aus zwei Regionen, aus der Haute-Normandie und der Basse-Normandie.

Anmerkung 2: In der Apposition können auch das Possessivadjektiv oder das Demonstrativadjektiv auftreten: *Je me suis aperçu que Charles, mon meilleur ami, se drogue.* – Ich habe bemerkt, dass Charles, mein bester Freund, Drogen nimmt. *La Bosnie, ce pays maltraité de l'ex-Yougoslavie, risque d'être complètement ravagée.* – Bosnien, dieses geschundene Land des ehemaligen Jugoslawien, läuft Gefahr, völlig verwüstet zu werden.

46 Die Wiederholung des Artikels (la répétition de l'article)

Der Artikel wird wiederholt,

1. wenn das erste Substantiv einer Aufzählung mit einem Artikel versehen ist:

Il a bu du cognac et du whisky.	Er hat Cognac und Whisky getrunken.
J'ai acheté un cahier et un stylo.	Ich habe ein Heft und einen Füller gekauft.
Lucien sait l'anglais et l'espagnol.	Lucien kann Englisch und Spanisch.

Anmerkung: Der Artikel wird nicht wiederholt, wenn aufeinander folgende Substantive

- begrifflich eng zusammengehören: *des frères et sœurs* Geschwister, *les us et coutumes* die Sitten und Gebräuche, *les mamans et papas modernes* die modernen Eltern;
- ein und dieselbe Person bezeichnen: *un collègue et ami* ein Kollege und Freund;
- in der Weise verwendet werden, dass das folgende Substantiv das vorangehende erklärt: *le pyrosis ou aigreurs d'estomac* die Pyrosis oder das Sodbrennen.

2. wenn einem Substantiv zwei mit *et* verbundene Adjektive vorausgehen, die einen Gegensatz bilden:

Cette affaire a un bon et un mauvais aspect.	Diese Angelegenheit hat eine gute und eine schlechte Seite.
Les grands et les petits épargnants ont peur de l'inflation.	Die Groß- und die Kleinsparer haben Angst vor der Inflation.

Anmerkung: Der Artikel entfällt, wenn zwei einem Substantiv vorausgehende und mit *et* verbundene Adjektive sich inhaltlich ergänzen: *ce bon et louable dessein* diese gute und lobenswerte Absicht.

3. wenn einem Substantiv im Singular zwei mit *et* verbundene Adjektive folgen, die einen Gegensatz bilden. In diesem Fall wird in der Regel auch das Substantiv wiederholt:

l'histoire française et l'histoire allemande	die französische und die deutsche Geschichte
la langue italienne et la langue portugaise	die italienische und die portugiesische Sprache

Anmerkung: Weniger üblich sind heute folgende Verbindungen: *la langue italienne et portugaise, la langue italienne et la portugaise, les langues italienne et portugaise.*

4. bei der Angabe von Wochentagen, Daten und Jahrhunderten:

Le mardi et le vendredi le musée est fermé.	Dienstags und freitags ist das Museum geschlossen.
La prochaine réunion aura lieu le 11 et le 12 avril.	Die nächste Sitzung findet am 11. und 12. April statt.
Au XVIIe et au XVIIIe siècle, la littérature française a atteint son apogée.	Im 17. und 18. Jahrhundert hat die französische Literatur ihren Höhepunkt erreicht.

Anmerkung: Daneben finden sich besonders in der Schriftsprache auch folgende Ausdrucksweisen: *Les mardi et vendredi ...*; *les 11 et 12 avril*; *au(x) XVIIe et XVIIIe siècles.*

Kapitel 4 **Die Demonstrativa** (Les démonstratifs)

Das Französische kennt Demonstrativadjektive (adjectifs démonstratifs) und Demonstrativpronomen (pronoms démonstratifs), die sich in Form und Gebrauch unterscheiden.

47 **Die Formen der Demonstrativadjektive**
(les formes des adjectifs démonstratifs)

1. einfache Formen:

Bedeutung	Numerus	maskulin	feminin
diese(r)	Singular	*ce* [sə]/*cet* [sɛt]	*cette* [sɛt]
diese	Plural	*ces* [se]	

Wenn ein folgendes maskulines Substantiv im Singular mit Vokal oder mit *h muet* (vgl. § 5.6) beginnt, steht *cet*: *cet‿effort* [sɛtefɔʀ] diese Anstrengung, *cet‿honneur* [sɛtɔnœʀ] diese Ehre.

Anmerkung: Zwischen der Aussprache von *cet‿ami* 'dieser Freund' und *cette amie* 'diese Freundin' besteht kein Unterschied: [sɛtami].

Ce professeur est très compréhensif.	Dieser Lehrer ist sehr verständnisvoll.
Il sera difficile de compenser ce handicap [səɑ̃dikap].	Es wird schwierig sein, dieses Handikap auszugleichen.
Cet‿enfant fait mon désespoir.	Dieses Kind bringt mich zur Verzweiflung.
Cet‿hôtel est excellent.	Dieses Hotel ist ausgezeichnet.
Comment trouves-tu cette femme?	Wie findest du diese Frau?
Ces‿élèves sont bons en anglais.	Diese Schüler sind gut in Englisch.
Ces papiers sont falsifiés.	Diese Papiere sind gefälscht.
Ces photos sont ratées.	Diese Fotos sind misslungen.

2. verstärkte Formen:

Die einfachen Formen können in ihrem hinweisenden Charakter verstärkt werden, indem an das Substantiv, dem sie vorausgehen, ***-ci*** bzw. ***-là*** angehängt wird:

Ce magasin-ci est bien assorti.	Dieses Geschäft hier ist gut sortiert.
Je n'ai jamais vu cet‿homme-là.	Ich habe diesen Mann da nie gesehen.
Cette jupe-ci me plaît beaucoup.	Dieser Rock hier gefällt mir sehr.
Ces photos-là sont réussies.	Diese Fotos da sind gelungen.

Der Gebrauch der Demonstrativadjektive (l'emploi des adjectifs démonstratifs) 48

1. Die einfachen Formen des Demonstrativadjektivs werden verwendet, um auf Lebewesen, Objekte oder Sachverhalte zu verweisen, die unmittelbar vorher im Text erwähnt wurden:

La criminalité augmente sans cesse. Presque tous les pays européens sont concernés par ce phénomène.	Die Kriminalität nimmt ständig zu. Fast alle europäischen Länder sind von dieser Erscheinung betroffen.
L'année dernière, j'ai visité Florence. Cette ville est célèbre pour ses œuvres d'art.	Letztes Jahr habe ich Florenz besucht. Diese Stadt ist für ihre Kunstwerke berühmt.
Il y a cinquante ans, mon grand-père a planté un sapin. Maintenant, cet arbre a atteint trente mètres de hauteur.	Vor fünfzig Jahren hat mein Großvater eine Tanne gepflanzt. Heute hat dieser Baum eine Höhe von dreißig Metern erreicht.

2. Die einfachen Demonstrativadjektive werden ferner verwendet, um auf Lebewesen oder Dinge zu verweisen, die in der Kommunikationssituation wahrnehmbar sind. In diesem Fall können auch die verstärkten Formen eintreten, wobei in der gesprochenen Sprache vorzugsweise *-là* an das betreffende Substantiv angehängt wird:

Montrez-moi ce dictionnaire, s'il vous plaît.	Zeigen Sie mir bitte dieses Wörterbuch.
Ma fille ne joue plus avec cette poupée.	Meine Tochter spielt nicht mehr mit dieser Puppe.
Regarde cette robe-là; qu'elle est jolie.	Schau mal dieses Kleid; ist das hübsch!
Tu connais ce type-là?	Kennst du diesen Kerl da?

3. Die mit *-ci* verstärkte Form wird im heutigen Französisch fast nur noch in Gegenüberstellungen gebraucht. Sie verweist auf vom Sprecher aus gesehen näher Liegendes, während die mit *-là* verstärkte Form auf weiter Entferntes hindeutet:

Cette robe-ci me serre aux épaules, alors que cette robe-là est trop ample.	Dieses Kleid hier ist mir an den Schultern zu eng, während das Kleid da zu weit ist.

Anmerkung: Folgt ein Adjektiv auf das Substantiv, so können die verstärkten Formen nicht verwendet werden: *cette jolie robe-là* dieses hübsche Kleid da. Aber nur: *cette robe jaune* dieses gelbe Kleid.

4. Das Demonstrativadjektiv wird in Zeitangaben verwendet.

4.1. In Verbindung mit *matin, midi, après-midi, soir* und *nuit* verweist es auf die jeweilige Zeit des Tages, an dem die Äußerung getan wird (dabei ist nur das einfache Demonstrativadjektiv verwendbar):

ce matin	heute Morgen
ce midi	heute Mittag
cet/cette après-midi	heute Nachmittag
ce soir	heute Abend
cette nuit	heute Nacht

Anmerkung: Bei diesen Tageszeitangaben wird das dt. Adverb 'heute' durch das Demonstrativadjektiv wiedergegeben. Nur in Verbindung mit *midi* ist die Verwendung von *aujourd'hui* zulässig: *aujourd'hui à midi* heute Mittag.

4.2. In Verbindung mit Zeitabschnitten (*semaine, mois, année, siècle*) und Jahreszeiten verweist es auf den jeweiligen Zeitraum, in dem die Äußerung stattfindet:

Je suis très pris cette semaine(-ci).	Ich bin in dieser Woche sehr in Anspruch genommen.
Ce mois, le taux d'interêt a considérablement augmenté.	In diesem Monat ist der Zinssatz erheblich gestiegen.
Cette année, nous passerons les vacances au Portugal.	Dieses Jahr werden wir die Ferien in Portugal verbringen.
Cet hiver, il a peu neigé.	Diesen Winter hat es wenig geschneit.

4.3. Das mit *-là* verstärkte Demonstrativadjektiv verweist in Verbindung mit Zeitbegriffen auf zurückliegende Zeitpunkte oder Zeitabschnitte:

Ce soir-là, on avait trop bu.	An diesem/jenem Abend hatten wir zu viel getrunken.
Ce matin-là, je m'étais réveillé trop tard.	An diesem/jenem Morgen hatte ich verschlafen.
A ce moment-là, un homme nu est apparu derrière un buisson.	In diesem Augenblick tauchte ein nackter Mann hinter einem Busch auf.
La récolte a été très mauvaise cette année-là.	Die Ernte war in jenem Jahr sehr schlecht.

4.4. In Verbindung mit dem Adjektiv *dernier* und einem Zeitbegriff verweist das einfache Demonstrativadjektiv auf einen Zeitraum der Vergangenheit, der bis an die Gegenwart heranreicht. Im Deutschen steht in diesem Fall der bestimmte Artikel:

ces derniers jours	in den letzten Tagen
ces dernières années	in den letzten Jahren

ces derniers mois	in den letzten Monaten
ces derniers temps	in der letzten Zeit

Anmerkung: *Ces derniers/dernières* bedeutet 'Letztere': *La cour d'assises, qui juge les crimes, est composée d'un président, de deux magistrats et de neuf jurés; ces derniers sont tirés au sort parmi les citoyens de plus de 23 ans.* – Das Schwurgericht, das über Verbrechen Urteil spricht, besteht aus einem Vorsitzenden, zwei Richtern und neun Geschworenen; Letztere werden unter Bürgern, die das 23. Lebensjahr überschritten haben, ausgelost.

5. Auf etwas Nachfolgendes verweist das Demonstrativadjektiv in folgenden Ausdrücken:

Au revoir, à un de ces jours!	Auf Wiedersehen, bis demnächst!
Le président conclut son discours en ces termes: ...	Der Präsident beschloss seine Rede mit folgenden Worten: ...
Vous avez raison en ce sens que ...	Sie haben Recht in dem Sinne, dass/ insofern als ...

6. Affektischer Gebrauch des Demonstrativadjektivs liegt vor in:

Pourquoi fais-tu cette tête?	Warum machst du so ein Gesicht?
J'ai une de ces soifs!	Hab' ich (vielleicht) einen Durst!
Je tiens un de ces rhumes!	Ich hab' vielleicht einen Schnupfen!

Merke: *ce diable d'homme* dieser Teufel von einem Mann, *cette coquine de servante* diese Gaunerin von Bedienung, *cet imbécile de Pierre* Pierre, dieser Dummkopf

7. Wendungen mit Demonstrativadjektiven:

à ce jour	bis heute
à ce sujet	diesbezüglich/darüber
en ce moment	jetzt im Augenblick
en/dans ce cas	in diesem Fall
à cet effet	zu diesem Zweck/dazu

Unterschiedlicher Gebrauch des Demonstrativadjektivs 49

Wo im Deutschen anstelle des bestimmten Artikels das Demonstrativadjektiv stehen könnte, steht im Französischen meistens Letzteres:

Ces messieurs-dames désirent?	Die Herrschaften wünschen?
Je voudrais 200 grammes de ce jambon.	Ich möchte 200 Gramm von dem/diesem Schinken.
A ce train-là, tu auras bientôt fini ton travail.	Bei dem/diesem Tempo wirst du mit deiner Arbeit bald fertig sein.

50 Die Formen der Demonstrativpronomen
(les formes des pronoms démonstratifs)

1. Die einfachen Formen (les formes simples):

Bedeutung	Numerus	maskulin	feminin
der(jenige)/die(jenige)	Singular	*celui*	*celle*
die(jenigen)	Plural	*ceux*	*celles*

2. Die zusammengesetzten Formen (les formes composées):

Bedeutung	Numerus	maskulin	feminin
der/die, diese(r) (hier) der/die, diese(r) (da)	Singular	*celui-ci* *celui-là*	*celle-ci* *celle-là*
die, diese (hier) die, diese (da)	Plural	*ceux-ci* *ceux-là*	*celles-ci* *celles-là*

3. Das neutrale Demonstrativpronomen (le pronom démonstratif neutre):

Bedeutung	*ce/c'/ç'*	*ceci*	*cela/ça*
das/dies/es			

Anstelle von *ce* tritt *c'* vor den Verbformen *est, était* oder *eût* sowie dem Pronominaladverb *en* ein (*c'est, c'était, c'eût été, c'en est fait*); vor den mit *a-* oder *o-* beginnenden Formen des Hilfsverbs *avoir* sowie vor als Hilfsverb gebrauchtem *allait* wird *ç'* gebraucht (*ç'a été, ç'avait été, ç'aura été, ç'aurait été, ç'ont été, ç'allait être*). In der Umgangssprache wird anstelle von *cela* gewöhnlich *ça* verwendet. Man beachte, dass *ça* im Gegensatz zu *ce* nie elidiert wird.

Anmerkung 1: Auch bei *ceci* und *cela* handelt es sich ursprünglich um zusammengesetzte Formen, die jedoch nicht mehr als solche empfunden werden.

Anmerkung 2: Das neutrale Demonstrativpronomen *ça* darf nicht mit dem Ortsadverb *çà* verwechselt werden, das in dem Ausdruck *çà et là* 'hier und da' vorkommt.

51 Der Gebrauch der Demonstrativpronomen

Die Demonstrativpronomen vertreten eine Nominalgruppe, wobei sie sich in Genus und Numerus nach ihrem Beziehungswort richten:

Est-ce que tu prends ta voiture? – Non, je prends ***celle*** *de ma femme (= la voiture de ma femme).*	Nimmst du deinen Wagen? – Nein, ich nehme den meiner Frau.

Der Gebrauch der einfachen Formen **52**

Die einfachen Formen können nicht allein stehen; sie müssen durch eine Präposition, einen Relativsatz oder ein erweitertes Partizip ergänzt werden.

1. Ergänzung durch eine Präposition (meist *de*):

En plus du problème de l'alcoolisme, il y a celui de la drogue.	Zusätzlich zum Problem des Alkoholismus gibt es das Drogenproblem.
Tes droits finissent là où commencent ceux des autres.	Deine Rechte enden da, wo die der anderen anfangen.
Mes photos sont mieux réussies que celles de mon frère.	Meine Fotos sind besser gelungen als die meines Bruders.
Tu connais celle du boulanger qui ... ? (= la plaisanterie du boulanger)	Kennst du den (= Witz) mit dem Bäcker, der ...?

Anmerkung: Im heutigen Sprachgebrauch können an die einfachen Formen des Demonstrativpronomens auch Ergänzungen mit anderen Präpositionen angeschlossen werden: *Les pommes à 3 euros le kilo sont excellentes, alors que celles à 2 euros n'ont aucun goût.* – Die Äpfel zu 3 Euro das Kilo sind ausgezeichnet, während die zu 2 Euro nach nichts schmecken. *Pour mes petits-enfants je n'achète que des jouets en bois; ceux en plastique ne durent pas longtemps.* – Für meine Enkel kaufe ich nur Spielsachen aus Holz; die aus Plastik halten nicht lange.

2. Ergänzung durch einen unmittelbar angeschlossenen Relativsatz:

Je ne suis pas de ceux qui croient qu'il sera possible d'extirper le terrorisme par des moyens militaires.	Ich gehöre nicht zu denjenigen/ denen, die glauben, dass es möglich sein wird, den Terrorismus mit militärischen Mitteln auszumerzen.
Je peux vous offrir deux dictionnaires bilingues. Prenez celui qui correspond à vos besoins.	Ich kann Ihnen zwei zweisprachige Wörterbücher anbieten. Nehmen Sie dasjenige, das Ihren Bedürfnissen entspricht.

Anmerkung: Folgt das Relativpronomen nicht unmittelbar auf das Demonstrativpronomen, so erscheint die zusammengesetzte Form des Demonstrativpronomens anstelle der einfachen Form: *Ceux-là seuls sont admis à l'oral qui ont été reçus à l'écrit.* – Nur diejenigen, die das Schriftliche bestanden haben, werden zum Mündlichen zugelassen.

Merke: *Est-il fâché ou fait-il celui qui?* – Ist er verärgert oder tut er nur so?

3. Ergänzung durch ein erweitertes Partizip (participe complété):

Ni ma solution ni celle proposée par mes collègues n'a été acceptée.	Weder meine noch die von meinen Kollegen vorgeschlagene Lösung ist akzeptiert worden.
Pourront se présenter à ce concours ceux ayant d'excellentes connaissances d'anglais.	Es können sich zu diesem Wettbewerb diejenigen melden, die über ausgezeichnete Englischkenntnisse verfügen.

Anmerkung: Diese Konstruktion ist auf die Schriftsprache beschränkt. Dort kommen, wenn auch seltener, auch Ergänzungen durch ein erweitertes Adjektiv vor: *Toutes les mesures prises par le gouvernement n'ont pas abouti, en particulier celles nécessaires à la reprise de l'économie.* – Nicht alle von der Regierung ergriffenen Maßnahmen haben zum Erfolg geführt, insbesondere diejenigen, die für den Aufschwung der Wirtschaft notwendig sind.

53 Der Gebrauch der zusammengesetzten Formen

1. Die zusammengesetzten Formen (vgl. § 50.2) nehmen ein vorher genanntes Substantiv wieder auf:

Quel vase prends-tu? – Je prends celui-là.	Welche Vase nimmst du? – Ich nehme die(se) dort.
Quelle cravate as-tu choisie? – Celle-ci.	Welche Krawatte hast du gewählt? – Die(se) hier.

Anmerkung: Liegt keine Gegenüberstellung (vgl. § 53.2) vor, ist die mit *-là* zusammengesetzte Form die bei weitem häufigere.

2. *Celui-ci/celui-là* etc. werden in Gegenüberstellungen verwendet.

2.1. In einer Sprechsituation verweist *celui-ci* auf Personen oder Sachen, die sich in der Nähe des Sprechers befinden, *celui-là* auf Personen oder Sachen, die vom Sprecher weiter entfernt sind:

Quelle valise prends-tu? Celle-ci ou celle-là?	Welchen Koffer nimmst du? Diesen/den hier oder jenen/den dort?
Regardez ces deux arbres. Celui-ci est chargé de fruits, alors que celui-là n'en a presque pas.	Schauen Sie diese beiden Bäume an. Dieser hängt voller Früchte, während der dort fast keine trägt.

2.2. In Texten verweist *celui-ci* auf das zuletzt Erwähnte, *celui-là* auf früher Erwähntes:

Le bulgare et le roumain sont des langues balkaniques. Celle-ci est une langue romane, celle-là est une langue slave.	Das Bulgarische und das Rumänische sind Balkansprachen. Letztere ist eine romanische, Erstere eine slawische Sprache.

Anmerkung: Anstelle von *celui-ci/celle-ci/ceux-ci/celles-ci* können in diesem Fall auch *ce dernier/cette dernière/ces derniers/ces dernières* verwendet werden (vgl. § 48.4.4, Anm.).

3. Die mit *-là* zusammengesetzten Formen werden häufig mit pejorativer Bedeutung verwendet:

Celle-là, une fois qu'elle est partie ...	Wenn die erst einmal zu reden angefangen hat ...
Qu'il est bête, celui-là!	Ist der dumm!

Der Gebrauch des neutralen Demonstrativpronomens *ce* 54

(Zum Gebrauch von *il* vgl. § 127.)

Ce wird gebraucht

1. als Subjekt vor *être* + prädikative Ergänzung. Diese kann sein:

1.1. ein Substantiv:

Qui est Jean? – C'est le frère de Pierre.	Wer ist Jean? – Das ist der Bruder von Pierre.
Ce sont des professeurs.	Das sind Lehrer.
C'est l'amour.	Das ist die Liebe.
C'est une faute de frappe.	Das ist ein Tippfehler.

Anmerkung: *C'est un/une* wird auch in der Einleitung von Witzen gebraucht: *C'est un philosophe qui a déniché une fille belle comme le jour ...* – Ein Philosoph hat (einmal) ein bildhübsches Mädchen aufgegabelt ...

1.2. ein Adjektiv:

C'est faux.	Das ist falsch.
Ce serait merveilleux.	Das wäre wunderbar.

Anmerkung: *Ce* kann durch vorangestelltes *ça* verstärkt werden: *Ça, c'est faux.* – Das ist falsch.

1.3. ein Adverb:

C'est déjà mieux.	Das ist schon besser.
C'est beaucoup.	Das ist viel.

2. vor *devoir* oder *pouvoir* + *être* + prädikative Ergänzung:

Ce doit être une erreur.	Das muss ein Fehler sein.
Ce peut être un claquage.	Das kann eine Zerrung sein.

Anmerkung: In diesem Fall ist auch *cela,* umgangssprachlich *ça* möglich.

3. *Ce* wird zur Wiederaufnahme eines vorangehenden Satzes oder Ausdrucks verwendet, wenn

3.1. das Prädikatsnomen ein Personalpronomen ist:

L'État, c'est moi.	Der Staat, (das) bin ich.
La plus belle, c'est elle.	Die Schönste ist sie.
Le fautif, c'est toi.	Der Schuldige bist du.

3.2. das Prädikatsnomen durch einen *que*-Satz oder einen mit *de* angeschlossenen Infinitivsatz vertreten wird:

Mon avis, c'est que tu devrais abandonner ce projet.	Meine Meinung ist, dass du diesen Plan aufgeben solltest.
L'essentiel, c'est que notre fils réussisse à son examen.	Das Wesentliche ist, dass unser Sohn seine Prüfung besteht.
Son principal défaut, c'est de vouloir toujours avoir raison.	Sein Hauptfehler ist, dass er immer Recht haben will.

Anmerkung: In diesen Fällen kann *ce* entfallen (dann steht auch kein Komma).

3.3. Subjekt und Prädikatsnomen aus einem Infinitiv bestehen:

Vouloir, c'est pouvoir.	Wollen heißt können.
Aimer, c'est tout pardonner.	Lieben heißt alles verzeihen.

Anmerkung: Ist der zweite Infinitiv verneint, so kann *ce* entfallen, sonst nicht: *Vouloir n'est pas toujours pouvoir.*/*Vouloir, ce n'est pas toujours pouvoir.* – Wollen heißt nicht immer können.

4. In der gesprochenen Sprache verweist *ce* auf einen folgenden Subjektsatz; in der Standardsprache steht in diesem Fall *il*. Geht der Subjektsatz voraus, gebraucht man immer *ce*:

Il/C'est impossible de le convaincre.	Es ist unmöglich, ihn zu überzeugen.
Il/C'est utile de savoir plusieurs langues.	Es ist nützlich, mehrere Sprachen zu können.
Elle le savait, c'est évident.	Sie wusste es, das ist offenkundig.
Il nous a menti, c'est clair.	Er hat uns angelogen, das ist klar.
Réaliser ce projet, c'est impossible.	Diesen Plan zu verwirklichen ist unmöglich.

5. *Ce* erscheint einleitend in Spaltsätzen (vgl. § 358) und Sperrsätzen (vgl. § 359) zur Hervorhebung:

C'est ta sœur qui me l'a dit.	Deine Schwester hat es mir gesagt.
Ce que j'aime chez lui, c'est qu'il est honnête.	Was mir an ihm gefällt, ist, dass er ehrlich ist.

Der Gebrauch des neutralen Demonstrativpronomens *cela/ça* 55

Cela/[umgspr.] ***ça*** wird verwendet:

1. als Subjekt in Verbindung mit einem transitiven/intransitiven Verb:

Cela ne te regarde pas!	Das geht dich nichts an!
Ça marche/roule?	Klappt's?/Läuft's?
Ça n'a pas fonctionné.	Das hat nicht funktioniert.
Cela ne presse pas.	Das eilt nicht.
Cela m'étonne beaucoup.	Das wundert mich sehr.
Ça fait mal.	Das tut weh.
Cela prendra longtemps?	Wird das lange dauern?

2. als Objekt:

Je n'aime pas ça.	Ich mag das nicht.
Elle trouve ça plus joli.	Sie findet das hübscher.
J'ai envie de cela.	Ich habe darauf Lust.
Il est au courant de cela.	Er ist auf dem Laufenden.
Je n'ai pas l'esprit à cela.	Mir steht der Sinn nicht danach.
Jacques ne pense qu'à ça.	Jacques denkt nur an das.

3. hervorhebend vor einer Form von *être*:

Cela est juste.	Das ist richtig.
Cela est horrible.	Das ist schrecklich.

Anmerkung: Wird *ça* verwendet, so muss *c'est* folgen: *Ça, c'est bon.* – Das ist (aber) gut.

4. vor einem Personalpronomen oder *seul* + eine Form von *être* [obligatorisch]:

Cela m'est égal.	Das ist mir gleich.
Cela leur serait agréable.	Das wäre ihnen angenehm.
Cela nous était impossible.	Das war uns unmöglich.
Cela seul serait fatal.	Das allein wäre verhängnisvoll.

5. zur Verstärkung von Interrogativa:

Où ça?	Wo denn?
Pourquoi ça?	Warum denn?
Comment ça?	Wie denn das?

6. in Verbindung mit Lebewesen mit affektiver Bedeutung (Verachtung, Herablassung, Mitleid usw.):

Les clébards, ça crotte partout.	Die Köter scheißen überall hin.
Ça ne sait rien, et ça veut donner des avis aux autres.	Die Typen wissen nichts und wollen anderen Ratschläge geben.
Ça craint partout.	Überall haben sie Bammel.
Et ça se lève quand aujourd'hui, hein?	Wann stehen wir [iron.] denn heute auf, na?

56 Der Gebrauch des neutralen Demonstrativpronomens *ceci*

Ceci wird verwendet

1. in Gegenüberstellungen, wobei es auf einen Gegenstand verweist, der sich näher beim Sprecher befindet, während *cela* sich auf einen vom Sprecher weiter entfernten Gegenstand bezieht:

Ceci est à moi, cela est à toi.	Das hier gehört mir, das da gehört dir.
Ceci est une imprimante laser, et cela, c'est une imprimante à jet d'encre.	Das hier ist ein Laserdrucker, und das da ist ein Tintenstrahldrucker.

Anmerkung 1: Während ein Satz wie *Ceci est un micro* 'Das hier ist ein Mikro' korrekt ist, ist ein Satz wie **Cela est une faute* 'Das da ist ein Fehler' unkorrekt. Richtig lautet der Satz: *Cela, c'est un faute.*

Anmerkung 2: Die gesprochene Sprache macht den Unterschied zwischen *ceci* und *cela* meist nicht; man gebraucht nur *cela/ça*: *Cela est à moi et cela est à toi./Ça, c'est à moi et ça, c'est à toi. Ceci* ist gewählter.

2. bei Textverweisen, wobei sich *ceci* auf einen folgenden, *cela* auf einen bereits erwähnten Sachverhalt bezieht:

Retenez bien ceci: ...	Merken Sie sich Folgendes gut: ...
Cela revient au même.	Das läuft auf das Gleiche hinaus.

57 Wendungen mit Demonstrativpronomen

et ce pour plusieurs raisons	und das aus mehreren Gründen
sur ce/cela	daraufhin
ce faisant/en faisant cela	währenddessen/indem
Cela/Ceci dit ...	Nach diesen Worten/Nachdem ich das vorausgeschickt habe, ...
C'est ça.	Das stimmt.

Ça y est!	Es ist soweit!/So, das haben /hätten wir geschafft!
Ça y est?	Bist du/Seid ihr soweit?/Wird's bald?
C'est comme ça.	Das ist nun einmal so.
Ce n'est pas si facile que cela.	Das ist gar nicht so leicht.
Il ne manquait plus que cela!	Das fehlte gerade noch!
A cela s'ajoute que ...	Hinzukommt, dass ...
Qu'à cela ne tienne!	Daran soll's nicht liegen!
Et avec ça, madame?	Sonst noch (et)was?/Wär's das?

Merke: von diesem und jenem reden *parler de la pluie et du beau temps*
Ist das eine Hitze! – *En voilà une chaleur!*
Das ist aber eine gute Nachricht! – *En voilà une bonne nouvelle!*

Kapitel 5 Die Possessiva (Les possessifs)

Das Französische kennt Possessivadjektive (adjectifs possessifs) und Possessivpronomen (pronoms possessifs), die sich in Form und Gebrauch unterscheiden. Die Possessivadjektive begleiten das Substantiv, die Possessivpronomen ersetzen es. Die Possessiva richten sich in Genus und Numerus nach dem Besitzobjekt.

58 Die Formen der Possessivadjektive
(les formes des adjectifs possessifs)

Bedeutung	Numerus		
	Singular		Plural
	maskulin	feminin	mask./fem.
mein(e)	*mon*	*ma*	*mes*
dein(e)	*ton*	*ta*	*tes*
sein(e)/ihr(e)	*son*	*sa*	*ses*
unser(e)	*notre*		*nos*
euer/eure/Ihr(e)	*votre*		*vos*
ihr(e)	*leur*		*leurs*

Beispiele:

Ce n'est pas mon jour.	Das ist nicht mein Tag.
C'est ma valise.	Das ist mein Koffer.
Je n'ai pas encore fait mes devoirs.	Ich habe meine Hausaufgaben noch nicht gemacht.
Où est ton frère?	Wo ist dein Bruder?
Tu as déjà fait ta déclaration d'impôts?	Hast du schon deine Steuererklärung gemacht?
Où as-tu mis tes affaires?	Wo hast du deine Sachen hingetan?
Michèle a oublié son passeport à l'hôtel.	Michèle hat ihren Pass im Hotel vergessen.
Jacques a égaré sa clé.	Jacques hat seinen Schlüssel verlegt.
Robert va au cinéma avec ses copains.	Robert geht mit seinen Freunden ins Kino.
Jacqueline est partie en vacances avec ses copines.	Jacqueline ist mit ihren Freundinnen in Urlaub gefahren.
Notre professeur d'allemand est très exigeant.	Unser Deutschlehrer verlangt sehr viel.
Nous nous entendons bien avec nos parents.	Wir verstehen uns gut mit unseren Eltern.
Votre fille dérange les autres.	Eure/Ihre Tochter stört die anderen.
Vos arguments ne sont pas très convaincants.	Eure/Ihre Argumente sind nicht sehr überzeugend.
Michèle et Jacques ont abandonné leur projet.	Michèle und Jacques haben ihren Plan aufgegeben.
Ils ont oublié leurs papiers d'identité.	Sie haben ihre Ausweise vergessen.

Vor einem femininen Substantiv, das mit Vokal oder *h muet* (vgl. § 5.6) beginnt, treten anstelle von *ma, ta, sa* die maskulinen Formen *mon, ton, son* ein:

Voilà mon école.	Das ist meine Schule.
Merci de ton‿aide.	Danke für deine Hilfe.
C'est son‿habitude.	Das ist seine/ihre Gewohnheit.

Ausnahme: Vor *onzième* bleibt *ma, ta, sa* erhalten: *Hier, il m'a présenté sa onzième fiancée.* – Gestern hat er mir seine elfte Verlobte vorgestellt.

Anmerkung 1: *Mon, ton, son* treten auch an die Stelle von *ma, ta, sa,* wenn dem femininen Substantiv ein mit Vokal oder *h muet* beginnendes Adjektiv vorausgeht: *Ton éternelle jalousie m'énerve.* – Deine ewige Eifersucht geht mir auf die Nerven. *Voilà mon ancienne institutrice.* – Das ist meine ehemalige Lehrerin. *grâce à ton heureuse décision* dank deiner glücklichen Entscheidung.

Anmerkung 2: Beginnt ein feminines Substantiv oder ein ihm vorangestelltes Adjektiv jedoch mit einem *h aspiré* (vgl. § 5.6), so lautet das Possessivadjektiv im Singular *ma, ta, sa*: *J'avoue, à ma honte, que j'ai oublié de rendre à mon professeur la grammaire qu'il m'avait prêtée il y six mois.* – Ich muss zu meiner Schande gestehen, dass ich vergessen habe, meinem Lehrer die Grammatik zurückzugeben, die er mir vor einem halben Jahr geliehen hatte. *Il a remporté sa huitième victoire.* – Er hat seinen achten Sieg errungen.

Die Possessivadjektive *mon, ma, mes* sind feste Bestandteile folgender Anredeformen:

Monsieur [məsjø] mein Herr	-	*Messieurs* [mesjø] meine Herren
Madame meine Dame	-	*Mesdames* meine Damen
Mademoiselle [madmwazɛl] mein Fräulein	-	*Mesdemoiselles* [medmwazɛl] meine Fräulein
Monseigneur [mõsɛɲœʀ] Herr Bischof	-	*Messeigneurs* [mesɛɲœʀ] meine Herren Bischöfe

Die Wiedergabe von dt. 'sein/ihr/Ihr' 59

1. Bei **einem** 'Besitzer' und **einem** 'Besitzobjekt' steht, abhängig vom Genus des 'Besitzobjektes', *son/sa*:

Jacques se dispute avec ***sa*** *sœur.*	Jacques streitet sich mit **seiner** Schwester.
Chantal se dispute avec ***sa*** *sœur.*	Chantal streitet sich mit **ihrer** Schwester.
Robert joue avec ***son*** *frère.*	Robert spielt mit **seinem** Bruder.
Anne joue avec ***son*** *frère.*	Anne spielt mit **ihrem** Bruder.

Anmerkung: Bezieht sich im deutschen Satz das beim 'Besitzobjekt' stehende Possessivadjektiv nicht auf das Subjekt, so muss im Französischen eine andere Ausdrucksweise gewählt werden. Ein Satz wie 'Jean und Sylvie lassen sich scheiden, weil sie ein Verhältnis mit seinem Bruder hat' wird wie folgt wiedergegeben: *Jean et Sylvie divorcent, parce qu'elle a des rapports avec son frère à lui/le frère de son mari.*

2. Bei **einem** 'Besitzer' und **mehreren** 'Besitzobjekten' steht immer *ses*:

Marc attend ses amis.	Marc wartet auf **seine** Freunde.
Marie sort avec ses amis.	Marie geht mit **ihren** Freunden aus.

3. Bei **mehreren** 'Besitzern' und **einem** 'Besitzobjekt' wird *leur* verwendet:

*Les Durand ne retrouvent plus **leur** voiture.*	Die Durands finden **ihr** Auto nicht mehr.

4. Bei **mehreren** 'Besitzern' und **mehreren** 'Besitzobjekten' wird *leur**s*** gebraucht:

*Mes enfants sont contents de **leurs** professeurs.*	Meine Kinder sind mit **ihren** Lehrern zufrieden.

Anmerkung: Zu beachten ist die Liaison von *leurs* vor vokalisch anlautendem Folgewort: *leurs‿enfants* [lœʀzɑ̃fɑ̃].

5. In der höflichen Anrede wird 'Ihr(e)' durch *votre* wiedergegeben, wenn **ein** 'Besitzobjekt' vorliegt, durch *vos,* wenn auf **mehrere** 'Besitzobjekte' Bezug genommen wird, unabhängig davon, ob ein oder mehrere 'Besitzer' angesprochen werden.

Où est votre fille?	Wo ist Ihre Tochter?
Où sont vos enfants?	Wo sind Ihre Kinder?

60 Der Gebrauch des Possessivadjektivs nach *on*

1. Entspricht *on* dem dt. 'man', so lautet ein sich darauf beziehendes Possessivadjektiv in Abhängigkeit von Genus und Numerus des Besitzobjektes *son/sa/ses*:

A soixante ans, on devrait avoir la possibilité de prendre sa retraite.	Mit 60 Jahren sollte man sich pensionieren lassen können.
On revient toujours à ses premières amours.	Alte Liebe rostet nicht.

Anmerkung: Obige Regel gilt auch, wenn sich das Possessivadjektiv auf andere indefinite oder unpersönliche Ausdrücke bezieht: *Chacun à sa façon.* – Jeder nach seiner Art. *Il ne faut pas toujours penser à son intérêt.* – Man darf nicht immer an sein Interesse denken.

2. Steht *on* anstelle von *nous* – sehr häufig in der Umgangssprache – , lautet ein darauf sich beziehendes Possessivadjektiv *notre/nos*:

Pendant les vacances, on est allé(s) voir notre oncle en Provence.	In den Ferien haben wir unseren Onkel in der Provence besucht.
On est satifait(s) de nos résultats.	Wir sind mit unseren Ergebnissen zufrieden.

Die Verstärkung des Possessivadjektivs (le renforcement de l'adjectif possessif) 61

Zur Verstärkung des Possessivadjektivs verfügt das Französische über folgende Möglichkeiten:

1. Dem Possessivadjektiv wird das Adjektiv *propre(s)* 'eigen' nachgestellt:

Sa propre fille l'a trahi!	Seine eigene Tochter hat ihn verraten!
Je l'ai vu de mes propres yeux.	Ich habe es mit meinen eigenen Augen gesehen.
Tu devrais t'occuper de tes propres affaires!	Du solltest dich um deine eigenen Angelegenheiten kümmern!

Wendungen:

agir de son propre chef	auf eigene Faust handeln
faire qc de sa propre initiative	etw. aus eigenem Antrieb machen
voler de ses propres ailes	auf eigenen Füßen stehen
faire qc de ses propres mains	etw. mit eigenen Händen machen

Merke: Ich habe es am eigenen Leib erfahren. – *Je suis payé pour le savoir.*

2. Auf das Substantiv folgt *à* + unverbundenes Personalpronomen:

C'est ta faute à toi!	Das ist **dein** Fehler!
C'est ma vie à moi!	Das ist **mein** Leben!
C'est son affaire à lui!	Das ist **seine** Sache!

Merke: *Elle a son style bien à elle.* – Sie hat ihren ganz eigenen Stil.

Unterschiedlicher Gebrauch des Possessivadjektivs im Französischen und im Deutschen

62 Possessivadjektiv im Französischen, aber nicht im Deutschen

Im Gegensatz zum Deutschen wird im Französischen das Possessivadjektiv gebraucht

1. in Verbindung mit Kleidungsstücken:

Retrousse tes manches!	Kremple die Ärmel hoch!
Rentre ta chemise dans ton pantalon!	Steck das Hemd in die Hose!
Il avait oublié de fermer sa braguette.	Er hatte vergessen, den Hosenschlitz zuzumachen.
Enlève ta veste!	Zieh die Jacke aus!

Anmerkung: Auch in übertragener Bedeutung wird das Possessivadjektiv gebraucht: *En maths, il les mettrait tous dans sa poche.* – In Mathe steckt er (sie) alle in die Tasche. *Je l'ai payé de ma poche.* – Ich habe es aus eigener Tasche bezahlt.
Aber: *se remplir les poches* in seine eigene Tasche arbeiten/sich die Taschen füllen.

2. in folgenden Ausdrücken und Wendungen:

briller par son absence	durch Abwesenheit glänzen
faire ses adieux à qn	von jdm. Abschied nehmen
faire son âge	so alt sein, wie man aussieht
Il fête aujourd'hui ses cinquante ans.	Er wird heute 50 (Jahre alt).
faire son apparition	in Erscheinung treten
faire son apprentissage chez Renault	bei Renault eine Lehre machen
préparer son bac	sich auf das Abi vorbereiten
laisser pousser sa barbe/se laisser pousser la barbe	sich einen Bart wachsen lassen
Il est mon cadet/aîné de deux ans.	Er ist zwei Jahre jünger/älter als ich.
donner/laisser sa chance à qn	jdm. eine Chance geben
en avoir sa claque	die Schnauze voll haben
faire sa première communion	zur ersten Heiligen Kommunion gehen
faire ses dents	Zähne bekommen
manger avec ses doigts	mit den Fingern essen
faire son droit	Jura studieren
prendre son élan	Anlauf nehmen
comme le phénix renaissant de ses cendres	wie ein Phönix aus der Asche

faire son enfer sur terre	die Hölle auf Erden haben
chasser/tromper son ennui	sich die Langeweile vertreiben
faire son entrée	Einzug halten
trouver son épilogue	ein Nachspiel haben
dire son fait à qn	jdm. ordentlich Bescheid sagen
toucher à sa fin	zu Ende gehen
être sur ses gardes	auf der Hut sein
de nos jours	heutzutage
faire claquer sa langue	mit der Zunge schnalzen
A vos marques! prêts! partez!	Auf die Plätze, fertig, los!
faire sa médecine	Medizin studieren
chercher ses mots	nach Worten suchen
mourir de sa belle mort	eines natürlichen Todes sterben
Le train est parti devant mon nez.	Der Zug ist mir vor der Nase weggefahren.
appeler les choses par leur nom	die Dinge beim Namen nennen
retomber sur ses pieds	wieder auf die Füße fallen
La fête battait son plein.	Das Fest war in vollem Gange.
sucer son pouce	am Daumen lutschen
arriver/[fam.] *débarquer de sa province*	aus der Provinz kommen
prendre sa retraite	in den Ruhestand treten/sich pensionieren lassen
prendre sa revanche	Revanche nehmen
donner son sang	Blut spenden
retenir son souffle	die Luft anhalten
pendre sa source	entspringen [Fluss]
prendre sa température	Fieber messen
être de/aller avec son temps	mit der Zeit gehen
prendre son temps	sich Zeit nehmen
être dans son droit	im Recht sein
être dans son tort	im Unrecht sein
attendre son tour	warten, bis man an der Reihe ist/drankommt
dire ses quatre vérités à qn	jdm. die Meinung sagen

Unterscheide: *rendre sa visite à qn* jds. Besuch erwidern – *rendre visite à qn* jdn. besuchen/jdm. einen Besuch abstatten

Merke: *faire ses études à Paris* in Paris studieren – *faire des études de chimie* Chemie studieren

3. in Verbindung mit militärischen Titeln:

Oui, mon capitaine/ commandant/général!	Jawohl, Herr Hauptmann/ Major/General!

63 Possessivadjektiv im Deutschen, aber nicht im Französischen

Im Gegensatz zum Deutschen wird im Französischen in folgenden Ausdrücken kein Possessivadjektiv verwendet:

seine Meinung ändern	*changer d'avis*
mit seinen Kräften/Nerven am Ende sein	*être à bout de forces/nerfs*
Alles hat seine Grenzen.	*Il y a des limites à tout.*
seine Koffer packen [fig.]	*plier bagage*
sein Glück machen/(ver)suchen	*faire/chercher fortune*
sein Leben verlieren	*perdre la vie*
Sie haben ihr Bestes gegeben.	*Ils ont donné le meilleur d'eux-mêmes.*
sein/ihr Gutes haben	*avoir du bon*

Merke: seine Anstrengungen verdoppeln *redoubler d'efforts/ses efforts*

64 Alternativkonstruktion zum Possessivadjektiv

In Verbindung mit Körperteilen kann sich das Französische einer Konstruktion, die aus *avoir* + bestimmter Artikel + Adjektiv/Relativsatz besteht, bedienen:

J'ai la gorge enflammée.	Mein Hals ist entzündet.
Tu avais les yeux plus grands que le ventre.	Deine Augen waren größer als dein Magen.
J'ai la tête qui tourne.	Mein Kopf dreht sich.
Ella a le nez qui coule.	Ihre Nase läuft.

65 Einschränkungen im Gebrauch der Possessivadjektive

Im Gegensatz zum Deutschen können Possessivadjektive im Französischen

1. nicht mit Demonstrativadjektiven verbunden werden. Der bekannte Ausdruck 'in diesem unserem Lande' ist daher durch *dans ce pays qui est le nôtre* wiederzugeben.

2. sich nicht mit einem weiteren Possessivadjektiv verbinden. Bei der Übersetzung des deutschen Satzes 'Meine und seine Frau verstehen sich gut' muss das zweite Possessivadjektiv durch ein Possessivpronomen ersetzt werden: *Ma femme et la sienne s'entendent bien.*

Merke: Das ist unser aller Problem/das Problem von uns allen. – *C'est notre problème à tous.*

Die Wiederholung des Possessivadjektivs (la répétition de l'adjectif possessif) 66

Das Possessivadjektiv wird im Allgemeinen wiederholt,

1. wenn es mit unterschiedlichen Besitzobjekten verbunden ist:

J'ai vendu mes disques et mes livres.	Ich habe meine Schallplatten und (meine) Bücher verkauft.
Cette proposition a ses avantages et ses inconvénients.	Dieser Vorschlag hat seine Vor- und Nachteile.

Anmerkung: Das Possessivadjektiv wird nicht wiederholt, wenn
1. aufeinander folgende Substantive begrifflich eng zusammengehören, wie z.B. *mes frères et sœurs* meine Geschwister, *à nos propres risques et périls* auf unsere eigene Gefahr;
2. es ein und dieselbe Person bezeichnet, wie z.B. *mon collègue et ami* mein Kollege und Freund.

2. wenn einem Substantiv zwei mit *et* verbundene Adjektive vorausgehen, die einen Gegensatz bilden:

Cette affaire a ses bons et ses mauvais côtés.	Diese Angelegenheit hat ihre guten und (ihre) schlechten Seiten.
Où sont mes chaussures noires et mes chaussures bleu foncé?	Wo sind meine schwarzen und meine dunkelblauen Schuhe?

Zur Verwendung des Pronominaladverbs *en* in der Funktion eines Possessivadjektivs vgl. § 134.4.

Die Formen der Possessivpronomen (les formes des pronoms possessifs) 67

Bedeutung	Numerus			
	Singular		Plural	
	maskulin	feminin	maskulin	feminin
meine(r)	*le mien*	*la mienne*	*les miens*	*les miennes*
deine(r)	*le tien*	*la tienne*	*les tiens*	*les tiennes*
seine(r)/ihre(r)	*le sien*	*la sienne*	*les siens*	*les siennes*
unsere(r)	*le nôtre*	*la nôtre*	*les nôtres*	
eure(r)/Ihre(r)	*le vôtre*	*la vôtre*	*les vôtres*	
ihre(r)	*le leur*	*la leur*	*les leurs*	

68 Der Gebrauch der Possessivpronomen
(l'emploi des pronoms possessifs)

Das Possessivpronomen vertritt ein vorher erwähntes Substantiv, wobei ihm stets der bestimmte Artikel vorausgeht:

C'est ton stylo? – Oui, c'est le mien.	Ist das dein Füller? – Ja, das ist meiner.
Est-ce que c'est ma faute? – Non, c'est la mienne.	Ist es mein Fehler? – Nein, es ist meiner.
Est-ce que ce sont vos affaires? – Oui, ce sont les nôtres.	Sind das eure Sachen? – Ja, das sind unsere.
Son salaire est égal au mien.	Sein Gehalt ist genauso hoch wie meines.
Il (M. Laternau) a demandé qu'on lui bande les yeux avec un mouchoir et quand il a vu nos mouchoirs, il a préféré prendre le sien. (Sempé/Goscinny)	Er bat, man solle ihm die Augen mit einem Taschentuch verbinden, und als er unsere Taschentücher sah, nahm er lieber seines.

Anmerkung: Wenn klar ist, was gemeint ist, braucht nicht auf ein vorangehendes Substantiv Bezug genommen zu werden: *Je ne demande que le mien.* – Ich verlange nur, was mir zusteht.

Ausdrücke und Wendungen mit dem Possessivpronomen:

y mettre du sien	seinen Teil dazu beitragen
Il a encore fait des siennes.	Er hat sich wieder etwas geleistet. [iron.]
les miens	meine Angehörigen
A la tienne/vôtre!	Auf dein/Ihr/Euer Wohl!
A chacun le sien.	Jedem das Seine.
En voilà bien des tiennes!	Das sieht dir ähnlich!
faire sienne l'opinion de qn	sich jds. Meinung zu eigen machen

Kapitel 6 Die Indefinita (Les indéfinis)

Die grammatischen Eigenschaften der Indefinita 69

Indefinita können entweder adjektivisch oder pronominal gebraucht werden. Indefinitadjektive (adjectifs indéfinis) begleiten das Substantiv, während Indefinitpronomen (pronoms indéfinis) das Substantiv bzw. eine Nominalgruppe ersetzen. Einige Indefinita können nur adjektivisch verwendet werden, andere nur pronominal. Im Allgemeinen bezeichnen Indefinita bestimmte oder unbestimmte Mengen. Viele deutsche Indefinita, wie z.B. 'viel', 'wenig', 'genug', 'zu viel' werden im Französischen durch sog. *adverbes de quantité* (vgl. § 310) ausgedrückt:

1. Adjektivischer Gebrauch:

Tous les invités sont arrivés.	Alle Gäste sind angekommen.
Le monde sera sauvé par quelques hommes.	Die Welt wird von einigen Menschen gerettet werden.

2. Pronominaler Gebrauch:

Tous sont arrivés.	Alle sind angekommen.
Le monde sera sauvé par quelques-uns.	Die Welt wird von einigen gerettet werden.

Die Formen der Indefinita (les formes des indéfinis) 70

1. Sowohl adjektivisch als auch pronominal werden gebraucht:

Bedeutung	Singular		Plural	
	maskulin	feminin	maskulin	feminin
jede(r,s)/ alle(s)/jegliche(r,s)	*tout*	*toute*	*tous*	*toutes*
ein(e) gewisse(r,s)/ einige/manche	*certain*	*certaine*	*certains*	*certaines*
ein(e) solche(r,s)/ solche	*tel*	*telle*	*tels*	*telles*
kein(e,r)	*aucun*	*aucune*	-	
kein(e,r)	*nul*	*nulle*	-	
kein(e) einzige(r,s)	*pas un*	*pas une*	-	
so manche(r,s)	*plus d'un*	*plus d'une*		
andere(r,s)	*autre*		*autres*	
der-/die-/dasselbe/ dieselben	*même*		*mêmes*	
mehrere	-		*plusieurs*	

2. Nur adjektivisch werden verwendet:

Bedeutung	Singular		Plural	
	maskulin	feminin	maskulin	feminin
irgendein(e,r)/ irgendwelche	*n'importe quel*	*n'importe quelle*	*n'importe quels*	*n'importe quelles*
irgendein(e)/einige	*quelque*		*quelques*	
verschiedene	-		*différents*	*différentes*
verschiedene	-		*divers*	*diverses*
manche	-		*maints*	*maintes*
jede(r,s)	*chaque*		-	
ein(e) beliebige(r,s)	*quelconque*		-	

3. Nur pronominal werden gebraucht:

Bedeutung	Singular		Plural	
	maskulin	feminin	maskulin	feminin
jemand/einige	*quelqu'un*	*quelqu'une*	*quelques-uns*	*quelques-unes*
irgendeine(r)	*n'importe lequel*	*n'importe laquelle*	*n'importe lesquels*	*n'importe lesquelles*
jede(r)	*chacun*	*chacune*	-	
jeder(mann)	*tout le monde*		-	
etwas	*quelque chose*		-	
nichts	*rien*		-	
niemand	*personne*		-	
wer auch immer	*quiconque*		-	
jeder beliebige	*n'importe qui*		-	
irgendetwas	*n'importe quoi*		-	
man	*on*		-	
ein anderer	*autrui*		-	

Anmerkung: Die Form *quelqu'une* wird im Singular sehr selten gebraucht.

Der Gebrauch der Indefinita

71 *tout*

1. Adjektivischer Gebrauch:

1.1. *tout* + Substantiv im Singular 'jeder':

Tout homme doit mourir.	Jeder Mensch muss sterben.
Il faut éviter tout risque.	Man muss jedes Risiko vermeiden.

Wendungen mit *tout/toute* + Substantiv:

Pour tout bagage, il avait ...	Sein ganzes Gepäck bestand nur aus ...
en tout cas	auf jeden Fall
de tout cœur	von ganzem Herzen
être tout éloge	voll des Lobes sein
de toute évidence	ganz offensichtlich
selon toute probabilité	aller Wahrscheinlichkeit nach
de toute façon	jedenfalls
en toute liberté	völlig frei
à tout moment	in jedem Augenblick
à tout prix	um jeden Preis/unbedingt
somme toute	alles in allem/summa summarum
de tout temps	seit jeher/schon immer
être tout yeux, tout oreilles	ganz Auge, ganz Ohr sein

1.2. *tout* + bestimmter Artikel/Demonstrativadjektiv/Possessivadjektiv + Substantiv im Singular 'ganz':

J'ai lu tout le roman.	Ich habe den ganzen Roman gelesen.
Toute la ville fut détruite par le tremblement de terre.	Die ganze Stadt wurde von dem Erdbeben zerstört.
Tout ce problème ne m'intéresse pas.	Dieses ganze Problem interessiert mich nicht.
Le chancelier a mis tout son poids dans la balance.	Der Kanzler hat sein ganzes Gewicht in die Waagschale geworfen.
Ce comportement mérite toute notre admiration.	Dieses Verhalten verdient unsere ganze Bewunderung.
Mon fils a gaspillé toute sa fortune.	Mein Sohn hat sein ganzes Vermögen vergeudet.

Merke: die ganze Stadt *la ville tout entière* (verstärkt), ein ganzer Fehler *une faute entière*, fast das ganze Erdöl *presque tout le pétrole/la quasi-totalité du pétrole*, Ich habe den ganzen Camus gelesen. *J'ai lu tout Camus,* ganz Paris *tout Paris.*

Anmerkung: Auf *tout(e)* kann auch der unbestimmte Artikel im Singular folgen. Vorwiegend in Verbindung mit Zeitbegriffen hat *tout un/toute une* die Bedeutung 'ein(e) ganze(e)': *toute une nuit* eine ganze Nacht (lang), *pendant tout un temps* eine ganze Zeitlang. Darüber hinaus verbindet sich *tout un/toute une* mit Substantiven wie *histoire, problème, affaire*: *C'est toute une histoire.* – Das ist eine lange Geschichte. *C'est tout un problème.* – Das ist ein schwieriges Problem. Ansonsten kann dt. 'ein(e) ganze(r,s)' im Französischen auch mit dem Adjektiv *entier* wiedergegeben werden: ein ganzes Volk *tout un peuple/un peuple entier,* eine ganze Stadt *toute une ville/une ville entière.* Im Plural lauten diese Ausdrücke nur: *des peuples entiers* ganze Völker, *des villes entières* ganze Städte.

1.3. *tous/toutes* + bestimmter Artikel/Demonstrativadjektiv/Possessivadjektiv + Substantiv im Plural 'alle':

Tous les élèves sont passés dans la classe supérieure.	Alle Schüler sind versetzt worden.
Toutes les fautes ont été corrigées.	Alle Fehler sind korrigiert worden.
Tous mes amis sont partis en vacances.	Alle meine Freunde sind verreist.
J'ai réglé toutes les factures.	Ich habe alle Rechnungen bezahlt.
As-tu déjà lu tous ces livres?	Hast du schon alle diese Bücher gelesen?

Anmerkung: Die Verbindung 'alle beide' wird gewöhnlich durch *tous les deux* oder seltener durch *tous deux* wiedergegeben (gewöhnlich nur bis *quatre*).

Merke: *Toutes mes félicitations!* – Herzlichen Glückwunsch!
dans/selon (toutes) les règles de l'art – nach allen Regeln der Kunst
tombés des nues – (wie) aus allen Wolken fallen
une fois pour toutes – ein für alle Mal

Wendungen mit *tous/toutes* + Substantiv:

une enquête tous azimuts [tuzazimyt]	eine umfassende Untersuchung
de tous (les) côtés	von/nach allen Seiten
toutes sortes de questions	allerlei Fragen
à tous égards	in jeder Hinsicht
des meubles tout budjet	Möbel für jeden Geldbeutel
Pour tous renseignements: écrire à l'Office du tourisme.	Für alle weiteren Auskünfte schreiben Sie an den Verkehrsverein.
Tous droits réservés.	Alle Rechte vorbehalten.
écrire en toutes lettres	ausschreiben [Zahlen]
une histoire inventée de toutes pièces	eine von A bis Z erfundene Geschichte
être assuré tous risques	vollkaskoversichert sein
courir à toutes jambes	die Beine unter den Arm nehmen
rouler tous feux éteints	ohne Licht fahren
à tous moments	ständig/andauernd

2. Pronominaler Gebrauch:

2.1. *tout* 'alles':

Tout doit être tenté pour le sauver.	Alles muss versucht werden, um ihn zu retten.
Il sait tout.	Er weiß alles.
Il faut économiser sur tout.	Man muss an allem sparen.
On s'habitue à tout.	Man gewöhnt sich an alles.
Ils se plaignent de tout.	Sie beschweren sich über alles.

Anmerkung 1: Ist *tout* direktes Objekt, so kann es vor oder [seltener] nach einem Infinitiv oder Partizip Perfekt stehen: *Il veut tout faire./Il veut faire tout.* – Er will alles machen. *J'ai tout vu./J'ai vu tout.* – Ich habe alles gesehen.

Anmerkung 2: Dt. 'alles' + substantiviertes Adjektiv wird durch *tout ce* + Relativsatz wiedergegeben: alles Interessante *tout ce qui est intéressant/tout ce qu'il y a d'intéressant.*

Anmerkung 3: Dt. 'nicht alles' in Subjektfunktion wird durch *Tout* + verneintes Verb ausgedrückt: Nicht alles ist verloren. – *Tout n'est pas perdu.* Es ist nicht alles Gold, was glänzt. – *Tout ce qui brille n'est pas (d')or.*

Anmerkung 4: Ein Ausdruck wie 'Das sind alles Lügen' wird durch *Ce sont tous* [tus] *mensonges* (ohne *des*!) wiedergegeben.

Unterscheide: *Je mange tout.* – Ich esse alles (was ich auf dem Teller habe). – *Je mange de tout.* – Ich esse alles (was auf den Tisch kommt).

Die Wiedergabe von Wendungen mit dt. 'alles':

Alles auf die Tanzfläche!	*Tout le monde en piste!*
Alles Gute!	*Bonne chance!*
Er lässt sich alles gefallen.	*Il se laisse toujours faire.*
Alles zu seiner Zeit.	*Chaque chose en son temps.*
Da hört sich doch alles auf!	*C'est trop/un peu fort!*
nicht um alles in der Welt	*pour rien au monde*
alles auf eine Karte setzen	*risquer le tout pour le tout*

2.2. *tous* [tus]/*toutes* [tut] 'alle':

Tous sont venus.	Alle sind gekommen.
Tous ne sont pas venus.	Nicht alle sind gekommen.
J'ai parlé avec tous.	Ich habe mit allen gesprochen.
Ils sont tous venus.	Sie sind alle gekommen.
Ils ont tous été reçus à l'examen.	Sie haben alle die Prüfung bestanden.
Elles sont toutes mariées.	Sie sind alle verheiratet.

Anmerkung 1: Erscheint *tous/toutes* als direktes Objekt, so geht dem Verb *les* voraus: *Je les invite tous.* – Ich lade (sie) alle ein. *Je les connais tous.* – Ich kenne (sie) alle.

Anmerkung 2: Auf *tous/toutes* kann kein Relativpronomen unmittelbar folgen; zwischen beide muss im Französischen ein Demonstrativpronomen als Stützwort eingeschoben werden: Alle, die sich für diese Lösung ausgesprochen haben, ... – *Tous ceux qui se sont prononcés en faveur de cette solution, ...* Alle, die mit einem Deutschen verheiratet sind, ... – *Toutes celles qui sont mariées avec un Allemand, ...* Aber: *C'est nous tous qui avons voulu aller à Marseille.* – Wir alle haben nach Marseille fahren wollen.

Zum adverbialen Gebrauch von *tout* vgl. § 308.2.

72 *tout le monde*

Tout le monde parle du trou d'ozone.	Jeder spricht/Alle sprechen vom Ozonloch.
Tout le monde peut se tromper.	Jeder kann sich (mal) täuschen.
Ce n'est pas du goût de tout le monde.	Das ist nicht nach jedermanns Geschmack.
Bonne nuit, tout le monde!	Gute Nacht zusammen!
Ça peut arriver à tout le monde.	Das kann jedem passieren.

Aber: die ganze Welt *le monde entier*

Merke: *M. et Mme Tout-le-Monde* Herr und Frau Jedermann

73 *chaque*

Chaque membre de la famille joue d'un instrument.	Jedes Familienmitglied spielt ein Instrument.
J'ai compris chaque mot.	Ich habe jedes Wort verstanden.
Chaque fois, c'est la même chose.	Jedes Mal ist es das Gleiche.
Chaque élève apprend deux langues.	Jeder Schüler lernt zwei Sprachen.

Anmerkung 1: Die Verbindung 'jeder zweite/dritte etc.' + Substantiv wird mit *un* + Substantiv *sur deux/trois* etc. wiedergegeben: *Un jeune sur cinq en France est au chômage.* – Jeder fünfte Jugendliche ist in Frankreich arbeitslos.

Anmerkung 2: Familiär ist der Gebrauch von *chaque* anstelle von *chacun(e)* in distributiver Bedeutung: *Ces roses coûtent 1 euro chaque.* – Diese Rosen kosten 1 Euro das Stück.

Unterscheide: *chaque voiture* jedes (einzelne) Auto – *n'importe quelle voiture* jedes (beliebige) Auto

74 *chacun*

Chacun vit dans son cocon, sans se soucier de l'autre.	Jeder lebt zurückgezogen für sich, ohne sich um den anderen zu kümmern.
Chacun a ses défauts.	Jeder hat seine Fehler.
Chacune des dames a reçu un bouquet de fleurs.	Jede der Damen bekam einen Blumenstrauß.
Nous avons offert un cadeau à chacune d'elles/d'entre elles.	Wir haben jeder von ihnen etwas geschenkt.
Remettez ces livres chacun à sa place/à leur place.	Stellt jedes der Bücher an seinen Platz zurück!
A chacun son dû.	Jedem das Seine.

Anmerkung: Auf *chacun* kann kein Relativpronomen folgen. 'Jeder, der ...' wird mit *toute personne qui/tous ceux qui/quiconque* wiedergegeben. Nicht: **Chacun qui ...*

1. Im Singular 'irgendein/ein gewisser/einig…:'

J'ai lu cela dans quelque livre.	Ich habe das in irgendeinem Buch gelesen.
Peut-être quelque jour te rendras-tu compte que j'avais raison.	Vielleicht wirst du eines Tages merken, dass ich Recht hatte.
Nous sommes arrivés avec quelque retard.	Wir sind mit einiger Verspätung angekommen.
Depuis quelque temps, ma femme est très nerveuse.	Seit einiger Zeit ist meine Frau sehr nervös.
Il nous a raconté cette histoire non sans quelque ironie.	Er hat uns diese Geschichte nicht ohne eine gewisse Ironie erzählt.
J'ai quelque peine à produire les documents nécessaires.	Ich habe einige Mühe, die notwendigen Dokumente beizubringen.

Anmerkung: Die Verwendung von *quelque* im Singular ist literarisch außer in Verbindung mit *temps*.

Wendungen mit *quelque*:

Je dois aller quelque part.	Ich muss mal irgendwohin gehen.
Je l'ai vue quelque part.	Ich habe sie irgendwo gesehen.
en quelque sorte	gewissermaßen

2. Im Plural 'einige':

Nous avons invité quelques amis.	Wir haben einige Freunde eingeladen.
Nous avons fait connaissance il y a quelques années.	Wir haben uns vor einigen Jahren kennen gelernt.
Quelques collègues se sont prononcés contre cette proposition.	Einige Kollegen haben sich gegen diesen Vorschlag ausgesprochen.
Je désire quelques renseignements.	Ich möchte einige Auskünfte.
Le professeur a trouvé quelques fautes.	Der Lehrer hat einige Fehler gefunden.

Anmerkung 1: Geht *quelques* der bestimmte Artikel *les* oder das Demonstrativadjektiv *ces* voraus, so entspricht es dem dt. 'wenige': *les/ces quelques exceptions* die/diese wenigen Ausnahmen. Aber: *les quelque 10 exceptions* die etwa zehn Ausnahmen.

Anmerkung 2: Nachgestellt *et quelques* entspricht dt. 'etwas über': *Ce livre coûte vingt euros et quelques.* – Dieses Buch kostet etwas über 20 Euro. Zur Wiedergabe von dt. 'ungefähr' vgl. ferner § 104.

76 *quelqu'un*

1. Im Singular 'jemand':

Il y a quelqu'un qui demande à te parler.	Da ist jemand, der dich sprechen möchte.
Quelqu'un a glissé sur une peau de banane.	Jemand ist auf einer Bananenschale ausgerutscht.
Je connais quelqu'un qui le sait.	Ich kenne jemand, der es weiß.

Anmerkung: Ein substantiviertes Adjektiv oder das Indefinitpronomen *autre* wird mit der Präposition *de* an *quelqu'un* angeschlossen: *Je vais m'adresser à quelqu'un d'autre.* – Ich werde mich an jemand anderen wenden.

Merke: *Il se croit quelqu'un.* – Er hält sich für etwas Besonderes.

2. Im Plural 'einige':

J'en connais quelques-unes qui sont très intelligentes.	Ich kenne einige (Frauen), die sehr intelligent sind.
Quelques-uns de mes amis sont mariés avec des Françaises.	Einige meiner Freunde sind mit Französinnen verheiratet.

77 *quelque chose*

Quelque chose m'agace.	Etwas regt mich auf.
As-tu acheté quelque chose?	Hast du etwas gekauft?
Tu crois que ça va changer quelque chose?	Glaubst du, dass das (irgend)etwas ändern wird?
Avez-vous besoin de quelque chose?	Brauchen Sie etwas?
Y a-t-il quelque chose qui ne va pas?	Stimmt etwas nicht?

Anmerkung 1: Ein auf *quelque chose* folgendes substantiviertes Adjektiv wird mit *de* angeschlossen: *quelque chose de nouveau* etwas Neues. Dies gilt auch für die Adverbien *bien* und *mal*: *quelque chose de bien/mal* etwas Gutes/Schlechtes. Häufig tritt jedoch für *quelque chose de* + Adjektiv eine Nominalgruppe ein: Es ist etwas Schönes, mehrere Sprachen zu können. – *C'est une belle chose (que) de savoir plusieurs langues.* Ich möchte Ihrem Vortrag etwas Wichtiges hinzufügen. – *Je voudrais ajouter un détail important à votre communication.*

Anmerkung 2: Infinitive werden mit *à* angeschlossen: *quelque chose à manger* etwas zu essen/zum Essen.

Anmerkung 3: Der Ausdruck 'etwas ... nicht' wird mit *il y a quelque chose* + verneinter Relativsatz wiedergegeben: Etwas verstehe ich nicht. – *Il y a quelque chose que je ne comprends pas.* Etwas funktioniert nicht. – *Il y a quelque chose qui ne va pas.*

Anmerkung 4: Dt. 'etwas' + Substantiv/Adjektiv/Partizip wird durch *un peu* ausgedrückt: etwas Schinken *un peu de jambon;* etwas ungeschickt *un peu maladroit.* Ich spreche etwas Italienisch. – *Je parle un peu l'italien.* Die Lage hat sich etwas geändert. – *La situation a changé un peu.* Ich bin etwas müde. – *Je suis un peu fatigué.* Diese etwas demagogische Rede ... – *Ce propos un peu démagogique ...*

Anmerkung 5: In verneinten Sätzen wird dt. 'etwas' durch *rien* ausgedrückt: Mein Onkel gibt mir niemals etwas. – *Mon oncle ne me donne jamais rien.* Er ist hinausgegangen, ohne etwas zu kaufen. – *Il est sorti sans rien acheter.* Aber: Er geht niemals hinaus, ohne etwas zu kaufen. – *Il ne sort jamais sans acheter quelque chose.* (Der Sinn ist positiv: Er kauft immer etwas.)

Anmerkung 6: In Fragesätzen, bei denen eine verneinte Antwort erwartet wird, wird dt. 'etwas' durch *rien* wiedergegeben: Gibt es etwas Aufregenderes als eine schöne Frau? – *Y a-t-il rien de plus excitant qu'une jolie femme?*

Anmerkung 7: Dt. 'etwas anderes' wird durch *autre chose* ausgedrückt: Das ist etwas anderes. – *C'est autre chose.* Dein Freund hat mir etwas anderes erzählt. – *Ton ami m'a raconté autre chose.* Warum spielt ihr nicht etwas anderes? – *Pourquoi ne jouez-vous pas à autre chose?* [Spiel]

Die Wiedergabe von Wendungen mit dt. 'etwas':

An der Sache ist etwas faul.	*Il y a du louche dans cette affaire.*
Mein Sohn hat an allem etwas auszusetzen.	*Mon fils trouve à redire à tout.*
Seine Frau hat etwas mit dem Gärtner.	*Sa femme a des rapports avec le jardinier.*
Diese junge Frau hat das gewisse Etwas.	*Cette jeune femme a ce je ne sais quoi/*[pop.] *a du chien.*
Der hält sich schon für etwas Besonderes.	*Il se prend pour quelqu'un.*
Das ist immerhin etwas!	*C'est déjà quelque chose./C'est autant de gagné.*
Hast du etwas zum Schreiben?	*Tu as de quoi écrire?*
Wer hat Ihnen so etwas gesagt?	*Qui vous a dit une chose pareille?*

Merke: aus der Geschichte lernen *apprendre quelque chose de l'histoire*

plusieurs 78

1. Adjektivischer Gebrauch:

J'ai plusieurs fers au chaud.	Ich habe mehrere Eisen im Feuer.
Ce mot a plusieurs sens.	Dieses Wort hat mehrere Bedeutungen.
Il y a plusieurs possibilités.	Es gibt mehrere Möglichkeiten.
Plusieurs ouvriers ont été licenciés.	Mehrere Arbeiter wurden entlassen.

Anmerkung: *Plusieurs* hat im Maskulinum und Femininum nur eine Form!

Merke: *à plusieurs reprises* mehrmals; *Cet écrivain est plusieurs fois millionnaire.* – Dieser Schriftsteller ist mehrfacher Millionär.

2. Pronominaler Gebrauch:

Plusieurs de mes amis sont étrangers.	Mehrere meiner Freunde sind Ausländer.
Plusieurs d'entre eux sont Italiens.	Mehrere von Ihnen sind Italiener.
Plusieurs sont déjà partis en vacances.	Mehrere sind schon in Urlaub gefahren.
Tu iras tout seul? – Non, nous serons plusieurs.	Wirst du ganz allein hingehen? – Nein, wir werden mehrere sein.
A plusieurs, c'est plus amusant.	Zu mehreren ist es amüsanter.

79 *différents*

J'ai différents achats à faire.	Ich habe verschiedene/mehrere Einkäufe zu tätigen.
Charles a refusé pour différentes raisons.	Charles hat aus verschiedenen Gründen abgelehnt.
Dès le commencement de la conférence, différents auditeurs ont protesté: on n'entendait rien.	Gleich zu Beginn des Vortrags haben mehrere Zuhörer protestiert: Man höre nichts.

80 *divers*

Je l'ai rencontré en diverses occasions.	Ich bin ihm bei verschiedenen Gelegenheiten begegnet.
Elle a divers livres sur l'histoire de la mode.	Sie hat verschiedene Bücher über die Geschichte der Mode.

Merke: *faits divers* Vermischte Nachrichten/Lokales

81 *maints*

Der Gebrauch des Pronomens *maints/maintes* ist veraltet. Als Indefinitadjektiv kommt es vorwiegend in festen Wendungen im Plural vor:

à maintes reprises	mehrmals
maintes fois	oftmals
à maints égards	in mancher Hinsicht

Anmerkung: In literarischen Texten wird *maint(e)* selten im Singular verwendet.

plus d'un 82

Plus d'un aurait abandonné.	So mancher hätte aufgegeben.
Ce comportement en inquiète plus d'un.	Dieses Verhalten beunruhigt so manchen.
C'est fou ce que plus d'une dépense pour la mode.	Es ist verrückt, was so manche für die Mode ausgibt.
Plus d'un employé aurait claqué la porte dans de telles conditions.	So mancher Angestellte hätte unter diesen Bedingungen die Tür zugeschlagen.

certain 83

1. Adjektivischer Gebrauch:

1.1. Im Singular mit unbestimmtem Artikel 'ein gewisser':

Elle a un certain charme.	Sie hat einen gewissen Reiz.
Un certain Dupont vous demande au téléphone.	Ein gewisser Dupont ist am Telefon/will Sie sprechen.
Les enfants ont besoin d'une certaine indépendance.	Kinder brauchen eine gewisse Unabhängigkeit.
un certain sourire.	ein gewisses Lächeln
Dans un certain sens, vous avez raison.	In einem gewissen Sinn haben Sie Recht.

Unterscheide: *une femme d'un certain âge* eine Frau mittleren Alters – *une femme d'un âge certain* eine Frau in fortgeschrittenem Alter [Wortspiel]

Zur Nachstellung vgl. § 169.

1.2. Im Plural 'gewisse/einige/manche':

Certaines personnes estiment que …	Manche Leute sind der Ansicht, dass …
Certains professeurs ne se trompent jamais.	Manche Lehrer irren sich nie.

2. Pronominaler Gebrauch:

Certaines de mes collègues fument cigarette sur cigarette.	Manche meiner Kolleginnen rauchen eine Zigarette nach der andern.
Certains l'aiment chaud.	Manche mögen's heiß.
Certains estiment que …	Manche meinen, dass …

84 *tel*

1. Adjektivischer Gebrauch: Im Singular geht *tel/telle* meist der unbestimmte Artikel voraus; im Plural steht *de,* die Reduktionsform des unbestimmten Artikels:

Je n'accepterais jamais une telle condition.	Ich würde nie eine solche Bedingung annehmen.
Je ne m'attendais pas à une telle réaction de sa part.	Ich war auf eine solche Reaktion von ihm nicht gefasst.
As-tu jamais vu un tel imbécile?	Hast du jemals einen solchen Dummkopf gesehen?
De tels élèves sont très rares.	Solche Schüler sind sehr selten.
De telles occasions ne se présentent pas tous les jours.	Solche Gelegenheiten bieten sich nicht alle Tage.
Ici il y a un tel désordre.	Hier herrscht eine solche Unordnung.

Anmerkung 1: Bezieht sich *tel* auf eine bestimmte, aber nicht näher bezeichnete Sache, so wird es ohne Artikel gebraucht: *Je lui dois telle somme.* – Ich schulde ihm eine bestimmte Summe. *Jacques nous avait dit qu'il viendrait nous voir tel ou tel jour.* – Jacques hatte uns gesagt, dass er uns an dem und dem Tag besuchen wolle.

Anmerkung 2: Vor einer Aufzählung hat *tel que* die Bedeutung von *comme par exemple*: *les langues romanes, telles que le français, l'italien, l'espagnol, etc.* ... die romanischen Sprachen, wie z.B. das Französische, Italienische, Spanische usw.

Anmerkung 3: *Tel que* dient auch zum Anschluss eines Vergleichssatzes: *le français tel qu'on le parle* Französisch, so wie man es spricht, *la société telle qu'elle est* die Gesellschaft, so wie sie ist.

Anmerkung 4: *Tel que* kann auch einen Konsekutivsatz einleiten: *La situation était telle que nous avions peur de mourir.* – Die Lage war so, dass wir Angst hatten zu sterben.

Anmerkung 5: In literarischer Sprache kann *tel (que)* einen Vergleich ohne Verb ausdrücken; es entspricht in diesem Fall der Vergleichspartikel *comme.* Dabei kann sich *tel* nach dem ersten oder dem zweiten Glied des Vergleichs richten: *Il vivait tel/telle (qu')une bête sauvage.* – Er lebte wie ein wildes Tier.

2. Als Pronomen kommt *tel* nur in literarischer Sprache und in einigen festen Wendungen und Sprichwörtern vor:

Monsieur Untel	Herr Soundso
Madame Unetelle	Frau Soundso
comme tel	als solcher/in dieser Eigenschaft
Tel père, tel fils.	Wie der Vater, so der Sohn.
Tel maître, tel valet.	Wie der Herr, so's Gescherr.

Tel est pris qui croyait prendre.	Wer andern eine Grube gräbt, fällt selbst hinein.
Tel qui rit vendredi, dimanche pleurera.	Man soll den Tag nicht vor dem Abend loben.

quelconque 85

Das Indefinitadjektiv *quelconque* wird in der Regel nachgestellt. Es kommt meist nur im Singular vor:

N'achetez pas une grammaire quelconque.	Kaufen Sie nicht irgendeine Grammatik.
Elle refusera sous un prétexte quelconque.	Sie wird unter irgendeinem Vorwand ablehnen.

Anmerkung 1: In seltenen Fällen findet sich auch Voranstellung: *Une quelconque suspension des visites officielles serait fatale.* – Eine wie auch immer geartete Einstellung der offiziellen Besuche wäre verhängnisvoll.

Anmerkung 2: *Quelconque* kann auch als pejoratives Adjektiv gebraucht werden: *C'est une personne tout à fait quelconque.* – Das ist eine ganz und gar gewöhnliche Person.

quiconque 86

Das Indefinitpronomen *quiconque* wird hauptsächlich in literarischer und juristisch-administrativer Sprache verwendet und erscheint besonders in Objektfunktion:

Vous pouvez demander à quiconque.	Sie können irgendjemand fragen.
Jean peut se mesurer avec quiconque.	Jean kann sich mit jedem messen/kann es mit jedem aufnehmen.

Zu *quiconque* in der Funktion eines Relativpronomens vgl. § 144 Anm. 3.

n'importe quel 87

Tu peux t'adresser en toute confiance à n'importe quel professeur.	Du kannst dich vertrauensvoll an jeden (beliebigen) Lehrer wenden.
On fera l'excursion par n'importe quel temps.	Wir machen den Ausflug bei jedem Wetter.
Lisez n'importe quelle histoire de la littérature française.	Lesen Sie irgendeine französische Literaturgeschichte.

88 *n'importe lequel/qui/quoi*

Ecoute, j'achète lequel de ces trois portables? – Prends n'importe lequel. Ils sont bons tous les trois.	Hör mal, welches von den drei Handys soll ich kaufen? – Nimm irgendeins. Sie sind alle drei gut.
N'importe qui peut y participer.	Jeder kann daran teilnehmen.
Nous ne pouvons pas prendre n'importe qui.	Wir können nicht jeden (beliebigen) nehmen.
Tu peux demander à n'importe qui.	Du kannst jeden fragen.
Fais n'importe quoi.	Mach irgendetwas!

Anmerkung: An *n'importe* können sich auch die Frageadverbien *où/quand/ comment* anschließen: *n'importe où* irgendwo(hin), *n'importe quand* irgendwann, *n'importe comment* irgendwie.

Merke: *faire qc n'importe comment* etw. schlampig machen

89 *aucun*

1. Adjektivischer Gebrauch:

Aucun problème.	Kein Problem.
Aucune proposition n'a été acceptée.	Kein einziger Vorschlag wurde angenommen.
Les jeunes qui n'ont aucune qualification, aucune formation courent vers la marginalisation.	Jugendliche, die keine Qualifikation, keine Ausbildung haben, steuern auf eine Existenz am Rande der Gesellschaft zu.

Anmerkung 1: In gehobenem Stil kann *aucun* nach dem Substantiv stehen: *Durant toute l'année 1992, M. Boris Eltsine a pu diriger par décrets, sans contrôle aucun.* – Das ganze Jahr 1992 über konnte Boris Jelzin mit Dekreten regieren, ohne irgendeine Kontrolle.

Anmerkung 2: Folgt *aucun* auf einen Komparativ, so entspricht es dem dt. 'sonst irgendein': *Tu me l'as mieux expliqué qu'aucun autre professeur.* – Du hast es mir besser als sonst irgendein Lehrer erklärt.

Unterscheide: *sans doute* wahrscheinlich – *sans aucun doute* ohne (jeden) Zweifel

2. Pronominaler Gebrauch:

Aucun d'eux ne le saura.	Keiner von ihnen wird es wissen.
J'ai consulté plusieurs dictionnaires; aucun ne donne la traduction du mot allemand 'Raucherbein'.	Ich habe in mehreren Wörterbüchern nachgeschlagen; keines enthält das deutsche Wort 'Raucherbein'.

nul 90

1. Adjektivischer Gebrauch:

Je n'en ai nulle envie.	Ich habe überhaupt keine Lust darauf.
sans nul doute	ohne jeden Zweifel
sans nulle exception	ohne jede Ausnahme

Anmerkung 1: *Nul* wirkt nachdrücklicher als *aucun*.

Anmerkung 2: *Nul* kann auch als qualifizierendes Adjektiv verwendet werden: *Auxerre et Bordeaux ont fait match nul.* – Auxerre und Bordeaux haben unentschieden gespielt. *Je considère cette déclaration comme nulle et non avenue.* – Ich betrachte diese Erklärung für null und nichtig. *Cet élève est absolument nul en maths.* – Dieser Schüler ist in Mathe eine absolute Null.

2. Pronominaler Gebrauch:

Nul n'est prophète en son pays.	Der Prophet gilt nichts in seinem Vaterland.
Nulle de nous/d'entre nous n'en sait rien.	Keine von uns weiß etwas davon.
Jusqu'ici, nul n'est revenu de l'au-delà.	Bis jetzt ist noch keiner aus dem Jenseits zurückgekehrt.

pas un 91

1. Adjektivischer Gebrauch:

Pas un professeur ne s'était aperçu de son absence.	Kein einziger Lehrer hatte seine Abwesenheit bemerkt.
Marc n'a pas un vice.	Marc hat kein einziges Laster.

Anmerkung 1: *Pas un(e)* kann durch *seul(e)* verstärkt werden: *Charles n'a pas un seul ami.* – Charles hat keinen einzigen Freund.

Anmerkung 2: In den zusammengesetzten Zeiten steht *pas* vor dem Partizip: *Dans les cinq derniers match(e)s, il n'a pas marqué un seul but.* – In den letzten fünf Spielen hat er kein einziges Tor erzielt.

2. Pronominaler Gebrauch:

Pas un de nous n'avait zéro faute.	Nicht einer von uns hatte null Fehler.
Je ne connais pas une de ses collègues.	Ich kenne keine einzige seiner/ihrer Kolleginnen.

92 *personne*

Personne ne dit rien.	Niemand sagt(e) etwas.
Nous ne connaissons personne.	Wir kennen niemanden.
Je n'ai besoin de personne.	Ich brauche niemanden.

Anmerkung 1: *Personne* steht immer nach dem Partizip und nach dem Infinitiv: *Nous n'avons rencontré personne.* – Wir sind niemandem begegnet. *Je ne veux voir personne.* – Ich will niemanden sehen.

Anmerkung 2: In folgenden Fällen entspricht *personne* dt. 'jemand':

1. nach folgenden Konjunktionen:
avant de/avant que: *Il faut être sûr avant d'accuser personne/quelqu'un.* – Man muss sicher sein, bevor man jemanden anklagt. *Je vais le dire à ma femme moi-même avant que personne/quelqu'un d'autre (ne) le lui dise.* – Ich werde es selbst meiner Frau sagen, bevor es ihr jemand anderes sagt.
2. *pour que*: *Ce politicien est trop intelligent pour que personne/quelqu'un puisse le confondre.* – Dieser Politiker ist zu intelligent, als dass ihn jemand überführen könnte.
3. *sans/sans que*: *sans voir personne* ohne jemand zu sehen, *sans que personne le sache* ohne dass es jemand weiß;
4. nach einem verneinten Hauptsatz: *Je ne crois pas que personne/quelqu'un le comprenne.* – Ich glaube nicht, dass ihn jemand versteht.
5. nach *douter*: *Je doute que personne/quelqu'un réussisse à le convaincre.* – Ich bezweifle, dass es jemandem gelingt, ihn zu überzeugen.
6. in Fragesätzen, bei denen eine verneinte Antwort erwartet wird: *Y a-t-il personne de si désintéressé?* – Gibt es jemanden, der so uneigennützig ist?
7. nach einem Komparativ: *Je le connais mieux que personne.* – Ich kenne ihn besser als sonst jemand.

Anmerkung 3: Ein substantiviertes Adjektiv oder das Indefinitum *autre* werden mit der Präposition *de* an *personne* angeschlossen: *personne de si courageux* niemand, der so mutig ist/wäre; *personne d'autre* niemand anderes.

93 *rien*

Il n'y avait rien à faire.	Es war nichts zu machen.
On ne voit rien du fond.	Man sieht nichts von hinten.
Je n'ai rien à voir là-dedans.	Ich habe damit nichts zu tun.
Rien ne va plus.	Nichts geht mehr.
Rien ne vaut la cuisine française.	Nichts geht über die französische Küche.

Anmerkung 1: *Rien* steht vor dem Partizip oder vor dem Infinitiv: *Il ne faut rien exagérer.* – Man darf nichts übertreiben. *Je n'ai rien vu.* – Ich habe nichts gesehen. Folgt auf *rien* eine Ergänzung, so ist auch die Nachstellung möglich, jedoch selten: *Je n'ai rien vu d'intéressant./Je n'ai vu rien d'intéressant.*

Anmerkung 2: Ein auf *rien* folgendes substantiviertes Adjektiv wird mit *de* angeschlossen: *rien de nouveau* nichts Neues, *rien d'autre* nichts anderes.

Anmerkung 3: Infinitive werden mit *à* angeschlossen: *Je n'ai rien à perdre.* – Ich habe nichts zu verlieren. *Je n'ai rien à me mettre.* – Ich habe nichts zum Anziehen.

Anmerkung 4: In folgenden Fällen entspricht *rien* dt. 'etwas':

1. nach folgenden Konjunktionen:
avant de/avant que: *avant qu'elle s'aperçoive de rien/quelque chose* bevor sie etwas merkt;
trop .. pour/trop … pour que: *Il est trop sûr de lui pour que rien/quelque chose puisse le troubler.* – Er ist zu selbstsicher, als dass ihn etwas aus der Ruhe bringen könnte.
sans/sans que: *sans rien voir* ohne etwas zu sehen;
2. nach einem verneinten Hauptsatz: *Je ne crois pas que rien/quelque chose puisse le faire changer d'avis.* – Ich glaube nicht, dass ihn etwas umstimmen könnte.
3. nach *douter*: *Je doute qu'il puisse rien changer/changer quelque chose à cette affaire.* – Ich bezweifle, dass er an dieser Sache irgendetwas ändern kann.
4. wenn der Satz schon eine Verneinung enthält: *Il ne me donne jamais rien.* – Er gibt mir niemals etwas.
5. in Fragesätzen, bei denen eine verneinte Antwort erwartet wird. *Y a-t-il rien de plus beau?* – Gibt es etwas Schöneres?
6. nach einem Komparativ: *Ça me plaît plus que rien.* Das gefällt mir besser als sonst etwas.

Anmerkung 5: Das Substantiv 'das Nichts' wird mit *le néant* wiedergegeben: Gott schuf die Welt aus dem Nichts. – *Dieu a créé le monde à partir du néant.*

Wendungen mit *rien*:

rien que pour ça	allein schon deshalb
Merci beaucoup. – De rien.	Vielen Dank. – Bitte./Nichts zu danken.
Il n'y a rien de tel qu'un bon roman.	Nichts geht über einen guten Roman.
se fâcher pour un rien	sich über jede Kleinigkeit aufregen
Rien que le weekend du 17 juillet, dix personnes ont été tuées.	Allein am Wochenende des 17. Juli kamen zehn Personen ums Leben.
en un rien	im Nu
mine de rien	mit Unschuldsmiene
comme si de rien n'était	als ob nichts gewesen wäre

Die Wiedergabe von Wendungen mit dt. 'nichts':

Wir haben nichts unversucht gelassen, um ...	*Nous avons essayé tous les moyens/ Nous avons tout fait/essayé pour ...*
Da gibt es nichts zu lachen.	*Il n'y pas de quoi rire.*
Ich habe nichts zu beißen.	*Je n'ai pas de quoi me mettre sous la dent.*
Von nichts kommt nichts.	*Pas de fumée sans feu.*
Essen Sie nichts Fettes!	*Evitez les matières grasses.*
Davon habe ich nichts!	*Ça me fait une belle jambe!*
Aus seinem Projekt ist nichts geworden.	*Son projet a fini en queue de poisson.*
Dafür kann ich nichts.	*Ce n'est pas ma faute.*
Es wird nichts daraus.	*Cela ne se fera pas.*
Ich lasse mir nichts gefallen.	*Je ne me laisse pas faire.*
Mach dir nichts draus!	*Ne t'en fais pas!*
Die Fotos sind nichts geworden.	*Les photos ne sont pas réussis.*

94 *autre*

1. Adjektivischer Gebrauch:

L'autre pull est beaucoup plus joli.	Der andere Pulli ist viel hübscher.
Où est passé l'autre volume?	Wo ist der andere Band hingekommen?
Les autres maisons sont déjà vendues.	Die anderen Häuser sind schon verkauft.
C'est une autre question.	Das ist eine andere Frage.
Mes autres amies sont déjà toutes mariées.	Meine anderen Freundinnen sind schon alle verheiratet.
Est-ce que tu me donnes ces autres timbres?	Gibst du mir diese anderen Briefmarken?
Certains autres auteurs ne sont pas de cet avis.	Einige andere Autoren sind nicht dieser Meinung.

Anmerkung 1: Die Ausdrücke *un autre/d'autres* können auch im Sinne von 'noch ein/weitere' verwendet werden: *Tu prends un autre verre de rouge?* – Trinkst du noch ein Glas Rotwein? *Pouvez-vous me montrer d'autres dictionnaires?* – Können Sie mir weitere/noch andere Wörterbücher zeigen?

Anmerkung 2: *Autres* kann auf *nous* oder *vous* folgen; es dient zur Hervorhebung oder zum Ausdruck eines Gegensatzes: *Nous autres Allemands ..., vous autres Français.* – Wir Deutsche ..., ihr Franzosen.

Merke: *Elle a beaucoup changé; c'est une tout autre femme/c'est une femme tout autre.* – Sie hat sich sehr verändert; sie ist eine ganz andere Frau.

Wendungen mit *autre*:

d'une façon ou d'une autre	irgendwie
d'un moment à l'autre	jeden Augenblick
C'est autre chose.	Das ist etwas anderes.
d'une part ... d'autre part .../d'un côté ..., de l'autre (côté)	einerseits ..., andererseits
L'une et l'autre solution est acceptable.	Beide Lösungen sind annehmbar.
de l'un et l'autre côté de la montagne	auf beiden Seiten des Berges

Merke: Sie ist in anderen Umständen. – *Elle est dans un état intéressant.*
ein anderes Hemd anziehen – *changer de chemise*
sich auf andere Gedanken bringen – *se changer les idées*

Unterscheide: *l'autre jour* neulich – *un autre jour* an einem anderen Tag/ein andermal

2. Pronominaler Gebrauch:

Où sont les autres?	Wo sind die anderen?
Tu n'as pas vu les autres?	Hast du die anderen nicht gesehen?
Un train peut en cacher un autre.	Ein Zug kann einen anderen verdecken./[fig.] Der erste Eindruck kann täuschen.
Les uns se sont prononcés pour, les autres contre.	Die einen haben sich dafür, die anderen dagegen ausgesprochen.
D'autres te diront que ...	Andere werden dir sagen, dass ...
Je ne connais ni l'un ni l'autre.	Ich kenne weder den einen noch den anderen.

Anmerkung 1: Vor *d'autres* kann kein *de* stehen: *Nous avons parlé d'autres.* – Wir haben über andere gesprochen.

Anmerkung 2: Reziproke Verwendung liegt vor in den Ausdrücken *l'un* (+ Präp.) *l'autre* 'einander/gegenseitig': *Il faut s'aider l'un l'autre.* – Man muss sich gegenseitig helfen. *Nous nous sommes éloignés l'un de l'autre.* – Wir haben uns einander entfremdet. *Ils sont sortis l'un après l'autre.* – Sie sind nacheinander hinausgegangen. *Jean et Anne se sont écrit l'un à l'autre.* – Jean und Anne haben einander geschrieben.

Merke: die anderen fünf *les cinq autres*; Ich interessiere mich für sehr viel anderes. – *Je m'intéresse à bien d'autres choses.*

Wendungen:

A d'autres!	Das kannst du anderen weismachen!
de temps à autre	von Zeit zu Zeit
entre autres	unter anderem

95 *autrui*

Autrui ist unveränderlich und kommt meistens in Verbindung mit einer Präposition vor. Es wird nur selten gebraucht.

pour le compte d'autrui	auf fremde Rechnung
Ne fais pas à autrui ce que tu ne voudrais pas qu'on le fît à toi-même.	Was du nicht willst, dass man dir tu', das füg auch keinem andern zu!

96 *on*

Dans ce restaurant, on mange très bien.	In diesem Restaurant isst man sehr gut.
Comment dit-on ça en français?	Wie heißt das auf Französisch?
En Allemagne, on boit beaucoup de bière.	In Deutschland trinkt man viel Bier/ wird viel Bier getrunken.

Anmerkung 1: *On* steht oft umgangssprachlich anstelle von *nous*: *Qu'est-ce qu'on fait?* – Was wollen wir machen? *Et si on allait à la discothèque*? – Wie wär's, wenn wir in die Diskothek gingen?

Anmerkung 2: In einigen Ausdrücken wird *on* durch das dt. unpersönliche 'es' wiedergegeben: *On sonne.* – Es läutet. *On frappe.* – Es klopft.

Anmerkung 3: Anstelle von *on* erscheint im geschriebenen Französisch nach *que, si, et, ou* und *où* gelegentlich die Form *l'on,* vorausgesetzt, das folgende Wort beginnt nicht mit *l*: *que l'on se rappelle* man erinnere sich. Aber nicht: **si l'on le lui explique* wenn man es ihm erklärt.

97 *même*

1. Adjektivischer Gebrauch:

C'est la même chose.	Das ist das Gleiche.
Je loge toujours dans le même hôtel.	Ich wohne immer in demselben/im gleichen Hotel.
Tu fais toujours les mêmes fautes.	Du machst immer die gleichen Fehler.
Jacques et Lucien sont du même âge.	Jacques und Lucien sind gleichaltrig.
C'est la première fois que nous sommes du même avis.	Das ist das erste Mal, dass wir derselben Meinung sind.
Ils dorment à cinq dans une même chambre.	Sie schlafen zu fünft in ein und demselben Zimmer.

Anmerkung 1: Nachgestelltes *même* hat die Bedeutung 'selbst/in Person': *Son père est la bonté même.* – Sein Vater ist die Güte selbst/in Person.

Anmerkung 2: Dt. 'der/die/dasselbe ... wie' und 'der/die/das gleiche ... wie' werden mit *le/la même ... que* wiedergegeben: *C'est affreux! Ma voisine porte la même robe que moi.* – Wie schrecklich! Meine Nachbarin trägt das gleiche Kleid wie ich.

Anmerkung 3: Das Indefinitadjektiv *même* verbindet sich mit den betonten Personalpronomen *moi, toi, soi, lui, elle, nous, vous, eux, elles* zur Hervorhebung der Person und richtet sich nach ihnen im Numerus: *Elle-même me l'a confié.* – Sie selbst hat es mir anvertraut. *Ils ne pensent qu'à eux-mêmes.* – Sie denken nur an sich.

2. Pronominaler Gebrauch:

Vous êtes tous [tus] *les mêmes.*	Ihr seid (doch) alle gleich.
Cela revient au même.	Das läuft auf dasselbe hinaus.

Anmerkung: Als Adverb gebraucht, bedeutet *même* 'sogar': *Elle a même pleuré.* – Sie hat sogar geweint.

Kapitel 7 Die Zahlwörter (Les numéraux)

Man unterscheidet Grundzahlen (numéraux cardinaux), Ordnungszahlen (numéraux ordinaux), Vervielfältigungszahlen (mots multiplicatifs), Bruchzahlen (nombres fractionnaires), Distributivzahlen (expressions distributives) und Kollektivzahlen (nombres collectifs).

98 Die Grundzahlen (les numéraux cardinaux)

0	*zéro* [zeʀo]	41	*quarante et un/une*
1	*un/une* [ɛ̃/yn]	50	*cinquante* [sɛ̃kɑ̃t]
2	*deux* [dø]	51	*cinquante et un/une*
3	*trois* [tʀwa]	60	*soixante* [swasɑ̃t]
4	*quatre* [katʀ(ə)]	61	*soixante et un/une*
5	*cinq* [sɛ̃k]	70	*soixante-dix* [swasɑ̃tdis]
6	*six* [sis]	71	*soixante et onze*
7	*sept* [sɛt]	72	*soixante-douze*
8	*huit* [ɥit]	77	*soixante-dix-sept*
9	*neuf* [nœf]	80	*quatre-vingts* [katʀəvɛ̃]
10	*dix* [dis]	81	*quatre-vingt-un/une*
11	*onze* [õz]	85	*quatre-vingt-cinq*
12	*douze* [duz]	90	*quatre-vingt-dix*
13	*treize* [tʀɛz]	91	*quatre-vingt-onze*
14	*quatorze* [katɔʀz]	96	*quatre-vingt-seize*
15	*quinze* [kɛ̃z]	99	*quatre-vingt-dix-neuf*
16	*seize* [sɛz]	100	*cent* [sɑ̃]
17	*dix-sept* [disɛt]	101	*cent un/une* [sɑ̃ɛ̃/sɑ̃yn]
18	*dix-huit* [dizɥit]	105	*cent cinq*
19	*dix-neuf* [diznœf]	150	*cent cinquante*
20	*vingt* [vɛ̃]	200	*deux cents*
21	*vingt et un/une* [vɛ̃teɛ̃/yn]	1.000	*mille* [mil]
22	*vingt-deux* [vɛ̃tdø]	1.001	*mille un/une*
23	*vingt-trois*	1.600	*mille six cents*
24	*vingt-quatre*	1.736	*dix-sept cent trente-six/*
25	*vingt-cinq*		*mille sept cent trente-six*
26	*vingt-six*	2.000	*deux mille*
27	*vingt-sept*	2.030	*deux mille trente*
28	*vingt-huit*	48.721	*quarante-huit mille sept cent*
29	*vingt-neuf*		*vingt et un/une*
30	*trente* [tʀɑ̃t]	1.000.000	*un million* [ɛ̃miljõ]
31	*trente et un/une*	4.703.833	*quatre millions sept cent trois*
32	*trente-deux*		*mille huit cent trente-trois*
40	*quarante* [kaʀɑ̃t]	1.000.000.000	*un milliard* [ɛ̃miljaʀ]

Anmerkung 1: Man beachte folgende Besonderheiten in Bildung und Schreibung der Grundzahlen:

1. *un/une* wird von 20 bis 60 mit *et* an die Zehner angeschlossen;
2. *onze* wird an 60 mit *et* angeschlossen;
3. *quatre-vingts* und *deux cents, trois cents* etc. haben kein *-s,* wenn eine weitere Zahl folgt. Nach Art. 19 des Toleranzerlasses vom 28.12.1976 wird die Schreibweise mit *-s* (bei gleichzeitigem Weglassen des Bindestrichs) nicht mehr als Fehler gewertet;
4. *mille* ist unveränderlich;
5. *million* und *milliard* sind Substantive und haben deshalb im Plural ein *-s*;
6. Zwischen Zehnern und Einern, d.h. ab 17, steht ein Bindestrich, ebenso vor den auf *quatre-vingt* folgenden Zahlen (81-99). Nach Art. 19 und Art. 33 des Toleranzerlasses vom 28.12.1976 wird ein fehlender Bindestrich nicht mehr als Fehler gewertet.

Anmerkung 2: In der Französischen Schweiz und in Belgien verwendet man anstelle von *soixante-dix* und *quatre-vingt-dix* die Formen *septante* [sɛptɑ̃t] und *nonante*; außerdem gebraucht man in der Schweiz anstatt *quatre-vingts* die Form *huitante.*

Besonderheiten der Aussprache 99

1. *un*: vor vokalisch anlautendem Folgewort oder *h muet* wird *-n* gebunden, wobei die Nasalierung erhalten bleibt: *Je n'ai mangé qu'un œuf* [ɛ̃nœf]. – Ich habe nur ein Ei gegessen. Folgen auf *un* die Konjunktionen *et/ou* oder die Präposition *à*, so unterbleibt die Liaison: *un et un* [ɛ̃eɛ̃] *font deux* eins und eins ist zwei; *un ou deux* eins oder zwei; *de un à trois* von eins bis drei.

2. *deux*: vor vokalisch anlautendem Folgewort oder *h muet* wird *-x* als [z] gebunden: *deux‿enfants* [døzɑ̃fɑ̃].

3. *quatre*: die Endsilbe *-re* fällt im *français populaire* vor konsonantisch anlautendem Folgewort weg: [katmezɔ̃] vier Häuser. Außerdem wird in der Aussprache der Wendung *entre quatre yeux* 'unter vier Augen' gelegentlich ein hyperkorrektes [z] eingeschoben: [ɑ̃tʀəkatzjø].

4. *cinq*: nach der Norm verstummt das auslautende [-k] vor konsonantisch anlautendem Folgewort: *cinq verres* [sɛ̃vɛʀ]. In Datumsangaben mit konsonantisch anlautendem Monatsnamen wird es häufig gesprochen: *le cinq mars* [ləsɛ̃kmaʀs] am fünften März. Vor vokalisch anlautendem Folgewort oder *h muet* muss [-k] gesprochen werden: *cinq élèves* [sɛ̃kelɛv] fünf Schüler. Heutzutage gewinnt die Aussprache [sɛ̃k] in allen Fällen immer mehr an Boden, mit Ausnahme von *cinq minutes* [sɛ̃minyt] fünf Minuten und *cinq cents* [sɛ̃sɑ̃] fünfhundert.

5. *six*: vor konsonantisch anlautendem Folgewort wird [si] gesprochen: *six femmes* [sifam] sechs Frauen. Vor vokalisch anlautendem Folgewort oder *h muet* wird *-x* als [z] gebunden: *six‿écoles* [sizekɔl] sechs Schulen.

6. *huit*: vor konsonantisch anlautendem Folgewort wird [ɥi] gesprochen: *huit personnes* [ɥipɛʀsɔn] acht Personen. Vor vokalisch anlautendem Folgewort oder *h muet* wird das *t* gebunden: *huit enfants* [ɥitɑ̃fɑ̃] acht Kinder.

7. *neuf*: das auslautende *f* von *neuf* 'neun' wird nach der Norm nur in *neuf‿heures* [nœvœʀ] 'neun Uhr/Stunden' und *neuf‿ans* [nœvɑ̃] 'neun Jahre' als [v] gesprochen. Aber: *neuf hommes* [nœfɔm] neun Männer, *neuf enfants* [nœfɑ̃fɑ̃] neun Kinder.

8. *dix*: vor konsonantisch anlautendem Folgewort wird [di] gesprochen: *dix professeurs* [dipʀɔfɛsœʀ] zehn Lehrer. Vor vokalisch anlautendem Folgewort oder *h muet* wird *-x* als [z] gebunden: *dix‿arbres* [dizaʀbʀ(ə)] zehn Bäume.

9. *vingt*: Von *vingt-deux* bis *vingt-neuf* wird das *t* gesprochen [vɛ̃tdø] zweiundzwanzig.

100 Der Gebrauch der Grundzahlen (l'emploi des numéraux cardinaux)

Die Grundzahlen werden unter anderem gebraucht zur Bezeichnung

1. des Alters:

Quel âge as-tu? – J'ai vingt ans.	Wie alt bist du? – Ich bin zwanzig.
Mon frère s'est marié à trente ans.	Mein Bruder hat mit dreißig (Jahren) geheiratet.
Mardi prochain, j'aurai cinquante ans.	Nächsten Dienstag werde ich fünfzig.

Ausdrücke und Wendungen:

les plus/moins de 25 ans	die über/unter 25-Jährigen
les 13 à 25 ans	die 13-25-Jährigen
une gamine [fam.] *de quatorze ans*	ein vierzehnjähriges Mädchen
Mon frère a deux ans de plus que moi/est de deux ans plus vieux que moi/est mon aîné de deux ans.	Mein Bruder ist zwei Jahre älter als ich.
Ma sœur a un an de moins que moi/est d'un an plus jeune que moi/est ma cadette d'un an.	Meine Schwester ist ein Jahr jünger als ich.
Mon mari aura 50 ans en juin, mais il en paraît dix de moins.	Mein Mann wird im Juni fünfzig, aber er sieht zehn Jahre jünger aus.

J'ai passé la quarantaine.	Ich habe die Vierzig überschritten.
Notre chef va sur la soixantaine.	Unser Chef geht auf die Sechzig zu.

2. des Datums:

Je serai de retour le mardi 5 avril.	Ich werde (am) Dienstag, den 5. April, zurück sein.
les résultats du vendredi 6 août	die Ergebnisse vom Freitag, den/dem 6. August
Ma femme est née le 13-7-1950.	Meine Frau ist am 13.7.1950 geboren.
Les prochaines élections auront lieu les 15 et 16 octobre prochain.	Die nächsten Wahlen werden am 15. und 16. Oktober stattfinden.

Anmerkung 1: In der Presse entfällt im Allgemeinen der Artikel: *Le roi Baudouin Ier de Belgique a été inhumé samedi 7 août* [ohne Komma!] *dans la crypte royale de l'église Notre-Dame de Laeken.* – König Baudouin I. von Belgien wurde am Samstag, dem/den 7. August, in der königlichen Krypta der Kirche Notre-Dame von Laeken beigesetzt.

Anmerkung 2: In Briefen wird das Datum folgendermaßen angegeben: Limoges, *(le) 5 juin/Limoges, 05-6-2018* oder *05/6/2018.* Bezieht man sich auf zwei aufeinander folgende Tage, so kann man diese z. B. in folgender Weise angeben: *24/25-6-2018.* Aber: *Paris, le 1er mai*

Anmerkung 3: Im Unterschied zum Deutschen kann die Monatsangabe im Französischen nicht durch ein Zahlwort ausgedrückt werden. Ein Satz wie 'Ich bin am 2.5. geboren' lautet im Französischen: *Je suis né le deux mai.*

Ausdrücke und Wendungen:

Le combien sommes-nous aujourd'hui?/Quel jour du mois sommes-nous aujourd'hui?	Den wievielten haben wir heute?
Quel jour sommes-nous?	Welchen Tag haben wir heute?
A quelle date sommes-nous?/Quelle date avons-nous?	Welches Datum ist heute/haben wir heute?
Aujourd'hui, on est le 4 novembre.	Heute haben wir den 4. November.
d'ici huit jours	heute in acht Tagen
il y a quinze jours	vor vierzehn Tagen

3. der Jahresangabe:

Notre fils est né en 2003 (deux mille trois).	Unser Sohn ist 2003 geboren.
la mode des années vingt	die Mode der zwanziger Jahre
dans les années cinquante	in den fünfziger Jahren/Fünfzigern

Anmerkung 1: In literarischer Sprache wird statt *mille* auch die verkürzte Form *mil* verwendet.

Anmerkung 2: Bei in Klammern hinzugefügter Jahreszahl sowie in chronologischen Übersichten entfällt die Präposition *en*: *L'Etranger (1942)*; *1914, la guerre éclate.* – 1914: Der Krieg bricht aus.

Merke: *Voltaire (1694-1778)* gelesen: *Voltaire de 1694 à 1778*; *en 19...* gelesen: *en dix-neuf cents et quelques* neunzehnhundertsoundsoviel

4. der Uhrzeit:

A quelle heure?	Um wie viel Uhr?
à huit heures (du matin)	um acht Uhr (morgens)
à deux heures (de l'après-midi)	um zwei Uhr (nachmittags)
à sept heures (du soir)	um sieben Uhr (abends)
à neuf heures précises/[fam.] *pile*	Punkt neun Uhr
à cinq heures et demie	um halb sechs
Le train pour Marseille arrive à 23.05 heures (vingt-trois heures zéro cinq).	Der Zug nach Marseille kommt um 23.05 Uhr an.
avant/après vingt et une heures	vor/nach 21 Uhr
entre trois heures et huit heures	zwischen drei und acht Uhr
de six heures à neuf heures	von sechs bis neun Uhr
vers deux heures	gegen zwei Uhr
Quelle heure est-il?	Wie viel Uhr ist es?/Wie spät ist es?
Il est deux heures vingt.	Es ist zwanzig (Minuten) nach zwei.
Il est trois heures moins cinq.	Es ist fünf (Minuten) vor drei (Uhr).
Il est cinq heures et quart/cinq heures un quart.	Es ist Viertel nach fünf.
Il est midi et demi(e).	Es ist halb eins.
Il est une heure et demie.	Es ist halb zwei.
Il est six heures moins le/un quart.	Es ist (ein) Viertel vor sechs.
Il est trois heures moins vingt-cinq.	Es ist fünf nach halb drei.
Il est minuit.	Es ist Mitternacht.
Il est zéro heure.	Es ist Null Uhr.

Unterscheide: *après cinq heures* nach fünf Uhr – *au bout de cinq heures* nach fünf Stunden

5. der Angabe von Königen, Kaisern usw., die denselben Namen tragen:

Henri IV [Quatre]	Heinrich IV.
Napoléon III [Trois]	Napoleon III.
Jean XXIII [Vingt-trois]	Johannes XXIII.

Aber: *Napoléon I* [Premier] Napoleon I., *Charles Quint* Karl der Fünfte

Anmerkung: Zu beachten ist, dass in diesen Fällen römische Zahlen ohne Punkt verwendet werden. Außerdem steht zwischen Namen und Zahlwort kein Artikel: *Louis XIV* Ludwig der Vierzehnte.

6. in Ausdrücken und Wendungen:

repartir à zero	wieder von Null beginnen
J'ai eu zéro en maths.	Ich habe in Mathe eine Sechs bekommen.
en un mot	mit einem Wort
Une chose est sûre: ...	Eines ist sicher: ...
à la une	auf der ersten Seite [Zeitung]
sur la une	im ersten Programm [Fernsehen]
une deux, une deux ...	eins zwei, eins zwei ... [Kommando]
un jour sur deux/tous les deux jours	ein über den anderen Tag
C'est à deux pas d'ici.	Das ist ein Katzensprung von hier.
ne faire ni une ni deux	nicht lange fackeln
faire d'une pierre deux coups	zwei Fliegen mit einer Klappe schlagen
se ressembler comme deux gouttes d'eau	sich gleichen wie ein Ei dem anderen
un monsieur entre deux âges	ein älterer Herr
Deux précautions valent mieux qu'une.	Doppelt genäht hält besser.
Jamais deux sans trois.	Aller guten Dinge sind drei.
De deux choses l'une.	Eines von beiden.
trois fois rien	so gut wie gar nichts
un de ces quatre matins	über kurz oder lang
couper les cheveux en quatre	Haarspalterei treiben
dire ses quatre vérités à qn	jdm. seine Meinung sagen
se mettre en quatre	sich zerreißen/sein Möglichstes tun
marcher à quatre pattes	auf allen Vieren gehen
la semaine des quatre jeudis	der/am Sankt-Nimmerleins-Tag
être tiré à quatre épingles	wie aus dem Ei gepellt sein
en cinq sec	in Null Komma nichts
Il faut faire tourner sept fois sa langue dans sa bouche avant de parler.	Man muss sich jedes Wort zweimal überlegen, bevor man es ausspricht.
chercher midi à quatorze heures	Schwierigkeiten sehen, wo keine sind
24 heures sur 24 heures	rund um die Uhr
se mettre sur son trente et un	sich in Schale werfen
tous les trente-six du mois	so gut wie nie
voir trente-six chandelles	Sterne sehen [fig.]
faire les cent pas	auf und ab gehen
Il a mis dans le mille.	Er hat voll ins Schwarze getroffen.
gagner des mille et des cents	Tausende und Abertausende verdienen

Merke: Er hat sich um 180° gedreht/Er hat seine Meinung völlig geändert. – *Il a retourné sa veste.*

101 Die Verbindbarkeit der Grundzahlen

1. Den Grundzahlen können der bestimmte Artikel, das Demonstrativadjektiv oder das Possessivadjektiv vorausgehen:

les cinq sens	die fünf Sinne
ces trois fautes	diese drei Fehler
mes quatre sœurs	meine vier Schwestern

2. Verbinden sich die Grundzahlen mit *autre, prochain, premier, dernier,* so folgen diese im Gegensatz zum Deutschen den Grundzahlen:

mes deux autres frères	meine anderen beiden Brüder
dans les cinq prochaines semaines	in den nächsten fünf Wochen
nos trois premières grammaires	unsere ersten drei Grammatiken
les dix dernières pages	die letzten zehn Seiten

Anmerkung: Wenn die Grundzahl und das folgende Substantiv jedoch begrifflich eng zusammengehören, ist die Reihenfolge wie im Deutschen: *ces derniers quinze jours* in den letzten vierzehn Tagen, *les premiers mille euros que j'ai gagnés* die ersten tausend Euro, die ich verdient habe.

102 Die Wiedergabe von dt. 'beide(s)' im Französischen

1. Die übliche Wiedergabe von 'beide(s)' ist *les deux*:

Die beiden Kinder haben dasselbe gesagt.	*Les deux enfants ont dit la même chose.*
Sie haben sich auf beide Wangen geküsst.	*Ils se sont embrassés sur les deux joues.*
Jeder der beiden erhält einen Preis.	*Chacun des deux reçoit un prix.*
Keiner der beiden hat Recht.	*Aucun des deux n'a raison.*
Ich kann nicht beides zugleich machen.	*Je ne peux pas faire les deux à la fois.*
Es ist schwierig, beides unter einen Hut zu bringen.	*Il est difficile de concilier les deux choses.*

Anmerkung 1: Dt. 'meine beiden' bzw. 'diese beiden' wird durch *mes deux* bzw. *ces deux* wiedergegeben: *Mes deux frères travaillent chez Renault.* – Meine beiden Brüder arbeiten bei Renault. *Ces deux livres, je les ai déjà lus.* – Diese beiden Bücher habe ich schon gelesen.

Anmerkung 2: Wenn 'beide' ohne ein folgendes Substantiv gebraucht wird, steht im Französischen *tous/toutes les deux* oder *tous/toutes deux*: Beide haben Recht. – *Tous/Toutes (les) deux ont raison.*

2. Hebt man sowohl auf das eine als auch auf das andere Element ab, wird *l'un(e) et l'autre* verwendet.

Beide Türen waren abgeschlossen.	*L'une et l'autre porte étaient fermées à clé.*
Beide haben sich geirrt.	*L'un et l'autre se sont trompés.*

Anmerkung: In verneinten Sätzen wird *ni l'un ni l'autre* verwendet: Beide sind nicht gekommen. – *Ni l'un ni l'autre ne sont venus.*

Merke: mit beiden Beinen auf der Erde stehen *avoir les pieds sur terre*
eins beide [Fußballergebnis] *un partout*
dreißig beide [Punktestand beim Tennis] *trente à* (zu ergänzen: *trente)/trente partout*

Die Wiedergabe von dt. 'ein(e)' in Ausdrücken und Wendungen 103

1. In einigen Fällen bleibt, wie im Deutschen, das Beziehungswort unausgedrückt:

eine drehen (Zigarette)	*en rouler une*
sich eine (Ohrfeige) einfangen	*s'en ramasser une*

2. In vielen Fällen gebraucht das Französische eine Wendung mit einem Substantiv:

einen draufmachen	*faire la noce*
eine vernaschen	*s'envoyer une nana*
einen in der Krone haben	*en avoir un coup dans le nez*
gern einen heben	*lever le coude*
einen heben	*prendre un pot*
jdm. eine langen	*filer une baffe à qn*

Die Wiedergabe ungefährer Zahlenangaben im Französischen 104

ungefähr/circa dreißig Kilometer	*environ trente kilomètres*
etwa dreihundert Vereine	*quelque trois cents associations*
fast/nahezu hundert Verletzte	*près de cent blessés*
zwanzig Euro und ungerade/[fam.] ein paar Zerquetschte	*vingt euros et des poussières*
an die tausend Euro kosten	*coûter dans les mille euros*
rund 30.000 Euro kosten	*coûter 30.000 euros en chiffres ronds*
so gegen acht Uhr	*aux alentours de huit heures*
um den 20. September herum	*aux environs du 20 septembre*
etwas über eine Million	*un million et quelques*

105 **Die Ordnungszahlen** (les numéraux ordinaux)

1er	*le premier* [pʀəmje]	16^{e}	*le/la seizième*
1re	*la première* [pʀəmjɛʀ]	17^{e}	*le/la dix-septième*
2^{e}	*le/la deuxième* [døzjɛm]	18^{e}	*le/la dix-huitième*
2$^{nd(e)}$	*le second/la seconde* [-g-]	19^{e}	*le/la dix-neuvième*
3^{e}	*le/la troisième* [tʀwazjɛm]	20^{e}	*le/la vingtième*
4^{e}	*le/la quatrième*	21^{e}	*le/la vingt et unième*
5^{e}	*le/la cinquième*	22^{e}	*le/la vingt-deuxième*
6^{e}	*le/la sixième* [sizjɛm]	30^{e}	*le/la trentième*
7^{e}	*le/la septième* [sɛtjɛm]	40^{e}	*le/la quarantième*
8^{e}	*le/la huitième*	50^{e}	*le/la cinquantième*
9^{e}	*le/la neuvième*	60^{e}	*le/la soixantième*
10^{e}	*le/la dixième* [dizjɛm]	70^{e}	*le/la soixante-dixième*
11^{e}	*le/la onzième*	80^{e}	*le/la quatre-vingtième*
12^{e}	*le/la douzième*	90^{e}	*le/la quatre-vingt-dixième*
13^{e}	*le/la treizième*	100^{e}	*le/la centième*
14^{e}	*le/la quatorzième*	200^{e}	*le/la deux centième*
15^{e}	*le/la quinzième*	1.000^{e}	*le/la millième* [miljɛm]

Anmerkung 1: Korrekt ist auch die Schreibweise: *3e/3ème.*

Anmerkung 2: Vor einem vokalisch anlautenden Substantiv im Singular wird *premier* wie die feminine Form ausgesprochen: *le premier enfant* [ləpʀəmjɛʀɑ̃fɑ̃]. Aber: *les premiers enfants* [lepʀəmjezɑ̃fɑ̃] die ersten Kinder.

Anmerkung 3: Man beachte, dass sich *premier* und *second* nicht mit einer anderen Zahl verbinden lassen. Der 31., 41. usw. wird mit *le trente-et-unième, le quarante-et-unième*, der 32., 42. usw. mit *le trente-deuxième, le quarante-deuxième* wiedergegeben.

Anmerkung 4: Dt. ‘zweite(r)’ kann meist unterschiedslos durch *deuxième* oder *second* ausgedrückt werden. In einigen festen Verbindungen wird nur *second* gebraucht:
la Seconde Guerre mondiale der 2. Weltkrieg
le Second Empire das 2. Empire
de seconde main aus zweiter Hand
épouser qn en secondes noces jdn. in zweiter Ehe heiraten
Sois pour lui un second père. – Sei für ihn ein zweiter Vater!
Aber: *en deuxième mi-temps* in der 2. Halbzeit
J'habite au deuxième étage/au second. – Ich wohne im 2. Stock.

Anmerkung 5: Folgen zwei oder mehr Ordnungszahlen aufeinander, so muss im Französischen nur die letzte eine Ordnungszahl sein: die fünfte oder sechste Auflage *la cinq(ième) ou sixième édition.*

Merke: die dritte Welt – *le tiers monde/Tiers Monde* [lətjɛʀmɔ̃d], der Dritte Stand – *le tiers état* [lətjɛʀzeta], ein Dritter – *un tiers/une tierce personne*

Der Gebrauch der Ordnungszahlen (l'emploi des numéraux ordinaux) 106

Die Ordnungszahlen werden unter anderem gebraucht

1. zur Angabe des Jahrhunderts:

le dix-neuvième siècle	das neunzehnte Jahrhundert
au vingtième siècle	im zwanzigsten Jahrhundert
au XVIe et au XVIIe siècle(s)	im XVI. und im XVII. Jahrhundert

2. zur Angabe des ersten Tages eines Monats:

le premier mai	der erste Mai
le premier septembre	der erste September

Anmerkung: In den anderen Fällen wird die Grundzahl verwendet (vgl. § 100.2).

3. zur Angabe der wievielten Seite, des wievielten Kapitels, der wievielten Zeile usw.:

dans le second livre de l'Énéide	im zweiten Buch der Äneis
au début du troisième chapitre	zu Beginn des dritten Kapitels
Suite de la première page	Fortsetzung von Seite 1
à la cinquième page	auf der fünften Seite
à la sixième ligne	in der sechsten Zeile
dans la première scène du deuxième acte	in der ersten Szene des zweiten Akts

Anmerkung 1: In den oben genannten Fällen kann anstelle der Ordnungszahl auch die entsprechende Grundzahl stehen, wobei es im Einzelnen unterschiedliche Präferenzen gibt:
Lektion/Seite/Zeile eins *leçon/page/ligne/un*
erstes Kapitel/Kapitel eins *chapitre premier/chapitre un/chapitre I*
erster Akt *acte premier/acte un/acte I*
erste Szene *scène première/scène un*
in Zeile 31 *à la ligne trente et un/une*

Anmerkung 2: Zur Angabe der Reihenfolge können von den Ordnungszahlen Adverbien auf *-ment* gebildet werden: *premièrement* erstens, *deuxièmement* zweitens, *troisièmement* drittens, usw. An ihrer Stelle können in fachsprachlichen Texten *primo* (1°) erstens, *secundo* (2°) [səgõdo] zweitens, *tertio* (3°) [tɛʀsjo] drittens auftreten. In der gesprochenen Sprache werden jedoch *d'abord/ en premier lieu, ensuite/en second lieu* und *enfin/finalement/en dernier lieu* vorgezogen.

Merke: *avoir une résidence secondaire* einen zweiten Wohnsitz haben, *se qualifier avec le deuxième temps* sich mit der zweitbesten Zeit qualifizieren

Wendungen mit Ordnungszahlen:

le premier venu	der Erstbeste
au premier abord/de prime abord	auf den ersten Blick
du premier coup	auf Anhieb
au premier plan	im Vordergrund
de premier ordre	erstklassig
à première vue	auf den ersten Blick
une voiture de première main	ein Wagen aus erster Hand
la tête la première	kopfüber
poser la première pierre	den Grundstein legen
dans un premier temps	zuerst
en première mi-temps	in der ersten Halbzeit
pour la énième/nième fois	zum x-tenmal

Merke: Es war Liebe auf den ersten Blick. – *Ce fut le coup de foudre.*
vom Hundertsten zum Tausendsten kommen *passer du coq à l'âne*

Unterscheide: *la première matière* das erste (Unterrichts-)Fach – *la matière première* der Rohstoff

107 **Die Vervielfältigungszahlen** (les mots multiplicatifs)

les temps simples et les temps composés	die einfachen und die zusammengesetzten Zeiten
Mon frère gagne le double de ce que je gagne.	Mein Bruder verdient doppelt so viel wie ich.
Steffi Graf a fait cinq doubles fautes.	Steffi Graf hat fünf Doppelfehler gemacht.
La proportion est presque le double.	Die Prozentzahl ist fast doppelt so hoch.
Mes enfants ont la double nationalité.	Meine Kinder haben die doppelte Staatsangehörigkeit.
le triple saut	der Dreisprung

Anmerkung 1: Ab 'vierfach' werden die Vervielfältigungszahlen auf *-uple* gebildet: *quadruple* [k(w)adʀyplə] vierfach, *quintuple* fünffach, *sextuple* sechsfach usw. In der gesprochenen Sprache werden anstelle dieser Formen *quatre/cinq/six fois autant* vier-/fünf-/sechsmal so viel gebraucht.

Anmerkung 2: Für Mehrlingsgeburten gibt es die Ausdrücke: *triplé(e)s* Drillinge, *quadruplé(e)s* Vierlinge, *quintuplé(e)s* Fünflinge, *sextuplé(e)s* Sechslinge.

Aber: Zwillinge *jumeaux*

Unterscheide: *Je suis un jumeau.* Ich bin ein Zwilling [biol.]. – *Je suis gémeau.* Ich bin Zwilling [astrol.].

Anmerkung 3: Ein Mehrfaches kann auch mit Hilfe der Präfixoide *bi(s)-*, *tri-*, *quadri-* usw. ausgedrückt werden: *bisexuel* bisexuell, *bimensuel* zweimal im Monat/vierzehntägig erscheinend, *la binationalité* die doppelte Staatsangehörigkeit, *le bicentenaire* der zweihundertste Jahrestag, *la tripartition* die Dreiteilung, *le drapeau tricolore* die Trikolore, *50 pages en quadrichromie* 50 Seiten im Vierfarbendruck.

Merke: alles auf eine Karte setzen *jouer à quitte ou double*
Doppelverdiener sein *cumuler deux traitements*
Wir haben eine Doppelstunde Französisch. – *Nous avons deux heures de français.*
Sein Onkel ist dreifacher Millionär. – *Son oncle est trois fois millionnaire.*

Die Bruchzahlen (les nombres fractionnaires) 108

$\frac{1}{2}$	*un demi*	ein Halb	$1\frac{1}{2}$	*un et demi*	anderthalb
$\frac{1}{3}$	*un tiers* [tjɛʀ]	ein Drittel	$\frac{2}{3}$	*deux tiers*	zwei Drittel
$\frac{1}{4}$	*un quart* [kaʀ]	ein Viertel	$\frac{3}{4}$	*trois quarts*	drei Viertel
$\frac{1}{5}$	*un cinquième*	ein Fünftel	$2\frac{3}{7}$	*deux (et) trois septièmes*	zwei drei Siebtel
$\frac{1}{6}$	*un sixième*	ein Sechstel	$\frac{30}{100}$	*trente centièmes*	dreißig Hundertstel

Anmerkung: Folgt auf *demi* ein Substantiv, das mit ihm einen festen Begriff bildet, so wird *demi* nicht verändert und beide Elemente werden durch einen Bindestrich verbunden: *une demi-heure* eine halbe Stunde, *la demi-finale* das Halbfinale, *les demi-dieux* die Halbgötter. (Nach Art. 20 des Toleranzerlasses vom 28.12. 1976 kann *demi* in Genus und Numerus an das Substantiv angeglichen werden, wobei der Bindestrich entfällt: *une demie heure.*) Steht *demi* nach einem Substantiv, wird es angeglichen: *une heure et demie* anderthalb Stunden.

Merke: die halbe Klasse *la moitié de la classe,* ein Ganzes *un entier*, ein Vierteljahr *trois mois/un trimestre,* ein halbes Jahr *six mois,* ein Dreivierteljahr *neuf mois*

Ausdrücke und Wendungen:

Le pont a été détruit aux deux tiers par un incendie.	Die Brücke wurde zu zwei Dritteln durch einen Brand zerstört.
Je l'ai acheté à moitié prix.	Ich habe es zum halben Preis gekauft.
Le théâtre était aux trois quarts plein.	Das Theater war dreiviertel voll.

109 **Distributivausdrücke** (expressions distributives)

Ausdrücke und Wendungen:

entrer deux par deux	paarweise eintreten
se mettre trois par trois	sich zu dritt/dreien aufstellen
trois litres par tête/homme/[fam.] *tête de pipe*	drei Liter pro Kopf/Nase
le revenu par tête/habitant	das Pro-Kopf-Einkommen
trois euros le kilo	drei Euro pro Kilo
dix euros chacun(e)/[fam.] *chaque/(la) pièce*	zehn Euro pro/das Stück
toutes les cinq minutes	alle fünf Minuten
un Français sur trois	jeder dritte Franzose

110 **Die Kollektivzahlen** (les nombres collectifs)

une dizaine de livres	etwa zehn Bücher
une douzaine de personnes	ein Dutzend Leute/etwa zwölf Personen
une quinzaine	vierzehn Tage/zwei Wochen
une vingtaine de filles	etwa zwanzig Mädchen
une centaine d'élèves	etwa hundert Schüler
des dizaines de livres	-zig Bücher
des milliers de spectateurs	Tausende von Zuschauern
des dizaines de milliers de tonnes	Zehntausende von Tonnen
des centaines de milliers de morts	Hunderttausende von Toten
par centaines/milliers	zu Hunderten/Tausenden

Aber: *une douzaine d'œufs* ein Dutzend Eier

Merke: *une paire de chaussures* ein Paar Schuhe, *un couple d'amoureux* ein Liebespaar, *quelques jours* ein paar Tage

Anmerkung: Die Kollektivausdrücke auf *-génaire* bezeichnen das Lebensalter: *sexagénaire* sechzigjährig, *octogénaire* achtzigjährig.
Aber: *centenaire* hundertjährig

Weitere Kollektivbegriffe:

le duo/le trio	das Duo/das Trio
le quatuor [kwatɥɔʀ]	das Quartett
le quintette [k(ɥ)ɛ̃tɛt]	das Quintett
le sextuor/le sextette [Jazz]	das Sextett
une décennie	ein Zeitraum von zehn Jahren
une décade	ein Zeitraum von zehn Tagen

Die vier Grundrechnungsarten (les quatre opérations) 111

Deux et trois font cinq.	Zwei und/plus drei ist fünf.
Quinze moins sept font huit.	Fünfzehn weniger/minus sieben ist acht.
Trois fois quatre font douze.	Dreimal vier ist zwölf.
Vingt divisé par cinq font quatre.	Zwanzig durch fünf ist vier.
Je pose six et je retiens deux.	Ich schreibe sechs und behalte zwei.

3,15	gelesen:	*trois virgule quinze*
5^2	gelesen:	*cinq au carré*
6^3	gelesen:	*six puissance trois*
2,5%	gelesen:	*deux virgule cinq pour cent*

Maße und Gewichte (poids et mesures) 112

1 mm	*un millimètre*
1 cm	*un centimètre*
1 m	*un mètre*
1 km	*un kilomètre*
1 m^2	*un mètre carré*
2 m^2	*deux mètres carrés*
1 m^3	*un mètre cube*
4 m^3	*quatre mètres cubes*
1 g	*un gramme*
100 g	*cent grammes*
1 Pfd	*une livre*
1 kg	*un kilo(gramme)*
3 kg	*trois kilos/kilogrammes*
50 kg	*un demi-quintal/cinquante kilos*
100 kg	*un quintal*
1 t	*une tonne*
1°+/-	*un degré au-dessus de zéro/au-dessous de zéro*
5°+/-	*cinq degrés au-dessus de zéro/au-dessous de zéro*

Anmerkung: Substantive, die auf diese Angaben folgen, werden mit der Präposition *de* angeschlossen: *deux cents grammes de fromage* 200 g Käse.

Kapitel 8 **Die Interrogativa** (Les interrogatifs)

Zu den Interrogativa gehören die Interrogativadjektive (adjectifs interrogatifs), die Interrogativpronomen (pronoms interrogatifs) und die Frageadverbien (adverbes interrogatifs). Zur Wortstellung im Fragesatz vgl. § 354.

113 **Die Formen der Interrogativa** (les formes des interrogatifs)

1. Adjektivisch wird gebraucht:

Bedeutung	Singular		Plural	
	maskulin	feminin	maskulin	feminin
welche(r, s)	*quel*	*quelle*	*quels*	*quelles*

Anmerkung: Das Interrogativadjektiv *quel* richtet sich in Genus und Numerus nach dem Substantiv, zu dem es gehört: *quel livre?* welches Buch? *quelle voiture?* welches Auto? *quels volumes?* welche Bände? *quelles maisons?* welche Häuser? Die Aussprache lautet [kɛl]. Im Plural wird *-s* vor vokalisch anlautendem Folgewort gebunden: *quels‿objets?* [kɛlzɔbʒɛ] welche Objekte?, *quelles‿étudiantes?* [kɛlzetydjɑ̃t] welche Studentinnen?

2. Pronominal werden gebraucht:

Bedeutung	Singular		Plural	
	maskulin	feminin	maskulin	feminin
welche(r, s)	*lequel*	*laquelle*	*lesquels*	*lesquelles*
wer	*qui/qui est-ce qui*			
wen	*qui/qui est-ce que*			
was (Subj.)	*qu'est-ce qui*			
was (Obj.)	*que/qu'est-ce que*			
woran/worüber etc.	Präp. + *quoi/quoi est-ce que*			

Anmerkung: Geht *lequel* die Präposition *de* oder *à* voraus, so verschmelzen die Präpositionen und das Interrogativpronomen im Singular maskulin und im Plural zu den Formen *duquel, auquel, desquels, desquelles, auxquels*, *auxquelles* (vgl. § 30).

3. Adverbial werden gebraucht:

wie wo/wohin wann	*comment* *où* *quand*	warum wie viel(e)	*pourquoi* *combien*

Anmerkung: Diese Fragewörter können bis auf *combien* mit *ça* verstärkt werden: *comment ça*? wie denn? *où ça?* wo denn?

Der Gebrauch der Interrogativa (l'emploi des interrogatifs)

quel 114

Quel wird verwendet in Nominalgruppen, die als Subjekt oder Objekt fungieren, sowie in Präpositionalgruppen:

Quel joueur a gagné?	Welcher Spieler hat gewonnen?
Quelle actrice joue Carmen?	Welche Schauspielerin spielt die Carmen?
Quelle pointure chaussez-vous?	Welche Schuhgröße haben Sie?
Quelle taille faites-vous?	Welche Größe tragen Sie?
Quel rôle cette invention va-t-elle jouer dans l'avenir?	Welche Rolle wird diese Erfindung in der Zukunft spielen?
A quel parti appartient-il?	Welcher Partei gehört er an?
A quel chapitre vous référez-vous?	Auf welches Kapitel beziehen Sie sich?
De quelle couleur est ta jupe?	Was für eine Farbe hat dein Rock?
De quelle ville est-elle?	Aus welcher Stadt ist sie?
En quel siècle se déroule cette pièce?	In welchem Jahrhundert spielt dieses Stück?
Pour quelle raison l'auteur a-t-il écrit cet article?	Aus welchem Grund hat der Autor diesen Artikel geschrieben?
Sur quelle voie part le train?	Auf/Von welchem Gleis fährt der Zug ab?
Notre situation a empiré. – Dans quelle mesure?	Unsere Lage hat sich verschlechtert. – In wiefern?

Anmerkung: Eine nach *quel* in der gepflegten Sprache oft notwendige Inversion (vgl. § 354.1) wird im familiären Französisch oft umgangen. Man vergleiche: *Quel temps fait-il aujourd'hui?/Qu'est-ce qu'il fait comme temps aujourd'hui?* – Was für Wetter ist heute? *Quel parfum prenez-vous?/Qu'est-ce que vous prenez comme parfum?* – Welches/Was für ein Parfum nehmen Sie?

Das Interrogativadjektiv *quel* kann von dem zugehörigen Substantiv gelöst werden und mit *être* verbunden am Anfang des Satzes stehen:

Quelle est votre profession?	Was sind Sie von Beruf?
Quelles‿étaient les difficultés à surmonter?	Welche Schwierigkeiten waren zu überwinden?
Quels sont les autres écrivains qui ont traité ce sujet?	Welche anderen Schriftsteller haben dieses Thema behandelt?
Quel est le problème qui se pose à eux?	Welches Problem stellt sich ihnen?

115 *qui/qui est-ce qui/qui est-ce que*

1. Als Subjekt werden auf Personen bezogen *qui/qui est-ce qui* gebraucht:

Qui est à l'appareil?	Wer ist am Apparat?
Qui se dévoue?	Wer opfert sich?
Qui est-ce qui vient avec nous au cinéma?	Wer kommt/geht mit uns ins Kino?
Qui est-ce qui t'a dit ça?	Wer hat dir das gesagt?

Anmerkung: Ohne Verb kann nur *qui* stehen, das durch *donc* verstärkt werden kann: *Quelqu'un a téléphoné. – Qui (donc)?* – Jemand hat angerufen. – Wer (denn)? Auch als direktes Objekt oder präpositionale Ergänzung kann *qui* allein gebraucht werden: *J'ai vu quelqu'un derrière la maison. – Qui (donc)?* – Ich habe jemanden hinter dem Haus gesehen. – Wen (denn)? *Je viens d'écrire une lettre. – A qui?* – Ich habe gerade einen Brief geschrieben. – An wen?

2. Als direktes Objekt werden auf Personen bezogen *qui* [gehobene Sprache/Schriftsprache]/*qui est-ce que* [neutrale Sprache/Umgangssprache] gebraucht:

Qui as-tu vu?	Wen hast du gesehen?
Qui est-ce que vous avez rencontré?	Wen haben Sie getroffen?
Qui la police a-t-elle arrêté?	Wen hat die Polizei verhaftet?
Qui est-ce que l'enfant a vu?	Wen hat das Kind gesehen?
Qui est-ce que le professeur de latin a surpris à copier?	Wen hat der Lateinlehrer beim Abschreiben überrascht?

3. Als präpositionales Objekt werden auf Personen bezogen *qui/qui est-ce que* gebraucht:

A qui faut-il s'adresser?	An wen muss man sich wenden?
A qui la faute?	Wer ist schuld?
A qui est-ce que le directeur a fait allusion?	Auf wen hat der Direktor angespielt?
De qui avez-vous parlé?	Über wen habt ihr gesprochen?
De qui est-ce que ces enfants se sont moqués?	Über wen haben sich diese Kinder lustig gemacht?
Par qui est-ce que le canal de Suez a été construit?	Von wem wurde der Suezkanal gebaut?
Sur qui est-ce que Charles a copié?	Von wem hat Charles abgeschrieben?
Pour qui travaillez-vous?	Für wen arbeiten Sie?
Avec qui est-ce que tu vas au théâtre?	Mit wem gehst du ins Theater?

que/quoi/qu'est-ce qui/qu'est-ce que 116

1. Als Subjekt wird auf Sachen bezogen *qu'est-ce qui* gebraucht:

Qu'est-ce qui se passe?	Was ist los?
Qu'est-ce qui t'intéresse le plus?	Was interessiert dich am meisten?
Qu'est-ce qui ne te plaît pas?	Was gefällt dir nicht?

Anmerkung: Allein stehendes 'was?' wird mit *quoi* wiedergegeben, das durch *donc* verstärkt werden kann: *Il s'est produit un accident? – Quoi?* – Ein Unfall ist passiert? – Was? Auch als direktes Objekt oder als präpositionale Ergänzung steht im Satz ohne Verb *quoi*: *Je t'ai ramené un souvenir. – Quoi donc?* – Ich habe dir ein Souvenir mitgebracht. – Was denn? *Sylvie s'est plainte de quelque chose. – De quoi?* – Sylvie hat sich über etwas beklagt. – Worüber?

Merke: *Vous savez quoi, les gars, on pourrait ...* – Wisst ihr was, Jungs, wir könnten ...
Quoi de plus beau que ...? – Was gibt es Schöneres als ...?

2. Als direktes Objekt werden auf Sachen bezogen *que/qu'est-ce que* gebraucht:

Que dit-elle?	Was sagt sie?
Que feriez-vous à ma place?	Was würden Sie an meiner Stelle tun?
Qu'as-tu vu?	Was hast du gesehen?
Que fait ton ami?	Was macht dein Freund?
Qu'est-ce qu'on fait aujourd'hui?	Was machen wir heute?
Qu'est-ce que tu fais à part ça?	Was machst du sonst noch?
Qu'est-ce que tu veux faire plus tard?	Was willst du einmal werden?

Anmerkung: Bei transitiven Verben im Infinitiv wird mit *que* nach dem direkten Objekt gefragt: *Que faire de ces ordures?* – Was sollen wir mit diesem Abfall machen? Hat der Infinitiv keine Ergänzung nach sich, ist auch tonstärkeres *quoi* möglich: *Que/Quoi faire?* – Was tun?

3. Wird nach dem Prädikatsnomen gefragt, so wird üblicherweise *qu'est-ce que* bzw. verstärkt *qu'est-ce que c'est que* gebraucht, wenn das Subjekt ein Substantiv oder ein Infinitiv ist:

Qu'est-ce que le bonheur?/Qu'est-ce que c'est que le bonheur?	Was ist Glück?
Qu'est-ce que c'est?/[fam.] *Qu'est-ce que c'est que ça?*	Was ist das?
Qu'est-ce que se réaliser?/ Que'est-ce que c'est que se réaliser?	Was heißt sich (selbst) verwirklichen?

Anmerkung: Ist das Subjekt ein Pronomen, so kann nach dem Prädikatsnomen mit *qu'est-ce que* oder auch mit *que* [gehobene Sprache] gefragt werden: *Qu'est-ce qu'il est?/Qu'est-il?* – Was ist er? *Qu'est-ce qu'elle est devenue?/Qu'est-elle devenue?* – Was ist aus ihr geworden?

4. Als präpositionales Objekt werden auf Sachen bezogen *quoi/quoi est-ce que* gebraucht:

A quoi penses-tu?	Woran denkst du?
A quoi est-ce que ces enfants jouent?	Was spielen diese Kinder?
De quoi est-ce qu'il a été question?	Worum ist es gegangen?
En quoi consiste le problème?	Worin besteht das Problem?
Sur quoi est-ce que vous vous êtes mis d'accord?	Worauf habt ihr euch geeinigt?

Anmerkung: Allein stehendes 'Wozu?' wird durch *Pour quoi faire?* wiedergegeben.

Merke: *J'ai mangé de la soupe. – A quoi? – Aux oignons.* – Ich habe Suppe gegessen. – Was für eine? – Zwiebelsuppe.

117 *lequel*

Lequel wählt eine oder mehrere Personen oder Sachen aus einer vorher bereits erwähnten Gruppe von Personen oder Sachen aus:

Je vais m'acheter un nouvel ordinateur. – Lequel?	Ich werde mir einen neuen Computer kaufen. – Was für einen?
Voilà deux raquettes de tennis. – Laquelle préfères-tu?	Hier sind zwei Tennisschläger. – Welchen willst du lieber?
Il y a en France de bons joueurs de tennis. – Lesquels, par exemple?	In Frankreich gibt es gute Tennisspieler. – Welche zum Beispiel?
Duquel de ses professeurs s'est-il plaint?	Über welchen seiner Lehrer hat er sich beklagt?
Mon ami s'intéresse aux langues étrangères. – Auxquelles?	Mein Freund interessiert sich für Fremdsprachen. – Für welche?
Nous avons parlé de tous les problèmes. – Desquels, par exemple?	Wir haben über alle Probleme gesprochen. – Über welche, zum Beispiel?

Anmerkung: In bestimmten Fällen wird *lequel* im Deutschen durch 'wer' wiedergegeben: *L'homme s'adapte de plus en plus à l'animal de compagnie. Lequel tient l'autre/Qui tient qui en laisse?* – Der Mensch passt sich immer mehr an das Haustier an. Wer hält wen an der Leine?

comment 118

Comment le clochard est-il mort?	Wie ist der Clochard gestorben?
Comment a réagi le gouvernement?	Wie hat die Regierung reagiert?
Comment puis-je vous joindre?	Wie kann ich Sie erreichen?
Comment allez-vous?	Wie geht es Ihnen?
Comment se fait-il que vous parliez si bien le français?	Wie kommt es, dass Sie so gut Französisch sprechen?
Comment s'appelle-t-il déjà?	Wie heißt er denn gleich?
Comment est-ce que la police a dépisté le meurtrier?	Wie ist die Polizei dem Mörder auf die Spur gekommen?
Comment est-ce que tu as résolu le problème?	Wie hast du das Problem gelöst?

Anmerkung 1: Liaison des stummen *-t* findet nur statt in dem Ausdruck *Comment‿allez-vous?* – Wie geht es Ihnen?

Anmerkung 2: Das Verb *plaire* 'gefallen' kann nicht mit *comment* verbunden werden. Ein Satz wie 'Wie gefällt dir meine Krawatte?' wird mit *Est-ce que ma cravate te plaît?/Comment trouves-tu ma cravate?* wiedergegeben.

Anmerkung 3: Wenn sich dt. 'wie' auf ein nachfolgendes Substantiv bezieht, wird im Französischen nicht *comment,* sondern *quel* verwendet:
Wie ist Ihr Name? – *Quel est votre nom?*
Wie lautete Ihre Frage? – *Quelle était votre question?*
Wie ist der Spielstand? – *Quel est le score?*

où 119

Où habitez-vous?	Wo wohnen Sie?
Où l'enquête a-t-elle été réalisée?	Wo wurde die Umfrage durchgeführt?
Où vas-tu?	Wohin gehst du?
D'où est-ce que ton frère la connaît?	Woher kennt dein Bruder sie?
D'où provient ce fromage?	Woher kommt dieser Käse?
Par où êtes-vous passés?	Wo seid ihr durchgefahren?/Welche Strecke seid ihr gefahren?
Pour où sont-ils partis?	Wohin sind sie gereist?
Jusqu'où t'a-t-il accompagné?	Bis wohin hat er dich begleitet?
Où diable est passée ma serviette?	Wo zum Teufel ist mein Handtuch hingekommen?
Où puis-je vous toucher/joindre?	Wo kann ich Sie erreichen?

Anmerkung: Bei der Frage 'Woher wissen Sie es?' wird im Französischen nicht *d'où,* sondern *comment* gebraucht: *Comment le savez-vous?*

120 *quand*

Quand est-ce que tu as ton anniversaire?	Wann hast du Geburtstag?
Quand viendras-tu?	Wann wirst du kommen?
Quand est-ce que vous avez commencé à apprendre l'italien?	Wann haben Sie angefangen, Italienisch zu lernen?
Jusqu'à quand resteras-tu?	Bis wann wirst du bleiben?
Depuis quand sont-ils mariés?	Seit wann sind sie verheiratet?
A quand le baptême?	Wann ist Taufe?

Anmerkung: Je nach Sprachregister fällt die Satzgliedstellung unterschiedlich aus (vgl. § 354): *Quand le théâtre commence-t-il?* [schriftsprachlich, gehoben]/*Quand commence le théâtre?* [standardsprachlich]/*Quand est-ce que le théâtre commence?* [fam.]/*Le théâtre commence quand?* [pop.] – Wann beginnt das Theater?

121 *pourquoi*

Pourquoi ton père a-t-il abandonné son projet?	Warum hat dein Vater seinen Plan aufgegeben?
Pourquoi as-tu fait ça?	Warum hast du das gemacht?
Pourquoi est-ce que tes parents ont divorcé?	Warum haben sich deine Eltern scheiden lassen?

Unterscheide: *Pourquoi pleurer?* Warum weinen? – *Pour quoi faire?* Wozu? (wörtlich: Um was zu tun?)

122 *combien*

Combien pèses-tu?	Wie viel wiegst du?
Ça fait combien? [fam.]	Wie viel macht das?
Combien coûte ce livre?	Wie viel kostet dieses Buch?
Combien y a-t-il d'ici au stade?	Wie weit ist es von hier zum Stadion?
(A) combien êtes-vous?	Zu wievielt seid ihr?

Merke: *Le combien sommes-nous aujourd'hui?* – Den wievielten haben wir heute?

Anmerkung 1: Folgt auf *combien* ein Substantiv oder ein Pronomen, so wird dieses mit *de* angeschlossen. Dem Pronomen geht außerdem die Präposition *entre/parmi* voraus: *Combien de pièces a votre maison?* – Wie viele Zimmer hat euer Haus? *Combien d'argent avez-vous sur vous?* – Wie viel Geld haben Sie bei sich/dabei? *Combien d'entre/parmi eux ont réussi à l'examen?* – Wie viele von ihnen haben die Prüfung bestanden?

Anmerkung 2: Erscheint *combien de* + Substantiv in Objektfunktion oder hängt es von einem unpersönlichen Verb ab, so kann in gewählter Ausdrucksweise zwischen *combien* und *de* + Substantiv eine Verbform treten: *Combien a-t-il d'enfants?* – Wie viele Kinder hat er? *Combien y a-t-il de fautes dans cette dictée?* – Wie viele Fehler gibt es in diesem Diktat?

Die Wiedergabe von dt. 'wie' + Adjektiv/Adverb 123

Im Gegensatz zum Deutschen kann *comment* nicht mit einem Adjektiv oder einem Adverb verbunden werden. Im Französischen werden folgende Formulierungen gebraucht:

Wie alt bist du?	*Quel âge as-tu?*
Wie groß ist er/sie?	*Quelle est sa taille?*
Wie hoch ist dieser Turm?	*Quelle est la hauteur de cette tour?*
Wie hoch sind die Einschreibegebühren?	*A combien s'élèvent les droits d'inscription?*
Wie hoch ist die Miete?	*Le loyer est de combien?*
Wie breit ist dieses Zimmer?	*Quelle est la largeur de cette chambre?*
Wie lang ist dieser Fluss?	*Quelle est la longueur de cette rivière?*
Wie tief ist dieser See?	*Quelle est la profondeur de ce lac?*
Wie lange sind Sie schon hier?	*Depuis combien de temps êtes-vous ici?/ Ça fait combien de temps que vous êtes ici?*
Wie spät ist es?	*Quelle heure est-il?*
Wie oft bist du in Italien gewesen?	*Combien de fois es-tu allé en Italie?*
Wie oft geht der Bus?	*L'autobus passe tous les combien?*
Wie weit ist es zum Bahnhof?	*Quelle distance y a-t-il d'ici à la gare?/ A quelle distance est la gare?*
Wie gut spricht er Englisch?	*Quel est son niveau d'anglais, à l'oral?/ Est-ce qu'il parle bien (l') anglais?*

In Ausrufesätzen verwendete Interrogativa 124

Quel scandale!	Was für ein Skandal!
Qu'elle est jolie!	Wie hübsch sie ist!/Ist die hübsch!
Qu'est-ce qu'il est stupide! [fam.]	Wie dumm er doch ist!/Ist der dumm!
Comme/[geh.] *Combien il est avare!*	Wie geizig er ist!/Ist der geizig!

Anmerkung 1: Dt. 'wie' + Adj. im Ausruf wird im Frz. oft durch *quel* + Subst. wiedergegeben: Wie gnädig! – *Quelle mansuétude!* Wie schrecklich! – *Quelle horreur!* Wie schade! – *Quel dommage!*

Anmerkung 2: In familiärer Sprache wird *que* oft durch vorangestelltes *ce* verstärkt: *Ce que vous pouvez être méfiant!* – Wie misstrauisch Sie sein können!/Sind Sie aber misstrauisch!

Kapitel 9 Die Personalpronomen
(Les pronoms personnels)

Im Französischen unterscheidet man verbundene und unverbundene Personalpronomen. Während die verbundenen Personalpronomen (les pronoms personnels conjoints) in Verbindung mit einem Verb gebraucht werden, werden die unverbundenen Personalpronomen (les pronoms personnels disjoints) meist ohne Verb oder mit einer Präposition gebraucht. Die Pronominaladverbien (les pronoms adverbiaux) *y* und *en* erfüllen eine ähnliche Funktion wie die verbundenen Personalpronomen und treten ebenfalls nur zusammen mit einer Verbform auf.

Die verbundenen Personalpronomen
(les pronoms personnels conjoints)

125 Die Formen der verbundenen Subjektpronomen
(les formes des pronoms conjoints sujets)

Person		Singular	Bedeutung	Plural	Bedeutung
1. Person		*je/j'*	ich	*nous*	wir
2. Person		*tu*	du	*vous*	ihr
3. Person	maskulin	*il*	er	*ils*	sie
	feminin	*elle*	sie	*elles*	
Höflichkeitsform		*vous*	Sie	*vous*	Sie

Die Form *je* wird vor Vokal oder *h muet* (vgl. § 7.1.2) zu *j'* elidiert.
Vor vokalisch anlautender Verbform wird das stumme *-s* in *nous, vous, ils* und *elles* als stimmhaftes [z] hörbar (zur Liaison vgl. § 8.1.1).

Anmerkungen zu den Subjektpronomen:

Anmerkung 1: Die Personalpronomen *il* und *ils* werden in nachlässiger Sprechweise vor einer mit einem Konsonanten beginnenden Verbform zu [i] verkürzt: *Qu'est-ce qu'il fait?* [kɛskifɛ] – Was macht er? *Qu'est-ce qu'ils disent?* [kɛskidiz] – Was sagen sie? Ebenso in *il y a* [ija]. Beginnt die Verbform mit Vokal, lautet die verkürzte Form von *ils* [iz]: *Ils ont gagné?* [izɔ̃gaɲe] – Haben sie gewonnen? (vgl. § 5.7.5)

Anmerkung 2: Das Personalpronomen *tu* kann in familiärer Sprache vor vokalisch anlautender Verbform zu [t] verkürzt werden: *T'as vu ça?* – Hast du das gesehen? *T'es pas fou?* – Spinnst du ein bisschen?

Anmerkung 3: In familiärer Ausdrucksweise wird das Indefinitpronomen *on* anstelle von *nous* als Personalpronomen gebraucht: *Aujourd'hui, on travaille jusqu'à huit heures.* – Heute arbeiten wir bis um acht.

Der Gebrauch der Subjektpronomen 126
(l'emploi des pronoms personnels sujets)

Die Subjektpronomen sind unbetont und kommen nur in Verbindung mit einem Verb vor:

Je suis comme je suis.	Ich bin, wie ich bin.
J'arrive.	Ich komme!
J'habite au troisième étage.	Ich wohne im dritten Stock.
Je hais ces types-là.	Ich hasse diese Typen.
Tu viens?	Kommst du?
Il est gaga.	Er ist vertrottelt/verkalkt.
Elle est mignonne.	Sie ist reizend.
Nous travaillons beaucoup.	Wir arbeiten viel.
Vous‿êtes amoureux?	Seid ihr/Sind Sie verliebt?
Ils jouent d'un instrument.	Sie spielen ein Instrument.
Elles sont gentilles.	Sie sind nett.

Anmerkung: Nur in dem juristischen Ausdruck: *Je soussigné certifie que ...* 'Der Unterzeichnete/Unterzeichner bestätigt, dass ...' ist *je* betont und von der Verbform getrennt.

Das neutrale Subjektpronomen *il* (le pronom sujet neutre *il*) 127

Das Pronomen *il* kommt in folgenden Arten von unpersönlichen Ausdrücken vor, in denen es dem dt. 'es' entspricht:

1. in Verbindung mit *être* + Adjektiv:

Il est évident qu'il a menti.	Es ist offenkundig, dass er gelogen hat.
Il est possible qu'elle le sache déjà.	Es ist möglich, dass sie es schon weiß.
Il est peu probable qu'il vienne.	Es ist wenig wahrscheinlich, dass er kommt.

2. in Ausdrücken, die meteorologische Phänomene bezeichnen:

Il pleut.	Es regnet.
Il neige.	Es schneit.
Il fait beau (temps).	Es ist schönes Wetter.
Il fait lourd.	Es ist schwül.

3. als grammatisches Subjekt (sujet apparent). Das logische Subjekt (sujet réel) erscheint hierbei nach dem Prädikat. Während im Deutschen das Prädikat sich nach dem logischen Subjekt richtet, stimmt es im Französischen mit dem grammatischen Subjekt überein:

Il nous reste encore cinq minutes.	Es bleiben uns noch fünf Minuten.
Il est arrivé un malheur.	Es ist ein Unglück passiert.
Il est arrivé des femmes qui ...	Es kamen Frauen (an), die ...

4. in passivischer Wendung [geschr. Sprache]:

Il a été convenu que ...	Es wurde vereinbart, dass ...
Il a été décrété que ...	Es wurde verordnet, dass ...
Il est rappelé que ...	Es wird daran erinnert, dass ...

Anmerkung: In einigen Ausdrücken entfällt das unpersönliche Subjektpronomen: *Vient de paraître.* – Soeben erschienen. *Mieux vaut ne pas le lui dire.* – Es ist besser, man sagt es ihm nicht. *Faut pas s'en faire* [fam.]. – Man braucht sich keine Sorgen zu machen. *Revient.* – Geht (gleich) weiter. [Fernsehen] *N'importe!* – Macht nichts! *Reste à savoir si …* – Es fragt sich nur, ob …

128 Unpersönliche Ausdrucksweise im Deutschen – persönliche Ausdrucksweise im Französischen

Es hat zur Pause geläutet.	*La récré a sonné.*
Es hat geläutet.	*On vient de sonner.*
Es klopft.	*On frappe.*
Es wird mir kalt.	*Je commence à avoir froid.*
Es geht ihnen allen sehr gut.	*Ils vont tous très bien.*
Es gefällt mir hier.	*Je me plais ici.*
An Gelegenheiten hat es gewiss nicht gefehlt.	*Les occasions n'ont certainement pas manqué.*
Es läuft die 42. Minute.	*On joue la 42e minute.*
Es sieht nach Regen aus.	*Le temps est à la pluie.*
Es wird Winter.	*L'hiver approche/s'annonce.*
Es ist mir nicht gelungen, ihn zu überzeugen.	*Je n'ai pas réussi/Je ne suis pas arrivé à le convaincre.*
Es ist sehr freundlich von Ihnen, dass Sie auf mich gewartet haben.	*Vous êtes bien aimable de m'avoir attendu.*
Es steht dir frei, dorthin zu gehen.	*Tu es libre d'y aller.*
In diesem Haus spukt es.	*Cette maison est hantée.*
Es wimmelt nur so von Fehlern in diesem Diktat.	*Les fautes pullulent dans cette dictée.*
Mir ist schwindlig.	*J'ai le vertige.*
Mir ist übel.	*J'ai mal au cœur./J'ai evie de vomir.*
Mir wird schlecht.	*Je me sens mal.*
Es kribbelt mir in den Beinen.	*J'ai des fourmillements dans les jambes.*
Es tut mir leid, dass …	*Je regrette/je suis désolé que + Subj.*

Anmerkung: Der umgekehrte Fall ist seltener: Ich sehne mich danach, dich wiederzusehen. – *Il me tarde de te revoir.* Ich bin an der Reihe. – *C'est mon tour./C'est à moi.* Ich geniere mich, allein dorthin zu gehen. – *Cela me gêne d'y aller seul.* Ich brauche Geld. – *Il me faut de l'argent./J'ai besoin d'argent.*

Die Formen der verbundenen Objektpronomen 129
(les formes des pronoms conjoints objets)

1. direktes Objekt (complément d'objet direct):

Person		Singular	Bedeutung	Plural	Bedeutung
1. Person		*me/m'*	mich	*nous*	uns
2. Person		*te/t'*	dich	*vous*	euch
3. Person	maskulin	***le/l'***	ihn/es	***les***	sie
	feminin	***la/l'***	sie		
	refl.	*se/s'*	sich	*se/s'*	sich
Höflichkeitsform		*vous*	Sie	*vous*	Sie

2. indirektes Objekt (complément d'objet indirect):

Person		Singular	Bedeutung	Plural	Bedeutung
1. Person		*me/m'*	mir	*nous*	uns
2. Person		*te/t'*	dir	*vous*	euch
3. Person	maskulin	***lui***	ihm	***leur***	ihnen
	feminin		ihr		
	refl.	*se/s'*	sich	*se/s'*	sich
Höflichkeitsform		*vous*	Ihnen	*vous*	Ihnen

Vor Vokal oder *h muet* (vgl. § 5.6) werden *me, te* und *se* zu *m', t'* und *s'* elidiert. Die indirekten Objektpronomen unterscheiden sich nur in der 3. Person Singular und Plural von den direkten Objektpronomen.

Anmerkung: Wenn in der gesprochenen Sprache *on* für *nous* eintritt, lautet das entsprechende Objektpronomen *nous*: *On travaille. Tu nous aides?* – Wir arbeiten. Hilfst du uns?

Der Gebrauch der verbundenen Objektpronomen 130
(l'emploi des pronoms conjoints objets)

1. direktes Objekt (zur Veränderlichkeit des Partizips vgl. § 246):

Mon mari ne me comprend pas.	Mein Mann versteht mich nicht.
Gérard m'invite souvent.	Gérard lädt mich oft ein.
Il te trompe.	Er betrügt dich.
Je t'aime.	Ich liebe dich.
Tu connais Jean? – Oui, je le connais.	Kennst du Jean? – Ja, ich kenne ihn.
Yvonne m'agace. Je la hais.	Yvonne nervt mich. Ich hasse sie.
Ça nous a étonnés.	Das hat uns erstaunt.
Je vous emmène.	Ich nehme euch/Sie mit.
Pascal dérange les autres éleves. Il les dérange continuellement.	Pascal stört die anderen Schüler. Er stört sie ständig.

2. indirektes Objekt:

Pourquoi est-ce que tu ne me réponds pas?	Warum antwortest du mir nicht?
Je te souhaite un bon voyage!	Ich wünsche dir eine gute Reise!
Est-ce que tu as pardonné à Luc/à Fabienne? – Oui, je lui ai pardonné.	Hast du Luc/Fabienne verziehen? – Ja, ich habe ihm/ihr verziehen.
Jean nous a envoyé une carte postale.	Jean hat uns eine Postkarte geschickt.
Qu'est-ce que je peux vous offrir?	Was kann ich euch/Ihnen anbieten?
Qu'est-ce qu'on reproche aux responsables? – On leur reproche d'avoir étouffé l'affaire.	Was wirft man den Verantwortlichen vor? – Man wirft ihnen vor, die Angelegenheit vertuscht zu haben.

Anmerkung 1: In einigen Fällen erscheint das Possessivadjektiv anstelle des Personalpronomens: Mir läuft die Nase. – *Mon nez coule.* Niemand ist mir zu Hilfe gekommen. – *Personne n'est venu à mon aide.* Sie wird mir entgegengehen. – *Elle viendra à ma rencontre.*

Anmerkung 2: *Vous* wird auch als direktes und indirektes Objekt zu *on* verwendet. In diesem Fall entspricht es dt. 'einen/einem': *Ça vous donne de mauvaises idées.* – Das bringt einen auf schlechte Gedanken. *Ça vous fend le cœur.* – Das bricht einem das Herz.

Anmerkung 3: Man beachte den Gebrauch des indirekten Objektpronomens in Verbindung mit den Verben *connaître* und *trouver* und des Reflexivpronomens bei dem Verb *sentir*: *C'est un trait de caractère que je ne lui connaissais pas.* – Das ist ein Charakterzug, den ich an ihm/ihr nicht kannte. *Je me demande ce qu'il lui trouve.* – Ich frage mich, was er an ihr/ihm findet. *Je ne me sens pas le droit de porter un jugement.* – Ich fühle mich nicht berechtigt, ein Urteil zu fällen.

Anmerkung 4: In einigen Ausdrücken erscheint das dt. indirekte Objektpronomen im Französischen durch Konstruktionswechsel als Subjektpronomen: Mir brummt der Schädel. – *J'ai la tête qui bourdonne.* Tränen standen ihr in den Augen. – *Elle avait les larmes aux yeux.*

131 Die Wiederholung des Personalpronomens
(la répétition du pronom personnel)

1. Die Subjektpronomen der 1. und 2. Person werden in der Regel wiederholt. Bei den Subjektpronomen der 3. Person kann die Wiederholung unterbleiben, außer wenn die Verben einen Gegensatz ausdrücken:

Je me lève à six heures, je quitte la maison à sept heures et je rentre à huit heures du soir.	Ich stehe um sechs Uhr auf, gehe um sieben weg und komme um acht Uhr abends nach Haus.

Tu travailles comme un fou, tu fumes comme un pompier, tu bois comme un Polonais; tu finiras mal.	Du arbeitest wie ein Verrückter, rauchst wie ein Schlot und säufst wie ein Loch; mit dir wird es ein schlechtes Ende nehmen.
Elle va souvent au théâtre, écoute beaucoup de musique classique, lit plein de polars et rêve de devenir une star.	Sie geht oft ins Theater, hört viel klassische Musik, liest eine Menge Krimis und träumt davon, ein Star zu werden.
Il travaille beaucoup, mais il gagne peu.	Er arbeitet viel, aber er verdient wenig.

Anmerkung: Nach *ni* wird das Personalpronomen nicht wiederholt: *Il ne fume ni ne boit.* – Weder raucht er, noch trinkt er.

2. Die Objektpronomen werden wiederholt:

2.1. bei den einfachen Zeiten:

Il m'insulte et (il) me trompe.	Er beschimpft und betrügt mich.
Ils les achètent et les revendent.	Sie kaufen und verkaufen sie.
Elle la range et la nettoie (la chambre).	Sie räumt es auf und putzt es (das Zimmer).

2.2. bei den zusammengesetzten Zeiten, wenn auch das Hilfsverb wiederholt wird:

Il m'a insultée et m'a trompée.	Er hat mich beschimpft und betrogen.
Je l'ai cherché et je l'ai trouvé.	Ich habe es gesucht und gefunden.
Elle m'a téléphoné et m'a dit que ...	Sie hat mich angerufen und mir gesagt, dass ...

Anmerkung: Wird das Hilfsverb nicht wiederholt, unterbleibt auch die Wiederholung des Pronomens: *Il m'a insultée et trompée.*

2.3. vor Infinitiven:

J'ose le dire et le faire.	Ich wage es zu sagen und zu tun.
On la pourchasse pour la photographier et la filmer.	Man verfolgt sie, um sie zu fotografieren und zu filmen.

2.4. wenn sie verschiedene syntaktische Funktionen erfüllen:

Ma sœur m'a téléphoné et m'a félicité.	Meine Schwester hat mich angerufen und (mich) beglückwünscht.

Anmerkung: Im ersten Fall ist *me* indirektes Objekt (*téléphoner à qn*), im zweiten Fall ist es direktes Objekt (*féliciter qn*).

132 Besonderheiten des Gebrauchs des Objektpronomens *le*

1. Das Objektpronomen *le* kann sich wie das dt. 'es'

1.1. auf einen ganzen vorausgehenden Satz beziehen:

Est-ce que tu ne m'avais pas promis de me donner plus d'argent de poche? – Si, je te l'avais promis.	Hattest du mir nicht versprochen, mir mehr Taschengeld zu geben? – Doch, ich hatte es dir versprochen.

Anmerkung: Fakultativ ist die Verwendung von *le* in: *Demandez(-le) à M. Duport.* – Fragen Sie Herrn Duport! *Je ne (le) sais pas.* – Ich weiß (es) nicht.

Unterscheide: *Je vais essayer.* Ich werde es versuchen. – *Je vais l'essayer.* Ich werde es ausprobieren/anprobieren.

1.2. auf ein Prädikativum [Adjektiv/Substantiv] beziehen:

Mme J. est dépressive, elle l'a toujours été.	Frau J. ist depressiv; sie ist es schon immer gewesen.
Es-tu triste? – Qui, je le suis.	Bist du traurig? – Ja, ich bin es. (Mann oder Frau)
Je suis maire, et je le resterai.	Ich bin Bürgermeister und werde es bleiben.

Anmerkung: Wird nach der Identität gefragt, sagt man: *C'est moi.* – Ich bin es.

2. *Le* wird zur Wiederaufnahme eines linksversetzten Objekts/Objektsatzes (vgl. § 357.2) verwendet:

Qu'il m'ait menti, je le sais.	Dass er mich angelogen hat, weiß ich.
Tu te donnes beaucoup de peine, j'ai pu le constater.	Du gibst dir große Mühe, habe ich feststellen können.
Ça, je ne le ferai jamais.	Das werde ich nie tun.

3. Fakultativ ist der Gebrauch von *le* in Vergleichssätzen:

..., comme on pourrait (le) croire.	... wie man glauben könnte.
Comme vous pouvez (le) constater, ...	Wie Sie feststellen können, ...
Comme vous (le) voyez, ...	Wie Sie sehen, ...
Ils ne sont pas aussi malheureux qu'on (le) croit.	Sie sind nicht so unglücklich, wie man glaubt.
Maintenant, sa femme est plus nerveuse qu'elle n'était/ne l'était pendant sa grossesse.	Jetzt ist seine Frau nervöser, als sie es während ihrer Schwangerschaft war.

4. Im Gegensatz zum Deutschen wird im Französischen 'es' nicht ausgedrückt, wenn es sich um ein vorläufiges Objekt [expletives 'es'] handelt:

Sie wagt es nicht, ihr zu widersprechen.	*Elle n'ose pas la contredire.*
Ich habe es abgelehnt, mich zu entschuldigen.	*J'ai refusé de m'excuser.*

Anmerkung: Fakultativ ist jedoch in diesem Fall in der Umgangssprache der Gebrauch von *le* in Verbindung mit den Verben des Sagens und Denkens: *Je le savais qu'il nous aiderait.* – Ich wusste es, dass er uns helfen würde.

5. In folgenden Wendungen wird dt. 'es' im Französischen nicht ausgedrückt:

Machen Sie es wie ich!	*Faites comme moi.*
Sie hat es genauso gemacht.	*Elle a fait de même.*
Weiß man's?	*Sait-on jamais?*
Ich möchte es nicht mit ihm zu tun haben/bekommen.	*Je n'aimerais pas avoir affaire à lui.*
Bei mir werden sie es nicht wagen.	*Avec moi, ils n'oseront pas.*
Ich fürchte, er hat es vergessen.	*J'ai peur qu'il ait oublié.*
Um es kurz zu machen, ...	*Pour faire/être bref, ...*
Ich habe es versprochen.	*J'ai promis.*

Anmerkung: Umgekehrter Fall liegt vor in: ob er will oder nicht – *qu'il le veuille ou non.*

6. Die Wiedergabe von dt. 'es' in Wendungen:

es sich bequem machen	*se mettre à l'aise*
es weit bringen	*aller loin*
es gut haben	*y être à son aise*
es jdm. mit Undank lohnen	*payer qn d'ingratitude*
es gut mit jdm. meinen	*vouloir du bien à qn*
es allen recht machen	*satisfaire tout le monde*
es jdm. leicht machen	*donner beau jeu à qn*
es satt haben	*en avoir marre/en avoir ras-le-bol*
es mit jdm. verscherzen	*perdre les bonnes grâces de qn*
Denen haben wir es ganz schön gezeigt.	*On les a bien eus.*
Dem werde ich es zeigen.	*Je vais lui montrer de quel bois je me chauffe.*
Ich habe es leider nicht klein.	*Je n'ai malheureusement pas de monnaie.*
Kannst du es noch verhalten?	*Tu peux encore te retenir?*
Ich halte es nicht mehr aus.	*Je n'y tiens plus.*

133 Idiomatische Wendungen mit einem Objektpronomen
(mit zwei Objektpronomen vgl. § 137)

1. mit ***la***:

la bailler belle à qn	jdm. einen Bären aufbinden (wollen)
l'échapper belle	mit einem blauen Auge davonkommen
la faire à l'esbroufe à qn	jdn. für dumm verkaufen
la boucler/fermer	die Klappe halten
l'emporter sur qn/qc	den Sieg über jdn./etw. davontragen/ sich gegenüber jdm./einer Sache durchsetzen

Anmerkung: In den zusammengesetzten Zeiten wird bei diesen Ausdrücken das Partizip nicht verändert! (vgl. § 247.4)

2. mit ***le***:

ne le céder en rien à qn/qc	jdm./einer Sache in nichts nachstehen
le prendre de haut	hochmütig sein

3. mit ***les*** [Umgangssprache]:

les mettre	sich auf die Socken machen
les avoir palmées	die Arbeit nicht erfunden haben
On les avait à zéro.	Wir hatten Schiss.

134 Der Gebrauch des Pronominaladverbs *en*
(l'emploi du pronom adverbial *en*)

Das Pronominaladverb *en* erfüllt mehrere Funktionen:

1. Es ersetzt als Ortsadverb Ergänzungen mit *de*:

Est-ce que tes parents sont déjà rentrés de Bordeaux? – Oui, ils en sont déjà rentrés.	Sind deine Eltern schon von Bordeaux zurückgekehrt? – Ja, sie sind schon von dort zurückgekehrt.
Qui a retiré l'enfant de l'eau? – C'est Robert qui l'en a retiré.	Wer hat das Kind aus dem Wasser gezogen? – Robert hat es herausgezogen.
On est arrivés à Strasbourg vers dix heures et on en est repartis vers dix-huit heures.	Wir sind gegen zehn Uhr in Straßburg angekommen und gegen achtzehn Uhr wieder von dort abgefahren.

2. Es ersetzt als Pronomen mit *de* eingeleitete Sachergänzungen:

Tu es content du résultat? – Oui, j'en suis content.	Bist du mit dem Ergebnis zufrieden? – Ja, ich bin damit zufrieden.
Est-ce que vous avez déjà parlé du projet? – Oui, nous en avons déjà parlé.	Habt ihr schon über den Plan gesprochen? – Ja, wir haben schon darüber gesprochen.
Tu t'occupes de cette affaire? – Oui, je m'en occupe.	Kümmerst du dich um diese Sache? – Ja, ich kümmere mich darum.

Anmerkung: *En* kann sich auch auf Personen beziehen: *Je vais changer de médecin.* – Ich werde den Arzt wechseln. *Je vais en changer.* – Ich werde ihn wechseln.

3. Es erfüllt partitive Funktion:

As-tu mangé des pommes? – Oui, j'en ai mangé deux.	Hast du Äpfel gegessen? – Ja, ich habe zwei gegessen.
Est-ce qu'il a traduit toutes les phrases? – Non, il n'en a traduit que la moitié.	Hat er alle Sätze übersetzt? – Nein, er hat nur die Hälfte (davon) übersetzt.
J'adore le sport; malheureusement, je ne peux plus en faire.	Ich mag Sport sehr; leider kann ich keinen mehr betreiben.
Eux aussi pourraient avoir une bonne. C'était Mme Maigret qui n'en avait jamais voulu. (Simenon)	Auch sie könnten ein Dienstmädchen haben. Es war Frau Maigret, die nie eins gewollt hatte.
Ce restaurant est bon, mais moi, j'en connais de/des meilleurs.	Dieses Restaurant ist gut, aber ich kenne bessere.

4. Bei Bezug auf Sachen drückt es ein possessives Verhältnis aus. Dabei erscheint das Substantiv meist in Objektfunktion:

Pour pouvoir soigner une maladie, il faut en découvrir les causes.	Um eine Krankheit heilen zu können, muss man ihre Ursachen aufdecken.
Vous voyez le clocher là-bas? – Oui, j'en vois la flèche.	Sehen Sie den Kirchturm dort? – Ja, ich sehe seine Spitze.
Je connais cette chanson, mais je n'en connais pas les paroles.	Ich kenne dieses Lied, aber ich kenne nicht den Text (davon).
Mon oncle Jules, le frère de mon père, était le seul espoir de la famille après en avoir été la terreur. (Maupassant)	Mein Onkel Jules, der Bruder meines Vaters, war die einzige Hoffnung der Familie, nachdem er ihr Schrecken gewesen war.
Quand on parle du loup, on en voit la queue.	Wenn man vom Teufel spricht ..., (Wörtl.: Wenn man vom Wolf spricht, sieht man dessen Schwanz).

5. Idiomatische Ausdrücke mit *en*:

Vous en avez de la chance!	Sie haben vielleicht ein Glück!
En voilà une chaleur!	Ist das eine Hitze!
J'en appelle à votre générosité.	Ich appelliere an Ihre Großzügigkeit.
J'en ai assez de tes conseils.	Ich habe genug von deinen Ratschlägen.
Vous en avez pour une heure.	Sie brauchen eine Stunde dafür./Es wird eine Stunde dauern.
J'en ai eu pour mille euros.	Ich habe tausend Euro dafür bezahlt.
ne pas en croire ses yeux	seinen Augen nicht trauen
Elle en est au cinquième mois.	Sie ist im sechsten (!) Monat.
J'en suis à ma troisième année de français.	Ich habe das dritte Jahr Französisch.
Je ne sais plus où j'en suis.	Ich weiß nicht mehr, wo mir der Kopf steht.
C'en est fait de notre amitié.	Es ist aus mit unserer Freundschaft.
C'en est fait de lui.	Es ist mit ihm aus.
Tu en fais de belles.	Du machst ja schöne Geschichten.
Il n'en fait qu'à sa tête.	Er setzt immer seinen Kopf durch.
A ta place, j'en ferais autant.	An deiner Stelle würde ich es genauso machen.
en finir avec qc	mit etw. Schluss machen
en imposer à qn	jdm. imponieren
A en juger par …	Nach … zu urteilen
Tu en parles à ton aise.	Du hast gut reden.
Je n'en peux plus.	Ich kann nicht mehr.
Il n'en est pas question.	Das kommt nicht in Frage.
en être réduit à + Inf.	darauf angewiesen sein zu
il n'en reste pas moins que	dessen ungeachtet
Je n'en reviens pas.	Ich kann es nicht fassen.
Il en sait plus sur cette affaire.	Er weiß mehr über diese Sache.
J'en sais quelque chose.	Ich kann ein Lied davon singen.
Les coupables s'en sont sortis avec de faibles peines de prison.	Die Schuldigen sind mit geringen Gefängnisstrafen davongekommen.
en venir à qc	zu etw. übergehen/kommen
en venir aux mains	handgreiflich werden
Où voulez-vous en venir?	Worauf wollen Sie hinaus?
Elle en était quitte pour la peur.	Sie kam mit dem Schrecken davon.
Elle lui a lancé un regard qui en disait long.	Sie warf ihm einen vielsagenden Blick zu.

6. Fakultativer Gebrauch:

Pour revenir sur ce problème, ... / Pour en revenir à ce problème, ...	Um noch einmal auf dieses Problem zurückzukommen, ...
Je ne suis pas/n'en suis pas à dix euros près.	Mir kommt es nicht auf zehn Euro an.

Der Gebrauch des Pronominaladverbs *y* 135
(l'emploi du pronom adverbial *y*)

Das Pronominaladverb *y* erfüllt mehrere Funktionen:

1. Es ersetzt als Ortsadverb Ergänzungen mit *à, en* und *sur*:

Tu vas souvent en Italie? – Oui, j'y vais souvent.	Fährst du oft nach Italien? – Ja, ich fahre oft dorthin.
Tu es déjà allé à Marseille? – Non, je n'y suis pas encore allé.	Bist du schon in Marseille gewesen? – Nein, ich bin noch nicht dort gewesen.
Combien de temps allez-vous passer sur la côte d'Azur? – On va y passer trois semaines.	Wie lange werdet ihr an der Côte d'Azur bleiben? – Wir werden dort drei Wochen verbringen.
Est-ce que vous êtes montés au Mont Ventoux? – Oui, nous y sommes montés.	Seid ihr auf den Mont Ventoux gestiegen? – Ja, wir sind hinaufgestiegen.

Anmerkung: Vor den Futur- und Konditionalformen des Verbs *aller* entfällt *y*: *J'y vais.* – Ich gehe dorthin. Aber: *J'irai.* – Ich werde dorthin gehen. *J'irais.* – Ich würde dorthin gehen.

2. Es ersetzt als Objektpronomen mit *à* eingeleitete Sachergänzungen:

As-tu pensé à l'anniversaire de Jacqueline? – Oui, j'y ai pensé.	Hast du an den Geburtstag von Jacqueline gedacht? – Ja, ich habe daran gedacht.
Tu vas renoncer à ce voyage? – Non, je ne vais pas y renoncer.	Wirst du auf diese Reise verzichten? – Nein, ich werde nicht darauf verzichten.
Est-ce que tous les éléves vont participer à cet échange? – Oui, tous vont y participer.	Werden alle Schüler an diesem Austausch teilnehmen? – Ja, alle werden daran teilnehmen.
Est-ce que tu tiens à cette photo? – Oui, j'y tiens beaucoup.	Legst du auf dieses Foto Wert? – Ja, ich lege großen Wert darauf.
Au cours de son existence, l'homme doit affronter la maladie. Personne n'y échappe.	Im Laufe seines Lebens muss sich der Mensch mit der Krankheit auseinandersetzen. Niemand entgeht ihr.
Est-ce que beaucoup de parents cèdent à cette panique? – Oui, malheureusement, beaucoup de parents y cèdent.	Werden viele Eltern von dieser Panik ergriffen? – Ja, leider werden viele Eltern von ihr ergriffen.
As-tu succombé à cette tentation? – Oui, j'y ai succombé.	Bist du dieser Versuchung erlegen? – Ja, ich bin ihr erlegen.

Anmerkung 1: In Verbindung mit bestimmten Verben (*penser* denken, *se fier* sich verlassen/trauen) kann sich *y* auch auf Personen beziehen: *Tu te fies à ce coquin-là? Moi, je ne m'y fierais pas.* – Traust du diesem Halunken? Ich würde ihm nicht trauen.

Anmerkung 2: Bei einer Reihe von Verben mit der Präposition *à* wird das indirekte Sachobjekt nicht durch *y*, sondern durch *lui* bzw. *leur* ausgedrückt: *Cet apprentissage a été dur, mais je lui dois beaucoup.* – Diese Lehrzeit war hart, aber ich verdanke ihr viel. *Ces plantes, il faut leur donner un peu d'eau.* – Diesen Pflanzen muss man etwas Wasser geben. *Les rois firent la guerre à ces provinces.* – Die Könige führten gegen diese Provinzen Krieg. *Les rois leur firent la guerre.* – Die Könige führten gegen sie Krieg. Im letzten Fall würde der Gebrauch von *y* als Ortsangabe interpretiert werden.

Unterscheide: *J'y ai répondu.* Ich habe darauf geantwortet./Ich habe ihn beantwortet. – *Je lui ai répondu.* Ich habe ihm geantwortet.

3. Es wird pleonastisch gebraucht (im Deutschen unübersetzt, vgl. § 357.4):

A Marseille, j'y vais souvent.	Nach Marseille fahre ich oft.
Aux cartes, on y joue souvent.	Karten spielen wir oft.

4. Idiomatische Wendungen mit *y*:

Vous y allez un peu fort.	Sie übertreiben stark.
Vas-y!/Allez-y!	Los!/Vorwärts!
On y va.	Auf geht's!/Vorwärts!
Il y va de son honneur.	Es geht um seine Ehre.
Je dois y aller doucement.	Ich muss kurz treten/es langsam angehen lassen.
y compris le Premier ministre	einschließlich des Premierministers
Je n'y comprends plus rien.	Ich verstehe überhaupt nichts mehr.
Ça y est!	Geschafft!/Jetzt haben wir's!/Es ist/Ich bin soweit!
Vous y êtes?	Habt ihr's?/Seid ihr soweit?
Je n'y suis pour rien.	Ich kann nichts dafür.
Tout mon argent de poche y a passé.	Mein ganzes Taschengeld ist draufgegangen.
J'ai failli y passer. [fam.]	Ich wäre beinahe draufgegangen.
Il faut savoir y faire.	Man muss den Bogen heraus haben.
Je n'y suis pour personne.	Ich bin für niemand zu sprechen.
J'y ai trouvé mon compte.	Ich bin auf meine Rechnung gekommen.
Je n'y vois goutte.	Ich sehe überhaupt nichts.
Tu n'y pense pas!	Das ist doch nicht dein Ernst!
Il s'y entend.	Er kennt sich damit aus.
Je n'y tiens plus.	Ich lege keinen Wert mehr darauf.

Anmerkung: Fakultativer Gebrauch von *y* liegt vor in *charges (y) comprises* inklusive Nebenkosten.

Kombination von Objektpronomen und Pronominaladverbien 136

1. Gruppe	2. Gruppe	3. Gruppe		
me *te* *se* *nous* *vous*	*le* *la* *les*	*lui* *leur*	*y*	*en*

Pronomen der 1. Gruppe sind mit Pronomen der 2. Gruppe, Pronomen der 2. Gruppe sind mit Pronomen der 3. Gruppe kombinierbar. *Y* und *en* können mit Pronomen jeder Gruppe eine Verbindung eingehen. Pronomen der 1. Gruppe können sich nicht mit Pronomen der 3. Gruppe verbinden. Stattdessen werden die unverbundenen Pronomen *à lui/elle/eux/elles* gebraucht:

Il ne me le dira pas.	Er wird es mir nicht sagen.
Je vais te la présenter.	Ich werde sie dir vorstellen.
Robert ne se l'est pas fait dire deux fois.	Robert ließ es sich nicht zweimal sagen.
Cette histoire, il nous l'a déjà racontée.	Diese Geschichte hat er uns schon erzählt.
Les devoirs, je vais vous les rendre demain.	Die Arbeiten werde ich euch morgen zurückgeben.
Tu le lui avais promis.	Du hattest es ihm/ihr versprochen.
Est-ce que tu le leur as déjà fait savoir?	Hast du es ihnen schon mitgeteilt?
Tu les leur as rendus, les CD?	Hast du sie ihnen zurückgegeben, die CDs?
Je ne m'en souviens pas.	Ich erinnere mich nicht daran.
Elle ne s'en était pas aperçue.	Sie hatte es nicht gemerkt.
Maman nous en a déjà parlé.	Mama hat uns schon davon erzählt.
Il faut les y habituer.	Man muss sie daran gewöhnen.
On l'en a exclu.	Man hat ihn davon ausgeschlossen.
Je ne m'y attendais pas.	Ich war nicht darauf gefasst.
A-t-il tous les volumes de cette collection? – Non, il lui en manque trois.	Hat er alle Bände dieser Reihe? – Nein, es fehlen ihm drei.
Elle s'en est repentie.	Sie hat es bereut.
Je ne me le suis pas fait dire deux fois.	Ich habe es mir nicht zweimal sagen lassen.

Aber: *Il s'est présenté à elle.* – Er hat sich ihr vorgestellt.
Elle s'est confiée à lui. – Sie hat sich ihm anvertraut.
Je me suis plaint à eux. – Ich habe mich bei ihnen beschwert.

Merke: Ich glaube es Ihnen. – *Je vous crois./Je le crois./Je vous en crois.* Nicht: **Je vous le crois.*

137 Idiomatische Wendungen mit zwei Objektpronomen und Pronominaladverbien

Il se la coule douce.	Er schiebt eine ruhige Kugel.
On ne me la fait pas!	Mit mir nicht!
Je vous le donne en mille.	Ich wette hundert zu eins, dass Sie es nicht erraten (werden).
On se les caille.	Man friert sich einen ab.
Tu me les brises!	Du gehst mir auf die Eier!
Je m'en balance.	Das ist mir schnuppe.
Ne t'en fais pas.	Mach dir nichts daraus!
Je m'en fous.	Das ist mir scheißegal.
Je m'en lave les mains.	Ich wasche meine Hände in Unschuld.
Ça te la coupe.	Da bleibt einem die Spucke weg.
Prends-t'en à ton père.	Halt dich an deinen Vater!
Je ne m'en sors plus.	Ich komme nicht mehr zu Rande.
Il faut s'en tenir aux faits.	Man muss sich an die Tatsachen halten.
Elle m'en veut.	Sie ist mir böse.
Il s'y met.	Er legt sich ins Zeug.
Il faut s'y prendre autrement.	Man muss es anders anstellen.

138 Die Stellung der Objektpronomen und Pronominaladverbien
(la place des pronoms objets et pronoms adverbiaux)

1. Unbetonte Objektpronomen und Pronominaladverbien stehen vor einem konjugierten Verb, bei zusammengesetzten Zeiten vor dem Hilfsverb:

Je la vois souvent.	Ich sehe sie oft.
Je l'ai vue souvent.	Ich habe sie oft gesehen.
L'as-tu vue?	Hast du sie gesehen?
Y vas-tu?	Gehst du (dort)hin?
Il n'en parle jamais.	Er spricht nie darüber.
En avez-vous parlé?	Habt ihr darüber gesprochen?
Il n'en a jamais parlé.	Er hat nie darüber gesprochen.

2. Beim bejahten Imperativ folgen die Pronomen der Verbform, durch Bindestrich verbunden. Dabei werden anstelle von *me* und *te* die betonten Pronomen *moi* und *toi* verwendet (außer vor *y* und *en*). Folgen zwei Pronomen, so stehen die Pronomen der 2. Gruppe (vgl. § 136) vor den Pronomen der 1. Gruppe:

Dis-lui ce qui s'est passé.	Sag ihm/ihr, was passiert ist!
Dis-le avec les fleurs.	Sag es mit Blumen!

Tais-toi! *Regardez-moi!* *Calmez-vous!*	Sei ruhig! Sehen Sie/Seht mich an! Beruhigen Sie sich!/Beruhigt euch!
Raconte-le-lui. *Rends-la-leur.* *Donne-le-moi.* *Achète-les-toi.*	Erzähl es ihm/ihr! Gib sie ihnen zurück! Gib es mir! Kauf sie dir!
Donne-le-nous. *Achetez-les-vous.*	Gib es uns! Kaufen Sie sie sich!/Kauft sie euch!

Anmerkung 1: Nach einem Imperativ unterbleibt die Elision der Objektpronomen *le/la*: *Raconte-le à tes parents.* – Erzähl es deinen Eltern! Zu beachten ist die starke Betonung von *le* am Satzende: *Fais-le* [fɛlœ]. – Tu es!

Anmerkung 2: Nach einem Imperativ sind die Verbindungen Objektpronomen + partitives *en* geläufig: *Donne-m'en.* – Gib mir welche! Gängig sind auch die Formen *Va-t'en!* – Geh weg! und *Allez-vous-en!* – Geht weg! Vertritt *en* jedoch eine Ergänzung mit *de,* so wird gewöhnlich *de cela* verwendet: *Charge-le de cela.* – Beauftrag ihn damit!

Anmerkung 3: Die Verbindungen *m'y* und *t'y* gelten als unschön. Für *y* tritt in diesem Fall *là(-bas)* ein: *Conduis-moi là-bas.* – Führ mich hin!

Anmerkung 4: Beim Imperativ der 2. Person Singular der Verben der 1. Konjugation wird zur besseren Aussprache vor *y* und *en* ein *-s* angehängt: *Parles-en* [paʀləzɑ̃]. – Sprich darüber! *Vas-y* [vazi]*!* – Geh hin!

3. Beim verneinten Imperativ erscheinen die Pronomen und Pronominaladverbien in derselben Reihenfolge wie im Aussagesatz (vgl. § 138.1):

Ne le lui dis pas.	Sag es ihm nicht!
Ne m'en veux pas.	Sei mir nicht böse!
Ne vous inquiétez pas.	Machen Sie sich keine Sorgen!
Ne t'en fais pas.	Mach dir nichts draus!

4. Die Pronomen stehen vor dem Infinitiv:

Je suis ici pour t'aider.	Ich bin hier, um dir zu helfen.
Il doit s'excuser.	Er muss sich entschuldigen.
Elle ne peut pas se le permettre.	Sie kann es sich nicht erlauben.
Nous espérons vous revoir bientôt.	Wir hoffen, euch/Sie bald wiederzusehen.
Ma fille viendra me voir.	Meine Tochter wird mich besuchen.
Je crois l'avoir convaincu.	Ich glaube, ihn überzeugt zu haben.
Je n'ose pas le lui dire.	Ich wage nicht, es ihm zu sagen.
Il faut les aider.	Man muss ihnen helfen.
Il jure l'avoir vue.	Er schwört, sie gesehen zu haben.

5. Hängt ein Infinitiv von einem Verb der Wahrnehmung ab, so stehen die Pronomen bei diesem:

Il ne veut plus en entendre parler.	Er will nichts mehr davon hören.
Je les avais vus arriver de loin.	Ich hatte sie von weitem kommen sehen.
Regarde-le jouer.	Sieh ihm beim Spielen zu!

Anmerkung: Es kann jedoch noch ein Pronomen oder Pronominaladverb vor dem Infinitiv stehen, wenn es zu diesem gehört: *Je l'ai entendu descendre à la cave.* – Ich habe ihn in den Keller hinuntergehen hören. *Je l'ai entendu y descendre.* – Ich habe ihn dort hinuntergehen hören.

6. Folgt auf *faire* 'lassen' (im Sinn von 'veranlassen') ein Infinitiv, so stehen die Objektpronomen und Pronominaladverbien bei *faire*:

Il m'a fait attendre.	Er hat mich warten lassen.
Est-ce que le patron a fait venir les employés? – Oui, il les a fait venir.	Hat der Chef die Angestellten kommen lassen? – Ja, er hat sie kommen lassen.
Elle s'est fait établir un passeport provisoire.	Sie hat sich einen provisorischen Pass ausstellen lassen.
J'en ai fait faire.	Ich habe welche machen lassen.
Fais-le entrer.	Lass ihn herein!
Est-ce que le professeur a fait copier le texte aux élèves? – Oui, il leur a fait copier le texte./Il le leur a fait copier.	Hat der Lehrer die Schüler den Text abschreiben lassen? – Ja, er hat sie den Text abschreiben lassen./Er hat sie ihn abschreiben lassen.
Elle lui a fait comprendre qu'elle ne voulait pas sortir avec lui.	Sie hat ihm zu verstehen gegeben, dass sie nicht mit ihm ausgehen wolle.

Anmerkung 1: Wenn der mit *faire* + Infinitiv gebildete Satz zwei Objekte hat, wird das Personenobjekt indirekt konstruiert: *Je lui ai fait réparer la voiture.* – Ich habe ihn das Auto reparieren lassen.

Anmerkung 2: Folgt auf *faire* ein reflexives Verb, so kann das Reflexivpronomen entfallen: *Il l'a fait (se) lever.* – Er sagte ihm/ihr, er/sie solle aufstehen./Er forderte ihn/sie auf aufzustehen. Das Reflexivpronomen muss jedoch stehen, wenn es die Klarheit verlangt. *Il l'a fait s'arrêter.* – Er forderte ihn/sie auf, stehen zu bleiben. *Il l'a fait arrêter.* – Er ließ ihn/sie verhaften.

Anmerkung 3: Das Partizip *fait* bleibt vor einem Infinitiv stets unverändert (vgl. § 247.1): *Je les ai fait venir.* – Ich habe sie kommen lassen.

Anmerkung 4: Im Französischen gibt es Verben, bei denen im Gegensatz zum Deutschen 'lassen' Bestandteil der Verbbedeutung ist und daher *faire* nicht verwendet wird: *Ses parents ont divorcé il y a deux ans.* – Seine Eltern haben sich vor zwei Jahren scheiden lassen. *Ces expériences m'ont mûri.* – Diese Erfahrungen haben mich reifen lassen (vgl. auch § 264.4).

Ausdrücke und Wendungen mit *faire* + Infinitiv:

faire bouillir des légumes	Gemüse kochen
faire cuire des pommes de terre	Kartoffeln kochen
faire enregistrer ses bagages	sein Gepäck aufgeben
faire savoir qc à qn	jdm. etw. mitteilen
faire voir qc à qn	jdm. etw. zeigen
faire taire qn	jdm. zum Schweigen bringen
faire chanter qn	jdn. erpressen
Ne me faites pas dire ce que je n'ai jamais dit.	Legen Sie mir nicht in den Mund, was ich nie gesagt habe!

7. Kommt bei *laisser* + Infinitiv ein pronominales Objekt vor, steht das Pronomen bei *laisser;* hat man zwei pronominale Objekte, stehen diese ebenfalls meistens bei *laisser*; sie können aber auch bei dem Verb stehen, zu dem sie jeweils gehören (zur Veränderlichkeit des Part. Perf. vgl. § 248.1):

As-tu laissé tomber le verre? – Oui, je l'ai laissé tomber.	Hast du das Glas fallen lassen? – Ja, ich habe es fallen lassen.
Ils l'ont laissé(e) partir en vacances seule.	Sie haben sie allein verreisen lassen.
Laisse-les jouer!	Lass sie spielen!
Est-ce que tu as laissé essayer ta robe à ton amie?/Est-ce que tu as laissé ton amie essayer ta robe? -	Hast du deine Freundin dein Kleid anprobieren lassen? –
Oui, je l'ai laissé(e) essayer ma robe/je lui ai laissé essayer ma robe.	Ja, ich habe sie mein Kleid anprobieren lassen.
Je la lui ai laissé(e) essayer./Je l'ai laissé(e) l'essayer./Je lui ai laissé l'essayer.	Ich habe sie es anprobieren lassen.

Anmerkung 1: Hat der mit *laisser* + Infinitiv gebildete Satz ein pronominales Personenobjekt und ein substantivisches Sachobjekt, so kann das Personenobjekt direkt oder indirekt konstruiert werden. Sind beide Objekte Pronomen, so wird das Personenobjekt indirekt konstruiert, wenn beide Pronomen vor *laisser* stehen (Normalfall). Die Pronomen können jedoch auch getrennt vor dem jeweiligen Verb stehen, auf das sie sich beziehen (seltener). In diesem Fall kann das Personenobjekt direkt oder indirekt konstruiert werden (siehe Beispiele).

Anmerkung 2: Beim bejahten Imperativ stehen die Objektpronomen und die Pronominaladverbien bei dem Verb, auf das sie sich beziehen: *Laisse-le y participer.* – Lass ihn daran teilnehmen! *Laissez-les en prendre.* – Lassen Sie/Lasst sie welche nehmen!

Anmerkung 3: Folgt auf *laisser* ein reflexives Verb, kann das Reflexivpronomen entfallen: *Il a laissé (s')éteindre sa pipe.* – Er hat seine Pfeife ausgehen lassen.

Merke folgende Wendungen und Ausdrücke mit *laisser* + Infinitiv: *ne pas se laisser faire* – sich nichts gefallen lassen, *laisser tomber qn* – die Finger von jdm. lassen, *laisser entendre que* … – durchblicken lassen, dass …

8. Die Objektpronomen und Pronominaladverbien stehen vor dem Partizip; beim Gerundium stehen sie nach *en*:

En y regardant de plus près, on s'aperçoit que ...	Wenn man genauer hinschaut, bemerkt man, dass ...
Les connaissant, il décida ...	Da er sie kannte, beschloss er ...

Die unverbundenen Personalpronomen
(les pronoms personnels disjoints)

139 Die Formen der unverbundenen Personalpronomen
(les formes des pronoms personnels disjoints)

Person		Singular	Plural
1. Person		*moi*	*nous*
2. Person		*toi*	*vous*
3. Person	maskulin	*lui*	*eux*
	feminin	*elle*	*elles*
Höflichkeitsform		*vous*	
Reflexiv		*soi*	

140 Der Gebrauch der unverbundenen Personalpronomen
(l'emploi des pronoms personnels disjoints)

Das unverbundene Personalpronomen steht

1. in Sätzen ohne Verb:

Qui n'a pas fait ses devoirs? – Moi.	Wer hat seine Hausaufgaben nicht gemacht? – Ich.
Je n'y vais pas. Toi non plus?	Ich gehe nicht dorthin. Du auch nicht?

Merke: Du Idiot! – *Espèce d'imbécile!/Bougre d'imbécile!* Ich Ärmster! – *Pauvre de moi! Bon week-end! – (A) toi/vous aussi.* – Schönes Wochenende! – Gleichfalls./Ebenfalls.

2. nach *c'est/ce sont*:

Qui est la mère de Jean? – C'est moi.	Wer ist die Mutter von Jean? – Ich.
Qui sont les héros? – Ce sont eux.	Wer sind die Helden? – Sie.

Merke: *Allô, monsieur Delalande? – Oui, c'est lui-même.* – Spreche ich mit Herrn Delalande? – Ja, am Apparat.

3. nach Präpositionen:

C'est à qui? – A moi.	Wer ist an der Reihe/Wer ist dran? – Ich.
Je n'ai pas d'argent sur moi.	Ich habe kein Geld dabei.
C'est bien fait pour toi.	Das geschieht dir recht.
Regarde devant toi!	Schau vor dich!
Je suis à vous dans un instant.	Ich stehe Ihnen gleich zur Verfügung.
Il est très attaché à moi.	Er hängt sehr an mir.
Affectueusement à toi, ...	Herzliche Grüße ...

Anmerkung: Bei den Verben und Ausdrücken *penser à qn, recourir à qn, tenir à qn, avoir affaire à qn* muss das Objektpronomen durch *à* + unverbundenes Pronomen ausgedrückt werden: *Il pense à moi.* – Er denkt an mich. *Il a recouru à eux.* – Er hat sich (Hilfe suchend) an sie gewandt. *Je tiens à lui.* – Ich hänge an ihm./Ich lege Wert auf ihn. *Tu as affaire à elle.* – Du hast es mit ihr zu tun.

4. bei näherer Bestimmung des Pronomens:

Lui seul s'y connaît.	Er allein kennt sich darin aus.
J'irai moi-même.	Ich werde selbst hingehen.
Moi aussi, je suis de Marseille.	Ich bin auch aus Marseille.
Eux non plus (ils) n'ont pas été reçus à l'examen.	Sie haben die Prüfung auch nicht bestanden.
Il n'y a que lui qui le sache.	Nur er weiß es.
Je n'aime que toi.	Ich liebe nur dich.

Merke: Sie beide wissen es. – *Ils le savent tous deux.* Nicht: **eux deux.*

5. bei der Hervorhebung (*c'est ... qui/c'est ... que,* vgl. § 358):

C'est moi qui ai gagné.	**Ich** habe gewonnen.
C'est lui que j'ai vu.	**Ihn** habe ich gesehen.

6. wenn das Subjekt aus mehreren Elementen besteht:

Mon ami et moi (nous) faisons del'auto-stop.	Mein Freund und ich fahren per Anhalter.
Ni toi ni lui (vous) n'arriverez à me détourner de mon projet.	Weder dir noch ihm wird es gelingen, mich von meinem Plan abzubringen.
Je n'ai vu ni lui ni elle.	Ich habe weder ihn noch sie gesehen.

7. im segmentierten Satz (vgl. § 357.1):

Moi, je n'y vais pas./Je n'y vais pas, moi.	Ich gehe nicht hin!
Toi, qu'est-ce que tu fais ce soir?	Was machst du heute Abend?

8. beim bejahten Imperativ (*moi, toi*):

Ecoute-moi.	Hör mir zu!
Dépêche-toi.	Beeil dich!

9. vor einem Partizip Perfekt [geh./Schriftsprache]:

pour une raison de moi seul connue	aus einem mir allein bekannten Grund

141 Präposition + Personalpronomen im Deutschen – komplexer Audruck im Französischen

Das ist fies von ihm.	*C'est vache de sa part.*
Ich habe eine Frage an Sie.	*J'ai une question à vous poser.*
Ich habe eine Bitte an Sie.	*J'ai un prière à vous adresser.*
Haben Sie Nachricht von ihm?	*Est-ce que vous avez de ses nouvelles?*
Haben Sie Zeit für mich?	*Avez-vous le temps de me recevoir/ de vous occuper de moi?*
Was hat er über ihn gesagt?	*Qu'est-ce qu'il a dit sur son compte?*
Er legte den Arm um sie.	*Il passa le bras autour de sa taille.*
Das ist ein (speziell) für sie gegebener Empfang.	*C'est une réception donnée à leur intention.*
Das ist ein(e) Bekannte(r) von mir.	*C'est une personne de ma connaissance.*
Ich will Sie nicht aufhalten.	*Je ne veux pas abuser de votre temps.*

142 Der Gebrauch des Reflexivpronomens *soi*
(l'emploi du pronom réfléchi *soi*)

Das Reflexivpronomen *soi* wird verwendet

1. mit Bezug auf Indefinita wie *on, chacun, tout le monde, personne,* in Verbindung mit *celui qui* oder ohne Bezugswort:

Personne ne vit pour soi-même.	Niemand lebt für sich selbst.
Chacun pour soi et Dieu pour tous.	Jeder für sich, Gott für uns alle.
Celui qui est toujours content de soi est un homme heureux.	Wer immer mit sich zufrieden ist, ist ein glücklicher Mensch.
Mentir aux autres, passe encore; mais à soi-même!	Andere anzulügen, das lasse ich mir noch gefallen, aber sich selbst!
Avoir une chambre à soi, c'est très agréable.	Ein Zimmer für sich zu haben ist sehr angenehm.

Anmerkung 1: Wird *on* anstelle von *nous* verwendet, so tritt *nous* für *soi* ein: *On sort ou on reste chez nous?* – Gehen wir aus oder bleiben wir zu Hause?

Anmerkung 2: Wenn zu *chacun* eine Ergänzung mit *de* hinzutritt, so gebraucht man *lui(-même)*: *Chacun de ces politiciens ne pense qu'à lui(-même).* – Jeder dieser Politiker denkt nur an sich.

2. wenn ein Satz durch ein unpersönliches Verb eingeleitet wird:

Il ne faut pas perdre le contrôle de soi.	Man darf nicht die Selbstbeherrschung verlieren.
Même sur un banc d'accusé, il est toujours intéressant d'entendre parler de soi. (Camus)	Selbst auf einer Anklagebank ist es immer interessant, über sich reden zu hören.
Il va de soi que ...	Es versteht sich von selbst, dass ...

Merke: *C'est devenu une fin en soi.* – Das ist zum Selbstzweck geworden.
en soi an und für sich

Anmerkung 1: Mit Bezug auf ein bestimmtes Subjekt steht meist *lui(-même), elle(-même), eux(-mêmes), elles(-mêmes)*: *Robert ne pense qu'à lui(-même).* – Robert denkt nur an sich. *Il est imbu de lui-même.* – Er ist von sich eingenommen. *Ces gens ne pensent qu'à eux-mêmes.* – Diese Leute denken nur an sich. *Marie ne pense qu'à elle(-même).* Marie denkt nur an sich. *Ma fille se replie sur elle-même.* – Meine Tochter kapselt sich ab. *Les statistiques parlent d'elles-mêmes.* – Die Statistiken sprechen für sich.

Anmerkung 2: Wäre der Gebrauch von *lui/elle* doppeldeutig, so tritt *soi* ein: *Elle ne pense qu'à soi.* – Sie denkt nur an sich. (*à elle* könnte bedeuten 'an sich' oder 'an sie').

Kapitel 10 Die Relativpronomen (les pronoms relatifs)

Das Relativpronomen verknüpft einen Nebensatz mit einer Nominalgruppe, auf die es sich bezieht. Die Wahl des Relativpronomens richtet sich nach der Funktion, die es im Relativsatz erfüllt, und nach der Belebtheit/Unbelebtheit seines Beziehungswortes. Es gibt einfache Relativpronomen (*qui, que, dont, quoi*) und ein zusammengesetztes Relativpronomen (*lequel*).

143 Typen von Relativsätzen

Das Französische unterscheidet zwei Typen von Relativsätzen (propositions relatives):

1. einschränkende Relativsätze (propositions relatives restrictives), d.h. Relativsätze, die zum Verständnis des Hauptsatzes notwendig sind; sie werden nicht durch Kommata abgetrennt:

Est-ce que tu connais le monsieur qui vient de descendre?	Kennst du den Herrn, der gerade ausgestiegen ist?

2. erläuternde Relativsätze (propositions relatives explicatives), d.h. Relativsätze, die eine zum Verständnis des Hauptsatzes nicht notwendige Information geben; sie werden durch Kommata abgetrennt:

Le ministre des finances, dont j'ai oublié le nom, a démissionné.	Der Finanzminister, dessen Namen ich vergessen habe, ist zurückgetreten.

144 Die Formen der Relativpronomen

<table>
<tr><th>Funktion</th><th>auf Personen bezogen</th><th>auf Sachen bezogen</th><th>auf vorausgehendes ce bezogen</th></tr>
<tr><td>Subjekt</td><td colspan="3">qui</td></tr>
<tr><td>direktes Objekt</td><td colspan="3">que/qu'</td></tr>
<tr><td>Prädikatsnomen</td><td colspan="3">que/qu'</td></tr>
<tr><td>indirektes Objekt mit à</td><td>à qui/[geh.] auquel</td><td>auquel</td><td>à quoi</td></tr>
<tr><td rowspan="3">indirektes Objekt mit de</td><td colspan="3">dont</td></tr>
<tr><td colspan="2">duquel</td><td>-</td></tr>
<tr><td>de qui</td><td colspan="2">-</td></tr>
<tr><td>Präpositionales Objekt mit anderer Präposition</td><td>Präp. + qui
Präp. + [geh.] lequel</td><td>Präp. + lequel</td><td>Präp. + quoi</td></tr>
</table>

Als Relativadverb wird *où* gebraucht (vgl. § 152).

Anmerkung 1: Während *que* vor vokalisch anlautendem Folgewort zu *qu'* elidiert wird, findet bei *qui* keine Elision statt.

Anmerkung 2: Das zusammengesetzte Relativpronomen *lequel* weist dieselben Formen auf wie das entsprechende Interrogativpronomen (vgl. § 113.2).

Anmerkung 3: Das Relativpronomen *quiconque* 'wer auch immer' ist literarisch. Es steht ohne Bezugswort: *Quiconque affirmerait cela, se tromperait.* – Wer auch immer das behauptete, würde sich täuschen.

Der Gebrauch der Relativpronomen

qui 145

Das unveränderliche Relativpronomen *qui* wird verwendet

1. als Subjekt, wobei das Bezugswort eine Person oder eine Sache sein kann:

C'est une voiture qui me plaît.	Das ist ein Auto, das mir gefällt.
Je connais une dame qui a une chambre à louer.	Ich kenne eine Dame, die ein Zimmer zu vermieten hat.
Le train qui devait arriver à trois heures a une heure de retard.	Der Zug, der um drei Uhr ankommen sollte, hat eine Stunde Verspätung.
Est-ce que tu connais les noms des fleurs qui poussent dans ton jardin?	Kennst du die Namen der Blumen, die in deinem Garten wachsen?
Mon ami a un oncle qui sait le japonais.	Mein Freund hat einen Onkel, der Japanisch kann.

Anmerkung: *Qui ... qui* wird in distributiver Bedeutung gebraucht: *Dix policiers ont été blessés, qui à la jambe, qui dans le dos, qui à la poitrine.* – Zehn Polizisten wurden verletzt, die einen am Bein, die anderen am Rücken und wieder andere an der Brust.

2. nach Präpositionen, nur auf Personen bezogen:

Tu n'es pas le premier à qui ça arrive.	Du bist nicht der Erste, dem das passiert.
C'est quelqu'un sur qui tu peux compter.	Das ist jemand, auf den du dich verlassen kannst.
Comment s'appelle la jeune fille avec qui tu viens de parler?	Wie heißt das Mädchen, mit dem du gerade gesprochen hast?
Ce sont des personnes en qui j'ai confiance.	Das sind Menschen, zu denen ich Vertrauen habe.

Zu *de qui* vgl. § 149.2

3. ohne Bezugswort (= *celui qui*), besonders in Sprichwörtern:

Qui vole un œuf, vole un bœuf.	Mit kleinen Dingen fängt es an, mit großen hört es auf.
Qui va lentement, va longtemps et sûrement.	Eile mit Weile.

4. als neutrales Relativpronomen:

qui pis est	was noch schlimmer ist
Voilà qui est fait!	Das wäre geschafft!
Tout est bien qui finit bien.	Ende gut, alles gut.

146 *que*

Das unveränderliche Relativpronomen *que* wird gebraucht

1. als direktes Objekt (zur Veränderlichkeit des Part. Perf. vgl. 246.2):

L'histoire qu'il a racontée à ses parents est inventée de toutes pièces.	Die Geschichte, die er seinen Eltern erzählt hat, ist frei erfunden.
Le cœur a ses raisons que la raison ne connaît point. (Pascal)	Das Herz hat seine Gründe, die der Verstand nicht kennt.
Les poires que tu as achetées au marché sont excellentes.	Die Birnen, die du auf dem Markt gekauft hast, sind ausgezeichnet.
Le toasteur que j'ai acheté hier ne fonctionne pas bien.	Der Toaster, den ich gestern gekauft habe, funktioniert nicht richtig.

2. als Prädikatsnomen:

Continuons à nous voir comme des amis que, quoi qu'il arrive, nous resterons.	Sehen wir uns weiterhin als Freunde, die wir, was auch immer geschieht, bleiben werden.
Qu'est-ce que vous pensez de ce vin, en bon connaisseur que vous êtes?	Was halten Sie, als guter Weinkenner, (der Sie sind,) von diesem Wein?

3. in Funktion eines Relativadverbs:

Chaque fois qu'il me voit, il passe de l'autre côté de la rue.	Jedesmal, wenn er mich sieht, geht er auf die andere Straßenseite.
Maintenant qu'il est à la retraite, mon mari peut se consacrer à ses hobbies.	Jetzt, da mein Mann pensioniert ist, kann er sich seinen Hobbies widmen.

Voilà deux ans que j'ai arrêté de fumer.	Es ist zwei Jahre her, dass ich mit dem Rauchen aufgehört habe.
La première fois que je suis allé en Italie, j'avais vingt ans.	Als ich das erste Mal nach Italien fuhr, war ich zwanzig Jahre alt.
Un jour que je me promenais aux Champs-Elysées, j'aperçus un clochard qui ressemblait à mon ancien professeur de latin.	Als ich eines Tages auf den Champs-Elysées spazieren ging, bemerkte ich einen Clochard, der meinem ehemaligen Lateinlehrer ähnelte.

Merke: *Le jour où ...* – Der Tag, an dem ... (vgl. § 152.2)

dont 147

Das unveränderliche Relativpronomen *dont* vertritt

1. die *de*-Ergänzung eines Verbs:

C'est une occasion dont il faut absolument profiter.	Das ist eine Gelegenheit, die man unbedingt ausnutzen muss.
Je ne peux pas m'offrir la voiture dont je rêve.	Ich kann mir das Auto nicht leisten, von dem ich träume.
Quels sont les arguments dont l'auteur se sert pour sensibiliser les lecteurs?	Welches sind die Argumente, deren sich der Autor bedient, um die Leser zu sensibilisieren?
Je me souviens d'une toxicomane dont je me suis occupé qui avait fait une tentative de suicide à douze ans.	Ich erinnere mich an eine Drogenabhängige, um die ich mich gekümmert habe, die mit zwölf Jahren einen Selbstmordversuch unternommen hatte.

2. die *de*-Ergänzung eines Adjektivs:

C'est un succès dont nous sommes très fiers.	Das ist ein Erfolg, auf den wir sehr stolz sind.
Ce sont des choses dont nous sommes responsables.	Das sind Dinge, für die wir verantwortlich sind.

3. die *de*-Ergänzung von Nominalgruppen:

Mon fils joue avec un garçon dont le père travaille en Allemagne.	Mein Sohn spielt mit einem Jungen, dessen Vater in Deutschland arbeitet.
C'est une étudiante dont j'ai fait la connaissance à Florence.	Das ist eine Studentin, deren Bekanntschaft ich in Florenz gemacht habe.

Vgl. auch § 149.

Anmerkung 1: Erscheint *dont* in einem Satz ohne Prädikat, so entspricht es dt. 'davon/darunter': *Cinq policiers ont été blessés, dont l'un grièvement.* – Fünf Polizisten wurden verletzt, davon einer schwer.

Anmerkung 2: *Dont* erscheint im geschriebenen Französisch auch in sog. verschränkten Relativsätzen, wie z.B. *Cette lettre, dont je sais que vous êtes l'auteur, est diffamatoire.* – Dieser Brief, von dem ich weiß, dass Sie der Autor sind, ist verleumderisch. Hier liegt eine Verbindung der beiden Sätze *Cette lettre est diffamatoire* und *Je sais que vous êtes l'auteur de cette lettre* vor. Die *de*-Ergänzung des zweiten Satzes wird durch *dont* ersetzt und auf das Subjekt des ersten Satzes bezogen.

148 *lequel*

1. Bezieht sich das Relativpronomen auf eine Präpositionalgruppe, so steht, falls es sich dabei um eine Sache handelt, eine Form von *lequel*, der die betreffende Präposition vorausgeht:

C'est la raison pour laquelle je ne suis pas venu.	Das ist der Grund, weshalb ich nicht gekommen bin.
La situation dans laquelle je me trouve est très délicate.	Die Lage, in der ich mich befinde, ist sehr heikel.
Le programme avec lequel je travaille s'appelle WORD.	Das Programm, mit dem ich arbeite, heißt WORD.
Y a-t-il d'autres constructions par lesquelles on peut remplacer le gérondif?	Gibt es andere Konstruktionen, durch die man das Gerundium ersetzen kann?
C'est une organisation dans laquelle j'ai confiance.	Das ist eine Organisation, in die ich Vertrauen habe.
C'est une solution à laquelle je crois.	Das ist eine Lösung, an die ich glaube.
C'est un diplôme sans lequel tu ne pourrais pas avoir ce poste.	Das ist ein Diplom, ohne das du diese Stelle nicht bekommen könntest.
Connais-tu la légende de St. Martin selon laquelle il aurait partagé son manteau avec un mendiant?	Kennst du die Legende des heiligen Martin, nach der er seinen Mantel mit einem Bettler geteilt hat?
C'est une idée à laquelle je ne peux pas me faire.	Das ist ein Gedanke, an den ich mich nicht gewöhnen kann.
Il y avait deux choses auxquelles je réfléchissais tout le temps: ...	Es gab zwei Dinge, über die ich die ganze Zeit nachdachte: ...
Ce sont des devoirs auxquels l'État ne pourra pas se soustraire.	Das sind Pflichten, denen der Staat sich nicht wird entziehen können.
C'est un danger auquel je ne m'exposerai pas.	Das ist eine Gefahr, der ich mich nicht aussetzen werde.

Anmerkung 1: In gehobener Sprache kann sich *lequel* mit vorangehender Präposition auch auf eine Nominalgruppe beziehen, mit der Personen gemeint sind: *Le monsieur auquel je me suis adressé s'appelle Durand.* – Der Herr, an den ich mich gewandt habe, heißt Durand.

Anmerkung 2: Nach *parmi* und *entre* kann nur *lesquels/lesquelles* stehen, auch in Bezug auf Personen: *Les victimes, parmi lesquelles se trouvaient trois enfants, étaient des ressortissants turcs.* – Die Opfer, unter denen sich drei Kinder befanden, waren türkische Staatsangehörige. *Il y avait des maisons entre lesquelles courait la frontière.* – Es gab Häuser, zwischen denen die Grenze verlief.

Anmerkung 3: In einigen Fällen folgt im Französischen auf ein Substantiv die Präposition *selon + lequel,* während im Deutschen ein 'dass-Satz' gebraucht wird: *La remarque selon laquelle tous nos efforts étaient inutiles ne correspond pas à la vérité.* – Die Bemerkung, dass alle unsere Bemühungen nutzlos waren, entspricht nicht der Wahrheit.

2. *Lequel* kann in der Schriftsprache zur Verdeutlichung der Beziehung des Relativpronomens verwendet werden:

La femme de mon ami, laquelle est professeur d'anglais, vient de passer deux mois aux Etats-Unis.	Die Frau meines Freundes, die Englischlehrerin ist, hat gerade zwei Monate in den USA verbracht.
La femme de mon ami, lequel est professeur d'anglais, ...	Die Frau meines Freundes, der Englischlehrer ist, ...

3. *Lequel* dient zum Anschluss eines Relativsatzes nach einer Reihe von präpositionalen Ausdrücken:

Il a passé de longues années en prison au bout desquelles il est rentré tout démoralisé.	Er hat lange Jahre im Gefängnis verbracht, nach denen er ganz demoralisiert zurückgekehrt ist.
Le bâtiment à côté duquel s'élève l'église est notre lycée.	Das Gebäude, neben dem die Kirche steht, ist unser Gymnasium.
Le brouillard à cause duquel nous sommes arrivés en retard a provoqué beaucoup d'accidents.	Der Nebel, wegen dem wir zu spät gekommen sind, hat viele Unfälle verursacht.
C'est une invention grâce à laquelle beaucoup de vies ont été sauvées.	Das ist eine Erfindung, dank derer viele Leben gerettet wurden.

Die Wiedergabe von dt. 'dessen/deren' im Französischen 149

1. Ist das auf 'dessen/deren' folgende Substantiv Subjekt, Prädikatsnomen oder direktes Objekt, so steht *dont* (vgl. § 147.3):

C'est le garçon dont le père est mon professeur d'anglais.	Das ist der Junge, dessen Vater mein Englischlehrer ist.
L'association, dont je suis le président, a de hautes visées.	Die Vereinigung, deren Präsident ich bin, hat sich hohe Ziele gesetzt.

Le monsieur dont je promène le chien est très généreux.	Der Herr, dessen Hund ich ausführe, ist sehr großzügig.
C'est un auteur dont ma mère a lu toutes les œuvres.	Das ist ein Autor, dessen Werke meine Mutter ganz gelesen hat.

2. Eine aus Präposition + dessen/deren + Substantiv bestehende Nominalgruppe wird im Französischen durch Präposition + bestimmter Artikel + Substantiv mit nachgestelltem *duquel/de laquelle* etc. wiedergegeben. Ist das Beziehungswort eine Person, so kann auch nachgestelltes *de qui* stehen:

Das ist der Herr, ohne dessen Hilfe ich diesen Arbeitsplatz nicht bekommen hätte.	*C'est le monsieur sans l'aide duquel/de qui je n'aurais pas eu cet emploi.*
Der Autor, auf dessen Artikel ich mich beziehe, lebt in der Schweiz.	*L'auteur à l'article duquel/de qui je me réfère vit en Suisse.*
Der französische Kollege, in dessen Haus ich untergebracht war, sprach fließend Deutsch.	*Le collègue français dans la maison duquel j'étais logé parlait couramment l'allemand.*
Die Kinder, zugunsten derer diese Sammlung durchgeführt wurde, sind alles Waisenkinder aus dem ehemaligen Jugoslawien.	*Les enfants au bénéfice desquels cette quête a été faite sont tous orphelins de l'ex-Yougoslavie.*
Nach den Zwischenfällen im Parc des Princes, in deren Verlauf zehn Polizisten bei Zusammenstößen mit den Hooligans von Paris Saint-Germain verletzt worden waren, hat der Polizeipräfekt von Paris eine Reihe von Maßnahmen ergriffen, um die Sicherheit bei Fußballspielen zu verstärken.	*A la suite des incidents du Parc des Princes, au cours desquels dix policiers avaient été blessés lors d'échauffourées avec les hooligans du Paris SG, le préfet de police de Paris a pris une série de mesures destinées à renforcer la sécurité lors des matchs de football.*

150 *quoi*

Das Relativpronomen *quoi* steht nur nach einer Präposition. Es wird verwendet,

1. um auf die Indefinitpronomen *quelque chose* oder *rien* bzw. auf das neutrale Demonstrativpronomen *ce* Bezug zu nehmen:

C'est quelque chose sur quoi je reviendrai tout à l'heure.	Das ist etwas, worauf ich gleich zurückkommen werde.
Il n'y a rien à quoi il réagisse de façon plus irritée.	Es gibt nichts, worauf er gereizter reagiert.
Ce à quoi elle aspire le plus, c'est une chaire de linguistique.	Wonach sie am meisten strebt, ist ein Lehrstuhl für Linguistik.

Anmerkung: Auf das Substantiv *chose* bezogen kann anstelle von *laquelle* auch *quoi* gebraucht werden: *Il y avait aussi deux choses à quoi je réfléchissais tout le temps*: *l'aube et mon pourvoi.* (Camus) – Es gab auch zwei Dinge, an die ich die ganze Zeit dachte: an die Morgendämmerung und an die Berufung. In Beziehung auf ein anderes Substantiv ist der Gebrauch von *quoi* literarisch: *C'est une idée à quoi je ne pouvais pas me faire.* (Camus) – Das ist ein Gedanke, an den ich mich nicht gewöhnen konnte.

2. um auf einen vorangehenden Satz Bezug zu nehmen:

En quoi il se trompe.	Darin täuscht er sich.
A quoi Maigret avait répondu: ...	Darauf hatte Maigret geantwortet: ...
Après quoi elle a quitté la ville.	Danach hat sie die Stadt verlassen.
L'an dernier, le pays demanda sa souveraineté par voie référendaire. Sur quoi, tout le monde, Europe en tête, s'empressa de reconnaître la Bosnie-Herzégovine. (Le Figaro)	Letztes Jahr forderte das Land über ein Referendum seine Souveränität. Daraufhin beeilte sich jeder, Europa an der Spitze, Bosnien-Herzegowina anzuerkennen.

Merke: *sans quoi* sonst, *faute de quoi* andernfalls

3. in folgenden Ausdrücken:

As-tu de quoi écrire?	Hast du etwas zum Schreiben?
Il a de quoi vivre.	Er hat sein Auskommen.
Il n'y a vraiment pas de quoi s'inquiéter.	Es besteht wirklich kein Grund zur Sorge.
Il n'y a pas de quoi rire.	Da gibt es nichts zu lachen.
Pas de quoi.	Keine Ursache./Bitte.

ce qui/ce que/ce dont/ce + Präposition + *quoi* 151

An das neutrale Demonstrativpronomen *ce* (vgl. § 54) können sich die Relativpronomen *qui, que, dont* oder – nach vorausgehender Präposition – *quoi* anschließen. Diese können in einem Satz als Subjekt, Prädikatsnomen, direktes Objekt oder präpositionale Ergänzung fungieren (zu den Sperrsätzen vgl. § 359):

Ce qui m'agace le plus, c'est ta négligence.	Was mich am meisten ärgert, ist deine Nachlässigkeit.
Nous faisons tout ce qui est en notre pouvoir pour retrouver votre valise.	Wir tun alles, was in unserer Macht steht, um Ihren Koffer wiederzufinden.
Tout cela va stimuler l'économie du pays, ce qui est important.	All das wird die Wirtschaft des Landes ankurbeln, was wichtig ist.

Ce que j'apprécie chez lui, c'est son sens de l'humour.	Was ich an ihm schätze, ist sein Sinn für Humor.
Le Boul'Mich' n'est plus ce qu'il était il y a quelques années.	Der Boul'Mich' ist nicht mehr das, was er vor einigen Jahren war.
Ce n'est rien à côté de ce qu'on connaît en ex-Yougoslavie.	Das ist nichts im Vergleich zu dem, was wir im ehemaligen Jugoslawien erleben.
Le Français? Un être qui est avant tout le contraire de ce que vous croyez. (Daninos)	Der Franzose? Ein Wesen, das vor allem das Gegenteil ist von dem, was Sie glauben.
Il faut se débrouiller avec ce qu'on a.	Man muss sich mit dem behelfen, was man hat.
Je voudrais revenir sur ce que M. Lagrange a dit tout à l'heure.	Ich möchte auf das zurückkommen, was Herr Lagrange gerade gesagt hat.
C'est tout ce dont je me souviens.	Das ist alles, woran ich mich erinnere.
J'ai tout ce dont j'ai besoin.	Ich habe alles, was ich brauche.
Ce à quoi je pense en ce moment, c'est que ...	Woran ich in diesem Augenblick denke, ist, dass ...
... ce à quoi j'ai répondu que ...	... worauf ich antwortete, dass ...
Me taire, c'est ce à quoi je ne peux me résoudre.	Schweigen ist das, wozu ich mich nicht entschließen kann.
Ce sur quoi il insiste depuis longtemps, c'est la réduction des impôts.	Worauf er seit langem besteht, ist die Steuersenkung.
Ce contre quoi luttent les naturalistes, ce sont les excès de la chasse.	Wogegen die Naturforscher kämpfen, sind die Auswüchse der Jagd.

Wendungen mit *ce qui/ce que*:

pour ce qui est de vous/cela	was Sie/das betrifft
en ce qui concerne la tolérance	was die Toleranz angeht
à ce que je vois	wie ich sehe, ...
Voilà ce qui compte!	Darauf kommt es an!

152 Das Relativadverb *où*

Das Relativadverb *où* wird verwendet

1. in lokaler Funktion:

Je vais là où le roi va a pied.	Ich gehe dahin, wo auch der Kaiser zu Fuß hingeht.
Des étudiants portaient des pancartes où on pouvait lire: ...	Studenten trugen Transparente, auf denen man lesen konnte: ...
Le snack(-bar) est un restaurant où on sert rapidement des repas à toute heure.	Eine Snackbar ist eine Gaststätte, in der man zu jeder Uhrzeit schnell Mahlzeiten serviert.

Anmerkung 1: Das Relativadverb *où* kann mit den Präpositionen *de, par* und *jusque* verbunden werden: *L'endroit d'où je viens n'est pas encore envahi par les touristes.* – Die Gegend, aus der ich komme, ist noch nicht von Touristen überschwemmt. *Comment s'appelle le village par où nous venons de passer?* – Wie heißt das Dorf, durch das wir eben gefahren sind? *C'est la limite jusqu'où on peut aller.* – Das ist die Grenze, bis zu der man gehen kann. In Verbindung mit anderen Präpositionen muss *lequel* gebraucht werden: *Le trottoir sur lequel je marche ...* – Der Gehweg, auf dem ich gehe, ...

Anmerkung 2: Erscheint im Deutschen 'wo' ohne Beziehungswort, muss im Französischen *là où* stehen: Wo sich die Wege kreuzen, biegst du links ab. – *Là où les chemins se croisent, tu tournes à gauche.*

2. in temporaler Funktion:

Le jour viendra où tu t'en repentiras.	Der Tag wird kommen, an dem du es bereuen wirst.
Il y a des périodes où je travaille comme un fou.	Es gibt Zeiten, in denen ich wie ein Verrückter arbeite.
Au point où nous en sommes en ce moment, nous ne pouvons pas nous permettre ce voyage.	In der Lage, in der wir jetzt sind, können wir uns diese Reise nicht leisten.
Tu es sorti de l'âge où l'on fait des bêtises de ce genre.	Du bist aus dem Alter heraus, in dem man solche Dummheiten macht.
Au moment où l'incendie a éclaté, la plupart des clients étaient encore endormis.	In dem Augenblick, als der Brand ausbrach, schliefen die meisten Gäste noch.

3. in übertragener Bedeutung:

Au prix où sont maintenant les chambres d'hôtel, on ne peut pas s'offrir un séjour de plusieurs semaines.	Bei den heutigen Hotelpreisen kann man sich keinen mehrwöchigen Aufenthalt leisten.
Dans l'hypothèse où votre fils accepte ma proposition, je l'embauche dès maintenant.	Falls Ihr Sohn meinen Vorschlag akzeptiert, stelle ich ihn sofort ein.
Dans la mesure où elle touche les activités clés, l'internationalisation du capital limite de plus en plus l'indépendance réelle de notre pays.	In dem Maße, wie die Internationalisierung des Kapitals die wichtigsten Aktivitäten berührt, beschränkt sie immer mehr die wirkliche Unabhängigkeit unseres Landes.
Du train où vont les choses, on finira par abandonner le projet.	Wenn es so weitergeht, wird man das Projekt schließlich aufgeben.

153 Weitere Möglichkeiten der Wiedergabe eines deutschen Relativsatzes im Französischen

Deutsche Relativsätze können im Französischen auch wiedergegeben werden durch:

1. Infinitivkonstruktionen mit *à* oder *pour*:

Il n'y a que 20% des femmes à/pour choisir un métier 'masculin'.	Es sind nur 20% der Frauen, die einen männlichen Beruf wählen.
Mon frère est toujours le premier à rouspéter.	Mein Bruder ist immer der Erste, der meckert.
C'est une émission à ne pas manquer.	Das ist eine Sendung, die man nicht versäumen darf.
Nous avons trouvé une femme de ménage pour s'occuper des enfants.	Wir haben eine Zugehfrau gefunden, die sich um die Kinder kümmert.
Il n'avait personne pour lui remonter le moral.	Er hatte niemanden, der ihm wieder Mut machte/gemacht hätte.
Tous les ans à la même époque, il se trouve des milliers de Français pour abandonner leurs animaux familiers parce qu'ils les gênent, parce qu'ils troublent le bel ordonnancement de leurs vacances.	Jedes Jahr zur selben Zeit gibt es Tausende von Franzosen, die ihre Haustiere aussetzen, weil sie sie stören, weil sie die schöne zeitliche Planung ihrer Ferien durcheinander bringen.
Je voudrais bien avoir quelqu'un pour m'aider.	Ich möchte gern jemand haben, der mir hilft.

2. eine Partizipialkonstruktion:

Les adjectifs se terminant par -ant font leur adverbe en -amment.	Die Adjektive, die auf *-ant* enden, bilden das Adverb auf *-amment*.
Les clients sortant du magasin sont interviewés par des étudiants.	Die Kunden, die das Geschäft verlassen, werden von Studenten interviewt.
Tout étudiant étranger désirant s'inscrire pour la première fois à une université française doit obligatoirement remplir un dossier de pré-inscription.	Jeder ausländische Student, der sich zum ersten Mal an einer französischen Universität immatrikuliert, muss zwangsläufig eine vorläufige Anmeldung ausfüllen.
Toutes les propositions faites par l'opposition ont été refusées.	Alle Vorschläge, die von der Opposition gemacht wurden/worden waren, wurden abgelehnt.
La pollution de l'air causée par les gaz d'échappement augmente constamment/va en augmentant.	Die Luftverschmutzung, die durch Abgase verursacht wird, nimmt ständig zu.

3. Adjektiv + präpositionale Ergänzung:

Ce sont des questions étrangères à mon affaire.	Das sind Fragen, die mit meiner Sache nichts zu tun haben.
A mon avis, ce sont des propositions susceptibles d'intéresser nos parte-*naires.*	Meiner Meinung nach sind das Vorschläge, die unsere Partner interessieren könnten.

4. Präpositionale Wendung:

une cliente en train d'essayer un pantalon	eine Kundin, die gerade eine Hose anprobiert
les élèves en mesure de répondre à cette question	die Schüler, die imstande sind, diese Frage zu beantworten

Kapitel 11 Das Adjektiv (L'adjectif)

Die Funktion eines Adjektivs besteht darin, ein Substantiv näher zu bestimmen. Ein Adjektiv kann Bestandteil einer Nominalgruppe (vgl. § 26.8) sein (attributives Adjektiv, adjectif épithète) oder mit *être* und einigen weiteren Verben das Prädikat bilden (prädikatives Adjektiv, adjectif attribut). Das attributive Adjektiv kann vor oder nach dem Substantiv stehen (vgl. §§ 164-170). Es stimmt in Genus (vgl. §§ 155-157, 162) und Numerus (vgl. §§ 159-162) mit dem Substantiv, zu dem es gehört, überein (vgl. § 163). In einigen Fällen übernimmt das Adjektiv die Funktion eines Adverbs (vgl. § 306).

Die Formen des Adjektivs im Singular
(les formes de l'adjectif au singulier)

Im Singular können Adjektive nach dem Genus unterschiedliche Formen aufweisen. Dabei sind drei verschiedene Fälle zu unterscheiden:
1. Maskuline und feminine Adjektive unterscheiden sich weder in der Aussprache noch in der Schreibung (vgl. § 154).
2. Maskuline und feminine Adjektive weisen dieselbe Aussprache auf, unterscheiden sich jedoch in der Schreibung (vgl. § 155).
3. Maskuline und feminine Adjektive unterscheiden sich sowohl in der Aussprache als auch in der Schreibung (vgl. § 156).

154 Adjektive mit einer gesprochenen und einer geschriebenen Form

Zu dieser Gruppe von Adjektiven gehören diejenigen, die auf *e instable* (vgl. § 3.3.) enden:

un problème facile	eine leichte Rechenaufgabe
une tâche facile	eine leichte Aufgabe
un goût désagréable	ein unangenehmer Geschmack
une odeur désagréable	ein unangenehmer Geruch
un changement possible	ein möglicher Wechsel
une rencontre possible	ein mögliches Treffen
le parti socialiste	die sozialistische Partei
une théorie socialiste	eine sozialistische Theorie
un échec catastrophique	ein katastrophaler Misserfolg
une situation catastrophique	eine katastrophale Situation
un médicament efficace	ein wirksames Medikament
une mesure efficace	eine wirksame Maßnahme
un acteur célèbre	ein berühmter Schauspieler
une actrice célèbre	eine berühmte Schauspielerin

Adjektive mit einer gesprochenen Form und zwei geschriebenen Formen **155**

1. Das Schriftbild dieser Adjektive endet im Maskulinum Singular auf die Vokale *-é, -i* oder *-u* oder auf die Konsonanten *-l oder -r* . Im Femininum wird ihnen in der Schreibung ein *-e* angefügt, wodurch sich die Aussprache nicht ändert:

mon frère aîné	mein älterer Bruder
ma sœur aînée	meine ältere Schwester
un employé poli	ein höflicher Angestellter
une employée polie	eine höfliche Angestellte
un garçon têtu	ein eigensinniger Junge
une femme têtue	eine eigensinnige Frau
un roman banal	ein banaler Roman
une conférence banale	ein banaler Vortrag
un costume clair	ein heller Anzug
une jupe claire	ein heller Rock

Anmerkung: Bei den maskulinen Formen *direct* 'direkt' und *strict* 'streng' wird [kt] gesprochen. In den maskulinen Formen *suspect* 'verdächtig' und *exact* 'genau' wird *-ct* zumeist nicht gesprochen. Bei den maskulinen Formen *distinct* [distɛ̃] 'deutlich' und *succinct* [syksɛ̃] 'knapp' ist *-ct* immer stumm. Bei den femininen Formen *directe*, *stricte*, *suspecte*, *exacte*, *distincte* wird stets [kt] gesprochen. Die Aussprache von *succincte* lautet [syksɛ̃t].

2. Orthographische Besonderheiten

2.1. Die auf *-el* ausgehenden Adjektive verdoppeln im Femininum das *l*:

un rôle traditionnel	eine traditionelle Rolle
une grammaire traditionnelle	eine traditionelle Grammatik
le gouvernement actuel	die gegenwärtige Regierung
la mode actuelle	die gegenwärtige Mode

Anmerkung: Auch bei *pareil* [paʀɛj] 'gleich' und *vermeil* [vɛʀmɛj] 'karminrot' wird *-l* im Femininum verdoppelt; die Aussprache bleibt gleich.

2.2. Bei den Adjektiven *amer, cher* und *fier* erhält das Stamm *-e* in der femininen Form einen *accent grave*:

un père fier [fjɛʀ]	ein stolzer Vater
une mère fière [fjɛʀ]	eine stolze Mutter
un restaurant cher [ʃɛʀ]	ein teures Restaurant
une robe chère [ʃɛʀ]	ein teures Kleid
un apéritif amer [amɛʀ]	ein bitterer Aperitif
une déception amère [amɛʀ]	eine herbe Enttäuschung

2.3. zur Erhaltung der Aussprache [y] muss auf das angefügte *-e* ein Trema gesetzt werden (vgl. § 6.4):

un cri aigu	ein gellender Schrei
une colique aiguë	eine starke Kolik
un rôle ambigu	eine zweideutige Rolle
une attitude ambiguë	eine zweideutige Haltung
un appartement exigu	eine winzige Wohnung
une chambre exiguë	ein winziges Zimmer

2.4. Bei den Adjektiven *public* und *turc* wird im Femininum das *c* durch *qu* ersetzt; bei *grec* bleibt das *c* vor *qu* erhalten:

un danger public	eine öffentliche Gefahr
l'opinion publique	die öffentliche Meinung
le bain turc	das türkische Bad
la marche turque	der türkische Marsch
un mot grec [gʀɛk]	ein griechisches Wort
une île grecque [gʀɛk]	eine griechische Insel

2.5. Beim Adjektiv *net* [nɛt] wird im Femininum das *-t* verdoppelt:

le prix net	der Nettopreis
une photo nette	ein scharfes Foto

156 Adjektive mit zwei gesprochenen und zwei geschriebenen Formen

1. In der femininen Form wird ein Konsonant gesprochen, der bei der maskulinen Form geschrieben wird, aber nicht hörbar ist.

un repas chaud [ʃo]	ein warmes Essen
une boisson chaude [ʃod]	ein heißes Getränk
un chiffre rond [ʀõ]	eine runde Zahl
une table ronde [ʀõd]	ein runder Tisch
un poids lourd [luʀ]	ein Lastwagen
une valise lourde [luʀd]	ein schwerer Koffer
le petit [pti] *détail*	die kleine Einzelheit
la petite [ptit] *maison*	das kleine Haus
un enfant content [kõtɑ̃]	ein zufriedenes Kind
une femme contente [kõtɑ̃t]	eine zufriedene Frau
un chemin court [kuʀ]	ein kurzer Weg
une robe courte [kuʀt]	ein kurzes Kleid

un livre français [fʀɑ̃sɛ]	ein französisches Buch
la langue française [fʀɑ̃sɛz]	die französische Sprache
un jour gris [gʀi]	ein grauer Tag
une jupe grise [gʀiz]	ein grauer Rock
un intérêt divers [divɛʀ]	ein unterschiedliches Interesse
une couleur diverse [divɛʀs]	eine unterschiedliche Farbe

2. Orthographische Besonderheiten

2.1. Eine Reihe von Adjektiven, die im Schriftbild auf *-et* (Aussprache [ɛ]) enden, erhalten im Femininum einen *accent grave*:

un regard inquiet [ɛ̃kjɛ]	ein unruhiger Blick
une mère inquiète [ɛ̃kjɛt]	eine unruhige Mutter
un succès complet [kõplɛ]	ein voller Erfolg
une phrase complète [kõplɛt]	ein vollständiger Satz
un rapport secret [səkʀɛ]	ein geheimer Bericht
la police secrète [səkʀɛt]	die Geheimpolizei

2.2. Die Adjektive *muet, coquet, violet, douillet* verdoppeln im Femininum das *t*:

un film muet [mɥɛ]	ein Stummfilm
une carte muette [mɥɛt]	eine stumme Karte
un appartement coquet [kɔkɛ]	eine schmucke Wohnung
une femme coquette [kɔkɛt]	eine kokette Frau
un foulard violet [vjɔlɛ]	ein violetter Schal
une robe violette [vjɔlɛt]	ein violettes Kleid
un oreiller douillet [dujɛ]	ein kuscheliges Kopfkissen
une atmosphère douillette [dujɛt]	eine gemütliche Atmosphäre

2.3. Einige Adjektive verdoppeln im Femininum das *-s*, um den Lautwert [s] auszudrücken:

le soleil bas [ba]	die tief stehende Sonne
une voix basse [bas]	eine leise Stimme
un brouillard épais [epɛ]	ein dichter Nebel
une couche épaisse [epɛs]	eine dicke Schicht
un gros [gʀo] *chien*	ein großer Hund
une grosse [gʀos] *vague*	eine große Welle

Merke: *un colis exprès* [ɛkspRɛ] ein Schnellpaket – *une lettre expresse* ein Eilbrief

2.4. Die meisten im Maskulinum auf *-x* endenden Adjektive bilden die feminine Form auf *-se*:

un enfant heureux [œʀø]	ein glückliches Kind
une jeunesse heureuxe [œʀœz]	eine glückliche Jugend
un élève sérieux [seʀjø]	ein ernsthafter Schüler
une crise sérieuse [seʀjøz]	eine ernste Krise
Joyeux [ʒwajø] *Noël!*	Frohe Weihnachten!
une joyeuse [ʒwajøz] *vie*	ein lustiges Leben
un mari jaloux [ʒalu]	ein eifersüchtiger Ehemann
une femme jalouse [ʒaluz]	eine eifersüchtige Frau

2.5. Die Adjektive *faux* und *roux* bilden das Femininum auf *-sse*; das Adjektiv *doux* bildet das Femininum auf *-ce*:

un résultat faux [fo]	ein falsches Ergebnis
une date fausse [fos]	ein falsches Datum
un gamin roux [ʀu]	ein rothaariger Junge
une sœur rousse [ʀus]	eine rothaarige Schwester
un vin doux [du]	ein süßer/lieblicher Wein
une peau douce [dus]	eine weiche/zarte Haut

2.6. Zur Erhaltung der Aussprache [g] wird in der femininen Form der Adjektive *long* und *oblong* 'länglich' ein *u* eingefügt:

un long [lõ] *voyage*	eine lange Reise
une longue [lõg] *lettre*	ein langer Brief

3. In der femininen Form wird ein Konsonant gesprochen, der bei der maskulinen Form geschrieben wird, aber nicht hörbar ist. Gleichzeitig wird ein geschlossener Auslautvokal [e]/[o] in der femininen Form zu offenem [ɛ]/[ɔ]:

un repas léger [leʒe]	eine leichte Mahlzeit
une valise légère [leʒɛʀ]	ein leichter Koffer
un pays étranger [etʀɑ̃ʒe]	ein fremdes Land
une langue étrangère [etʀɑ̃ʒɛʀ]	eine Fremdsprache
un air dévot [devo]	eine frömmelnde Miene
une personne dévote [devɔt]	ein frommer Mensch
un comportement idiot [idjo]	ein blödsinniges Verhalten
une histoire idiote [idjɔt]	eine verrückte Geschichte

4. Orthographische Besonderheit

Bei dem Adjektiv *sot* und bei Ableitungen auf *-ot* wird das *t* im Femininum verdoppelt:

un article sot [so]	ein dummer Artikel
une réponse sotte [sɔt]	eine dumme Antwort
un visage vieillot [vjɛjo]	ein ältliches Gesicht
une idée vieillotte [vjɛjɔt]	eine altmodische Idee

5. Die feminine Form des Adjektivs führt einen Wechsel des Auslautkonsonanten herbei:

l'argument décisif	das entscheidende Argument
la preuve décisive	der entscheidende Beweis
un commentaire bref [bʀɛf]	ein kurzer Kommentar
une syllabe brève [bʀɛv]	eine kurze Silbe
un pantalon neuf	eine neue Hose
une chemise neuve	ein neues Hemd
un climat sec [sɛk]	ein trockenes Klima
une toux sèche [sɛʃ]	ein trockener Husten
un espoir trompeur [tʀõpœʀ]	eine trügerische Hoffnung
une splendeur trompeuse [tʀõpøz]	ein trügerischer Glanz
un enfant prometteur	ein vielversprechendes Kind
une théorie prometteuse	eine vielversprechende Theorie

6. Ausnahmen

6.1. Die feminine Form endet im Lautbild auf einen Konsonanten, der sich jedoch von dem stummen Konsonanten des Maskulinums unterscheidet:

un vent frais [fʀɛ]	ein frischer Wind
une impression fraîche [fʀɛʃ]	ein frischer Eindruck
un vin blanc [blɑ̃]	ein Weißwein
une sauce blanche [blɑ̃ʃ]	eine helle Sauce
le port franc [fʀɑ̃]	der Freihafen
la zone franche [fʀɑ̃ʃ]	die Freihandelszone
un professeur gentil [ʒɑ̃ti]	ein netter Lehrer
une gentille [ʒɑ̃tij] *petite robe*	ein reizendes Kleid

Merke: *un roi franc* [fʀɑ̃] ein fränkischer König – *une tribu franque* [fʀɑ̃k] ein fränkischer Stamm

6.2. Die maskuline Form endet in Aussprache und Schreibung auf einen Vokal; die feminine Form endet im Lautbild auf einen Konsonanten, der in der maskulinen Form nicht auftritt:

mon sport favori [favɔʀi]	mein Lieblingssport
ma lecture favorite [favɔʀit]	meine Lieblingslektüre
un cheval andalou [ɑ̃dalu]	ein andalusisches Pferd
une danse andalouse [ɑ̃daluz]	ein andalusischer Tanz

6.3. Bei einigen Adjektiven, deren maskuline Form auf *-teur* [tœʀ] endet, geht die feminine Form auf *-trice* [tʀis] aus:

un parti conservateur	eine konservative Partei
une attitude conservatrice	eine konservative Haltung
un effet destructeur	eine zerstörerische Wirkung
une force destructrice	eine zerstörerische Kraft

Anmerkung 1: Bei dem Adjektiv *hébreu* tritt im Femininum ein anderes Suffix auf: *un texte hébreu* ein hebräischer Text – *la langue hébraïque* die hebräische Sprache.

Anmerkung 2: Verschiedene Wortstämme liegen vor in *le boxeur vainqueur* der siegreiche Boxer – *l'équipe victorieuse* die siegreiche Mannschaft.

7. Dem auslautenden Nasalvokal des Maskulinums steht im Femininum ein Oralvokal + [n] gegenüber. Dabei treten folgende Entsprechungen auf:

7.1. [ɛ̃/ɛn]:

un enfant sain	ein gesundes Kind
une nourriture saine	eine gesunde Ernährung
un verre plein	ein volles Glas
une salle pleine	ein voller Saal

Bei den im Maskulinum auf *-(i)en* ausgehenden Adjektiven wird im Schriftbild der femininen Form das *-n* verdoppelt:

un élève moyen	ein Durchschnittsschüler
la température moyenne	die Durchschnittstemperatur
le Parlement européen	das Europäische Parlament
l'Union européenne	die europäische Union
un peintre italien	ein italienischer Maler
la langue italienne	die italienische Sprache

7.2. [ɛ̃/in]:

du sel fin	feines Salz
une pluie fine	ein feiner Regen
le village voisin	das Nachbardorf
la maison voisine	das Nachbarhaus

7.3. [ɛ̃/iɲə] [nur bei den Adjektiven *malin* und *bénin*]:

un sourire malin	ein listiges Lächeln
une tumeur maligne	eine bösartige Geschwulst
un accident bénin	ein harmloser Unfall
une maladie bénigne	eine harmlose Krankheit

7.4. [ɛ̃/yn]:

un cheveu brun	ein braunes Haar
une tache brune	ein brauner Fleck
un point commun	ein gemeinsamer Punkt
une vie commune	ein gemeinsames Leben

7.5. [õ/ɔn]: *-n* wird in der Schreibung der femininen Form stets verdoppelt]:

un bon livre	ein gutes Buch
une bonne idée	eine gute Idee
un enfant mignon	ein goldiges Kind
une fillette mignonne	ein niedliches kleines Mädchen

7.6. [ɑ̃/an] [selten; *-n* wird im Femininum doppelt geschrieben]:

un air paysan	ein bäurisches Aussehen
une tradition paysanne	eine bäuerliche Tradition

8. Besonderheiten der *Liaison* (vgl. § 8) maskuliner Adjektive vor vokalisch anlautendem Substantiv:

8.1. Ein im Schriftbild vorhandener, stummer Auslautkonsonant wird gesprochen:

un petit enfant [ptitɑ̃fɑ̃]	ein kleines Kind
un long effort [lõkefɔʀ]	eine lange Anstrengung

8.2. Bei den Adjektiven *premier* und *dernier* wird darüber hinaus der Auslautvokal [e] zu [ɛ] geöffnet:

au premier étage [pʀəmjɛʀetaʒ]	im ersten Stock
le dernier acte [dɛʀnjɛʀakt]	der letzte Akt

8.3. Die Endkonsonanten *-s/-x* werden als [z] gesprochen:

en bas âge [bazaʒ]	im zarten Alter
en mauvais état [movɛzeta]	in schlechtem Zustand
un gros arbre [gʀozaʀbʀ(ə)]	ein mächtiger Baum
un heureux événement [ɛ̃ʀøzevɛnmɑ̃]	ein glückliches Ereignis
un faux ami [fozami]	ein falscher Freund
un doux hiver [duzivɛʀ]	ein milder Winter

8.4. Ein im Auslaut stehender Nasalvokal wird entnasaliert:

en plein air [plɛnɛʀ]	unter freiem Himmel
un bon ami [bɔnami]	ein guter Freund
un ancien élève [ɑ̃sjɛnelɛv]	ein ehemaliger Schüler

Ausnahme: *d'un commun accord* [kɔmɛ̃nakɔʀ] einmütig

8.5. Beim Adjektiv *grand* wird der Endkonsonant als stimmloses [t] gebunden:

un grand immeuble [gʀɑ̃timœblə]	ein großes Gebäude
un grand amour [gʀɑtamuʀ]	eine große Liebe

157 Adjektive mit zwei gesprochenen und drei geschriebenen Formen

Die Adjektive *beau, nouveau* und *vieux* weisen zwei gesprochene und drei geschriebene Formen auf. Dabei haben die maskulinen Form, auf die ein vokalisch anlautendes Substantiv folgt, und die feminine Form dasselbe Lautbild:

un beau match	ein schönes Spiel [Sport]
un bel immeuble [bɛlimœbl(ə)]	ein schönes Gebäude
une belle robe [bɛlʀɔb]	ein schönes Kleid
un nouveau modèle	ein neues Modell
un nouvel appartement	eine neue Wohnung
une nouvelle mode	eine neue Mode

un vieux livre	ein altes Buch
un vieil homme [vjɛjɔm]	ein alter Mann
une vieille femme [vjɛjfam]	eine alte Frau

Anmerkung 1: Man beachte, dass die Formen *bel, nouvel* und *vieil* nur attributiv und nur vorangestellt gebraucht werden: *Cet immeuble est beau/nouveau/vieux.* – Dieses Gebäude ist schön/neu/alt.

Anmerkung 2: Die Form *bel* findet sich außerdem in den Ausdrücken *Philippe le Bel* Philipp der Schöne, *bel et bien* tatsächlich/wirklich.

Anmerkung 3: Auch die Adjektive *fou* und *mou* weisen zwei gesprochene und drei geschriebene Formen auf. Die Formen *fol* und *mol* sind allerdings auch in der Schriftsprache sehr selten:

un fou rire	–	ein närrisches Lachen
un fol espoir	–	eine törichte Hoffnung
une folle pensée	–	ein verrückter Gedanke
un fromage mou	–	ein weicher Käse
un mol oreiller	–	ein weiches Kopfkissen
une substance molle	–	eine weiche Substanz

Anmerkung 4: Das Adjektiv *jumeau* kennt nur eine maskuline Form. Das Femininum lautet *jumelle:*

un frère jumeau	–	ein Zwillingsbruder
une sœur jumelle	–	eine Zwillingsschwester

Unveränderliche Adjektive (adjectifs invariables) 158

Folgende nicht auf *e instable* endende Adjektive haben für das Maskulinum und das Femininum nur eine Form:

un manteau/une robe kaki	ein kakifarbener Mantel/ein kakifarbenes Kleid
un cheveu auburn [obœʀn]	ein kastanienbraunes Haar
une perruque auburn	eine kastanienbraune Perücke
un prof/une prof sympa [sɛ̃pa]	ein(e) sympathische(r) Lehrer(in)
un appartement chic [ʃik]	eine schicke Wohnung
une femme chic	eine schicke Frau
Il/Elle est gaga.	Er/Sie ist vertrottelt.

Anmerkung 1: Das Adjektiv *châtain* bleibt im Femininum meist unverändert: *une chevelure châtain(e)* rotbraunes Haar.

Anmerkung 2: Adjektivisch gebrauchte Substantive, die eine Farbe bezeichnen, werden nicht verändert: *une chemise citron* ein zitronengelbes Hemd, *une veste abricot* eine aprikosenfarbene Jacke, *un slip olive* ein olivgrüner Slip, *une cravate argent* eine silbergraue Krawatte, *un uniforme aubergine* eine auberginefarbene Uniform, *des yeux marron* braune Augen.

Anmerkung 3: Näher bestimmte Farbadjektive bleiben unverändert: *une jupe bleu clair* ein hellblauer Rock, *une robe vert foncé* ein dunkelgrünes Kleid, *une chemise brun café* ein kaffebraunes Hemd.

Die Pluralbildung (la formation du pluriel)

Der weitaus größte Teil der Adjektive weist nur ein geschriebenes Pluralkennzeichen auf, unterscheidet sich in der Aussprache aber nicht von der Singularform (§ 159). Nur eine kleine Gruppe von Adjektiven verfügt über ein geschriebenes und ein gesprochenes Pluralkennzeichen (§ 160).

159 Adjektive mit nur einem geschriebenen Pluralkennzeichen

1. Die meisten Adjektive nehmen im Schriftbild ein *-s* zu sich, das in der Aussprache nicht in Erscheinung tritt:

un problème difficile	ein schwieriges Problem
des problèmes difficiles	schwierige Probleme
un employé poli	ein höflicher Angestellter
des employés polis	höfliche Angestellte
un repas chaud	eine warme Mahlzeit
des repas chauds	warme Mahlzeiten
une jupe grise	ein grauer Rock
des jupes grises	graue Röcke
un pays étranger	ein fremdes Land
des pays étrangers	fremde Länder
un verre plein	ein volles Glas
des verres pleins	volle Gläser

2. Maskuline Adjektive, die im Singular auf *-x* oder *-s* enden, bleiben im Plural unverändert:

un enfant heureux	ein glückliches Kind
des enfants heureux	glückliche Kinder
un vieux château	ein altes Schloss
de vieux châteaux	alte Schlösser
un gros nuage	eine dicke Wolke
de gros nuages	dicke Wolken

3. Maskuline Adjektive, die im Singular auf *-eau* enden, fügen im Plural ein *-x* an:

un beau livre	ein schönes Buch
de beaux livres	schöne Bücher
un nouveau magasin	ein neues Geschäft
de nouveaux magasins	neue Geschäfte
un frère jumeau	ein Zwillingsbruder
des frères jumeaux	Zwillingsbrüder

Anmerkung: Die Singularformen *bel, nouveau* und *vieil* haben keine eigene Pluralform: *un bel enfant* ein schönes Kind – *de beaux enfants* schöne Kinder, *un nouvel Etat* ein neuer Staat – *de nouveaux Etats* neue Staaten, *un vieil ami* ein alter Freund – *de vieux amis* alte Freunde.

4. Vor vokalisch anlautendem Substantiv wird das Plural *-s/-x* als [z] gebunden:

de bons amis [bõzami]	gute Freunde
de bonnes élèves [bɔnzelɛv]	gute Schülerinnen
de longs exercises [lõzɛgzɛʀsis]	lange Übungen
de longues études [lõgzetyd]	lange Studien/ein langes Studium
de nombreux ouvriers [nõbʀøzuvʀije]	zahlreiche Arbeiter
de nombreuses écoles [nõbʀøzəzekɔl]	zahlreiche Schulen

Adjektive mit einem gesprochenen und einem geschriebenen Pluralkennzeichen 160

Die meisten Adjektive, die im Maskulinum Singular auf *-al* enden, bilden den Plural auf *-aux* [o]:

un élément principal	ein wesentlicher Bestandteil
des éléments principaux	wesentliche Bestandteile
un trait général	ein allgemeines Merkmal
des traits généraux	allgemeine Merkmale
un Etat fédéral	ein Bundesstaat
les Etats fédéraux	die Bundesstaaten
l'hymne national	die Nationalhymne
les hymnes nationaux	die Nationalhymnen

Anmerkung 1: Die Adjektive *final, fatal, naval, banal* und *bancal* gehen im Maskulinum Plural auf *-als* aus:

les résultats finals	–	die Endergebnisse
des coups fatals	–	tödliche Schläge
des chantiers navals	–	Schiffswerften
des discours banals	–	banale Reden
des fauteuils bancals	–	wackelige Sessel

Anmerkung 2: Die Adjektive *idéal, jovial* und *glacial* können den Plural Maskulinum sowohl auf *-aux* als auch auf *-als* bilden: *des maris idéaux/idéals* ideale Ehemänner, *des hommes joviaux/jovials* joviale Männer, *des vents glaciaux/glacials* eisige Winde.

Anmerkung 3: Alle Adjektive, die im Maskulinum Singular auf *-al* enden, fügen im Femininum ein *-e* an und bilden den Plural regelmäßig auf *-ales*: *les règles générales* die allgemeinen Regeln.

161 **Unveränderliche Adjektive** (adjectifs invariables)

Diejenigen Adjektive, die nicht auf *-e instable* enden und im Singular nur eine Form für das Maskulinum und das Femininum aufweisen (vgl. § 158), sind auch im Plural unveränderlich:

des professeurs gaga	vertrottelte Lehrer/Professoren
des bonbons extra	prima Bonbons
des voitures bleu foncé	dunkelblaue Autos
des manteaux olive	olivgrüne Mäntel

Ausnahme: *des étudiantes sympas* sympathische Studentinnen

Anmerkung: Das Adjektiv *chic* findet sich im Plural zunehmend mit *-s*.

162 **Genus und Numerus zusammengesetzter Adjektive**

1. Die Bestandteile eines zusammengesetzten Adjektivs werden beide verändert, wenn sie auch allein stehend verändert würden:

des cerises aigres-douces	süßsaure Kirschen
une jeune fille sourde-muette	ein taubstummes Mädchen
les partis sociaux-démocrates	die sozialdemokratischen Parteien
la réconciliation chrétienne-juive	die christlich-jüdische Aussöhnung

Aber: *des enfants mort-nés* tot geborene Kinder, *des enfants nouveau-nés* Neugeborene, *des paupières demi-fermées* halbgeschlossene Augenlider

2. Ein auf *-o* endender Bestandteil eines zusammengesetzten Adjektivs wird nicht verändert:

les rapports franco-allemands	die deutsch-französischen Beziehungen
les négociations israélo-arabes	die israelisch-arabischen Verhandlungen

Merke: *des dictionnaires français-allemand* französisch-deutsche Wörterbücher

163 **Die Übereinstimmung des Adjektivs mit dem Substantiv**

1. Adjektive richten sich in attributiver und, im Gegensatz zum Deutschen, auch in prädikativer Funktion in Genus und Numerus nach dem Substantiv, zu dem sie gehören:

une petite surprise	eine kleine Überraschung
des surprises heureuses	freudige Überraschungen
La surprise était grande.	Die Überraschung war groß.

Anmerkung 1: In dem Ausdruck *avoir l'air* kann sich das folgende Adjektiv auf das maskuline *air* oder auf ein eventuelles feminines Subjekt beziehen: *Jeanne a l'air inquiet/inquiète.* – Jeanne sieht besorgt aus (vgl. auch § 368.2 Anm).

Anmerkung 2: Geht das Adjektiv *nu* dem Substantiv *tête* bzw. *pieds* voraus, so bleibt es unverändert und wird mit Bindestrich angeschlossen. Folgt es einem dieser Substantive, wird es in Genus und Numerus angeglichen: *marcher nu-pieds/(les) pieds nus* barfuß gehen, *se promener nu-tête/(la) tête nue sous la pluie* ohne Kopfbedeckung im Regen spazieren gehen. (Nach § 20 des Toleranzerlasses vom 28.12.1976 wird *nus pieds* (ohne Bindestrich) nicht als Fehler gewertet.)

2. Bezieht sich ein Adjektiv auf verschiedene durch *et* verbundene Substantive mit verschiedenem Genus, so erscheint es im Plural in der maskulinen Form:

Les chemises et les pantalons étaient chers.	Die Hemden und die Hosen waren teuer.
des améliorations et progrès étonnants	erstaunliche Verbesserungen und Fortschritte
les fables et contes italiens	die italienischen Fabeln und Erzählungen

Anmerkung: Bezieht sich ein Adjektiv auf mehrere Substantive mit unterschiedlichem Genus, so wird es als unschön empfunden, wenn die maskuline Form eines Adjektivs, die sich von der entsprechenden femininen Form hörbar unterscheidet, unmittelbar auf ein feminines Substantiv folgt: **des progrès et améliorations étonnants.* Tritt zwischen das feminine Substantiv und die maskuline Form des Adjektivs eine nähere Bestimmung des Adjektivs, so ist diese Wortfolge wieder möglich: *des progrès et améliorations vraiment étonnants* wirklich erstaunliche Fortschritte und Verbesserungen.

3. Beziehen sich zwei oder mehr Adjektive auf ein im Plural stehendes Substantiv,

3.1. so steht jedes Adjektiv im Singular, wenn es einzeln mit dem Substantiv keinen Plural bilden kann:

Nous avons une secrétaire qui possède les langues anglaise et russe.	Wir haben eine Sekretärin, die Englisch und Russisch beherrscht.

3.2. so stehen die Adjektive im Plural, wenn sie auch einzeln mit dem Substantiv im Plural stehen können:

Les vedettes américaines et anglaises ont remporté la plupart des prix.	Die amerikanischen und englischen Stars errangen die meisten Preise.

164 Die Stellung des attributiven Adjektivs
(la place de l'adjectif épithète)

Im Gegensatz zum Deutschen können attributiv gebrauchte Adjektive im Französischen vor oder nach dem Substantiv stehen. Die weit überwiegende Mehrzahl der Adjektive steht nach dem Substantiv (vgl. § 167). Einige kurze und oft verwendete Adjektive, die eine Bewertung oder eine Angabe zur Größe ausdrücken, stehen vor dem Substantiv (vgl. § 165). Eine Reihe von Adjektiven kann sowohl vor als auch nach dem Substantiv stehen, wobei sich ihre Bedeutung ändert (vgl. § 169). Es lassen sich jedoch keine absolut gültigen Regeln für die Adjektivstellung formulieren, denn je nach der kommunikativen Absicht des Sprechers kann eine Regel durchbrochen werden. Unter bestimmten Bedingungen können meist vorangestellte Adjektive nachgestellt (vgl. § 166) und üblicherweise nachgestellte Adjektive vorangestellt werden (vgl. § 168).

165 Die Voranstellung des Adjektivs (l'antéposition de l'adjectif)

1. Vor dem Substantiv steht in der Regel nur eine kleine Gruppe von Adjektiven, und zwar *beau, joli, bon, mauvais, vilain, petit, moindre, grand, gros, jeune, vieux, vaste, haut, long, bref*:

une belle jupe	ein schöner Rock
une jolie voix	eine hübsche Stimme
un bon médecin	ein guter Arzt
le mauvais temps	das schlechte Wetter
un vilain tour	ein übler Streich
une petite maison	ein kleines Haus
le moindre doute	der geringste Zweifel
une grande ville	eine große Stadt
une grosse poitrine	eine üppige Brust
un jeune homme	ein junger Mann
un vieux collègue	ein alter Kollege
une vaste culture	eine umfassende Bildung
une haute tour	ein hoher Turm
une longue rue	eine lange Straße
une brève rencontre	eine kurze Begegnung

Unterscheide: eine Großfamilie *une grande famille* – eine große/kinderreiche Familie *une famille nombreuse*

Anmerkung 1: Auch die beiden Komparativ- bzw. Superlativformen *meilleur* und *pire* werden im Normalfall vorangestellt: *une meilleure offre* ein besseres Angebot, *mon pire défaut* mein schlimmster Fehler.

Anmerkung 2: Einige dieser Adjektive bilden feste Begriffe, wie z.B. *des petits pains* Brötchen, *le petit coin* die Toilette/das stille Örtchen, *les petits fours* Teegebäck, *les grandes personnes* die Erwachsenen, *les grandes surfaces* die Supermärkte, *le grand air* die frische Luft, *une jeune fille* ein Mädchen, *des jeunes gens* Jugendliche, *un vieux garçon* ein Junggeselle. Das Adjektiv *petit* kann diminutive Funktion übernehmen: *une petite maison* ein Häuschen, *sa petite amie* seine Freundin/sein Schatz, *ma petite sœur* mein Schwesterchen.

Die Nachstellung meist vorangestellter Adjektive 166

Einige der üblicherweise vorangestellten Adjektive werden nachgestellt, wenn

1. sie in Verbindung mit bestimmten Substantiven eine andere Bedeutungsnuance aufweisen:

1.1. *grand*: Wird *grand* in Bezug auf Personen im Sinne von 'bedeutend' verwendet, steht es vor dem Substantiv; steht es nach dem Substantiv bezieht es sich auf die körperliche Größe:

un grand savant	ein großer/bedeutender Gelehrter
un homme grand	ein großer/groß gewachsener Mann

1.2. *jeune*: Nachgestelltes *jeune* bedeutet 'noch jung/jugendlich':

Malgré ses cinquante ans, il a un visage jeune.	Trotz seiner 50 Jahre hat er ein jugendliches Gesicht.
La Slovénie est un Etat jeune.	Slowenien ist ein noch junger Staat.

2. ein Gegensatz mitverstanden wird:

C'est la version courte de ce film.	Das ist die Kurzversion dieses Films.
A notre époque, la mode n'est pas aux femmes grosses.	Heutzutage ist die Mode nicht für mollige Frauen gemacht.
Pour demain, vous ferez un résumé bref du conte.	Für morgen macht ihr eine kurze Zusammenfassung der Erzählung.
Ma copine a les cheveux longs.	Meine Freundin hat lange Haare.

3. ein Gegenbegriff existiert:

la marée haute *la marée basse*	die Flut die Ebbe
un front haut *un front bas*	eine hohe Stirn eine niedrige Stirn
des manches longues *des manches courtes*	lange Ärmel kurze Ärmel

Merke: *à voix haute/à haute voix* laut; aber: *à voix basse* leise

4. auf das Adjektiv eine präpositionale Ergänzung folgt:

une haute tour	ein hoher Turm
une tour haute de trente mètres	ein dreißig Meter hoher Turm
un long voyage	eine lange Reise
un voyage long de 500 km	eine 500 km lange Reise

5. das Adjektiv durch ein mehr als zweisilbiges Adverb näher bestimmt wird:

une voix incroyablement belle	eine unglaublich schöne Stimme
une sœur extrêmement jolie	eine äußerst hübsche Schwester

Anmerkung: Bei ein- oder zweisilbigen Adverbien ist Voran- oder Nachstellung möglich: *une très belle voix/une voix très belle, une vraiment jolie sœur/une sœur vraiment jolie.*

167 **Die Nachstellung des Adjektivs** (la postposition de l'adjectif)

Alle in § 165 nicht aufgeführten Adjektive stehen üblicherweise nach dem Substantiv. Daher erscheint es wenig sinnvoll, diese Adjektive nach ihrer Bedeutung zu gliedern. Im Folgenden werden einige Beispiele für nachgestellte Adjektive angeführt:

des chaussures noires	schwarze Schuhe
la table ronde	der runde Tisch
une assiette creuse	ein tiefer Teller
l'équipe allemande	die deutsche Mannschaft
l'Europe occidentale	Westeuropa
le parti communiste	die kommunistische Partei
l'Eglise catholique	die katholische Kirche
un monsieur âgé	ein älterer Herr
une personne aimable	ein freundlicher Mensch
une foi inébranlable	ein unerschütterlicher Glaube
un enfant bavard	ein schwatzhaftes Kind
un hôtel confortable	ein komfortables Hotel
un virage dangereux	eine gefährliche Kurve
la température basse	die niedrige Temperatur
une vie calme	ein ruhiges Leben
une erreur capitale	ein grundlegender Fehler
un acteur célèbre	ein berühmter Schauspieler
une voix claire	eine klare Stimme
des produits agricoles	landwirtschaftliche Produkte
une déception amère	eine bittere Enttäuschung
les pneus arrière	die Hinterreifen
une histoire amusante	eine amüsante Geschichte
un film osé	ein gewagter Film
un joueur connu	ein bekannter Spieler

Die Voranstellung meist nachgestellter Adjektive **168**

Eine Reihe von Adjektiven, die üblicherweise nachgestellt werden, stehen vor dem Substantiv:

1. in festen Ausdrücken und Wendungen:

en plein air	im Freien
d'un commun accord	in gegenseitigem Einvernehmen
un chaud lapin	ein geiler Bock
pleurer à chaudes larmes	heiße Tränen vergießen
faire la sourde oreille	sich taub stellen
dans un proche avenir	in naher Zukunft
la noire ingratitude	der schnöde Undank
la noire nuit	die dunkle Nacht
une verte réprimande	ein scharfer Verweis
faire grise mine	ein mürrisches Gesicht machen
Blanche-Neige	Schneewittchen

2. wenn auf das Substantiv eine Ergänzung folgt:

le catastrophique édit de Nantes	das katastrophale Edikt von Nantes
le catholique roi d'Espagne	der katholische König von Spanien
la séduisante Henriette d'Angleterre	die verführerische Henriette von England
une excellente confiture de groseilles	eine ausgezeichnete Johannisbeermarmelade

3. wenn sie in übertragener Bedeutung gebraucht werden und einen Grad oder eine Menge angeben:

une faible distance	eine geringe Entfernung
un parfait idiot	ein ausgemachter Idiot
un fort accent [fɔʀaksɑ̃]	ein starker Akzent
un sérieux inconvénient	ein großer Nachteil
un fâcheux événement	ein missliches Ereignis
un vif intérêt	ein brennendes/lebhaftes Interesse
un maigre salaire	ein kümmerlicher Lohn
une heureuse surprise	eine freudige Überraschung
un plein succès	ein voller Erfolg
une lourde charge	eine große Belastung
une âpre concurrence	eine scharfe Konkurrenz
un chic type	ein prima Kerl
un profond soupir	ein tiefer Seufzer
un rare talent	ein außergewöhnliches Talent
une ferme résolution	ein fester Entschluss

un rude coup	ein schwerer Schlag [fig.]
une dure critique	eine harte Kritik
une basse flatterie	eine niedrige Schmeichelei
la pure vérité	die reine Wahrheit
une grossière idée	eine grobe Vorstellung
la sainte indignation	der heilige Zorn
une sacrée chance	ein verdammtes Glück
une pâle imitation	ein farbloser Abklatsch
une inépuisable indulgence	eine grenzenlose Nachsicht

4. wenn sie mit affektiver Nuance versehen sind, wie dies in der Sprache der Medien oft der Fall ist. Bei Voranstellung werden diese Adjektive stärker betont:

une passionnante histoire	eine spannende Geschichte
une merveilleuse voiture	ein wunderbarer Wagen
un épouvantable incendie	ein schrecklicher Brand
un extraordinaire succès	ein außergewöhnlicher Erfolg

Anmerkung: Nie vorangestellt werden die sog. Relationsadjektive. Dies sind Adjektive, die von Substantiven abgeleitet sind und die eine Verbindung ausdrücken zwischen dem Substantiv, auf das sie sich beziehen, und demjenigen, von dem sie abgeleitet sind. Sie können nicht in prädikativer Stellung erscheinen: *la production industrielle* die industrielle Produktion, *les élections présidentielles* die Präsidentschaftswahlen, *le slogan publicitaire* der Werbeslogan, *la croissance économique* das Wirtschaftswachstum, *la sécurité routière* die Verkehrssicherheit.

169 Die Voran- bzw. Nachstellung mit Bedeutungsunterschied

Folgende Adjektive haben verschiedene Bedeutung, je nachdem ob sie vor oder nach dem Substantiv stehen:

ancien	*mon ancien professeur de latin* *une église ancienne*	mein ehemaliger Lateinlehrer eine alte Kirche
brave	*une brave fille* *un soldat brave*	ein braves Mädchen ein tapferer Soldat
certain	*un certain charme* *des progrès certains*	ein gewisser Reiz unbestreitbare Fortschritte
cher	*une chère amie* *une robe chère*	eine liebe Freundin ein teures Kleid
curieux	*une curieuse femme* *une femme curieuse*	eine merkwürdige Frau eine neugierige Frau
dernier	*la dernière semaine de l'exposition* *la semaine dernière*	die letzte Woche der Ausstellung letzte (= vergangene) Woche

différent	*différentes propositions* *des propositions différentes*	verschiedene (= mehrere Vorschläge) unterschiedliche Vorschläge
éternel	*l'éternel cliché* *l'amour éternel*	das ewige (= abgedroschene) Klischee die ewige Liebe
grand	*un grand homme* *un homme grand*	ein berühmter Mann ein groß gewachsener Mann
noble	*une famille noble* *un noble geste*	eine adlige Familie eine edle/noble Geste
pauvre	*une pauvre famille* *une famille pauvre*	eine arme (= bedauernswerte) Familie eine arme (= mittellose) Familie
premier	*la première matière* *la matière première*	das erste Fach (Schule) der Rohstoff
présent	*la présente lettre* *les circonstances présentes*	das vorliegende Schreiben die derzeitigen Umstände
propre	*mon propre père* *une serviette propre*	mein eigener Vater ein sauberes Handtuch
sale	*un sale tour* *du linge sale*	ein gemeiner Streich schmutzige Wäsche
seul	*une seule femme* *une femme seule*	eine einzige Frau eine alleinstehende Frau
simple	*une simple formalité* *des gens simples*	nur eine Formalität einfache Leute
triste	*un triste état* *un épisode triste*	ein erbärmlicher Zustand eine traurige Episode
unique	*l'unique occasion* *une occasion unique*	die einzige Gelegenheit eine einzigartige Gelegenheit
vain	*un vain espoir* *un homme vain*	eine vergebliche Hoffnung ein eitler Mann
vrai	*un vrai tyran* *une histoire vraie*	ein echter/wirklich ein Tyrann eine wahre Geschichte

Aber: *l'Ancien Monde* die Alte Welt, *l'Ancien Testament* das Alte Testament, *un nom propre* ein Eigenname

Die Stellung von zwei Adjektiven beim Substantiv 170

1. Beide Adjektive stehen vor dem Substantiv, wenn sie auch einzeln vor dem Substantiv stehen könnten.

1.1. Gehört eines der beiden Adjektive inhaltlich enger zum Substantiv, so werden sie nicht durch *et* verbunden:

le bon vieux temps	die gute alte Zeit
une très jolie jeune femme	eine sehr hübsche junge Frau

1.2. Kommt dem Substantiv sowohl die eine als auch die andere der durch die beiden Adjektive ausgedrückten Eigenschaften zu, so werden die Adjektive durch *et* verbunden. In diesem Fall können auch beide Adjektive nachgestellt werden:

un long et beau séjour/un séjour long et beau	ein langer, schöner Aufenthalt/ein langer und schöner Aufenthalt
un grand et beau garçon/un garçon grand et beau	ein großer, schöner Junge

2. Steht eines der beiden Adjektive gewöhnlich vor, das andere nach dem Substantiv, so können sie in dieser Reihenfolge erscheinen oder durch *et* verbunden beide auf das Substantiv folgen:

de longues explications ennuyeuses/des explications longues et ennuyeuses	lange, langweilige Erklärungen/ lange und langweilige Erklärungen
une jolie femme svelte/une femme jolie et svelte	eine hübsche, schlanke Frau/eine hübsche und schlanke Frau
une jeune personne dynamique/ une personne jeune et dynamique	eine junge, dynamische Person/eine junge und dynamische Person

Anmerkung 1: Mit affektiver Nuance können beide Adjektive vorangestellt werden: *de longues et ennuyeuses explications.*

Anmerkung 2: Die Nachstellung beider Adjektive ist unmöglich, wenn das zweite Adjektiv ein Relationsadjektiv ist: *un grand réseau ferroviaire* ein großes Eisenbahnnetz, nicht: **un réseau grand et ferroviaire; de graves pertes économiques* schwere/beträchtliche finanzielle Verluste.

3. Beziehen sich zwei unterscheidende Adjektive auf ein Substantiv, so steht direkt nach dem Substantiv dasjenige Adjektiv, das mit diesem eine Sinneinheit bildet:

la littérature française contemporaine	die zeitgenössische französische Literatur
une table carrée moderne	ein moderner viereckiger Tisch

171 Besonderheiten der Wiedergabe deutscher Adjektive im Französischen und französischer Adjektive im Deutschen

1. Deutsche Adjektive werden zuweilen durch eine Fügung aus Präposition + Substantiv wiedergegeben:

ein kariertes Hemd	*une chemise à carreaux*
ein zweischneidiges Schwert	*une épée à deux tranchants*
ein aktuelles Thema	*un sujet d'actualité*

ein gewichtiges Argument	*un argument de poids*
der spanische König	*le roi d'Espagne*
ein verantwortungsvoller Posten	*un poste à responsabilités*
ein sehr talentierter Boxer	*un boxeur de grand talent*
ein eiserner Wille	*une volonté de fer*
eine optische Täuschung	*une illusion d'optique*
ein physikalisches Experiment	*une expérience de physique*
eine prinzipielle Frage	*une question de principe*
die zornigen Jugendlichen	*les jeunes en colère*
ein potentieller Verbrecher	*un criminel en puissance*
eine außergewöhnliche Persönlichkeit	*un personnage hors du commun*
wertlose Gegenstände	*des objets sans valeur*
ein zweistöckiges Haus	*une maison à deux étages*
eine goldene Uhr	*une montre en/d'or*

Anmerkung 1: Zu beachten sind folgende weitere Möglichkeiten der Wiedergabe eines deutschen Adjektivs im Französischen:

ein rassiges Mädchen – *une jeune fille qui a de la race*
die stehenden Fahrgäste – *les passagers debout*
die einschlägige Literatur – *la littérature relative à ce sujet*
das heutige Französisch – *le français d'aujourd'hui*
das restliche Geld – *le reste de l'argent/l'argent restant*
das fehlende Wasser – *l'absence d'eau*
mangelnde Vorräte – *le manque de vivres*
seine schnellen Entschlüsse – *la rapidité de ses décisions*
schallendes Gelächter – *des éclats de rire*
ein undichtes Rohr – *un tuyau qui fuit*
im heiratsfähigen Alter – *en âge de se marier*

Anmerkung 2: Das deutsche Adjektiv 'komisch/merkwürdig' kann durch vorangestelltes *drôle de* wiedergegeben werden, wobei sich der Artikel nach dem folgenden Substantiv richtet: *un drôle de type* ein komischer Kauz, *une drôle d'idée* eine komische Idee, *des drôles de gens* komische Leute.

Anmerkung 3: Deutsche Adjektive, denen 'so' vorausgeht und ein Konsekutivsatz folgt, werden im Französischen in der Regel durch ein Substantiv und einen mit *de* angeschlossenen Infinitiv wiedergegeben:

so klug sein, ... – *avoir la sagesse de* + Inf.
so gut sein, ... – *avoir la bonté de* + Inf.
so dumm sein, ... – *avoir la sottise de* + Inf.
so freundlich sein, ... – *avoir la politesse/la gentillesse de* + Inf.
so ehrlich sein, ... – *avoir l'honnêteté de* + Inf.
so unverschämt sein, ... – *avoir le toupet/culot de* + Inf.

Madame Dubois a eu la gentillesse de me présenter à Monsieur Legrand. – Frau Dubois war so nett, mich Herrn Legrand vorzustellen.

2. Umgekehrt werden zuweilen französische Adjektive im Deutschen durch eine präpositionale Fügung oder ein Genitiv-Attribut wiedergegeben:

la violence conjugale	die Gewalt in der Ehe
l'éducation familiale	die Erziehung in der Familie
la bonté incarnée/en personne	die Güte in Person
une déception amoureuse	eine Enttäuschung in der Liebe
trois victoires consécutives	drei Siege in Folge
une petite fille nattée	ein kleines Mädchen mit Zopf
le souci sécuritaire	die Sorge um die Sicherheit
des enfants coquelucheux	Kinder mit Keuchhusten
un film sous-titré	ein Film mit Untertiteln
une chaussée défoncée	eine Fahrbahn mit Schlaglöchern
un café arrosé	ein Kaffee mit Schnaps
un homme public	ein Mann des öffentlichen Lebens
la pierre philosophale	der Stein der Weisen

172 Die Substantivierung des Adjektivs
(la substantivation de l'adjectif)

Im Französischen können, ebenso wie im Deutschen, Adjektive substantiviert werden, jedoch geschieht dies in viel geringerem Umfang als im Deutschen:

Le curieux de la chose, c'est que …	Das Sonderbare an der Sache ist, dass …
l'éternel féminin	das ewig Weibliche
Il doit y avoir du vrai là-dedans.	Daran muss etwas Wahres sein.
Le plus dur est fait.	Das Schlimmste ist überstanden.
Je m'attends au pire.	Ich mache mich auf das Schlimmste gefasst.
C'est du joli/du propre!	Das ist allerhand!
demander l'impossible à qn	Unmögliches von jdm. verlangen

Anmerkung 1: Oft tritt im Französischen zum Adjektiv ein Substantiv hinzu, oder man gebraucht eine Umschreibung: der Reiz des Verbotenen *l'attrait du fruit défendu,* Verschiedenes (Zeitung) *fait divers,* das Neueste *le dernier cri.*

Anmerkung 2: Dt. 'alles' + substantiviertes Adjektiv wird im Französischen mit *tout* + Relativsatz wiedergegeben: Alles Neue interessiert ihn. – *Tout ce qui est nouveau l'intéresse.*

Anmerkung 3: Dt. 'das Einzige, was ...' wird durch *la seule chose* + Relativsatz ausgedrückt: Das Einzige, was mir zu schaffen macht ... – *La seule chose qui m'embarrasse ...*

Merke: Alles Gute zum Geburtstag! *Bon anniversaire!* das Allernotwendigste *le strict nécessaire*

Die Steigerung des Adjektivs (la comparaison)

Man unterscheidet drei Stufen des Adjektivs, den Positiv (le positif), den Komparativ (le comparatif) und den Superlativ (le superlatif). Der Positiv gibt eine Eigenschaft an, ohne sie mit derjenigen anderer Personen/Sachen zu vergleichen. Der Komparativ drückt eine Eigenschaft aus, die einer Person/Sache in höherem bzw. geringerem Maße eigen ist (le comparatif de supériorité bzw. d'infériorité) als einer anderen oder bei einer Person/Sache in gleichem Maße vorhanden ist wie bei einer anderen (le comparatif d'égalité). Der Superlativ drückt aus, dass einer Person/Sache eine Eigenschaft im höchsten bzw. geringsten Maße (le superlatif relatif de supériorité bzw. d'infériorité) im Vergleich zu anderen oder in sehr hohem bzw. sehr geringem Maße zukommt (superlatif absolu de supériorité bzw. d'infériorité).

Der Komparativ (le comparatif) 173

1. Der Komparativ wird gebildet, indem man dem Adjektiv ***plus*** (= Aufwärtssteigerung, comparatif de supériorité), ***moins*** (= Abwärtssteigerung, comparatif d'infériorité) oder ***aussi*** (comparatif d'égalité) voranstellt (zu den unregelmäßigen Komparativformen vgl. § 173.3). Die Vergleichspartikel wird durch ***que*** ausgedrückt:

Mon mari est plus âgé que moi. *Ton ami est plus heureux que sage.* *Ne soyons pas plus royalistes que le roi!*	Mein Mann ist älter als ich. Dein Freund hat mehr Glück als Verstand. Wir wollen nicht päpstlicher als der Papst sein!
Jean est moins intelligent que sa sœur. *Un voyage en avion est moins fatigant qu'un voyage en train.*	Jean ist weniger intelligent als seine Schwester. Eine Flugreise ist weniger anstrengend als eine Bahnreise.
L'équipe de France est aussi forte que la nôtre.	Die französische Mannschaft ist ebenso stark wie unsere.

Anmerkung 1: Der Abwärtssteigerung eines französischen Adjektivs entspricht im Deutschen oft die Aufwärtssteigerung des Gegenbegriffs: *L'édition brochée est moins chère que l'édition reliée.* – Die broschierte Ausgabe ist billiger als die gebundene Ausgabe.

Anmerkung 2: Vor einer Zahlangabe wird die deutsche Vergleichspartikel 'als' im Französischen durch die Präposition *de* wiedergegeben: mehr als tausend Euro *plus de mille euros,* weniger als zehn Fehler *moins de dix fautes.*

Anmerkung 3: Auf die Komparativformen *supérieur, inférieur, postérieur* und *antérieur* (vgl. § 177) folgt die Präposition *à*: *La chute de Constantinople est antérieure à la découverte de l'Amérique.* – Der Fall Konstantinopels liegt früher als die Entdeckung Amerikas. *Ma note est supérieure/inférieure à la moyenne.* – Meine Note liegt über/unter dem Durchschnitt.

Anmerkung 4: Dt. 'anders als' wird durch *différent de* ausgedrückt: Sie ist anders als ihre Schwester. – *Elle est différente de sa sœur.*

Anmerkung 5: Anstelle von *aussi* ... *que* kann im verneinten Vergleichssatz auch *si* ... *que* erscheinen: *Je ne suis pas (aus)si riche que toi.* – Ich bin nicht so reich wie du.

2. Adjektive im Komparativ können auch attributiv verwendet werden. Hierbei wird der Vergleich nicht explizit gemacht:

des enfants plus intelligents	intelligentere Kinder
des parents plus compréhensifs	verständnisvollere Eltern
des élèves plus appliqués	fleißigere Schüler
des professeurs plus gentils	nettere Lehrer
des classes moins chargées	weniger volle Klassen
une attitude moins agressive	eine weniger aggressive Haltung
des détergents moins polluants	umweltfreundlichere Waschmittel

Anmerkung 1: Dt. 'immer' vor einem Komparativ wird durch *de plus en plus* + Positiv ausgedrückt: eine immer größere Liebe *un amour de plus en plus grand,* immer höhere Mieten *des loyers de plus en plus élevés.*

Anmerkung 2: Dt. 'je ... desto/um so' wird im Französischen folgendermaßen wiedergegeben: Je reicher dein Onkel ist, desto weniger gibt er. – *Plus ton oncle est riche, moins il donne.* Je einfacher es ist, desto besser klappt es. – *Plus c'est simple, mieux ça marche.*

Anmerkung 3: In den folgenden Ausdrücken wird im Französischen kein Komparativ verwendet: die älteren Menschen *les personnes âgées,* ein älterer Herr *un monsieur entre deux âges/d'un certain âge,* mein älterer Bruder *mon frère aîné,* älter werden (bei Erwachsenen) *prendre de l'âge,* Plinius der Ältere *Pline l'Ancien,* eine jüngere Dame *une dame assez jeune,* meine jüngere Schwester *ma sœur cadette*; Sie sieht jünger aus. – *Elle ne paraît pas son âge.* ein besserer Herr *un monsieur distingué*/[fam.] *bien,* ein größerer Betrag *une assez grande/grosse somme/une somme considérable,* eine Nummer kleiner (bei Kleidungsstücken) *la taille au-dessous.* im engeren Sinn – *au sens strict (du terme),* der tiefere Sinn von etw. – *le sens profond de quelque chose,* meine bessere Hälfte – *ma (chère/tendre) moitié*

3. Die unregelmäßige Steigerung

Die Adjektive *bon, mauvais* (im Sinne von 'schlimm') und *petit* (im Sinne von 'gering') weisen unregelmäßige Komparativ- und Superlativformen auf:

bon(ne)	*meilleur(e)*	*le/la meilleur(e)*
mauvais(e)	*pire*	*le/la pire*
petit(e)	*moindre*	*le/la moindre*

Beispiele:

Les femmes sont extrêmes: elles sont meilleures ou pires que les hommes. (La Bruyère)	Frauen sind extrem: Sie sind besser oder schlimmer als Männer.
L'informatique peut être la meilleure et la pire des choses, selon l'usage que l'on en fait.	Die Informatik kann das Beste oder das Schlimmste sein, je nach dem Gebrauch, den man von ihr macht.
Ils n'avaient pas la moindre chance de vaincre.	Sie hatten nicht die geringste Chance zu siegen.

Merke: *dans une moindre mesure* in geringerem Maße; *Meilleure santé!* – Gute Besserung!

Der relative Superlativ (le superlatif relatif) 174

1. Der relative Superlativ wird mit dem bestimmten Artikel und der Komparativform gebildet (zum Modusgebrauch im Relativsatz vgl. § 217):

Ç'a été la plus grande bêtise de sa vie.	Das ist die größte Dummheit seines Lebens gewesen.
C'est le plus beau château que j'aie jamais vu.	Das ist das schönste Schloss, das ich je gesehen habe.
Ce sont les plus mauvaises chaussures que j'aie jamais achetées.	Das sind die schlechtesten Schuhe, die ich je gekauft habe.
Voilà le plus petit téléviseur du monde.	Da(s) ist das kleinste Fernsehgerät der Welt.
C'est la grammaire la plus pratique que je connaisse.	Das ist die praktischste Grammatik, die ich kenne.

Anmerkung: Geht der Superlativ dem Substantiv voraus, kann anstelle des bestimmten Artikels das Possessivadjektiv stehen: *C'est ma plus belle jupe.* – Das ist mein schönster Rock. *C'est un de ses plus vilains tours.* – Das ist einer seiner gemeinsten Streiche.

2. Bei nachgestelltem Superlativ muss der bestimmte Artikel wiederholt werden:

C'est la partie la plus ancienne du château.	Das ist der älteste Teil des Schlosses.
La tour Eiffel est un des monuments les plus visités du monde.	Der Eiffelturm ist eines der am meisten besuchten Bauwerke der Welt.
Quelles sont les causes de décès les plus fréquentes?	Welches sind die häufigsten Todesursachen?

Le sommeil le plus réparateur est celui d'avant minuit.	Der erholsamste Schlaf ist der vor Mitternacht.

Anmerkung: Folgt im Deutschen auf ein substantiviertes Adjektiv im Superlativ ein Relativsatz, so tritt das französische Adjektiv mit *de* verbunden ans Ende des französischen Relativsatzes: Er hat das Beste verloren, was er hatte. – *Il a perdu ce qu'il avait de meilleur.* Diese Stadt ist wirklich das Provinziellste, was es gibt. – *Cette ville est vraiment tout ce qu'il y a de plus provincial.*

Merke: sein Möglichstes tun – *faire tout son possible*; das zweitälteste Kind – *le second enfant par rang d'âge/le cadet/la cadette,* der drittgrößte Schüler – *le troisième élève par rang de taille*; die allerneuesten Modelle – *les tout derniers modèles*; die allerneuesten Kreationen – *les toutes dernières créations,* der zweitlängste Fluss Europas – *le deuxième fleuve d'Europe*, der zweitletzte Wagen – *l'avant-dernier wagon*, im wahrsten Sinne des Wortes – *au sens propre du mot* der zweithöchste Turm – *la deuxième tour en hauteur*

175 Der absolute Superlativ (le superlatif absolu)

Der absolute Superlativ wird gebildet mit

1. Gradadverbien, wie z.B. *très, bien, fort, tout à fait, extrêmement, infiniment*, und familiären Ausdrücken, wie z.B. *drôlement, rudement, fichtrement, bigrement/bougrement* und *vachement* [sehr fam.]:

Je suis très fatigué.	Ich bin sehr müde.
Elle portait une robe fort élégante.	Sie trug ein sehr elegantes Kleid.
C'est bien simple.	Das ist ganz/sehr einfach.
C'est extrêmement difficile.	Das ist äußerst schwierig.
C'est drôlement rigolo.	Das ist sehr lustig.
Il fait bigrement chaud ce matin.	Es ist verdammt heiß heute Morgen.
C'est vachement cher.	Das ist sauteuer.
C'est tout à fait impossible.	Das ist völlig unmöglich.
Je vous suis infiniment reconnaissant.	Ich bin Ihnen unendlich dankbar.

2. der Endung *-issime* bei einigen wenigen Adjektiven:

Il s'agit d'un exemplaire rarissime.	Es handelt sich um ein höchst seltenes Exemplar.
M. Durand est un boursier richissime.	Herr Durand ist ein steinreicher Börsenmakler.
C'est une menace gravissime.	Das ist eine sehr schwere Bedrohung.

Weitere Ausdrucksmöglichkeiten des hohen Grades **176**

Weitere Möglichkeiten, den sehr hohen Grad einer Eigenschaft auszudrücken, sind:

1. bestimmte Präfixe und Präfixoide, wie z.B. *archi-, hyper-, ultra-* und *méga-* [Jugendsprache] (vgl. § 377):

C'était archicomble.	Es war proppenvoll.
Sa petite amie est hypersensible.	Seine Freundin ist überempfindlich.
Sa femme a une cuisine ultra-moderne.	Seine Frau hat eine hypermoderne Küche.
C'est une histoire mégaconne.	Das ist eine äußerst beschissene Geschichte.

2. Vergleiche:

trempé comme une soupe	pudelnass
maigre comme un clou	spindeldürr
pauvre comme un rat d'église	arm wie eine Kirchenmaus/bettelarm
sourd comme un pot	stocktaub

Anmerkung: Umgangssprachlich ist der Ausdruck *comme tout: C'est rigolo comme tout.* – Das ist sehr lustig. *C'est facile comme tout.* – Das ist äußerst leicht/kinderleicht.

3. ein mit der Präposition *à* eingeleiteter Infinitiv mit konsekutiver Bedeutung:

Elle est jolie à croquer.	Sie ist bildhübsch.
Il est bête à manger du foin.	Er ist strohdumm.
La salle était pleine à craquer.	Der Saal war proppenvoll.

4. ein mit *des plus* + Adjektiv gebildeter Ausdruck, wobei sich das Adjektiv in Genus und Numerus nach seinem Beziehungswort richtet:

J'ai eu avec lui une conversation des plus agréables.	Ich habe mit ihm ein sehr angenehmes Gespräch geführt.
C'est un exercice des plus faciles.	Das ist eine äußerst leichte Übung.
C'était une des bêtises des plus grandes.	Das war eine der größten Dummheiten.

5. der Ausdruck *on ne peut plus,* der dem Adjektiv vorausgeht:

Il est on ne peut plus maladroit à s'exprimer.	Er drückt sich äußerst ungeschickt aus.
Sa cousine est on ne peut plus aimable.	Seine Cousine ist äußerst nett.

177 Gelehrte Komparativ- und Superlativformen

Einige Komparativ- und Superlativformen, die keinen Positiv besitzen, gehen unmittelbar auf die entsprechenden lateinischen Bildungen zurück:

C'est un cas de force majeure.	Das ist höhere Gewalt.
une œuvre mineure	ein zweitrangiges Werk
la lèvre inférieure	die Unterlippe
le cours supérieur	die Oberstufe/der Oberlauf
l'aménagement intérieur	die Innenausstattung
la partie extérieure	der äußere Teil
les révolutions antérieures	die früheren Revolutionen
les publications postérieures	die späteren Veröffentlichungen
pour tout renseignement ultérieur s'adresser à ...	für weitere Auskünfte wende man sich an ...
la vie intime	das Privatleben
un climat extrême	ein extremes Klima
des détails infimes	winzige Einzelheiten
le bonheur suprême	das höchste Glück
des salaires minimes	Niedrigstlöhne
une proposition ultime	ein letzter Vorschlag

Anmerkung: Da einige der Superlativformen nicht mehr als solche verstanden werden, können sie gesteigert werden: *les sentiments les plus intimes* die intimsten Gefühle, *la plus extrême prudence* die äußerste Vorsicht.

178 Mittels Präpositionen angeschlossene Adjektivergänzungen

Adjektive können Ergänzungen zu sich nehmen, die durch die Präpositionen *à* (§ 325.11), *de* (§ 329.15), *en* (§ 330.7), *pour* (§ 332.7) und *sur* (§ 334.5) angeschlossen werden:

être allergique au boulot [fam.]	gegen Arbeit allergisch sein
être content du résultat	mit dem Ergebnis zufrieden sein
être riche en vitamines	an Vitaminen reich sein
être doué pour les langues	sprachbegabt sein
être ferré sur une question	über eine Frage gut Bescheid wissen

Kapitel 12 Die Formen des Verbs (Les formes du verbe)

Die Bildung der Formen eines französischen Verbs ist von der Zugehörigkeit des Verbs zu einer bestimmten Konjugationsklasse (vgl. § 179) abhängig.

Man unterscheidet finite Verbformen (formes conjuguées) und infinite Verbformen (formes non conjuguées). Die finiten Formen sind durch Person (personne), Numerus (nombre), Tempus (temps), Modus (mode) und Aktiv (voix active)/Passiv (voix passive) bzw. Diathese (diathèse) bestimmt (zum Gebrauch der einzelnen Tempora vgl. Kap. 13, zu den Funktionen der Modi vgl. Kap. 14 und zur Verwendung des Passivs vgl. Kap. 15).

Zu den infiniten Verbformen zählen der Infinitiv (l'infinitif), das Partizip Präsens (le participe présent), das Partizip Perfekt (le participe passé) und das *gérondif* (zum Gebrauch des Infinitivs vgl. Kap. 17, zur Verwendung der Partizipien und des *gérondif* vgl. Kap. 16).

Bei den Tempora und Modi unterscheidet man zwischen einfachen Formen (formes simples, vgl. §§ 180-185) und zusammengesetzten Formen (formes composées, §§ 188, 189).

Die Konjugationsklassen (les conjugaisons) 179

In der französischen Sprache unterscheidet man je nach der Infinitivendung der Verben die folgenden drei Konjugationsklassen:

1. Konjugation	Verben auf -***er*** [e], wie z.B. *chanter* singen, *jouer* spielen, *penser* denken
2. Konjugation	Verben auf -***re*** [ʀ(ə)], wie z.B. *attendre* warten, *perdre* verlieren, *rendre* zurückgeben
3. Konjugation	Verben auf -***ir*** [iʀ], wie z.B. *finir* beenden, *choisir* (aus)wählen, *rougir*, erröten, *dormir* schlafen

In den Konjugationsklassen 1.-3. gibt es sog. unregelmäßige Verben (verbes irréguliers), deren Formen vom jeweiligen Konjugationsschema abweichen. Außerdem existieren Verben, die auf *-oir* enden, wie z.B. *recevoir* erhalten, *voir* sehen, *devoir* müssen, die alle unregelmäßig sind. Die unregelmäßigen Verben sind im Anhang aufgeführt.

Die Bildung der einfachen Verbformen
(la formation des formes verbales simples)

180 **Die 1. Konjugation** (Typus ***chanter*** [ʃɑ̃te] singen):

Indikativ Präsens *indicatif présent*		Indikativ Imperfekt *indicatif imparfait*		*passé simple*	
je	*chant**e***	*je*	*chant**ais***	*je*	*chant**ai***
tu	*chant**es***	*tu*	*chant**ais***	*tu*	*chant**as***
il/elle	*chant**e***	*il/elle*	*chant**ait***	*il/elle*	*chant**a***
nous	*chant**ons***	*nous*	*chant**ions***	*nous*	*chant**âmes***
vous	*chant**ez***	*vous*	*chant**iez***	*vous*	*chant**âtes***
ils/elles	*chant**ent***	*ils/elles*	*chant**aient***	*ils/elles*	*chant**èrent***

Futur I *futur simple*		Konditional I *conditionnel présent*	
je	*chant**erai***	*je*	*chant**erais***
tu	*chant**eras***	*tu*	*chant**erais***
il/elle	*chant**era***	*il/elle*	*chant**erait***
nous	*chant**erons***	*nous*	*chant**erions***
vous	*chant**erez***	*vous*	*chant**eriez***
ils/elles	*chant**eront***	*ils/elles*	*chant**eraient***

Konjunktiv Präsens *subjonctif présent*		Konjunktiv Imperfekt *subjonctif imparfait*	
que je	*chant**e***	*que je*	*chant**asse***
que tu	*chant**es***	*que tu*	*chant**asses***
qu'il/elle	*chant**e***	*qu'il/elle*	*chant**ât***
que nous	*chant**ions***	*que nous*	*chant**assions***
que vous	*chant**iez***	*que vous*	*chant**assiez***
qu'ils/elles	*chant**ent***	*qu'ils/elles*	*chant**assent***

Imperativ *impératif*		Partizip Präsens *participe présent*	Partizip Perfekt *participe passé*
*chant**e***	sing	*chant**ant*** singend	*chant**é*** gesungen
*chant**ons***	singen wir/lasst uns singen		
*chant**ez***	singt/singen Sie [Sing./Pl.]		

Hinweis zum Konjunktiv Imperfekt: Der Konjunktiv Imperfekt kommt in der Literatursprache vor und dort meist nur in der 3. Person Singular (vgl. § 208).

Orthographische Besonderheiten 181

1. Die Verben, deren Stamm auf -***g*** [ʒ] (Typus *manger* [mɑ̃ʒe] essen) oder -***c*** [s] (Typus *commencer* [kɔmɑ̃se] beginnen) endet, behalten den [ʒ]- bzw. [s]-Laut in allen Formen bei. Zur Erhaltung dieser Aussprache wird vor einer mit -***a*** oder -***o*** beginnenden Endung ein -***e***- eingeschoben, bzw. wird ***c*** in ***ç*** (cédille) verwandelt:

1.1. Typus ***manger*** essen:

Indikativ Präsens *indicatif présent*		Indikatif Imperfekt *indicatif imparfait*		*passé simple*	
je	*mange*	*je*	*mang**e**ais*	*je*	*mang**e**ai*
tu	*manges*	*tu*	*mang**e**ais*	*tu*	*mang**e**as*
il/elle	*mange*	*il/elle*	*mang**e**ait*	*il/elle*	*mang**e**a*
nous	*mang**e**ons*	*nous*	*mangions*	*nous*	*mang**e**âmes*
vous	*mangez*	*vous*	*mangiez*	*vous*	*mang**e**âtes*
ils/elles	*mangent*	*ils/elles*	*mang**e**aient*	*ils/elles*	*mangèrent*

Imperativ 1. Pers. Pl. *impératif*	Partizip Präsens *participe présent*
*mang**e**ons*	*mang**e**ant*

Wie *manger* verhalten sich:

abroger	abschaffen	*déranger*	stören
adjuger	zuerkennen	*désavantager*	benachteiligen
affliger	betrüben	*diriger*	lenken/leiten
alléger	erleichtern	*diverger*	abweichen
allonger	verlängern	*émerger*	auftauchen
aménager	einrichten	*emménager*	einziehen
arranger	ordnen/einrichten	*encourager*	ermutigen
s'arroger qc	sich etw. anmaßen	*endommager*	beschädigen
assiéger	belagern	*s'engager*	sich verpflichten
avantager	bevorzugen	*envisager*	ins Auge fassen
bouger	sich bewegen	*ériger*	errichten
changer	sich (ver)ändern/	*exiger*	fordern
charger	(be)laden	*forger*	schmieden
corriger	korrigieren	*héberger*	beherbergen
décourager	entmutigen	*immerger*	eintauchen
dédommager	entschädigen	*infliger*	verhängen
dégager	frei-/losmachen	*s'insurger*	sich auflehnen
déménager	umziehen	*interroger*	(be-, aus-)fragen

juger	richten/urteilen	*propager*	verbreiten
loger	unterbringen	*proroger*	aufschieben
longer	entlangfahren/-gehen	*protéger*	schützen
mélanger	mischen	*purger*	reinigen
ménager	schonen	*ranger*	aufräumen
mitiger	mildern	*ravager*	verwüsten
nager	schwimmen	*rédiger*	abfassen
naufrager	Schiffbruch erleiden	*ronger*	nagen
négliger	vernachlässigen	*songer*	denken
outrager	beschimpfen	*submerger*	untertauchen
partager	teilen	*se venger*	sich rächen
plonger	tauchen	*vidanger*	entleeren
prolonger	verlängern	*voyager*	reisen

1.2. Typus ***commencer*** beginnen:

Indikativ Präsens *indicatif présent*		Indikatif Imperfekt *indicatif imparfait*		*passé simple*	
je	*commence*	*je*	*commen**ç**ais*	*je*	*commen**ç**ai*
tu	*commences*	*tu*	*commen**ç**ais*	*tu*	*commen**ç**as*
il/elle	*commence*	*il/elle*	*commen**ç**ait*	*il/elle*	*commen**ç**a*
nous	*commen**ç**ons*	*nous*	*commencions*	*nous*	*commen**ç**âmes*
vous	*commencez*	*vous*	*commenciez*	*vous*	*commen**ç**âtes*
ils/elles	*commencent*	*ils/elles*	*commen**ç**aient*	*ils/elles*	*commencèrent*

Imperativ 1. Pers. Pl. *impératif*	Partizip Präsens *participe présent*
*commen**ç**ons*	*commen**ç**ant*

Wie *commencer* verhalten sich:

agacer	auf die Nerven gehen	*divorcer*	sich scheiden lassen
amorcer	ködern/locken	*s'efforcer*	sich anstrengen
annoncer	ankündigen	*enfoncer*	eindrücken
acquiescer	einwilligen	*exercer*	(aus)üben
avancer	vorangehen	*se fiancer*	sich verloben
bercer	wiegen/ schaukeln	*forcer*	zwingen
coincer	(ein-)klemmen	*froncer*	falten/kräuseln
commercer	Handel treiben	*glacer*	erstarren lassen
concurrencer	Konkurrenz machen	*grimacer*	Gesichter schneiden
déplacer	verschieben	*influencer*	beeinflussen
devancer	zuvorkommen	*lacer*	schnüren
distancer	hinter sich lassen	*lancer*	werfen

menacer	(be)drohen	*relancer*	wieder ankurbeln
percer	durchbohren	*renoncer*	verzichten
pincer	zwicken/kneifen	*rincer*	abspülen
placer	setzen	*sucer*	saugen/lutschen
prononcer	aussprechen	*tracer*	entwerfen/ abstecken

2. Die Verben auf -***ayer***, -***oyer*** und -***uyer*** verwandeln in der 1. bis 3. Pers. Sing. und in der 3. Pers. Pl. Indikativ/Konjunktiv Präsens, in der 2. Person des Imperativs sowie im Futur I und Konditional das ***y*** in ***i***; das auf das ***i*** folgende **e** ist immer stumm. Bei den Verben auf -***ayer*** kann *y* beibehalten werden.

2.1. Typus ***employer*** [ɑ̃plwaje] verwenden/***essuyer*** [esɥije] abwischen:

Indikativ Präsens *indicatif présent*		Konjunktiv Präsens *subjonctif présent*		Imperativ *impératif*
j'	*emplo**ie***	*que j'*	*emplo**ie***	
tu	*emplo**ie**s*	*que tu*	*emplo**ie**s*	*emplo**ie***
il/elle	*emplo**ie***	*qu'il/elle*	*emplo**ie***	
nous	*employons*	*que nous*	*employions*	*employons*
vous	*employez*	*que vous*	*employiez*	*employez*
ils/elles	*emplo**ie**nt*	*qu'ils/elles*	*emplo**ie**nt*	

Futur I *futur simple*		Konditional I *conditionnel présent*	
j'	*emplo**ie**rai*	*j'*	*emplo**ie**rais*
tu	*emplo**ie**ras*	*tu*	*emplo**ie**rais*
il/elle	*emplo**ie**ra*	*il/elle*	*emplo**ie**rait*
nous	*emplo**ie**rons*	*nous*	*emplo**ie**rions*
vous	*emplo**ie**rez*	*vous*	*emplo**ie**riez*
ils/elles	*emplo**ie**ront*	*ils/elles*	*emplo**ie**raient*

Wie *employer* verhalten sich:

aboyer	bellen	*fourvoyer*	irreführen
broyer	zermalmen	*nettoyer*	reinigen
côtoyer	entlanggehen/-fahren	*noyer*	ertränken
coudoyer	mit dem Ellenbogen berühren	*se noyer*	ertrinken
		octroyer	bewilligen
déployer	entfalten	*rudoyer*	hart anfahren
envoyer	schicken	*tutoyer*	duzen
foudroyer	niederschmettern	*vouvoyer*	siezen

Anmerkung: Die Verben *envoyer* 'schicken' und *renvoyer* 'zurückschicken' haben im Futur die Form *j'enverrai/je renverrai* etc. und im Konditional *j'enverrais/je renverrais* etc.

Wie *essuyer* verhalten sich:

appuyer	stützen	*s'ennuyer*	sich langweilen

2.2. Typus ***payer*** [peje/pɛje] (be)zahlen:

Indikativ Präsens *indicatif présent*		Konjunktiv Präsens *subjonctif présent*		Imperativ *impératif*
je	*pa**i**e* [pɛ]/*paye* [pɛj]	*que je*	*pa**i**e/paye*	
tu	*pa**i**es/payes*	*que tu*	*pa**i**es/payes*	*pa**i**e/paye*
il/elle	*pa**i**e/paye*	*qu'il/elle*	*pa**i**e/paye*	
nous	*payons*	*que nous*	*payions*	*payons*
vous	*payez*	*que vous*	*payiez*	*payez*
ils/elles	*pa**i**ent/payent*	*qu'ils/elles*	*pa**i**ent/payent*	

Futur I *futur simple*		Konditional I *conditionnel présent*	
je	*pa**i**erai/payerai*	*je*	*pa**i**erais/payerais*
tu	*pa**i**eras/payeras*	*tu*	*pa**i**erais/payerais*
il/elle	*pa**i**era/payera*	*il/elle*	*pa**i**erait/payerait*
nous	*pa**i**erons/payerons*	*nous*	*pa**i**erions/payerions*
vous	*pa**i**erez/payerez*	*vous*	*pa**i**eriez/payeriez*
ils/elles	*pa**i**eront/payeront*	*ils/elles*	*pa**i**eraient/payeraient*

Wie *payer* verhalten sich:

balayer	kehren/(hinweg-)fegen	*égayer*	aufheitern
bégayer	stottern	*essayer*	versuchen
déblayer	wegräumen	*se frayer (un chemin)*	sich (einen Weg) bahnen
défrayer	freihalten [Person]		
effrayer	erschrecken	*monnayer*	prägen/zu Geld machen

Anmerkung: Das Verb *grasseyer* 'das Zäpfchen-r sprechen' behält in allen Formen *-ey-* bei.

182 Verben mit verschiedenen Stämmen

1. Eine Gruppe von Verben weist in den stammbetonten Formen den Vokal [ɛ] und in den endungsbetonten Formen den Vokal [ə] auf, das auch verstummen kann. Im Futur/Konditional erscheint immer [ɛ].

1.1. In den stammbetonten Formen und im Futur/Konditional wird der Vokal [ɛ] durch **è** wiedergegeben (Typus ***lever*** [ləve] heben):

Indikativ Präsens *indicatif présent*		Konjunktiv Präsens *subjonctif présent*		Imperativ *impératif*
je	***lè**ve* [lɛv]	*que je*	***lè**ve* [lɛv]	
tu	***lè**ves*	*que tu*	***lè**ves*	***lè**ve*
il/elle	***lè**ve*	*qu'il/elle*	***lè**ve*	
nous	*levons* [ləvõ]	*que nous*	*levions*	*levons*
vous	*levez*	*que vous*	*leviez*	*levez*
ils/elles	***lè**vent*	*qu'ils/elles*	***lè**vent*	

Futur I *futur simple*		Konditional I *conditionnel présent*	
je	***lè**verai*	*je*	***lè**verais*
tu	***lè**veras*	*tu*	***lè**verais*
il/elle	***lè**vera*	*il/elle*	***lè**verait*
nous	***lè**verons*	*nous*	***lè**verions*
vous	***lè**verez*	*vous*	***lè**veriez*
ils/elles	***lè**veront*	*ils/elles*	***lè**veraient*

Ebenso verhalten sich:

acheter	kaufen	*haleter*	keuchen
achever	vollenden	*harceler*	bedrängen
amener	herbringen/mitbringen	*mener*	führen
congeler	einfrieren	*modeler*	bilden/formen
crever	platzen (lassen)	*peler*	schälen
déceler	aufdecken	*peser*	wiegen
dégeler	auftauen	*promener*	spazieren führen
élever	erhöhen/erheben	*ramener*	zurückbringen
enlever	wegnehmen	*relever*	(wieder) aufheben
emmener	mitnehmen	*semer*	säen
geler	(ge)frieren	*soulever*	(hoch)heben

1.2. In den stammbetonten Formen und im Futur/Konditional wird der Auslautkonsonant des Stammes verdoppelt (Typus ***jeter*** [ʒəte] werfen):

Indikativ Präsens *indicatif présent*		Konjunktiv Präsens *subjonctif présent*		Imperativ *impératif*
je	*je**tt**e* [ʒɛt]	*que je*	*je**tt**e*	
tu	*je**tt**es*	*que tu*	*je**tt**es*	*je**tt**e*
il/elle	*je**tt**e*	*qu'il/elle*	*je**tt**e*	
nous	*jetons* [ʒətõ]	*que nous*	*jetions*	*jetons*
vous	*jetez*	*que vous*	*jetiez*	*jetez*
ils/elles	*je**tt**ent*	*qu'ils/elles*	*je**tt**ent*	

Futur I *futur simple*		Konditional I *conditionnel présent*	
je	*je**tt**erai*	*je*	*je**tt**erais*
tu	*je**tt**eras*	*tu*	*je**tt**erais*
il/elle	*je**tt**era*	*il/elle*	*je**tt**erait*
nous	*je**tt**erons*	*nous*	*je**tt**erions*
vous	*je**tt**erez*	*vous*	*je**tt**eriez*
ils/elles	*je**tt**eront*	*ils/elles*	*je**tt**eraient*

Ebenso verhalten sich:

breveter patentieren
cacheter versiegeln
feuilleter durchblättern
projeter planen/schleudern
rejeter zurückwerfen/verwerfen

1.3. Typus ***appeler*** [aple] rufen:

Indikativ Präsens *indicatif présent*		Konjunktiv Präsens *subjonctif présent*		Imperativ *impératif*
j'	*appe**ll**e*	*que j'*	*appe**ll**e*	
tu	*appe**ll**es*	*que tu*	*appe**ll**es*	*appe**ll**e*
il/elle	*appe**ll**e*	*qu'il/elle*	*appe**ll**e*	
nous	*appelons*	*que nous*	*appelions*	*appelons*
vous	*appelez*	*que vous*	*appeliez*	*appelez*
ils/elles	*appe**ll**ent*	*qu'ils/elles*	*appe**ll**ent*	

Futur I *futur simple*		Konditional I *conditionnel présent*	
j'	*appe**ll**erai*	*j'*	*appe**ll**erais*
tu	*appe**ll**eras*	*tu*	*appe**ll**erais*
il/elle	*appe**ll**era*	*il/elle*	*appe**ll**erait*
nous	*appe**ll**erons*	*nous*	*appe**ll**erions*
vous	*appe**ll**erez*	*vous*	*appe**ll**eriez*
ils/elles	*appe**ll**eront*	*ils/elles*	*appe**ll**eraient*

Ebenso verhalten sich:

amonceler aufhäufen
atteler anspannen/anschirren
carreler mit Fliesen auslegen
chanceler (sch)wanken
dételer ausspannen [Pferde]
épeler buchstabieren
étinceler funkeln
ficeler schnüren
grommeler brummen
jumeler zusammenführen [zwei gleichartige Dinge]
morceler zerstückeln
museler den Maulkorb anlegen
niveler nivellieren
se rappeler sich erinnern
renouveler erneuern

2. Eine Gruppe von Verben weist in den stammbetonten Formen den Vokal [ɛ], in den endungsbetonten Formen den Vokal [e] auf (Typus ***espérer*** [ɛspeʀe] hoffen). Im Futur/Konditional erscheint immer [ɛ], das **é** geschrieben wird (nach § 31 des Toleranzerlasses vom 28.12.1976 ist die Schreibweise **è** zulässig):

Indikativ Präsens *indicatif présent*		Konjunktiv Präsens *subjonctif présent*		Imperativ *impératif*
j'	*esp**è**re*	*que j'*	*esp**è**re*	
tu	*esp**è**res*	*que tu*	*esp**è**res*	*esp**è**re*
il/elle	*esp**è**re*	*qu'il/elle*	*esp**è**re*	
nous	*espérons*	*que nous*	*espérions*	*espérons*
vous	*espérez*	*que vous*	*espériez*	*espérez*
ils/elles	*esp**è**rent*	*qu'ils/elles*	*esp**è**rent*	

Futur I *futur simple*		Konditional I *conditionnel présent*	
j'	*esp**é**rerai* [ʒɛspɛʀʀe/ɛ]	*j'*	*esp**é**rerais* [ʒɛspɛʀʀɛ]
tu	*esp**é**reras*	*tu*	*esp**é**rerais*
il/elle	*esp**é**rera*	*il/elle*	*esp**é**rerait*
nous	*esp**é**rerons*	*nous*	*esp**é**rerions*
vous	*esp**é**rerez*	*vous*	*esp**é**reriez*
ils/elles	*esp**é**reront*	*ils/elles*	*esp**é**reraient*

Ebenso verhalten sich:

abréger	abkürzen	*considérer*	bedenken/betrachten
accéder	gelangen	*coopérer*	mitwirken
accélérer	beschleunigen	*décéder*	verscheiden/sterben
adhérer	eintreten [Partei]	*décréter*	verordnen
aérer	lüften	*dégénérer*	ausarten
agglomérer	zusammenballen	*déléguer*	übertragen
s'agréger	sich verfestigen	*délibérer*	beraten/überlegen
alléguer	vorbringen	*désespérer*	verzweifeln
altérer	verfälschen	*dessécher*	austrocknen
assiéger	belagern	*différer*	aufschieben/sich unterscheiden
s'avérer	sich bestätigen		
blasphémer	lästern	*digérer*	verdauen
céder	nachgeben	*écrémer*	entrahmen
célébrer	feiern	*empiéter*	übergreifen
compléter	vervollständigen	*exagérer*	übertreiben
concéder	zugestehen	*exaspérer*	reizen/aufbringen
conférer	verleihen	*gérer*	verwalten
conglomérer	zusammenhäufen	*imprégner*	durchtränken

incarcérer	inhaftieren	*préférer*	vorziehen
inférer	schließen/folgern	*procéder à*	schreiten zu
s'ingérer	sich einmischen	*prospérer*	gedeihen
inquiéter	beunruhigen	*protéger*	schützen
s'insérer	sich einfügen	*se référer à*	sich beziehen auf
intégrer	integrieren	*régler*	regeln
interpréter	interpretieren	*se révéler*	sich zeigen als
lécher	lecken	*révérer*	verehren
légiférer	Gesetze geben	*sécher*	trocknen
léguer	vermachen	*sécréter*	absondern
libérer	befreien	*siéger*	tagen/seinen Sitz haben
modérer	mäßigen	*succéder*	folgen auf
opérer	operieren	*se succéder*	aufeinander folgen
pénétrer	eindringen	*suggérer*	nahelegen
perpétrer	begehen [Verbrechen]	*tolérer*	dulden
persévérer	beharren	*transférer*	versetzen/übertragen
posséder	besitzen	*vénérer*	verehren
précéder	vorausgehen		

183 Die 2. Konjugation (Typus *vendre* verkaufen):

Indikativ Präsens *indicatif présent*		Indikativ Imperfekt *indicatif imparfait*		*passé simple*	
je	*vend**s***	*je*	*vend**ais***	*je*	*vend**is***
tu	*vend**s***	*tu*	*vend**ais***	*tu*	*vend**is***
il/elle	*vend*	*il/elle*	*vend**ait***	*il/elle*	*vend**it***
nous	*vend**ons***	*nous*	*vend**ions***	*nous*	*vend**îmes***
vous	*vend**ez***	*vous*	*vend**iez***	*vous*	*vend**îtes***
ils/elles	*vend**ent***	*ils/elles*	*vend**aient***	*ils/elles*	*vend**irent***

Futur I *futur simple*		Konditional I *conditionnel présent*	
je	*vend**rai***	*je*	*vend**rais***
tu	*vend**ras***	*tu*	*vend**rais***
il/elle	*vend**ra***	*il/elle*	*vend**rait***
nous	*vend**rons***	*nous*	*vend**rions***
vous	*vend**rez***	*vous*	*vend**riez***
ils/elles	*vend**ront***	*ils/elles*	*vend**raient***

Konjunktiv Präsens *subjonctif présent*		Konjunktiv Imperfekt *subjonctif imparfait*	
que je	*vend**e***	*que je*	*vend**isse***
que tu	*vend**es***	*que tu*	*vend**isses***
qu'il/elle	*vend**e***	*qu'il/elle*	*vend**ît***
que nous	*vend**ions***	*que nous*	*vend**issions***
que vous	*vend**iez***	*que vous*	*vend**issiez***
qu'ils/elles	*vend**ent***	*qu'ils/elles*	*vend**issent***

Imperativ *impératif*	Partizip Präsens *participe présent*	Partizip Perfekt *participe passé*
*vend**s*** *vend**ons*** *vend**ez***	*vend**ant***	*vend**u***

Wie *vendre* werden konjugiert:

attendre	(er)warten	*s'entendre*	sich verstehen
condescendre	sich herablassen	*fondre*	schmelzen
confondre	verwechseln	*perdre*	verlieren
correspondre	entsprechen	*pondre*	legen [Eier]
défendre	verteidigen	*redescendre*	wieder herabsteigen
dépendre	abhängen	*rendre*	zurückgeben
descendre	herunterkommen	*se rendre*	sich begeben/s. ergeben
se détendre	sich entspannen	*répondre*	antworten
distendre	überdehnen	*tendre*	spannen/hinhalten
entendre	hören	*tondre*	scheren

Anmerkung: Die Verben *coudre, moudre, prendre* und Komposita sowie die Verben auf *-aindre, -eindre, -oindre* sind unregelmäßig (vgl. Anhang S. 536-551).

Die 3. Pers. Sing. Indik. Präs. des Verbs *rompre* 'zerbrechen' und seiner Komposita *corrompre* 'bestechen' und *interrompre* 'unterbrechen' lautet *romp**t***. Alle anderen Formen werden nach dem Muster *vendre* gebildet.

Die 3. Konjugation 184

Die 3. Konjugation umfasst zwei Gruppen von Verben auf *-**ir***, solche mit Stammerweiterung (Typus ***finir*** beenden) und solche ohne Stammerweiterung (Typus ***dormir*** schlafen). Bei den Verben mit Stammerweiterung wird im Plural des Indikativ Präsens sowie in allen Personen des Konjunktiv Präsens und des Indikativ Imperfekt, in der 1. und 2. Pers. Pl. des Imperativs und im Partizip Präsens vor der Endung das Infix *-**iss**-* eingeschoben. Hinzu kommen fünf Verben (Typus ***ouvrir*** öffnen), die sich im Präsens wie die Verben der 1. Konjugation verhalten.

1. Verben mit Stammerweiterung (Typus ***finir*** beenden):

Indikativ Präsens *indicatif présent*		Indikativ Imperfekt *indicatif imparfait*		*passé simple*	
je	*fin**is***	*je*	*fin**issais***	*je*	*fin**is***
tu	*fin**is***	*tu*	*fin**issais***	*tu*	*fin**is***
il/elle	*fin**it***	*il/elle*	*fin**issait***	*il/elle*	*fin**it***
nous	*fin**issons***	*nous*	*fin**issions***	*nous*	*fin**îmes***
vous	*fin**issez***	*vous*	*fin**issiez***	*vous*	*fin**îtes***
ils/elles	*fin**issent***	*ils/elles*	*fin**issaient***	*ils/elles*	*fin**irent***

Futur I *futur simple*		Konditional I *conditionnel présent*	
je	*fin**irai***	*je*	*fin**irais***
tu	*fin**iras***	*tu*	*fin**irais***
il/elle	*fin**ira***	*il/elle*	*fin**irait***
nous	*fin**irons***	*nous*	*fin**irions***
vous	*fin**irez***	*vous*	*fin**iriez***
ils/elles	*fin**iront***	*ils/elles*	*fin**iraient***

Konjunktiv Präsens *subjonctif présent*		Konjunktiv Imperfekt *subjonctif imparfait*	
que je	*fin**isse***	*que je*	*fin**isse***
que tu	*fin**isses***	*que tu*	*fin**isses***
qu'il/elle	*fin**isse***	*qu'il/elle*	*fin**ît***
que nous	*fin**issions***	*que nous*	*fin**issions***
que vous	*fin**issiez***	*que vous*	*fin**issiez***
qu'ils/elles	*fin**issent***	*qu'ils/elles*	*fin**issent***

Imperativ *impératif*	Partizip Präsens *participe présent*	Partizip Perfekt *participe passé*
*fin**is*** *fin**issons*** *fin**issez***	*fin**issant***	*fin**i***

Wie *finir* verhalten sich alle Verben mit Ausnahme derer, die unter 2. aufgeführt sind:

abolir	abschaffen	*assujettir*	unterwerfen
aboutir à	führen zu	*attendrir*	rühren
abrutir	verdummen	*atterir*	landen
accomplir	erfüllen/ausführen	*avertir*	warnen
adoucir	mildern	*avilir*	herabwürdigen
affaiblir	schwächen	*bâtir*	bauen
affermir	(be)festigen/stärken	*bondir*	aufspringen
affranchir	frankieren/freilassen	*choisir*	(aus)wählen
agir	handeln	*compatir*	bemitleiden
agrandir	vergrößern	*définir*	definieren
alourdir	schwer(er) machen	*démolir*	abreißen/zerstören
anéantir	vernichten	*désobéir*	nicht gehorchen
anoblir	adeln	*éblouir*	blenden
appauvrir	arm machen	*s'éclaircir*	sich aufheitern
applaudir	(Beifall) klatschen	*élargir*	erweitern
arrondir	abrunden	*embellir*	verschönern
asservir	unterjochen	*endurcir*	abhärten
assortir	zusammenstellen	*engloutir*	verschlingen
s'assoupir	einschlummern	*ennoblir*	adeln [fig.]
assourdir	betäuben [akustisch]	*ensevelir*	bestatten

envahir	einfallen/erobern	*ralentir*	langsamer werden
épanouir	entfalten	*ravir*	entzücken
étourdir	betäuben	*réagir*	reagieren
s'évanouir	ohnmächtig werden	*réfléchir*	nachdenken/überlegen
franchir	überschreiten	*refroidir*	kalt werden
garantir	garantieren	*régir*	lenken/leiten
grandir	wachsen	*se réjouir*	sich freuen
gravir	erklimmen	*remplir*	füllen
grossir	dick werden/zunehmen	*répartir*	verteilen
guérir	heilen/genesen	*resplendir*	strahlen
hennir	wiehern	*ressortir*	wieder herausgehen/ hervorstechen
investir	investieren		
jouir	genießen	*rétablir*	wiederherstellen
languir	dahinsiechen	*retentir*	widerhallen
maigrir	abnehmen	*rétrécir*	enger machen
munir	ausstatten/versehen	*réunir*	verbinden
mûrir	reifen	*réussir*	gelingen
nourrir	ernähren	*rougir*	erröten/rot werden
obéir	gehorchen	*salir*	beschmutzen
obscurcir	verfinstern	*subir*	erleiden
périr	umkommen	*surgir*	auftauchen
punir	bestrafen	*trahir*	verraten
raccourcir	kürzer machen/werden	*unir*	vereinigen
rafraîchir	erfrischen/auffrischen	*vieillir*	altern/älter werden
rajeunir	verjüngen	*vomir*	sich übergeben

2. Verben ohne Stammerweiterung (Typus: ***dormir***):

Indikativ Präsens *indicatif présent*		Indikativ Imperfekt *indicatif imparfait*		*passé simple*	
je	*dor**s***	*je*	*dormais*	*je*	*dormis*
tu	*dor**s***	*tu*	*dormais*	*tu*	*dormis*
il/elle	*dor**t***	*il/elle*	*dormait*	*il/elle*	*dormit*
nous	*dorm**ons***	*nous*	*dormions*	*nous*	*dormîmes*
vous	*dorm**ez***	*vous*	*dormiez*	*vous*	*dormîtes*
ils/elles	*dorm**ent***	*ils/elles*	*dormaient*	*ils/elles*	*dormirent*

Futur I *futur simple*		Konditional I *conditionnel présent*	
je	*dormirai*	*je*	*dormirais*
tu	*dormiras*	*tu*	*dormirais*
il/elle	*dormira*	*il/elle*	*dormirait*
nous	*dormirons*	*nous*	*dormirions*
vous	*dormirez*	*vous*	*dormiriez*
ils/elles	*dormiront*	*ils/elles*	*dormiraient*

Konjunktiv Präsens *subjonctif présent*		Konjunktiv Imperfekt *subjonctif imparfait*	
que je	*dorme*	*que je*	*dormisse*
que tu	*dormes*	*que tu*	*dormisses*
qu'il/elle	*dorme*	*qu'il/elle*	*dormît*
que nous	*dormions*	*que nous*	*dormissions*
que vous	*dormiez*	*que vous*	*dormissiez*
qu'ils/elles	*dorment*	*qu'ils/elles*	*dormissent*

Imperativ *impératif*	Partizip Präsens *participe présent*	Partizip Perfekt *participe passé*
*dor**s*** *dormons* *dormez*	*dormant*	*dormi*

Wie *dormir* werden konjugiert:

consentir	einwilligen	*partir*	abreisen/weggehen
démentir	dementieren	*pressentir*	ahnen
desservir	abräumen [Tisch]/ regelmäßig anfahren/-fliegen [Verkehrsmittel]	*repartir*	wieder abreisen
		se repentir	bereuen
		ressentir	verspüren
		sentir	fühlen/riechen
s'endormir	einschlafen	*servir*	dienen
mentir	lügen	*sortir*	hinausgehen/ausgehen

3. Verben ohne Stammerweiterung (Typus ***ouvrir*** öffnen):

Indikativ Präsens *indicatif présent*		Indikativ Imperfekt *indicatif imparfait*		*passé simple*	
j'	*ouvr**e***	*j'*	*ouvrais*	*j'*	*ouvris*
tu	*ouvr**es***	*tu*	*ouvrais*	*tu*	*ouvris*
il/elle	*ouvr**e***	*il/elle*	*ouvrait*	*il/elle*	*ouvrit*
nous	*ouvr**ons***	*nous*	*ouvrions*	*nous*	*ouvrîmes*
vous	*ouvr**ez***	*vous*	*ouvriez*	*vous*	*ouvrîtes*
ils/elles	*ouvr**ent***	*ils/elles*	*ouvraient*	*ils/elles*	*ouvrirent*

Futur I *futur simple*		Konditional I *conditionnel présent*	
j'	*ouvrirai*	*j'*	*ouvrirais*
tu	*ouvriras*	*tu*	*ouvrirais*
il/elle	*ouvrira*	*il/elle*	*ouvrirait*
nous	*ouvrirons*	*nous*	*ouvririons*
vous	*ouvrirez*	*vous*	*ouvririez*
ils/elles	*ouvriront*	*ils/elles*	*ouvriraient*

Konjunktiv Präsens *subjonctif présent*		Konjunktiv Imperfekt *subjonctif imparfait*	
que j'	*ouvre*	*que j'*	*ouvrisse*
que tu	*ouvres*	*que tu*	*ouvrisse*
qu'il/elle	*ouvre*	*qu'il/elle*	*ouvrît*
que nous	*ouvrions*	*que nous*	*ouvrissions*
que vous	*ouvriez*	*que vous*	*ouvrissiez*
qu'ils/elles	*ouvrent*	*qu'ils/elles*	*ouvrissent*

Imperativ *impératif*	Partizip Präsens *participe présent*	Partizip Perfekt *participe passé*
*ouvr***e** *ouvrons* *ouvrez*	*ouvrant*	*ouvert*

Wie *ouvrir* werden folgende 5 Verben konjugiert:

couvrir	bedecken	*offrir*	anbieten
découvrir	entdecken	*souffrir*	leiden
entr'ouvrir	halb öffnen		

Anmerkung: Folgende weitere Verben auf *-ir* sind unregelmäßig (vgl. Anhang S. 536-551): *acquérir, conquérir, assaillir, tressaillir, bouillir, courir* und Komposita, *cueillir* und Komposita, *fuir, s'enfuir, haïr, mourir, tenir* und Komposita, *venir* und Komposita.

Ableitungsregeln 185

1. vom Stamm der 1. Pers. Pl. Präsens Indikativ können abgeleitet werden:

1.1. der Indikativ Imperfekt:

nous fermons	→ *je fermais*	*nous levons*	→ *je levais*
nous rendons	→ *je rendais*	*nous finissons*	→ *je finissais*
nous faisons	→ *je faisais*	*nous croyons*	→ *je croyais*

Ausnahme: *être* → *j'étais*

1.2. das Partizip Präsens/*gérondif*:

nous attendons	→ *(en) attendant*	*nous rions*	→ *(en) riant*
nous disons	→ *(en) disant*	*nous mangeons*	→ *(en) mangeant*

Ausnahmen: *être* → *(en) étant, avoir* → *(en) ayant* und *savoir* → *(en) sachant*

1.3. die 1. und 2. Pers. Pl. Konjunktiv Präsens:

nous achetons	→ *que nous achetions*	→ *que vous achetiez*
nous appelons	→ *que nous appelions*	→ *que vous appeliez*
nous buvons	→ *que nous buvions*	→ *que vous buviez*
nous prenons	→ *que nous prenions*	→ *que vous preniez*

2. Der Singular und die 3. Pers. Pl. des Konjunktiv Präsens können vom Stamm der 3. Pers. Pl. des Präsens Indikativ abgeleitet werden:

ils lèvent	→ *que je lève*	*que tu lèves*	*qu'il lève*	*qu'ils lèvent*
ils dorment	→ *que je dorme*	*que tu dormes*	*qu'il dorme*	*qu'ils dorment*
ils viennent	→ *que je vienne*	*que tu viennes*	*qu'il vienne*	*qu'ils viennent*
ils boivent	→ *que je boive*	*que tu boives*	*qu'il boive*	*qu'ils boivent*

3. Das Futur und das Konditional können bei den verschiedenen Konjugationsklassen nicht auf einheitliche Weise abgeleitet werden.

3.1. Bei den Verben auf *-er* kann das Futur/Konditional von der 1. Pers. Sing. Präsens Indikativ abgeleitet werden:

je regarde	→ *je regarderai(s)*	*je mène*	→ *je mènerai(s)*
je jette	→ *je jetterai(s)*	*j'appelle*	→ *j'appellerai(s)*

Ausnahmen: *aller* → *j'irai(s)* und *envoyer* → *j'enverrai(s)*

3.2. Bei den Verben auf *-ir* kann das Futur/Konditional vom Infinitiv abgeleitet werden:

choisir	→ *je choisirai(s)*	*finir*	→ *je finirai(s)*
dormir	→ *je dormirai(s)*	*partir*	→ *je partirai(s)*

3.3. Bei den Verben auf *-re* kann das Futur/Konditional vom Infinitivstamm abgeleitet werden:

rendre	→ *je rendrai(s)*	*connaître*	→ *je connaîtrai(s)*
perdre	→ *je perdrai(s)*	*boire*	→ *je boirai(s)*
craindre	→ *je craindrai(s)*	*vivre*	→ *je vivrai(s)*
rire	→ *je rirai(s)*	*lire*	→ *je lirai(s)*
dire	→ *je dirai(s)*	*vaincre*	→ *je vaincrai(s)*

Ausnahmen: *être* → *je serai(s)*
faire → *je ferai(s)*

4. Der Konjunktiv Imperfekt wird von der 2. Pers. Sing. des *passé simple* abgeleitet:

tu parlas	→ *que je parlasse*	*tu attendis*	→ *que j'attendisse*
tu partis	→ *que je partisse*	*tu vins*	→ *que je vinsse*
tu fis	→ *que je fisse*	*tu pris*	→ *que je prisse*

Die Bildung der zusammengesetzten Verbformen
(la formation des formes verbales composées)

Die einfachen Formen des Hilfsverbs *avoir* 186
(les formes simples de l'auxiliaire *avoir*)

Indikativ Präsens *indicatif présent*		Indikativ Imperfekt *indicatif imparfait*		*passé simple*	
j'	*ai*	*j'*	*avais*	*j'*	*eus* [y]
tu	*as*	*tu*	*avais*	*tu*	*eus*
il/elle	*a*	*il/elle*	*avait*	*il/elle*	*eut*
nous	*avons*	*nous*	*avions*	*nous*	*eûmes*
vous	*avez*	*vous*	*aviez*	*vous*	*eûtes*
ils/elles	*ont*	*ils/elles*	*avaient*	*ils/elles*	*eurent*

Futur I/*futur simple*		Konditional I/*conditionnel présent*	
j'	*aurai*	*j'*	*aurais*
tu	*auras*	*tu*	*aurais*
il/elle	*aura*	*il/elle*	*aurait*
nous	*aurons*	*nous*	*aurions*
vous	*aurez*	*vous*	*auriez*
ils/elles	*auront*	*ils/elles*	*auraient*

Konjunktiv Präsens *subjonctif présent*		Konjunktiv Imperfekt *subjonctif imparfait*	
que j'	*aie*	*que j'*	*eusse*
que tu	*aies*	*que tu*	*eusses*
qu'il/elle	*ait*	*qu'il/elle*	*eût*
que nous	*ayons*	*que nous*	*eussions*
que vous	*ayez*	*que vous*	*eussiez*
qu'ils/elles	*aient*	*qu'ils/elles*	*eussent*

Imperativ *impératif*	Partizip Präsens *participe présent*	Partizip Perfekt *participe passé*
aie *ayons* *ayez*	*ayant*	*eu* [y]

187 Die einfachen Formen des Hilfsverbs *être*
(les formes simples de l'auxiliaire *être*)

Indikativ Präsens *indicatif présent*		Indikativ Imperfekt *indicatif imparfait*		*passé simple*	
je	*suis*	*j'*	*étais*	*je*	*fus*
tu	*es*	*tu*	*étais*	*tu*	*fus*
il/elle	*est*	*il/elle*	*était*	*il/elle*	*fut*
nous	*sommes*	*nous*	*étions*	*nous*	*fûmes*
vous	*êtes*	*vous*	*étiez*	*vous*	*fûtes*
ils/elles	*sont*	*ils/elles*	*étaient*	*ils/elles*	*furent*

Futur I *futur simple*		Konditional I *conditionnel présent*	
je	*serai*	*je*	*serais*
tu	*seras*	*tu*	*serais*
il/elle	*sera*	*il/elle*	*serait*
nous	*serons*	*nous*	*serions*
vous	*serez*	*vous*	*seriez*
ils/elles	*seront*	*ils/elles*	*seraient*

Konjunktiv Präsens *subjonctif présent*		Konjunktiv Imperfekt *subjonctif imparfait*	
que je	*sois*	*que je*	*fusse*
que tu	*sois*	*que tu*	*fusses*
qu'il/elle	*soit*	*qu'il/elle*	*fût*
que nous	*soyons*	*que nous*	*fussions*
que vous	*soyez*	*que vous*	*fussiez*
qu'ils/elles	*soient*	*qu'ils/elles*	*fussent*

Imperativ *impératif*	Partizip Präsens *participe présent*	Partizip Perfekt *participe passé*
sois *soyons* *soyez*	*étant*	*été*

188 Die mit *avoir* zusammengesetzten Verbformen

Indikativ Perfekt *passé composé*		Indikativ Plusquamperf. *plus-que-parfait*		*passé antérieur*	
j'	*ai eu*	*j'*	*avais eu*	*j'*	*eus eu*
tu	*as été*	*tu*	*avais été*	*tu*	*eus été*
il/elle	*a parlé*	*il/elle*	*avait parlé*	*il/elle*	*eut parlé*
nous	*avons fini*	*nous*	*avions fini*	*nous*	*eûmes fini*
vous	*avez attendu*	*vous*	*aviez attendu*	*vous*	*eûtes attendu*
ils/elles	*ont mis*	*ils/elles*	*avaient mis*	*ils/elles*	*eurent mis*

Futur II *futur antérieur*		Konditional II *conditionnel passé*	
j'	*aurai eu*	*j'*	*aurais eu*
tu	*auras été*	*tu*	*aurais été*
il/elle	*aura parlé*	*il/elle*	*aurait parlé*
nous	*aurons fini*	*nous*	*aurions fini*
vous	*aurez attendu*	*vous*	*auriez attendu*
ils/elles	*auront mis*	*ils/elles*	*auraient mis*

Konjunktiv Perfekt *subjonctif passé*		Konjunktiv Plusquamperfekt *plus-que-parfait du subjonctif*	
que j'	*aie eu*	*que j'*	*eusse eu*
que tu	*aies été*	*que tu*	*eusses été*
qu'il/elle	*ait parlé*	*qu'il/elle*	*eût parlé*
que nous	*ayons fini*	*que nous*	*eussions fini*
que vous	*ayez attendu*	*que vous*	*eussiez attendu*
qu'ils/elles	*aient mis*	*qu'ils/elles*	*eussent mis*

Die mit *être* zusammengesetzten Verbformen 189

Indikativ Perfekt *passé composé*	Indikativ Plusquamperf. *plus-que-parfait*	*passé antérieur*
je suis arrivé(e)	*j'étais arrivé(e)*	*je fus arrivé(e)*
tu es entré(e)	*tu étais entré(e)*	*tu fus entré(e)*
il/elle est parti(e)	*il/elle était parti(e)*	*il/elle fut parti(e)*
nous sommes arrivé(e)s	*nous étions arrivé(e)s*	*nous fûmes arrivé(e)s*
vous êtes entré(e)s	*vous étiez entré(e)s*	*vous fûtes entré(e)s*
ils/elles sont parti(e)s	*ils/elles étaient parti(e)s*	*ils/elles furent parti(e)s*

Futur II *futur antérieur*		Konditional II *conditionnel passé*	
je	*serai arrivé(e)*	*je*	*serais arrivé(e)*
tu	*seras entré(e)*	*tu*	*serais entré(e)*
il/elle	*sera parti(e)*	*il/elle*	*serait parti(e)*
nous	*serons arrivé(e)s*	*nous*	*serions arrivé(e)s*
vous	*serez entré(e)s*	*vous*	*seriez entré(e)s*
ils/elles	*seront parti(e)s*	*ils/elles*	*seraient parti(e)s*

Konjunktiv Perfekt *subjonctif passé*		Konjunktiv Plusquamperfekt *plus-que-parfait du subjonctif*	
que je	*sois arrivé(e)*	*que je*	*fusse arrivé(e)*
que tu	*sois entré(e)*	*que tu*	*fusses entré(e)*
qu'il/elle	*soit parti(e)*	*qu'il/elle*	*fût parti(e)*
que nous	*soyons arrivé(e)s*	*que nous*	*fussions arrivé(e)s*
que vous	*soyez entré(e)s*	*que vous*	*fussiez entré(e)s*
qu'ils/elles	*soient parti(e)s*	*qu'ils/elles*	*fussent parti(e)s*

Zur Veränderlichkeit des Partizip Perfekt vgl. §§ 245-248.

Der Gebrauch von *avoir* und *être* bei der Bildung der zusammengesetzten Verbformen

190 Mit *avoir* verbundene Verben

Mit *avoir* werden verbunden

1. alle transitiven und transitiv gebrauchten Verben (vgl. §§ 281, 282) im Aktiv:

Le policier a risqué sa vie.	Der Polizist hat sein Leben riskiert.
Aujourd'hui, j'ai dépensé beaucoup d'argent.	Heute habe ich viel Geld ausgegeben.
Tu as sauté une ligne.	Du hast eine Zeile übersprungen.

2. die meisten intransitiven Verben (vgl. §§ 283-296, außer den reflexiven Verben), einschließlich ***être***:

Cette nuit, j'ai dormi neuf heures.	Heute Nacht habe ich neun Stunden geschlafen.
On a bien rigolé [fam.].	Wir haben viel gelacht.
J'ai glissé sur une peau de banane.	Ich bin auf einer Bananenschale ausgerutscht.
Une bombe a explosé devant la gare.	Eine Bombe ist vor dem Bahnhof explodiert.
Cette année, j'ai été souvent malade.	Dieses Jahr war ich oft krank.
Il a marché sur le ballon.	Er ist auf den Ball getreten.
Quelqu'un avait pénétré dans notre maison.	Jemand war in unser Haus eingedrungen.
L'enfant avait grimpé dans l'arbre.	Das Kind war auf den Baum geklettert.
J'ai couru pour ne pas arriver en retard.	Ich bin gerannt, um nicht zu spät zu kommen.
Mon grand-père a beaucoup voyagé.	Mein Großvater ist viel gereist.
Le cambrioleur a sauté par la fenêtre.	Der Einbrecher ist aus dem Fenster gesprungen.

191 Mit *être* verbundene Verben

Mit *être* werden verbunden

1. alle reflexiven und reflexiv gebrauchten Verben:

Je me suis aperçu de ma faute.	Ich habe meinen Fehler bemerkt.
Ils se sont trompés.	Sie haben sich getäuscht.
Elle s'est excusée auprès de moi.	Sie hat sich bei mir entschuldigt.

2. folgende intransitive Verben, die eine Bewegungsrichtung ausdrücken:

accourir	herbeieilen	*remonter*	wieder hinaufgehen/ steigen
aller	gehen/fahren	*rentrer*	zurückkehren
arriver	ankommen	*repartir*	wieder abreisen/wieder weggehen
descendre	hinuntergehen/ aussteigen	*ressortir*	wieder hinausgehen
entrer	hineingehen	*retomber*	wieder (hin)fallen
intervenir	einschreiten/eingreifen	*retourner*	zurückkehren
monter	hinaufgehen/steigen	*revenir*	zurückkommen
partir	abreisen/weggehen	*sortir*	hinausgehen
parvenir	gelangen/gelingen	*tomber*	(hin)fallen
redescendre	wieder hinuntergehen	*venir*	kommen

sowie:

décéder	sterben/verscheiden	*naître*	geboren werden
demeurer	bleiben [in d. Bed. 'wohnen' m. *avoir*]	*rester*	bleiben
devenir	werden	*redevenir*	wieder werden
mourir	sterben	*survenir*	(plötzlich) auftauchen/ sich (plötzlich) ereignen

Les enfants sont allés à la piscine.	Die Kinder sind ins Schwimmbad gegangen.
Je suis venu par le train.	Ich bin mit dem Zug gekommen.
On est arrivés à trois heures.	Wir sind um drei Uhr angekommen.
Pourquoi est-ce que tu n'es pas entré?	Warum bist du nicht hineingegangen?
Beaucoup de gens étaient accourus à son aide.	Viele Menschen waren ihm zu Hilfe geeilt.
Nos amis sont repartis hier.	Unsere Freunde sind gestern wieder abgereist.
Mes parents ne sont pas encore revenus de leur promenade.	Meine Eltern sind noch nicht von ihrem Spaziergang zurückgekommen.
Qu'est-ce qu'elle est devenue?	Was ist aus ihr geworden?
Paul est resté à la plage.	Paul ist am Strand geblieben.
Je suis tombé(e).	Ich bin hingefallen.
Ma belle-sœur est morte d'un cancer.	Meine Schwägerin ist an Krebs gestorben.
Notre fille est née en 1975.	Unsere Tochter ist 1975 geboren.

Anmerkung 1: Das Verb *accourir* wird oft mit *avoir* gebraucht.

Anmerkung 2: Ist das Subjekt des Verbs *monter* eine Sache, die zunimmt, wird häufig *avoir* gebraucht: *La fièvre a monté.* – Das Fieber ist gestiegen. *Les prix ont monté.* – Die Preise sind gestiegen.

Anmerkung 3: Das Verb *convenir* wird heute sowohl im Sinn von 'passen/zusagen' als auch im Sinn von 'vereinbaren/sich einigen' mit *avoir* verwendet: *Cette solution ne m'a pas convenu.* – Diese Lösung hat mir nicht zugesagt. *Nous avons convenu* [seltener: *nous sommes convenus*] *de rester encore une semaine.* – Wir vereinbarten, noch eine Woche zu bleiben.

Anmerkung 4: Im Sinn von 'entkommen/entrinnen' wird *échapper* mit *avoir* gebraucht. *Il a échappé à la mort.* – Er ist dem Tod entronnen. Ebenso in der Bedeutung von 'entgehen': *Cela ne m'a pas échappé.* – Das ist mir nicht entgangen. *Cette faute avait échappé à mon professeur.* – Mein Lehrer hatte diesen Fehler übersehen. Meist mit *avoir* wird es gebraucht im Sinn von 'entgleiten': *Le vase m'a échappé des mains.* – Die Vase ist meinen Händen entglitten. In gehobener Sprache wird *échapper* in der Bedeutung 'aus Unachtsamkeit etw. tun' mit *être* verbunden: *Excusez-moi, ce mot m'est échappé.* – Entschuldigen Sie, dieses Wort ist mir herausgefahren (zu *s'échapper* vgl. § 277.2).

Anmerkung 5: Das Verb *paraître* bildet in der Bedeutung 'scheinen' die zusammengesetzten Zeiten mit *avoir*: *Elle a paru surprise.* – Sie schien überrascht zu sein. Bedeutet es 'erscheinen/veröffentlicht werden' kann *avoir* oder *être* gebraucht werden: *Cette grammaire a paru/est parue en* 1994. – Diese Grammatik ist 1994 erschienen. Soll auf den Zustand abgehoben werden, so wird *être* verwendet: *La grammaire italienne est parue depuis 1989.* – Die italienische Grammatik ist seit 1989 auf dem Markt/liegt seit 1989 vor.

Anmerkung 6: Das Verb *apparaître* wird heute meist mit *être* gebraucht: *Une femme est apparue à la fenêtre.* – Eine Frau erschien am Fenster.

3. die passivisch gebrauchten Verben (zur Bildung des Passivs vgl. § 193):

Elle a été blessée à la tête.	Sie wurde am Kopf verletzt.
Trois trafiquants de drogues ont été arrêtés par la police.	Drei Drogenhändler wurden von der Polizei verhaftet.
Le ministre avait été hospitalisé pour des troubles circulatoires.	Der Minister war wegen Kreislaufbeschwerden ins Krankenhaus eingeliefert worden.

192 Mit *avoir* oder *être* verbundene Verben

Mit *avoir* bzw. *être* werden verbunden

die Verben *descendre, (re)monter, rentrer, retourner* und *sortir.* Sie haben unterschiedliche Bedeutung, je nachdem ob sie intransitiv (mit *être*) oder transitiv (mit *avoir*) gebraucht werden:

mit ***être*** verbunden	mit ***avoir*** verbunden
Une dame est descendue du train. Eine Dame ist aus dem Zug gestiegen. *Nous sommes descendus à la plage.* Wir sind zum Strand hinuntergegangen.	*J'ai descendu les Champs-Elysées.* Ich bin die Champs-Elysées hinuntergegangen. *Est-ce que vous pourriez descendre un peu le tableau?* Könnten Sie die Tafel ein wenig herunterschieben?
Elle est montée au troisième étage. Sie ist in den dritten Stock hochgegangen. *On est montés sur la tour Eiffel.* Wir sind auf den Eiffelturm gestiegen.	*J'ai monté les escaliers.* Ich bin die Treppe hochgegangen. *Tu as déjà monté la valise?* Hast du schon den Koffer hochgetragen?
Les Durand sont rentrés de vacances. Die Durands sind vom Urlaub zurückgekommen. *Hier, je suis rentré tard.* Gestern bin ich spät heimgekommen.	*J'ai rentré le linge.* Ich habe die Wäsche hereingeholt. *Le pilote a rentré le train d'atterrissage.* Der Pilot hat das Fahrgestell eingezogen.
Notre voisin est retourné dans son pays natal. Unser Nachbar ist in sein Heimatland zurückgekehrt. *A Pâques, je suis retourné en Grèce.* An Ostern bin ich wieder nach Griechenland gefahren.	*Elle a retourné la tête.* Sie hat den Kopf umgedreht. *Mon fils a retourné sa chambre.* Mein Sohn hat sein Zimmer auf den Kopf gestellt.
M. Sanson est sorti du bureau vers sept heures. Herr Sanson hat gegen sieben Uhr das Büro verlassen. *Hier soir, je suis sortie avec Luc.* Gestern Abend bin ich mit Luc ausgegangen.	*Le gardien de but a sorti la balle de la lucarne.* Der Torwart hat den Ball aus dem Winkel geholt/gefischt. *Je n'ai pas encore sorti le chien.* Ich habe den Hund noch nicht ausgeführt.

Anmerkung: Wie alle transitiv gebrauchten Verben bildet *passer* die zusammengesetzten Zeiten mit *avoir*: *J'ai passé toute la matinée à ranger ma chambre.* – Ich habe den ganzen Vormittag mit dem Aufräumen meines Zimmers zugebracht. *Sa mère lui a passé tous ses caprices.* – Seine Mutter hat ihm alles durchgehen lassen. Bei intransitivem Gebrauch in der Bedeutung von 'vorbei-/durchgehen/vorbei-/durchfahren' kann zur Angabe der Handlung *avoir* oder *être* gebraucht werden: *Nous avons passé/sommes passés par là.* – Wir sind dort durchgegangen/durchgefahren. Zur Angabe des Zustands wird *être* verwendet: *Les vacances sont passés.* – Die Ferien sind vorbei. *Le tramway est déjà passé.* – Die Straßenbahn ist schon durch. *Le facteur est déjà passé.* – Der Briefträger war schon da.

193 Die Bildung des Passivs (la formation du passif)

Das Passiv wird mit ***être*** + **Partizip Perfekt** gebildet, das in Genus und Numerus mit dem zugehörigen Substantiv oder Pronomen übereinstimmt. In den zusammengesetzten Zeiten bleibt das Partizip Perfekt von *être* (*été*) unverändert.

Typus: *être vu/vue* gesehen werden

Indikativ Präsens *indicatif présent*		Indikativ Imperfekt *indicatif imparfait*		*passé simple*	
je	*suis vu(e)*	*j'*	*étais vu(e)*	*je*	*fus vu(e)*
tu	*es vu(e)*	*tu*	*étais vu(e)*	*tu*	*fus vu(e)*
il/elle	*est vu(e)*	*il/elle*	*était vu(e)*	*il/elle*	*fut vu(e)*
nous	*sommes vu(e)s*	*nous*	*étions vu(e)s*	*nous*	*fûmes vu(e)s*
vous	*êtes vu(e)s*	*vous*	*étiez vu(e)s*	*vous*	*fûtes vu(e)s*
ils/elles	*sont vu(e)s*	*ils/elles*	*étaient vu(e)s*	*ils/elles*	*furent vu(e)s*

Futur I *futur simple*		Konditional I *conditionnel présent*	
je	*serai vu(e)*	*je*	*serais vu(e)*
tu	*seras vu(e)*	*tu*	*serais vu(e)*
il/elle	*sera vu(e)*	*il/elle*	*serait vu(e)*
nous	*serons vu(e)s*	*nous*	*serions vu(e)s*
vous	*serez vu(e)s*	*vous*	*seriez vu(e)s*
ils/elles	*seront vu(e)s*	*ils/elles*	*seraient vu(e)s*

Konjunktiv Präsens *subjonctif présent*		Konjunktiv Imperfekt *subjonctif imparfait*	
que je	*sois vu(e)*	*que je*	*fusse vu(e)*
que tu	*sois vu(e)*	*que tu*	*fusses vu(e)*
qu'il/elle	*soit vu(e)*	*qu'il/elle*	*fût vu(e)*
que nous	*soyons vu(e)s*	*que nous*	*fussions vu(e)s*
que vous	*soyez vu(e)s*	*que vous*	*fussiez vu(e)s*
qu'ils/elles	*soient vu(e)s*	*qu'ils/elles*	*fussent vu(e)s*

Indikativ Perfekt *passé composé*	Indikativ Plusquamperf. *plus-que-parfait*	*passé antérieur*
j'ai été vu(e)	*j'avais été vu(e)*	*j'eus été vu(e)*
tu as été vu(e)	*tu avais été vu(e)*	*tu eus été vu(e)*
il/elle a été vu(e)	*il/elle avait été vu(e)*	*il/elle eut été vu(e)*
nous avons été vu(e)s	*nous avions été vu(e)s*	*nous eûmes été vu(e)s*
vous avez été vu(e)s	*vous aviez été vu(e)s*	*vous eûtes été vu(e)s*
ils/elles ont été vu(e)s	*ils/elles avaient été vu(e)s*	*ils/elles eurent été vu(e)s*

Futur II *futur antérieur*		Konditional II *conditionnel passé*	
j'	*aurai été vu(e)*	*j'*	*aurais été vu(e)*
tu	*auras été vu(e)*	*tu*	*aurais été vu(e)*
il/elle	*aura été vu(e)*	*il/elle*	*aurait été vu(e)*
nous	*aurons été vu(e)s*	*nous*	*aurions été vu(e)s*
vous	*aurez été vu(e)s*	*vous*	*auriez été vu(e)s*
ils/elles	*auront été vu(e)s*	*ils/elles*	*auraient été vu(e)s*

Konjunktiv Perfekt *subjonctif passé*		Konjunktiv Plusquamperfekt *plus-que-parfait du subjonctif*	
que j'	*aie été vu(e)*	*que j'*	*eusse été vu(e)*
que tu	*aies été vu(e)*	*que tu*	*eusses été vu(e)*
qu'il/elle	*ait été vu(e)*	*qu'il/elle*	*eût été vu(e)*
que nous	*ayons été vu(e)s*	*que nous*	*eussions été vu(e)s*
que vous	*ayez été vu(e)s*	*que vous*	*eussiez été vu(e)s*
qu'ils/elles	*aient été vu(e)s*	*qu'ils/elles*	*eussent été vu(e)s*

Kapitel 13 Der Gebrauch der Tempora des Indikativs (L'emploi des temps de l'indicatif)

Zu den Tempora des Indikativs gehören das Präsens (le présent), das Imperfekt (l'imparfait), das Perfekt (le passé composé), das *passé simple,* das Plusquamperfekt (le plus-que-parfait), das *passé antérieur,* das Futur I (le futur simple) und das Futur II (le futur antérieur). Zur Bildung der einzelnen Formen vgl. §§ 180-189.

Dem *passé simple* und dem *imparfait* entspricht im Deutschen das Präteritum; das *plus-que-parfait* und das *passé antérieur* werden im Deutschen durch das Plusquamperfekt abgedeckt. Während in der geschriebenen Sprache alle Tempora vorkommen, werden in der gesprochenen Sprache das *passé simple* und das *passé antérieur* nicht mehr verwendet. Die Rolle des *passé simple* wird vom *passé composé* übernommen; an die Stelle des *passé antérieur* tritt oft das sog. *passé surcomposé* (vgl. § 203).

194 **Das Präsens** (le présent)

1. Das Präsens beschreibt Vorgänge oder Zustände der unmittelbaren Gegenwart, Geschehen, die bis in die Gegenwart andauern, Gewohnheiten sowie Feststellungen, die zeitlose Gültigkeit besitzen:

Il fait beau.	Es ist schönes Wetter.
Mon fils ne fume pas.	Mein Sohn raucht nicht.
Actuellement, le ministre est à Paris.	Derzeit ist der Minister in Paris.
Je connais Charles depuis cinq ans.	Ich kenne Charles seit fünf Jahren.
Je vais au marché tous les jeudis.	Ich gehe jeden Donnerstag auf den Markt.
D'habitude, je me lève à six heures et je me couche vers onze heures.	Gewöhnlich stehe ich um sechs Uhr auf und gehe gegen elf Uhr ins Bett.
La Terre tourne autour du Soleil.	Die Erde dreht sich um die Sonne.
L'argent ne fait pas le bonheur, mais il y contribue.	Geld macht nicht glücklich, aber es beruhigt.
L'eau bout à cent degrés.	Wasser kocht bei hundert Grad.

Anmerkung: Das Präsens ist auch das Tempus, in dem Inhaltsangaben, Kommentare usw. abgefasst werden: *Dans son drame 'Huit Clos', Jean-Paul Sartre enferme trois personnages, les laisse en tête-à-tête sans aucune action et crée par là une tension presque insupportable.* – In seinem Theaterstück 'Geschlossene Gesellschaft' schließt Jean-Paul Sartre drei Personen ein, lässt sie ohne jede Handlung beisammen und schafft dadurch eine fast unerträgliche Spannung.

2. Das Präsens kann, wie im Deutschen, zukünftige Ereignisse bezeichnen, wenn diese als sicher angesehen werden oder wenn ein konkreter, in der Zukunft liegender Zeitpunkt genannt wird:

Demain, je pars en vacances.	Morgen fahre ich in Urlaub.
Attendez-moi, je reviens.	Wartet auf mich, ich komme gleich wieder.
Qu'est-ce qu'on fait ce soir?	Was machen wir heute Abend?
Tu viens nous voir l'année prochaine?	Besuchst du uns im nächsten Jahr?

Anmerkung: In seltenen Fällen kann sich das Präsens auch auf eine gerade vergangene Handlung beziehen: *Je reçois à l'instant un coup de téléphone.* – Gerade eben habe ich einen Anruf erhalten.

Besonderer Gebrauch des Präsens 195

1. Um eine Erzählung lebhafter zu gestalten oder um eine historische Darstellung aufzulockern, kann das Präsens anstelle eines Vergangenheitstempus verwendet werden. Man spricht in diesem Fall vom historischen Präsens (présent historique):

Hier, je faisais du lèche-vitrines, quand tout à coup un type s'approche de moi et me demande mon portefeuille.	Gestern machte ich einen Schaufensterbummel, als sich mir plötzlich ein Kerl nähert und meine Brieftasche verlangt.
Napoléon Bonaparte abdique en faveur de son fils le 4 avril 1814.	Am 4. April 1814 dankt Napoleon Bonaparte zugunsten seines Sohnes ab.
Dans la nuit du 5 octobre, un navire croise ma route à une dizaine de milles. (Alain Bombard)	In der Nacht des 5. Oktober kreuzt ein Schiff meine Route in einer Entfernung von etwa zehn Meilen.
Lorsque Voltaire écrit «Candide», il a soixante-quatre ans.	Als Voltaire *Candide* schreibt, ist er 64 Jahre alt.

Anmerkung: Das historische Präsens findet sich oft in Zeitungsüberschriften: *Une voiture tombe dans un étang.* – Auto stürzt in Teich.

2. Modal verwendet drückt das Präsens einen Rat, eine Anweisung oder eine Vorschrift aus:

Vous prenez la première rue à gauche, puis vous continuez tout droit.	Biegen Sie die erste Straße links ab, dann gehen Sie geradeaus weiter.
On ne badine pas avec l'amour.	Mit der Liebe spielt man nicht.

196 Das Imperfekt (l'imparfait)

Das Imperfekt wird verwendet

1. zur Beschreibung vergangener Handlungen, Vorgänge oder Zustände, die als nicht abgeschlossen angesehen werden:

Mon frère avait beaucoup de dettes.	Mein Bruder hatte viele Schulden.
Elle avait les cheveux roux.	Sie hatte rotes Haar.
Le chauffage était en panne.	Die Heizung war ausgefallen.
Il régnait une grande famine.	Es herrschte eine große Hungersnot.
Les conditions de vie des paysans étaient catastrophiques.	Die Lebensbedingungen der Bauern waren katastrophal.

2. zur Bezeichnung von Handlungen, die sich in der Vergangenheit regelmäßig wiederholt haben:

Mon frère allait au cinéma au moins une fois par semaine.	Mein Bruder ging mindestens einmal in der Woche ins Kino.
A cette époque-là, notre fille venait nous voir tous les dimanches.	Damals besuchte uns unsere Tochter jeden Sonntag.
Pendant les vacances, je ne me levais jamais avant neuf heures.	In den Ferien stand ich niemals vor neun Uhr auf.

197 Besonderer Gebrauch des Imperfekts

Das Imperfekt weist im Französischen eine Reihe von Sonderfunktionen auf:

1. Es kann anstelle des *passé simple* bzw. des *passé composé* stehen, um eine besondere stilistische Wirkung zu erzielen. Diese besteht darin, dass ein in der Vergangenheit liegender Zeitpunkt aus der Sprecherperspektive gedehnt wird. Das Ereignis wird gleichsam in Zeitlupe betrachtet. Während das *passé simple* bzw. das *passé composé* das Ereignis lediglich konstatiert, wird es im *imparfait* mit einer affektiven Nuance versehen. Das Imperfekt wird in dieser Funktion, die es nur in geschriebener Sprache annehmen kann, meist als *imparfait narratif, imparfait pittoresque* oder *imparfait de rupture* bezeichnet. Es erscheint insbesondere in

1.1. Schilderungen historischer Ereignisse:

Le 12 octobre 1492, Christophe Colomb prenait possession de l'île caraïbe Guanahani, au nom du roi d'Espagne.	Am 12. Oktober 1492 nahm Christoph Kolumbus im Namen des Königs von Spanien die karibische Insel Guanahani in Besitz.

Il y a 400 ans mourait Michel Eyquem de Montaigne, l'un des plus éminents penseurs français.	Vor 400 Jahren starb Michel Eyquem de Montaigne, einer der herausragendsten französischen Denker.

1.2. Presseberichten:

L'homme allumait une seconde cigarette. A la table voisine, un consommateur se fâchait contre le pollueur, le sommant de se rendre dans l'espace fumeurs.	Der Mann zündete eine zweite Zigarette an. Am Nachbartisch regte sich ein Gast über den Umweltverschmutzer auf und forderte ihn auf, sich in die Raucherzone zu begeben.
Furieux, le fumeur lançait une cruche en direction de son voisin. (Revue de la Presse)	Wütend schleuderte der Raucher einen Weinkrug gegen seinen Nachbarn.

1.3. Romanen:

Elle ouvrait la porte de la chambre et jetait autour d'elle des regards fous, se précipitait vers le lit puis reculait, interdite [...]. (Simenon)	Sie öffnete die Zimmertür, schaute verstört um sich, stürzte auf das Bett zu, wich dann verblüfft zurück [...].

2. Das Imperfekt kann in Verbindung mit bestimmten Verben zur Bezeichnung einer vergangenen Handlung verwendet werden, die einsetzte, aber nicht vollendet wurde:

Maigret étouffait.	Maigret wäre fast erstickt.
J'allais chez toi.	Ich wollte gerade zu dir.

3. Das Imperfekt kann auch modale Funktionen übernehmen. Es steht

3.1. zum Ausdruck einer höflichen Bitte oder Frage:

Je voulais vous demander si vous êtes d'accord avec cette proposition.	Ich wollte Sie fragen, ob Sie mit diesem Vorschlag einverstanden sind.
Je voulais vous inviter à dîner.	Ich möchte Sie gerne zum Abendessen einladen.

Anmerkung: In diesem Fall steht das Imperfekt anstelle des Konditional I (vgl. § 220.3): *Je voudrais vous demander ...*

3.2. in Verbindung mit den Verben *falloir, devoir, pouvoir* und *valoir mieux* zum Ausdruck einer notwendigen, aber nicht erfüllten Handlung der Vergangenheit:

Il fallait le lui dire.	Man hätte es ihm sagen müssen.
Il valait mieux se taire.	Man hätte besser geschwiegen.
Tu devais l'aider.	Du hättest ihm helfen sollen.

Ajourd'hui, toute la France s'interroge: pouvait-on éviter une telle catastrophe?	Heute fragt sich ganz Frankreich: Hätte man eine solche Katastrophe vermeiden können?

Anmerkung: In diesem Fall ersetzt das Imperfekt das Konditional II: *Tu aurais dû l'aider.*

Merke: *Il ne fallait pas.* – Das wäre nicht nötig gewesen.

Zum Gebrauch des Imperfekts im Bedingungssatz vgl. § 221.2, zur Verwendung in der indirekten Rede vgl. § 370.2.

198 **Das Perfekt** (le passé composé)

Im *passé composé* stehen Verben, wenn sie Handlungen oder Vorgänge bezeichnen, die

1. sich in der Vergangenheit vollzogen haben, die jedoch für die Gegenwart noch von Belang sind oder deren Folgen in der Gegenwart noch andauern:

J'ai connu mon mari il y a vingt ans.	Ich habe meinen Mann vor zwanzig Jahren kennen gelernt.
Je me suis cassé la jambe il y a quinze jours.	Ich habe mir vor vierzehn Tagen das Bein gebrochen.
Tu n'as jamais visité le Louvre?	Hast du noch nie den Louvre besucht?
Ma fille est née à Nancy le 28 février 2005.	Meine Tochter wurde am 28. Februar 2005 in Nancy geboren.
Cet hiver, il a beaucoup neigé.	In diesem Winter hat es viel geschneit.

2. in der Vergangenheit abgeschlossen sind. Das *passé composé* übernimmt in diesem Fall die Funktion des literarisch und teilweise in der Presse verwendeten *passé simple* (vgl. § 199):

Un capitaine hollandais a découvert l'île de Pâques en 1722.	Ein holländischer Kapitän hat 1722 die Osterinsel entdeckt.
La guerre de trente ans a duré de 1618 à 1648.	Der dreißigjährige Krieg dauerte von 1618 bis 1648.
L'homme a mis le pied sur la Lune en 1969.	1969 betrat der Mensch (zum ersten Mal) den Mond.

199 **Das *passé simple***

Der Gebrauch des *passé simple* ist auf die geschriebene Sprache beschränkt. In der Regel kommen nur noch die 3. Pers. Sing. und die 3. Pers. Pl. vor. Es wird zur Wiedergabe eines in der Vergangenheit abgeschlossenen, mit der Gegenwart nicht mehr in Verbindung stehenden Vorgangs gebraucht, wobei die Dauer oder die Häufigkeit des Vorgangs ohne Bedeutung sind.

Das *passé simple* findet sich vor allem in:

1. der Schilderung historischer Ereignisse:

Après ses succès militaires, Bonaparte se fit décerner la dignité impériale. Sous le nom de Napoléon 1er, il fut, le 2 décembre 1804, proclamé Empereur des Français à Notre-Dame de Paris. Il posa lui-même la couronne sur sa tête et couronna ensuite son épouse.	Nach seinen militärischen Erfolgen ließ sich Bonaparte die Kaiserwürde übertragen. Unter dem Namen Napoleon I. wurde er am 2. Dezember 1804 in der Kirche Notre-Dame zu Paris zum französischen Kaiser ausgerufen. Er setzte sich selbst die Krone auf das Haupt und krönte danach seine Gattin.

2. Romanen:

Je restai seule avec mon père et vins m'asseoir sur les marches, à ses pieds. Il se pencha et posa ses deux mains sur mes épaules. (Sagan)	Ich blieb mit meinem Vater allein und setzte mich auf die Stufen ihm zu Füßen. Er beugte sich vor und legte seine beiden Hände auf meine Schultern.

Gegenüberstellung von Imperfekt und *passé composé/ passé simple* 200

1. Wenn mehrere Handlungen in der Vergangenheit gleichzeitig ablaufen, stehen die betreffenden Verben alle im Imperfekt:

Pendant que je me reposais un peu, ma femme regardait la télé. *Je faisais mes devoirs, ma sœur écrivait une lettre et mon père lisait le journal.*	Während ich mich ein wenig ausruhte, sah meine Frau fern. Ich machte meine Hausaufgaben, meine Schwester schrieb einen Brief und mein Vater las die Zeitung.

2. Folgen zwei oder mehr Handlungen unmittelbar aufeinander, so dass eine Handlung durch den Beginn der nächsten Handlung abgeschlossen wird, so wird je nach Textsorte das *passé composé* oder das *passé simple* verwendet:

La jeune femme a regardé le jeune homme, a rougi et a souri. *Un taxi s'est arrêté. Un homme d'environ trente ans est descendu, a ouvert son parapluie et s'est dépêché de traverser la rue.*	Die junge Frau schaute den jungen Mann an, errötete und lächelte. Ein Taxi hielt an. Ein etwa dreißig Jahre alter Mann stieg aus, öffnete seinen Schirm und überquerte eilig die Straße.
Maigret ferma le placard à clef, mit celle-ci dans sa poche et se dirigea lourdement vers l'escalier. (Simenon)	Maigret schloss den Schrank ab, steckte den Schlüssel in die Tasche und ging schweren Schrittes zur Treppe.

Le commissaire se leva d'une façon si naturelle que son interlocuteur écarquilla les yeux. Et il marcha vers une des portes qu'il ouvrit le plus tranquillement du monde. (Simenon)	Der Kommissar erhob sich so ungezwungen, dass sein Gesprächspartner die Augen aufriss. Und er ging zu einer der Türen, die er in aller Ruhe öffnete.

3. Setzt eine Handlung ein, während die andere noch nicht abgeschlossen ist, so steht die neu einsetzende Handlung im *passé composé* bzw. *passé simple*, die noch andauernde Handlung im Imperfekt:

Je feuilletais un dictionnaire qui se trouvait sur la table quand j'ai eu la surprise d'y trouver un billet de cent euros. *Nous étions en train de nous embrasser quand ma mère est entrée.*	Ich blätterte in einem Wörterbuch, das auf dem Tisch lag, als ich zu meiner Überraschung einen 100-Euro-Schein darin fand. Wir küssten uns gerade, als meine Mutter hereinkam.
Ils se dirigèrent vers la place d'Armes. Cottard se taisait toujours. (Camus)	Sie gingen in Richtung Paradeplatz. Cottard schwieg immer noch.

Die folgende Geschichte illustriert das Zusammenspiel von *passé simple* und Imperfekt im Textzusammenhang. In gesprochener Sprache würden die Formen des *passé simple* durch das *passé composé* ersetzt. Das Imperfekt antwortet auf die Frage: 'Was war schon?'; das *passé simple* bzw. das *passé composé* antwortet auf die Frage: 'Was geschah dann? ... und dann?' Die Verbformen im *passé simple* bzw. *passé composé* stellen zusammen genommen die Handlungskette der Geschichte dar:

*Je me **rendais** à mon bureau au volant de ma voiture et m'**approchais** d'un carrefour dangereux avec la plus grande prudence, quand une autre auto **surgit** brusquement et **emboutit** mon aile arrière dans un terrible bruit. Furieux, je **descendis** et m'**approchai** de la voiture noire, flambant neuve, qui **venait** de m'accrocher. La charmante jeune personne qui **conduisait était** en larmes. Elle m'**expliqua** que son mari avait acheté cette auto la veille.* *- Je n'oserai jamais reparaître devant lui! me **dit**-elle en pleurant.*	Ich begab mich am Steuer meines Wagens zu meinem Büro und näherte mich mit größter Vorsicht einer gefährlichen Kreuzung, als ein anderes Auto plötzlich auftauchte und meinen hinteren Kotflügel mit einem schrecklichen Krach eindrückte. Wütend stieg ich aus und näherte mich dem funkelnagelneuen schwarzen Wagen, der mich gerade angefahren hatte. Die bezaubernde junge Dame, die am Steuer saß, weinte. Sie erklärte mir, dass ihr Mann das Auto am Tag zuvor gekauft habe. Ich werde ihm nie mehr vor die Augen treten können! sagte sie weinend zu mir.

Légèrement radouci, je lui ***expliquai*** *que nous* ***devions*** *échanger nos numéros minéralogiques et les noms de nos compagnies d'assurances. Elle* ***sortit*** *alors du coffre à gants une pochette de documents. Dessus* ***était*** *écrit, d'une large écriture masculine. 'En cas d'accident, chérie, n'oublie pas que c'est toi que j'aime, et non la voiture.'*	Etwas besänftigt, erklärte ich ihr, dass wir unsere amtlichen Kennzeichen und die Namen unserer Versicherungsgesellschaften austauschen müssten. Sie holte dann aus dem Handschuhfach eine Dokumententasche. Darauf stand mit einer großzügigen männlichen Handschrift geschrieben: 'Im Falle eines Unfalls, mein Liebling, vergiss nicht, dass ich Dich liebe und nicht das Auto.'

Französischer Text aus: Heinz-Otto Hohmann, *Etapes*, Lensing, Dortmund 1973

4. Bei einigen französischen Verben ergibt sich, je nachdem ob sie im Imperfekt oder im *passé simple*/*passé composé* stehen, ein Bedeutungsunterschied, der im Deutschen durch verschiedene Verben wiedergegeben wird:

J'avais peur. *J'eus/J'ai eu peur.*	Ich hatte Angst. Ich bekam Angst.
Le pont était construit. *Le pont fut/a été construit.*	Die Brücke war gebaut. Die Brücke wurde gebaut.
Je la connaissais depuis longtemps. *Je la connus/Je l'ai connue il y a deux ans.*	Ich kannte sie seit langem. Ich lernte sie vor zwei Jahren kennen.
Je ne le savais pas. *Je le sus/Je l'ai su plus tard.*	Ich wusste es nicht. Ich erfuhr es später.
Tous se taisaient. *Tous se turent/se sont tus.*	Alle schwiegen. Alle verstummten.
Quand il nous voyait ... *Quand il nous vit/a vus ...*	Wenn er uns sah, ... Als er uns erblickte/sah, ...

Das Plusquamperfekt (le plus-que-parfait) 201

Das Plusquamperfekt bezeichnet einen Vorgang in der Vergangenheit, der sich vor einem anderen Vorgang der Vergangenheit abgespielt hat. Es ist vorzeitig zum Imperfekt, *passé composé* und *passé simple* und drückt somit die Vorvergangenheit aus:

Comme elle avait oublié de fermer le robinet, à son retour, la cuisine était inondée.	Da sie vergessen hatte, den Wasserhahn zuzudrehen, war bei ihrer Rückkehr die Küche überschwemmt.
L'Amérique, qui n'avait pas connu d'attentat depuis celui de la Guardia en 1975, s'est découverte vulnérable. (Paris Match)	Amerika, das seit dem Attentat von La Guardia im Jahre 1975 keines mehr erlebt hatte, entdeckte seine Verwundbarkeit.
Elle se demanda si son mari avait remarqué la nuance, mais il n'y avait pas pris garde. (Simenon)	Sie fragte sich, ob ihr Mann die Nuance bemerkt hatte, aber er hatte nicht darauf geachtet.

Anmerkung 1: Das Plusquamperfekt kann auch vorzeitig zu einem Verb im Präsens auftreten: *Ce n'est pas ce que j'avais commandé.* – Das hatte ich nicht bestellt.

Anmerkung 2: Steht nach *quand/lorsque* das Plusquamperfekt, so wird der Satz iterativ aufgefasst: *Quand il avait trop bu, il battait sa femme.* – Jedesmal wenn er zu viel getrunken hatte, schlug er seine Frau. (Vgl. auch § 343.)

Zur Verwendung des Plusquamperfekts im Bedingungssatz vgl. § 221.3.

202 Das *passé antérieur*

Das *passé antérieur* drückt eine vergangene Handlung aus, die sich unmittelbar vor einer anderen Handlung der Vergangenheit abgespielt hat und von dieser begrenzt wird. Es ist literarisch und erscheint hauptsächlich im Nebensatz nach den Konjunktionen *quand, lorsque, après que, dès que, ausitôt que* sowie *à peine ... que*:

Dès qu'elle les eut rejoints, elle comprit qu'elle avait interrompu un entretien à son sujet. (Mauriac)	Sobald sie sie wieder eingeholt hatte, merkte sie, dass sie ein Gespräch, das sich um sie drehte, unterbrochen hatte.
A peine son mari fut-il parti, que son amant arriva.	Kaum war ihr Mann abgereist, da kam ihr Geliebter an.

Anmerkung: In Begleitung eines adverbialen Ausdrucks, der eine zeitliche Begrenzung angibt, tritt das *passé antérieur* selten im Hauptsatz auf: *En un instant, il eut avalé son repas.* – Im Nu hatte er sein Essen hinuntergeschlungen.

203 Das *passé surcomposé*

Das *passé surcomposé* wird aus dem *passé composé* der Hilfsverben *avoir* bzw. *être* und dem Partizip Perfekt eines Vollverbs gebildet. Es drückt eine Handlung aus, die vorzeitig zu einem *passé composé* ist und von diesem abgeschlossen wird. Obwohl das *passé surcomposé* üblicherweise in der gesprochenen Sprache auftritt und dort die Rolle des *passé antérieur* übernimmt, finden sich auch literarische Belege:

Quand je l'ai eu vu, il est passé de l'autre côté de la rue.	Als ich ihn gesehen hatte, ging er auf die andere Straßenseite.
Quand il a eu fini, il s'est adressé à moi en m'appelant «mon ami». (Camus)	Als er geendet hatte, wandte er sich an mich und nannte mich „mein Freund".
Dès qu'il a été parti, j'ai songé à l'argent dans le secrétaire. (Boileau-Narcejac)	Sobald er abgereist war, habe ich an das Geld im Sekretär gedacht.

Das Futur I (le futur simple) 204

Das Futur I drückt in der Zukunft liegende Vorgänge oder Zustände aus. Es wird im Französischen häufiger gebraucht als im Deutschen, das für die Bezeichnung zukünftiger Ereignisse im Allgemeinen das Präsens vorzieht:

Le mois prochain, mon fils se mariera.	Nächsten Monat heiratet mein Sohn.
Dans deux ans, je passerai mon permis de conduire.	In zwei Jahren werde ich meinen Führerschein machen.
Demain, ce sera mardi.	Morgen ist Dienstag.
Espérons qu'il fera beau demain.	Hoffentlich ist morgen schönes Wetter!
Dès qu'il sera de retour, je le lui dirai.	Sobald er wieder zurück ist, sage ich es ihm.

Zum Gebrauch des Futur I im Bedingungsgefüge vgl. § 221.1

Besonderer Gebrauch des Futur I 205

Neben dem temporalen Gebrauch kann das Futur I auch modal verwendet werden. Eine stilistische Besonderheit stellt das *futur prospectif* dar.

1. Im modalen Gebrauch dient das Futur I

1.1. zum Ausdruck einer Vermutung:

Ce sera un carton rouge.	Das gibt wohl eine rote Karte.
Elle aura quarante ans.	Sie wird vierzig Jahre alt sein.
Il le saura.	Er wird es wissen.
A mon avis, le mieux sera de voyager la nuit.	Meiner Meinung nach wird es das Beste sein, nachts zu reisen.

1.2. zum Ausdruck einer Aufforderung, eines Gebotes:

Vous ferez cet exercice pour demain.	Ihr macht diese Übung für morgen.
Cela te servira de leçon.	Das soll dir als Lehre dienen!
Tu ne tueras point.	Du sollst nicht töten.
Vous ne mangerez rien, mais vous boirez beaucoup.	Essen Sie nichts, aber trinken Sie viel!
Vous prendrez un comprimé le matin, et un le soir.	Nehmen Sie eine Tablette morgens und eine abends!

1.3. zur höflichen Abschwächung einer Äußerung:

J'attirerai votre attention sur le fait que ...	Ich möchte Ihre Aufmerksamkeit auf die Tatsache lenken, dass ...
Je vous demanderai de me tenir au courant de cette affaire.	Ich möchte Sie bitten, mich in dieser Angelegenheit auf dem Laufenden zu halten.
Vous permettrez une dernière question?	Erlauben Sie eine letzte Frage?
Ce sera tout.	Das wär's.
Ça fera vingt euros.	Das macht zwanzig Euro.
Votre invitation m'a beaucoup touché et je serai très heureux de m'y rendre.	Ihre Einladung hat mich sehr gefreut und ich leiste ihr gerne Folge.

2. Das sog. *futur prospectif* weist von einem Punkt der Vergangenheit auf ein zukünftiges Geschehen, das jedoch vor der Gegenwart liegt:

A treize, Patricia interprète les chansons de Marlène Dietrich dans un thé dansant à Sarrebruck. C'est là que le compositeur François Bernheim la découvrira quelques ans plus tard. C'est lui, avec Didier Barbelivien, qui écrira la plupart de ses chansons à succès. En 1989, le titre «Mademoiselle chante le blues» révélera Patricia Kaas à un public international. (Le Figaro Magazine)	Mit dreizehn interpretiert Patricia in einem Tanzcafé in Saarbrücken die Lieder von Marlene Dietrich. Dort entdeckte sie der Komponist François Bernheim einige Jahre später. Er schrieb, mit Didier Barbelivien, die meisten ihrer Erfolgslieder. 1989 machte der Titel „Mademoiselle chante le blues" Patricia Kaas einem internationalen Publikum bekannt.

206 Das *futur proche*

Das *futur proche*, gebildet aus *aller* + Infinitiv, drückt die unmittelbar bevorstehende Zukunft oder eine Absicht aus:

Je vais descendre la poubelle.	Ich bringe gleich den Mülleimer runter.
On va partir dans cinq minutes.	Wir fahren in fünf Minuten los.
L'année prochaine, je vais faire un stage en France.	Nächstes Jahr werde ich in Frankreich ein Praktikum machen.
Dans trois ans, nous allons vendre notre maison.	In drei Jahren verkaufen wir unser Haus.
On va faire un arrêt-pipi?	Wollen wir eine Pinkelpause machen?

Anmerkung 1: Das *futur proche* wird besonders in der gesprochenen Sprache häufig anstelle des Futur I gebraucht. Die beiden Tempora sind jedoch nicht immer austauschbar. Wenn der zukünftige Zeitpunkt sehr weit von der Gegenwart entfernt ist oder wenn der Aussage besonderer Nachdruck verliehen werden soll, wird das Futur I vorgezogen: *Un jour, tu te rendras compte que j'avais raison.* – Eines Tages wirst du einsehen, dass ich Recht hatte.

Anmerkung 2: Das *futur proche* kann wie das Futur I zum Ausdruck einer Aufforderung benutzt werden, es klingt jedoch schroffer: *Tu vas faire les courses tout de suite!* – Du gehst sofort einkaufen!

Das Futur II (le futur antérieur) 207

Das Futur II bezieht sich auf ein Geschehen, das zu einem bestimmten Zeitpunkt der Zukunft vollendet sein wird:

Dans l'après-midi, la perturbation aura disparu.	Am Nachmittag wird die Störung verschwunden sein.
Quand tu auras fini, tu pourras aller jouer dans le jardin.	Wenn du fertig bist, kannst du im Garten spielen.
Dès que j'aurai obtenu les renseignements nécessaires, je t'écrirai de nouveau.	Sobald ich die notwendigen Informationen bekommen habe, schreibe ich dir wieder.

Anmerkung: In der gesprochenen Sprache kann bei bestimmten Verben das Futur II durch das *passé composé* ersetzt werden: *J'ai fini dans un instant.* – Ich bin gleich fertig.

Auch das Futur II weist einen modalen Gebrauch auf. Es drückt eine Vermutung aus, die sich auf ein vergangenes Geschehen bezieht:

Ils seront déjà arrivés.	Sie werden schon angekommen sein.
Tu te seras trompé.	Du hast dich wohl getäuscht.

Kapitel 14 Der Gebrauch des Konjunktivs, des Konditionals und des Imperativs
(L'emploi du subjonctif, du conditionnel et de l'impératif)

Neben dem Indikativ (vgl. Kap. 13) kennt das Französische drei weitere Modi: den Konjunktiv (le subjonctif, vgl. §§ 208-219), den Konditional (le conditionnel, vgl. §§ 220, 221) und den Imperativ (l'impératif, vgl. §§ 222, 223). Durch die einzelnen Modi kommt in der Regel eine besondere Haltung des Sprechers hinsichtlich der im Satz enthaltenen Aussage zum Ausdruck.

208 Allgemeine Charakteristika des Konjunktivs

Man unterscheidet vier Tempora des Konjunktivs: Konjunktiv Präsens (subjonctif présent), Konjunktiv Perfekt (subjonctif passé), Konjunktiv Imperfekt (subjonctif imparfait) und Konjunktiv Plusquamperfekt (plus-que-parfait du subjonctif). Zu den Formen vgl. §§ 180-189. In der gesprochenen Sprache sind nur Konjunktiv Präsens und Konjunktiv Perfekt lebendig. In der Literatursprache kommen darüber hinaus Konjunktiv Imperfekt und Konjunktiv Plusquamperfekt vor, meist jedoch nur in der 3. Pers. Sing.

Der Konjunktiv drückt in der Regel eine Willensäußerung (vgl. § 210), eine subjektive Bewertung eines Geschehens (vgl. § 211), Zweifel oder Unsicherheit (vgl. § 212) aus. Im Hauptsatz (vgl. § 209) tritt er selten auf; meist erscheint er im *que*-Satz (vgl. §§ 210-215), nach einer Reihe von Konjunktionen (vgl. § 216) und in bestimmten Relativsätzen (vgl. § 217). Die Wahl zwischen Indikativ und Konjunktiv ist selten frei. Im Allgemeinen wird der Konjunktiv durch bestimmte Verben, verbale Fügungen, unpersönliche Ausdrücke oder Konjunktionen ausgelöst.

Zu beachten ist, dass das Französische und das Deutsche im Gebrauch des Konjunktivs nicht übereinstimmen:

Il a dit qu'il ne pouvait pas venir.	Er hat gesagt, er könne nicht kommen.
Bien qu'il ait déjà quarante ans, il est toujours célibataire.	Obwohl er schon vierzig ist, ist er immer noch Junggeselle.
Je suis heureux que vous soyez guéri.	Ich freue mich, dass Sie wieder gesund sind.
Je cherche quelqu'un qui s'y connaisse.	Ich suche jemanden, der sich damit auskennt.

Der Konjunktiv im Hauptsatz 209

Im Hauptsatz erscheint der Konjunktiv

1. in formelhaften Wendungen (ohne einleitendes *que*):

A Dieu ne plaise!	Gott behüte!
soit dit en passant	nebenbei bemerkt
Soit! [swat]	Meinetwegen!
Ainsi soit-il.	Amen.
Vive le roi/les vacances!	Es lebe der König!/Hurra Ferien!
Advienne que pourra.	Komme, was wolle.
Comprenne qui pourra.	Verstehe es, wer kann.
Coûte que coûte.	Koste es, was es wolle.
Grand bien vous fasse! [iron.]	Wohl bekomm's!

2. in Aufforderungen, die an Dritte gerichtet sind, in Wünschen und in einräumenden oder einschränkenden Äußerungen (mit einleitender Konjunktion):

Qu'ils s'en aillent!	Sie sollen weggehen!
Qu'il se taise!	Er soll schweigen!
Que le meilleur gagne!	Der Bessere soll gewinnen!
Qu'à cela ne tienne!	Darauf soll's nicht ankommen!
Pourvu qu'il fasse beau demain!	Hoffentlich ist es morgen schön!
Que je sache ...	Soweit ich weiß ...
Pas que je sache.	Nicht dass ich wüsste.

Merke: *Je ne sache pas que* + Konj.: Ich wüsste nicht, dass ...
Pour autant/Autant que je sache Soviel ich weiß

Der Konjunktiv im *que*-Satz

Der Konjunktiv nach Ausdrücken der Willensäußerung 210

Im *que*-Satz steht der Konjunktiv nach Verben und Ausdrücken der **Willensäußerung** (Wunsch, Verlangen, Befehl, Verbot, Vorschlag, Erlaubnis, Zustimmung, Ablehnung, Befürchtung).

1. Verben:

accepter que	akzeptieren, dass
être d'accord pour que	einverstanden sein, dass
admettre que	zulassen/akzeptieren, dass
aimer que	mögen, dass
aimer mieux que	lieber wollen, dass

attendre que	(er)warten, dass
s'attendre à ce que	damit rechnen, dass
faire attention que/à ce que	darauf achten, dass
avoir besoin que	es nötig haben, dass
consentir à ce que	zustimmen, dass
craindre que	fürchten, dass
défendre que	verbieten, dass
demander que	verlangen, dass
désapprouver que	missbilligen, dass
désirer que	wünschen, dass
détester que	es hassen, dass
empêcher que	verhindern, dass
entendre que	verlangen/erwarten, dass
avoir envie que	gern wollen/sich freuen, wenn
s'engager à ce que	sich verpflichten, dass
éviter que	vermeiden, dass
exiger que	fordern/verlangen, dass
insister pour que	darauf bestehen, dass
interdire que	untersagen, dass
s'opposer à ce que	dagegen sein, dass
ordonner que	befehlen, dass
permettre que	erlauben/gestatten, dass
avoir peur que	Angst haben, dass
préférer que	vorziehen/lieber wollen, dass
proposer que	vorschlagen, dass
recommander que	empfehlen, dass
redouter que	befürchten, dass
refuser que	(es) ablehnen, dass
faire en sorte que	es so einrichten, dass
souffrir que	ertragen/dulden, dass
souhaiter que	wünschen, dass
supporter que	ertragen, dass
tenir à ce que	Wert darauf legen, dass
tolérer que	ertragen/dulden, dass
voir que/à ce que	dafür sorgen, dass
vouloir que	wollen, dass
vouloir bien que	einverstanden sein, dass

J'attends de mon mari qu'il me comprenne.	Ich erwarte von meinem Mann, dass er mich versteht.
Ma mère désire que je fasse mes études à Paris.	Meine Mutter wünscht, dass ich in Paris studiere.
Mon père tient à ce que tout soit préparé.	Mein Vater legt Wert darauf, dass alles vorbereitet ist.
Je ne permettrai jamais que ma fille parte en vacances avec ce type-là.	Ich werde niemals erlauben, dass meine Tochter mit diesem Kerl verreist.
Il faut veiller à ce qu'il ne commette pas d'imprudence.	Man muss darauf Acht geben, dass er keine Unvorsichtigkeit begeht.

Fais en sorte que tu sois à l'heure.	Richte es so ein, dass du pünktlich bist.
J'insiste pour qu'on me dise ce qui s'est passé.	Ich bestehe darauf, dass man mir sagt, was geschehen ist.
Je propose que nous partions vers huit heures.	Ich schlage vor, dass wir gegen acht Uhr abfahren.
Nous craignons que notre fils ne réussisse pas à l'examen.	Wir fürchten, dass unser Sohn seine Prüfung nicht besteht.
Le président de la République a refusé que les élections soient anticipées.	Der Staatspräsident hat abgelehnt, dass die Wahlen vorverlegt werden.
Je consens à ce que ton ami italien vienne nous voir.	Ich bin damit einverstanden, dass dein italienischer Freund uns besucht.
Je veux que mon fils suive un cours de français.	Ich will, dass mein Sohn einen Französischkurs besucht.

Anmerkung 1: Auf die meisten der aufgeführten Verben kann nur dann ein *que*-Satz folgen, wenn *que*-Satz und Hauptsatz verschiedene Subjekte haben.

Anmerkung 2: Nach den Verben *dire, écrire* und *téléphoner* steht im *que*-Satz Konjunktiv, wenn er eine Aufforderung enthält: *Dis-lui qu'il s'en tienne à la règle.* – Sag ihm, er soll sich an die Regel halten. *Ecrivez-lui que son père nous rende la somme qu'il nous doit.* – Schreibt ihm, sein Vater soll uns die Summe, die er uns schuldet, zurückgeben.

Anmerkung 3: Alle Verben, die den abhängigen Satz mit *à ce que* anschließen, stehen mit dem Konjunktiv: *Tout le monde doit contribuer à ce que la fête réussisse.* – Jeder muss dazu beitragen, dass das Fest gelingt. *Il n'y a pas de mal à ce que tu le lui aies raconté.* – Es ist nichts dabei, wenn du es ihm erzählt hast. *Après les incidents violents des derniers match(e)s, il faut s'attendre à ce que le gouvernement réagisse.* – Nach den heftigen Zwischenfällen bei den letzten Spielen muss man damit rechnen, dass die Regierung reagiert. Beachte: Bedeutet *tenir à ce que* 'davon herrühren, dass', so steht Indikativ: *Cela tient à ce que tu es trop nerveux.* – Das rührt davon her, dass du zu nervös bist.

Anmerkung 4: Hat *ordonner* die Bedeutung von 'beschließen', so steht im *que*-Satz Futur bzw. Konditional: *Le tribunal ordonne que d'autres témoins seront entendus.* – Das Gericht beschließt, dass weitere Zeugen gehört werden. *La cour a ordonné que les terroristes seraient extradés.* – Der Gerichtshof hat beschlossen, dass die Terroristen ausgeliefert werden.

Anmerkung 5: Nach den Verben *arrêter, décréter* sowie *décider* steht Futur bzw. Konditional: *Le ministre a décrété que l'emploi de la langue française serait obligatoire dans toutes sortes de publicité écrite ou parlée.* – Der Minister hat angeordnet, dass der Gebrauch der französischen Sprache in jeglicher geschriebener oder gesprochener Werbung obligatorisch ist. *Le juge décide que l'accusé sera mis en liberté provisoire.* – Der Richter entscheidet, dass der Angeklagte vorläufig auf freien Fuß gesetzt wird.

Anmerkung 6: Nach den Ausdrücken des Fürchtens (*craindre, avoir peur, redouter*), Hinderns (*empêcher*) und Vermeidens (*éviter*) kann im *que*-Satz beim Verb ein zusätzliches *ne* (sog. *ne explétif*, vgl. 321.2) stehen, das keine verneinende Wirkung hat: *Je crains qu'elle (ne) vienne trop tard.* – Ich fürchte, dass sie zu spät kommt. *La mort de mon père a empêché que nous (ne) partions en vacances.* – Der Tod meines Vaters hat verhindert, dass wir in Urlaub fuhren. *Il faut éviter qu'il (ne) vende la maison.* – Man muss verhindern, dass er das Haus verkauft.

Anmerkung 7: Nach dem Ausdruck *(il) n'empêche que* steht Indikativ bzw. Konditional: *Il n'empêche que c'est une injustice.* – Und trotzdem ist es eine Ungerechtigkeit. *N'empêche qu'il aurait pu me téléphoner.* – Dennoch hätte er mich anrufen können. Nach *Cela n'empêche pas que* ist Konjunktiv, Indikativ oder Konditional möglich: *Cela n'empêche pas qu'il puisse/peut/pourrait avoir raison.* – Trotzdem kann/könnte er Recht haben.

Anmerkung 8: Die Verben *souffrir*, *supporter* und *tolérer* erscheinen meist verneint oder mit dem Adverb *mal*: *Je ne supporte pas que tu lises mes lettres.* – Ich dulde nicht, dass du meine Briefe liest. *Il tolère mal que sa femme le trompe*/[geh.] *trahisse*. – Er erträgt es schlecht, dass seine Frau ihn betrügt.

Anmerkung 9: Nach *espérer* stehen folgende Tempora und Modi:
J'espère que tu viendras. – Ich hoffe, dass du kommst.
J'espère que ça va s'améliorer. – Ich hoffe, dass sich das bessert.
J'espérais que tu viendrais. – Ich hoffte, dass du kommen würdest.
J'espère que tu vas bien. – Ich hoffe, dass es dir gut geht.
J'espère que vous ne m'en voulez pas.– Ich hoffe, Sie sind mir nicht böse.
J'espère que tu as fait bon voyage. – Ich hoffe, du hattest eine gute Reise.
Je n'espère pas qu'il vienne/viendra. – Ich hoffe nicht, dass er kommt.
Espères-tu qu'il vienne/viendra? – Hoffst du, dass er kommt?

2. unpersönliche Ausdrücke:

il convient que	es ist angebracht, dass
il est à craindre que	es ist zu befürchten, dass
il est essentiel que	es ist wesentlich, dass
il faut que	es ist nötig, dass
il est important que	es ist wichtig, dass
il importe que	es ist notwendig, dass
peu importe que	es macht nichts, dass/wenn
il est indispensable que	es ist unerlässlich, dass
il est inévitable que	es ist unvermeidlich, dass
il est nécessaire que	es ist notwendig, dass
il est souhaitable que	es ist wünschenswert, dass
il suffit que	es genügt, wenn
il est (grand) temps que	es ist (höchste) Zeit, dass
il est urgent que	es ist dringend, dass
il vaut mieux que	es ist besser, wenn

Il faut que tu apprennes à te débrouiller.	Du musst lernen, dich zurechtzufinden.
Il est temps que tu prennes ta vie en main.	Es ist Zeit, dass du dein Leben in die Hand nimmst.
Il est nécessaire qu'il la prévienne.	Es ist notwendig, dass er sie benachrichtigt.
Il vaut mieux que vous répondiez par écrit.	Es ist besser, wenn Sie schriftlich antworten.

Der Konjunktiv nach Ausdrücken des subjektiven Empfindens und der Bewertung 211

Der Konjunktiv wird nach Verben und Ausdrücken des **subjektiven Empfindens** und der **Bewertung** eines als wahr vorausgesetzten Sachverhalts verwendet.

1. persönlich konstruierte Verben:

admirer que	bewundern, dass
adorer que [fam.]	es lieben, wenn
apprécier que	es zu schätzen wissen, dass
approuver que	es begrüßen, dass
comprendre que	dafür Verständnis haben/ verstehen können, dass
critiquer que	kritisieren, dass
déplorer que	(es) beklagen, dass
désapprouver que	missbilligen, dass
s'émerveiller que	sich (darüber) sehr wundern, dass
s'étonner que	sich (darüber) wundern, dass
s'indigner que	sich (darüber) empören, dass
s'inquiéter que	sich Sorgen machen, dass
se moquer que	sich nichts daraus machen, dass
se plaindre que	sich (darüber) beklagen, dass
regretter que	bedauern, dass
se réjouir que	sich (darüber) freuen, dass

sowie:

avoir honte que	sich schämen, dass

Elle se plaignait que le vieux voulût la faire entrer dans une maison de retraite. (Gide)	Sie beklagte sich, dass ihr Alter sie ins Altersheim stecken wollte.
Je regrette que mon ami ne s'entende plus bien avec sa femme.	Ich bedaure, dass mein Freund sich mit seiner Frau nicht mehr gut versteht.

Je comprends qu'elle ne veuille pas partager la chambre avec lui.	Ich kann verstehen, dass sie das Zimmer nicht mit ihm teilen will.
Nous avons honte qu'un haut fonctionnaire se soit comporté de la sorte.	Wir schämen uns, dass sich ein hoher Beamter so benommen hat.

Anmerkung 1: Auf die oben genannten Verben kann in der Regel nur dann ein *que*-Satz folgen, wenn Haupt- und Nebensatz verschiedenes Subjekt haben.

Anmerkung 2: Wird nach *s'émerveiller*, *s'étonner*, *s'indigner*, *s'inquiéter*, *se plaindre* und *se réjouir* der abhängige Satz mit *de ce que* angeschlossen, so ist der Indikativ oder der Konjunktiv möglich: *Je m'étonne de ce qu'il a/ait guéri si vite.* – Ich bin erstaunt, dass er so schnell genesen ist.

Anmerkung 3: Nach *comprendre* mit der Bedeutung 'geistig erfassen' steht der Indikativ: *J'ai compris à son air qu'il n'était pas d'accord.* – Seiner Miene habe ich entnommen, dass er nicht einverstanden war.

2. persönlich konstruierte verbale Fügungen (*être* + Adjektiv/Partizip):

être affligé que	betrübt/traurig sein, dass
être choqué que	schockiert sein, dass
être content que	sich freuen, dass
être déçu que	enttäuscht sein, dass
être désolé que	(darüber) betrübt sein/leid tun, dass
être enchanté que	erfreut sein, dass
être étonné que	verwundert sein, dass
être fâché que	böse/verärgert sein, dass
être fier que	stolz sein, dass
être flatté que	sich geschmeichelt fühlen, dass
être gêné que	sich daran stören, dass
être heureux que	glücklich sein, dass
être indigné que	entrüstet sein, dass
être mécontent que	unzufrieden sein, dass
être ravi que	entzückt sein, dass
être satisfait que	zufrieden sein, dass
être stupéfait que	verblüfft sein, dass
être surpris que	überrascht sein, dass
être triste que	traurig sein, dass

Je suis heureux que tu ailles mieux.	Ich bin glücklich, dass es dir besser geht.
Toute la famille est contente que Jules ait eu son permis de conduire.	Die ganze Familie freut sich, dass Jules seine Führerscheinprüfung bestanden hat.
Je suis déçu que l'équipe allemande n'ait remporté aucune médaille.	Ich bin enttäuscht, dass die deutsche Mannschaft keine einzige Medaille errungen hat.

Ma femme était surprise que, cette année, je n'aie pas oublié notre anniversaire de mariage.	Meine Frau war überrascht, dass ich dieses Jahr unseren Hochzeitstag nicht vergessen hatte.
Je suis triste qu'il y ait tant de misère dans le monde.	Ich bin traurig darüber, dass es so viel Elend auf der Welt gibt.

Anmerkung: Nach den oben aufgeführten Adjektiven/Partizipien kann der abhängige Satz auch mit *de ce que* angeschlossen werden. In diesem Fall kann Konjunktiv oder Indikativ stehen: *Je suis indigné de ce que la municipalité n'ait/a pas encore répondu à ma demande.* – Ich bin empört darüber, dass die Stadtverwaltung auf meinen Antrag noch nicht geantwortet hat (vgl. auch § 211.1 Anm. 2).

3. unpersönliche Ausdrücke (*il est/c'est* + Adjektiv) (zu *ce/il* vgl. § 54.4):

il est absurde que	es ist absurd, dass
il est agréable que	es ist angenehm, dass
il est amusant que	es ist lustig, dass
il est bête que	es ist dumm, dass
il est bizarre que	es ist seltsam, dass
il est bon que	es ist gut, dass
il est choquant que	es ist schockierend, dass
il est compréhensible que	es ist verständlich, dass
il est curieux que	es ist seltsam/eigenartig, dass
il est déplorable que	es ist bedauerlich, dass
il est drôle que	es ist komisch, dass
il est ennuyeux que	es ist ärgerlich/lästig, dass
il est étonnant que	es ist erstaunlich, dass
il est étrange que	es ist seltsam, dass
il est excellent que	es ist hervorragend, dass
il est fâcheux que	es ist ärgerlich, dass
il est faux que	es ist falsch, dass
il est honteux que	es ist eine Schande, dass
il est indifférent que	es ist gleich(gültig), ob
il est injuste que	es ist ungerecht, dass
il est intéressant que	es ist interessant, dass
il est inutile que	es ist unnötig, dass
il est juste que	es ist gerecht, dass
il est logique que	es ist logisch, dass
il est malheureux que	es ist ein Jammer, dass
il est mauvais que	es ist schlecht, dass
il est naturel que	es ist natürlich, dass
il est normal que	es ist normal, dass
il est rare que	es ist selten, dass
il est regrettable que	es ist bedauerlich, dass
il est remarquable que	es ist bemerkenswert, dass
il est significatif que	es ist bezeichnend, dass

il est surprenant que	es ist erstaunlich, dass
il est triste que	es ist traurig, dass
il serait utile que	es wäre zweckmäßig, wenn

Ebenso:

rien d'étonnant à ce que	kein Wunder, dass
c'est bien/mal que	es ist gut/schlecht, dass

Il serait quand même étonnant que rien n'ait changé depuis cette époque-là.	Es wäre doch erstaunlich, wenn sich seit damals nichts geändert hätte.
Il est juste que tu reçoives la plus grosse part de l'héritage.	Es ist gerecht, dass du den größten Teil der Erbschaft bekommst.
Il est logique que ton père ne veuille pas renoncer à cette somme.	Es ist logisch, dass dein Vater nicht auf diese Summe verzichten will.
Il est curieux qu'il n'ait pas accepté cette offre avantageuse.	Es ist seltsam, dass er dieses vorteilhafte Angebot nicht angenommen hat.
Il est significatif que les responsables ne se soient pas encore prononcés sur ce problème.	Es ist bezeichnend, dass die Verantwortlichen sich noch nicht zu diesem Problem geäußert haben.
Il est normal que tu ne veuilles pas renouveler cette expérience.	Es ist normal, dass du diese Erfahrung nicht noch einmal machen willst.

Anmerkung 1: Um den Konjunktiv zu vermeiden, können zwischen das Adjektiv und den von ihm abhängigen *que*-Satz mit *de* angeschlossene Verben der Wahrnehmung oder des Feststellens eingeschoben werden: *Il est surprenant d'apprendre que le ministre s'est décidé à démissioner.* – Es ist erstaunlich zu hören, dass der Minister sich entschlossen hat zurückzutreten. *Il est regrettable de constater que le chômage ne fait qu'augmenter.* – Es ist bedauerlich festzustellen, dass die Arbeitslosigkeit weiter ansteigt.

Anmerkung 2: Während *trouver que* 'finden, dass' (vgl. § 213) mit dem Indikativ steht, wird es in Verbindung mit einem der oben genannten Adjektive mit dem Konjunktiv gebraucht: *Je trouve regrettable qu'il veuille se séparer de sa femme.* – Ich finde es bedauerlich, dass er sich von seiner Frau trennen will.

4. unpersönliche Ausdrücke (*c'est* + Nominalgruppe):

c'est dommage que	es ist schade, dass
(c'est) une chance que	(es ist) ein Glück, dass
c'est un hasard que	es ist Zufall, dass
c'est une honte que	es ist eine Schande, dass
c'est un malheur que	es ist ein Unglück, dass
c'est un miracle que	es ist ein Wunder, dass
c'est un scandale que	es ist ein Skandal, dass

C'est dommage que je ne puisse pas t'accompagner.	Es ist schade, dass ich dich nicht begleiten kann.
C'est un miracle que cet homme ait pu s'en sortir vivant.	Es ist ein Wunder, dass dieser Mann mit dem Leben davonkommen konnte.
C'est une honte que le gouvernement ne mette pas fin à leurs agissements.	Es ist eine Schande, dass die Regierung ihnen nicht das Handwerk legt.
C'est un scandale qu'on ne réussisse pas à arrêter cette guerre.	Es ist ein Skandal, dass es nicht gelingt, diesen Krieg zu beenden.
C'est un hasard que vous me trouviez chez moi à cette heure.	Es ist ein Zufall, dass Sie mich um diese Zeit zu Hause antreffen.

Anmerkung 1: Nach *C'est un fait/une chose* + wertendes Adjektiv wird ebenfalls der Konjunktiv verwendet: *C'est un fait absurde qu'on puisse envoyer des astronautes sur la Lune, mais qu'on ne réussisse pas à vaincre la faim sur notre planète.* – Es ist absurd, dass wir Astronauten zum Mond schicken können, dass es uns aber nicht gelingt, den Hunger auf unserem Planeten zu besiegen. *C'est une chose étrange que Robert soit parti sans me dire au revoir.* – Es ist merkwürdig, dass Robert gegangen ist, ohne sich von mir zu verabschieden.

Anmerkung 2: Nach dem Ausdruck *le malheur veut que* kann Indikativ oder Konjunktiv stehen: *Le malheur a voulu que mon mari s'est/se soit foulé le pied en descendant du train.* – Das Unglück wollte es, dass sich mein Mann den Fuß verstauchte, als er aus dem Zug stieg.

5. Unpersönlich konstruierte Verben:

cela m'amuse que	es amüsiert mich, dass
cela m'arrange que	es passt mir, dass
il arrive que	es kommt vor, dass
il me déplaît que	es missfällt mir, dass
cela m'étonne que	es erstaunt mich, dass
cela me fâche que	es ärgert mich, dass
comment se fait-il que ...?	wie kommt es, dass ...?
cela me gêne que	es stört mich, dass
cela m'inquiète que	es beunruhigt mich, dass
il/cela (ne) me plaît (pas) que	es gefällt mir (nicht), dass
cela me rassure que	es beruhigt mich, dass
cela me surprend que	es überrascht mich, dass
d'où vient que ...?	wie kommt es, dass ...?

Il arrive que notre professeur soit à l'heure.	Es kommt vor, dass unser Lehrer pünktlich ist.
Cela le fâche que son voisin ait une voiture plus puissante que lui-même.	Es ärgert ihn, dass sein Nachbar einen stärkeren Wagen hat als er.
Comment se fait-il que vous parliez si bien le français?	Wie kommt es, dass Sie so gut Französisch sprechen?

Cela m'étonne que tu fasses tant de fautes dans les dictées.	Es erstaunt mich, dass du im Diktat so viele Fehler machst.
Cela m'inquiète que tu n'aies pas encore retrouvé ton portable.	Es beunruhigt mich, dass du dein Handy noch nicht wiedergefunden hast.

6. Erscheinen die Ausdrücke des subjektiven Empfindens oder der Bewertung in einem segmentierten Satz in der Form *Ce qui/que ..., c'est* + *que*-Satz (Sperrsatz, *phrase pseudo-clivée*, vgl. § 359), oder in der Form Best. Art. + Substantiv/substantiviertes Adjektiv, *c'est* + *que*-Satz (Linksversetzung, *dislocation à gauche*), so kann anstelle des Konjunktivs auch der Indikativ stehen:

Ce qui me fâche, c'est qu'elle m'a/ait mis devant le fait accompli.	Was mich ärgert, ist, dass sie mich vor vollendete Tatsachen gestellt hat.
Ce que je trouve intéressant, c'est qu'en Italie, la droite a/ait gagné les élections.	Was ich interessant finde, ist, dass in Italien die Rechte gewonnen hat.
Ce qui est bête, c'est que je ne sais/sache plus où j'ai caché mon argent.	Dumm ist, dass ich nicht mehr weiß, wo ich mein Geld versteckt habe.
Le scandale, c'est que plusieurs ministres sont/soient impliqués dans cette affaire financière.	Der Skandal besteht darin, dass mehrere Minister in diese Finanzaffäre verwickelt sind.
Le miracle, c'est qu'elle a/ait survécu à l'opération.	Ein Wunder ist, dass sie die Operation überlebt hat.
L'important c'est qu'il réussisse/ réussit (à) son examen.	Wichtig ist, dass er seine Prüfung besteht.

212 Der Konjunktiv nach Ausdrücken des Zweifels und der Unsicherheit

Der Konjunktiv steht nach Ausdrücken des **Zweifels** und der **Unsicherheit**:

1. Verben:

contester que	bestreiten, dass
douter que	(daran) zweifeln, dass
mettre en doute que	in Zweifel ziehen, dass
nier que	bestreiten/leugnen, dass

Je conteste que tu aies fait ce travail tout seul.	Ich bestreite, dass du diese Arbeit ganz alleine gemacht hast.
Le médecin doutait que ma mère se rétablisse/[geh.] *rétablît en un mois.*	Der Arzt bezweifelte, dass meine Mutter in einem Monat genesen würde.

Je mets en doute que le gouvernement veuille résoudre ce problème.	Ich bezweifle, dass die Regierung dieses Problem lösen will.
Je nie que les accusations soient fondées.	Ich bestreite, dass die Anschuldigungen begründet sind.

Anmerkung 1: Werden die oben genannten Verben verneint, so kann der Konjunktiv beibehalten werden. Will man darauf abheben, dass es sich um eine Tatsache handelt, so steht der Indikativ. Soll die Möglichkeit hervorgehoben werden, so wird der Konditional gebraucht: *Je ne nie pas que notre entreprise soit/est en difficulté.* – Ich bestreite nicht, dass unser Unternehmen in Schwierigkeiten steckt. *Nous ne doutons pas qu'elle soit/est sincère.* – Wir zweifeln nicht daran, dass sie aufrichtig ist. *Je ne doute pas qu'il pourrait réussir son bac.* – Ich bezweifle nicht, dass er sein Abi schaffen könnte.

Anmerkung 2: Nach *ne pas douter/nier/contester que* kann im abhängigen Satz beim Verb ein zusätzliches *ne* (sog. ne explétif, vgl. § 321.1) stehen, das keine verneinende Wirkung hat. In diesem Fall ist im *que*-Satz nur der Konjunktiv möglich: *Je ne nie pas qu'il ne soit le meilleur joueur de l'équipe.* – Ich leugne nicht, dass er der beste Spieler der Mannschaft ist.

Anmerkung 3: Auch *douter de ce que* wird mit dem Konjunktiv gebraucht: *Nous ne doutons pas de ce qu'il ait dit la vérité.* – Wir bezweifeln nicht, dass er die Wahrheit gesagt hat.

Anmerkung 4: Nach *ignorer que* 'nicht wissen, dass' steht in der Regel Indikativ, der Konjunktiv ist aber möglich. Nach *ne pas ignorer que* 'wohl wissen, dass' steht fast ausnahmslos der Indikativ: *J'ignore que notre voisin a/ait été à l'hôpital.* – Ich weiß nicht, dass unser Nachbar im Krankenhaus war. *Je n'ignore pas que vous m'avez trompé.* – Ich weiß genau, dass Sie mich betrogen haben. Nach *ne pas savoir* steht meist der Indikativ; der Konjunktiv ist nur möglich, wenn das Verb in einer Zeit der Vergangenheit erscheint: *Je ne savais pas qu'elle s'y connaissait*/[selten] *s'y connût.* – Ich wusste nicht, dass sie sich darin auskannte.

2. unpersönliche Ausdrücke:

il est douteux que	es ist zweifelhaft, dass
il n'est pas douteux que	es ist unzweifelhaft, dass
il ne fait pas de doute que	es besteht kein Zweifel (daran), dass
il est (im)possible que	es ist (un)möglich, dass
il se peut que	es kann sein, dass
il est improbable que	es ist unwahrscheinlich, dass
il semble que	es scheint, dass

Il ne fait pas de doute que le ministre n'ait pas dit toute la vérité.	Es besteht kein Zweifel, daran, dass der Minister nicht die ganze Wahrheit gesagt hat.

Il se peut qu'ils se soient égarés.	Es ist möglich, dass sie sich verirrt haben.
Il est possible que je me sois trompé.	Es ist möglich, dass ich mich getäuscht habe.

Anmerkung 1: Nach *il n'y a pas de doute que* 'es besteht kein Zweifel, dass', *il n'est pas douteux que* 'es ist unzweifelhaft, dass' und *il est hors de doute que* 'es steht außer Zweifel, dass' steht in der Regel der Indikativ; der Konjunktiv ist sehr selten, in Verbindung mit dem *ne explétif* jedoch obligatorisch.

Anmerkung 2: Während nach *il semble que* meist der Konjunktiv steht, folgt auf *il me semble* 'es scheint mir, dass' in der Regel der Indikativ: *Il semble que cela soit vrai.* – Es scheint, dass das stimmt. *Il me semble qu'il nous a menti.* – Mir scheint, dass er uns angelogen hat. In verneinter oder fragender Form steht in beiden Fällen fast nur der Konjunktiv: *Il ne (me) semble pas que cette expression soit correcte.* – Es scheint (mir) nicht, dass dieser Ausdruck richtig ist.

Anmerkung 3: Nach *il paraît que* und *il me paraît que* steht der Indikativ: *Il paraît qu'il a hérité beaucoup d'argent.* – Es heißt, dass er viel Geld geerbt hat./Er soll viel Geld geerbt haben. *Il me paraît qu'il a bien fait de s'excuser.* – Mir scheint, dass er gut daran getan hat, sich zu entschuldigen. Werden diese Ausdrücke verneint, so wird in beiden Fällen der Konjunktiv gebraucht: *Il ne (me) paraît pas que tu te sois efforcé de trouver un emploi.* – Es scheint (mir) nicht, dass du dich bemüht hast, eine Stelle zu finden. Zu beachten ist, dass im heutigen Französisch *il paraît que* die Bedeutung von *on dit que* 'man sagt, dass' angenommen hat.

3. unpersönliche Ausdrücke, die erst durch die Verneinung oder Einschränkung ihren zweifelnden Charakter erhalten:

il est certain que	es ist sicher, dass
il est clair que	es ist klar, dass
il est évident que	es ist offenkundig, dass
il est exact que	es ist richtig/es stimmt, dass
il est probable que	es ist wahrscheinlich, dass
il est sûr que	es ist sicher, dass
il est vrai que	es ist wahr, dass/es stimmt, dass
il est vraisemblable que	es ist wahrscheinlich, dass

Il n'est pas certain que nous soyons remboursés de nos frais.	Es ist nicht sicher, dass uns unsere Kosten erstattet werden.
Il est peu probable qu'on puisse arranger cette affaire en peu de temps.	Es ist wenig wahrscheinlich, dass man diese Sache in kurzer Zeit bereinigen kann.
Il n'est pas vrai que je l'aie traité d'imbécile.	Es stimmt nicht, dass ich ihn als Idioten bezeichnet habe.
Il est peu vraisemblable que l'opposition réussisse à renverser le gouvernement.	Es ist wenig wahrscheinlich, dass es der Opposition gelingt, die Regierung zu stürzen.

Anmerkung 1: In bejahter Form folgt auf diese Ausdrücke der Indikativ: *Il est évident qu'il a trop bu.* – Es ist offensichtlich, dass er zu viel getrunken hat. *Il est probable qu'il n'arrêtera pas de fumer.* – Es ist wahrscheinlich, dass er nicht mit dem Rauchen aufhören wird.

Anmerkung 2: Treten die oben aufgeführten Ausdrücke in einer Inversionsfrage oder in einem Bedingungssatz auf, so steht meist der Indikativ, der Konjunktiv ist jedoch möglich: *Est-il probable que Robert reçoive une offre de nomination à l'université de Nice?* – Ist es wahrscheinlich, dass Robert einen Ruf an die Universität Nizza erhält? *S'il est vrai qu'il a/ait dit cela, il a fait une grosse bêtise.* – Wenn es stimmt, dass er das gesagt hat, hat er eine große Dummheit begangen.

Grundsätzliches zur Moduswahl nach Ausdrücken des Meinens, Denkens und Sagens

Während die Ausdrücke der Willensäußerung (§ 210), des subjektiven Empfindens und der Bewertung (§ 211) sowie des Zweifels und der Unsicherheit (§ 212) den Konjunktiv im *que*-Satz zwingend nach sich ziehen, besteht nach Ausdrücken des Meinens und Denkens (§ 213) und des Sagens (§ 214) in gewissem Umfang eine Wahlmöglichkeit zwischen Konjunktiv und Indikativ.

1. In einem Satz wie *Croyez-vous qu'il le fasse/fera?* 'Glauben Sie, dass er es tut?' ist der Konjunktiv ein Merkmal gehobener Sprache. Ein inhaltlicher Unterschied zwischen Konjunktiv und Indikativ besteht in diesem Fall nicht.

2. Die Moduswahl kann jedoch zu einer inhaltlichen Nuancierung einer Äußerung benutzt werden. In einem Satz wie *Avez-vous constaté que quelque chose a changé?* gibt der Sprecher zu verstehen, dass sich seiner Meinung nach etwas geändert hat, und er will wissen, ob der Hörer diese Änderung ebenfalls festgestellt hat. Verwendet er im *que*-Satz jedoch den Konjunktiv (*Avez-vous constaté que quelque chose ait changé?*), so erkundigt sich der Sprecher, ob der Hörer eine Veränderung bemerkt hat, die er selbst nicht festgestellt hat. Im Deutschen lautet die Übersetzung in beiden Fällen 'Haben Sie festgestellt, dass sich etwas geändert hat?'.

Die Wahl des Modus nach Ausdrücken des Meinens und Denkens 213

1. Erscheinen die folgenden Verben und Ausdrücke in bejahter Form, so steht im abhängigen *que*-Satz der Indikativ oder, zum Ausdruck der Möglichkeit, der Konditional.

admettre que	zugeben/einsehen, dass
être d'avis que	der Meinung sein, dass
être certain/sûr que	sicher sein, dass
être convaincu/persuadé que	überzeugt sein, dass
croire que	glauben, dass
estimer que	meinen/der Ansicht sein, dass
se figurer/(s')imaginer que	sich vorstellen/sich einbilden, dass
avoir l'impression que	den Eindruck haben, dass
juger que	meinen/glauben, dass
penser que	denken, dass
présumer que	vermuten, dass
se rappeler/se souvenir que	sich erinnern, dass
avoir le sentiment que	das Gefühl haben, dass
supposer que	vermuten, dass
trouver que	finden, dass

Je crois que mon fils est plutôt doué d'un sens pratique.	Ich glaube, dass mein Sohn eher praktisch veranlagt ist.
Mon professeur d'anglais estime que je pourrais faire mieux/mieux faire.	Mein Englischlehrer meint, dass ich besser sein könnte/bessere Leistungen erzielen könnte.
Je suis convaincu que tout va s'arranger.	Ich bin überzeugt, dass alles gut wird.
J'ai l'impression que le gouvernement n'est plus maître de la situation.	Ich habe den Eindruck, dass die Regierung nicht mehr Herr der Lage ist.

2. Erscheinen die oben genannten Verben und Ausdrücke in verneinter Form, in Frageform (Inversionsfrage) oder in einem Bedingungssatz, so kann im *que*-Satz der Indikativ oder der Konjunktiv, zum Ausdruck der Möglichkeit auch der Konditional gebraucht werden:

Nous ne pensons pas qu'on puisse/peut résoudre ce problème sous peu.	Wir glauben nicht, dass man dieses Problem in Kürze lösen kann.
On ne peut pas croire qu'il puisse faire du mal à une mouche.	Man kann nicht glauben, dass er einer Fliege etwas zuleide tun könnte.
Je ne trouve pas que tu aies/as grossi.	Ich finde nicht, dass du zugenommen hast.
Ne trouves-tu pas que ton frère ait/a bien fait d'abandonner ce projet?	Findest du nicht, dass dein Bruder gut daran getan hat, diesen Plan aufzugeben?
Croyez-vous qu'il vienne/viendra?	Glauben Sie, dass er kommt?
Crois-tu que tu pourrais résoudre ce problème?	Glaubst du, dass du dieses Problem lösen könntest?
Si vous pensez qu'on puisse/peut écrire une grammaire en quelques mois, vous vous trompez.	Wenn Sie meinen, man könne eine Grammatik in einigen Monaten schreiben, dann irren Sie sich.

Anmerkung 1: Steht das Verb in verneinter Form, so steht meist der Konjunktiv, in der gesprochenen Sprache jedoch häufig der Indikativ.

Anmerkung 2: Nach einer Inversionsfrage steht meist der Indikativ: in gehobener Ausdrucksweise wird der Konjunktiv vorgezogen. Nach einer Intonationsfrage oder einer mit *Est-ce que* eingeleiteten Frage steht der Indikativ: *Tu penses/Est-ce que tu penses qu'il a raison?* – Denkst du, dass er Recht hat?

Anmerkung 3: Nach *être d'avis que* mit der Bedeutung 'der Meinung sein, dass' steht der Indikativ, mit der Bedeutung 'dafür sein, dass' der Konjunktiv: *Je suis d'avis que ce n'est pas la bonne solution.* – Ich bin der Meinung, dass das nicht die richtige Lösung ist. *Je suis d'avis qu'on construise cette maison de retraite.* – Ich bin dafür, dass man dieses Altersheim baut.

Anmerkung 4: Erscheinen die Verben *imaginer* und *supposer* im Imperativ, so wird der Konjunktiv gebraucht: *Imaginons que les prêtres catholiques puissent se marier, qu'est-ce qui se passerait?* – Stellen wir uns einmal vor, dass katholische Priester heiraten dürften, was würde passieren? *Suppose qu'il veuille t'aider.* – Nimm einmal an, er will dir helfen. Nach *admets/admettez que* 'gib zu/gebt zu, dass' steht der Indikativ, nach *admettons que* 'nehmen wir einmal an, dass' der Konjunktiv: *Admets que tu as copié.* – Gib zu, dass du abgeschrieben hast! *Admettons que j'aie tort.* – Nehmen wir einmal an, ich habe Unrecht.

Anmerkung 5: Nach dem Ausdruck *on dirait que* 'man könnte meinen, dass' steht der Indikativ: *On dirait qu'il est malade.* – Man könnte meinen, er ist krank.

Zu *trouver* + Adj. *que* vgl. § 211.3 Anm. 2.

Die Wahl des Modus nach Verben des Sagens 214

1. Wenn die folgenden Verben in bejahter Form gebraucht werden, steht immer der Indikativ:

affirmer que	behaupten/versichern, dass
annoncer que	ankündigen, dass
apprendre à qn que	jdm. mitteilen, dass
assurer que	versichern, dass
avertir qn que	jdn. benachrichtigen, dass
avouer que	gestehen/zugeben, dass
constater que	feststellen, dass
déclarer que	erklären, dass
dire que	sagen/behaupten, dass
écrire que	schreiben, dass
faire savoir à qn que	jdm. mitteilen, dass
jurer que	schwören, dass
prétendre que	behaupten/vorgeben, dass
prévenir qn que	jdn. benachrichtigen, dass
reconnaître que	zugeben/anerkennen, dass
soutenir que	dabei bleiben, dass

Je lui dis que cela m'était égal.	Ich sagte ihm, das sei mir gleichgültig.
Il m'a appris que son fils avait eu un accident.	Er hat mir mitgeteilt, dass sein Sohn einen Unfall gehabt hat.

2. Werden diese Verben verneint gebraucht, so steht im *que*-Satz in der Regel der Konjunktiv:

Je n'affirme pas que ce soit ta faute.	Ich behaupte nicht, dass es deine Schuld ist.
Je ne dis pas que ce soit une solution de génie.	Ich will nicht behaupten, dass das eine geniale Lösung ist.

3. Treten die oben aufgeführten Verben in einem Frage- oder einem Bedingungssatz auf, so kann im *que*-Satz Konjunktiv oder Indikativ stehen:

Avouez-vous que vous ayez/avez commis ce crime?	Geben Sie zu, dass Sie dieses Verbrechen begangen haben?
Prétendez-vous que l'accusé ait/a dit cela?	Behaupten Sie, dass der Angeklagte das gesagt hat?

Anmerkung 1: Wenn das Subjekt von *expliquer que* eine Person ist, folgt der Indikativ: *Mon ami m'a expliqué qu'il avait besoin d'un conseil.* – Mein Freund hat mir erklärt, dass er einen Rat brauche. Ist das Subjekt von *expliquer que* eine Sache, steht im *que*-Satz der Konjunktiv: *Cette circonstance explique que notre parti ait perdu les élections.* – Dieser Umstand erklärt, warum unsere Partei die Wahlen verloren hat. Wird das Verb *expliquer* verneint oder fragend gebraucht, folgt der Konjunktiv: *Comment expliquez-vous qu'il soit parti sans rien dire?* – Wie erklären Sie sich, dass er gegangen ist, ohne etwas zu sagen? Nach *s'expliquer que* 'sich erklären können, warum' steht immer der Konjunktiv: *La jeune fille ne s'explique pas que son amie n'écrive plus.* – Das Mädchen kann sich nicht erklären, warum ihre Freundin nicht mehr schreibt.

Anmerkung 2: Nach *promettre que* steht Futur bzw. Konditional: *Mon père m'a promis qu'il m'emmènerait au cinéma.* – Mein Vater hat mir versprochen, dass er mich ins Kino mitnimmt.

215 Der Konjunktiv im vorangestellten Subjekt- oder Objektsatz

Geht ein Subjekt- oder Objektsatz dem Hauptsatz voraus, so steht das Verb des vorangestellten Nebensatzes im Konjunktiv:

Que ton frère n'ait pas dit la vérité, c'est évident.	Dass dein Bruder nicht die Wahrheit gesagt hat, ist klar.
Que tu sois dans une triste situation, je le sais.	Dass du in einer traurigen Lage bist, weiß ich.

Anmerkung 1: Zu beachten ist, dass der Objektsatz im Hauptsatz durch das Pronomen *le* wieder aufgenommen werden muss.

Anmerkung 2: Nach *Le fait que* kann Konjunktiv oder Indikativ stehen: *Le fait que ta sœur ait/a été licenciée est déplorable.* – Dass deine Schwester entlassen worden ist, ist bedauerlich.

Der Konjunktiv nach Konjunktionen 216

Nach den folgenden Konjunktionen (zu ihren Funktionen vgl. §§ 343-349) steht immer der Konjunktiv:

avant que ... (ne)	bevor
jusqu'à ce que	bis
en attendant que	bis
bien que/quoique/malgré que	obwohl/obgleich
à condition que	unter der Bedingung, dass
pourvu que	vorausgesetzt, dass
supposé que/à supposer que	angenommen, dass
que ... ou que	ob ... oder
soit que ... soit que/ou que	sei es (dass) ... oder (dass)/ob ... oder
sans que	ohne dass
à moins que ... (ne)	es sei denn, dass/außer wenn
pour que/afin que	damit
assez + Adj./Adv. + *pour que*	Adjektiv + genug, dass
trop + Adj./Adv. + *pour que*	zu + Adjektiv, als dass
de crainte que ... (ne)/de peur que ... (ne)	damit nicht/aus Angst davor, dass
non que	nicht dass
ce n'est pas que	nicht dass
quelque + Adjektiv + *que*	so + Adjektiv + auch (immer)
(aus)si + Adj./Adv. + *que*	so + Adjektiv/Adverb + auch (immer)

Je te prête ce livre à condition que tu me le rendes en bon état.	Ich leihe dir dieses Buch unter der Bedingung, dass du es mir in gutem Zustand zurückgibst.
Je vais le lui dire avant qu'il (ne) soit trop tard.	Ich werde es ihm sagen, bevor es zu spät ist.
Que tu le fasses ou que tu ne le fasses pas, peu m'importe.	Ob du es tust oder ob du es nicht tust, das ist mir gleich.
Que cela nous plaise ou non, ...	Ob uns das gefällt oder nicht, ...
L'avocat a la noble tâche de conseiller et d'assister l'accusé, qu'il soit innocent ou coupable.	Der Rechtsanwalt hat die vornehme Aufgabe, einen Angeklagten zu beraten und ihm beizustehen, sei er nun unschuldig oder schuldig.
En attendant qu'il revienne, nous allons prendre un café.	Bis er zurückkommt, gehen wir einen Kaffee trinken.

Je reste ici jusqu'à ce qu'elle soit de retour.	Ich bleibe hier, bis sie zurück ist.
L'équipe d'Argentine était trop forte pour que l'équipe d'Allemagne puisse la battre.	Die argentinische Mannschaft war zu stark, als dass die deutsche Mannschaft sie hätte schlagen können.
A supposer qu'il pleuve, le match n'aura pas lieu.	Angenommen, es regnet, dann findet das Spiel nicht statt.
Aussi loin que je me souvienne, elle avait deux enfants.	Soweit ich mich erinnere, hatte sie zwei Kinder.
Écrivez-nous vite pour que nous ayons le temps de tout organiser.	Schreibt uns schnell, damit wir Zeit haben, alles zu organisieren.
Ce n'est pas que je t'aie oublié, mais j'étais très occupé.	Nicht, dass ich dich vergessen hätte, aber ich war sehr beschäftigt.

Anmerkung 1: In Analogie zu *avant que,* das immer den Konjunktiv nach sich zieht, wird auch nach *après que* in der gesprochenen Sprache fast immer und in der geschriebenen Sprache zunehmend der Konjunktiv verwendet: *Un siècle et demi après que cette parole ait été prononcée, nous savons que le bonheur en Europe est une illusion perdue* (Mauriac). – Anderthalb Jahrhunderte nachdem dieses Wort ausgesprochen wurde, wissen wir, dass Glück in Europa eine verlorene Illusion ist.

Anmerkung 2: Nach *tout* + Adjektiv + *que* 'so + Adjektiv + auch (immer)' steht meist der Konjunktiv. Zu beachten ist, dass *tout* veränderlich ist (vgl. § 308.2): *Toute riche qu'elle soit, elle ne donne jamais rien à personne.* – So reich sie auch (immer) ist, sie gibt niemals jemandem etwas.

Anmerkung 3: Anstelle von *si* + Adjektiv/Adverb + *que* findet sich in der Schriftsprache auch *si* + Adjektiv/Adverb + Inversion: *Si robuste soit-il, ...* – So kräftig er auch ist ...

217 Der Konjunktiv im Relativsatz

Der Konjunktiv steht in Relativsätzen,

1. die einen Wunsch, eine Forderung oder eine Bedingung enthalten:

Maintenant, il s'agit de trouver des familles qui soient susceptibles de recevoir les élèves allemands.	Nun geht es darum, Familien zu finden, die imstande sind, die deutschen Schüler aufzunehmen.
Je cherche une femme de ménage sur qui je puisse compter.	Ich suche eine Reinemachefrau, auf die ich mich verlassen kann.
Formez une phrase qui contienne le subjonctif.	Bilden Sie einen Satz, der einen Konjunktiv enthält.
Imaginez-vous un monde où il n'y ait plus de guerre.	Stellt euch eine Welt vor, in der es keinen Krieg mehr gibt.

2. wenn der Vordersatz verneint oder eingeschränkt ist:

Ma mère n'avait rien trouvé qui lui convienne/[geh.] *convînt.*	Meine Mutter hatte nichts gefunden, was ihr zusagte/zugesagt hätte.
J'en connais peu qui soient aussi intelligents que lui.	Ich kenne wenige, die so intelligent sind wie er.
Il ne fait rien qui vaille.	Er macht nichts Richtiges/Gescheites.
Il n'y a personne qui sache tout.	Es gibt niemand, der alles weiß.
Il y a peu de managers qui soient disposés à renoncer à une partie de leur revenue.	Es gibt wenige Manager, die bereit sind, auf einen Teil ihres Einkommens zu verzichten.

3. wenn im Vordersatz nach der Existenz einer Person oder Sache gefragt wird, oder die Existenz Gegenstand eines Bedingungssatzes ist:

Connaissez-vous un homme politique à qui on puisse se fier?	Kennen Sie einen Politiker, dem man trauen kann?
Avez-vous un ordinateur qui corresponde à mes besoins?	Haben Sie einen Computer, der meinen Bedürfnissen entspricht?
Y a-t-il quelqu'un qui s'y connaisse?	Gibt es jemanden, der sich damit auskennt?
Si vous connaissez quelqu'un qui sache le japonais, dites-le-moi.	Wenn Sie jemand kennen, der Japanisch kann, sagen Sie es mir.

Anmerkung: An die Stelle des Konjunktivs kann in allen drei oben beschriebenen Fällen der Konditional treten, insbesondere wenn die Verbform sich im Konjunktiv nicht von der des Indikativs unterscheidet: *Je cherche une chambre qui donne/donnerait sur le parc.* – Ich suche ein Zimmer, das auf den Park geht.

4. wenn der Vordersatz einen Superlativ enthält:

C'est le personnage le plus extraordinaire que j'aie rencontré de ma vie.	Das ist der außergewöhnlichste Mensch, dem ich in meinem Leben begegnet bin.
C'est la meilleure bière que j'aie jamais bue.	Das ist das beste Bier, das ich je getrunken habe.
C'est l'un des germanismes les plus persistants que je connaisse.	Das ist einer der hartnäckigsten Germanismen, die ich kenne.

Anmerkung: Der Konjunktiv steht in von einem Superlativ abhängigen Relativsätzen zum Ausdruck der subjektiven Einschätzung. Sein Gebrauch ist jedoch auch auf solche Relativsätze ausgedehnt worden, die eine nachprüfbare Tatsache enthalten: *La cathédrale d'Ulm est l'église la plus haute qu'il y ait en Allemagne.* – Das Ulmer Münster ist die höchste Kirche, die es in Deutschland gibt.

5. wenn der Vordersatz einen superlativischen Ausdruck enthält. Seltener kommt in diesem Fall der Indikativ vor:

Elle était la seule personne qui puisse/[geh.] *pût/pouvait me donner des renseignements sur mon frère.*	Sie war die einzige Person, die mir über meinen Bruder Auskunft geben konnte.
C'est l'unique équipe qui ait/a remporté vingt victoires de suite.	Das ist die einzige Mannschaft, die zwanzig Siege hintereinander errungen hat.
Mme Curie est la première femme qui ait/a reçu le prix Nobel.	Mme Curie ist die erste Frau, die den Nobelpreis erhalten hat.
Ce témoin est la dernière personne qui l'ait/a vue vivante.	Dieser Zeuge ist die letzte Person, die sie lebend gesehen hat.
C'est la seule voie qui puisse conduire au succès.	Das ist der einzige Weg, der zum Erfolg führen kann.

6. die verallgemeinernd sind und durch *qui que, qui que ce soit qui/que, quoi que, quoi que ce soit qui/que, quel que* sowie *où que* eingeleitet werden:

Qui que vous soyez, soyez le bienvenu.	Wer Sie auch immer sind/sein mögen, seien Sie willkommen.
Qui que ce soit qui ait dit cela, il se trompe.	Wer das auch immer gesagt hat/haben mag, er täuscht sich.
A qui que ce soit que vous vous adressiez, il vous dira la même chose.	An wen Sie sich auch wenden, er wird Ihnen dasselbe sagen.
Quoi que tu fasses, fais-le bien.	Was du auch immer tust, mache es gut!
Quoi que ce soit qu'il ait raconté sur mon compte, cela ne me touche pas.	Was er auch immer über mich erzählt hat/haben mag, es berührt mich nicht.
Quelle que soit ton excuse, je ne l'accepte pas.	Welches auch immer deine Entschuldigung ist/sein mag, ich akzeptiere sie nicht.
Où que tu ailles, je te suivrai.	Wohin du auch gehst, ich folge dir.

218 Die Wahl der Tempora im konjunktivischen Nebensatz

1. Unabhängig vom Tempus des Verbs im Hauptsatz steht im *que*-Satz zur Angabe der Gleichzeitigkeit und Nachzeitigkeit Konjunktiv Präsens, zur Angabe der Vorzeitigkeit Konjunktiv Perfekt:

Je suis content que tu sois avec nous.	Ich freue mich, dass du bei uns bist.

Je suis content que tu viennes nous voir.	Ich freue mich auf deinen Besuch.
Je suis content que tu aies fait bon voyage.	Ich freue mich, dass du eine gute Reise hattest.
Marie était triste que Paul ne soit plus là.	Marie war traurig darüber, dass Paul nicht mehr da war.
Marie était triste que Paul parte le lendemain.	Marie war traurig darüber, dass Paul am Tag darauf abreiste.
Marie était triste que Paul soit parti.	Marie war traurig darüber, dass Paul abgereist war.

2. Nur in der gehobenen Schriftsprache steht nach einem Vergangenheitstempus (passé simple, imparfait, plus-que-parfait) im *que*-Satz zur Angabe der Gleichzeitigkeit und Nachzeitigkeit der Konjunktiv Imperfekt und zur Angabe der Vorzeitigkeit der Konjunktiv Plusquamperfekt:

Alors il m'a dit [...] *que sa conviction était qu'aucun homme n'était assez coupable pour que Dieu ne lui pardonnât pas, mais qu'il fallait que l'homme par son repentir devînt comme un enfant dont l'âme est vide et prête à l'accueillir.* (Camus)	Da sagte er mir, es sei seine Überzeugung, dass kein Mensch so schuldig sei, dass Gott ihm nicht verzeihe, aber dass der Mensch durch seine Reue wie ein Kind werden müsse, dessen Seele leer ist und bereit, ihn aufzunehmen.
Il semblait que le juge ne s'intéressât plus à moi et qu'il eût classé mon affaire. (Camus)	Es schien, dass der Richter sich nicht mehr für mich interessierte und dass er meine Angelegenheit abgeschlossen hatte.

Der Konjunktiv der sog. modalen Anziehung (l'attraction modale) 219

Wenn von einem konjunktivischen Nebensatz ein weiterer Nebensatz abhängt, in dem sonst der Indikativ zu stehen hätte, so kann auch in diesem Nebensatz der Konjunktiv stehen. In diesem Fall zieht der Ausdruck, der im ersten Nebensatz den Konjunktiv auslöst, analog im zweiten Nebensatz den Konjunktiv nach sich. Man spricht daher von modaler Anziehung.

Il est étrange qu'on dise que ce soit notre faute.	Es ist seltsam, dass man sagt, es sei unser Fehler.
Il est compréhensible que ce soit lui qui y tienne.	Es ist verständlich, dass er es ist, der Wert darauf legt.

220 Der Gebrauch des Konditionals (l'emploi du conditionnel)

Der Konditional (zu den Formen vgl. §§ 180-189) wird verwendet:

1. im Hauptsatz eines irrealen Bedingungssatzes (vgl. § 221):

Si je le savais, je te le dirais.	Wenn ich es wüsste, würde ich es dir sagen.
Si je l'avais su, je te l'aurais dit.	Wenn ich es gewusst hätte, hätte ich es dir gesagt.

2. zum Ausdruck einer Annahme oder Möglichkeit:

A ta place, je n'irais pas.	An deiner Stelle würde ich nicht hingehen.
Nous le leur dirions.	Wir würden es ihnen sagen.
Il aurait eu cent ans demain.	Morgen wäre er hundert Jahre alt geworden.
On aurait pu trouver une meilleure solution.	Man hätte eine bessere Lösung finden können.

3. zum Ausdruck einer höflichen Bitte oder einer zurückhaltenden Äußerung:

Je voudrais apprendre à jouer du piano.	Ich möchte Klavier spielen lernen.
On ne prendrait pas un dessert?	Sollen wir nicht ein Dessert nehmen?
Vous connaîtriez Jules Lubac? – Oui, c'est mon meilleur ami.	Kennen Sie vielleicht Jules Lubac? – Ja, das ist mein bester Freund.
Tu devrais aller voir un docteur.	Du solltest einen Arzt aufsuchen.
Tu ferais bien de rester au lit.	Du tätest gut daran, im Bett zu bleiben.
Ça vous dérangerait de changer de place avec moi?	Würde es Ihnen etwas ausmachen, den Platz mit mir zu tauschen?
Quel âge donneriez-vous à ma femme?	Wie alt schätzen Sie meine Frau?
comment dirais-je?	wie soll ich sagen?
On ne saurait prendre trop de précautions.	Man kann nicht vorsichtig genug sein.
Je dirais plutôt que ...	Ich würde eher sagen, dass ...
On aurait dit que ...	Man hätte meinen können, dass ...

4. zur vorsichtigen Wiedergabe nicht bestätigter Mitteilungen oder Nachrichten (besonders in Presse, Rundfunk und Fernsehen):

Il s'agirait d'une personne qui habite dans la région parisienne.	Es soll sich um eine Person handeln, die im Großraum Paris wohnt.
Ce gang [gɑ̃g] aurait commis une cinquantaine d'attaques à main armée.	Diese Bande soll etwa fünfzig bewaffnete Überfälle verübt haben.

5. in einer entrüsteten Zurückweisung einer Unterstellung:

Je ne vois pas pourquoi j'y renoncerais. *Et pourquoi est-ce que je t'en donnerais la moitié?* *Moi, j'aurais fait cela?*	Ich sehe keinen Grund, warum ich darauf verzichten sollte. Und warum sollte ich dir die Hälfte (davon) geben? Ich soll das getan haben?

6. im Relativsatz zur Betonung einer Annahme:

Il bredouillait comme quelqu'un qui aurait bu.	Er stammelte wie jemand, der getrunken hatte.

7. in Rollenspielen von Kindern:

- Bon, a dit Gisèle, alors on va commencer à jouer. Toi, Nicolas, tu serais le premier client, tu n'aurais pas de quoi acheter à manger. Alors moi, je serais très généreuse, et je te donnerais des choses pour rien. (Sempé/Goscinny)	- Gut, hat Gisèle gesagt, fangen wir nun an zu spielen. Du, Nicolas, du bist der erste Kunde, aber da du sehr arm bist, könntest du dir nichts zu essen kaufen. Ich bin nun sehr großzügig und gebe dir Sachen umsonst.

Eine temporale Verwendung des Konditionals liegt vor, wenn er in der indirekten Rede (vgl. § 370.2) nach einem Tempus der Vergangenheit die Nachzeitigkeit ausdrückt:

Jean m'a dit qu'il s'en occuperait.	Jean hat mir gesagt, er werde sich darum kümmern.

Tempora und Modi im konditionalen Satzgefüge mit *si* 221

Im konditionalen Satzgefüge ist grundsätzlich zu beachten: Vor *il(s)* wird *si* zu *s'* elidiert. Der *si*-Satz kann vor oder nach dem Hauptsatz stehen. Dt. 'dann/so' im Hauptsatz bleibt im Französischen unausgedrückt. In emphatischer Redeweise kann *alors* verwendet werden.
Bei den Bedingungssätzen unterscheidet man zwischen erfüllbarer Bedingung und unerfüllbarer Bedingung. Diese können sich auf die Gegenwart oder auf die Vergangenheit beziehen.

1. Liegt eine erfüllbare Bedingung vor, gebraucht man die Konjunktion ***si*** + Indikativ Präsens; im Hauptsatz erscheint Indikativ Präsens, Futur oder Imperativ. Zu beachten ist, dass im *si*-Satz nie Futur oder Konditional stehen darf (zu *si* 'ob' vgl. § 372.2):

Si tu me dis l'heure d'arrivée de ton train, je viendrai te chercher à ia gare.	Wenn du mir die Ankunftszeit deines Zuges mitteilst, werde ich dich vom Bahnhof abholen.
Si tu continues, je vais me fâcher.	Wenn du nicht aufhörst, werde ich böse.
Si l'on n'a pas de tête, il faut avoir des jambes.	Was man nicht im Kopf hat, muss man in den Beinen haben.
Si tu n'es pas d'accord, dis-le-moi.	Falls du nicht einverstanden bist, sag es mir!

Anmerkung 1: Enthält der *si*-Satz eine in der Vergangenheit erfüllte oder erfüllbare Annahme, so steht *passé composé* bzw. *imparfait*: *Si tu l'as froissé, demande-lui pardon.* – Wenn du ihn gekränkt hast, so entschuldige dich bei ihm. *Si elle a pris le train de cinq heures, elle est déjà arrivée.* – Wenn sie den Fünf-Uhr-Zug genommen hat, ist sie schon da. *Si le docteur Paul ne se trompait pas dans ses premières estimations et si le corps était resté environ quarante-huit heures dans le Canal Saint-Martin, cela faisait remonter le crime au dimanche,* [...]. (Simenon) – Wenn Doktor Paul sich bei seiner ersten Einschätzung nicht täuschte und die Leiche ungefähr 48 Stunden im Canal Saint-Martin gelegen hatte, würde dies das Verbrechen auf den Sonntag vorverlegen.

Anmerkung 2: Steht im *si*-Satz das Präsens, kann im Hauptsatz zum Ausdruck einer Annahme Konditional I stehen: *S'il te le demande, je le lui donnerais.* – Wenn er dich darum bittet, würde ich es ihm geben.

2. Liegt eine unerfüllbare Bedingung der Gegenwart vor, steht im ***si***-Satz Indikativ Imperfekt, im Hauptsatz Konditional I:

Si j'étais à ta place, je n'en démordrais pas.	Wenn ich an deiner Stelle wäre, würde ich nicht lockerlassen.
S'il avait le temps, il irait.	Wenn er Zeit hätte, würde er hingehen.
Si elle tombait dans mon lit, je ne coucherais pas dans la baignoire.	Die würde ich nicht von der Bettkante stoßen. (Wörtlich: Wenn die in mein Bett fallen würde, würde ich nicht in der Badewanne schlafen.)
Si on te posait la question, qu'est-ce que tu répondrais?	Wenn man dich fragen würde, was würdest du antworten?

Anmerkung 1: Manchmal kann *si* + Imperfekt und Konditional I im Hauptsatz auch eine Eventualität ausdrücken: *Qu'est-ce qu'on ferait s'il pleuvait?* – Was würden wir tun, wenn es regnen würde?

Anmerkung 2: Die Wendung 'Wie wäre es, wenn ...', die einen auf die Gegenwart bezogenen Vorschlag ausdrückt, wird durch *(Et) si* + Indikativ Imperfekt wiedergegeben: *Eh, les gars, si on allait jouer au foot?* – He, Jungs, wie wär's mit Fußballspielen? *Si nous prenions une tasse de café?* – Wie wär's mit einer Tasse Kaffee?

3. Liegt eine unerfüllbare Bedingung der Vergangenheit vor, steht im ***si***-Satz Indikativ Plusquamperfekt, im Hauptsatz Konditional II:

Si tu n'avais pas fait le guignol, il ne serait rien arrivé.	Wenn du nicht herumgekaspert hättest, wäre nichts passiert.
S'il avait eu le temps, il y serait allé.	Wenn er Zeit gehabt hätte, wäre er hingegangen.
Si on t'avait posé la question, qu'est-ce que tu aurais répondu?	Wenn man dich gefragt hätte, was hättest du geantwortet?

Anmerkung 1: Es sind auch Mischfälle möglich, wie z.B. Plusquamperfekt im *si*-Satz, Konditional I im Hauptsatz: *Si tu m'avais écouté, tu ne te trouverais pas dans cette situation désespérée.* – Wenn du (damals) auf mich gehört hättest, befändest du dich (jetzt) nicht in dieser ausweglosen Lage.

Anmerkung 2: Anstelle des Konditionals II kann das Imperfekt gebraucht werden, um auszudrücken, dass ein Ereignis mit Sicherheit eingetreten wäre: *Si je n'y étais pas arrivée, j'étais fichue.* (Simone de Beauvoir) – Wenn es mir nicht gelungen wäre, wäre ich erledigt gewesen.

Anmerkung 3: In literarischen Texten erscheint bisweilen der Konjunktiv Plusquamperfekt im Bedingungssatz und im Hauptsatz: *Et si Brown eût vécu, il eût été occupé à tripoter dans son jardin ou au garage.* (Simenon) – Und wenn Brown noch am Leben gewesen wäre, wäre er damit beschäftigt gewesen, in seinem Garten oder in der Garage herumzukramen. Es sind auch die Kombinationen *Et si Brown avait vécu, il eût été occupé* ... und *Et si Brown eût vécu, il aurait été occupé* ... möglich.

Anmerkung 4: Anstelle von *si* + Indikativ/Konjunktiv Plusquamperfekt erscheint in literarischen Texten auch Inversion mit dem Konjunktiv Plusquamperfekt (ohne *si*) *L'eût-il su, il me l'aurait dit.* – Hätte er es gewusst, hätte er es mir gesagt. Daneben findet sich auch der Konditional: *L'aurait-il su* ...

Zu den anderen Funktionen der Konjunktion *si* vgl. § 348 Anm. 1-8, § 372.2.

Die Formen des Imperativs (les formes de l'impératif) **222**

1. Der Imperativ der 2. Pers. Sing. der Verben der 1. Konjugation ist formengleich mit der 3. Pers. Sing. Ind. Präsens. Bei den anderen Konjugationen ist er identisch mit der 2. Pers. Sing. Ind. Präsens. Der Imperativ der 1. und 2. Pers. Pl. aller Verben deckt sich mit den Formen der 1. und 2. Pers. Ind. Präsens (vgl. hierzu §§ 180-184, 186, 187; zu den Formen *manges-en, penses-y* vgl. § 138.2, Anm. 4). Folgende Imperativformen sind unregelmäßig:

avoir	→	*aie*	habe	*ayons*	haben wir	*ayez*	habt
être	→	*sois*	sei	*soyons*	seien wir	*soyez*	seid
savoir	→	*sache*	wisse			*sachez*	wisst
vouloir	→	*veuille*	wolle			*veuillez*	wollt

223 Der Gebrauch des Imperativs (l'emploi de l'impératif)

1. Der Imperativ drückt eine Aufforderung, einen Befehl, ein Verbot, eine Bitte oder einen Ratschlag aus:

Ouvre la porte, s'il te plaît.	Mach bitte die Tür auf!
Tais-toi!	Sei ruhig!
Asseyez-vous, s'il vous plaît.	Setzen Sie sich/Setzt euch bitte!
Suivez-moi!	Kommen Sie/Kommt (bitte) mit!
Ne mangez pas trop!	Essen Sie/Esst nicht zu viel!
Continuons.	Gehen/Fahren/Machen wir weiter!

Anmerkung 1: Aufforderungen oder Befehle, die an Dritte gerichtet sind, werden durch *que* + Konjunktiv ausgedrückt (vgl. § 209.2): *Qu'il parte!* – Er soll gehen! *Qu'ils fassent leur travail.* – Sie sollen ihre Arbeit machen!

Anmerkung 2: Richtet sich eine Aufforderung nicht an bestimmte Personen, so wird sie oft im Infinitiv ausgedrückt: *Ne pas se pencher au dehors.* – Nicht hinauslehnen! *Ne pas fumer.* – Nicht rauchen! *Agiter avant de s'en servir.* – Vor Gebrauch schütteln. *Tenir les chiens en laisse.* – Hunde an die Leine! *Mettre les phrases suivantes au futur.* – Setze/Setzt/Setzen Sie die folgenden Sätze ins Futur. *Voir page 30* – siehe Seite 30.

Anmerkung 3: Weitere Möglichkeiten, eine Aufforderung auszudrücken, sind:
1. Indikativ Präsens (vgl. § 195.2): *Vous allez tout droit, puis vous prenez la deuxième rue à gauche.* – Gehen Sie geradeaus, dann nehmen Sie die zweite Straße links.
2. Futur I (vgl. § 205.1): *Aujourd'hui tu resteras au lit!* – Heute bleibst du im Bett!
3. Fragesatz: *Tu veux continuer?* – Mach weiter! *Tu vas continuer, oui?!* – Willst du wohl weitermachen?
4. Bedingungssatz (vgl. § 221.2, Anm. 2) *Et si tu t'occupais de tes affaires?* – Kümmere dich um deine eigenen Angelegenheiten!

2. Ausdrücke und Wendungen mit dem Imperativ:

disons que ...	sagen wir mal, ...
Disons dix minutes, pas plus.	Sagen wir zehn Minuten, nicht mehr.
Passons maintenant à	Kommen wir nun zu ...
Commençons par ...	Beginnen wir zunächst mit ...
Récapitulons:	Fassen wir noch einmal zusammen:
Supposons que + Konj.	Nehmen wir einmal an, ...
Passons l'éponge!	Schwamm drüber!
Touchons du bois!	Toi, toi, toi!
Ça a un goût de revenez-y.	Das schmeckt nach mehr.
Il s'appelle Reviens.	Wiedersehen macht Freude (beim Verleihen eines Gegenstands).

Ne quittez pas!	Bleiben Sie am Apparat!
le rendez-vous	das Treffen/die Verabredung
le cessez-le-feu	der Waffenstillstand
Entrez!	Herein!
Amuse-toi/Amusez-vous bien!	Viel Vergnügen!
C'est une marie couche-toi là.	Das ist ein leichtfertiges Frauenzimmer/ein Flittchen.

3. Wiedergabe einiger deutscher imperativischer Ausdrücke:

Haltet den Dieb!	*Au voleur!*
Auf(stehen)! – Setzen!	*Debout! – Assis!*
Halt's Maul!	*Ta gueule!*
Bitte volltanken!	*Le plein, s'il vous plaît.*

Zur Wiedergabe des Imperativs in der indirekten Rede vgl. § 370.1, 2.

Kapitel 15 Das Passiv (Le passif)

Während das Passiv (zur Bildung vgl. § 193) in der französischen Schriftsprache, insbesondere in der wissenschaftlichen Fachsprache und in der Presse, relativ häufig vorkommt, wird es in der gesprochenen Umgangssprache sehr viel seltener gebraucht als im Deutschen. Stattdessen werden aktivische Konstruktionen (vgl. §§ 229-231) vorgezogen.

224 Aktivsatz und Passivsatz (Phrase active et phrase passive)

Nur Verben mit einem direkten Objekt (vgl. §§ 281-282) können ein persönliches Passiv bilden. Bei der Umformung eines Aktivsatzes in einen Passivsatz wird das direkte Objekt des Aktivsatzes zum Subjekt des Passivsatzes. Das Subjekt des Aktivsatzes erscheint im Passivsatz als eine mit der Präposition ***par*** (in einigen Fällen mit *de*, vgl. § 226) eingeleitete Nominalgruppe, die sog. Agensergänzung (complément d'agent), oder es entfällt (vgl. § 227.4):

Les éboueurs vident les poubelles. *Les poubelles sont vidées par les éboueurs.*	Die Müllmänner leeren die Mülltonnen. Die Mülltonnen werden von den Müllmännern geleert.
Pogba va tirer le coup franc. *Le coup franc va être tiré par Pogba.*	Pogba wird den Freistoß ausführen. Der Freistoß wird von Pogba ausgeführt werden.
Les événements nous ont dépassés. *Nous avons été dépassés par les événements.*	Die Ereignisse haben uns überrollt. Wir sind von den Ereignissen überrollt worden.
Une abeille m'avait piqué. *J'avais été piqué par une abeille.*	Eine Biene hatte mich gestochen. Ich war von einer Biene gestochen worden.
Une foule en liesse acclama le nouveau roi des Belges. *Le nouveau roi des Belges fut acclamé par une foule en liesse.*	Eine jubelnde Menge applaudierte dem neuen König der Belgier heftig. Dem neuen König der Belgier wurde von einer jubelnden Menge heftig applaudiert.
On ne m'a pas remboursé. *Je n'ai pas été remboursé.*	Man zahlte mir das Geld nicht zurück. Mir wurde das Geld nicht zurückgezahlt.

Anmerkung 1: Von den Verben *pardonner à qn, obéir à qn* und *désobéir à qn,* die ursprünglich transitiv waren, kann ein persönliches Passiv gebildet werden: *J'espère être pardonné.* – Ich hoffe, dass man mir verzeiht. *Il a été obéi.* – Man hat ihm gehorcht. *Je ne veux pas être désobéi!* – Ich dulde keinen Ungehorsam!

Anmerkung 2: Obwohl es *répondre à une lettre* 'einen Brief beantworten' heißt, findet sich zuweilen die persönliche Konstruktion: *Toutes les lettres ont été répondues.* 'Alle Briefe wurden beantwortet' anstatt *On a répondu à toutes les lettres.*

Anmerkung 3: Von *chercher* wird kein persönliches Passiv gebildet; an seine Stelle tritt *rechercher*: *Il est recherché par la police.* – Er wird von der Polizei gesucht.

Vorgangspassiv und Zustandspassiv 225

(passif-action et passif-état)

Während im Deutschen Vorgangspassiv ('werden' + Partizip Perfekt) und Zustandspassiv ('sein' + Partizip Perfekt) formal unterschieden werden, verfügt das Französische nur über eine Form (*être* + Partizip Perfekt). Ob die Satzaussage nun als Vorgang oder als Zustand aufgefasst wird, hängt von verschiedenen Faktoren ab.

1. Steht das Verb des Passivsatzes im Präsens oder Imperfekt und hat keine nähere Bestimmung bei sich, so wird der Satz als Beschreibung eines Zustands verstanden:

Le président est élu.	Der Präsident ist gewählt.
Le musée est ouvert.	Das Museum ist offen/geöffnet.
L'enfant était sauvé.	Das Kind war gerettet.
Tous les magasins étaient fermés.	Alle Geschäfte waren geschlossen.

Anmerkung: Bei einigen Verben wird die Satzaussage immer als Vorgang interpretiert: *La poésie n'était pas dite mais chantée.* – Dichtung wurde nicht gesprochen, sondern gesungen. *Cet écrivain est beaucoup lu.* – Dieser Schriftsteller wird viel gelesen.

2. Folgt auf das Verb im Präsens oder im Imperfekt eine nähere Bestimmung, so wird der Satz als Beschreibung eines Vorgangs interpretiert:

Le président de la République est élu pour sept ans.	Der Präsident der Republik wird für sieben Jahre gewählt.
Le musée est ouvert à dix heures.	Das Museum wird um zehn Uhr geöffnet.
Ce médicament était vendu dans toutes les pharmacies.	Dieses Medikament wurde in allen Apotheken verkauft.

3. Erscheint das Verb des Passivsatzes im *passé simple, passé composé, passé antérieur* oder *plus-que-parfait*, so liegt Vorgangspassiv vor:

En 1755, la ville de Lisbonne fut détruite par un tremblement de terre.	1755 wurde Lissabon durch ein Erdbeben zerstört.
Le pont aérien a été rétabli.	Die Luftbrücke ist wiederhergestellt worden.
A peine l'enfant eut-il été retiré de la rivière que les sauveteurs se mirent à le réanimer.	Kaum war das Kind aus dem Fluss gezogen worden, als die Retter anfingen, es wiederzubeleben.
La voiture endommagée avait été réparée.	Das beschädigte Auto war repariert worden.

4. Steht das Verb des Passivsatzes im Futur oder Konditional, so wird der Satz je nach Verbbedeutung oder Zusammenhang entweder als Vorgang oder als Zustand aufgefasst:

Une autoroute sera construite pas loin de chez nous.	Eine Autobahn wird ganz in unserer Nähe gebaut werden.
Les terroristes ont déclaré que d'autres otages seraient libérés.	Die Terroristen erklärten, dass weitere Geiseln freigelassen würden.
La bibliothèque sera fermée au mois d'août.	Die Bibliothek ist im August geschlossen.
Si cela arrivait, tout serait perdu.	Wenn das geschehen würde, wäre alles verloren.

226 Die Präposition *par/de* bei der Agensergänzung (complément d'agent)

Die Agensergänzung wird meist durch *par*, seltener durch *de* angeschlossen.

1. Die Präposition *par* steht insbesondere bei der Schilderung eines Vorgangs:

Le nouveau stade a été inauguré par le maire.	Das neue Stadion wurde vom Bürgermeister eingeweiht.
Le jeune homme a été interrogé par le juge d'instruction.	Der junge Mann wurde vom Untersuchungsrichter vernommen.
La tour Eiffel fut construite par Gustave Eiffel en 1889.	Der Eiffelturm wurde 1889 von Gustave Eiffel erbaut.

2. Die Präposition *de* wird meist in Verbindung mit bestimmten Partizipien gebraucht, die

2.1. einen Zustand ausdrücken:

une femme atteinte d'une maladie incurable	eine von einer unheilbaren Krankheit befallene Frau
une route bordée d'arbres	eine von Bäumen gesäumte Straße
un professeur comblé d'honneurs	ein mit Ehren überhäufter Professor
un acteur connu de tout le monde	ein allen bekannter Schauspieler
une montagne couverte de neige	ein schneebedeckter Berg
un artiste ignoré de la plupart des gens	ein den meisten Menschen unbekannter Künstler
des efforts couronnés par succès	von Erfolg gekrönte Bemühungen

2.2. eine Gemütsbewegung ausdrücken:

un enfant aimé de tous	ein von allen geliebtes Kind
un vin apprécié de tous les connaisseurs	ein von allen Kennern geschätzter Wein
un professeur craint de tout le lycée	ein vom ganzen Gymnasium gefürchteter Lehrer
une personne détestée de tout le monde	eine von jedermann gehasste Person
un collaborateur respecté de ses collègues	ein von seinen Kollegen geachteter Mitarbeiter
les hommes politiques surpris de ce résultat	die von diesem Ergebnis überraschten Politiker

3. Bei einigen Verben steht *par*, wenn sie in ihrer ursprünglichen Bedeutung, *de*, wenn sie in übertragener Bedeutung verwendet werden:

Le voyageur a été menacé par un bandit. *Beaucoup d'animaux sont menacés d'extinction.*	Der Reisende wurde von einem Räuber bedroht. Viele Tiere sind vom Aussterben bedroht.
L'enfant a failli être écrasé par un camion. *Notre voisin est écrasé de dettes.*	Das Kind wäre beinahe von einem Lastwagen überfahren worden. Unser Nachbar wird von Schulden erdrückt.
Le voleur était suivi par la police depuis quelques jours. *La star était suivie de ses admirateurs.*	Der Dieb wurde seit einigen Tagen von der Polizei verfolgt. Der Star kam in Begleitung seiner Verehrer.
Cet enfant a été abandonné par ses parents. *Le pauvre vieillard était abandonné de tous.*	Dieses Kind wurde von seinen Eltern verlassen. Der arme Alte war von allen verlassen.
Son épouse chantait accompagnée au piano par son fils. *Le député était accompagné de son avocat.*	Seine Frau sang und wurde von ihrem Sohn am Klavier begleitet. Der Abgeordnete war in Begleitung seines Anwalts.
Le Pape fut précédé par les cardinaux. *Dans ce cas, le substantif est précédé de l'adjectif.*	Dem Papst gingen die Kardinäle voraus. In diesem Fall geht das Adjektiv dem Substantiv voraus.
Mon petit frère a été frappé par le garçon du troisième étage. *Les gens étaient frappés de terreur.*	Mein kleiner Bruder wurde von dem Jungen im dritten Stock verhauen. Die Leute waren in Schrecken versetzt.

Anmerkung 1: In vielen Fällen kann *de* durch *par* ersetzt werden.

Anmerkung 2: In der Sportberichterstattung wird der Verursacher einer Handlung oft durch *de la part de* angeschlossen: *(C'est) bien joué/servi de la part de Federer.* – (Das ist) gut gespielt/serviert von Federer.

227 Passivsätze mit bzw. ohne Agensergänzung
(phrases passives achevées/non achevées)

Passivsätze kommen mit Agensergänzung oder ohne Agensergänzung vor. In Passivsätzen mit Agensergänzung bildet der Verursacher des Geschehens den Schwerpunkt der Aussage. Die Agensergänzung kann jedoch auch aus unterschiedlichen Gründen fehlen. Dieser Fall ist bei weitem der häufigere.

1. Passivsätze mit Agensergänzung:

Ce problème a été abordé par un député du parti socialiste.	Dieses Problem wurde von einem Abgeordneten der sozialistischen Partei aufgegriffen.
Cet article avait été publié par l'Express.	Dieser Artikel war vom Express publiziert worden.
Cet accident a été provoqué par un chauffard.	Dieser Unfall wurde von einem rücksichtslosen Fahrer verursacht.
Le tournoi ne sera pas organisé par Marseille mais par Auxerre.	Das Turnier wird nicht von Marseille, sondern von Auxerre organisiert.

2. Passivsätze stehen ohne Agensergänzung

2.1. wenn der Verursacher unbekannt ist:

L'agent du SIDA a été transporté des anciennes colonies en Amérique et en Europe.	Der Aidserreger wurde aus den ehemaligen Kolonien nach Amerika und nach Europa gebracht.
Toutes mes demandes ont été rejetées.	Alle meine Anträge wurden abgelehnt.
Ce livre n'a pas encore été traduit.	Dieses Buch ist noch nicht übersetzt worden.

2.2. wenn der Veruracher nicht genannt werden soll:

Cette conversation avait été enregistrée en secret.	Dieses Gespräch war heimlich aufgenommen worden.
Sa femme a été vue sortir de la maison de son amant.	Seine Frau wurde gesehen, wie sie aus dem Haus ihres Liebhabers kam.

2.3. wenn die Nennung des Verursachers ohne Belang ist:

La course sera retardée de deux heures.	Das Rennen wird um zwei Stunden verschoben werden.
Le péage est perçu à la sortie de l'autoroute.	Die Maut wird beim Verlassen der Autobahn erhoben.

2.4. wenn der Verursacher bekannt ist oder aus dem Kontext erschlossen werden kann:

Aujourd'hui, j'ai été interrogé en géographie.	Heute wurde ich in Geographie abgehört.
Sa peine lui a été remise en partie pour raison de santé.	Seine Strafe wurde ihm aus Gesundheitsgründen teilweise erlassen.

Anmerkung: Eine andere Möglichkeit, den Verursacher nicht zu nennen, besteht in der Verwendung des unpersönlichen Passivs mit dem unpersönlichen Personalpronomen *il* als Subjekt (vgl. § 127.4). Diese Konstruktion findet sich besonders häufig in der Behördensprache: *Il est rappelé que les demandes doivent être présentées au plus tard à la fin du mois prochain.* – Es wird darauf hingewiesen, dass die Anträge spätestens bis Ende des nächsten Monats einzureichen sind.

Der Gebrauch des Passivs (l'emploi du passif) 228

Im Französischen sind aktivische Konstruktionen weitaus beliebter als passivische. Dennoch wird das Passiv, abgesehen von dem Fall, dass der Verursacher einer Handlung nicht genannt werden soll oder kann (vgl. § 227.4), verwendet:

1. in Relativsätzen, die sich an ein direktes Objekt anschließen:

La police a arrêté un jeune homme qui avait été surpris en train de voler une voiture.	Die Polizei hat einen jungen Mann festgenommen, der beim Diebstahl eines Wagens überrascht worden war.

2. um im Wechsel mit einem Aktivsatz eine Geschichte zu entfalten. Hierbei wird das neu in den Text eingeführte direkte Objekt (Rhema) des vorangehenden Satzes zum bereits bekannten Subjekt (Thema) des folgenden Satzes:

Hier, les pompiers ont éteint un incendie rue Victor Hugo. Cet incendie avait été occasionné par un court-circuit.	Gestern löschte die Feuerwehr in der Rue Victor Hugo einen Brand. Dieser Brand war von einem Kurzschluss verursacht worden.

3. um die Distanz zwischen zwei aufeinander bezogenen Nominalgruppen nicht zu groß werden zu lassen:

L'ambassadeur a contribué à améliorer les relations entre les deux pays. Ses mérites ont été vantés par le ministre des Affaires étrangères.	Der Botschafter hat zur Verbesserung der Beziehungen zwischen den beiden Ländern beigetragen. Seine Verdienste wurden vom Außenminister gerühmt.

4. weil die Tendenz besteht, eher eine Person als eine Sache als Subjekt eines Satzes erscheinen zu lassen:

Un enfant a été écrasé par un camion.	Ein Kind wurde von einem Lastwagen überfahren.
Dans les Pyrénées, deux alpinistes ont été emportés par une avalanche.	In den Pyrenäen wurden zwei Bergsteiger von einer Lawine erfasst.

Aktivische Alternativkonstruktionen

Das Französische verfügt über mehrere Möglichkeiten, eine Passivkonstruktion zu vermeiden: das reflexive Passiv (vgl. § 229), passivische Verbalperiphrasen (vgl. § 230) und die Konstruktion mit *on* (vgl. § 231).

229 Das reflexive Passiv (la voix pronominale)

Das im Französischen häufig auftretende reflexive Passiv hat immer eine Sache als Subjekt und steht ohne Agensergänzung. Meist steht das Verb im Präsens:

Ce mot s'écrit avec majuscule.	Dieses Wort wird groß geschrieben.
La nouvelle grammaire se vend bien.	Die neue Grammatik verkauft sich gut.
Ses idées peuvent se résumer de la façon suivante: ...	Seine Gedanken lassen sich wie folgt zusammenfassen: ...
La bière se boit fraîche.	Bier wird kalt getrunken.
Ce problème ne se résout pas du jour au lendemain.	Dieses Problem kann nicht von heute auf morgen gelöst werden.
Le match se retransmettra en direct.	Das Spiel wird direkt übertragen.
Les séances de l'Académie se tenaient le jeudi.	Die Sitzungen der Akademie wurden donnerstags abgehalten.
Beaucoup de maisons préfabriquées se sont construites dans ce quartier.	Viele Fertighäuser sind in diesem Viertel gebaut worden.

230 Passivische Verbalperiphrasen (périphrases verbales passives)

Anstelle einer passivischen Konstruktion können folgende Verbalperiphrasen verwendet werden, wenn ein persönliches Subjekt vorliegt:

1. *se faire* + Infinitiv:

Hier, une jeune femme de 23 ans s'est fait violer.	Gestern wurde eine junge Frau von 23 Jahren vergewaltigt.
Un professeur s'est fait insulter par un élève.	Ein Lehrer wurde von einem Schüler beleidigt.

Alison Riske s'est fait sortir du tournoi par Serena Williams.	Alison Riske wurde von Serena Williams aus dem Turnier geworfen.
Je me suis fait voler ma valise.	Mir wurde mein Koffer gestohlen.

Anmerkung 1: Diese Verwendung der Periphrase, die eine vom Subjekt ungewollte Handlung ausdrückt, ist zu unterscheiden von dem anderen Gebrauch, der ein Veranlassen des Subjekts zum Ausdruck bringt: *Elle s'est fait faire une nouvelle robe.* – Sie hat sich ein neues Kleid machen lassen.

Anmerkung 2: Mit Hilfe dieser Verbalperiphrase kann ein indirektes Objekt zum Subjekt werden: *On m'a volé ma valise* → *Je me suis fait voler ma valise.*

2. *se voir* + Infinitiv [nur schriftsprachlich]:

La femme s'est vu menacer par un voyou.	Die Frau wurde von einem Rowdy bedroht.
Les champions se voyaient élever une statue dans leur ville natale.	Den Siegern wurde in ihrer Heimatstadt eine Statue errichtet.
Camus s'est vu décerner le prix Nobel.	Camus wurde der Nobelpreis verliehen.
Elle se voit confier les travaux les plus délicats.	Ihr werden die heikelsten Aufgaben anvertraut.
Nous nous sommes vu interdire l'entrée.	Uns wurde der Eintritt verwehrt.
Ils se sont vu refuser le statut de réfugiés politiques.	Ihnen wurde der Status politischer Flüchtlinge verweigert.

Anmerkung 1: Mit Hilfe dieser Periphrase kann ein indirektes Objekt zum Subjekt werden: *On lui confie les travaux les plus délicats.* → *Elle se voit confier les travaux les plus délicats.*

Anmerkung 2: Anstelle des Infinitivs findet sich auch das Partizip Perfekt: *La femme s'est vue menacée par un voyou.*

3. *s'entendre* + Infinitiv [nur schriftsprachlich]:

C'est dur de s'entendre dire qu'on n'est peut-être pas tout à fait normal.	Es ist hart, wenn einem gesagt wird, dass man vielleicht nicht ganz normal ist.
L'accusé s'est entendu condamner à cinq mois de prison.	Der Angeklagte wurde zu fünf Monaten Gefängnis verurteilt.

4. *se sentir* + Partizip Perfekt/Infinitiv [nur schriftsprachlich]:

Elle s'est sentie bouleversée/ bouleverser par la mort de son père.	Sie war durch den Tod ihres Vaters erschüttert.

5. *avoir* + direktes Objekt + Partizip Perfekt:

Une enseignante a eu le bras fracturé par un élève de seize ans. A l'âge de quinze ans, il avait eu les deux jambes écrasées par une voiture sur la grand'route de Varville. (Maupassant)	Einer Lehrerin wurde von einem sechzehnjährigen Schüler der Arm gebrochen. Im Alter von fünfzehn Jahren waren ihm auf der Landstraße nach Varville von einem Wagen beide Beine überfahren worden.

231 Die Konstruktion mit *on*

In der gesprochenen Sprache wird das Passiv meist durch eine aktivische Konstruktion mit dem unpersönlichen *on* ersetzt, wobei der Verursacher ungenannt bleibt.

On a licencié la moitié des ouvriers.	Die Hälfte der Arbeiter wurde entlassen.
On lui a reproché son goût du gaspillage.	Man hat ihm seine Verschwendungssucht vorgeworfen.
En Argentine, on parle espagnol.	In Argentinien wird Spanisch gesprochen.
On vous demande au téléphone.	Sie werden am Telephon verlangt.
On vous sert déjà?	Werden Sie schon bedient?

Anmerkung 1: Die Konstruktion mit *on* dient auch zur Wiedergabe eines deutschen unpersönlichen Passivsatzes mit einem intransitiven Verb: *On a beaucoup dansé.* – Es wurde viel getanzt. *Là, on a beaucoup ri.* – Da wurde viel gelacht.

Anmerkung 2: Dt. umgangssprachliches 'dir. Objekt + Partizip Perfekt + bekommen haben' wird ebenfalls durch eine Konstruktion mit *on* wiedergegeben: Ich habe es geliehen bekommen. – *On me l'a prêté.*

232 Passivische Konstruktion im Deutschen – aktivische Konstruktion im Französischen

In einigen Fällen tritt im Französischen eine aktivische Konstruktion ein:

befördert werden	*obtenir/recevoir un avancement*
geboren werden	*naître*
gemustert werden	*passer devant le conseil de révision*
aus dem Krankenhaus entlassen werden	*sortir de l'hôpital*
bevorzugt behandelt werden	*jouir d'un traitement de faveur*
von jdm./etw. angeekelt werden	*prendre qn/qc en dégoût*
verkauft werden	*être en vente*
tätlich angegriffen werden	*subir des attaques*
verhört werden	*subir un interrogatoire*
Es wurde nichts gestohlen.	*Il n'y a pas eu vol.*
Um Antwort wird gebeten (u.A.w.g.)	*Répondez, s'il vous plaît. (R.S.V.P.)*
geröntgt werden	*passer un radio*
im Fernsehen gezeigt werden	*passer à la télévision*

Kapitel 16 Die Partizipien und das *gérondif*
(Les participes et le gérondif)

Die französische Sprache kennt zwei Partizipien, das Partizip Präsens (le participe présent, vgl. §§ 233-239) und das Partizip Perfekt (le participe passé, vgl. §§ 242-252). Im Wesentlichen formengleich mit dem Partizip Präsens ist das Verbaladjektiv (l'adjectif verbal, vgl. § 240). Dem *gérondif* (vgl. § 254), das dieselbe Form wie das Partizip Präsens aufweist (vgl. § 233), geht die Präposition *en* voraus.

Die Bildung des Partizip Präsens/*gérondif* 233
(la formation du participe présent/gérondif)

Das Partizip Präsens/*gérondif* wird von der 1. Pers. Pl. Indikativ Präsens der Verben abgeleitet:

parler	→	*nous parlons*	→	*(en) parlant*
manger	→	*nous mangeons*	→	*(en) mangeant*
commencer	→	*nous commençons*	→	*(en) commençant*
prendre	→	*nous prenons*	→	*(en) prenant*
choisir	→	*nous choisissons*	→	*(en) choisissant*
écrire	→	*nous écrivons*	→	*(en) écrivant*

Unregelmäßige Formen:

être → (en) étant	*avoir → (en) ayant*	*savoir → (en) sachant*

Lexikalisierte Formen des Partizip Präsens 234
(formes lexicalisées du participe présent)

Einige Partizipien haben sich zu Substantiven, Adjektiven oder Präpositionen entwickelt.

1. Zu Substantiven sind geworden:

le conquérant	der Eroberer
le mendiant	der Bettler
l'apprenant	der Lernende
le perdant	der Verlierer
le trafiquant (de drogues)	der Drogenhändler/Dealer
le stupéfiant	das Rauschgift
le calmant	das Beruhigungsmittel/schmerzstillende Mittel

Anmerkung: Bei der Wiedergabe deutscher Fremdwörter auf *-ant/-ent* ist Vorsicht geboten: der Konsument *le consommateur,* der Produzent *le producteur,* der Informant *l'informateur,* der Simulant *le simulateur,* der Denunziant *le dénonciateur;* der Korrespondent *le correspondant,* der Delinquent *le délinquant,* die Komponente *la composante*; die Interessenten *les personnes intéressées.*

2. Als Adjektive werden gebraucht (sog. adjectifs verbaux, vgl. § 240):

un dimanche reposant	ein erholsamer Sonntag
la soirée dansante	der Tanzabend
le ministre sortant	der ausscheidende Minister
une femme attrayante	eine attraktive Frau
le 20e siècle finissant	das ausgehende 20. Jahrhundert
la lunette arrière chauffante	die beheizbare Heckscheibe
une expression courante	ein geläufiger Ausdruck

3. Als Präpositionen werden verwendet:

pendant les vacances	in den Ferien
durant toute mon enfance	während meiner ganzen Kindheit
moyennant une petite participation	mit einem kleinen Betrag
suivant un plan	nach einem Plan

Der Gebrauch des Partizip Präsens
(l'emploi du participe présent)

Das Partizip Präsens wird hauptsächlich in der geschriebenen Sprache zur Verkürzung von Relativsätzen und Adverbialsätzen sowie in prädikativer Funktion gebraucht. Es ist unveränderlich und hat stets eine Verbergänzung bei sich. Meist stimmt das Subjekt des Partizipialsatzes mit dem Subjekt des Hauptsatzes überein (vgl. §§ 235, 236). Weist der Partizipialsatz ein anderes Subjekt als der Hauptsatz auf, so liegt eine absolute oder unverbundene Partizipialkonstruktion vor (vgl. § 238). Zum Ausdruck der Vorzeitigkeit steht *ayant/étant* + Partizip Perfekt. Außer bei *aller* und einem reflexiven Verb kann *étant* weggelassen werden.

235 Das Partizip Präsens zur Verkürzung eines Relativsatzes

Das Partizip Präsens kann bei einschränkenden oder erläuternden Relatisätzen (vgl. § 143) *qui* + konjugiertes Verb ersetzen. Es steht unmittelbar nach der Nominalgruppe, auf die es sich bezieht, und kommt vor allem in der Presse und in fachsprachlichen Texten, insbesondere bei Definitionen, vor:

Des milliers de sachets de plastique contenant des pesticides et des insecticides se sont échoués/ont échoué sur les côtes.	Tausende von Plastiktüten mit Schädlings- und Insektenvertilgungsmitteln sind an den Küsten gestrandet.
Etudiante, 25 ans, sachant l'anglais et l'allemand, habitant Limoges, cherche un emploi pendant les vacances universitaires.	Studentin, 25 Jahre, mit Englisch- und Deutschkenntnissen, wohnhaft in Limoges, sucht Arbeit während der Semesterferien.
Pipe: ustensile servant à fumer, composé d'un tuyau aboutissant à un fourneau contenant le tabac.	Pfeife: Gerät, das zum Rauchen dient, bestehend aus einem Rohr, das in einen Pfeifenkopf mündet, der den Tabak enthält.
Les étudiants désirant perfectionner leurs connaissances d'italien sont priés de s'inscrire au cours intensif.	Die(jenigen) Studenten, die ihre Italienischkenntnisse verbessern wollen, werden gebeten, sich zum Intensivkurs anzumelden.
Un homme ayant fait un héritage considérable ne savait pas quoi faire de cet argent.	Ein Mann, der eine beträchtliche Erbschaft gemacht hatte, wusste nicht, was er mit diesem Geld anfangen sollte.
Il s'agit de prendre des mesures visant à supprimer l'immigration clandestine.	Es geht darum, Maßnahmen zu ergreifen, um die illegale Einwanderung zu unterbinden.

Das Partizip Präsens zur Verkürzung von Adverbialsätzen 236

1. Die Stellung des partizipial verkürzten Adverbialsatzes

Ein partizipial verkürzter Adverbialsatz kann

1.1. dem Hauptsatz vorausgehen:

Ayant bu un coup de trop, l'homme tomba dans le fossé.
Da der Mann einen über den Durst getrunken hatte, fiel er in den Graben.

1.2. auf den Hauptsatz folgen:

L'homme tomba dans le fossé ayant bu un coup de trop.
Der Mann fiel in den Graben, da er einen über den Durst getrunken hatte.

1.3. unmittelbar an das Subjekt des Hauptsatzes angeschlossen werden (nur in der gehobenen Schriftsprache):

L'homme, ayant bu un coup de trop, tomba dans le fossé.
Der Mann fiel, da er einen über den Durst getrunken hatte, in den Graben.

2. Die Funktionen des partizipial verkürzten Adverbialsatzes

Das Partizip Präsens kann verwendet werden

2.1. zur Verkürzung eines Temporalsatzes:

Un jour, se promenant au bord de la Seine, mon ami trouva sa femme dans les bras d'un soldat américain.	Als mein Freund eines Tages am Seineufer spazieren ging, fand er seine Frau in den Armen eines amerikanischen Soldaten.
François Ier, s'étant égaré dans la forêt de Villers-Cotterêts [vilɛʀkɔt(ə)ʀɛ], *découvrit la cabane d'un charbonnier.*	Als sich Franz I. im Wald von Villers-Cotterêts verirrt hatte, entdeckte er die Hütte eines Köhlers.
Arrivant chez eux, les Durand ont constaté que leur maison avait été cambriolée.	Als die Durands zu Hause ankamen, stellten sie fest, dass in ihr Haus eingebrochen worden war.

2.2. zur Verkürzung eines Kausalsatzes:

Croyant sa dernière heure venue, l'homme fut tout désespéré.	Da der Mann glaubte, seine letzte Stunde sei gekommen, war er ganz verzweifelt.
Craignant de perdre leur emploi, les ouvriers ont accepté de faire des heures supplémentaires.	Aus Angst, ihren Arbeitsplatz zu verlieren, willigten die Arbeiter ein, Überstunden zu machen.

2.3. zur Verkürzung eines Modalsatzes:

Levant les bras au ciel, le professeur sortit en courant de la classe.	Die Arme zum Himmel erhoben stürzte der Lehrer aus der Klasse.
Il est parti furieux, m'annonçant que j'aurais de ses nouvelles et claquant la porte. (Simenon)	Er ging wütend weg, wobei er mir ankündigte, dass ich von ihm hören würde, und die Tür zuschlug.

2.4. zur Verkürzung eines Konzessivsatzes:

Disposant de tant d'argent, mon neveu n'arrive pourtant pas à joindre les deux bouts.	Obwohl mein Neffe über so viel Geld verfügt, gelingt es ihm trotzdem nicht, über die Runden zu kommen.
Travaillant comme un fou, ce pauvre homme ne gagne pourtant pas assez pour nourrir ses cinq enfants.	Obwohl dieser arme Kerl wie ein Verrückter arbeitet, verdient er nicht genug, um seine fünf Kinder zu ernähren.

2.5. zur Verkürzung eines Konsekutivsatzes:

Les routiers français ont installé des barrages sur toutes les autoroutes nationales, paralysant l'ensemble de la circulation routière.	Die französischen Fernfahrer haben auf allen Autobahnen des Landes Sperren errichtet und so den gesamten Straßenverkehr lahm gelegt.
Plusieurs cours d'eau sont sortis de leur lit, inondant de vastes régions et laissant des milliers de personnes sinistrées.	Mehrere Wasserläufe sind über die Ufer getreten, so dass weite Gebiete überschwemmt und Tausende von Menschen geschädigt wurden.

2.6. zur Verkürzung eines Konditionalsatzes:

Se donnant un peu plus de peine, mon fils aurait certainement de meilleurs notes.	Wenn mein Sohn sich etwas mehr Mühe gäbe, hätte er sicher bessere Noten.

Das Partizip Präsens als prädikative Ergänzung 237

In der geschriebenen Sprache kann das Partizip Präsens als prädikative Ergänzung eines direkten Objekts auftreten:

1. nach Verben der Wahrnehmung:

J'ai vu l'accusé cassant la vitre de la banque.	Ich habe gesehen, wie der Angeklagte die Scheibe der Bank einschlug.
Nous avons entendu quelqu'un farfouillant dans la cave.	Wir haben gehört, wie jemand im Keller herumkramte.

2. nach Verben, die zum Ausdruck bringen, dass man plötzlich auf jemanden oder etwas trifft:

découvrir	entdecken	*surprendre*	überraschen
rencontrer	treffen	*(re)trouver*	(vor)finden

J'ai surpris ma fille fumant aux W.-C. [vese].	Ich habe meine Tochter beim Rauchen auf der Toilette überrascht.
On a retrouvé les enfants jouant au bord de la rivière.	Man fand die Kinder am Flussufer spielend.

Anmerkung: In beiden Fällen kann anstelle des Partizip Präsens ein Relativsatz oder die Periphrase *en train de* + Infinitiv stehen. Nach den Verben der Wahrnehmung steht häufiger der Infinitiv (vgl. § 257.5): *J'ai vu l'accusé casser la vitre/qui cassait la vitre/en train de casser la vitre.*

238 Der absolute Gebrauch des Partizip Präsens

Beim absoluten Gebrauch des Partizip Präsens weist der Partizipialsatz ein vom Hauptsatz verschiedenes Subjekt auf. Dabei ist zu beachten, dass das Subjekt des verkürzten Satzes dem Partizip vorausgeht:

Les bâtiments étant délabrés, on les a démolis.	Da die Gebäude baufällig waren, wurden sie abgerissen.
Un groupe d'une vingtaine d'adolescents, l'alcool aidant, ont cassé des vitres de voitures.	Eine Gruppe von etwa zwanzig Jugendlichen hat unter Alkoholeinfluss Autoscheiben eingeschlagen.
Les à-pied exècrent les en-voiture, et les en-voiture terrorisent les à-pied, les premiers passant instantanément dans le camp des seconds si on leur met un volant entre les mains. (Daninos)	Die zu Fuß verabscheuen die im Auto, und die im Auto terrorisieren die zu Fuß, wobei Erstere augenblicklich in das Lager Letzterer überwechseln, wenn man ihnen ein Lenkrad in die Hand gibt.
Le sport de haut niveau étant devenu une «affaire d'Etat», il va de soi que tous les moyens deviennent bons pour réussir.	Nachdem/Da der Hochleistungssport zu einer 'Staatsangelegenheit' geworden ist, versteht es sich von selbst, dass alle Mittel recht sind, um Erfolg zu haben.

239 Ausdrücke und Wendungen mit dem Partizip Präsens

ce faisant	dadurch
C'est (pas) payant.	Das bringt was (nichts) ein.
sortir vivant d'un accident	bei einem Unfall mit dem Leben davonkommen
du vivant de son père	zu Lebzeiten seines/ihres Vaters
faire semblant de + Infinitiv	so tun, als ob
être bien portant	gesund/wohlauf sein
étant donné	in Anbetracht/wegen
au prix coûtant	zum Selbstkostenpreis
Dieu aidant	mit Gottes Hilfe
mille euros comptant	tausend Euro bar
chemin faisant	unterwegs
le cas échéant	gegebenenfalls/wenn nötig
le cœur battant	klopfenden Herzens
minuit sonnant	Schlag 12 (Mitternacht)
séance tenante	auf der Stelle

Anmerkung: *faire semblant* kann auch ohne Infinitiv gebraucht werden: *Il fait semblant.* – Er tut so, als ob./Er tut nur so.

Das Verbaladjektiv (l'adjectif verbal) 240

1. Das Verbaladjektiv ist formal identisch mit dem Partizip Präsens (Ausnahmen vgl. § 240.4, 5). Es ist wie ein Adjektiv veränderlich und kann sowohl attributiv als auch prädikativ gebraucht werden:

une chaleur accablante	eine drückende Hitze
Cette chaleur est accablante.	Diese Hitze ist drückend.
des arguments concluants	schlagende Argumente
Ces arguments sont concluants.	Diese Argumente sind schlagend.

2. Während das unveränderliche Partizip Präsens stets eine Verbergänzung nach sich zieht, kann das Verbaladjektiv keine Verbergänzung zu sich nehmen:

un problème intéressant peu de personnes	ein Problem, das wenige (Menschen) interessiert
les enfants grelottant de peur	die vor Angst schlotternden Kinder
des problèmes intéressants	interessante Probleme
des enfants grelottants	schlotternde Kinder

3. Bei einigen Verben weicht die Bedeutung des Verbaladjektivs von derjenigen des entsprechenden Partizip Präsens deutlich ab (vgl. auch § 234.2):

la génération montante	die kommende Generation
une rue passante	eine belebte Straße
une eau dormante	ein stehendes Gewässer
une étoffe salissante	ein leicht schmutzender Stoff
un chemin glissant	ein rutschiger Weg
un patron regardant	ein kleinlicher Chef
l'escalier roulant	die Rolltreppe
une couleur voyante	eine auffällige/grelle Farbe
une robe collante	ein eng anliegendes Kleid
une expression courante	ein geläufiger Ausdruck
une injure sanglante	eine zutiefst verletzende Beleidigung
le jour naissant	der anbrechende Tag

4. Die folgenden Verbaladjektive unterscheiden sich im Stamm und in der Bedeutung von den zugehörigen Partizipien:

Partizip Präsens		Verbaladjektiv	
pouvant	könnend	*puissant*	mächtig
sachant	wissend	*savant*	gelehrt
valant	geltend	*vaillant*	tapfer

5. Bei einigen Verben bestehen orthographische Unterschiede zwischen Partizip Präsens und Verbaladjektiv:

Partizip Präsens		Verbaladjektiv	
-ant		***-ent***	
différant	sich unterscheidend	*différent*	verschieden
équivalant	gleichkommend	*équivalent*	gleichartig
excellant	sich auszeichnend	*excellent*	hervorragend
influant	beeinflussend	*influent*	einflussreich
précédant	vorangehend	*précédent*	vorhergehend
-geant		***-gent***	
convergeant	konvergierend	*convergent*	konvergierend
divergeant	divergierend	*divergent*	divergierend
négligeant	vernachlässigend	*négligent*	nachlässig
-quant		***-cant***	
convainquant	überzeugend	*convaincant*	überzeugend
provoquant	provozierend	*provocant*	provozierend
suffoquant	erstickend	*suffocant*	stickig
-guant		***-gant***	
fatiguant	ermüdend	*fatigant*	anstrengend
intriguant	Ränke schmiedend	*intrigant*	ränkesüchtig
naviguant	fahrend (mit Schiff)	*navigant*	zur See fahrend

Anmerkung: Alle Verben auf *-guer* und *-quer* bilden das Partizip Präsens auf *-guant* bzw. *-quant.*

241 Unterschiedliche Wiedergabe des deutschen Partizip Präsens im Französischen

Oft wird das deutsche Partizip Präsens im Französischen anders wiedergegeben, nämlich durch

1. einen Relativsatz:

ein sehr weitreichendes Problem	*un problème qui va très loin*
der passende Ausdruck	*l'expression qui convient/convenable*
ein vielsagender Blick	*un regard qui en dit long*
die sich überstürzenden Ereignisse	*les événements qui se précipitent*
ein Epoche machendes Werk	*une œuvre qui fait époque/date*
ein lachendes/weinendes Kind	*un enfant qui rit/pleure*

Aber: *une campagne riante* eine heitere/liebliche Landschaft

2. einen präpositionalen Ausdruck (meist *en* + Substantiv):

das betreffende Kapitel	*le chapitre en question*
Text mit gegenüberstehender Übersetzung	*texte avec traduction en regard*

vorstehende Zähne haben	*avoir les dents en avant*
ein parkendes Auto	*une voiture en stationnement*
die verschiedenen sich gegenüberstehenden Gesichtspunkte	*les différents points de vue en présence*
angehende Reporter	*des reporters en herbe*
die geltenden Bestimmungen	*les dispositions en vigueur*
die zuwiderhandelnden Autofahrer	*les automobilistes en infraction*
die aussterbenden Arten	*les espèces en voie d'extinction*
der fahrende Zug	*le train en marche*
das aufnehmende Land	*le pays d'accueil*
begleitende Maßnahmen	*des mesures d'accompagnement*

3. ein Partizip Perfekt:

eine brennende Zigarette	*une cigarette allumée*
die hungernde Bevölkerung	*la population affamée*
abstehende Ohren haben	*avoir les oreilles décollées*
die vergleichende Sprachwissenschaft	*la linguistique comparée*
ein schlecht passendes Gebiss	*un dentier mal adapté*
die um den Tisch sitzenden Kinder	*les enfants assis autour de la table*

4. ein *gérondif*:

Er schaute mich lächelnd an.	*Il m'a regardée en souriant.*
Die Frau entfernte sich weinend.	*La femme s'éloigna en pleurant.*

5. ein Adjektiv:

ein vielversprechendes Kind	*un enfant prometteur*
eine abschreckende Wirkung	*un effet dissuasif*
die arbeitende Bevölkerung	*la population active*
ein ätzender Film	*un film rasoir/barbant*
die Erdöl produzierenden Länder	*les pays producteurs de pétrole*
die Französisch sprechenden Länder	*les pays francophones*

Merke: riskant *risqué*, rivalisierend *rival*

6. *à* + Infinitiv bei gerundivischem Sinn (gibt an, dass etwas gemacht werden muss):

die zu diskutierenden Probleme	*les problèmes à discuter*
die zu erledigenden Formalitäten	*les formalités à remplir*
der zu führende Haushalt	*la maison à tenir*

Merke: in den kommenden Jahren *dans les années à venir*

7. Adjektive auf *-able* (geben an, was getan werden kann):

eine nicht zu entziffernde Inschrift	*une inscription indéchiffrable*
ein nicht mehr zu kürzender Bruch	*une fraction irréductible*
ein nicht wieder gutzumachender Fehler	*une erreur irréparable*
ein leicht zu beseitigender Irrtum	*une erreur facilement rectifiable*

8. Wendungen:

Zusammenfassend kann man sagen, dass ...	*En résumé, on peut dire que ...*
nicht enden wollender Beifall/ lang anhaltender Beifall	*des applaudissements à n'en plus finir*
Abschließend möchte ich Folgendes sagen: ...	*En conclusion, je voudrais dire ceci: ...*

Das Partizip Perfekt (le participe passé)

242 **Die Bildung des Partizip Perfekt** (la formation du participe passé)

Die Verben auf *-**er*** bilden das Partizip Perfekt auf *-**é***, diejenigen auf *-**re*** bilden es auf *-**u***, und die Verben auf *-**ir*** bilden es auf *-**i***:

fermer	schließen	*ferm**é***	geschlossen
chanter	singen	*chant**é***	gesungen
attendre	warten	*attend**u***	gewartet
descendre	hinuntersteigen	*descend**u***	hinuntergestiegen
finir	beenden	*fin**i***	beendet
choisir	wählen	*chois**i***	gewählt

Daneben kommen bei unregelmäßigen Verben noch folgende Endungen vor:

ouvrir	öffnen	*ouv**ert***	geöffnet
souffrir	leiden	*souff**ert***	gelitten
craindre	fürchten	*crain**t***	gefürchtet
peindre	malen	*pein**t***	gemalt
dire	sagen	*di**t***	gesagt
écrire	schreiben	*écri**t***	geschrieben
mettre	legen	*m**is***	gelegt
prendre	nehmen	*pr**is***	genommen

Zu den unregelmäßigen Verben s. Anhang S. 536-551.

Lexikalisierte Verwendung des Partizip Perfekt (l'emploi lexicalisé du participe passé) 243

Einige Partizipien haben sich zu Substantiven, Adjektiven oder Präpositionen entwickelt:

1. Zu Substantiven sind geworden:

le mort	der Tote
le drogué	der Drogenabhängige
le suicidé	der Selbstmörder

2. Zu Adjektiven sind geworden:

un manteau très habillé	ein sehr eleganter Mantel
une jeune fille ordonnée	ein ordentliches Mädchen
une femme organisée	eine Frau, die sich ihren Tag gut einteilt
une gosse gâtée	eine verwöhnte Göre
ladite personne	(die) besagte Person
les voyages organisés	die Gesellschaftsreisen
le bal masqué	der Maskenball
une visite guidée	eine Führung

Anmerkung: Dt. 'so genannt' wird durch *dit* wiedergegeben: *les quartiers dits résidentiels* die so genannten vornehmen Viertel, *les drogues dites dures* die so genannten harten Drogen, *les maladies dites de civilisation* die so genannten Zivilisationskrankheiten, *la méthode de respiration artificielle, dite du 'bouche-à-bouche'* die Methode der künstlichen Beatmung, die so genannte Mund-zu-Mund-Beatmung. Hat dt. 'so genannt' die Bedeutung 'angeblich', wird *prétendu* verwendet: *le prétendu bon vieux temps* die so genannte/angeblich gute alte Zeit. Unveränderliches *soi-disant* bezieht sich in korrektem Sprachgebrauch nur auf Personen: *les soi-disant intellectuel(le)s* die so genannten Intellektuellen.

3. Als Präpositionen werden gebraucht:

excepté	ausgenommen
vu	angesichts

Zu *excepté* vgl. § 248.7.

Der Gebrauch des Partizip Perfekt (l'emploi du participe passé)

Das Partizip Perfekt dient zur Bildung der zusammengesetzten Tempora (vgl. §§ 188-192) und des Passivs (vgl. § 193). Es kann auch als attributives oder prädikatives Adjektiv verwendet werden (vgl. § 244). Weiterhin dient es zur Verkürzung von Relativsätzen (vgl. § 249) und Adverbialsätzen (vgl. §§ 250-251). Unter bestimmten Bedingungen ist das Partizip Perfekt veränderlich (vgl. §§ 245-248).

Die Veränderlichkeit des Partizip Perfekt
(l'accord du participe passé)

244 Die Veränderlichkeit des adjektivisch gebrauchten Partizip Perfekt

Als Adjektiv verwendet richtet sich das Partizip Perfekt in Genus und Numerus nach seinem Beziehungswort:

1. attributiver Gebrauch:

des enfants gâtés	verwöhnte Kinder
une bouteille entamée	eine angebrochene Flasche
les portes fermées	die geschlossenen Türen

2. prädikativer Gebrauch:

La lumière était éteinte.	Das Licht war aus.
Ces livres sont épuisés.	Diese Bücher sind vergriffen.
Les fenêtres étaient fermées.	Die Fenster waren geschlossen.

245 Die Veränderlichkeit des mit *être* verbundenen Partizip Perfekt

1. In den zusammengesetzten Tempora der in § 191.2 aufgeführten intransitiven Verben richtet sich das Partizip nach dem Subjekt:

Lucienne était déjà arrivée.	Lucienne war schon angekommen.
Mes enfants sont nés en Italie.	Meine Kinder sind in Italien geboren.
Pourquoi est-ce qu'elle n'est pas venue?	Warum ist sie nicht gekommen?

2. In den zusammengesetzten Tempora der reflexiven Verben, bei denen das Reflexivpronomen **direktes** Objekt ist, richtet sich das Partizip nach dem Subjekt:

Elles se sont excusées.	Sie haben sich entschuldigt.
Les enfants se sont couchés vers dix heures.	Die Kinder sind gegen 10 Uhr schlafen gegangen.
Nous nous sommes levés tôt ce matin.	Wir sind heute Morgen früh aufgestanden.

Anmerkung 1: Bei den echt reflexiven Verben (verbes essentiellement pronominaux, vgl. § 268.2) ist das Reflexivpronomen immer direktes Objekt. Ihr Partizip wird daher stets verändert: *Elle s'en est repentie.* – Sie hat es bereut. *La maison s'était écroulée.* – Das Haus war eingestürzt.

Anmerkung 2: Zu beachten sind Fälle, in denen im Gegensatz zum Deutschen das französische Reflexivpronomen direktes Objekt ist: *Elle s'est contredite.* – Sie hat sich widersprochen. *Elle s'est racontée.* – Sie hat von sich erzählt.

3. In den zusammengesetzten Tempora der reflexiven Verben, bei denen das Reflexivpronomen **indirektes** Objekt ist, bleibt das Partizip unverändert:

Maman s'est cassé la jambe.	Mama hat sich das Bein gebrochen.
Mes parents se sont offert une croisière.	Meine Eltern haben sich eine Kreuzfahrt gegönnt.
Nous nous sommes procuré un exemplaire de cette grammaire.	Wir haben uns ein Exemplar dieser Grammatik beschafft.

4. Auch bei den sog. reziproken Verben (vgl. § 278) treffen die unter 2. und 3. genannten Regeln zu.

4.1. Ist das Reflexivpronomen eines reziproken Verbs **direktes** Objekt, so wird das Partizip verändert:

Elles se sont embrassées.	Sie haben sich geküsst.
Les enfants se sont chamaillés.	Die Kinder haben sich gezankt.

4.2. Ist das Reflexivpronomen eines reziproken Verbs **indirektes** Objekt, so wird das Partizip nicht verändert:

Nous nous sommes souri.	Wir haben uns zugelächelt.
Elles ne se sont plus écrit depuis plusieurs mois.	Sie haben sich seit mehreren Monaten nicht mehr geschrieben.

Anmerkung: Bei reziproken Verben ist darauf zu achten, dass in einigen Fällen die Funktion des Reflexivpronomens als direktes oder indirektes Objekt sich im Deutschen und Französischen nicht deckt: *Jean et Marie se sont téléphoné tous les soirs.* – Jean und Marie haben sich jeden Abend angerufen. *Les jeunes gens se sont entraidés.* – Die jungen Leute haben sich gegenseitig geholfen.

5. Geht dem reflexiven Verb ein direktes Objekt in Form eines Personalpronomens, eines Relativpronomens oder eines Interrogativpronomens voraus, so richtet sich das Partizip Perfekt nach dem direkten Objekt:

Cette robe, je me ***la*** *suis achetée il y a deux ans.*	Dieses Kleid habe ich mir vor zwei Jahren gekauft.
La croisière ***que*** *mes parents se sont offerte coûtait très cher.*	Die Kreuzfahrt, die sich meine Eltern gegönnt haben, war sehr teuer.
Quels *reproches se sont-ils faits?*	Welche Vorwürfe haben sie sich gemacht?

6. In Passivsätzen richtet sich das Partizip Perfekt stets in Numerus und Genus nach dem Subjekt:

La facture n'a pas encore été réglée.	Die Rechnung ist noch nicht bezahlt worden.
Toutes les fautes n'ont pas été corrigées.	Nicht alle Fehler sind korrigiert worden.

246 Die Veränderlichkeit des mit *avoir* verbundenen Partizip Perfekt

1. Wenn dem mit *avoir* verbundenen Partizip Perfekt ein direktes Objekt folgt, wird das Partizip Perfekt nicht verändert:

J'ai acheté plusieurs livres.	Ich habe mehrere Bücher gekauft.
Elle m'avait apporté des bonbons.	Sie hatte mir Bonbons mitgebracht.

2. Geht dem Partizip Perfekt jedoch ein direktes Objekt voraus, so richtet sich das Partizip in Genus und Numerus nach dem direkten Objekt. Dieses direkte Objekt kann sein:

2.1. eine aus einem Interrogativadjektiv, Exklamativadjektiv oder *que de/ combien de* + Substantiv bestehende Nominalgruppe oder ein Interrogativpronomen:

Quelles langues avez-vous apprises?	Welche Sprachen haben Sie gelernt?
Quels dictionnaires as-tu consultés?	In welchen Wörterbüchern hast du nachgeschlagen?
Quelle peur j'ai eue!	Hab' ich eine Angst gehabt!
Que de difficultés avons-nous surmontées!	Wie viele Schwierigkeiten wir überwunden haben!
Combien de bananes as-tu mangées?	Wie viele Bananen hast du gegessen?
Laquelle des deux secrétaires avez-vous engagée?	Welche der beiden Sekretärinnen haben Sie eingestellt?

Anmerkung: Steht ein mit *combien* verbundenes Substantiv nach dem Partizip Perfekt, so bleibt dieses unverändert: *Combien as-tu mangé de bananes?*

2.2. ein Personalpronomen:

As-tu lu tous ces livres? – Oui, je les ai tous lus/[betont] *lus tous.*	Hast du all diese Bücher gelesen? – Ja, ich habe sie alle gelesen.
Mon père nous a accompagnés à la gare.	Mein Vater hat uns zum Bahnhof begleitet.

Est-ce que tu l'as faite tout seul, cette traduction?	Hast du sie ganz allein gemacht, diese Übersetzung?
Cette crise, nous ne l'avons pas encore surmontée.	Diese Krise haben wir noch nicht überwunden.

2.3. ein Relativpronomen:

La réponse qu'il nous a donnée ne nous satisfait pas.	Die Antwort, die er uns gegeben hat, befriedigt uns nicht.
Les arguments que tu as avancés ne me semblent pas du tout convaincants.	Die Argumente, die du vorgebracht hast, scheinen mir überhaupt nicht überzeugend zu sein.

Anmerkung: Im gesprochenen Französisch wird die Angleichung selbst von gebildeten Sprechern oft nicht mehr gemacht.

Besonderheiten

Unveränderlichkeit des Partizip Perfekt **247**

Unverändert bleibt das Partizip Perfekt

1. von *faire* mit folgendem Infinitiv:

Je les ai fait venir.	Ich habe sie kommen lassen.
Elle s'est fait insulter.	Sie wurde beschimpft.

2. eines unpersönlichen Verbs:

les accidents qu'il y a eu	die Unfälle, die es gegeben hat
la ténacité qu'il a fallu	die Zähigkeit, die nötig war

3. der Modalverben *devoir, pouvoir, vouloir, oser* sowie *préférer, croire, chercher à, omettre de* usw. wenn sich das vorausgehende direkte Objekt auf den Infinitiv bezieht:

Nous avons résolu tous les problèmes que nous avons pu (résoudre).	Wir haben alle Probleme gelöst, die wir lösen konnten.
les dictées que nous avons dû faire	die Diktate, die wir schreiben mussten
les désirs que j'ai osé exprimer	die Wünsche, die ich zu äußern wagte
des offres que nous avons préféré ne pas accepter	Angebote, die wir lieber nicht angenommen haben
les difficultés que nous avons cru pouvoir surmonter	die Schwierigkeiten, die wir überwinden zu können glaubten
pour des raisons que je n'ai pas cherché à approfondir	aus Gründen, die ich nicht zu vertiefen versucht habe
ma carte de séjour que j'avais omis de renouveler	meine Aufenthaltserlaubnis, die zu erneuern ich versäumt hatte

Anmerkung: Bezieht sich das vorangehende direkte Objekt jedoch auf das Partizip Perfekt, so wird dieses verändert: *Ma collègue que j'ai invitée à m'accompagner.* – Meine Kollegin, die ich eingeladen habe, mich zu begleiten.

4. der Ausdrücke *la bailler belle à qn, l'échapper belle* und [fam.] *se la couler douce, l'emporter sur* (vgl. §§ 133.1, 137):

Tu la lui as baillé belle [lit.]	Du hast ihm einen Bären aufgebunden.
Il l'a échappé belle.	Er ist noch einmal davongekommen.
Robert se l'est coulé douce.	Robert hat eine ruhige Kugel geschoben.
Lyon l'a emporté sur Lille.	Lyon hat Lille besiegt. [Fußball]

248 Fakultative Veränderlichkeit des Partizip Perfekt
(l'accord facultatif du participe passé)

Verändert werden **kann** das Partizip Perfekt

1. des Verbs *laisser* mit folgendem Infinitiv:

Je les ai laissé(s) jouer.	Ich habe sie spielen lassen.
Ces jeunes filles, je les ai laissé(es) entrer.	Diese Mädchen habe ich hereingelassen.

(Für die folgenden Fälle ist in Art. 9-13 des Toleranzerlasses vom 28.12.1976 festgelegt, dass die veränderte bzw. unveränderte Form des Partizips zu tolerieren ist; sie gilt zwar nicht als korrekt, darf jedoch in Prüfungsarbeiten nicht als Fehler angerechnet werden. Die empfohlene Form erscheint im Folgenden an erster Stelle in Fettdruck, die tolerierte Form an zweiter Stelle in normaler Schrift.)

2. in Verbindung mit *on*, wenn dieses die Bedeutung von *nous* hat:

*On est **resté**/restés/restées au lit.*	Wir blieben im Bett.

3. eines Verbs der Wahrnehmung mit folgendem Infinitiv

3.1. mit aktivischem Sinn:

*les chorales que j'ai **entendues**/ entendu chanter*	die Chöre, die ich habe singen hören
*les élèves que j'ai **vus**/vu maltraiter un camarade*	die Schüler, die ich einen Kameraden misshandeln sah

3.2. mit passivischem Sinn:

la sonate que j'ai ***entendu****/entendue chanter*	die Sonate, die ich habe spielen hören
deux élèves que j'ai ***vu****/vus maltraiter par des camarades*	zwei Schüler, die ich sah, wie sie von Kameraden misshandelt wurden

4. der Verben *courir, coûter, durer* und *peser*

4.1. wenn es sich auf eine adverbiale Bestimmung bezieht, die den Preis, das Gewicht, die Entfernung oder die Dauer angibt:

les 50 euros que ce dictionnaire a ***coûté****/coûtés*	die 50 Euro, die dieses Wörterbuch gekostet hat
les 80 kilos que j'ai ***pesé****/pesés*	die 80 Kilo, die ich gewogen habe
les 1000 mètres qu'il a ***couru****/courus*	die 1000 Meter, die er gelaufen ist
les dix heures que le voyage a ***duré****/durées*	die zehn Stunden, die diese Reise gedauert hat

4.2. wenn ein direktes Objekt vorausgeht:

les dangers qu'il a ***courus****/couru*	die Gefahren, denen er sich ausgesetzt hat
les années que lui a ***coûtées****/coûté sa thèse de doctorat d'Etat*	die Jahre, die ihn seine Habilitationsschrift gekostet hat
les valises qu'ils ont ***pesées****/pesé*	die Koffer, die sie gewogen haben

5. wenn ihm das Pronominaladverb *en* in partitiver Funktion vorausgeht:

Des cerises, je n'en ai pas ***mangé****/mangées.*	Kirschen habe ich keine gegessen.
De l'eau, je n'en ai pas ***bu****/bue.*	Wasser habe ich keins getrunken.

Aber: *Avez-vous parlé des projets? – Oui, nous en avons parlé.* – Habt ihr über die Pläne gesprochen? – Ja, wir haben darüber gesprochen.

6. *étant donné*:

étant donné*/données les difficultés*	in Anbetracht der Schwierigkeiten

7. *ci-joint, ci-inclus, y compris, non compris* sowie *excepté*

7.1. wenn es vor seinem Beziehungswort steht:

Tous apprennent l'italien, ***excepté****/exceptés Marc et Pierre.*	Alle lernen Italienisch außer Marc und Pierre

Vous trouverez ***ci-inclus****/ ci-incluse sa réponse.*	Anbei finden Sie seine Antwort.
ci-joint*/ci-jointe quittance*	Quittung anbei
Toutes les surprises, ***y compris****/ y comprises les plus désagréables, sont possibles.*	Alle Überraschungen, einschließlich der unangenehmsten, sind möglich.

7.2. wenn es nach seinem Beziehungswort steht:

Tous ont été reçus à l'examen, Lucienne et Chantal ***exceptées****/ excepté.*	Alle außer Lucienne und Chantal haben die Prüfung bestanden.
quittance ***ci-jointe****/ci-joint*	Quittung anbei

Das Partizip Perfekt zur Verkürzung von Nebensätzen

In der geschriebenen Sprache dient das Partizip Perfekt zur Verkürzung von Relativsätzen und Adverbialsätzen. Ein partizipial verkürzter Adverbialsatz geht dem Hauptsatz voraus, ein partizipial verkürzter Relativsatz schließt sich unmittelbar an die Nominalgruppe an, auf die er sich bezieht.

249 Das Partizip Perfekt zur Verkürzung eines Relativsatzes

Das Partizip Perfekt stimmt in Genus und Numerus mit seinem Beziehungswort überein:

Un sondage publié dans «Le Monde» révèle que ...	Eine in *Le Monde* veröffentlichte Meinungsumfrage zeigt, dass ...
Les premiers touchés par la récession sont les jeunes.	Die Ersten, die von der Rezession betroffen sind, sind die Jugendlichen.
Ce sont des rôles taillés sur mesure pour elle.	Das sind Rollen, die für sie maßgeschneidert sind.
C'est de l'énergie dépensée en pure perte.	Das ist sinnlos vergeudete Energie.
Les mesures prises par le gouvernement français visent à donner un coup de fouet à l'industrie.	Die von der französischen Regierung ergriffenen Maßnahmen zielen darauf ab, die Industrie anzukurbeln.

Anmerkung: Zuweilen kann im Deutschen das Partizip Perfekt entfallen: *la secrétaire d'Etat chargée des Droits de la femme* die Staatssekretärin für die Rechte der Frau; *le menu affiché sur la porte du restaurant* die Speisekarte an der Tür des Restaurants; *des étudiants venus de tous les pays* Studenten aus allen Ländern; *les persécutions subies par les juifs* die Judenverfolgungen; *des adolescents issus de tous les milieux sociaux* Jugendliche aus allen sozialen Milieus; *la comparaison contenue dans la première phrase* der Vergleich im ersten Satz.

Das Partizip Perfekt zur Verkürzung von Adverbialsätzen 250

Das Partizip Perfekt richtet sich in Genus und Numerus nach dem Subjekt des Hauptsatzes. Zur Verdeutlichung der Beziehung zwischen Adverbialsatz und Hauptsatz kann im verkürzten Satz eine Konjunktion stehen.

Partizipialsätze dienen:

1. zur Verkürzung eines Temporalsatzes:

Elu en juin 1992, le président avait promis d'accélérer les négociations.	Nach seiner Wahl im Juni 1992 hatte der Präsident versprochen, die Verhandlungen zu beschleunigen.
A peine rentrée des sports d'hiver, Danielle se plongea dans son travail.	Kaum war Danielle aus dem Wintersport zurück, stürzte sie sich in ihre Arbeit.
Mon mari, une fois lancé, il n'y a pas moyen de l'arrêter.	Wenn mein Mann erst einmal in Fahrt ist, hält ihn nichts mehr.
Sitôt rentré, il courut à son cabinet de toilette et ouvrit les robinets de la baignoire. (Gide)	Kaum war er zu Hause, lief er in sein Bad und ließ Wasser in die Badewanne.

2. Zur Verkürzung eines Kausalsatzes:

Trompé par ses amis, il se méfie de tout le monde.	Da er von seinen Freunden getäuscht worden ist, misstraut er jedem.
Intimidé par ses camarades, l'élève n'avait pas le courage de se confier à son professeur.	Da der Schüler von seinen Kameraden eingeschüchtert worden war, hatte er nicht den Mut, sich seinem Lehrer anzuvertrauen.
Maltraitée par son mari, la femme a demandé le divorce.	Da die Frau von ihrem Mann misshandelt worden war, reichte sie die Scheidung ein.

3. zur Verkürzung eines Konditionalsatzes:

Séparé de sa femme, il serait perdu.	Wenn er von seiner Frau getrennt wäre, wäre er verloren.
Traduit en japonais, ce livre aurait du succès.	Wenn dieses Buch ins Japanische übersetzt würde, hätte es Erfolg.

Der absolute Gebrauch des Partizip Perfekt 251

Beim absoluten Gebrauch des Partizip Perfekt weist der Partizipialsatz ein vom Hauptsatz verschiedenes Subjekt auf. Bei dieser Konstruktion steht das Partizip nach dem Substantiv, auf das es sich bezieht:

Toutes les précautions prises, il n'y aura pas de problèmes.	Wenn alle Vorsichtsmaßnahmen ergriffen werden, wird es keine Probleme geben.
Les étudiants étrangers, censés retourner dans leurs pays sitôt leurs études terminées, sont au nombre de 124.000.	Die Zahl der ausländischen Studenten, von denen man erwartet, dass sie in ihr Land zurückkehren, sobald sie ihr Studium abgeschlossen haben, beträgt 124.000.

252 Wendungen und Ausdrücke mit dem Partizip Perfekt

abstraction faite de	abgesehen von
déduction faite des frais	nach Abzug/abzüglich der Kosten
eu égard à la baisse des prix	angesichts der sinkenden Preise
compte tenu de	unter Berücksichtigung von
tout compte fait	im Grunde genommen/schließlich
rouler tous feux éteints	ohne Licht fahren
tête baissée	gesenkten Hauptes/mit gesenktem Kopf
les bras écartés	mit ausgebreiteten Armen
les bras croisés	mit verschränkten Armen
écouter bouche bée/la bouche ouverte	mit offenem Mund zuhören
la nuit tombée	nach Einbruch der Dunkelheit
à un moment donné	zu einem bestimmten Zeitpunkt/plötzlich
(C'est) entendu!	Einverstanden!/Geht in Ordnung!
C'est parti.	Es geht los.
C'est vite arrivé.	Das hat sich schnell.
C'est vite dit.	Das ist leicht gesagt.
Aussitôt dit, aussitôt fait.	Gesagt, getan.
dormir les fenêtres ouvertes	bei offenem Fenster schlafen
le moment venu	zu gegebener Zeit

Unterscheide: *un fromage bien fait* ein reifer Käse – *une femme bien faite* eine gut gebaute Frau

253 Unterschiedliche Wiedergabe eines deutschen Partizip Perfekt im Französischen

In einigen Wendungen bedient sich das Französische zur Wiedergabe eines deutschen Partizip Perfekt anderer Konstruktionen, und zwar:

1. des Infinitivs:

angefangen bei	*à commencer par*
genau gesagt/streng genommen	*à proprement parler*
Das ist nicht zu viel verlangt.	*Ce n'est pas trop demander.*
Das ist leichter gesagt als getan.	*C'est plus facile à dire qu'à faire.*
Damit ist alles gesagt.	*C'est tout dire.*

2. eines präpositionalen Ausdrucks:

Alle meine Briefe sind unbeantwortet geblieben.	*Toutes mes lettres sont restées sans réponse.*
einen Brief eingeschrieben senden	*envoyer une lettre en recommandé*
die kursiv gedruckten Wörter	*les mots en italique*
ein emeritierter Professor	*un professeur en retraite*
verreist sein	*être en voyage*
ein bewaffneter Raubüberfall	*une attaque à main armée*
ein angeheirateter Cousin	*un cousin par alliance*

3. eines Substantivs bzw. eines Adjektivs:

Achtung! Frisch gestrichen.	*Attention! Peinture fraîche.*
ein verspielter Hund	*un chien joueur*

4. des Partizip Präsens:

Die Lage ist beschissen.	*La situation est emmerdante.*
Die Französinnen sind, statistisch gesprochen, am aktivsten.	*Les Françaises sont, statistiquement parlant, les plus actives.*

Der Gebrauch des *gérondif* (l'emploi du gérondif) 254

Das *gérondif* (zur Bildung vgl. § 233) wird zur Verkürzung temporaler, modaler und konditionaler Nebensätze verwendet. Es gibt eine Handlung an, die gleichzeitig zu der des Hauptsatzes verläuft. In der Regel stimmen das Subjekt des *gérondif* und das Subjekt des Hauptsatzes überein.

Das *gérondif* wird verwendet

1. zur Verkürzung eines Temporalsatzes:

En me levant, je me suis foulé le pied.	Beim Aufstehen habe ich mir den Fuß verstaucht.
Beaucoup d'élèves écoutent de la musique en faisant leurs devoirs.	Viele Schüler hören Musik und machen dabei ihre Hausaufgaben.
En faisant du patin, je me suis fait une déchirure.	Beim Schlittschuhlaufen habe ich mir einen Muskelriss zugezogen.

2. zur Verkürzung eines Modalsatzes:

Il gagne beaucoup d'argent en jouant au football.	Er verdient viel Geld mit Fußballspielen.
«Avec plaisir», dit-elle en me souriant.	„Gern“, sagte sie und lächelte mir zu.
En buvant trop de bière, mon mari a pris du ventre.	Durch zu vieles Biertrinken hat mein Mann einen Bauch bekommen.

L'enfant est sorti de la maison en courant.	Das Kind rannte aus dem Haus.
En s'analysant lui-même, Montaigne cherchait à mieux connaître la nature humaine.	Durch Selbstbeobachtung versuchte Montaigne, die menschliche Natur besser kennen zu lernen.
Mon fils a appris à bien parler l'italien en allant régulièrement dans le pays.	Mein Sohn hat gut Italienisch gelernt, dadurch, dass er regelmäßig ins Land gefahren ist.

3. zur Verkürzung eines Konditionalsatzes:

En prenant le train de 13 h 10, vous arriverez à 15 h 05.	Wenn Sie den Zug um 13.10 Uhr nehmen, werden Sie um 15.05 Uhr ankommen.
En prenant le train de 13 h 10, vous seriez arrivé à 15 h 05.	Wenn Sie den Zug um 13.10 Uhr genommen hätten, wären Sie um 15.05 Uhr angekommen.
En ne travaillant pas assez, tu devras redoubler la classe.	Wenn du dich nicht genug anstrengst, musst du die Klasse wiederholen.
En composant le 461460, vous recevrez un exemplaire gratuit.	Wenn Sie die 461460 wählen, erhalten Sie ein Gratisexemplar.

4. durch unveränderliches *tout* verstärkt, zur Verkürzung eines Konzessivsatzes (vgl. § 254 Anm. 6):

Tout en sachant que ses chèques étaient sans provision, il a continué à en émettre.	Obwohl er wusste, dass seine Schecks ungedeckt waren, stellte er weiterhin welche aus.
Tout en mangeant comme quatre, Jacques ne grossit pas.	Obwohl Jacques wie ein Scheunendrescher frisst, wird er nicht dick.

5. in Verbindungen mit *aller* zur Bezeichnung eines immer weiter fortschreitenden Vorgangs:

Ces maladies vont en augmentant.	Diese Krankheiten nehmen ständig zu.
La situation va en empirant.	Die Lage verschlimmert sich ständig.

Anmerkung: In der Literatur findet sich auch *aller* + Part. Präs.

6. in Wendungen:

en se jouant	spielend/mühelos
en attendant	inzwischen
- soit dit en passant -	- nebenbei gesagt -
en y regardant de plus près, ...	wenn man genauer hinsieht, ...
en considérant que ...	wenn man bedenkt, dass ...
en faisant abstraction de	wenn man von ... absieht

Anmerkungen zum *gérondif*:

Anmerkung 1: Das *gérondif* ist zeitneutral, d.h. es kann mit Verben in allen Tempora verbunden werden: *En nous dépêchant, nous attraperons le train.* – Wenn wir uns beeilen, werden wir den Zug noch erreichen. *En nous dépêchant, nous attraperions le train.* – Wenn wir uns beeilen würden, würden wir den Zug noch erreichen. *En nous dépêchant, nous aurions attrapé le train.* – Wenn wir uns beeilt hätten, hätten wir den Zug noch erreicht.

Anmerkung 2: Zuweilen drückt das *gérondif* auch eine Handlung aus, die unmittelbar vorzeitig oder auch unmittelbar nachzeitig zu der des übergeordneten Verbs ist: *On déjeunera en arrivant à Beaune.* – Wir werden zu Mittag essen, wenn wir in Beaune ankommen. *Est-ce que vous faites des exercices physiques le matin en vous levant?* Machen Sie gymnastische Übungen, wenn Sie morgens aufstehen? *Il sortit en claquant la porte.* – Er ging hinaus und schlug die Tür zu.

Anmerkung 3: In einigen Fällen haben Temporalsätze einen kausalen Nebensinn: *En voyant son maître, le chien pousse des cris de joie.* – Als der Hund seinen Herrn sieht, bellt er vor Freude.

Anmerkung 4: Das *gérondif* findet sich häufig in Briefschlüssen: *En espérant avoir bientôt de tes nouvelles, je t'embrasse bien affectueusement.* – Ich hoffe, bald von dir zu hören und grüße dich sehr herzlich./In der Hoffnung, bald von dir zu hören, grüße ich dich herzlich. (*En*) *vous remerciant par avance, je vous prie d'agréer, Monsieur, mes meilleures salutations.* – Ich danke Ihnen im Voraus und verbleibe mit freundlichen Grüßen.

Anmerkung 5: Ist der Bezug klar, kann das *gérondif* auch bei Subjektverschiedenheit gebraucht werden: *L'appétit vient en mangeant.* – Der Appetit kommt beim Essen. *En sortant du stade, l'arrêt de bus est à gauche.* – Wenn man aus dem Stadion hinausgeht, so ist die Bushaltestelle links. *En mettant les choses au mieux, ce projet pourra être réalisé dans dix ans.* – Wenn alles gut geht, wird dieses Projekt in zehn Jahren verwirklicht werden können.

Anmerkung 6: Die Gleichzeitigkeit kann durch vorangestelltes, unveränderliches *tout* verstärkt werden: *Tout en me promenant, je suis tombée sur mon ex-fiancé.* – Während ich spazieren ging, lief ich meinem ehemaligen Verlobten in die Arme. Bilden die im *gérondif*-Satz und im Hauptsatz ausgedrückten Handlungen einen Gegensatz, so erhält das *gérondif* konzessive Bedeutung (vgl. § 254.4).

Anmerkung 7: Folgen zwei inhaltlich eng zusammengehörende *gérondif*-Formen aufeinander, so kann *en* vor dem zweiten *gérondif* entfallen: *L'homme sauta de joie en riant et (en) pleurant à la fois.* – Der Mann hüpfte vor Freude, wobei er zugleich lachte und weinte. *Mais la tante* [...] *le frictionna avec une serviette éponge, en le tournant et le retournant comme s'il se fût agi d'un objet.* (Pagnol) – Aber die Tante rieb ihn mit einem Frotteehandtuch ab, wobei sie ihn hin und her drehte, als ob es sich um einen Gegenstand gehandelt hätte.

Unterscheide: *J'ai vu M. Blois en sortant du magasin.* – Ich habe Herrn Blois gesehen, als **ich** das Geschäft verließ.
J'ai vu M. Blois sortant du magasin. – Ich habe Herrn Blois gesehen, als **er** das Geschäft verließ.

255 Die wichtigsten Unterschiede zwischen dem Gebrauch des Partizip Präsens und des *gérondif*

Im Unterschied zum Partizip Präsens kann das *gérondif*:

1. keinen Relativsatz, keinen Kausalsatz und keinen Konsekutivsatz ersetzen;

2. keine Vorzeitigkeit ausdrücken;

3. kein eigenes Subjekt haben (Es gibt kein *gérondif absolu*).

Wie das Partizip Präsens kann das *gérondif* einen Temporalsatz, einen Modalsatz, einen Konzessivsatz oder einen Konditionalsatz ersetzen. In der Alltagssprache wird in diesen Fällen meist das *gérondif* verwendet.

Kapitel 17 Der Infinitiv (L'infinitif)

Die grammatischen Eigenschaften des Infinitivs 256

Der Infinitiv ist eine Verbform, die sowohl verbal als auch nominal verwendet werden kann. Wie ein Verb kann er Ergänzungen zu sich nehmen oder durch ein Adverb näher bestimmt werden. Wie ein Substantiv kann er als Subjekt, Objekt, Attribut oder Prädikatsnomen eines Satzes fungieren. Ferner dient er zur Verkürzung eines Nebensatzes (vgl. § 262). Der Infinitiv kann präpositionslos gebraucht werden (vgl. § 257); häufig geht ihm eine Präposition, meist *de* (vgl. § 259) oder *à* (vgl. § 258), gelegentlich auch *pour* (vgl. § 260) oder *par* (vgl. § 261), voraus. Im Französischen gibt es zahlreiche Verbalperiphrasen mit einer Infinitivergänzung (vgl. § 263).

Hinsichtlich der Formen unterscheidet man im Aktiv und im Passiv den Infinitiv Präsens (infinitif présent) und den Infinitiv Perfekt (infinitif passé):

	Infinitiv Aktiv	Infinitiv Perfekt
Aktiv	*manger* *arriver*	*avoir mangé* *être arrivé(s)/arrivée(s)*
Passiv	*être aimé(s)/aimée(s)*	*avoir été aimé(s)/aimée(s)*

Beispiele zu den einzelnen Funktionen des Infinitivs im Satz:

Promettre et tenir font deux.	Versprechen und Halten ist zweierlei.
Nous avons décidé d'acheter une maison.	Wir haben beschlossen, ein Haus zu kaufen.
J'ai envie de prendre une tasse de café.	Ich habe Lust, eine Tasse Kaffee zu trinken.
Partir, c'est mourir un peu.	Abschied ist ein bisschen wie Sterben.

Einige Infinitive sind zu Substantiven geworden, wie z.B.:

le pouvoir	die Macht
le devoir	die Pflicht
le sourire	das Lächeln

Anmerkung: Zur Wiedergabe des deutschen substantivierten Infinitivs verwendet man *le fait de* + Inf.: Das Besitzen eines Hundes gibt dem Menschen ein Gefühl der Ausgeglichenheit, sogar der Selbstzufriedenheit. – *Le fait de posséder un chien donne à l'homme une sensation d'équilibre, voire d'autosatisfaction.*

257 Der präpositionslose Infinitiv

Der präpositionslose Infinitiv steht

1. nach den Modalverben:

daigner	die Güte haben
devoir	müssen/sollen
oser	wagen
paraître	scheinen
pouvoir	können/dürfen
savoir	können [gelernt haben]
sembler	scheinen

Je dois tout payer.	Ich muss alles bezahlen.
Est-ce que tu peux venir me prendre à la gare?	Kannst du mich vom Bahnhof abholen?
Je ne sais pas danser.	Ich kann nicht tanzen.
Je me suis foulé le pied; je ne peux pas danser.	Ich habe mir den Fuß verstaucht; ich kann nicht tanzen.
Elle n'ose plus sortir de chez elle.	Sie wagt (es) nicht mehr, das Haus zu verlassen.
Elle semble/paraît être très heureuse.	Sie scheint sehr glücklich zu sein.

Anmerkung: Nach *sembler* und *paraître* kann *être* fehlen, wenn ein Adjektiv folgt.

Zur Wiedergabe der deutscher Modalverben im Französischen vgl. § 264.

2. nach den Verben des Sagens und Denkens in der Funktion eines direkten Objekts, wenn das finite Verb und der Infinitiv das gleiche Subjekt haben:

admettre	zugeben/einräumen
affirmer	behaupten
assurer	versichern
avouer	gestehen/zugeben
compter	beabsichtigen/vorhaben
confirmer	bestätigen
contester	bestreiten
croire	glauben
déclarer	erklären
dire	sagen
espérer	hoffen
estimer	meinen/der Ansicht sein
se figurer	sich vorstellen
ignorer [selten]	nicht wissen

s'imaginer	sich einbilden
juger	der Meinung sein
jurer	schwören
nier	abstreiten/(es) bestreiten/leugnen
penser	glauben/gedenken/beabsichtigen
prétendre	behaupten
reconnaître	zugeben
se rappeler	sich erinnern
soutenir	behaupten

Jacques s'imagine être supérieur à tous.	Jacques bildet sich ein, allen überlegen zu sein.
Je ne me rappelle pas l'avoir vu.	Ich erinnere mich nicht, ihn gesehen zu haben.
Le gardien assure avoir fermé la porte.	Der Wärter versichert, die Tür geschlossen zu haben.
Cet enfant prétend avoir vu le cambrioleur.	Dieses Kind behauptet, den Einbrecher gesehen zu haben.
J'espère te revoir bientôt.	Ich hoffe, dich bald wiederzusehen.
L'inculpé jure avoir dit la vérité.	Der Angeklagte schwört, die Wahrheit gesagt zu haben.
Je reconnais avoir fait une faute.	Ich gebe zu, einen Fehler gemacht zu haben.

Anmerkung 1: Nach diesen Verben ist auch ein *que*-Satz möglich. Dieser ist in der Umgangssprache häufiger als der Infinitiv, der der gehobenen Sprache angehört.

Anmerkung 2: Nach *jurer* wird der Infinitiv mit *de* angeschlossen, wenn sich die Handlung auf die Zukunft bezieht: *Je jure de dire toute la vérité.* – Ich schwöre, die ganze Wahrheit zu sagen/dass ich die ganze Wahrheit sagen werde. *Si tu me jures de ne jamais en parler à personne, je vais te faire voir quelque chose.* (Pagnol) – Wenn du mir schwörst, niemals jemandem davon zu erzählen, werde ich dir etwas zeigen.

3. nach den Verben der Willensäußerung und des Empfindens in der Funktion eines direkten Objekts, wenn das finite Verb und der Infinitiv das gleiche Subjekt haben:

adorer [fam.]	etw. schrecklich/furchtbar gern tun
aimer	etw. gern tun
aimer mieux/préférer	lieber wollen
désirer/souhaiter	wünschen
détester	es hassen
vouloir	wollen
vouloir bien	nichts dagegen haben

Ma mère veut maigrir de cinq kilos.	Meine Mutter will fünf Kilo abnehmen.
J'aime lire.	Ich lese gern.
Mon frère adore faire de l'équitation.	Mein Bruder reitet sehr gern.
Nous préférons ne pas le revoir.	Wir wollen ihn lieber nicht mehr wiedersehen.
Mon père pense vendre sa collection de timbres.	Mein Vater gedenkt seine Briefmarkensammlung zu verkaufen.

Anmerkung 1: Bei verschiedenem Subjekt steht ein *que*-Satz (vgl. §§ 210-211), (außer bei *compter* und *penser* mit der Bedeutung 'vorhaben').

Anmerkung 2: Nach *souhaiter* kann der Infinitiv auch mit *de* angeschlossen werden; hat es ein indirektes Objekt bei sich, ist *de* obligatorisch (vgl. § 259.4): *Il souhaite (de) pouvoir participer à cet échange.* – Er wünscht, an diesem Austausch teilnehmen zu können. *Je te souhaite de réussir à ton examen.* – Ich wünsche dir, dass du deine Prüfung bestehst.

Anmerkung 3: Nach *aimer* findet sich der Infinitiv mit *à* in literarischen Texten sowie in dem Ausdruck *j'aime à croire que* 'ich möchte annehmen, dass ...'.

Anmerkung 4: An *aimer mieux* und *préférer* wird ein zweiter, einen Vergleich ausdrückender Infinitiv mit *plutôt que (de)* oder mit *que (de)* angeschlossen: *J'aime mieux me reposer un peu plutôt que de me promener.* – Ich will mich lieber ein wenig ausruhen als spazierengehen.

Anmerkung 5: Der Ausdruck 'von jdm. wird erwartet, dass er etw. tut' wird durch *qn est censé faire qc* wiedergegeben: *La ménagère est censée jeter dans la poubelle verte tous les déchets organiques.* – Von der Hausfrau wird erwartet, dass sie alle organischen Abfälle in die grüne Mülltonne wirft.

4. nach den Verben der Bewegungsrichtung zum Ausdruck eines Zieles/ Zwecks oder einer Absicht:

accourir	herbeieilen
aller	gehen
courir	laufen
descendre	hinuntergehen
monter	hinaufgehen
partir	aufbrechen
passer	vorbeikommen
rentrer	zurückkehren
retourner	zurückkehren
sortir	hinausgehen
venir	kommen

Je descends prendre du vin à la cave.	Ich gehe in den Keller hinunter, um Wein zu holen.
Mon mari est sorti prendre l'air.	Mein Mann ist hinausgegangen, um frische Luft zu schnappen.

Monte fermer les fenêtres!	Geh hoch und mach die Fenster zu!
Quand on sonne, je vais ouvrir.	Wenn es klingelt, mache ich auf.
Les enfants sont partis faire les courses.	Die Kinder sind einkaufen gegangen.
Tu viens danser avec nous ce soir?	Gehst/Kommst du heute Abend mit uns tanzen?
Je passerai te prendre vers cinq heures.	Ich hole dich gegen fünf Uhr ab.

Anmerkung 1: Bei den Verben der Bewegungsrichtung kann (außer bei *aller*) der Infinitiv zur Unterstreichung der Absicht mit der Präposition *pour* angeschlossen werden: *Il est venu pour se venger.* – Er ist gekommen, um sich zu rächen. Ein verneinter Infinitiv muss mit *pour* angeschlossen werden: *Elle est sortie pour ne pas se faire remarquer.* – Sie ging hinaus, um nicht aufzufallen.

Anmerkung 2: In der Umgangssprache tritt oft *être* für *aller* ein: *Hier soir, on a été danser.* – Gestern Abend waren wir tanzen.

Anmerkung 3: Bei den Ausdrücken *aller/venir voir qn* 'jdn. besuchen' und *aller/venir chercher qn/qc* 'jdn./etw. (ab)holen' ist Folgendes zu beachten: In Verbindung mit den Pronomen *me*, *te*, *nous*, *vous* ist *venir*, in Verbindung mit *le*, *la*, *les* ist *aller* zu gebrauchen: *Il vient me/nous voir.* – Er besucht mich/uns. *Je viens te/vous voir.* – Ich besuche dich/euch. *Elle va le chercher.* – Sie holt ihn ab.

5. nach den Verben der Wahrnehmung:

écouter	zuhören
entendre	hören
regarder	zusehen, wie
sentir	fühlen/spüren
voir	sehen

J'ai entendu sonner.	Ich habe es klingeln hören.
J'ai entendu la porte s'ouvrir et se refermer.	Ich habe gehört, wie die Tür aufging und sich wieder schloss.
Il l'a vu arriver.	Er hat ihn (an)kommen sehen.
On sent le printemps venir.	Man merkt, dass es Frühling wird.
Ton frère s'écoute un peu trop parler.	Dein Bruder hört sich ein wenig zu gern reden.
Je l'ai regardé s'éloigner.	Ich habe zugesehen/geschaut, wie er sich entfernte.

Anmerkung 1: Nach den Verben der Wahrnehmung kann der Infinitiv auch passivische Bedeutung haben: *J'ai vu abattre un arbre.* – Ich habe gesehen, wie ein Baum gefällt wurde. *La jeunesse voit gâcher ce qu'elle a de plus précieux: son avenir.* – Die Jugend sieht, dass ihr das Kostbarste, was sie hat, verpfuscht wird: ihre Zukunft.

Anmerkung 2: Hängt von diesen Verben ein intransitives Verb ab, so kann die Nominalgruppe vor oder nach dem Infinitiv stehen. Dabei sind oft stilistische Gründe ausschlaggebend. Folgende Fälle sind zu beachten: *Il a vu mes enfants grandir./Il a vu grandir mes enfants.* – Er hat meine Kinder aufwachsen sehen. *Il a vu grandir mon fils et ma fille.* – Er hat meinen Sohn und meine Tochter aufwachsen sehen. *Nous avons vu ton cousin sortir du cinéma.* – Wir haben deinen Cousin das Kino verlassen sehen. *Nous avons vu ton cousin avec son ami sortir du cinéma./Nous avons vu sortir du cinéma ton cousin avec son ami.* – Wir haben deinen Cousin mit seinem Freund das Kino verlassen sehen. Hängt von diesen Verben ein transitives Verb ab, so steht die Nominalgruppe vor dem Infinitiv: *J'ai vu un homme ramasser des champignons.* – Ich habe einen Mann Pilze sammeln sehen.

Merke: *J'ai entendu dire que ...* Ich habe gehört, dass ... – *J'en ai entendu parler.* Ich habe davon gehört.

6. nach den Verben *faire* '(veran)lassen', *laisser* '(zu)lassen' und *envoyer* 'schicken':

Il ne se le fit pas répéter.	Er ließ es sich nicht zweimal sagen.
Laisse-moi sortir!	Lass mich hinaus!
Il a laissé (s')éteindre le feu.	Er hat das Feuer ausgehen lassen.
On envoya chercher le médecin.	Man ließ den Arzt holen.

Wendungen mit *faire* + Infinitiv:

faire apparaître l'adresse	die Adresse einblenden
faire bouillir du lait	Milch kochen
faire cuire des pommes de terre	Kartoffeln kochen
faire enregistrer une valise	einen Koffer aufgeben
faire passer un examen	eine Prüfung abnehmen
faire remarquer/observer que ...	darauf hinweisen, dass ...
faire réserver une chambre	ein Zimmer reservieren lassen
faire traîner qc en longueur	etw. in die Länge ziehen
se faire soigner	sich behandeln lassen
se faire écouter	sich Gehör verschaffen
se faire naturaliser Anglais	die englische Staatsbürgerschaft annehmen

7. nach folgenden unpersönlichen Ausdrücken:

il faut	man muss
il fait bon	es ist angenehm
il vaut mieux/mieux vaut	es ist besser
il me semble/il me paraît	es scheint mir
A quoi bon ...?	Wozu etw. tun?

Il faut se faire une raison.	Man muss sich damit abfinden.
Il vaut mieux ne rien dire.	Es ist besser, nichts zu sagen.
Il me semble l'avoir déjà vu.	Es scheint mir, dass ich ihn schon gesehen habe.
Il fait bon se reposer à l'ombre.	Es ist angenehm, sich im Schatten auszuruhen.
A quoi bon se casser la tête?	Wozu sich den Kopf zerbrechen?

Anmerkung 1: Nach *il vaut mieux* wird ein zweiter, einen Vergleich ausdrückender Infinitiv mit *plutôt que (de)* oder *que (de)* angeschlossen (vgl. § 257.3 Anm. 4).

Anmerkung 2: Je nach Kontext kann *Il faut se faire une raison* auch bedeuten *Il faut vous faire une raison.* – Sie müssen sich/Ihr müsst euch damit abfinden, bzw. *Il faut te faire une raison.* – Du musst dich damit abfinden.

8. in emphatischen Aussage- und Fragesätzen sowie in Vorschriften und Verboten:

Me parler ainsi!	So mit mir zu reden!
Comment sortir de ce dilemme?	Wie soll man aus diesem Dilemma herauskommen?
Comment se défendre contre les terroristes?	Wie soll man sich gegen die Terroristen verteidigen?
Ralentir!	Langsam fahren!
Par où commencer?	Womit sollen wir/soll ich anfangen?
Ne pas se pencher au dehors.	Nicht hinauslehnen.
Agiter avant de s'en servir.	Vor Gebrauch schütteln.

9. bei Subjektgleichheit in indirekten Fragesätzen, in denen eine Unsicherheit oder ein Zweifel ausgedrückt wird, wobei das Verb 'sollen' mit inbegriffen ist:

Je ne sais pas comment résoudre ce problème.	Ich weiß nicht, wie ich dieses Problem lösen soll.
Je ne sais pas à qui m'adresser.	Ich weiß nicht, an wen ich mich wenden kann/soll.
Il ne sait plus où donner de la tête.	Er weiß weder ein noch aus.

10. in Relativsätzen zum Ausdruck einer Möglichkeit:

Ils n'ont personne sur qui compter.	Sie haben niemand, auf den sie sich verlassen können/könnten.
Tout enfant a besoin d'une personne à qui s'adresser.	Jedes Kind braucht eine Bezugsperson.
On n'a personne avec qui échanger ses impressions.	Man hat niemand, mit dem man seine Eindrücke austauschen kann/könnte.

11. in literarischen Texten selten anstelle des *passé simple* (vgl. auch § 259.8):

- Tu as tort de lire les journaux; ça te congestionne. Et l'autre repartir d'une voix aigre: [...]. (Gide)	„Es ist falsch von dir, dass du Zeitungen liest; das treibt dir die Röte ins Gesicht." Da entgegnete der andere mit schriller Stimme: [...]

12. in den Wendungen:

dire/penser que ...	wenn man bedenkt, dass ...

258 Der Infinitiv mit *à*

Der Infinitiv mit *à* steht:

1. nach folgenden nicht-reflexiven Verben:

apprendre à	lernen
arriver à	gelingen
aspirer à	danach streben
avoir qc à faire	etw. zu tun haben/tun müssen
chercher à	versuchen
commencer à/de	anfangen/beginnen
consentir à	einwilligen/zustimmen
consister à	darin bestehen
conspirer à	sich mit dem Ziel verschwören
continuer à/de	fortfahren/weiter ...
contribuer à	dazu beitragen
demander à	wünschen/verlangen
gagner à	etw. davon haben
hésiter à	zögern
parvenir à	gelingen
pencher à	dazu neigen
penser à	daran denken
persister à	bei etw. bleiben/etw. hartnäckig tun
renoncer à	darauf verzichten
réussir à	gelingen
servir à	dienen
songer à	beabsichtigen/daran denken
tarder à [lit.]	lange brauchen
tendre à	dazu neigen
tenir à	darauf Wert legen/wollen
viser à	darauf abzielen

Il cherche à tout concilier.	Er versucht alles unter einen Hut zu bringen.
Je vais commencer à débarrasser la table.	Ich werde anfangen, den Tisch abzuräumen.
On apprend à se connaître soi-même.	Man lernt sich selbst kennen.
Ces mesures pourraient contribuer à améliorer les relations internationales.	Diese Maßnahmen könnten dazu beitragen, die internationalen Beziehungen zu verbessern.
J'ai demandé à sortir.	Ich habe gewünscht hinauszugehen.
Kerber a hésité à monter au filet.	Capriati hat gezögert, ans Netz zu gehen.
Pour l'instant, nous ne songeons pas à vendre notre maison.	Im Augenblick denken wir nicht daran, unser Haus zu verkaufen.
Nadal n'est pas arrivé à gagner son service.	Hewitt ist es nicht gelungen, sein Aufschlagspiel durchzubringen.
Il n'a pas réussi à donner un fil conducteur à son jeu.	Es ist ihm nicht gelungen, Linie in sein Spiel zu bringen.

Merke: *Il reste cinq minutes à jouer.* – Es bleiben noch fünf Minuten zu spielen. *Il y a trente portables à gagner.* – Es gibt dreißig Handys zu gewinnen. *Notre professeur nous avait donné comme exercice une lettre de remerciement à rédiger.* – Unser Lehrer hatte uns als Übung einen Dankesbrief zu schreiben aufgegeben. *Elle gagne à être connue.* – Sie gewinnt bei näherer Bekanntschaft. *Votre engagement laisse à désirer.* – Euer Einsatz lässt zu wünschen übrig.

2. nach folgenden reflexiven Verben:

s'abaisser à/jusqu'à	sich herablassen/so weit gehen
s'accoutumer/s'habituer à	sich daran gewöhnen
s'affairer à	sich eifrig bemühen
s'amuser à	sich die Zeit vertreiben/sich damit aufhalten
s'appliquer à	sich bemühen/bestrebt/bemüht sein
s'apprêter/se disposer à	sich anschicken
s'astreindre à	sich zwingen
s'attacher à	sich bemühen/bestrebt sein
s'attarder à	sich zu lange damit aufhalten
s'attendre à	sich darauf gefasst machen
se borner/se limiter à	sich darauf beschränken
se décider/se résoudre à	sich entschließen
s'employer à	sich dafür einsetzen/sich bemühen
s'engager à	sich verpflichten
s'entendre à	sich darauf verstehen
s'entraîner/s'exercer à	sich üben
s'ingénier à	sich bemühen/seine Erfindungsgabe daran setzen
s'intéresser à	interessiert sein
se mettre à	anfangen/beginnen
s'obstiner à	sich darauf versteifen

s'occuper à	seine Zeit damit verbringen
s'offrir à	sich anbieten
se plaire à	gern etw. tun
se préparer à	sich vorbereiten
se refuser à	sich weigern
se résigner à	sich damit abfinden
se risquer à	es wagen/sich trauen

Je me suis décidé à me retirer de ce projet.	Ich habe mich entschlossen, aus diesem Projekt auszusteigen.
Les pays signataires s'engagent à interdire la capture des mammifères marins et l'utilisation de filets dérivants.	Die Unterzeichnerstaaten verpflichten sich, den Fang der Meeressäugetiere und die Verwendung von Treibnetzen zu verbieten.
La CIA s'apprête à publier d'importants dossiers de l'époque de la guerre froide.	Der CIA schickt sich an, wichtige Akten aus der Zeit des kalten Krieges zu veröffentlichen.
Tout le monde s'affaire à préparer Noël.	Jedermann ist eifrig bemüht, Weihnachten vorzubereiten.

3. nach den folgenden Verben mit direktem Objekt, wobei das Objekt Subjekt des Infinitivs ist:

aider qn à	jdm. helfen
amener qn à	jdn. veranlassen
appeler qn à	jdn. dazu berufen
astreindre qn à	jdn. zwingen/nötigen
autoriser qn à	jdn. ermächtigen
condamner qn à	jdn. dazu verurteilen
conduire qn à	jdn. dazu bringen
contraindre qn à	jdn. zwingen
décider qn à	jdn. dazu bringen
encourager qn à	jdn. ermutigen
engager qn à	jdn. dazu verpflichten
forcer qn à	jdn. zwingen
habituer qn à	jdn. daran gewöhnen
inciter qn à	jdn. dazu antreiben
inviter qn à	jdn. einladen/auffordern
obliger qn à	jdn. zwingen
pousser qn à	jdn. veranlassen/dazu bringen
provoquer qn à	jdn. provozieren/anstiften
surprendre qn à	jdn. beim ... überraschen

La publicité nous incite sans cesse à consommer plus que nécessaire.	Die Werbung verleitet uns ständig dazu, mehr als notwendig zu konsumieren.
Qu'est-ce qui a poussé le ministre à se suicider?	Was hat den Minister dazu gebracht, sich das Leben zu nehmen?

Notre professeur nous encourage à parler allemand.	Unser Lehrer ermutigt uns, Deutsch zu sprechen.
Je voudrais aider mon ami à s'en sortir.	Ich möchte meinem Freund helfen, davon loszukommen.
Une appendicite [apɛ̃disit] *m'avait forcé à passer quinze jours à l'hôpital.*	Eine Blinddarmentzündung hatte mich gezwungen, vierzehn Tage im Krankenhaus zu verbringen.
Cela devrait l'engager à réfléchir.	Das sollte ihn nachdenklich machen.
Je l'ai surpris à voler une bouteille de vin.	Ich habe ihn beim Diebstahl einer Flasche Wein überrascht.

4. nach den folgenden Verben mit indirektem Objekt, wobei das Objekt Subjekt des Infinitivs ist:

apprendre à qn à	jdm. beibringen
enseigner à qn à	jdm. beibringen

Qui t'a appris à danser?	Wer hat dir das Tanzen beigebracht?
L'instituteur enseigne aux enfants à lire et à écrire.	Der Grundschullehrer bringt den Kindern Lesen und Schreiben bei.

5. nach einigen Substantiven:

l'incapacité à parvenir à un compromis	die Unfähigkeit, einen Kompromiss zustande zu bringen
l'insuffisance de notre esprit à percer ce secret	die Unzulänglichkeit unseres Geistes, dieses Geheimnis zu durchdringen
l'invitation à se retirer	die Aufforderung, sich zurückzuziehen

6. nach folgenden Adjektiven:

être appelé à	dazu berufen/bestimmt sein
être apte à	geeignet sein
être décidé/résolu à	entschlossen sein
être destiné à	dazu bestimmt sein
être difficile à [pers./sächl. Subj.]	schwierig zu
être disposé/prêt à	bereit sein
être enclin à	geneigt sein
être facile à [pers./sächl. Subj.]	leicht sein zu
être habile à	geschickt sein
être habitué à	daran gewöhnt sein
être lent à	langsam sein
être long à	lange brauchen
être lourd à	schwer sein
être occupé à	damit beschäftigt sein
être prompt à	schnell bereit sein
être propre à	geeignet sein
(en) être réduit à	gezwungen/darauf angewiesen sein

Je ne suis pas disposé à retirer ma candidature.	Ich bin nicht bereit, meine Kandidatur zurückzuziehen.
C'est un homme difficile à vivre.	Mit diesem Mann ist schlecht auszukommen.
Mon fils fut long à trouver le sommeil.	Mein Sohn brauchte lange, um Schlaf zu finden/fand lange keinen Schlaf.
Je suis occupé à mettre de l'ordre.	Ich bin damit beschäftigt, Ordnung zu schaffen.
Cet élève est lent à comprendre.	Dieser Schüler begreift schwer.
Nous sommes décidés à abandonner notre projet.	Wir sind entschlossen, unseren Plan aufzugeben.

7. nach folgenden Ausdrücken:

faire attention à/de	Acht geben/aufpassen
avoir avantage à	für jdn. von Vorteil sein
il y a avantage à	es ist von Vorteil
consacrer son temps à	seine Zeit damit verbringen
il y a (du) danger à	es besteht Gefahr/ist gefährlich
avoir/éprouver de la difficulté à	Schwierigkeiten haben
éprouver de la gêne à	Hemmungen haben/peinlich sein
mettre sa gloire à	seine Ehre dareinsetzen
mettre de la hâte à	etw. hastig tun
être homme à	imstande sein
il n'y a pas de honte à	es ist keine Schande
être/se sentir d'humeur à	in der Stimmung sein
avoir (tout) intérêt à	(ganz) in jds. Interesse liegen
n'avoir aucun intérêt à	kein Interesse haben
il y a intérêt à	es ist von Vorteil/ratsam
avoir/éprouver du mal à	schwer fallen/Mühe haben
mettre deux heures/un mois à/pour	zwei Stunden/einen Monat brauchen
être de nature à	dazu angetan sein
passer des journées entières à	ganze Tage damit verbringen
avoir (de la) peine à	nur mit Mühe etw. tun können
il y a péril à	es besteht Gefahr/ist gefährlich
prendre plaisir à	Spaß/Freude daran haben
être de taille à	imstande sein/Manns genug sein
avoir tendance à	dazu neigen

Les femmes éprouvent souvent du mal à concilier vie familiale et vie professionnelle.	Frauen haben oft Mühe, Familienleben und Berufsleben miteinander in Einklang zu bringen.
A mon avis, ces mesures ne sont pas de nature à résorber le chômage.	Meiner Meinung nach sind diese Maßnahmen nicht dazu angetan, die Arbeitslosigkeit zu beseitigen.
J'ai passé toute la matinée à écrire des cartes postales.	Ich habe den ganzen Morgen mit dem Schreiben von Postkarten zugebracht.
On a mis deux heures pour y arriver.	Wir haben zwei Stunden bis dorthin gebraucht.

J'ai peine à le croire.	Ich kann es kaum glauben.
Je ne suis pas d'humeur à plaisanter.	Ich bin nicht zum Scherzen aufgelegt.
Mon mari a tendance à grossir.	Mein Mann neigt zum Dickwerden.
Je suis de taille à me défendre.	Ich bin Manns genug, mich zu verteidigen.

8. in folgenden Ausdrücken mit konsekutivem Sinn:

Ils se ressemblent à s'y méprendre.	Sie sehen sich zum Verwechseln ähnlich.
Il bâille à se décrocher la mâchoire.	Er gähnt wie ein Nilpferd.
Ici, je m'ennuie à mourir.	Hier langweile ich mich zu Tode.
Il gèle à pierre fendre.	Es friert Stein und Bein.
Elle sanglotait à fendre l'âme.	Sie schluchzte herzzerreißend.
Elle est jolie à croquer.	Sie ist bildhübsch.
C'est un nom à coucher dehors.	Das ist ein unaussprechlicher Name/ein Name, den man sich nicht merken kann.
une émission à ne pas manquer	eine Sendung, die man nicht verpassen darf/sollte
Je n'ai plus rien à me mettre sous la dent.	Ich habe nichts zu beißen/zum Beißen.
des discussions à n'en plus finir	endlose Diskussionen
un brouillard à couper au couteau	ein Nebel zum Schneiden
Il fait un temps à ne pas mettre un chien dehors.	Es ist ein Wetter, dass man keinen Hund hinausjagen würde.
Il est bête à manger du foin.	Er ist strohdumm.
Tu es d'âge à comprendre cela.	Du bist alt genug, das zu verstehen.

Auch: *Tu es en âge de comprendre cela.*

9. nach den superlativischen Ausdrücken *le premier à, le dernier* und *le seul* zur Verkürzung eines Relativsatzes (vgl. § 217.5):

Notre fils est le premier à quitter la maison.	Unser Sohn verlässt als Erster das Haus.
Jacques est toujours le dernier à arriver.	Jacques kommt immer als Letzter an.
Ma femme est la seule à le savoir.	Meine Frau ist die Einzige, die es weiß.

10. in Wendungen:

c'est-à-dire	das heißt
Qu'est-ce à dire?	Was soll das heißen?
à suivre	Fortsetzung folgt
à savoir	nämlich
à partir de	ab/von ... an/aus
Construisez des dialogues à partir des phrases suivantes.	Bilden Sie anhand der folgenden Sätze Dialoge.

à dire vrai/à vrai dire	offen gestanden/genau genommen
à dire net	um es ganz klar/deutlich zu sagen
à en juger par qc	nach etw. zu urteilen
à proprement parler	eigentlich/streng genommen
à ne pas confondre avec qc	nicht zu verwechseln mit etw.
à y regarder mieux/de plus près	wenn man einmal genauer hinsieht
à y bien/bien y réflechir	wenn man einmal darüber richtig nachdenkt
à signaler que ...	es ist darauf hinzuweisen, dass ...

259 Der Infinitiv mit *de*

Der Infinitiv mit *de* steht:

1. nach folgenden nicht-reflexiven Verben:

accepter de	zustimmen
arrêter/cesser/finir de	aufhören
attendre de/pour	warten
brûler de	darauf brennen
choisir de	sich dafür entscheiden/sich (dazu) entschließen
craindre de	fürchten
décider/résoudre de	beschließen
envisager de	planen
essayer/tâcher/tenter de	versuchen
éviter de	vermeiden
exclure de	ausschließen
faire bien/mieux de	gut/besser daran tun
avoir vite fait de	etw. im Handumdrehen gemacht haben
feindre/faire semblant de	so tun, als ob
manquer (de)	beinahe tun
mériter de	es verdienen
oublier de	vergessen
parler de	davon reden, dass
prendre sur soi de	es auf sich nehmen
projeter de	vorhaben/planen
refuser de	es ablehnen
regretter de	bedauern
rêver de	davon träumen
risquer de	Gefahr laufen/drohen
trembler de	davor zittern

Beaucoup de jeunes choisissent de ne pas se marier.	Viele Jugendliche wollen nicht heiraten.
Ton ami essaie toujours de rejeter la faute sur les autres.	Dein Freund versucht immer, den Fehler auf andere zu schieben.

Je regrette de ne pas avoir de meilleures nouvelles à vous donner.	Ich bedaure, Ihnen keine besseren Nachrichten geben zu können.
Jacques et Sylvie parlent déjà de se marier.	Jacques und Sylvie reden schon von Heirat.
L'enfant a manqué de se faire écraser par un camion.	Das Kind wäre beinahe von einem Lastwagen überfahren worden.
Mon père a décidé de se retirer des affaires.	Mein Vater hat beschlossen, sich von den Geschäften zurückzuziehen.
Les ministres avaient tenté de relancer le processus de paix.	Die Minister hatten versucht, den Friedensprozess wieder in Schwung zu bringen.
Tu as arrêté de fumer?	Hast du aufgehört zu rauchen?
J'ai oublié de mettre la lettre à la boîte.	Ich habe vergessen, den Brief einzuwerfen.

Merke: *Que diriez-vous d'aller prendre un verre?* – Wie wär's, wenn wir etwas trinken gingen?

2. nach folgenden reflexiven Verben:

il s'agit de	es geht darum
s'apercevoir de	bemerken
s'arrêter de	aufhören
s'aviser de	auf den Gedanken kommen/sich unterstehen
se charger de	es übernehmen
se contenter de	sich damit begnügen
se dépêcher de	sich beeilen
se devoir de	es sich schuldig sein
s'efforcer de	sich bemühen/sich anstrengen
s'empresser de	sich beeilen
s'étonner de	sich wundern
s'excuser de	sich entschuldigen
se garder de	sich hüten
se hâter de	sich beeilen
s'indigner de	sich entrüsten
s'inquiéter de	beunruhigt sein
s'occuper de	sich darum kümmern
se permettre de	sich erlauben
se piquer de	sich einbilden/so tun, als ob
se plaindre de	sich beklagen
se proposer de	sich vornehmen
se réjouir de	sich freuen
se repentir de	es bereuen
se reprocher de	sich vorwerfen
se réserver de	es sich vorbehalten
se souvenir de	sich erinnern
se vanter de	sich rühmen

Je me suis proposé de maigrir de dix kilos.	Ich habe mir vorgenommen, zehn Kilo abzunehmen.
Je ne m'étais pas aperçu d'avoir brûlé un feu rouge.	Ich hatte nicht bemerkt, dass ich bei Rot durchgefahren war.
Dépêche-toi de te changer.	Zieh dich schnell um!
Il s'agit de mettre sur pied un programme pour enrayer cette épidémie.	Es geht darum, ein Programm auf die Beine zu stellen, um diese Epidemie einzudämmen.
Je me réjouis de te revoir.	Ich freue mich, dich wiederzusehen.
Mon ami se repent d'avoir abandonné ses études.	Mein Freund bereut es, sein Studium aufgegeben zu haben.
Je vais m'occuper de vous trouver une chambre.	Ich werde mich um ein Zimmer für Sie bemühen.

Anmerkung: Auf einige dieser Verben folgt ein *que*-Satz bei Subjektverschiedenheit, wie z.B. in: *Je me réjouis que tu sois venu.* – Ich freue mich, dass du gekommen bist.

3. nach folgenden Verben mit direktem Objekt, wobei das Objekt Subjekt des Infinitivs ist:

accuser qn de	jdn. anklagen
avertir qn de	jdm. raten/mahnen
charger qn de	jdn. beauftragen
convaincre/persuader qn de	jdn. überreden
dissuader qn de	jdm. davon abraten
empêcher qn de	jdn. hindern
excuser qn de	jdn. entschuldigen
féliciter qn de	jdn. dazu beglückwünschen
menacer qn de	jdm. drohen
plaindre qn de	jdn. bedauern
presser qn de	jdn. drängen
prier qn de	jdn. bitten
remercier qn de	jdm. danken
soupçonner qn de	jdn. verdächtigen
supplier qn de	jdn. anflehen

Excusez-moi de vous déranger.	Entschuldigen Sie, dass ich Sie störe.
Le médecin a dissuadé mes parents d'entreprendre un voyage aussi fatigant.	Der Arzt hat meinen Eltern von einer so anstrengenden Reise abgeraten.
Je te remercie de m'avoir aidé.	Ich danke dir, dass du mir geholfen hast.
On tentait de le persuader de renoncer à son héritage.	Man versuchte, ihn zu überreden, auf sein Erbe zu verzichten.
Mon père m'a chargé de vous saluer de sa part.	Ich soll Sie von meinem Vater grüßen.
Je t'avertis de la laisser tranquille.	Ich rate dir, sie in Ruhe zu lassen.

Zu *remercier qn de/pour qc* vgl. § 294.

4. nach folgenden Verben mit indirektem Objekt, wobei das Objekt Subjekt des Infinitivs ist:

conseiller à qn de	jdm. raten
crier à qn de	jdm. zurufen
déconseiller à qn de	jdm. davon abraten
défendre à qn de	jdm. verbieten
demander à qn de	jdn. bitten
dire à qn de	jdm. sagen, dass er ... soll
écrire à qn de	jdm. schreiben, dass er ... soll
offrir à qn de	jdm. anbieten
interdire à qn de	es jdm. untersagen/verbieten
ordonner à qn de	jdm. befehlen
permettre à qn de	jdm. erlauben/ermöglichen
proposer à qn de	jdm. vorschlagen
rappeler à qn de	jdn. daran erinnern
recommander à qn de	jdm. empfehlen
répondre à qn de	jdm. antworten, dass er ... soll
reprocher à qn de	jdm. vorwerfen
souhaiter à qn de	jdm. wünschen
suggérer à qn de	jdm. nahelegen/vorschlagen
téléphoner à qn de	jdn. anrufen, dass er ... soll
en vouloir à qn de	jdm. böse sein, dass er ...

On reproche au gouvernement d'avoir manqué à sa parole.	Man wirft der Regierung vor, ihr Wort nicht gehalten zu haben.
Je lui ai demandé de me tenir au courant.	Ich habe ihn gebeten, mich auf dem Laufenden zu halten.
Mes parents ne permettent pas à mon frère d'aller à ce concert.	Meine Eltern erlauben meinem Bruder nicht, zu diesem Konzert zu gehen.
On a suggéré au ministre de se démettre.	Man hat dem Minister nahegelegt zurückzutreten.
Elle leur en veut de ne pas l'avoir invitée.	Sie ist ihnen böse, dass sie sie nicht eingeladen haben.
J'ai dit à mon fils de se présenter pour ce poste.	Ich habe meinem Sohn gesagt, er solle sich um diese Stelle bewerben.

5. nach den meisten substantivischen Ausdrücken:

avoir l'air de	scheinen/so aussehen, als ob
avoir la chance de	das Glück haben
avoir le droit/être en droit de	das Recht haben
avoir envie de	Lust haben
avoir l'habitude de	die Gewohnheit haben
avoir hâte de	es kaum erwarten können
avoir l'intention de	die Absicht haben
se faire une (grande) joie à l'idée de	sich sehr darauf freuen
avoir le malheur de	das Pech haben
faire mine de	so tun, als ob

prendre le parti de	den Entschluss fassen
cela me fait de la peine de	es tut mir weh
avoir peur de	Angst haben
il est question de	es geht darum
faire signe à qn de	jdn. durch eine Handbewegung auffordern
faire en sorte de	es so einrichten
avoir le temps de	Zeit haben
se mettre en tête de	es sich in den Kopf setzen

Je n'ai pas le temps de regarder ce match.	Ich habe keine Zeit, mir dieses Spiel anzusehen.
Tu as tort de te plaindre.	Du beklagst dich zu Unrecht.
Vous n'êtes pas en droit de me demander des explications.	Sie haben nicht das Recht, von mir Erklärungen zu verlangen.
C'est un homme qui a l'habitude de s'occuper de tout.	Das ist ein Mann, der die Gewohnheit hat, sich um alles zu kümmern.
Je me fais une grande joie à l'idée de vous revoir.	Ich freue mich sehr darauf, euch wiederzusehen.
J'ai hâte de partir en vacances avec toi.	Ich kann es kaum erwarten, mit dir zu verreisen.
Elle lui fit signe de la suivre.	Sie forderte ihn durch eine Handbewegung auf, ihr zu folgen.
Elle faisait mine de ne rien remarquer.	Sie tat so, als ob sie nichts bemerkte.

6. nach folgenden Adjektiven/Adverbien:

être capable de	fähig sein
être chargé de	beauftragt sein
être charmé de	entzückt sein
être contraint de	gezwungen sein
être déçu de	enttäuscht sein
je suis désolé/[geh.] *navré de*	es tut mir leid
être forcé de	gezwungen sein
être gentil de	so freundlich sein und ...
être impatient de	es nicht abwarten können
être irrité de	ungehalten sein
être loin de	weit davon entfernt sein
être obligé de	gezwungen sein
être près de	nahe daran sein/im Begriff sein
être ravi de	sehr erfreut/entzückt sein
être sûr de	sicher sein
être surpris de	überrascht sein
être susceptible de	fähig/imstande/[Sache] geeignet sein
être suspect de	im Verdacht stehen
être tenté de	versucht sein
être tenu de	verpflichtet/gehalten sein
être triste de	traurig sein

Martine, soyez gentille de répondre au téléphone s'il sonne.	Martine, seien Sie so freundlich und gehen Sie an das Telefon, wenn es läutet.
Mon frère est sûr de l'avoir déjà vue.	Mein Bruder ist sicher, sie schon gesehen zu haben.
Je suis impatient de partir en vacances.	Ich kann es nicht abwarten, bis ich in Urlaub fahre.
La liste est loin d'être exhaustive.	Die Liste ist bei weitem nicht vollständig.

Anmerkung: Auf einige dieser Verben folgt bei Subjektverschiedenheit ein *que*-Satz mit Konjunktiv.

Merke: *Je suis curieux de voir/savoir si ...* – Ich bin gespannt, ob ... (vgl. § 372.5 Anm.)

7. nach folgenden unpersönlichen Ausdrücken:

il est agréable de	es ist angenehm
il m'appartient de	es steht mir zu/ist meine Aufgabe
il m'arrive de	es kommt vor, dass ich/es passiert mir, dass ich
c'est déjà beaucoup de	es ist schon viel, wenn
c'est à lui de/à	es ist an ihm
il est défendu de	es ist verboten
il/cela me déplaît de	es missfällt mir
il est difficile de	es ist schwierig
il est facile de	es ist leicht
il est important de	es ist wichtig
il est (im)possible de	es ist (un)möglich
il m'est indifférent de	es ist mir gleichgültig, ob ich ...
il est interdit de	es ist verboten
il est inutile de	es ist unnötig/überflüssig
il/cela ne sert à rien de	es hat keinen Zweck
il suffit de	es genügt, dass/wenn
il est triste de	es ist traurig

C'est déjà beaucoup d'avoir cette chance.	Das ist schon etwas, wenn man diese Chance hat.
De nos jours, il est important de savoir des langues étrangères.	Heutzutage ist es wichtig, Fremdsprachen zu können.
Ça ne sert à rien de le lui demander.	Es hat keinen Sinn, ihn darum zu bitten.
Il est impossible de travailler dans ces conditions.	Es ist unmöglich, unter diesen Bedingungen zu arbeiten.
Il est interdit d'ouvrir la portière avant l'arrêt du train.	Es ist untersagt, die Tür zu öffnen, bevor der Zug hält.
Je sais qu'il pourrait m'arriver d'être au chômage.	Ich weiß, dass es mir passieren könnte, arbeitslos zu werden.

8. in literarischen Texten anstelle eines *passé simple* (vgl. § 257.11):

- Que fait votre fils?	- Was ist Ihr Sohn von Beruf?
- Garçon coiffeur.	- Friseurgehilfe.
Et le jeune homme de déclarer avec amertume:	Und da erklärt(e) der junge Mann mit Bitterkeit:
- Parce que j'ai un oncle qui a un salon de coiffure à Niort, ma mère s'est mise en tête de ... (Simenon)	- Weil ich einen Onkel habe, der in Niort einen Friseursalon hat, hat sich meine Mutter in den Kopf gesetzt, ...

260 Der Infinitiv mit *pour*

Der Infinitiv steht mit *pour*

1. nach folgenden Verben:

être d'accord pour/de	einverstanden sein
tomber d'accord pour	übereinkommen
s'arranger pour/de manière à	es so einrichten
compter sur qn pour	sich darauf verlassen, dass jd. ...
se débrouiller pour	es fertig bringen/hinkriegen
Comment fais-tu pour ...?	Wie stellst du es an, um ...?
insister pour	darauf drängen
passer pour	im Ruf stehen
se donner beaucoup de peine pour	sich viel/große Mühe geben
se proposer pour	sich erbieten/anbieten

Je compte sur toi pour être à l'heure.	Ich verlasse mich darauf, dass du pünktlich bist.
Comment fais-tu pour avoir toujours ce teint frais?	Wie machst du es, dass du immer diese frische Gesichtsfarbe hast?
Il y a une dame qui insiste pour parler au chef.	Da ist eine Dame, die unbedingt den Chef sprechen will.
Nous sommes tombés d'accord pour garder le silence.	Wir sind übereingekommen, Stillschweigen zu bewahren.

2. nach folgenden Adjektiven:

être embarassé pour	verlegen sein
être paresseux pour	faul sein

Mon fils n'est jamais embarrassé pour répondre.	Mein Sohn ist nie um eine Antwort verlegen.
Il est paresseux pour se lever.	Er kommt nicht aus dem Bett.

3. Wendungen:

pour rire/[fam.] *rigoler*	aus Spaß
pour ainsi dire	sozusagen
pour commencer	zuerst/zu Beginn
pour finir/terminer/conclure	abschließend

Übersicht über Verben mit verschiedenen Infinitivanschlüssen 261

***arriver** à faire qc*	gelingen, etw. zu tun
Je ne suis pas arrivé à le convaincre.	Es ist mir nicht gelungen, ihn zu überzeugen.
arriver à qn de faire qc	es kommt vor, dass jd. etw. tut
Il m'arrive souvent de perdre patience.	Es kommt oft vor, dass ich die Geduld verliere.
***attendre** de faire qc*	darauf warten, dass man etw. tun kann
Il attend d'occuper ce poste.	Er wartet darauf, dass er diese Stelle einnehmen kann.
s'attendre à faire qc	darauf gefasst sein/damit rechnen, etw. zu tun
Je ne m'attendais pas à la revoir ici.	Ich rechnete nicht damit, sie hier wiederzusehen.
***commencer** à/de faire qc*	anfangen/beginnen, etw. zu tun
Elle commence à travailler à neuf heures.	Sie fängt um neun Uhr an zu arbeiten.
commencer par faire qc	zuerst/zunächst einmal etw. tun/etw. als Erstes tun
Commençons par lire ce passage.	Lesen wir zuerst einmal diese Stelle.
***décider** de faire qc*	beschließen, etw. zu tun
Nous avons décidé de prolonger le contrat.	Wir haben beschlossen, den Vertrag zu verlängern.
décider qn à faire qc	jdn. dazu veranlassen/drängen, etw. zu tun
J'ai décidé mon père à faire cette cure.	Ich habe meinen Vater dazu gedrängt, diese Kur zu machen.
se décider à faire qc	sich entschließen, etw. zu tun
Mon père s'est décidé à se faire opérer.	Mein Vater hat sich entschlossen, sich operieren zu lassen.
***demander** à faire qc*	wünschen/verlangen, etw. zu tun
Je demande à parler au proviseur.	Ich wünsche den Direktor zu sprechen.
demander à qn de faire qc	jdn. bitten, etw. zu tun
Je vous demande d'être à l'heure.	Ich bitte Sie/euch, pünktlich zu sein.
***dire** faire qc/avoir fait qc*	sagen, dass man etw. tue/getan habe
Il dit les connaître.	Er sagt, er kenne sie.
Il dit l'avoir connue à Reims.	Er sagt, er habe sie in Reims kennen gelernt.

dire à qn de faire qc *Il m'a dit de prendre des leçons particulières.*	jdm. sagen, dass er etw. tun soll Er hat mir gesagt, ich solle Privatstunden nehmen.
***finir** de faire qc* *Quand finiras-tu de faire le pitre?* *avoir fini de faire qc* *Nous n'avons pas encore fini de manger.* *finir par faire qc* *Papa a fini par céder.*	aufhören, etw. zu tun Wann hörst du auf, den Hanswurst zu spielen? damit fertig sein, etw. zu tun Wir sind noch nicht mit dem Essen fertig. schließlich/zuletzt/am Ende (doch) etw. tun Papa hat schließlich nachgegeben.
***jurer** avoir fait qc* *Le témoin jure l'avoir vu.* *jurer de faire qc* *Il jure de ne rien dire à personne.*	schwören, etw. getan zu haben Der Zeuge schwört, ihn gesehen zu haben. schwören, etw. zu tun Er schwört, niemand etw. zu sagen.
***penser** faire qc* *Je pense partir demain.* *penser à faire qc* *As-tu pensé à baisser le chauffage?*	gedenken/beabsichtigen, etw. zu tun Ich beabsichtige, morgen abzureisen. daran denken, etw. zu tun Hast du daran gedacht, die Heizung zurückzudrehen?
***refuser** de faire qc* *Je refuse de payer cette réparation mal effectuée.* *se refuser à faire qc* *Elle s'est refusée à faire des concessions.*	es ablehnen, etw. zu tun/sich weigern, etw. zu tun Ich weigere mich, diese schlecht ausgeführte Reparatur zu zahlen. sich weigern, etw. zu tun Sie hat sich geweigert, Zugeständnisse zu machen.
***résoudre** de faire qc* *Nous avons résolu de proposer notre médiation.* *se résoudre à faire qc* *Le chirurgien s'est résolu à pratiquer l'intervention.*	beschließen, etw. zu tun Wir haben beschlossen, unsere Vermittlung anzubieten. sich entschließen, etw. zu tun Der Chirurg hat sich entschlossen, den Eingriff vorzunehmen.
***risquer** de faire qc* *Ils risquent de tout perdre.* *Ce mur risque de s'écrouler.* *se risquer à faire qc* *A ta place, je ne me risquerais pas à lui chercher querelle.*	Gefahr laufen/drohen Sie laufen Gefahr, alles zu verlieren. Diese Mauer droht einzustürzen. es wagen, etw. zu tun An deiner Stelle würde ich es nicht wagen, mit ihm Streit anzufangen.
***souhaiter** ([geh.] de) faire qc* *Je souhaite faire sa connaissance.* *souhaiter à qn de faire qc* *Je leur souhaite de surmonter ces difficultés.*	wünschen, etw. zu tun Ich wünsche, ihn/sie kennen zu lernen. jdm. wünschen, dass er etw. tut Ich wünsche ihnen, dass sie diese Schwierigkeiten überwinden.

venir *faire qc*	kommen, um etw. zu tun
Je viens vous dire que ...	Ich komme, um euch zu sagen, dass ...
venir à faire qc	zufällig etw. tun
S'il venait à téléphoner, ...	Wenn er (zufällig) anrufen sollte, ...
venir de faire qc	soeben/gerade etw. getan haben.
Mon fils vient d'être reçu au permis de conduire.	Mein Sohn hat gerade die Fahrprüfung bestanden.

Der Infinitiv zur Verkürzung von Nebensätzen 262

Ist das Subjekt des Hauptsatzes mit dem Subjekt des Nebensatzes identisch, wird in der Regel der Nebensatz durch eine Infinitivkonstruktion verkürzt.

1. Temporalsätze:

Il me reste encore quelques jours de vacances ***avant de*** *reprendre mes cours à l'université.*	Es bleiben mir noch einige Tage Ferien, bevor ich meine Lehrveranstaltungen an der Universität wieder aufnehme.
Après *avoir changé le bébé, mon mari promène le chien.*	Nachdem mein Mann das Baby frisch gemacht hat, führt er den Hund aus.
Au moment d'*arriver à la frontière, mon père s'est aperçu qu'il avait oublié son passeport.*	Als mein Vater an der Grenze ankam, bemerkte er, dass er seinen Pass vergessen hatte.
Ce soir-là, ils ont bu ***jusqu'à*** *s'enivrer.*	An diesem Abend tranken sie, bis sie betrunken waren.
Je regardais un peu la télé ***en attendant de*** *me mettre à la table.*	Ich sah ein wenig fern, bis ich mich zu Tisch setzte.

2. Finalsätze:

J'ai l'intention de passer une année en France ***afin de*** *perfectionner mon français.*	Ich habe die Absicht, ein Jahr in Frankreich zu verbringen, um mein Französisch zu verbessern.
Nous sommes là ***pour*** *vous aider.*	Wir sind da, um euch zu helfen.
Tu dois t'exprimer ***de manière/façon à*** *être compris par tout le monde.*	Du musst dich so ausdrücken, dass du von jedem verstanden wirst.
Faites ***en sorte d'****être à l'heure.*	Richtet es so ein, dass ihr pünktlich seid.
Le garçon ne dit rien ***de peur/crainte d'****être grondé.*	Der Junge sagte nichts, um nicht gescholten zu werden/aus Angst, gescholten zu werden.
Nous travaillons ***en vue d'****obtenir un nouveau procès.*	Wir arbeiten, um einen neuen Prozess zu bekommen.
Elle m'a écrit cette lettre ***dans le but de*** *me faire changer d'avis.*	Sie hat mir den Brief geschrieben mit dem Ziel, mich umzustimmen.
Il l'a fait ***dans l'intention/le dessein de*** *la blesser.*	Er hat es in der Absicht getan, sie zu verletzen.

3. Konsekutivsätze:

J'étais fatigué ***au point de*** *ne plus tenir sur mes jambes.*	Ich war so müde, dass ich mich nicht mehr auf den Beinen halten konnte.
Elle est ***assez*** *intelligente* ***pour*** *deviner ses intentions.*	Sie ist intelligent genug, um seine Absichten zu durchschauen.
Il est ***trop*** *bête* ***pour*** *reconnaître sa faute.*	Er ist zu dumm, um seinen Fehler einzusehen.

4. Konditionalsätze:

A *en croire les statistiques, le Français consacre plus de deux heures et demie de sa journée à regarder la télévision.*	Wenn man den Statistiken Glauben schenken kann, verbringen die Franzosen täglich mehr als zweieinhalb Stunden vor dem Fernseher.
Je suis prêt à t'aider ***à condition de*** *recevoir la moitié des bénéfices.*	Ich bin bereit, dir zu helfen, unter der Bedingung, dass ich die Hälfte des Gewinns bekomme.
Je vais dire ce que j'ai vu, ***au risque de*** *perdre mon emploi.*	Ich werde sagen, was ich gesehen habe, auch auf die Gefahr hin, meinen Arbeitsplatz zu verlieren.
Je ne le ferai pas ***à moins d'****y être contraint.*	Ich werde es nicht tun, es sei denn, ich werde dazu gezwungen.

5. Modalsätze:

A force de *fumer, mon mari s'est ruiné la santé.*	Durch zu vieles Rauchen hat mein Mann seine Gesundheit ruiniert.
Nous avons discuté de ce problème ***sans*** *parvenir à un résultat.*	Wir haben über dieses Problem diskutiert, ohne zu einem Ergebnis zu kommen.

6. Adversativsätze:

Au lieu de *faire ses devoirs, mon fils est allé au cinéma.*	Anstatt seine Hausaufgaben zu machen, ist mein Sohn ins Kino gegangen.

7. Kausalsätze:

Elle s'est rendue malade ***pour*** *avoir trop présumé de ses forces.*	Sie wurde krank, weil sie sich übernommen hatte.
Faute de *savoir le latin, je ne peux pas lire ces inscriptions.*	Da ich kein Latein kann, kann ich diese Inschriften nicht lesen.
Il est parti ***sous prétexte d'****avoir rendez-vous chez le dentiste.*	Er ging unter dem Vorwand, er habe einen Termin beim Zahnarzt.

Verbalperiphrasen mit dem Infinitiv **263**

1. ***achever de*** + Inf. drückt die Abgeschlossenheit eines Vorgangs aus; dt. 'vollends':

Cette remarque a achevé de me démoraliser.	Diese Bemerkung hat mich vollends entmutigt.

2. ***aller*** + Inf. drückt eine unmittelbar bevorstehende Zukunft aus [futur proche]:

Je vais prendre une photo. *On va faire des crêpes.*	Ich werde ein Foto machen. Wir werden Crêpes machen.

Anmerkung: In verneinter Form bringt *aller* + Inf. eine Ermahnung zum Ausdruck: *N'allez pas croire que ce soit facile.* – Glauben Sie ja nicht, dass das leicht ist.

3. ***arriver à*** + Inf. kann bedeuten:

3.1. 'es schaffen/es fertigbringen/gelingen, etw. zu tun':

Je n'arrive pas à fermer la valise. *Mon fils n'arrive pas à se guérir de sa peur.*	Ich bekomme den Koffer nicht zu. Meinem Sohn gelingt es nicht, sich von seiner Angst zu befreien.

3.2. oder auf ein zukünftiges Geschehen verweisen:

Une bonne collection, ça peut arriver à valoir cher.	Eine gute Sammlung, die kann einmal viel wert sein.

4. ***en arriver à*** + Inf. bedeutet 'so weit kommen, dass':

Il en est arrivé à boire trois bouteilles de vin par jour.	Es ist mit ihm so weit gekommen, dass er drei Flaschen Wein am Tag trinkt.

5. ***avoir beau*** + Inf. drückt ein vergebliches Bemühen aus:

Nous avons eu beau le chercher, nous ne l'avons jamais trouvé.	Wie sehr wir es auch gesucht haben, wir haben es nie gefunden.

6. ***commencer par*** + Inf. bedeutet 'zuerst/am Anfang/als Erstes etw. tun':

On va commencer par lire le texte.	Wir werden zunächst einmal den Text lesen.

7. ***continuer à/de*** + Inf. bezeichnet die Fortführung einer Handlung; dt. 'weiter(hin) etw. tun':

Pourquoi est-ce que tu continues à fumer?	Warum rauchst du weiter?
Je continue à travailler.	Ich arbeite weiter.

8. ***finir par*** + Inf. drückt den Abschluss eines Verlaufs aus; dt. 'schließlich etw. tun':

Jacques finit par avouer qu'il avait copié sur son voisin.	Jacques gab schließlich zu, dass er von seinem Nachbarn abgeschrieben hatte.
On finira par tout découvrir.	Man wird schließlich alles aufdecken.

9. ***se mettre à*** + Inf. ist Synonym zu *commencer à faire qc* 'beginnen/anfangen, etw. zu tun':

Aujourd'hui, je me suis mis à travailler à six heures.	Heute habe ich um sechs Uhr zu arbeiten angefangen.
Juste au moment où ils sortaient, il s'est mis à pleuvoir.	Gerade in dem Augenblick, als sie hinausgehen wollten, fing es an zu regnen.

10. ***être en passe de*** + Inf. bedeutet 'auf dem besten Wege sein/beste Aussichten haben':

Notre équipe est en passe de remporter le championnat du monde.	Unsere Mannschaft hat beste Aussichten, die Weltmeisterschaft zu gewinnen.

11. ***être sur le point de*** + Inf. bedeutet 'im Begriff sein, etw. zu tun':

J'étais sur le point de prendre une douche, quand le téléphone sonna.	Ich war im Begriff, mich zu duschen,/Ich wollte mich gerade duschen, als das Telefon läutete.

12. ***ne pas être sans*** + Inf. drückt eine Verstärkung des Verbs aus:

Le projet n'est pas sans réclamer un certain effort de la part des administrés.	Das Projekt verlangt durchaus eine gewisse Anstrengung seitens der Bürger.

13. ***être en train de*** + Inf. drückt eine gerade sich vollziehende Handlung aus:

A quoi étiez-vous en train de penser?	Woran dachten Sie gerade?
Charles était en train d'installer sa nouvelle chaîne stéreo.	Charles war dabei, seine neue Stereoanlage aufzustellen.

14. ***se trouver*** + Inf. bedeutet 'sich fügen/sich ergeben/sich erweisen/ sich herausstellen':

Comme tout homme qui se marie, vous êtes entré dans une famille que vous ne connaissiez pas auparavant et dont vous vous trouvez faire plus ou moins partie désormais. (Simenon)	Wie jeder Mann, der heiratet, sind Sie in eine Familie gekommen, die Sie vorher nicht kannten und zu der Sie von nun an mehr oder weniger gehören.
Elle se trouve être une grande amie de notre voisine.	Dabei stellt sich heraus, dass sie eine gute Freundin unserer Nachbarin ist.

15. ***venir à*** + Inf. bezeichnet eine sich zufällig ereignende Handlung:

Admettons que la police, par simple méthode, vienne à te soupçonner ... (Boileau-Narcejac)	Nehmen wir (mal) an, dass die Polizei bei ihrer Ermittlung dich zufällig verdächtigt ...

16. ***en venir à*** + Inf. bedeutet 'allmählich beginnen/so weit kommen, dass':

J'en suis venue à croire qu'il me trompe.	Ich bin zu der Überzeugung gelangt, dass er mich betrügt.
Dans ses accès de colère, il en vient à casser des assiettes.	In seinen Wutanfällen kommt es so weit, dass er Teller zertrümmert.

17. ***venir de*** + Inf. bezeichnet eine Handlung, die sich kurz vor der Gegenwart oder einem Zeitpunkt der Vergangenheit vollzogen hat; dt. 'gerade etwas getan haben'. Diese Periphrase, die nur im Präsens oder im Imperfekt erscheint, kann durch *juste* verstärkt werden:

Jules vient de partir.	Jules ist gerade weggegangen.
On venait juste de rentrer à la maison, quand Marc a téléphoné.	Wir waren gerade nach Hause gekommen, als Marc anrief.

Die Wiedergabe deutscher Modalverben im Französischen 264

1. **brauchen**

1.1. 'nicht brauchen' – *ne pas avoir besoin de* + Inf./*Il n'est pas nécessaire que* + Konjunktiv:

Du brauchst nicht zu kommen.	*Tu n'as pas besoin de venir./Il n'est pas nécessaire que tu viennes.*
Das braucht niemand zu wissen.	*Personne n'a besoin de le savoir.*

1.2. 'nur brauchen' – *n'avoir qu'à* + Inf.:

Sie brauchen nur die Wahrheit zu sagen.	*Vous n'avez qu'à dire la vérité.*

1.3. 'Man braucht nur zu ...' – *Il n'y a qu'à/Il suffit de* + Inf.:

Man braucht nur die ersten Zeilen zu lesen, um festzustellen, dass ...	*Il n'y a qu'à/Il suffit de lire les premières lignes pour constater que ...*

2. **dürfen**

2.1. 'dürfen' – *pouvoir* + Inf.:

Du darfst das Geld behalten.	*Tu peux garder l'argent.*
Darf ich Ihnen helfen?	*Puis-je vous aider?*

2.2. 'dürfte' wird durch den Konditional von *devoir* ausgedrückt:

Das dürfte stimmen.	*Cela devrait être juste.*
Er dürfte recht haben.	*Il devrait avoir raison.*

2.3 'nicht dürfen' – *ne pas devoir/ne pas avoir le droit de* + Inf.:

Du darfst ihn nicht so behandeln.	*Tu ne dois pas le traiter comme ça.*
Du hättest das nicht sagen dürfen.	*Tu n'aurais pas dû dire cela.*
Seitdem ihr Mann einen Infarkt gehabt hat, darf er nicht mehr bergsteigen.	*Depuis que son mari a eu un infarctus, il n'a plus le droit de faire de la montagne.*

2.4. 'Man darf nicht' – *il ne faut pas* + Inf.:

Man darf ihn nicht aus den Augen verlieren.	*Il ne faut pas le perdre de vue.*
Man darf nicht den Mut verlieren.	*Il ne faut pas se décourager.*

2.5. Wendungen:

Das darf doch nicht wahr sein!	*Mais, c'est impossible!*
..., wenn ich so sagen darf.	*..., si j'ose m'exprimer ainsi.*
Wenn ich bitten darf.	*Je vous en prie.*

3. **können**

3.1. 'können' – *pouvoir* + Inf.:

Leider kann ich nicht zu deiner Party kommen.	*Malheureusement, je ne peux pas venir à ta boum.*
Können Sie mir wechseln?	*Pouvez-vous me faire le change?*
Du hättest es mir vorher sagen können.	*Tu aurais pu me le dire avant./Tu pouvais me le dire avant.*
Wer konnte einen Grund gehabt haben, diesen netten Mann zu töten?	*Qui pouvait avoir une raison pour tuer ce brave homme?*

3.2. 'können' in der Bedeutung von 'wissen', gelernt haben' – *savoir* + Inf.:

Kannst du tanzen?	*Sais-tu danser?*
Angélique kann gut kochen.	*Angélique sait bien faire la cuisine.*

3.3. 'nicht umhin können/einfach etwas tun müssen' – *ne (pas) pouvoir s'empêcher de* + Inf.:

Ich kann nicht umhin, die Einladung anzunehmen.	*Je ne peux (pas) m'empêcher d'accepter l'invitation.*
Ich muss einfach lachen, wenn ich ihn sehe.	*Je ne peux (pas) m'empêcher de rire quand je le vois.*

3.4. In einigen Fällen bleibt 'können' unübersetzt:

Ich kann mich nicht mehr an ihre Adresse erinnern.	*Je ne me rappelle plus son adresse.*
Er kann sich nicht mehr auf den Beinen halten.	*Il ne tient plus sur ses jambes.*
Man könnte eine Stecknadel fallen hören.	*On entendrait voler une mouche.*
Sie können sich vorstellen/denken, dass sie zufrieden waren.	*Vous vous imaginez bien qu'ils on été contents.*/[geh.] *Jugez/Pensez s'ils ont été contents!*
Man könnte meinen, dass ...	*On dirait que ...*
Man kann nie wissen.	*Sait-on jamais?/On ne sait jamais.*

4. **lassen**

4.1. 'lassen' im Sinn von 'zulassen' – *laisser* + Inf.:

Lass niemanden herein!	*Ne laisse entrer personne!*
Lassen Sie mich nur machen!	*Laissez-moi faire.*

4.2. 'lassen' im Sinn von 'veranlassen' – *faire* + Inf.:

Mein Chef hat mich eine Stunde warten lassen.	*Mon chef m'a fait attendre une heure.*
Man wird den Arzt kommen lassen müssen.	*Il faudra faire venir le médecin.*

4.3. 'lasst uns' wird mit dem Imperativ der 1. Pers. Pl. wiedergegeben:

Lasst uns singen!	*Chantons!*
Lasst uns arbeiten!	*Travaillons!*

4.4. 'etw. lässt sich tun' wird durch eine reflexive Konstruktion ausgedrückt:

Darüber lässt sich streiten.	*Cela se discute.*
Das lässt sich nicht verbergen.	*Cela ne se cache pas.*
So etwas lässt sich nicht erzwingen.	*Cela ne se commande pas.*
Dieses Auto lässt sich leicht parken.	*Cette voiture se gare facilement.*
Dieser Text lässt sich in drei Teile gliedern.	*Ce texte se divise en trois parties.*

4.5. In einigen Fällen bleibt 'lassen' unausgedrückt:

Robert hat sich von seiner Frau scheiden lassen.	*Robert a divorcé d'avec sa femme.*
Diese Erfahrungen lassen ihn reifen.	*Ces expériences le mûrissent.*
Dieser Minister lässt gern lateinische Wörter in seine Reden einfließen.	*Ce ministre aime glisser des mots latins dans ses discours.*

5. **mögen**

5.1. 'mögen' in der Bedeutung von 'wollen/wünschen' – *vouloir* + Inf.:

Er mag uns begleiten.	*Il veut nous accompagner.*
Sie mag nicht hingehen.	*Elle ne veut pas y aller.*

5.2. 'mögen' in der Bedeutung von 'Lust haben' – *avoir envie de* + Inf.:

Heute mag ich nicht ins Schwimmbad gehen.	*Aujourd'hui, je n'ai pas envie d'aller à la piscine.*

5.3. 'mögen' im Aufforderungssatz wird mit *Que* + Konjunktiv wiedergegeben:

Er möge kommen!	*Qu'il vienne!*

5.4. ‘ich möchte’ – *je voudrais* + Inf.:

Ich möchte als Erster fertig sein.	*Je voudrais avoir fini le premier.*
Wir möchten euch sagen, wie sehr uns diese Nachricht freut.	*Nous voudrions vous dire combien cette nouvelle nous fait plaisir.*

5.5. ‘lieber mögen’ – *aimer mieux/préférer* + Inf.:

Mein Sohn mag lieber zu Hause bleiben/bleibt lieber zu Hause.	*Mon fils aime mieux rester à la maison.*
Ich mag meine Ferien lieber am Meer verbringen.	*Je préfère passer mes vacances au bord de la mer.*

5.6. ‘möchte’ in rhetorischer Frage wird durch den Konditional ausgedrückt:

Wer möchte es bestreiten?	*Qui le contesterait?*

6. **müssen**

6.1. ‘müssen’ – *devoir* + Inf./*il faut que* + Konj./*avoir besoin de* + Inf.:

Ich muss gehen.	*Je dois m'en aller./Il faut que je m'en aille.*
Ich muss mich ein wenig ausruhen.	*J'ai besoin de me reposer un peu.*
Sie wird sich damit abfinden müssen.	*Elle devra s'y résigner.*

6.2. ‘müssen’ als Ausdruck einer Vermutung – *devoir* + Inf.:

Sein Aufenhalt muss ihm nicht gefallen haben.	*Son séjour n'a pas dû lui plaire.*
Er muss sich sehr weh getan haben.	*Il a dû se faire très mal.*

Anmerkung: Ein Satz wie *Il a dû ouvrir la porte.* kann bedeuten: 1. ‘Er hat die Tür öffnen müssen.’ oder 2. ‘Er muss die Tür geöffnet haben.’

6.3. ‘man muss’ – *il faut* + Inf.:

Man muss die Gelegenheit ausnutzen.	*Il faut profiter de l'occasion.*
Man muss mit seinem Geld über die Runden kommen.	*Il faut bien arriver à joindre les deux bouts.*

6.4. ‘müssen’ in Verbindung mit physiologischen Vorgängen – *avoir envie de* + Inf.:

Ich muss Pipi machen.	*J'ai envie de faire pipi.*
Ich muss niesen/mich übergeben.	*J'ai envie d'éternuer/de vomir.*

6.5. 'müssen' bleibt in einigen Wendungen unausgedrückt:

Wir mussten eine Niederlage hinnehmen.	*Nous avons essuyé/subi une défaite.*
Ich muss zu meiner großen Schande gestehen, dass ...	*J'avoue à ma grande honte que ...*

7. **sollen**

7.1. In Wunschsätzen wird 'sollen' durch *Que* + Konjunktiv ausgedrückt:

Der Teufel soll ihn holen!	*Que le diable l'emporte!*
Er soll abhauen!	*Qu'il se barre/se tire/fiche le camp!*
Darauf soll es nicht ankommen!	*Qu'à cela ne tienne!*

7.2. 'du solltest' im Sinn von 'du müsstest eigentlich' wird durch den Konditional von *devoir* ausgedrückt:

Du solltest etwas großzügiger sein!	*Tu devrais être un peu plus généreux!*
Wir sollten es ihm sagen.	*Nous devrions le lui dire.*

7.3. 'sollte' auf die Vergangenheit bezogen wird mit dem Imperfekt von *devoir* wiedergegeben:

Jacques sollte um acht Uhr da sein, aber er ist nicht gekommen.	*Jacques devait être là à huit heures, mais il n'est pas venu.*
Ihr solltet die Übung 9 machen!	*Vous deviez faire l'exercice 9!*

7.4. 'sollen' wird mit *vouloir que* + Konjunktiv wiedergegeben, wenn nach dem Willen eines anderen gefragt wird:

Soll ich Ihnen helfen?	*Voulez-vous que je vous aide?*
Wo soll ich diese Teller hinstellen?	*Où voulez-vous que je mette ces assiettes?*

Merke: *Comment voulez-vous que je le sache?* – Woher soll ich das denn wissen?

7.5. 'sollen' bleibt unübersetzt in direkten und indirekten Fragesätzen, in denen eine Unsicherheit oder ein Zweifel ausgedrückt wird:

Ich weiß nicht mehr, was ich tun soll.	*Je ne sais plus que/quoi faire.*
Was soll ich/sollen wir tun?	*Que faire?*
Wie soll ich/sollen wir es ihr sagen?	*Comment le lui dire?*
Ich weiß nicht, wie ich dieses Problem lösen soll.	*Je ne sais pas comment résoudre ce problème.*

7.6. 'sollen' im Sinn eines Imperativs, zum Ausdruck einer Drohung oder Beschwichtigung wird durch das Futur des betreffenden Verbs ausgedrückt:

Du sollst nicht töten.	*Tu ne tueras pas!*
Das soll nicht mehr vorkommen!	*Cela n'arrivera plus!*
Das sollst du mir büßen!	*Tu me le paieras!*

7.7. 'jdm. sagen, er soll etw. tun' – *dire à qn de faire qc*/[geh.] *qu'il fasse qc*:

Sage ihm, er soll es sofort tun!	*Dis-lui de le faire tout de suite/qu'il le fasse tout de suite.*

7.8. 'sollen' in der Bedeutung von 'es heißt, dass/man sagt, dass' wird mit *il paraît/on dit que* wiedergegeben:

Dieser Schauspieler soll sehr arrogant sein.	*On dit/Il paraît que cet acteur est très arrogant.*

7.9. 'sollen' in der Bedeutung von 'etw. von jdm./etw. erwarten' wird mit *être censé* + Inf. ausgedrückt:

Die neue Verfassung soll dieses Problem beheben.	*La nouvelle constitution est censée remédier à ce problème.*
Solltest du nicht arbeiten?	*N'étais-tu pas censé travailler?*

7.10. 'du solltest besser/lieber' – *tu ferais mieux de* + Inf./*il vaudrait mieux que tu* + Konj.:

Du solltest besser schweigen!	*Tu ferais mieux de te taire!*
Du solltest diesen Plan besser aufgeben!	*Il vaudrait mieux que tu abandonnes ce projet!*

7.11. 'sollen' + Inf. Perf. wird durch Konditional II ausgedrückt (Wiedergabe unbestätigter Meldungen, Ausdruck der Entrüstung):

Der Minister soll zurückgetreten sein.	*Le ministre aurait démissionné.*
Ich soll so etwas gesagt haben?	*Moi, j'aurais dit une chose pareille?*

7.12. Leitet 'sollen' einen Bedingungssatz ein, wird es durch *au/dans le cas où* + Kond. oder durch *à condition que/à supposer que* + Konj. wiedergegeben:

Sollte es regnen, wird das Rennen auf morgen verschoben.	*Au cas où il pleuvrait/A supposer qu'il pleuve, la course sera reportée à demain.*

7.13. Verweist 'sollte' aus der Vergangenheit heraus auf ein zukünftiges Geschehen, so steht *devait* + Infinitiv bzw. Konditional I:

Er nahm an einer Expedition nach Brasilien teil, von der er nicht mehr zurückkehren sollte.	*Il participa à une expédition au Brésil d'où il ne devait plus revenir/il ne reviendrait plus.*

7.14. Wendungen:

Ich soll Ihnen ausrichten, dass ...	*Je suis chargé de vous dire que ...*
Ich soll sie von Herrn Lagrange grüßen.	*J'ai le bonjour à vous donner de la part de M. Lagrange.*
Man sollte meinen, dass ...	*On dirait que ...*

8. **wollen**

8.1. 'wollen '- *vouloir* + Inf.:

Willst du meinen Kuchen versuchen?	*Tu veux goûter de mon gâteau?*
Ich will hier bleiben.	*Je veux rester ici.*

8.2. 'wollen' in der Funktion eines modalen Hilfsverbs wird durch Futur I oder durch *aller* + Inf. ausgedrückt:

Heute wollen wir über Umweltschutz sprechen.	*Aujourd'hui, on va parler de la protection de l'environnement.*
Ich will euch ein Interview vorspielen.	*Je vous ferai écouter une interview.*

8.3. 'wollen' im Sinn von 'behaupten/vorgeben' – *prétendre* + Inf.:

Er will den Dieb gesehen haben.	*Il prétend avoir vu le voleur.*
Sie will die Tochter eines berühmten Schauspielers sein.	*Elle prétend être la fille d'un acteur célèbre.*

8.4. '(gerade) wollen' im Sinn von 'im Begriff sein' (im Imperfekt) – *aller* + Inf./*être sur le point de* + Inf.:

Ich wollte gerade das Haus verlassen, als ein Gewitter losbrach.	*J'allais quitter la maison/J'étais sur le point de quitter la maison, quand un orage éclata.*
Ich wollte gerade das Gleiche/dasselbe sagen.	*J'allais dire exactement la même chose.*

8.5. 'wollen wir' wird im Fragesatz nicht ausgedrückt:

Wollen wir (uns) eine CD anhören?	*Est-ce qu'on écoute un CD?*
Wollen wir ins Kino gehen?	*On va au cinéma?*

8.6. Wendungen:

Das will überlegt sein.	*Cela demande réflexion.*
Die Kinder wollen versorgt sein.	*Il faut s'occuper des enfants.*
Ich will hoffen, dass ...	*J'espère que ...*

Kapitel 18 Das reflexive Verb (Le verbe pronominal)

265 Die grammatischen Eigenschaften reflexiver Verben

Reflexive Verben drücken ein Geschehen aus, das auf das Subjekt zurückwirkt. Man unterscheidet Verben, die reflexiv gebraucht werden können, und solche, die nur in reflexiver Form auftreten (verbes essentiellement pronominaux, vgl. § 268). Eine weitere Gruppe bilden die reziproken Verben, die eine wechselseitige Handlung ausdrücken und daher nur im Plural erscheinen (vgl. § 278). Das Reflexivpronomen, das den Bezug zum Subjekt herstellt, kann als direktes Objekt (vgl. § 268) oder als indirektes Objekt (vgl. § 269) fungieren. Zur Reflexivkonstruktion mit passivischem Sinn vgl. § 229.

266 Die Formen des Reflexivpronomens beim Verb

Die Formen des Reflexivpronomens sind bis auf die 3. Pers. Sing./Pl. mit den Formen der Personalpronomen identisch.

1. Einfache Zeiten [Präsens]:

je me dépêche	ich beeile mich
tu te dépêches	du beeilst dich
il/elle/on se dépêche	er/sie/man beeilt sich/[umgspr.] wir beeilen uns
nous nous dépêchons	wir beeilen uns
vous vous dépêchez	ihr beeilt euch
ils/elles se dépêchent	sie beeilen sich

2. Zusammengesetzte Zeiten [passé composé]: Sie werden mit ***être*** gebildet. (Zur Veränderlichkeit des Partizips vgl. § 245.2,3):

je me suis dépêché/dépêchée	ich [mask.]/[fem.] habe mich beeilt
tu t'es dépêché/dépêchée	du [mask.]/[fem.] hast dich beeilt
il s'est dépêché/elle s'est dépêchée	er/sie hat sich beeilt
on s'est dépêché	man hat sich beeilt/wir haben uns beeilt
nous nous sommes dépêchés/ dépêchées	wir [mask. od. mask. u. fem.]/[fem.] haben uns beeilt
vous vous êtes dépêchés/ dépêchées	ihr [mask. od. mask. u. fem./[fem.] habt euch beeilt
ils se sont dépêchés	sie [mask. od. mask. u. fem.] haben sich beeilt
elles se sont dépêchées	sie [fem.] haben sich beeilt

Zur Veränderung des Partizip Perfekt nach *on* vgl. § 248.2.

Die Stellung des Reflexivpronomens

267

1. bei einfachen und zusammengesetzten Tempora (zu den Regeln vgl. § 138):

Il s'excuse.	Er entschuldigt sich.
Il ne s'excuse pas.	Er entschuldigt sich nicht.
Il s'est excusé.	Er hat sich entschuldigt.
Il ne s'est pas excusé.	Er hat sich nicht entschuldigt.

2. beim bejahten Imperativ:

Dépêche-toi!	Beeil dich!
Dépêchez-vous!	Beeilt euch!
Dépêchons-nous!	Beeilen wir uns!

3. beim verneinten Imperativ:

Ne t'inquiète pas!	Mach dir keine Sorgen!
Ne vous inquiétez pas!	Macht euch/Machen Sie sich keine Sorgen!
Ne nous inquiétons pas!	Machen wir uns keine Sorgen!

4. beim Infinitiv:

se laver	sich waschen
pour se laver	um sich zu waschen
pour ne pas s'excuser	um sich nicht zu entschuldigen
avant de se laver, il ...	bevor er sich wäscht, ...
après s'être lavée, elle ...	nachdem sie sich gewaschen hat, ...
Il va s'excuser.	Er wird sich entschuldigen.
Elle ne veut pas s'excuser.	Sie will sich nicht entschuldigen.
Je l'ai vu s'excuser.	Ich habe gesehen, wie er sich entschuldigte.
Elle se laisse aller.	Sie lässt sich gehen.
Il ne se fait pas prier.	Er lässt sich nicht bitten.

5. beim Partizip Präsens:

se sentant seule	da sie sich allein fühlt(e)

6. beim *gérondif*:

en se rasant	beim Rasieren

Das Reflexivpronomen als direktes oder indirektes Objekt

268 Das Reflexivpronomen als direktes Objekt

1. Das Reflexivpronomen ist direktes Objekt bei Verben, wie z.B.:

se baisser	sich bücken
se défendre	sich verteidigen
se distancier de qn/qc	sich von jdm./etw. distanzieren
s'excuser	sich entschuldigen
s'habiller	sich anziehen
se laver	sich waschen
se marier	heiraten
se rafraîchir	sich abkühlen
se raser	sich rasieren

Elle s'est baissée pour ramasser le mouchoir.	Sie bückte sich nach dem Taschentuch.
Vous vous êtes déjà lavés?	Habt ihr euch schon gewaschen?
Nous nous sommes mariés il y a cinq ans.	Wir haben vor fünf Jahren geheiratet.

2. Es ist direktes Objekt bei allen Verben, die nur in reflexiver Form auftreten, wie z.B.:

s'absenter	sich (kurz) entfernen/verreisen
s'agenouiller	niederknien/sich hinknien
s'en aller	weggehen
s'écouler	verfließen
s'écrier/s'exclamer	ausrufen
s'écrouler	einstürzen
s'efforcer de + Inf.	sich bemühen/sich anstrengen
s'emparer de qc	sich einer Sache bemächtigen
s'empresser de + Inf.	sich beeilen
s'enfuir	flüchten/davonlaufen
s'envoler	davonfliegen/starten
s'évader de qc	aus etw. ausbrechen
s'évanouir	ohnmächtig werden/schwinden
se fier à qn/qc	sich auf jdn./etw. verlassen
se méfier de qn/qc	jdm./einer Sache misstrauen/sich vor jdm./etw. in Acht nehmen
se moquer de qn/qc	sich über jdn./etw. lustig machen
s'obstiner à + Inf./*dans qc*	darauf beharren/auf etw. beharren
se réfugier chez/auprès de qn	sich zu jdm. flüchten
se repentir de qc	etw. bereuen
se souvenir de qn/qc	sich an jdn./etw. erinnern
se taire	schweigen

Le gardien de but s'est emparé du ballon.	Der Torwart hat den Ball an sich gerissen.
Cinq prisonniers ont réussi à s'évader.	Fünf Häftlingen ist es gelungen auszubrechen.
Je ne me suis jamais repenti de ma décision.	Ich habe meinen Entschluss nie bereut.
La blessée s'est évanouie de douleur.	Die Verletzte wurde vor Schmerz ohnmächtig.
Tais-toi!	Schweig!
Je ne m'en souviens plus.	Ich erinnere mich nicht mehr daran.

Merke: *se raconter* von sich erzählen

Das Reflexivpronomen als indirektes Objekt 269

Das Reflexivpronomen ist indirektes Objekt bei Verben, wie z.B.:

s'acheter qc	sich etw. kaufen
s'approprier qc	sich einer Sache bemächtigen
se casser qc	sich etw. brechen
se disputer qc	sich um etw. streiten
s'offrir/se payer qc	sich etw. leisten
se procurer qc	sich etw. verschaffen/besorgen

L'année dernière, nous nous sommes offert un voyage au Brésil.	Letztes Jahr haben wir uns eine Reise nach Brasilien geleistet.
Je ne sais pas où me procurer ce livre.	Ich weiß nicht, wo ich mir dieses Buch besorgen kann.
Ma femme s'est cassé la jambe.	Meine Frau hat sich das Bein gebrochen.

Merke: *Elle s'est rendu compte que ...* – Sie hat gemerkt, dass ...

Besonderheiten im Gebrauch der reflexiven Verben

Verben, die im Gegensatz zum Deutschen reflexiv gebraucht werden 270

s'abonner à qc	etw. abonnieren
s'agenouiller	(sich) niederknien
s'en aller	weggehen
s'apercevoir de qc	etw. bemerken
s'appeler	heißen
s'arrêter	stehen bleiben/anhalten
se baigner	baden
se balancer	schaukeln
se barrer/se tirer [fam.]	abhauen/verduften

se briser/se casser	zerbrechen
se chiffonner	knittern
se composer de qc	aus etw. bestehen
se confesser	beichten
se convertir	konvertieren/sich bekehren
se cotiser	zusammenlegen [Geld]
se déclarer	ausbrechen [Brand/Krankheit]
se douter de qc	etw. ahnen
s'écailler	abblättern/abplatzen [Farbe/Verputz]
s'écouler	verfließen
s'écrier/s'exclamer	ausrufen
s'écrouler/s'effondrer	einstürzen/zusammenbrechen
s'emballer	scheuen/durchgehen [Pferd]
s'endormir	einschlafen
s'enfoncer	einsinken/versinken
s'enfuir	flüchten/davonlaufen
s'ensabler	versanden
s'entraîner pour qc	für etw. trainieren
s'envoler	weg-/davonfliegen
s'évader de qc	aus etw. ausbrechen
se fier à qn/qc	jdm./einer Sache vertrauen
se garer	parken
s'harmoniser avec qc	mit etw. harmonieren
s'infiltrer dans qc	in etw. versickern/eindringen
s'introduire dans qc	in etw. eindringen
se lever	aufstehen
se marier à/avec qn	jdn. heiraten
se méfier de qn/qc	jdm./einer Sache misstrauen/sich vor jdm./etw. in Acht nehmen
se noyer	ertrinken
se passer	geschehen
se poser	aufsetzen [Flugzeug]
se promener	spazieren gehen
se relâcher	nachlassen
se repentir de qc	etw. bereuen
se résigner	resignieren
se réveiller	aufwachen
se révolter contre qc	gegen etw. rebellieren
s'en sortir	damit fertig werden/zu Rande kommen
se taire	schweigen
se télescoper [telɛskɔpe]	zusammenstoßen [Fahrzeuge]
se traîner	herumlungern

Mon fils s'est marié tard, à 38 ans.	Mein Sohn hat spät geheiratet, mit 38 (Jahren).
Le crépi commence à s'écailler.	Der Verputz fängt an abzubröckeln.
Ce matin, je me suis réveillé trop tard.	Heute Morgen habe ich verschlafen.

Mille litres de mazout [-t] *se sont infiltrés dans le sol.*	Tausend Liter Heizöl sind im Boden versickert.
A dix-huit ans, mon fils s'est converti au catholicisme.	Mit achtzehn Jahren hat/ist mein Sohn zum Katholizismus konvertiert.
Je ne m'en étais pas aperçu.	Ich hatte es nicht bemerkt.
Deux voitures se sont télescopées.	Zwei Autos sind zusammengestoßen.
Les joueurs se sont cotisés pour acheter un cadeau à leur entraîneur.	Die Spieler haben zusammengelegt, um ihrem Trainer ein Geschenk zu kaufen.

Weiterhin erscheint das Reflexivpronomen in folgenden Wendungen:

se ronger les ongles	an den Fingernägeln kauen
se tourner/se rouler les pouces	Däumchen drehen
se porter candidat à	kandidieren für

Verben, die im Gegensatz zum Deutschen nicht reflexiv gebraucht werden 271

bifurquer	sich gabeln
bouger	sich bewegen
changer	sich ändern
condescendre à + Inf.	sich herablassen
conspirer contre qn	sich gegen jdn. verschwören
craindre qn/qc	sich vor jdm./etw. fürchten
culbuter	sich überschlagen
désirer qc	(sich) etw. wünschen
différer de qn/qc	sich von jdm./etw. unterscheiden
divorcer (d')avec qn	sich von jdm. scheiden lassen
doubler	sich verdoppeln
empirer	sich verschlimmern
évoluer	sich entwickeln
jurer avec qc	sich mit etw. beißen [Farbe]
mériter bien de qc	sich um etw. verdient machen
patienter	sich gedulden
payer	sich bezahlt machen/sich lohnen
remercier qn de/pour qc	(sich bei) jdm. für etw. (be)danken
resquiller [fam.]	sich vordrängen/hereinschmuggeln
rimer avec qc	sich auf etw. reimen
serpenter	sich schlängeln
tourner	sich drehen
vomir	sich übergeben

Les temps changent.	Die Zeiten ändern sich.
Ce bleu jure avec ce vert.	Dieses Blau beißt sich mit diesem Grün.
Voulez-vous patienter quelques instants?	Gedulden Sie sich bitte ein wenig!

Ces efforts ne paient pas.	Diese Anstrengungen lohnen sich nicht/machen sich nicht bezahlt.
'Prudence' rime avec 'confiance'.	*Prudence* reimt sich auf *confiance.*
Mon avis diffère beaucoup de celui de l'auteur.	Meine Meinung unterscheidet sich sehr von der des Autors.
La Terre tourne autour du Soleil/ sur son axe.	Die Erde dreht sich um die Sonne/ um ihre Achse.

Anmerkung: Das Verb 'sich jdm./etw. nähern' wird meist mit *s'approcher de qn/qc* wiedergegeben, wenn das Subjekt eine Person ist, mit *approcher*, wenn es eine Sache ist: *Nous nous sommes approchés/Nous avons approché de la côte.* – Wir haben uns der Küste genähert. Der Winter nähert sich. – *L'hiver approche.*

Aber: *s'impatienter* ungeduldig werden, *se tourner vers qn* sich jdm. zuwenden/sich zu jdm. hinwenden, *se développer* sich entwickeln

272 Reflexives Verb im Deutschen – zusammengesetzter Ausdruck im Französischen

sich absondern	*faire bande à part*
sich (in einer Reihe) anstellen	*faire la queue*
(sich) ausschlafen	*dormir son content*
sich austoben	*dépenser ses forces*
sich ausweisen	*justifier de son identité*
sich bei jdm. bedanken	*dire merci à qn/remercier qn*
sich beurlauben lassen	*prendre un congé*
sich blamieren	*se rendre ridicule/se couvrir de ridicule*
sich von jdm./etw. distanzieren	*prendre ses distances à l'égard de qn/ par rapport à qc/se distancier de qn/qc*
(sich) duschen	*prendre une douche*
sich bei jdm. einhängen/unterhaken	*prendre le bras de qn*
sich erkälten	*prendre froid*
sich habilitieren	*passer sa thèse de doctorat d'Etat*
sich von etw. herleiten	*tirer son origine de qc*
etw. von sich hören lassen	*donner de ses nouvelles*
sich kennen lernen	*faire connaissance/se connaître*
sich (körperlich) lieben	*faire l'amour*
sich lohnen	*valoir la peine*/[fam.] *le coup*
sich normalisieren	*revenir à la normale*
sich pensionieren lassen	*prendre sa retraite*
sich räuspern	*s'éclaircir la voix*
sich satt essen	*manger à sa faim/son content*
sich jds./einer Sache schämen	*avoir honte de qn/qc*
sich kurz sehen lassen	*passer en coup de vent*
sich sonnen	*prendre le soleil*
sich einer Sache stellen	*faire face à qc*
sich taub stellen	*faire la sourde oreille*

sich nicht überarbeiten	*ne pas se fouler (la rate)* [fam.]
sich zwei- oder dreimal überschlagen	*faire deux ou trois tonneaux*
sich selbst überwinden	*remporter une victoire sur soi-même*
sich mit jdm. verabreden	*donner rendez-vous à qn*
sich von jdm. verabschieden	*faire ses adieux à qn*
sich in jdn. verlieben	*tomber amoureux de qn*
sich verschlucken	*avaler de travers*
sich verwählen [Telefon]	*faire/composer un faux numéro/se tromper de numéro*
sich verzetteln	*éparpiller/disperser ses forces/efforts/s'éparpiller/se disperser*
sich zieren	*faire des façons/manières*
sich zusammenrollen	*se mettre en boule*

Les garçons doivent dépenser leurs forces.	Jungen müssen sich austoben.
Il faut faire la queue.	Man muss sich anstellen.
La voiture a fait deux ou trois tonneaux.	Das Auto hat sich zwei- oder dreimal überschlagen.
Cette expression tire son origine de l'arabe.	Dieser Ausdruck leitet sich aus dem Arabischen ab.

Merke: Ich werde mich revanchieren [für eine Gefälligkeit] – *A charge de revanche!/* [fam.] *Je n'oublierai pas de vous renvoyer l'ascenseur.*

Reflexives Verb im Französischen – zusammengesetzter Ausdruck im Deutschen 273

s'aligner	sich in einer Reihe aufstellen
se culpabiliser	Schuldgefühle entwickeln
se désaltérer	seinen Durst löschen
se droguer	Drogen nehmen
se féminiser	weibliche Züge annehmen
s'intituler	den Titel/die Überschrift tragen
s'oxygéner [fam.]	frische Luft tanken
se paniquer [fam.]	in Panik geraten
se piquer	an der Nadel hängen
se prostituer	der Prostitution nachgehen
se reconvertir	den Beruf/die Branche wechseln
se suicider	Selbstmord verüben

Pourquoi est-ce que tant de jeunes se droguent?	Warum nehmen so viele Jugendliche Drogen?
Ne vous paniquez pas!	Geraten Sie nicht in Panik!
Leur fille s'est suicidée il y a deux ans.	Ihre Tochter hat vor zwei Jahren Selbstmord verübt.

274 Wegfall des Reflexivpronomens bei *prendre* + direktes Objekt

prendre un amant	sich einen Geliebten zulegen
prendre qc à cœur	sich etw. zu Herzen nehmen
prendre conscience de qc	sich einer Sache bewusst werden
prendre exemple sur qn	sich an jdm. ein Beispiel nehmen
prendre/attraper la grippe	sich eine Grippe holen
prendre la liberté de faire qc	sich die Freiheit nehmen, etw. zu tun
prendre le temps de faire qc	sich die Zeit nehmen, etw. zu tun
prendre des notes	sich Notizen machen
prendre la peine de + Inf.	sich die Mühe machen
prendre des privautés avec qn	sich zu viel gegenüber jdm. herausnehmen/erlauben.
prendre rendez-vous	sich anmelden [beim Arzt]

Prends exemple sur ton frère!	Nimm dir ein Beispiel an deinem Bruder!
Prenez des notes.	Macht euch Notizen.

275 Wiedergabe deutscher Wendungen mit Reflexivpronomen

Er ist sich seiner Sache sicher.	*Il est sûr de son fait.*
Er war sich in diesem Punkt ganz sicher.	*Il a été formel sur ce point.*
Dieser Prozess wird sich in die Länge ziehen.	*Ce procès va traîner en longueur.*
Ich muss mich auf meine Prüfung vorbereiten.	*Il faut que je prépare mon examen.*
Sie bekennen sich zum christlichen Glauben.	*Ils professent la foi chrétienne.*
Ich habe mir einen Schnupfen geholt.	*J'ai attrapé un rhume.*
Sie kann sich nicht mehr auf den Beinen halten.	*Elle ne tient plus sur ses jambes.*
Er hat sich den Ball zu weit vorgelegt.	*Il a poussé le ballon trop loin.*
Er hat sich ins Fäustchen gelacht.	*Il a ri dans sa barbe/sous cape.*
Man muss sich mit seinen Schwiegereltern gut stellen.	*Il faut être bien/en bons termes avec ses beaux-parents.*
Ich war mir dessen nicht bewusst.	*Je n'en avais pas conscience.*
Das fühlt sich weich an.	*C'est doux au toucher.*
Meine Strategie hat sich ausgezahlt/bezahlt gemacht.	*Ma stratégie a été payante.*
Er hält sich illegal auf.	*Il est en situation irrégulière.*
Das hat sich schnell.	*C'est vite arrivé.*
Das trifft sich gut.	*Ça tombe bien.*

Verben, die ohne Bedeutungsunterschied reflexiv oder nicht reflexiv gebraucht werden 276

(se) cailler	gerinnen
(s')imaginer qc	sich etw. vorstellen
(se) pourrir	(ver)faulen
(se) raccourcir	kürzer werden
(se) refroidir	kühler/kälter werden
(se) rouiller	(ver)rosten

Le lait a caillé/s'est caillé.	Die Milch ist geronnen.
Le fer (se) rouille.	Eisen rostet.
Les poires ont pourri/se sont pourries.	Die Birnen sind verfault.
Ma robe jaune a raccourci/s'est raccourcie au lavage.	Mein gelbes Kleid ist beim Waschen eingegangen.

Anmerkung: In der Bedeutung 'sich etw. einbilden' steht immer *s'imaginer qc.*

Verben, die mit Bedeutungsunterschied reflexiv oder nicht reflexiv gebraucht werden 277

1. Wie im Deutschen werden z.B. folgende Verben nicht reflexiv und reflexiv gebraucht:

brûler qc	etw. verbrennen	-	*se brûler*	sich verbrennen
habiller qn	jdn. anziehen	-	*s'habiller*	sich anziehen
laver qn	jdn. waschen	-	*se laver*	sich waschen
tuer qn	jdn. umbringen	-	*se tuer*	sich umbringen

Elle a brûlé ses lettres d'amour.	Sie hat ihre Liebesbriefe verbrannt.
Deux hommes se sont brûlés vifs.	Zwei Männer haben sich verbrannt.
L'employé a tué son patron.	Der Angestellte hat seinen Chef umgebracht.
Pourquoi est-ce qu'elle s'est tuée?	Warum hat sie sich umgebracht?

2. Bei folgenden Verben ändert sich die Bedeutung, je nachdem ob sie nicht reflexiv oder reflexiv gebraucht werden:

appeler	rufen	-	*s'appeler*	heißen
attendre	warten	-	*s'attendre à*	sich gefasst machen auf
arrêter	anhalten/aufhören/ verhaften	-	*s'arrêter*	anhalten/stehen bleiben/aufhören
changer	sich ändern	-	*se changer*	sich umziehen

coucher	ins Bett bringen	-	*se coucher*	ins Bett gehen
découvrir	entdecken/ abdecken	-	*se découvrir*	den Hut abnehmen/ sich aufdecken
diriger	lenken/leiten	-	*se diriger vers*	zugehen auf
douter de	zweifeln an	-	*se douter de*	ahnen
échapper	entgehen/ entschlüpfen	-	*s'échapper*	ausbrechen/ entweichen
écraser	zerdrücken/ überfahren	-	*s'écraser*	abstürzen/ zerschellen
emporter	mitnehmen	-	*s'emporter*	in Zorn geraten
entendre	hören	-	*s'entendre avec*	sich verstehen mit
figurer	abbilden	-	*se figurer qc*	sich etw. vorstellen
imposer	auferlegen/ aufzwingen	-	*s'imposer*	sich durchsetzen
loger	unterbringen	-	*se loger*	unterkommen
noyer	ertränken	-	*se noyer*	ertrinken
passer	vorübergehen/ vergehen	-	*se passer*	geschehen
		-	*se passer de*	verzichten auf
pousser	schieben/stoßen	-	*se pousser*	zur Seite treten
produire	herstellen	-	*se produire*	sich ereignen
proposer	vorschlagen	-	*se proposer de* + Inf.	beabsichtigen/sich vornehmen
promener	ausführen	-	*se promener*	spazieren gehen
remettre	zurücklegen/ab-geben/verschieben	-	*se remettre de qc*	sich von etw. er-holen
respecter	achten	-	*se respecter*	etw. auf sich halten
tourner	drehen/sich drehen	-	*se tourner vers qn*	sich jdm. zuwenden
retourner	umdrehen/ zurückkehren	-	*se retourner sur qn*	sich nach jdm. um-drehen
réveiller	wecken	-	*se réveiller*	aufwachen

Un camion a écrasé un piéton. *L'avion s'est écrasé contre/sur une montagne.*	Ein Lastwagen hat einen Fußgänger überfahren. Das Flugzeug ist an einem Berg zerschellt.
Elle a changé de médecin. *Va te changer.*	Sie hat ihren Arzt gewechselt. Geh dich umziehen!
Qu'est-ce que vous proposez? *Nous nous sommes proposés de suivre un cours d'italien.*	Was schlagen Sie/schlagt ihr vor? Wir haben uns vorgenommen, einen Italienisch-Kurs zu besuchen.
As-tu déjà réveillé les enfants? *Ce matin, je me suis réveillé à cinq heures.*	Hast du die Kinder schon geweckt? Heute Morgen bin ich um fünf Uhr aufgewacht.
Cette entreprise produit des ordinateurs. *Au carrefour, il s'est produit un accident.*	Diese Firma stellt Computer her. An der Kreuzung hat sich ein Unfall ereignet.

Die reziproken Verben (les verbes réciproques) 278

Reziproke Verben drücken im Plural eine wechselseitige Handlung aus:

s'aimer	sich lieben
se battre	sich schlagen
se chamailler	sich zanken
s'entretenir	sich unterhalten
s'insulter	sich beleidigen
se jurer	sich schwören
s'observer	sich beobachten
se parler	miteinander sprechen
se séparer	sich trennen
se téléphoner	sich anrufen
se tutoyer/vouvoyer	sich duzen/siezen

Les gens s'observent les uns les autres.	Die Leute beobachten sich gegenseitig.
Ils se connaissent depuis longtemps.	Sie kennen sich schon lange.
Ils se sont juré un amour éternel.	Sie haben sich ewige Liebe geschworen.
Pourquoi est-ce que vous vous êtes chamaillés?	Warum habt ihr euch gezankt?
Nous nous sommes tutoyés.	Wir haben uns geduzt.

Anmerkung 1: Zur Verstärkung kann noch hinzutreten: *l'un l'autre, les uns les autres, mutuellement: Ces deux pays [la France et l'Allemagne] se sont attirés l'un vers l'autre par l'obscur sentiment de leur complémentarité.* – Diese beiden Länder haben sich gegenseitig angezogen aus dem dunklen Gefühl heraus, dass sie sich ergänzen. *Ils se sont juré mutuellement fidélité.* – Sie haben sich gegenseitig Treue geschworen.

Anmerkung 2: Bei einigen Verben tritt das Präfix *entre* hinzu: *s'entraider* sich gegenseitig helfen, *s'entrecroiser* sich überschneiden.

Ausdrücke mit *se faire* + Infinitiv/Substantiv/Adjektiv/ Adverb 279

se faire aimer de qn	sich jds. Liebe/Zuneigung erwerben
se faire avorter	abtreiben [intrans. gebr.]
se faire détester de qn	sich bei jdm. verhasst machen
se faire entendre	zu hören sein/sich Gehör verschaffen
se faire obéir	sich Gehorsam (zu) verschaffen (wissen)
se faire remarquer	auffallen/auf sich aufmerksam machen
se faire passer pour	sich ausgeben als
se faire respecter	sich Respekt verschaffen
se faire jour/nuit	Tag/Nacht werden
se faire ingénieur/moine	Ingenieur/Mönch werden

se faire catholique	katholisch werden
se faire belle	sich schön machen
se faire rare	selten werden/sich selten sehen lassen/sich rar machen
se faire vieux	alt werden/altern
se faire tard	spät werden

Je saurai me faire respecter.	Ich werde mir Respekt zu verschaffen wissen.
Tâche de ne pas trop te faire remarquer.	Versuche nicht zu sehr aufzufallen!
Ton père s'est fait vieux.	Dein Vater ist gealtert.
Nous n'avons pas réussi à nous faire entendre des autorités.	Uns ist es nicht gelungen, uns bei den Behörden Gehör zu verschaffen.

Kapitel 19 Die Ergänzungen des Verbs
(Les compléments du verbe)

Die grammatischen Eigenschaften des Verbs 280

Verben können unterschiedliche nominale Ergänzungen zu sich nehmen. Es gibt Verben, an die ein direktes Objekt (complément d'objet direct, vgl. §§ 281-282) angeschlossen werden kann, und solche, die mit einem indirekten Objekt oder mit einem präpositionalen Objekt (complément d'objet indirect, vgl. §§ 283-292) verbunden werden. Während eine Gruppe von Verben nur ein Objekt zulässt, kann eine andere mit zwei Objekten konstruiert werden (vgl. §§ 293-295). Man unterscheidet obligatorische und fakultative Objekte. Ob ein obligatorisches Objekt vorliegt, kann durch die Weglassprobe ermittelt werden. Dabei ist zu beachten, dass das Französische und das Deutsche nicht in allen Fällen übereinstimmen (vgl. z.B. §§ 282, 284).

Verben mit direktem Objekt (transitive Verben) 281

Die meisten Verben, die im Deutschen mit direktem Objekt konstruiert werden, werden auch im Französischen mit direktem Objekt gebraucht:

Elle a retrouvé sa boucle d'oreille.	Sie hat ihren Ohrring wiedergefunden.
J'ai déjà écrit la lettre.	Ich habe den Brief schon geschrieben.

Verben, die im Gegensatz zum Deutschen mit direktem Objekt verbunden werden 282

abjurer qc	einer Sache abschwören
acclamer qn	jdm. zujubeln
affronter qn/qc	jdm./einer Sache die Stirn bieten/ trotzen
aider qn	jdm. helfen
applaudir qn/qc	jdm./einer Sache Beifall klatschen
assister qn	jdm. beistehen
attendre qn/qc	auf jdn./etw. warten/jdn./etw. erwarten
bouder qn	jdm. schmollen
braver qn/qc	jdm./einer Sache trotzen
cambrioler qn/qc	bei jdm./in etw. einbrechen
concurrencer qn/qc	jdm./einer Sache Konkurrenz machen
contredire qn/qc	jdm./einer Sache widersprechen
croire qn	jdm. glauben
demander qc	um etw. bitten/etw. verlangen
écouter qn/qc	jdm./einer Sache zuhören

égaler qn/qc	jdm./einer Sache gleichkommen
enfreindre qc	gegen etw. verstoßen
envahir qc	in etw. einfallen/eindringen
flatter qn/qc	jdm./einer Sache schmeicheln
fuir qn/qc	vor jdm./etw. fliehen
gronder qn	mit jdm. schimpfen
klaxonner qn [fam.]	jdm. hupen
lorgner qc	nach etw. schielen
précéder qn/qc	jdm./einer Sache vorausgehen
présider qc	bei etw. den Vorsitz führen
prévenir qc	einer Sache vorbeugen
puer qc	nach etw. stinken
raconter qc	(von) etw. erzählen
remercier qn	jdm. danken
rencontrer qn/qc	jdm. begegnen/auf etw. stoßen
sentir qc	nach etw. riechen
servir qn	jdm. dienen
siffler qn	jdm. pfeifen
sonner qn	nach jdm. läuten
suivre qn/qc	jdm./einer Sache folgen/auf jdn. etw. hören
veiller qn	bei jdm. wachen/Wache halten
voter qc	über etw. abstimmen

Raconte-moi ton voyage.	Erzähle mir von deiner Reise!
Tu ferais bien de suivre le conseil de ton médecin.	Du tätest gut daran, auf den Rat deines Arztes zu hören.
Ça sent le gaz.	Es riecht nach Gas.
J'attends sa réponse depuis un mois.	Ich warte seit einem Monat auf seine Antwort.
Dans ce cas, l'adjectif précède le substantif.	In diesem Fall geht das Adjektiv dem Substantiv voraus.
Il a sifflé son chien.	Er hat seinem Hund gepfiffen.
Si Pierre ne range pas ses affaires, maman va le gronder.	Wenn Pierre nicht seine Sachen aufräumt, wird Mama (mit ihm) schimpfen.

Anmerkung: Das Verb *gronder* muss immer mit einem Objekt verbunden werden: Geh sofort nach Hause oder Mama wird schimpfen! – *Rentre tout de suite, ou Maman va te gronder.*

Wendungen:

Combien l'as-tu payé?	Wie viel hast du dafür bezahlt?
préparer un examen	sich auf eine Prüfung vorbereiten
courir les magasins	in den Geschäften herumlaufen
implorer/invoquer Dieu	zu Gott flehen
parler politique/affaires	über Politik/Geschäfte reden
penser carrière	an die Karriere denken
prier Dieu	zu Gott beten

regarder sa montre	auf seine Uhr schauen
regarder qn dans les yeux	jdm. in die Augen schauen
tourner le coin de la rue	um die Straßenecke gehen

Merke: *parier avec qn que ...* mit jdm. wetten, dass...; aber: *Je te/vous parie que ...* – Ich wette mit dir/Ihnen, dass ...

Verben mit indirektem/präpositionalem Objekt (intransitive Verben) 283

Den meisten deutschen Verben mit Dativobjekt oder präpositionalem Objekt entsprechen im Französischen Verben mit indirektem oder präpositionalem Objekt:

Elle a écrit à son amie.	Sie hat ihrer Freundin geschrieben.
Je renonce à cet héritage.	Ich verzichte auf dieses Erbe.
Cette jupe va bien avec mon pantalon.	Dieser Rock passt gut zu meiner Hose.

Verben, die im Gegensatz zum Deutschen mit indirektem Objekt verbunden werden 284

applaudir à qc	etw. mit Beifall aufnehmen
demander à qn	jdn. fragen
jouer à (un jeu)	(ein Spiel) spielen
mentir à qn	jdn. anlügen
parler à qn	jdn./mit jdm. sprechen
répondre à qc	etw. beantworten/auf etw. antworten
survivre à qn/qc	jdn./etw. überleben
téléphoner à qn	jdn. anrufen/mit jdm. telefonieren (nicht mit *avec*!)
toucher à qc	etw. anrühren/berühren

J'aime jouer au golf miniature.	Ich spiele gern Minigolf.
Personne n'a survécu à cette catastrophe.	Niemand hat diese Katastrophe überlebt.
A qui as-tu téléphoné?	Wen hast du angerufen?
Ne touche à rien!	Rühr nichts an!
Est-ce que je pourrais parler à M. Durand?	Könnte ich Herrn Durand sprechen?
Demande à ton père!	Frage deinen Vater!

Merke: *satisfaire à la demande* die Nachfrage befriedigen, *Cela lui a coûté mille euros.* – Das hat ihn tausend Euro gekostet.

Aber: *jouer son meilleur tennis* sein bestes Tennis spielen, *jouer le ballon* den Ball spielen [d.h. kein Foul begehen]

285 Verben mit *à*-Objekt

1. Nicht-reflexive Verben:

aboutir/mener/conduire à qc	zu etw. führen
adhérer à qc	einer Sache beitreten
aider à qc	bei etw. helfen/zu etw. beitragen
appeler à qc	zu etw. aufrufen
aspirer à qc	nach etw. trachten/streben
assister à qc	bei etw. anwesend/dabei sein
céder à qn/qc	jdm./einer Sache nachgeben
concourir à qc	zu etw. beitragen
consentir à qc	in etw. einwilligen
contribuer à qc	zu etw. beitragen
correspondre à qc	einer Sache entsprechen
croire à qn/qc	an jdn./etw. glauben
demander à qn	jdn. fragen
jouer à (un jeu)	(ein Spiel) spielen
mentir à qn	jdn. anlügen
obéir à qn	jdm. gehorchen
pardonner à qn	jdm. verzeihen
parler à qn	jdn./mit jdm. sprechen
participer à qc	an etw. teilnehmen
passer à qc	zu etw. übergehen
penser/songer à qn/qc	an jdn./etw. denken
pourvoir à qc	für etw. sorgen
procéder à qc	etw. vornehmen
réagir à qc	auf etw. reagieren
recourir à qn/qc	sich an jdn. wenden/zu etw. greifen
remonter à qc	auf etw. zurückgehen
renoncer à qc	auf etw. verzichten
renvoyer à qc	auf etw. verweisen
répondre à qn/à qc	jdm./auf etw. antworten/etw. beantworten
répugner à qc	Widerwillen gegen etw. empfinden
servir à qc	zu etw. dienen
sourire à qn	jdm. zulächeln
succéder à qn	auf jdn. folgen
survivre à qn/qc	jdn./etw. überleben
téléphoner à qn	jdn. anrufen
tenir à qc	auf etw. Wert legen
toucher à qc	etw. anrühren/zur Sprache bringen

Il faut penser à la sécurité des habitants.	Man muss an die Sicherheit der Einwohner denken.
Comment est-ce que Paul a réagi à ce reproche?	Wie hat Paul auf diesen Vorwurf reagiert?
Les documents remontent au XIIIe *siècle.*	Die Dokumente gehen auf das 13. Jahrhundert zurück.

Passons à l'ordre du jour.	Gehen wir zur Tagesordnung über!
A quoi est-ce que ça sert?	Wozu dient das?
Cela ne correspond plus au goût du public.	Das entspricht nicht mehr dem Geschmack des Publikums.
Je ne suis pas disposé à renoncer à cet argent.	Ich bin nicht bereit, auf dieses Geld zu verzichten.
Les travailleurs étrangers ont activement contribué à la croissance économique.	Die Gastarbeiter haben aktiv zum wirtschaftlichen Wachstum beigetragen.
Notre entreprise a procédé à une réorganisation complète de ses services.	Unsere Firma hat eine vollständige Neuordnung ihrer Dienstleistungen vorgenommen.
L'opposition a appelé au boycott(age).	Die Opposition hat zum Boykott aufgerufen.
Tous les élèves de ma classe ont participé à cette compétition.	Alle Schüler meiner Klasse haben an diesem Wettbewerb teilgenommen.

Merke: *réussir (à) un examen* eine Prüfung bestehen

2. Reflexive Verben:

s'abandonner à qc	sich einer Sache hingeben
s'accomoder à qc	sich an etw. anpassen
s'accoutumer à qc	sich an etw. gewöhnen
s'adapter à qn/qc	sich an jdn./etw. anpassen
s'adonner à qc	sich einer Sache hingeben
s'adresser à qn/qc	sich an jdn./etw. wenden
s'attaquer à qn/qc	jdn./etw. angreifen/etw. in Angriff nehmen
s'attendre à qc	sich auf etw. gefasst machen/etw. erwarten
se borner/se limiter à qc	sich auf etw. beschränken
se confier à qn	sich jdm. anvertrauen
se consacrer à qn/qc	sich jdm./einer Sache widmen
s'élever à qc	sich auf etw. belaufen
s'exposer à qc	sich einer Sache aussetzen
se faire à qc	sich an etw. gewöhnen
se fier à qn/qc	jdm./etw. trauen
s'habituer à qn/qc	sich an jdn./etw. gewöhnen
s'identifier à/avec qn	sich mit jdm. identifizieren
s'intéresser à qn/qc	sich für jdn./etw. interessieren
se livrer à qn/qc	sich jdm. anvertrauen/sich einer Sache hingeben
se marier à/avec qn	jdn. heiraten
s'opposer à qn/qc	sich jdm./einer Sache widersetzen
se plaindre à/auprès de qn	sich bei jdm. beklagen/beschweren
se prêter à qc	sich zu etw. eignen
se ramener à qc	sich auf etw. reduzieren
se rapporter à qc [mit sächl. Subjekt]	sich auf etw. beziehen

se référer à qn/qc [mit pers. Subjekt]	sich auf jdn./etw. beziehen
se résigner à qc	sich mit etw. abfinden
se soumettre à qn/qc	sich jdm. unterwerfen/sich einer Sache unterziehen
se soustraire à qn/qc	sich jdm./einer Sache entziehen

Je vais me borner au strict nécessaire.	Ich werde mich auf das Allernotwendigste beschränken.
Nous nous opposerons à la construction d'une centrale nucléaire.	Wir werden uns dem Bau eines Atomkraftwerks widersetzen.
Je me réfère à la première partie de l'article.	Ich beziehe mich auf den ersten Teil des Artikels.
C'est une réponse à laquelle je ne m'attendais pas.	Das ist eine Antwort, die ich nicht erwartete/auf die ich nicht gefasst war.
A qui faut-il s'adresser?	An wen muss man sich wenden?
Je trouve que les jeunes devraient s'intéresser à ces choses-là.	Ich finde, die jungen Leute sollten sich für diese Dinge interessieren.
On se fait à tout.	Man gewöhnt sich an alles.
J'ai du mal à m'habituer à ces instructions.	Es fällt mir schwer, mich an diese Vorschriften zu gewöhnen.
Tu ne pourras pas te soustraire à ce devoir.	Du wirst dich dieser Pflicht nicht entziehen können.

286 Verben mit *de*-Objekt

1. Nicht-reflexive Verben:

abuser de qn/qc	jdn./etw. missbrauchen
attester de qc	etw. bezeugen
avoir besoin de qn/qc	jdn./etw. brauchen
causer de/sur qc	sich über etw. unterhalten
décider de qc	über etw. entscheiden
dépendre de qn/qc	von jdm./etw. abhängen
disposer de qn/qc	über jdn./etw. verfügen
douter de qn/qc	an jdm./etw. zweifeln
jouer d'(un instrument)	(ein Instrument) spielen
jouir de qc	etw. genießen
parler de qn/qc	von jdm./etw. sprechen
avoir peur de qn/qc	vor jdm./etw. Angst haben
profiter de qn/qc	jdn. benutzen/etw. nutzen
raffoler de qn/qc	für jdn./etw. schwärmen
répondre de qn/qc	für jdn./etw. bürgen/garantieren
rêver de qn/qc	von jdm./etw. träumen
souffrir de qc	an/unter etw. leiden
témoigner de qc	etw. bezeugen
triompher de qn/qc	über jdn./etw. triumphieren
ne pas vouloir de qn/qc	jdn./etw. nicht wollen/ von jdm./etw. nichts wissen wollen

Profitez de notre offre spéciale.	Nutzen Sie unser Sonderangebot!
Ma fille joue de la flûte traversière.	Meine Tochter spielt Querflöte.
Je ne doute pas de ta bonne volonté.	Ich zweifle nicht an deinem guten Willen.
Gisèle raffole de Ed Sheeran.	Gisèle schwärmt für Ed Sheeran.
Federer a triomphé de Nadal.	Federer hat über Nadal gesiegt.
Ça dépend des circonstances.	Das hängt von den Umständen ab.
Notre lycée dispose d'une bibliothèque bien garnie.	Unser Gymnasium verfügt über eine gut ausgestattete Bibliothek.
Je ne veux pas de ton argent.	Ich will dein Geld nicht.

2. Reflexive Verben:

s'abstenir de qc	sich einer Sache enthalten
s'accommoder de qc	sich mit etw. abfinden
s'affliger de qc	über etw. betrübt sein
il s'agit de qn/qc	es handelt sich um jdn./etw.
s'amuser de qn/qc	sich über jdn./etw. lustig machen
s'apercevoir de qc	etw. bemerken
s'approcher de qn/qc	sich jdm./einer Sache nähern
se cacher de qn	sein Tun vor jdm. verbergen
ne pas se cacher de qc	keinen Hehl aus etw. machen
se charger de qc	etw. übernehmen
se composer de qc	aus etw. bestehen
se contenter de qc	sich mit etw. begnügen
se débarrasser de qn/qc	jdn./etw. loswerden
se désintéresser de qn/qc	das Interesse an jdm./etw. verlieren
se douter de qc	etw. ahnen
s'éloigner de qn/qc	sich von jdm./etw. entfernen
s'étonner de qn/qc	sich über jdn./etw. wundern
s'excuser de qc	sich für etw. entschuldigen
s'informer de qc	sich über etw. informieren
s'inquiéter de qc	sich wegen etw. Sorgen machen
s'inspirer de qc	sich von etw. inspirieren/anregen lassen
s'instruire de qc	sich über etw. informieren
se méfier de qn/qc	sich vor jdm./etw. in Acht nehmen
se mêler de qc	sich in etw. einmischen
se moquer de qn/qc	sich über jdn./etw. lustig machen
s'occuper de qn/qc	sich um jdn./etw. kümmern/ sich mit etw. beschäftigen
se passer de qn/qc	auf jdn./etw. verzichten/ ohne jdn./etw. auskommen
se plaindre de qn/qc	sich über jdn./etw. beklagen
se réclamer de qn/qc	sich auf jdn./etw. berufen
se réjouir de qc	sich über etw. freuen
se remettre de qc	sich von etw. erholen
se repentir de qc	etw. bereuen
se séparer de qn/qc	sich von jdm./etw. trennen
se servir de qn/qc	sich jds./einer Sache bedienen

se soucier de qc	sich um etw. Sorgen machen
se souvenir de qn/qc	sich an jdn./etw. erinnern
se tromper de qc	sich in etw. täuschen/irren
se venger de qc	sich für etw. rächen

Je me charge des frais.	Ich übernehme die Kosten.
Excusez-moi, je me suis trompé de porte.	Entschuldigen Sie bitte, ich habe mich in der Tür geirrt.
Vous pouvez vous servir du dictionnaire.	Ihr dürft/Sie dürfen das Wörterbuch benutzen.
Je m'abstiens de tout commentaire.	Ich enthalte mich jeglichen Kommentars.
Est-ce que tu te souviens de tes rêves?	Erinnerst du dich an deine Träume?
Il y a de plus en plus de gens qui ne peuvent plus se passer de médicaments.	Es gibt immer mehr Menschen, die nicht mehr ohne Medikamente auskommen (können).
Angélique s'est séparée de son fiancé.	Angélique hat sich von ihrem Verlobten getrennt.

Anmerkung: Das Verb *se rappeler* wird mit direktem Objekt konstruiert: *Je me rappelle cette scène.* – Ich erinnere mich an diese Szene. *Je me rappelle votre père.* – Ich erinnere mich an euren Vater. Familiär ist *se rappeler de qn/qc.*

Merke: sich auf etw. freuen *se réjouir d'avance/à l'avance de qc*

287 Verben mit *avec*-Objekt

1. Nicht-reflexive Verben:

aller avec qc	zu etw. passen
alterner avec qn/qc	sich mit jdm./etw. abwechseln
causer avec qn	sich mit jdm. unterhalten
coïncider avec qc	mit etw. zusammenfallen
correspondre avec qn	mit jdm. korrespondieren/in Briefwechsel stehen
coucher avec qn	mit jdm. schlafen
être bien avec qn	(sich) gut mit jdm. verstehen
en finir avec qn/qc	mit jdm./etw. Schluss machen
flirter [flœRte] *avec qn*	mit jdm. flirten
jouer avec qn/qc	mit jdm./etw. spielen
parler avec qn	mit jdm. sprechen
renouer avec qn/qc	mit jdm. wiederanknüpfen/wieder an etw. anknüpfen
rimer avec qc	sich auf etw. reimen
rivaliser avec qn	mit jdm. rivalisieren/wetteifern
rompre avec qn/qc	mit etw. brechen
sympathiser avec qn	mit jdm. sympathisieren
trancher avec qc	sich von etw. stark abheben

«Existence» rime avec «confiance».	*Existence* reimt sich auf *confiance.*
Ce chemisier va bien avec ta jupe bleue.	Diese Bluse passt gut zu deinem blauen Rock.
Il faudrait en finir avec cette affaire.	Man müsste mit dieser Angelegenheit Schluss machen.
Jacques a rompu avec sa famille.	Jacques hat mit seiner Familie gebrochen.

2. Reflexive Verben:

s'accommoder avec qn	sich mit jdm. einigen
s'accorder avec qn/qc	sich mit jdm. einigen/sich nach etw. richten
s'accrocher avec qn	sich mit jdm. anlegen
se bagarrer avec qn	sich mit jdm. prügeln
se battre avec qn	sich mit jdm. schlagen
se brouiller avec qn	sich mit jdm. überwerfen
se commettre avec qn	sich mit jdm. einlassen
se disputer avec qn	(sich) mit jdm. streiten
s'entretenir avec qn	sich mit jdm. unterhalten
s'expliquer avec qn	sich mit jdm. aussprechen/auseinandersetzen
se familiariser avec qn/qc	sich mit jdm./etw. vertraut machen
se fiancer avec qn	sich mit jdm. verloben
se liguer avec qn	sich mit jdm. zusammenschließen
se marier avec/à qn	jdn. heiraten
se mettre bien avec qn	sich gut mit jdm. stellen
se réconcilier avec qn	sich (wieder) mit jdm. versöhnen
se solidariser avec/à qn	sich mit jdm. solidarisieren

Il faut se familiariser avec cet auteur.	Man muss sich mit diesem Autor vertraut machen/in diesen Autor einlesen.
L'adjectif qualificatif s'accorde en genre et en nombre avec le nom auquel il se rapporte.	Das Adjektiv richtet sich in Genus und Numerus nach dem Nomen, auf das es sich bezieht.
Mon fils va se marier avec la fille de notre boulanger.	Mein Sohn wird die Tochter unseres Bäckers heiraten.
Tu ferais bien de te réconcilier avec ton père.	Du tätest gut daran, dich mit deinem Vater zu versöhnen.
Mon frère se dispute sans cesse avec sa femme.	Mein Bruder streitet sich ständig mit seiner Frau.

Verben mit *en*-Objekt 288

abonder en qc [mit Sachsubjekt]	an etw. überreich sein
se changer en qc	zu etw. werden/sich in etw. verwandeln
s'y connaître en qc	sich in etw. auskennen

consister en qc	in etw. bestehen
croire en qn/qc	sein Vertrauen auf jdn./in etw. setzen/an jdn./etw. glauben
dégénérer en qc	in etw. ausarten
se déguiser en qc	sich verkleiden als
se tranformer/se muer/se métamorphoser en qc	sich verwandeln in

Une petite rivière s'est muée en véritable raz-de-marée.	Ein kleiner Fluss hat sich in einen richtigen reißenden Strom verwandelt.
En quoi vas-tu te déguiser?	Als was wirst du dich verkleiden?
La dispute avait dégénéré en bagarre.	Der Streit war in eine Schlägerei ausgeartet.
Je crois en la vie éternelle.	Ich glaube an das ewige Leben.
Tu t'y connais en musique classique?	Kennst du dich in klassischer Musik aus?

289 Verben mit *dans*-Objekt

boire dans qc	aus etw. trinken
s'embarquer/s'engager dans qc	sich in etw. einlassen
entrer dans qc	in etw. eintreten/etw. betreten
s'immiscer/s'ingérer dans qc	sich in etw. einmischen
s'infiltrer dans qc	(unauffällig) in etw. eindringen/etw. unterwandern
s'insérer dans qc	sich in etw. einfügen/eingliedern
s'intégrer dans qc	sich in etw. eingliedern/integrieren
s'introduire dans qc	in etw. eindringen/sich in etw. einschleichen/sich zu etw. Zutritt verschaffen
se lancer/se plonger dans qc	sich in etw. stürzen
manger dans qc	aus etw. essen
pénétrer dans qc	in etw. eindringen
se spécialiser dans qc	sich auf etw. spezialisieren

Au début, notre fils a eu du mal à s'intégrer dans la classe.	Am Anfang hatte unser Sohn Schwierigkeiten, sich in die Klasse zu integrieren.
Je ne m'engage pas dans des entreprises aussi aventureuses.	Ich lasse mich nicht in solch abenteuerliche Unternehmungen ein.
Quelqu'un a dû s'introduire dans mon bureau.	Jemand muss sich zu meinem Büro Zutritt verschafft haben.
Je me suis tout de suite plongé dans le travail.	Ich habe mich sofort in die Arbeit gestürzt.
Nous nous sommes spécialisés dans la fabrication d'ordinateurs.	Wir haben uns auf die Herstellung von Computern spezialisiert.

Aber: *Il s'est spécialisé en histoire.* – Er hat sich auf Geschichte spezialisiert.

Verben mit *par*-Objekt 290

commencer par qc	mit etw. anfangen/beginnen
finir par qc	mit etw. enden
se traduire par qc	sich in etw. äußern/zeigen

L'article commence par la description des conditions de vie des travailleurs immigrés.	Der Artikel beginnt mit der Beschreibung der Lebensbedingungen der Gastarbeiter.
Tout finit par des chansons.	Alles löst sich in Wohlgefallen auf.
Son insatisfaction se traduit par un agacement perpétuel vis-à-vis de ses semblables.	Seine Unzufriedenheit äußert sich in einer ständigen Gereiztheit seinen Mitmenschen gegenüber.

Verben mit *pour*-Objekt 291

être d'accord pour qc	in einer Sache einverstanden sein
combattre pour qn/qc	für jdn./etw. kämpfen
s'embarquer pour	sich einschiffen nach
s'engager pour qn/qc	sich für jdn./etw. engagieren
lutter pour qn/qc	für jdn./etw. kämpfen
opter pour qc	sich für etw. entscheiden/etw. wählen
partir pour	(ab)fahren/reisen nach
se prononcer pour/en faveur de qn/qc	sich für jdn./etw. aussprechen
se qualifier pour qc	sich für etw. qualifizieren
quêter pour qn/qc	für jdn./etw. sammeln

Dans ses poèmes, Jacques Prévert s'engage souvent pour des groupes sociaux défavorisés.	In seinen Gedichten engagiert sich Jacques Prévert oft für benachteiligte gesellschaftliche Gruppen.
Pour quelle nationalité vas-tu opter?	Für welche Nationalität wirst du dich entscheiden?
Nous sommes convaincus de combattre pour une cause juste.	Wir sind überzeugt, für eine gerechte Sache zu kämpfen.
J'ai réussi à me qualifier pour la finale du 100 mètres.	Ich habe mich für das Hundert-Meter-Finale qualifizieren können.
Nous nous sommes prononcés pour la solution proposée par notre chef.	Wir haben uns für die von unserem Chef vorgeschlagene Lösung entschieden.

Anmerkung: Das Verb *partir* kann auch mit den Präpositionen *à* und *en* gebraucht werden: *Ma fille veut partir à Paris/en Italie/au Maroc.* – Meine Tochter will nach Paris/Italien/Marokko fahren. Merke: *partir sur la côte d'Azur.*

292 Verben mit *sur*-Objekt

1. Nicht-reflexive Verben:

agir sur qn/qc	auf jdn. einwirken/sich auf etw. auswirken
appuyer sur qc	auf etw. drücken
bâtir sur qc	auf etw. bauen/gründen
compter sur qn/qc	sich auf jdn./etw. verlassen
copier sur qn	von jdm. abschreiben
déboucher sur qc	in etw. münden/auf etw. hinauslaufen
économiser sur qc	an etw. sparen
écrire sur qn/qc	über jdn./etw. schreiben
empiéter sur qc	(widerrechtlich) in etw. eingreifen/auf etw. übergreifen
enchérir sur qc	etw. überbieten
figurer sur (une liste)	auf (einer Liste) stehen
glisser sur qc	auf etw. ausrutschen
insister sur qc	auf etw. bestehen
lésiner sur qc	an etw. sparen/mit etw. knausern
miser sur qc	auf etw. setzen
monter sur qc	auf etw. steigen
pleurer sur qn/qc	jdn./etw. beweinen/beklagen
porter sur qc	zum Inhalt haben/sich auf etw. beziehen
réfléchir sur qc	über etw. nachdenken
renchérir sur qc	etw. überbieten
retentir sur qn/qc	sich auf jdn./etw. auswirken
revenir sur qc	auf etw. zurückkommen/etw. zurücknehmen/rückgängig machen
statuer sur qc	über etw. befinden/entscheiden
tirer sur qn/qc	auf jdn. schießen/an etw. ziehen
tomber sur qn	auf jdn. stoßen/jdm. in die Arme laufen
travailler sur qc	an etw. arbeiten
trébucher sur/contre qc	über etw. stolpern

Ce médicament agit sur le foie.	Dieses Medikament geht auf die Leber.
J'ai trébuché sur une pierre.	Ich bin über einen Stein gestolpert.
Tu peux compter sur moi.	Du kannst dich auf mich verlassen.
Robert a glissé sur une peau de banane.	Robert ist auf einer Bananenschale ausgerutscht.
Votre nom ne figure pas sur la liste.	Ihr Name steht nicht auf der Liste.
Je n'ai pas envie de tomber sur mon ex-mari.	Ich habe keine Lust, meinem Exgatten in die Arme zu laufen.
Nous pourrions économiser sur l'essence.	Wir könnten an Benzin sparen.
Appuyez sur le bouton rouge.	Drücken Sie auf den roten Knopf!

2. Reflexive Verben:

se mettre d'accord sur qc	sich auf etw. einigen
s'appuyer sur qn/qc	sich auf jdn./etw. stützen
se concentrer sur qn/qc	sich auf jdn./etw. konzentrieren
s'étendre sur qc	sich über etw. auslassen
s'expliquer sur qc	sich zu etw. äußern
s'informer sur qn/qc	sich über jdn./etw. informieren
se méprendre sur qn/qc	sich in jdm./etw. täuschen
se prononcer sur qn/qc	sich zu jdm./etw. äußern
se régler sur qn/qc	sich nach jdm./etw. richten
se renseigner sur qn/qc	sich über jdn./etw. erkundigen
se répercuter sur qn/qc	sich auf jdn./etw. auswirken
se retourner sur qn	sich nach jdm. umdrehen
se ruer sur qn/qc	sich auf jdn./etw. stürzen
se terminer sur qc	mit etw. zu Ende gehen/schließen

Elle s'est méprise sur ses intentions.	Sie hat sich in seinen Absichten getäuscht.
L'insatisfaction de la femme se répercute sur toute la famille.	Die Unzufriedenheit der Frau wirkt sich auf die ganze Familie aus.
Je ne vais pas me prononcer sur ce problème.	Ich werde mich zu diesem Problem nicht äußern.
Je n'aime pas que mon mari se retourne sur d'autres femmes.	Ich mag es nicht, dass mein Mann sich nach anderen Frauen umdreht.

Verben mit zwei Objekten (verbes à double objet)

Verben mit direktem Objekt und *à*-Objekt 293

apprendre qc à qn	jdm. etw. beibringen/mitteilen
avouer qc à qn	jdm. etw. gestehen
communiquer qc à qn	jdm. etw. mitteilen
comprendre qc à qc	etw. von etw. verstehen
confier qn/qc à qn	jdm. jdn./etw. anvertrauen
conformer qc à qc	etw. an etw. anpassen
conseiller qc à qn	jdm. (zu) etw. raten
demander qc à qn	jdn. um etw. bitten
devoir qc à qn	jdm. etw. schulden/verdanken
donner qc à qn	jdm. etw. geben
emprunter qc à qn	(sich) etw. von jdm. leihen
enseigner qc à qn	jdm. etw. beibringen
envier qc à qn	jdn. um etw. beneiden
envoyer qc à qn	jdm. etw. schicken
expliquer qc à qn	jdm. etw. erklären
initier qn à qc	jdn. in etw. einweihen

montrer qc à qn	jdm. etw. zeigen
offrir qc à qn	jdm. etw. anbieten
pardonner qc à qn	jdm. etw. verzeihen
passer qc à qn	jdm. etw. reichen
prêter qc à qn	jdm. etw. leihen
promettre qc à qn	jdm. etw. versprechen
raconter qc à qn	jdm. (von) etw. erzählen
rappeler qc à qn	jdn. an etw. erinnern
recommander qc à qn	jdm. etw. empfehlen
refiler qc à qn	jdm. etw. andrehen
refuser qc à qn	jdm. etw. abschlagen
reprocher qc à qn	jdm. etw. vorwerfen
souhaiter qc à qn	jdm. etw. wünschen
tendre qc à qn	jdm. etw. reichen
valoir qc à qn	jdm. etw. einbringen

C'est à un ami de son père qu'il doit son emploi.	Einem Freund seines Vaters verdankt er seinen Arbeitsplatz.
Qu'est-ce que le patron lui a reproché?	Was hat der Chef ihm vorgeworfen?
Nadine envie à Sylvie ses beaux cheveux.	Nadine beneidet Sylvie um ihre schönen Haare.
Je vous souhaite une très belle fin de soirée.	Ich wünsche Ihnen noch einen sehr schönen Abend.
Tu ne peux pas refuser ton aide à tes collègues.	Du kannst deinen Kollegen deine Hilfe nicht verweigern.
Il faut toujours lui rappeler ses promesses.	Man muss ihn immer an seine Versprechen erinnern.

294 Verben mit direktem Objekt und *de*-Objekt

accuser qn de qc	jdn. einer Sache anklagen
attendre qc de qn/qc	etw. von jdm./etw. erwarten
blâmer qn de/pour qc	jdn. wegen etw. tadeln
charger qn de qc	jdn. mit etw. überhäufen/beauftragen
combler qn de qc	jdn. mit etw. überhäufen
convaincre qn de qc	jdn. von etw. überzeugen
couvrir qn/qc de qc	jdn./etw. mit etw. bedecken
détourner qn/qc de qc	jdn./etw. von etw. ablenken
dispenser qn de qc	jdn. von etw. befreien/entbinden
dissuader qn de qc	jdm. von etw. abraten
exempter qn de qc [ɛgzɑ̃(p)te]	jdn. von etw. ausnehmen/befreien
exiger qc de qn	etw. von jdm. verlangen/fordern
priver qn de qc	jdm. etw. entziehen
remercier qn de/pour qc	jdm. für etw. danken
soupçonner qn de qc	jdn. einer Sache verdächtigen

Ce plan exempte les employeurs des charges sociales pendant dix-huit mois.	Dieser Plan befreit die Arbeitgeber 18 Monate lang von Sozialabgaben.
Je ne sais pas comment vous remercier pour votre hospitalité.	Ich weiß nicht, wie ich Ihnen für Ihre Gastfreundschaft danken soll.
Pourriez-vous dispenser ma fille des deux dernières heures?	Könnten Sie meine Tochter von den letzten beiden Stunden befreien?/ meiner Tochter die letzten beiden Stunden freigeben?
On soupçonne le caissier de malversation.	Man verdächtigt den Kassierer der Unterschlagung.
Cette opération détourne l'attention du vrai problème qui est le manque de nourriture.	Diese Operation lenkt die Aufmerksamkeit vom eigentlichen Problem, dem Nahrungsmangel, ab.
Je n'ai pas voulu le priver de cette joie.	Ich wollte ihm diese Freude nicht nehmen.

Anmerkung: Verben mit indirektem Objekt und mit *de*-Objekt sind selten, z.B. *parler à qn de qn/qc* mit jdm. über jdn./etw. sprechen.

Weitere Verben mit zwei Objekten 295

s'accorder avec qn sur qc	sich mit jdm. über etw. einigen
apprendre qc par qc	etw. aus etw. erfahren
brancher qn sur qn/qc	jdn. mit jdm. zusammenbringen/ jdn. auf etw. ansetzen
s'enquérir de qc auprès de qn	sich bei jdm. nach etw. erkundigen
s'entendre avec qn sur qc	sich mit jdm. auf etw. einigen
s'excuser de qc auprès de qn	sich bei jdm. für etw. entschuldigen
s'informer de/sur qn/qc auprès de qn	sich bei jdm. nach jdm./etw. erkundigen
se plaindre de qn/qc à/auprès de qn	sich bei jdm. über jdn./etw. beklagen
prendre qc dans qc	etw. aus etw. nehmen
punir qn pour/de qc	jdn. für/mit etw. bestrafen
quêter pour qc auprès de qn	bei jdm. für etw. sammeln
se renseigner sur qn/qc auprès de qn	sich bei jdm. über jdn./etw. erkundigen
rivaliser avec qn de qc	mit jdm. in etw. wetteifern
se venger sur qn de qc	sich an jdm. für etw. rächen

Nous nous sommes accordés avec nos partenaires sur cette solution.	Wir haben uns mit unseren Partnern über diese Lösung geeinigt.
Il prit le revolver dans le tiroir.	Er nahm den Revolver aus der Schublade.
J'ai appris la mort de cet acteur par la radio.	Ich habe von dem Tod dieses Schauspielers aus dem Radio erfahren.

Je vais m'en enquérir auprès du proviseur.	Ich werde mich bei dem Direktor danach erkundigen.
Chantal s'est plainte de son collègue auprès de son patron.	Chantal hat sich bei ihrem Chef über ihren Kollegen beschwert.
L'élève s'est excusé de son mauvais comportement auprès de son professeur.	Der Schüler hat sich bei seinem Lehrer für sein schlechtes Verhalten entschuldigt.

296 Übersicht über Verben mit verschiedenen Objekten

1. ***assister***

assister qn	jdm. beistehen/helfen
assister à qc	bei etw. dabei/anwesend sein

Je l'ai assisté dans son travail.	Ich habe ihm bei seiner Arbeit geholfen.
Hier soir, nous avons assisté à un match de boxe.	Gestern Abend waren wir bei einem Boxkampf.

2. ***changer***

changer	sich ändern
changer qc	1. etw. (ver)ändern (= *modifier*) 2. etw. (aus)wechseln (= *remplacer*)
changer qc à qn	jdm. etw. wechseln
changer de qn/qc	jdn./etw. wechseln
se changer	sich umziehen
se changer en qc	sich in etw. verwandeln/zu etw. werden

Il faut changer la roue.	Man muss das Rad wechseln.
Cela change le sens de la phrase.	Das verändert den Sinn des Satzes.
J'ai changé de médecin.	Ich habe den Arzt gewechselt.
Pourriez-vous me changer mille dollars?	Könnten Sie mir tausend Dollar wechseln?
Ta sœur a changé.	Deine Schwester hat sich verändert.
Va te changer.	Geh dich umziehen!
Ce soupçon s'est changé en certitude.	Dieser Verdacht ist zur Gewissheit geworden.

3. ***croire***

croire qn	jdm. glauben
croire qc	etw. glauben
croire à qn/qc	an jdn./etw. glauben
croire en qn/qc	an jdn./etw. (vertrauensvoll) glauben
croire qn + präd. Erg.	jdn. halten für
se croire + präd. Erg.	sich halten für

Elle ne croit plus son mari.	Sie glaubt ihrem Mann nicht mehr.
Il ne faut pas croire tout ce que les journaux racontent.	Man darf nicht alles glauben, was in der Zeitung steht.
Est-ce que tu crois aux revenants?	Glaubst du an Gespenster?
Je ne crois pas au diable.	Ich glaube nicht an den Teufel.
Je ne crois pas à l'astrologie.	Ich glaube nicht an (die) Astrologie.
Je crois en Dieu.	Ich glaube an Gott.
Nous le croyons capable de résoudre ce problème.	Wir halten ihn für fähig, dieses Problem zu lösen.
Qu'est-ce qu'il se croit?	Für wen hält der sich eigentlich?

4. ***demander***

demander qn	nach jdm. fragen/jdn. verlangen
demander qc	etw. erfordern/etw. verlangen
demander à qn	jdn. fragen
demander qc à qn	jdn. nach etw. fragen/jdn. um etw. bitten

On la demande au téléphone.	Sie wird am Telefon verlangt.
Cela demande beaucoup de doigté.	Das erfordert viel Fingerspitzengefühl.
Je vais demander l'addition.	Ich werde die Rechnung verlangen.
Demande à ton père!	Frag deinen Vater!
Je le lui avais demandé.	Ich hatte ihn darum gebeten.
Va demander l'heure à ce monsieur là-bas!	Geh und frag den Herrn dort nach der Uhrzeit/, wie spät es ist.

5. ***entendre***

entendre qn/qc	jdn./etw. hören
entendre qc par qc	etw. unter etw. verstehen
s'entendre avec qn	sich mit jdm. verstehen

Je n'ai pas entendu ce cri.	Ich habe diesen Schrei nicht gehört.
Qu'est-ce que vous entendez par ce mot?	Was verstehen Sie unter diesem Wort?
Je m'entends bien avec mon frère.	Ich verstehe mich mit meinem Bruder gut.

6. ***jouer***

jouer qc	etw. aufs Spiel setzen
jouer à un jeu	ein Spiel spielen
jouer d'un instrument	ein Instrument spielen
jouer avec qn/qc	mit jdm./etw. spielen
jouer (cent euros) sur qc	(hundert Euro) auf etw. setzen
jouer sur les mots	mit Worten spielen

Il joue sa réputation.	Er setzt seinen Ruf aufs Spiel.
Sais-tu jouer aux échecs?	Kannst du Schach spielen?
Mon fils apprend à jouer du piano.	Mein Sohn lernt Klavier spielen.
J'ai joué cent euros sur ce cheval.	Ich habe hundert Euro auf dieses Pferd gesetzt.
Pourquoi est-ce que tu ne joues pas avec ton copain?	Warum spielst du nicht mit deinem Freund?
Arrête de jouer avec ton crayon!	Hör auf mit deinem Bleistift zu spielen!
J'aime jouer sur les mots.	Ich spiele gern mit Worten.

7. ***manquer***

manquer à qn	jdm. fehlen
manquer qc	etw. verpassen/versäumen
manquer à qc	gegen etw. verstoßen
qn manque de qc	jdm. fehlt es an etw.

Ce n'est pas l'argent qui lui manque.	An Geld fehlt es ihm nicht.
Tu vas manquer le train.	Du wirst den Zug verpassen.
Il a manqué à ses devoirs.	Er hat seine Pflichten verletzt.
Cet enfant manque d'ambition.	Diesem Kind fehlt es an Ehrgeiz.

Unterscheide: *Il manque de l'argent.* Es fehlt Geld. – *Il manque d'argent.* Es fehlt ihm an Geld.

8. ***parler***

parler à qn	mit jdm. sprechen/jdn. sprechen
parler avec qn	mit jdm. sprechen/sich mit jdm. unterhalten
parler de qn/qc	von jdm./etw. sprechen
parler à qn de qn/qc	jdm. von jdm./etw. erzählen

Je voudrais parler au patron.	Ich möchte den Chef sprechen.
Mon fils a passé une heure au téléphone à parler avec sa petite amie.	Mein Sohn hat sich eine Stunde am Telefon mit seiner Freundin unterhalten.
Mon oncle nous a parlé de son voyage en Afrique.	Mein Onkel hat uns von seiner Afrikareise erzählt.

9. ***passer***

passer qc	etw. überschreiten/überqueren
passer (quinze jours)	(vierzehn Tage) verbringen
passer un examen	eine Prüfung machen
passer à qc	zu etw. übergehen
passer pour	gelten als
passer qc à qn	jdm. etw. reichen
se passer	geschehen/passieren
se passer de qc	auf etw. verzichten/ohne etw. auskommen

Il faut passer une rivière.	Man muss einen Fluss überqueren.
Il passe ses journées à ne rien faire.	Er verbringt seine Tage mit Nichtstun.
On a dû passer un test.	Wir haben einen Test machen müssen.
Passons à l'ordre du jour.	Gehen wir zur Tagesordnung über!
Jacques passe pour arrogant.	Jacques gilt als arrogant.
Tu me passes le sel, s'il te plaît?	Reichst du mir bitte das Salz?
Qu'est-ce qui/qu'il se passe?	Was ist los?
Ça se passe de commentaire.	Kommentar überflüssig.

10. ***répondre***

répondre à qn	jdm. antworten
répondre à qc	etw. beantworten/auf etw. antworten
répondre de qn/qc	für jdn./etw. bürgen/garantieren

As-tu déjà répondu à ton collègue?	Hast du deinem Kollegen schon geantwortet?
J'ai oublié de répondre à cette lettre.	Ich habe vergessen, diesen Brief zu beantworten.
Nous ne répondons de rien.	Wir garantieren für nichts.

11. ***servir***

servir qn	jdm. dienen
servir à qc	zu etw. dienen
servir à qn de qc	jdm. zu etw. dienen
se servir de qn/qc	sich jds./einer Sache bedienen/ jdn./etw. benutzen

Nul ne peut servir deux maîtres à la fois.	Niemand kann zwei Herren dienen.
A quoi sert cet instrument?	Wozu dient dieses Instrument?
Je leur ai servi d'interprète.	Ich habe für sie gedolmetscht.
Vous pouvez vous servir du dictionnaire.	Ihr dürft das Wörterbuch benutzen.

12. ***tenir***

tenir à qn/qc	auf jdn./etw. Wert legen
tenir de qn	jdm. ähneln/nachschlagen
tenir qc de qn	etw. von jdm. erfahren haben
tenir qn/qc pour	jdn./etw. halten für
s'en tenir à qc	sich an etw. halten

Elle tient beaucoup à sa liberté.	Sie legt großen Wert auf ihre Freiheit.
Ma fille tient de mon mari.	Meine Tochter ähnelt meinem Mann.
Je le tiens pour peu probable.	Ich halte es für wenig wahrscheinlich.
Il faut s'en tenir à la règle.	Man muss sich an die Regel halten.

297 Die prädikative Ergänzung (l'attribut)

Prädikative Ergänzungen können sich auf das Subjekt (attribut du sujet) oder auf das direkte Objekt (attribut du complément d'objet) beziehen:

1. Verben mit prädikativer Ergänzung zum Subjekt:

s'avérer	sich herausstellen als
demeurer	bleiben
mourir	sterben
naître	geboren werden
rester	bleiben
se révéler	sich erweisen als

La question reste ouverte.	Die Frage bleibt offen.
Il est mort jeune.	Er ist jung gestorben.
L'enfant restera hospitalisé quelques jours encore.	Das Kind wird noch einige Tage im Krankenhaus bleiben.
Cette démarche pourrait se révéler suicidaire.	Dieser Schritt könnte sich als selbstmörderisch erweisen.

Merke: gesund bleiben *rester en bonne santé*

2. Verben mit prädikativer Ergänzung zum direkten Objekt:

appeler	nennen
couronner	krönen zu
croire	halten für
se croire	sich halten für
déclarer	erklären für
se dire	sich bezeichnen als
élire	wählen zu
estimer	halten für
faire	machen
s'imaginer qn	sich jdn. vorstellen als
juger	halten für
laisser	lassen
nommer	ernennen zu
penser	halten für
se porter volontaire	sich freiwillig melden
se prétendre	behaupten, dass man ...
proclamer	ausrufen zu
rendre	machen
sacrer	salben zu
savoir	wissen, dass jd. ... ist
se sentir	sich fühlen (als)
surnommer	den Beinamen ... geben
trouver	finden
vouloir	wollen
se vouloir	sich verstehen als

La balle est jugée bonne.	Der Ball wird gut gegeben.
Il se croit sorti de la cuisse de Jupiter.	Er hält sich für etwas Besseres.
Le président déclara la séance ouverte.	Der Präsident erklärte die Sitzung für eröffnet.
Je le pensais parti.	Ich hielt ihn für verreist./Ich meinte, er sei verreist.
Elle se sait laide.	Sie weiß, dass sie hässlich ist.
Le monde Disney a laissé beaucoup de Français totalement indifférents.	Die Disney-Welt hat viele Franzosen völlig gleichgültig gelassen.
Les Anglais se disent sportifs lorsqu'ils font du sport. Les Français se disent sportifs lorsqu'ils en voient. (Daninos)	Die Engländer bezeichnen sich als sportlich, wenn sie Sport treiben. Die Franzosen bezeichnen sich als sportlich, wenn sie welchen sehen.
83% d'entre eux se disaient convaincus que ...	83% von ihnen sagten, sie seien überzeugt/zeigten sich überzeugt, dass ...
Comment voulez-vous votre café? – Je le veux très fort.	Wie wollen Sie Ihren Kaffee? – Ich will ihn sehr stark.
Ils se sentent exclus.	Sie fühlen sich ausgeschlossen.
Elle se sent plus française qu'allemande.	Sie fühlt sich eher als Französin denn als Deutsche.
Il lui tenait la porte ouverte.	Er hielt ihr die Tür auf.
L'amour rend aveugle.	(Die) Liebe macht blind.
Je ne le savais pas si intelligent.	Ich wusste nicht, dass er so intelligent ist.
Sa mère la voulait archéologue. Elle, elle se voyait plutôt professeur d'italien. Finalement, la voilà actrice, comme ses parents: Catherine Deneuve et Marcello Mastroianni. (Écoute)	Ihre Mutter wollte, dass sie Archäologin würde. Sie sah sich eher als Italienischlehrerin. Schließlich wurde sie Schauspielerin wie ihre Eltern, Catherine Deneuve und Marcello Mastroianni.
Je trouve les élèves changés.	Ich finde, die Schüler sind verändert.
Je le trouve très bavard aujourd'hui.	Ich finde ihn heute sehr gesprächig.
Beaucoup de jeunes se sont portés volontaires pour nettoyer la plage.	Viele Jugendliche haben sich freiwillig gemeldet, um den Strand zu säubern.

Anmerkung: Nicht in allen Fällen ist 'machen' + Adjektiv mit *rendre* + Adjektiv wiederzugeben. *Cette jupe, tu l'as faite trop courte.* – Diesen Rock hast du zu kurz gemacht [bei der Herstellung]. *Cette jupe, tu l'as rendue trop courte* [beim Ändern].

Unterscheide: *rendre jeune* jung machen – *faire jeune* jung wirken

Merke: *se faire belle/beau* sich schön machen
L'argent ne fait pas le bonheur. – Geld macht nicht glücklich.
Le travail fait le charme de la vie. – Arbeit macht das Leben süß.

Weitere Wendungen:

armer/faire qn chevalier	jdn. zum Ritter schlagen
baptiser qn Jean	jdn. auf den Namen Jean taufen
classer qc monument historique	etw. unter Denkmalschutz stellen
se constituer prisonnier	sich der Polizei stellen/sich ergeben
se constituer partie civile	als Nebenkläger auftreten
garder secret qc	etw. geheim halten
se faire naturaliser Français/ Française	die französische Staatsbürgerschaft annehmen
sortir vainqueur de qc	als Sieger aus etw. hervorgehen
terminer premier/première	den ersten Platz belegen/Erste(r) werden

3. Ergänzungen zum Subjekt oder Objekt mit den Präpositionen *de, en* und *pour* bzw. mit *comme*:

qualifier de	bezeichnen als
taxer de	bezeichnen als
traiter de	bezeichnen als/nennen
agir en	handeln als
se conduire en	sich verhalten/benehmen wie
mourir en	als/wie ein ... sterben
vivre en	leben als
passer pour	gelten als
prendre pour	halten für [irrtümlich]
tenir pour	halten für
choisir comme	wählen als
considérer comme	halten für
désigner comme	bezeichnen als
prendre comme	nehmen als
travailler comme	arbeiten als

On l'a traité d'imbécile.	Man hat ihn einen Dummkopf genannt/als Dummkopf bezeichnet.
Ton ami s'est conduit en gentleman.	Dein Freund hat sich wie ein Gentleman verhalten.
Fromage des rois, le Roquefort passe aujourd'hui pour le roi des fromages.	Der Roquefort, der der Käse der Könige war, gilt heute als der König der Käsesorten.
Pour qui me prenez-vous?	Für wen halten Sie mich eigentlich?
Je tiens ça pour peu probable.	Ich halte das für wenig wahrscheinlich.
Mon cousin travaille comme coopérant en Afrique.	Mein Cousin arbeitet als Entwicklungshelfer in Afrika.
Assez rares sont les jeunes étrangers qui prennent le français comme première langue.	Nur wenige junge Ausländer nehmen Französisch als erste Fremdsprache.

La plupart des élèves ont choisi l'anglais comme première langue.	Die meisten Schüler haben Englisch als erste Fremdsprache gewählt.
Je le considère comme l'un des meilleurs écrivains de notre siècle.	Ich halte ihn für einen der besten Schriftsteller unseres Jahrhunderts.

Aber: *prendre qn pour mari* jdn. zum Ehemann nehmen

Anmerkung: Anstelle von *comme quelqu'un qui* erscheint meist *comme* + Partizip Präsens: *Il faudrait que les femmes au foyer soient reconnues socialement comme ayant une profession et participant activement à la vie économique de la nation.* – Die Hausfrauen müssten sozial anerkannt werden als Personen, die einen Beruf haben und aktiv an dem wirtschaftlichen Leben der Nation teilnehmen. *Une jeune fille au pair n'est pas considérée comme faisant partie du personnel de maison.* – Ein Au-pair-Mädchen gehört nicht zum Hauspersonal.

Kapitel 20 Das Adverb (L'adverbe)

298 Die Funktionen des Adverbs (les fonctions de l'adverbe)

Adverbien dienen dazu, Verben, Adjektive, andere Adverbien oder ganze Sätze näher zu bestimmen.

Mon père conduit prudemment.	Mein Vater fährt vorsichtig.
C'est un problème très délicat.	Das ist ein sehr heikles Problem.
Ton frère joue très bien.	Dein Bruder spielt sehr gut.
Heureusement, l'affaire est classée.	Glücklicherweise ist die Sache abgeschlossen.

299 Die Formen des Adverbs (les formes de l'adverbe)

Nach ihrer Form werden die Adverbien in ursprüngliche, zusammengesetzte und abgeleitete Adverbien unterteilt.

1. **Ursprüngliche** Adverbien (adverbes primitifs) sind solche, die sich von keinem anderen Wort herleiten lassen, wie zum Beispiel *hier* gestern, *bien* gut.

2. **Zusammengesetzte** Adverbien (adverbes composés) sind solche, die aus zwei oder mehr Wörtern gebildet sind, wie zum Beispiel *après-demain* übermorgen, *tout de suite* sofort.

3. **Abgeleitete** Adverbien (adverbes dérivés) sind solche, die durch Anhängen des Suffixes *-ment* an ein Adjektiv gebildet sind, wie zum Beispiel *complètement* vollständig.

4. Neben den eigentlichen Adverbien gibt es adverbiale Ausdrücke, d.h. mehr oder weniger festgefügte Wortgruppen, die wie Adverbien verwendet werden, wie zum Beispiel *à coup sûr* mit Sicherheit/ganz bestimmt, *de cette façon* so/auf diese Weise.

300 Die Adverbklassen (les catégories d'adverbes)

Die wichtigsten Arten von Adverbien sind ihrer Bedeutung nach:

1. Adverbien des Ortes (adverbes de lieu): *ici* hier, *là* dort;
2. Adverbien der Zeit (adverbes de temps): *maintenant* jetzt, *tard* spät;
3. Adverbien der Art und Weise (adverbes de manière): *mal* schlecht, *ainsi* so;
4. Adverbien der Menge und des Grades (adverbes de quantité et de degré): *beaucoup* viel, *peu* wenig, *très* sehr;

5. Adverbien der Verneinung (adverbes de négation): *non* nein, *jamais* nie;
6. Frageadverbien (adverbes d'interrogation): *comment* wie, *où* wo, *combien* wie viel (vgl. §§ 118-122).

Die Bildung der abgeleiteten Adverbien 301

Die abgeleiteten Adverbien werden gebildet, indem man an die feminine Form des Adjektivs das Suffix ***-ment*** anhängt:

se nourrir sainement	sich gesund ernähren
s'habiller chaudement	sich warm anziehen
aller régulièrement au théâtre	regelmäßig ins Theater gehen

Anmerkung 1: Nicht von allen Adjektiven kann ein Adverb gebildet werden, so z.B. nicht von *intéressé.* In diesem Fall tritt eine Umschreibung ein: *regarder de manière intéressée* interessiert zusehen. In einigen Fällen hat das abgeleitete Adverb eine vom Adjektiv abweichende Bedeutung, z.B. *conséquent* konsequent/bedeutend – *conséquemment* daher/infolgedessen.

Anmerkung 2: In seltenen Fällen wird ein Adverb von einem Substantiv abgeleitet: *vache* Kuh → *vachement* saumäßig: *Il joue vachement bien.* Er spielt saugut; *diable* Teufel → *diablement* verdammt: *Cette traduction est diablement difficile.* – Diese Übersetzung ist verteufelt/verdammt schwer.

Abweichende Bildungen 302

1. Diejenigen Adjektive, die auf *-ant/-ent* [ɑ̃] enden, bilden das Adverb auf *-amment/-emment* [amɑ̃]:

constant	→ *constamment* [kõstamɑ̃]	beständig
étonnant	→ *étonnamment* [etɔnamɑ̃]	erstaunlich
violent	→ *violemment* [vjɔlamɑ̃]	heftig
prudent	→ *prudemment* [pʀydamɑ̃]	vorsichtig

Aber: *lent – lentement* langsam, *present – présentement* [lit.] gegenwärtig

2. Endet die männliche Form des Adjektivs auf einen Vokal, so wird an diese die Endung *-ment* angehängt:

poli	→ *poliment*	höflich
absolu	→ *absolument*	absolut
vrai	→ *vraiment*	wirklich

Aber: *gai – gaiement/gaîment* fröhlich

3. Einige Adverbien gehen auf -*ément* aus:

aveugle	→ *aveuglément*	blindlings
commode	→ *commodément*	bequem
commun	→ *communément*	gemeinhin
conforme	→ *conformément*	gemäß
confus	→ *confusément*	undeutlich/verschwommen
énorme	→ *énormément*	ungeheuer
exprès	→ *expressément*	ausdrücklich
immense	→ *immensément*	unermesslich
impuni	→ *impunément*	straflos
intense	→ *intensément*	intensiv
obscur	→ *obscurément*	dunkel
précis	→ *précisément*	genau/gerade
profond	→ *profondément*	tief
uniforme	→ *uniformément*	gleichartig

4. Einige wenige auf -*u* ausgehende Adjektive bilden das Adverb auf -*ûment*:

assidu	→ *assidûment*	emsig
continu	→ *continûment* [geh.]	stetig/andauernd
cru	→ *crûment*	rund heraus/unverblümt
dû	→ *dûment*	gebührend
indu	→ *indûment*	unberechtigt

5. Unregelmäßig sind folgende Adverbien:

bref	→ *brièvement*	kurz
gentil	→ *gentiment*	nett
grave	→ *gravement/grièvement*	schwer
journalier	→ *journellement*	täglich
bon	→ *bien*	gut
mauvais	→ *mal*	schlecht

Anmerkung 1: Als Adverb zu *rapide* wird *rapidement* oder häufiger *vite* verwendet.

Anmerkung 2: Die Form *grièvement* tritt nur in festen Verbindungen auf: *grièvement blessé* schwer verletzt, *grièvement atteint* schwer getroffen/erschüttert, *grièvement offensé* [geh.] schwer beleidigt. In all diesen Fällen kann aber auch *gravement* verwendet werden.

Anmerkung 3: Die Adverbien *bien* und *mal* können auch adjektivisch gebraucht werden: *Cette piscine n'est pas mal.* – Dieses Schwimmbad ist nicht übel. *Ce qu'il est bien!* – Sieht der gut aus! *les gens bien* [fam.] die feinen Leute.

Merke: *Les conditions étaient (tout) bonnement indescriptibles.* – Die Bedingungen waren (ganz) einfach unbeschreiblich.
gut/viel verdienen *gagner bien/beaucoup/gros*
Aber: schlecht verdienen *ne pas gagner beaucoup/gros,* nicht: **mal*.

Die Steigerung der Adverbien (les degrés des adverbes) 303

Der Komparativ und der Superlativ werden wie beim Adjektiv (vgl. §§ 173-174) mit Hilfe von *aussi, autant, plus (moins)* bzw. *le plus (le moins)* gebildet. Die Vergleichspartikel lautet wie beim Adjektiv *que*:

Jean travaille vite.	Jean arbeitet schnell.
Luc travaille aussi vite.	Luc arbeitet ebenso schnell.
Luc travaille aussi vite que Jean.	Luc arbeitet ebenso schnell wie Jean.
Tu ne travailles pas (aus)si vite que moi.	Du arbeitest nicht so schnell wie ich.
Je travaille autant que toi.	Ich arbeite ebenso viel wie du.
Fabien ne gagne pas (au)tant que sa femme.	Fabien verdient nicht so viel wie seine Frau.
Gérard travaille plus vite.	Gérard arbeitet schneller.
Antoine travaille moins vite que Gérard.	Antoine arbeitet langsamer als Gérard.
Ma sœur travaille le plus vite (de tous).	Meine Schwester arbeitet am (aller-) schnellsten
Mon frère travaille le moins vite.	Mein Bruder arbeitet am langsamsten.

Anmerkung: Der absolute Superlativ des Adverbs wird mit Adverbien wie *très* oder *extrêmement* gebildet: *Tu manges très vite.* – Du isst sehr schnell.

Die unregelmäßigen Steigerungsformen 304

Positiv	Komparativ	Superlativ
beaucoup	*plus*	*le plus*
peu	*moins*	*le moins*
bien	*mieux*	*le mieux*

Mon père lit beaucoup. Ma sœur lit plus [ply(s)] *que ma mère. Celui qui lit le plus* [plys], *c'est mon frère.*	Mein Vater liest viel. Meine Schwester liest mehr als meine Mutter. Am meisten liest mein Bruder.
Ma femme mange moins que moi.	Meine Frau isst weniger als ich.
C'est lui qui travaille le moins.	Er arbeitet am wenigsten.
Elle parle mieux le français que toi.	Sie spricht besser Französisch als du.
Jean joue le mieux (de tous).	Jean spielt am (aller)besten.

Anmerkung 1: Das Adverb *mal* wird regelmäßig gesteigert: *Tu conduis plus mal que ta sœur.* – Du fährst schlechter als deine Schwester. Die unregelmäßig gesteigerten Formen *pis* 'schlimmer' und *le pis* 'am schlimmsten' kommen nur in Wendungen vor (s. u.).

Anmerkung 2: Anstelle von *plus (que)* kann auch *davantage (que)* stehen: *Tu devrais t'entraîner davantage.* – Du müsstest mehr trainieren. *Les langues romanes m'intéressent davantage que les langues germaniques.* – Die romanischen Sprachen interessieren mich mehr als die germanischen.

Ausdrücke und Wendungen:

de plus en plus	immer mehr
plus ou moins	mehr oder weniger
au plus tard	spätestens
un élève de plus	ein Schüler mehr
de moins en moins	immer weniger
un exemplaire de/en moins	ein Exemplar weniger
Mieux il joue, (et) plus il gagne.	Je besser er spielt, desto mehr verdient er.
de mieux en mieux	immer besser
tant mieux	umso besser
de mal en pis	immer schlimmer
Tant pis!	Da kann man nichts machen.
au pis aller	schlimmstenfalls

Unterscheide: *Tu aurais dû me le rendre plus tôt.* – Du hättest es mir früher zurückgeben sollen! *Prends le train plutôt que la voiture.* – Fahr lieber mit dem Zug als mit dem Auto! *Elle est plutôt jolie.* – Sie ist ganz hübsch.

Merke: *tôt ou tard* früher oder später

305 **Die Stellung der Adverbien** (la place des adverbes)

1. Bestimmt ein Adverb ein Adjektiv oder ein Adverb näher, so steht es vor diesem:

Il est complètement fou.	Er ist völlig verrückt.
Tu parles très bien.	Du sprichst sehr gut.
Elle est très jolie.	Sie ist sehr hübsch.

2. Bestimmt ein Adverb eine einfache Verbform näher, so gelten folgende Regeln:

2.1. bei einfachen Verbformen, beim Partizip Präsens oder *gérondif* steht das Adverb nach dem Verb; die Adverbien auf *-ment* können auch vom Verb getrennt werden:

Il travaille soigneusement.	Er arbeitet sorgfältig.
Le ministère examinera soigneusement cette affaire/ cette affaire soigneusement.	Das Ministerium wird diese Angelegenheit sorgfältig prüfen.

Le train roule lentement.	Der Zug fährt langsam.
Parlant couramment le portugais, mon collègue a obtenu ce poste.	Da mein Kollege fließend Portugiesisch spricht, hat er die Stelle bekommen.

2.2. Beim Infinitiv erscheinen die Adverbien *déjà, encore, toujours* meist vor diesem (= unbetonte Stellung); *bien, bientôt, mal, mieux, longtemps, aussitôt, souvent* und die Adverbien auf *-ment* können vor oder nach dem Infinitiv stehen:

Je vais encore rester.	Ich werde noch bleiben.
Pourquoi voulez-vous déjà partir?	Warum wollen Sie schon abreisen?
Les grandes personnes ne comprennent jamais rien toutes seules, et, c'est fatigant pour les enfants, de toujours et toujours leur donner des explications. (Saint-Exupéry)	Erwachsene verstehen nie etwas ganz allein, und es ist für Kinder anstrengend, ihnen immer und immer wieder Erklärungen geben zu müssen.
Tu vas bientôt te rendre compte que .../te rendre bientôt compte que ...	Du wirst bald merken, dass ...
Mon mari doit souvent aller/doit aller souvent à l'étranger.	Mein Mann muss oft ins Ausland fahren.
Nous nous sommes approchés pour mieux voir/voir mieux.	Wir sind näher herangegangen, um besser zu sehen.
Je suis ici pour bien apprendre/ apprendre bien le français.	Ich bin hier, um gut Französisch zu lernen.
Elle a dû complètement oublier/ oublier complètement qu'elle avait rendez-vous chez le médecin.	Sie muss völlig vergessen haben, dass sie beim Arzt einen Termin hatte.

Anmerkung: Folgt auf den Infinitiv eine Ergänzung, so kann das Adverb auch dieser vorangehen: *Je vais rester encore un peu./Je vais encore rester un peu. – Ich werde noch etwas bleiben.*

3. Das Adverb steht vor einem Partizip Perfekt ohne Hilfsverb:

un foulard négligemment noué autour du cou	ein lässig um den Hals geschlungenes Tuch
un travail mal effectué	eine schlecht ausgeführte Arbeit
une jeune fille bien élevée	ein gut erzogenes Mädchen

4. Bei den zusammengesetzten Verbformen stehen *bien, guère, déjà* und *toujours* immer vor dem Partizip; meist vor dem Partizip Perfekt stehen *mal, assez, beaucoup, peu, plus, moins, tant, autant, trop, à peine, soudain.* Immer nachgestellt werden die Adverbien *ensemble, exprès,* alle adverbial gebrauchten Adjektive (vgl. § 306) sowie alle Umschreibungen (vgl. § 307.1, 2):

L'examen s'est bien passé?	Ist die Prüfung gut gelaufen?
Vous avez bien dormi?	Haben Sie gut geschlafen?

La plaisanterie a mal tourné/tourné mal. *J'ai toujours travaillé.* *Il me l'a déjà dit.* *La situation ne s'est guère améliorée.*	Der Scherz hat ein böses Ende genommen. Ich habe immer gearbeitet. Er hat es mir schon gesagt. Die Lage hat sich kaum gebessert.
Tu as assez mangé. *J'avais trop bu.* *Pourquoi les dinosaures ont-ils soudain disparu?* *Elle avait à peine raccroché qu'on la rappela.* *J'ai beaucoup entendu parler de vous.* *Aujourd'hui, j'ai peu travaillé.*	Du hast genug gegessen. Ich hatte zu viel getrunken. Warum sind die Dinosaurier plötzlich verschwunden? Sie hatte kaum den Hörer aufgelegt, da rief man sie zurück. Ich habe viel von Ihnen gehört. Heute habe ich wenig gearbeitet.
Je ne l'ai pas fait exprès. *Nous sommes allés ensemble au théâtre.* *On a travaillé dur.* *Elle nous a demandé d'un ton soucieux si ...* *Il s'est comporté d'une manière étrange.*	Ich habe es nicht absichtlich gemacht. Wir sind zusammen ins Theater gegangen. Wir haben hart gearbeitet. Sie hat uns besorgt gefragt, ob ... Er hat sich seltsam benommen.

5. Satzadverbien können am Satzanfang oder am Satzende, zwischen dem Hilfsverb und dem Partizip, zwischen dem Subjekt und dem Verb oder in der Satzmitte erscheinen:

Heureusement, mon père a trouvé un emploi./Mon père a trouvé un emploi, heureusement./Mon père a heureusement trouvé un emploi./ Mon père, heureusement, a trouvé un emploi.	Zum Glück hat mein Vater einen Arbeitsplatz gefunden./Mein Vater hat zum Glück einen Arbeitsplatz gefunden.
Manifestement, le danger a été sous-évalué./Le danger a été sous-évalué, manifestement./Le danger a été manifestement sous-évalué./Le danger a manifestement été sous-évalué./Le danger, manifestement, a été sous-évalué.	Offensichtlich wurde die Gefahr unterschätzt./Die Gefahr wurde offensichtlich unterschätzt.

Anmerkung 1: Bildet das Adverb den Schwerpunkt der Aussage, so steht ein *que*-Satz: *Certainement qu'il le fera!* – Gewiss wird er es tun! *Heureusement que les livres sont déjà arrivés.* – Glücklicherweise/Zum Glück sind die Bücher schon da.

Anmerkung 2: Bei *peut-être* 'vielleicht' finden sich folgende Stellungen: *Peut-être Jean est-il malade* [geh.]/*Peut-être que Jean est malade./ Jean est peut-être malade./Jean est malade peut-être.* – Vielleicht ist Jean krank.

Unterscheide: *Naturellement, l'homme est bon./Naturellement que l'homme est bon.* – Natürlich ist der Mensch gut. *L'homme est naturellement bon.* – Der Mensch ist von Natur aus gut.

Adverbial gebrauchte Adjektive 306

Bestimmte Adjektive können – in Verbindung mit bestimmten Verben – in adverbialer Funktion gebraucht werden. Sie bleiben unverändert:

acheter cher	teuer kaufen
s'arrêter court	plötzlich halten/innehalten
boir sec	viel (Alkohol) trinken
coûter cher	teuer sein/viel kosten
chanter juste/faux	richtig/falsch singen
filer doux	klein beigeben/kuschen
gagner gros	viel/gut verdienen
jouer gros	ein gewagtes Spiel treiben/spielen
manger froid	kalt essen
parler haut/fort	laut sprechen
parler bas	leise sprechen
peser lourd	schwer sein/viel wiegen
refuser net	rundweg ablehnen
sentir bon/mauvais	gut/schlecht riechen
sonner français	französisch klingen
tenir bon	nicht nachgeben/hart bleiben
tourner rond	rund/sauber laufen [Motor]
travailler dur/durement	hart arbeiten
viser haut	hoch hinauswollen
voir clair	klar sehen
voir double	doppelt sehen
voler bas/haut	niedrig/hoch fliegen

Anmerkung 1: Der Sprache der Medien entstammen Ausdrücke wie: *s'habiller pratique* sich praktisch kleiden, *penser français* französisch denken, *voter socialiste* sozialistisch wählen.

Anmerkung 2: In einigen Fällen erscheinen adverbial gebrauchte Adjektive vor Partizipien: *des fenêtres grandes/larges ouvertes* weit geöffnete Fenster, *une fille nouveau-née* ein neugeborenes Mädchen, *une rose frais/fraîche éclose* eine frisch aufgeblühte Rose.

Merke: *peser lourdement sur qn/qc* schwer auf jdm./etw. lasten
acheter bon marché billig kaufen

Unterscheide: *un vocabulaire hautement spécialisé* ein sehr (= in hohem Maße) spezieller Wortschatz – *une personne haut placée* eine hochgestellte Persönlichkeit
être fortement attiré par qc von etw. stark angezogen werden/sein – *une dame fort élégante* eine sehr elegante Dame

307 Besonderheiten bei der Wiedergabe deutscher Adverbien im Französischen

Nicht immer muss einem deutschen Adverb ein französisches Adverb entsprechen. Stattdessen werden häufig adverbiale Wendungen bzw. verbale Umschreibungen verwendet:

1. Adverbiale Wendungen, die aus Präposition + Substantiv bestehen, können ein Adverb auf *-ment* ersetzen:

s'exprimer avec clarté	sich klar ausdrücken
agir avec prudence	vorsichtig handeln

2. Häufig werden Umschreibungen mit *de façon/manière, d'une façon/ manière, d'un air, d'un/sur un ton* etc. + Adjektiv gebraucht:

parler d'une manière compréhensible	verständlich sprechen
regarder qn d'un air réprobateur/ méchant	jdn. vorwurfsvoll/böse anschauen
s'y prendre de manière adroite	es geschickt anstellen
dire qc sur un ton goguenard	etw. spöttisch/ironisch sagen
demander à qn d'un ton soucieux	jdn. besorgt fragen
voir qn/qc d'un bon œil	jdn./etw. gern sehen
voir qc d'un œil favorable	etw. positiv sehen
marcher à pas comptés	gemessen schreiten
travailler à un rythme normal	normal arbeiten

3. In folgenden Fällen werden deutsche Adverbien im Französischen durch adverbiale Wendungen wiedergegeben:

etw. auswendig lernen	*apprendre qc par cœur*
getrennt schlafen	*faire chambre à part*
brüderlich teilen	*partager en frères/fraternellement*
rot anstreichen	*peindre en rouge*
gerichtlich verfolgen	*poursuivre en justice*
jdn. privat sprechen	*parler à qn en privé*
schwarzarbeiten	*travailler au noir*
bar bezahlen	*payer (au) comptant/*[fam.] *en liquide*
nicht genau wissen	*ne pas savoir au juste*
knapp gewinnen	*gagner de justesse*
schriftlich antworten	*répondre par écrit*
jdn. wahnsinnig lieben	*aimer qn à la folie*
sich glänzend verstehen	*s'entendre à merveille*
einen Beschluss einstimmig fassen	*adopter une résolution à l'unanimité*
etw. stillschweigend übergehen	*passer qc sous silence*

namentlich abstimmen	*voter par appel nominal*
unordentlich herumliegen	*traîner en désordre*
ein Buch antiquarisch kaufen	*acheter un livre d'occasion*
kirchlich heiraten	*se marier à l'église*
jdn./etw. ernst nehmen	*prendre qn/qc au sérieux*
etw. leicht nehmen	*prendre qc à la légère*
sanft landen	*atterrir en douceur*
gesund leben	*mener une vie saine*
jdn. kurz halten	*tenir qn en laisse*
frisch rasiert	*rasé de frais*
sich abwechselnd einladen	*s'inviter à tour de rôle*
jdn. telefonisch erreichen	*joindre qn par/au téléphone*

Merke: *parler sérieusement* es ernst meinen
Comment est-il sur le plan humain? – Wie ist er menschlich?

4. In einigen Fällen gebraucht man im Französischen eine aus Verb + direktes Objekt bestehende Wendung:

gut schmecken	*avoir bon goût*
falsch binden [Aussprache]	*faire un pataquès* [patakɛs]
mit jdm. vernünftig reden	*parler raison à qn*
müde aussehen	*avoir l'air fatigué*
unentschieden spielen	*faire match nul*
modisch wirken	*faire mode*
anonym bleiben	*garder l'anonymat*
gern schnell fahren	*aimer la vitesse*

5. In folgenden Fällen werden deutsche Adverbien im Französischen verbal umschrieben:

5.1. '**allmählich** ...' – *commencer à faire qc*:

Meine Geduld geht allmählich zu Ende.	*Ma patience commence à s'épuiser.*
Ich bekomme allmählich Hunger.	*Je commence à avoir faim.*

5.2. 'etw. **andauernd** tun' – *ne pas arrêter*/[geh.] *ne (pas) cesser de faire qc*:

Er hat andauernd geschwätzt.	*Il n'a pas arrêté/cessé de bavarder.*

5.3. 'etw. **bald** tun' – *ne pas tarder à faire qc*:

Die Gäste werden bald kommen.	*Les invités ne tarderont pas à arriver.*

5.4. '**beinahe** etw. tun' – *faillir faire qc/manquer (de) faire qc*:

Eine Bombe hat/hätte beinahe den Schnellzug Paris-Madrid zum Entgleisen gebracht.	*Une bombe a failli faire dérailler le rapide Paris-Madrid.*
Das Kind wäre beinahe überfahren worden.	*L'enfant a manqué (de) se faire écraser.*

5.5. '**gerade/soeben** etw. tun' – *être en train de faire qc*:

Ich packe gerade meinen Koffer.	*Je suis en train de faire ma valise.*
Mama macht gerade das Essen.	*Maman est en train de préparer le repas.*

5.6. '**gerade/soeben** etw. getan haben' – *venir de faire qc*:

Der Zug ist gerade angekommen.	*Le train vient d'arriver.*
Mein Vater ist gerade von einer Geschäftsreise zurückgekommen.	*Mon père vient de rentrer d'un voyage d'affaires.*

5.7. 'ich wollte **gerade** etw. tun' – *j'allais faire qc/j'étais sur le point de faire qc*:

Ich wollte mich gerade an meine Hausaufgaben machen, als das Telefon läutete.	*J'allais me mettre à faire mes devoirs/ J'étais sur le point de faire mes devoirs quand le téléphone a sonné.*

5.8. 'etw. **gern** tun' – *aimer faire qc*:

Möchtest du gern ein Instrument spielen?	*Est-ce que tu aimerais jouer d'un instrument?*
Ich tanze gern.	*J'aime danser.*

Anmerkung: Die Verbindungen 'gern essen/trinken' + direktes Objekt werden im Französischen einfach durch *aimer* + Substantiv mit bestimmtem Artikel ausgedrückt: Ich trinke gern Rotwein. – *J'aime le vin rouge.* Ich esse gern Käse. – *J'aime le fromage.*

Merke: Möchten Sie noch Salat? – Ja, gern. – *Voulez-vous encore de la salade? – Oui, je veux bien.* Begleiten Sie mich? – Gern. – *Vous m'accompagnez? – Avec plaisir.* Das hört man gern. – *Ça fait plaisir à entendre.*

5.9. 'etw. **hervorragend** tun' – *exceller à/dans/en qc/à faire qc*:

Sein Vater spielt hervorragend Tennis.	*Son père excelle au/en tennis/dans le tennis/à jouer au tennis.*

5.10. ‘**hoffentlich**’ – *espérons que*:

Hoffentlich geht das beim Waschen nicht ein!	*Espérons que ça ne rétrécira pas au lavage.*

5.11. ‘**kaum** etw. tun können’ – *avoir du mal/avoir peine à faire qc*:

Ich kann kaum gehen.	*J'ai peine à marcher.*
Ich kann dieses Wort kaum aussprechen.	*J'ai du mal à prononcer ce mot.*

5.12. ‘etw. **lieber** tun’ – *aimer mieux/préférer faire qc*:

Ich gehe lieber ins Kino.	*Je préfère/J'aime mieux aller au cinéma.*
Mein Bruder spielt lieber Schach.	*Mon frère préfère jouer aux échecs.*

5.13. ‘etw. **nicht mehr** tun’ – *arrêter*/[geh.] *cesser de faire qc*:

Ich spiele nicht mehr Fußball.	*J'ai arrêté de jouer au foot.*

5.14. ‘**nur** etw. tun’ – *ne faire que faire qc*:

Du schläfst nur!	*Tu ne fais que dormir!*

Aber: Er schläft nur (= Er ist nicht tot). – *Il dort seulement.*

Merke: *Les difficultés ne font que commencer.* – Die Schwierigkeiten fangen jetzt erst richtig an.

5.15. ‘**schließlich** etw. tun’ – *finir par faire qc*:

Ich habe schließlich nachgegeben.	*J'ai fini par céder.*
Man gewöhnt sich schließlich daran.	*On finit par s'y faire.*

5.16. ‘etw. **schnell** tun’ – *se dépêcher de faire qc*:

Räum schnell den Tisch ab!	*Dépêche-toi de débarrasser la table!*

5.17. ‘**übereinstimmend** (sagen), dass ...’ – *être d'accord pour (dire) que ...*:

Meine Kollegen sagen übereinstimmend, dass man den Lehrplan ändern müsste.	*Mes collègues sont d'accord pour dire qu'il faudrait modifier le programme d'études.*

5.18. ‘etw. **weiterhin** machen/weitermachen’ – *continuer à/de faire qc*:

Ich arbeite weiter.	*Je continue à travailler.*

5.19. '**zuerst** (einmal) etw. tun' – *commencer par faire qc*:

Reparier zuerst (einmal) dein Fahrrad!	*Commence par réparer ton vélo!*

5.20. '**zwangsläufig/ganz bestimmt** etw. tun' – *ne pas manquer de faire qc*:

Dieses Verhalten ruft zwangsläufig den Widerstand der Lehrer hervor.	*Ce comportement ne manque pas de susciter l'opposition des professeurs.*
Man wird ihn ganz bestimmt anklagen.	*On ne manquera pas de l'accuser.*

308 Besonderheiten im Gebrauch von *encore* und *tout*

1. ***encore***:

Elle n'est pas encore arrivée.	Sie ist noch nicht angekommen.
Il pleut encore.	Es regnet (immer) noch.
Quoi encore?	Was denn schon wieder?
Encore une réclamation!	Schon wieder eine Reklamation!/Noch eine Reklamation!
Qu'est-ce qui se passe encore?	Was ist schon wieder los?
Dans les/Ces vingt dernières années, la famille s'est encore transformée.	In den letzten zwanzig Jahren hat sich die Familie noch weiter verändert.
En espérant vous revoir bientôt, je vous remercie encore pour tout et vous embrasse bien affectueusement.	In der Hoffnung, Sie bald wiederzusehen, danke ich Ihnen noch einmal für alles und grüße Sie sehr herzlich.
Ces pratiques étaient répandues il y a encore dix ans/encore il y a dix ans/il y a dix ans encore.	Diese Praktiken waren noch vor zehn Jahren verbreitet.
C'est encore beaucoup plus difficile/ beaucoup plus difficile encore.	Das ist noch viel schwieriger.
... et encore!	... und wenn überhaupt!

2. ***tout*** 'ganz' wird vor einem konsonantisch anlautenden femininen Adjektiv oder Partizip angeglichen. Vor Vokal wird nach Art. 28c. des Toleranzerlasses vom 28.12.1976 die Angleichung nicht mehr als Fehler gewertet:

Il est tout nerveux.	Er ist ganz nervös.
Elle est toute désespérée.	Sie ist ganz verzweifelt.
Elle était tout(e) étonnée.	Sie war ganz erstaunt.
Ils sont tout nerveux.	Sie sind ganz nervös.
Elles étaient toutes désespérées.	Sie waren ganz verzweifelt.
Elles étaient tout(es) étonnées.	Sie waren ganz erstaunt.

Die Wiedergabe ausgewählter deutscher Adverbien im Französischen **309**

1. **allein**:

Nach den Schätzungen der WHO gab es im Jahr 2000 auf unserem Planeten 40 Millionen HIV-Positive, darunter 90% allein in Afrika.	*Selon les estimations de l'OMS, notre planète a compté 40 millions de séropositifs en l'an 2000, dont 90% dans la seule Afrique.*

2. **auch**:

Die anderen Kollegen haben mir auch zum Geburtstag geschrieben.	*Les autres collègues m'ont écrit, eux aussi, pour mon anniversaire./Les autres collègues aussi .../Les autres collègues, eux aussi, .../Les autres collègues m'ont écrit pour mon anniversaire, eux aussi.*
Ich werde auch hingehen.	*Moi aussi, j'irai./J'irai (,moi) aussi./*
Sie werden auch hingehen.	*Eux aussi (ils) iront./Ils iront aussi./Ils iront, eux aussi.*
Wir werden auch hingehen.	*Nous aussi (nous) irons./Nous irons aussi./Nous irons, nous aussi.*

3. **beziehungsweise**:

Die beiden Angeklagten wurden zu zwei bzw. fünf Jahren Gefängnis verurteilt.	*Les deux accusés ont été condamnés respectivement à deux (ans) et cinq ans de prison.*

4. **immer noch**:

Es regnet immer noch.	*Il pleut toujours/encore.*

Anmerkung: Nicht beide Adverbien zusammen! Höchstens: *encore et toujours.*

5. **lange**:

Ich habe lange gewartet, bevor ich antwortete.	*J'ai attendu longtemps avant de répondre.*
Ich habe lange/intensiv darüber nachgedacht.	*J'y ai longuement réfléchi.*

6. **möglichst/so ... wie möglich**:

Versuch, die Angelegenheit so schnell wie möglich zu erledigen!	*Essaie de régler l'affaire le plus vite possible/au plus vite/le plus vite que tu pourras/aussi vite que possible.*

7. **schon**:

Schon morgens erreicht die Temperatur dreißig Grad.	*Le matin déjà/Déjà le matin, la température atteint trente degrés.*
Ich wusste es schon seit einiger Zeit.	*Je le savais depuis quelque temps déjà.*
Sie können schon hinuntergehen; ich hole meinen Mantel und komme nach.	*Descendez toujours; je prends mon manteau et je vous rejoins.*
Schon vor einiger Zeit hatte ich festgestellt, dass ...	*Il y a quelque temps déjà, j'avais constaté que ...*

Wendungen mit 'schon':

Schon beim Gedanken daran läuft es mir kalt den Rücken hinunter.	*Rien que d'y penser, j'en ai des frissons.*
schon in seiner Kindheit	*dès son enfance.*

310 Adverbien der Menge und des Grades (adverbes de quantité)

1. ***assez de/suffisamment de*** – genug:

Ses parents ont assez d'argent/suffisamment d'argent pour se permettre ce luxe.	Seine Eltern haben genug Geld, um sich diesen Luxus zu leisten.

2. ***beaucoup de*** – viel(e):

Beaucoup de touristes se comportent mal à l'étranger.	Viele Touristen benehmen sich im Ausland schlecht.
On a bu beaucoup de vin.	Wir haben viel Wein getrunken.
Notre professeur a beaucoup de patience.	Unser Lehrer hat viel Geduld.
Ces derniers temps, j'ai lu beaucoup de livres.	In der letzten Zeit habe ich viele Bücher gelesen.
Nous avons parlé de beaucoup de problèmes.	Wir haben über viele Probleme gesprochen.

Anmerkung 1: Der Ausdruck 'viele von uns' wird mit *beaucoup d'entre nous/parmi nous,* nicht: **de nous* wiedergegeben: *Beaucoup d'entre nous s'y sont résignés.* – Viele von uns haben sich damit abgefunden.

Anmerkung 2: Erscheint *beaucoup* in Verbindung mit einem unpersönlichen Ausdruck oder als Objekt, so muss dem Verb *en* vorausgehen: *Il y en a beaucoup/J'en connais beaucoup qui sont de cet avis.* – Es gibt viele/Ich kenne viele, die dieser Meinung sind.

Anmerkung 3: Vor *beaucoup* darf kein *très* stehen! Dem dt. Ausdruck 'sehr viel Geld' entspricht im Französischen *énormément d'argent.* Weitere Ausdrücke zur Bezeichnung einer großen Menge sind: [fam.] *un tas de/des tas de/plein de*: *Il m'a posé un tas de questions.* – Er hat mir eine Menge Fragen gestellt. *J'ai ouvert la boîte; c'etait plein de choses là-dedans.* – Ich habe die Schachtel aufgemacht; es waren ganz viele Sachen drin.

Anmerkung 4: Dt. 'viel(es)' wird durch *beaucoup de choses* ausgedrückt: *Nous avons beaucoup de choses en commun.* – Wir haben viel(es) gemeinsam. *Là, j'ai appris beaucoup de choses.* – Da habe ich viel(es) gelernt. Vieles hat sich geändert. – *Beaucoup de choses ont changé.*

Anmerkung 5: Folgt auf dt. 'viel' ein Genitivattribut, so steht im Französischen *beaucoup des*: Viele der Studenten, die in den Ferien arbeiten ... – *Beaucoup des étudiants qui travaillent pendant les vacances ...*

Anmerkung 6: Dt. 'viel' vor einem Adjektiv im Komparativ wird mit *(de) beaucoup* oder *bien* wiedergegeben: Sie ist viel intelligenter. – *Elle est (de) beaucoup plus intelligente./Elle est bien plus intelligente./Elle est plus intelligente de beaucoup.*

Merke: Viel Glück! – *Bonne chance!* Vielen Dank! – *Merci beaucoup/bien!*

3. ***bien du/de la/de l'/des*** – sehr viel(e):

On a eu bien de la chance.	Wir hatten sehr viel Glück.
Mes parents ont bien des ennuis en ce moment.	Meine Eltern haben zurzeit sehr viele Unannehmlichkeiten.

Anmerkung 1: Der Ausdruck 'sehr viel anderes' wird durch *bien d'autres choses* wiedergegeben.

Anmerkung 2: *Bien du* etc. steht nicht in verneinten Sätzen!

4. ***peu de*** – wenig(e):

Peu de gens auraient fait ce que tu as fait.	Wenige Menschen hätten getan, was du getan hast.
Ajoutez un peu de vin rouge.	Geben Sie ein wenig Rotwein hinzu!
Un peu de silence, s'il vous plaît.	Etwas/Ein wenig Ruhe, bitte!

Anmerkung 1: In artikellosen Ausdrücken oder in Ausdrücken mit dem bestimmten Artikel steht *un peu* (ohne *de*): *Je parle un peu (le) français.* – Ich spreche etwas Französisch. *Je veux un peu la paix à la maison.* – Ich will ein wenig Frieden zu Hause. *J'ai un peu mal au ventre.* – Ich habe ein wenig Bauchweh. *J'ai un peu peur.* – Ich habe ein wenig Angst.

Anmerkung 2: Vor *peu de* kann *trop* oder *si* erscheinen: *Il gagne trop peu d'argent pour vivre.* – Er verdient zu wenig Geld, um zu leben.

Anmerkung 3: Der Ausdruck 'wenige von uns' wird mit *peu d'entre nous,* nicht: **de nous* wiedergegeben.

Anmerkung 4: Der Ausdruck 'die wenigen' + Substantiv wird durch *les rares/quelques* + Subst. wiedergegeben: die wenigen Ausnahmen *les rares/quelques exceptions.*

5. ***la plupart des*** – die meisten:

Dans le tramway, la plupart des personnes regardent leur portable.	In der Straßenbahn schauen die meisten Menschen auf ihr Handy.

Anmerkung 1: Dt. 'die meisten von ihnen' wird mit *la plupart d'entre eux,* nicht: **d'eux* wiedergegeben.

Anmerkung 2: Bezieht sich der Ausdruck 'die meisten' nicht auf den größten Anteil, sondern auf die höchste Anzahl, so wird er durch *le plus de* übersetzt: Von den Europäern besitzen die Franzosen die meisten Haustiere. – *Les Français sont les Européens qui possèdent le plus d'animaux familiers.* – Die Vereinigten Staaten sind das Land, von dem Frankreich die meisten Filme kauft. – *Les Etats-Unis sont le pays auquel la France achète le plus de films.*

Merke: in den meisten Fällen *dans la plupart des cas*, meistens *la plupart du temps/le plus souvent*

6. ***tant de/tellement de*** – so viel(e):

Il y a tant/tellement de choses à voir dans la région.	Es gibt so viele Dinge in der Region zu sehen!
Elle gagne tant/tellement d'argent que, tous les ans, elle peut s'offrir une nouvelle voiture.	Sie verdient so viel Geld, dass sie sich jedes Jahr ein neues Auto leisten kann.

7. ***très*** wird vor artikellosen Substantiven in Objektfunktionen zur Steigerung (sehr/groß) verwendet:

Il faut faire très attention.	Man muss sehr aufpassen.
J'ai très soif.	Ich habe großen Durst.
J'en ai très besoin.	Ich brauche es sehr.
J'ai très peur.	Ich habe große Angst.
Cela me fait très plaisir.	Das macht mir viel Spaß.
J'ai très sommeil.	Ich bin sehr müde.

8. ***trop de*** – zu viel(e):

A mon avis, il y a trop de publicité à la télévision.	Meiner Meinung nach gibt es zu viel Werbung im Fernsehen.
Tu as fait trop de fautes de grammaire.	Du hast zu viele Grammatikfehler gemacht.

Anmerkung 1: In artikellosen Ausdrücken wie z.B. *faire mal* 'weh tun' erscheint nur *trop* (ohne *de*): *Cela me fait trop mal.* – Das tut mir zu weh. In Ausdrücken mit dem bestimmten Artikel wie z.B. *regarder la télé* 'fernsehen' bleibt dieser erhalten: *Tes enfants regardent trop la télé.* – Deine Kinder sehen zu viel fern.

Anmerkung 2: Vor *trop de* kann *beaucoup* erscheinen: viel zu viele Leute *beaucoup trop de gens.*

Merke: *Je suis de trop, ici.* – Ich bin hier zu viel.
une assiette de trop ein Teller zu viel

Die Wiedergabe deutscher Abtönungspartikeln im Französischen 311

Unter Abtönungspartikeln versteht man Adverbien und andere Füllwörter, die besonders in der gesprochenen Sprache häufig eingesetzt werden, um einer Äußerung eine inhaltliche Nuance, wie z.B. Zustimmung, Zweifel, Entrüstung, zu verleihen. Die Wiedergabe deutscher Abtönungspartikeln im Französischen stellt oft ein Übersetzungsproblem dar. Im Folgenden sind ausgewählte Abtönungspartikeln und ihre französischen Entsprechungen zusammengestellt:

Das ist **aber** ein Zufall!	*Pour une coïncidence, c'est une coïncidence!/En voilà une coïncidence!*
Nun ist es aber genug!	*En voilà assez!*/[fam.] *Maintenant ça suffit!*
Aber bedenke **bitte** Folgendes: ...	*Mais remarque bien ceci: ...*
Sag mir **bloß**, du hast es vergessen!	*Tu ne vas pas me dire que tu l'as oublié!*
Tu das bloß nicht!	*Surtout ne fais pas ça!*
Was machst du **denn** dort?	*Mais qu'est-ce que tu fais là?*
Hast du denn keine Hoffnung?	*N'as-tu donc aucun espoir?*
Er spielt **doch** gut.	*Il joue bien quand même.*
Das ist doch ein bisschen stark!	*C'est un peu fort quand même!*
Das ist **durchaus** möglich.	*C'est absolument possible./C'est tout à fait possible.*
Das ist **eben** der Unterschied.	*Voilà la différence!*
Er will eben nicht kommen.	*C'est qu'il ne veut pas venir.*
Das ist eben so.	*C'est comme ça, c'est tout!*
Was willst du **eigentlich** von mir?	*Au fait, que veux-tu de moi?*
Unser Betrieb ist eigentlich nicht so sehr von diesem Problem betroffen.	*A proprement parler, notre entreprise n'est pas tellement concernée par ce problème.*
Das ist **einfach** unglaublich!	*C'est absolument incroyable!*
Da muss ich einfach lachen!	*Je ne peux pas m'empêcher de rire.*
Glaubst du **etwa**, dass er sich für dich einsetzt?	*Crois-tu peut-être qu'il intercédera pour toi/en ta faveur?*
Wie heißt er denn **gleich**?	*Comment s'appelle-t-il déjà?*
Das hört sich gleich ganz anders an!	*Voilà qui est mieux!*
Das ist **halt** so.	*Eh bien/Ma foi, c'est comme ça.*
Man muss es/ihn halt ertragen.	*Il faut bien le supporter.*
Da kann man halt nichts machen.	*Ma foi, on ne peut rien y faire.*
Da ist er **ja**!	*Le voilà!*

Das fängt ja gut an!	*Ça commence bien.*
Das ist ja nicht zu glauben!	*Mais c'est incroyable!*
Sag es ihm ja nicht!	*Surtout ne le lui dis pas!*
Bilden Sie sich ja nicht ein, ...	*N'allez pas vous imaginer que ...*
Ich habe es ja gleich gewusst.	*Je m'y attendais.*
Das ist **lediglich** ein Test.	*C'est simplement un test./Ce n'est qu'un test.*
Hör **mal**!	*Ecoute (donc).*
Ich will Ihnen mal was sagen: ...	*Je vais vous dire une chose: ...*
Zeig mal!	*Fais voir!*
Das mag ich **nun mal** nicht.	*Je n'aime pas ça, un point, c'est tout.*
Das ist nun mal so.	*Il en est ainsi, que voulez-vous?*
Bedient euch **nur**!	*Servez-vous donc!*
Nur nicht lügen!	*Surtout ne pas mentir!*
Sie hat diesen Entschluss gefasst, ohne auch nur zu zögern.	*Elle a pris cette décision sans même hésiter/sans la moindre hésitation.*
Kommt **ruhig** herein!	*Entrez donc.*
Könntest du mir mal **schnell** zehn Euro leihen?	*Tu n'aurais pas dix euros à me prêter/*[fam.] *passer?*
Was macht das **schon**!	*Et après?/Qu'importe!/Qu'est-ce que ça peut faire?*
Was nützt es schon, sich vorher den Kopf darüber zu zerbrechen?	*A quoi bon se creuser la tête avant?*
Das wird schon stimmen.	*C'est sans doute vrai./C'est probablement vrai.*
Was ist schon dabei!	*Qu'est-ce que ça peut faire!*
Das ist **vielleicht** eine Type!	*C'est un type marrant./C'est un sacré numéro.*
Hab' ich vielleicht einen Durst!	*J'ai une de ces soifs!*
Du machst vielleicht ein Gesicht!	*Tu en fais une tête!*
Du hast vielleicht Glück!	*Tu en as de la chance!*
Das ist **wohl** nicht dein Ernst!	*Ce n'est pas sérieux?/Tu n'es pas sérieux?*
Du bist wohl ganz von Sinnen!	*Tu es fou, ou quoi?*

Kapitel 21 Verneinung und Einschränkung (Négation et restriction)

Die Verneinung (la négation)

Die Verneinung wird im Französischen mit *ne* und einem weiteren Element ausgedrückt. In familiärer Ausdrucksweise entfällt *ne*.

Die Verneinungselemente 312

1. *ne* + Adverbien:

ne ... pas	nicht
ne ... point [lit./reg.]	nicht
ne ... plus	nicht mehr
ne ... jamais	nie(mals)
ne ... guère [geh.]	kaum

2. *ne* + Pronomen:

ne ... aucun	kein
ne ... personne	niemand
ne ... rien	nichts

Die Stellung der Verneinungselemente 313

Das erste Verneinungselement *ne* steht immer vor der Verbform bzw. vor einem eventuell vorhandenen Personalpronomen/Pronominaladverb. Hinsichtlich des zweiten Elements gelten folgende Regeln:

1. Es steht nach der einfachen Verbform:

Je ne ronfle pas.	Ich schnarche nicht.
Je ne suis pas rancunier.	Ich bin nicht nachtragend.
Il n'arrête pas.	Er hört nicht auf.
Le cœur a ses raisons que la raison ne connaît point. (Pascal)	Das Herz hat seine Gründe, die der Verstand nicht kennt.
Nous ne le voyons pas.	Wir sehen ihn nicht.
Il ne comprend rien.	Er versteht nichts.
Il ne reçoit personne.	Er empfängt niemanden.
Elle n'y va plus.	Sie geht nicht mehr dorthin.
Elle n'est presque jamais malade.	Sie ist fast nie krank.
Nous n'allons guère au théâtre.	Wir gehen kaum ins Theater.

2. Bei den zusammengesetzten Verbformen stehen die Adverbien sowie *rien* vor dem Partizip:

Il n'est pas venu.	Er ist nicht gekommen.
Elle ne nous a pas téléphoné.	Sie hat uns nicht angerufen.
Il ne l'a plus revue.	Er hat sie nicht mehr wiedergesehen.
Jusqu'ici, je n'ai rien dit, mais je n'en pense pas moins!	Bis jetzt habe ich nichts gesagt, aber ich denke mir meinen Teil.
Je n'ai jamais dit ça.	Ich habe das niemals gesagt.

3. Beim Infinitiv Präsens erscheinen *ne pas/plus/jamais/rien* geschlossen vor diesem oder einem eventuell vorhandenen Personalpronomen/Pronominaladverb:

Je préfère ne plus y aller.	Ich gehe lieber nicht mehr hin.
Elle s'est détournée pour ne pas me saluer.	Sie hat sich abgewandt, um mich nicht grüßen zu müssen.
J'espère ne jamais tomber sur un tel chef.	Ich hoffe, nie an einen solchen Chef zu geraten.
Il vaut mieux ne pas le leur dire.	Es ist besser, es ihnen nicht zu sagen.
Il vaut mieux ne rien dire.	Es ist besser, nichts zu sagen.

4. Beim Infinitiv Perfekt können *ne pas/plus/jamais/rien* geschlossen vor dem Hilfsverb oder einem eventuell vorhandenen Personalpronomen/ Pronominaladverb stehen oder das zweite Element kann vor das Partizip treten:

Je regrette de ne pas l'avoir vue/ ne l'avoir pas vue.	Ich bedaure, sie nicht gesehen zu haben.
L'accusé prétend ne jamais l'avoir rencontré/ne l'avoir jamais rencontré.	Der Angeklagte behauptet, ihm nie begegnet zu sein.
Elle assure ne jamais y être montée/ n'y être jamais montée.	Sie versichert, niemals dort hinaufgestiegen zu sein.
Il jure ne rien y avoir changé/n'y avoir rien changé.	Er schwört, nichts daran geändert zu haben.

5. Die Pronomen *personne* und *aucun* stehen nach dem Partizip/Infinitiv:

Je n'ai vu personne.	Ich habe niemand gesehen.
As-tu déjà trouvé des fautes? – Non, jusqu'ici, je n'en ai trouvé aucune.	Hast du schon Fehler gefunden? – Nein, bis jetzt habe ich keinen gefunden.
Je ne veux froisser personne.	Ich will niemanden kränken.
Je n'ai téléphoné à aucun collègue.	Ich habe keinen Kollegen angerufen.

6. In Subjektfunktion erscheinen die Pronomen geschlossen (*personne/rien/aucun ne*) vor dem Verb oder einem eventuell vorhandenen Personalpronomen/Pronominaladverb:

Rien n'a changé.	Nichts hat sich geändert.
Rien ne va plus.	Nichts geht mehr.
Personne ne les écoute.	Niemand hört ihnen zu/auf sie.
Personne n'a rien dit quoi que ce soit.	Niemand hat irgendetwas gesagt.
Aucun n'en a parlé.	Keiner hat davon erzählt.
Aucun de ses tableaux n'a jamais été vendu.	Keines seiner Bilder ist je verkauft worden.

Anmerkung: Nur in Subjektfunktion gebraucht wird *Nul ne ...* [geh.] keiner/niemand: *Nul n'est prophète en son pays.* – Der Prophet gilt nichts in seinem Vaterlande.

7. Von den Adverbien kann als einziges *jamais* am Satzanfang stehen. Dabei kann bei einem folgenden Substantiv in der Schriftsprache der Artikel entfallen:

Jamais une décision n'a été aussi controversée.	Niemals war eine Entscheidung so umstritten.
Jamais conjoncture n'a été aussi favorable aux thèmes de l'environnement.	Niemals war die Lage für Umweltthemen so günstig.

Anmerkung: Da die anderen Adverbien nicht am Satzanfang stehen können, müssen deutsche Sätze, die z.B. mit 'Nicht' + Pronomen oder Adverb beginnen, folgendermaßen formuliert werden: Nicht alle wünschen es. – *Tous ne le souhaitent pas.* Nicht allein die Werbung fordert zum Konsum auf. – *La publicité n'est pas la seule/n'est pas seule* [geh.] *à inviter/inciter à la consommation.*

Die Verstärkung der Verneinung 314
(le renforcement de la négation)

Die Verneinungselemente *ne ... pas/plus/rien* können durch *du tout* verstärkt werden. Bei den zusammengesetzten Verbformen folgt *du tout* entweder unmittelbar auf das Verneinungselement, steht also vor dem Partizip, oder es folgt ihm:

Il ne se rase plus du tout.	Er rasiert sich überhaupt nicht mehr.
Elle ne m'aime pas du tout.	Sie liebt mich überhaupt nicht.
Je n'ai rien du tout trouvé./Je n'ai rien trouvé du tout.	Ich habe überhaupt nichts gefunden.
Elle ne s'en est pas du tout souvenue./Elle ne s'en est pas souvenue du tout.	Sie hat sich überhaupt nicht daran erinnert/erinnern können.

315 Wegfall von *pas* in der Schriftsprache

In folgenden Fällen kann in der Schriftsprache *pas* entfallen:

1. nach den Verben *cesser, oser, pouvoir* und *savoir*:

L'état de santé de mon père ne cesse (pas) de se détériorer.	Der Gesundheitszustand meines Vaters verschlechtert sich ständig.
Je n'ose (pas) le contredire.	Ich wage nicht ihm zu widersprechen.
Je ne peux (pas) refuser.	Ich kann nicht ablehnen.
Il ne savait (pas) comment s'y prendre.	Er wusste nicht, wie er es anstellen sollte.

Aber: *Il n'a pas osé ne pas nous recevoir.* – Er hat es nicht gewagt, uns nicht zu empfangen.

2. in konditionalen Wendungen und Ausdrücken:

Si je ne me trompe (pas), .../ *Si je ne fais (pas) erreur, ...*	Wenn ich mich nicht täusche, ...
Si ce n'était (pas) toi, c'était lui.	Wenn du es nicht warst, war er es.

3. nach *il y a/voilà* + Zeitangabe + *que*:

Il y a longtemps qu'il n'a (pas) donné de ses nouvelles.	Er hat schon lange nichts mehr von sich hören lassen.
Voilà cinq ans que nous ne sommes (pas) allés en Espagne.	Seit fünf Jahren sind wir nicht mehr in Spanien gewesen.

Anmerkung: In den angeführten Beispielen kann *pas* durch *plus* ersetzt werden.

4. in einigen Fragesätzen:

Qui ne s'accroche (pas) à la vie?	Wer hängt nicht am Leben?
Combien de temps y a-t-il que vous ne vous êtes (pas) habillée de cette façon?	Wie lange haben Sie sich nicht mehr so gekleidet?

5. In folgenden Wendungen entfällt *pas* immer:

N'importe.	Das macht nichts.
Je ne puis/saurais vous le dire [geh.].	Ich kann es Ihnen nicht sagen.
Qu'à cela ne tienne!	Darauf soll es nicht ankommen!
Il prétend qu'il n'a pas le temps; n'empêche qu'il sort tous les soirs.	Er behauptet, er habe keine Zeit; trotzdem geht er jeden Abend aus.

Anmerkung: Anstelle von *n'empêche que* kann auch *cela n'empêche (pas) que* stehen.

Kombinationen mit Adverb + Adverb/Pronomen

316

Hinsichtlich der Stellung gelten dieselben Regeln wie in § 312:

ne ... plus jamais/ne ... jamais plus	nie mehr
ne ... jamais rien	nie etwas
ne ... jamais personne	nie jemand
ne ... jamais aucun	nie irgendein
ne ... plus guère/ne .. guère plus	kaum noch
ne ... plus rien	nichts mehr
ne ... plus personne	niemand mehr
ne ... plus aucun	kein ... mehr
ne ... toujours rien	immer noch nichts
ne ... toujours personne	immer noch niemand
ne ... toujours aucun	immer noch kein
ne ... pas encore	noch nicht
ne ... encore pas/toujours pas	immer noch nicht
ne ... encore rien/rien encore	noch nichts
ne ... encore personne	noch niemand
ne ... encore aucun	noch kein
ne ... encore jamais	noch nie
ne ... pas non plus	auch nicht
ne ... même pas/pas même	nicht einmal
ne ... même plus	nicht einmal mehr
ne ... nulle part	nirgends/nirgendwo(hin)

Je ne m'étonne plus de rien.	Ich wundere mich über nichts mehr.
Nous n'avons eu plus aucun soutien ni des partis politiques ni des médias.	Wir haben keine Unterstützung mehr bekommen, weder von den politischen Parteien, noch von den Medien.
Je n'ai jamais rien compris en physique.	Ich habe in Physik nie etwas verstanden.
Je n'avais jamais rien vu d'aussi beau.	Ich hatte niemals etwas so Schönes gesehen.
Elle ne manifeste jamais aucune émotion.	Sie zeigt nie irgendeine Regung.
Mon mari n'est pas dans son assiette non plus.	Mein Mann ist auch nicht auf dem Damm/fühlt sich auch nicht wohl.
Personne ne lui donnait plus rien.	Niemand gab ihm noch etwas.
Plus personne n'a rien dit.	Niemand hat mehr etwas gesagt.

Unterscheide: *Il ne travaille pas toujours.* – Er arbeitet nicht immer.
Il ne travaille toujours pas. – Er arbeitet immer noch nicht.

Merke: Ich arbeite nicht mehr. – *Je ne travaille plus.* Ich arbeite auch nicht. – *Je ne travaille pas non plus.* Ich arbeite auch nicht mehr. – *Je ne travaille plus moi non plus./Moi aussi, j'ai arrêté de travailler.*

317 Der Gebrauch von *ni ... ni*

1. Die Verneinung *ni ... ni* kann nur in Verbindung mit *ne* gebraucht werden, außer in Sätzen ohne Verb:

Je ne suis ni Italien ni Espagnol.	Ich bin weder Italiener noch Spanier.
Ils ne savaient ni l'un ni l'autre ce qui arrivait.	Sie wussten beide nicht, was los war.
Il n'est ni pour ni contre.	Er ist weder dafür noch dagegen.
Elle n'a ni écrit ni téléphoné.	Sie hat weder geschrieben noch angerufen.
Un analphabète, c'est quelqu'un qui ne sait ni lire ni écrire.	Ein Analphabet ist jemand, der weder lesen noch schreiben kann.
Je ne joue ni de la flûte ni du violon.	Ich spiele weder Flöte noch Geige.
Tu connais M. Grange et M. Blondel? – Ni l'un ni l'autre.	Kennst du Herrn Grange und Herrn Blondel? – Weder (den einen) noch (den anderen).

2. Wird das direkte Objekt verneint, so bleibt der bestimmte Artikel erhalten, während der unbestimmte Artikel und der partitive Artikel entfallen:

Il ne sait ni l'anglais ni l'allemand.	Er kann weder Englisch noch Deutsch.
Mes élèves n'ont ni dictionnaire ni grammaire.	Meine Schüler haben weder ein Wörterbuch noch eine Grammatik.
Je ne mange ni viande ni poisson.	Ich esse weder Fleisch noch Fisch.

Aber: *Ce n'est ni du cognac ni du whisky.* – Das ist weder Cognac noch Whisky.

3. Bezieht sich die Verneinung auf weitere finite Verbformen, so muss vor jeder dieser Formen *ni ne* stehen:

Il ne mange, ni ne boit, ni ne parle.	Er isst nicht, noch trinkt er, noch spricht er.
Elle ne l'a ni vu ni ne lui a téléphoné.	Sie hat ihn weder gesehen noch hat sie ihn angerufen.
Je ne veux ni ne peux te le dire.	Ich will und kann es dir nicht sagen.

4. In Subjektfunktion erscheint *Ni ... ni ... ne*. Dabei kann das Prädikat im Singular oder im Plural stehen:

Ni mon frère ni ma sœur ne s'intéresse(nt) au sport.	Weder mein Bruder noch meine Schwester interessieren sich für Sport.

Anmerkung: In der gesprochenen Sprache wird in diesem Fall oft anders formuliert: *Mon frère ne s'intéresse pas au sport, (et) ma sœur non plus.*

Der Gebrauch von *non/pas*

Fehlt ein Verb oder bezieht sich die Negation nicht auf das Verb, sondern auf einen anderen Satzteil, steht *non* bzw. *pas*.

1. Dt. '(ich) nicht' wird durch *(moi) non/pas moi* oder [gesprochene Sprache] *moi pas* ausgedrückt, '(ich) auch nicht' durch *(moi) non plus*:

Tu as fait la version de latin? – Moi non./Pas moi./Moi pas.	Du hast die Lateinübersetzung gemacht? – Ich nicht.
Je n'ai pas vu ce film. Et toi? – Moi non plus.	Ich habe diesen Film nicht gesehen. Und du? – Ich auch nicht.

Anmerkung: Wird einer verneinten Aussage eine bejahte entgegengesetzt, so steht *si*: *Moi, je n'ai pas faim. – Moi si.* Ich habe keine Hunger. – Ich ja/schon.

2. Dt. 'oder nicht' wird mit *ou non* oder *ou pas* wiedergegeben:

Tu viens ou non/ou pas?	Kommst du oder nicht?
Vous y allez ou non/ou pas?	Geht ihr hin oder nicht?

3. Dt. 'und nicht' wird durch *et non/pas* oder verstärktes *et non pas* ausgedrückt:

Je parle italien, et non/pas/non pas russe.	Ich spreche Italienisch und nicht Russisch.
Ce mot vient de l'arabe, et non/pas/ non pas du latin.	Dieses Wort kommt aus dem Arabischen und nicht aus dem Lateinischen.

4. Wird ein Partizip, ein Adverb oder ein Adjektiv innerhalb einer Nominalgruppe verneint, so geschieht es mit Hilfe von *pas*:

Nous avons joué sur une pelouse pas bien tondue.	Wir haben auf einem nicht gut gemähten Rasen gespielt.
C'est une ville pas loin de Paris.	Das ist eine Stadt, die nicht weit von Paris entfernt ist.
Il a présenté l'histoire de sa famille sous un jour pas très favorable.	Er hat die Geschichte seiner Familie in nicht sehr günstigem Licht dargestellt.

Merke: *un comportement pas comme il faut* ein unschickliches Benehmen

5. Nach *croire, dire* und *espérer* steht *non* in der Bedeutung von 'nein/nicht':

Qu'est-ce qu'elle a dit? – Elle a dit (que) non.	Was hat sie gesagt? – Sie hat nein gesagt.
Est-ce qu'il va réussir (à) son bac? – Je crois que non.	Wird er das Abi bestehen? – Ich glaube nicht.
Ils auront raté le train. – J'espère que non.	Sie werden den Zug verpasst haben. – Ich hoffe nicht.

6. *Non* wird als Präfix vor Adjektiven/Partizipien und Substantiven verwendet:

une personne non autorisée	eine nicht berechtigte Person
la peinture non(-)figurative	die abstrakte Malerei
une boisson non alcoolisée	ein alkoholfreies Getränk
la non-ingérence dans les affaires intérieures d'un Etat	die Nichteinmischung in die inneren Angelegenheiten eines Staates
la zone non-fumeurs	die Nichtraucherzone
la non-reconnaissance	die Nichtanerkennung
le pacte de non-agression	der Nichtangriffspakt
le traité de non-prolifération des armes nucléaires	der Atomwaffensperrvertrag
la non-existence	die Nichtexistenz/das Nichtvorhandensein
la non-comparution	das Nichterscheinen [vor Gericht]
le non-respect du tribunal	die Nichtachtung des Gerichts
la non-exécution	die Nichterfüllung [eines Vertrags]

319 Die Pronomen *personne/aucun/rien* in Sätzen ohne Verb

In Sätzen ohne Verb entfällt *ne* vor den Pronomen *personne/aucun/rien*:

Qu'est-ce qu'il a répondu? – Rien du tout.	Was hat er geantwortet? – Überhaupt nichts.
Qu'est-ce que tu cherches? – Rien.	Was suchst du? – Nichts.
Combien de lettres as-tu reçues? – Aucune.	Wie viele Briefe hast du bekommen? – Keinen (einzigen).
Combien d'amis a-t-il? – Aucun.	Wie viele Freunde hat er? – Keinen.
Qui t'a permis de manger tout le gâteau? – Personne.	Wer hat dir erlaubt, den ganzen Kuchen zu essen? – Niemand.
De qui venez-vous de parler? – De personne.	Von wem habt ihr gerade gesprochen? – Von niemandem.

Anmerkung: An die Stelle von *aucun(e)* kann *pas un(e) seul(e)* treten.

Der Gebrauch von *jamais* in bejahender Bedeutung 320

Zum bejahenden Gebrauch der Indefinita *aucun, personne* und *rien* vgl. § 89 Anm. 2, § 92 Anm. 2 und § 93 Anm. 4.

In folgenden Fällen entspricht *jamais* dt. 'jemals':

1. nach hypothetischem *si*:

Si jamais tu le vois, dis-lui de me téléphoner.	Falls du ihn siehst, sag ihm, er soll mich anrufen!

2. nach einem Komparativ:

Elle est plus belle que jamais. *Aujourd'hui, il a mieux joué que jamais.*	Sie ist schöner als je zuvor. Heute hat er besser gespielt als je zuvor.

3. im Relativsatz, wenn der Vordersatz einen Superlativ enthält:

Florence est la plus belle ville que j'aie jamais visitée. *C'est la réponse la plus impertinente que j'aie jamais entendue.*	Florenz ist die schönste Stadt, die ich jemals besucht habe. Das ist die unverschämteste Antwort, die ich jemals gehört habe.

4. im Fragesatz:

As-tu jamais vu une telle impudence?	Hast du jemals/schon einmal eine solche Unverschämtheit gesehen?

5. nach Ausdrücken des Zweifelns:

Je doute qu'on puisse jamais vaincre toutes les maladies.	Ich bezweifle, dass man jemals alle Krankheiten besiegen kann.

6. nach *sans/sans que*:

Il fait tout ce qu'on lui dit sans jamais rouspéter. *Elle se mettait au travail sans qu'il y ait jamais eu besoin de l'y encourager.*	Er macht alles, was man ihm sagt, ohne jemals zu meckern. Sie machte sich an die Arbeit, ohne dass es jemals notwendig war/gewesen wäre, sie dazu aufzufordern.

321 Das pleonastische *ne* (le ne explétif)

In folgenden Fällen kann *ne* erscheinen, ohne dass es verneinende Wirkung hat:

1. nach den Verben *contester, douter* und *nier* im verneinten Satz oder im Fragesatz:

Je ne doute pas que ton père (ne) le sache.	Ich zweifle nicht, dass dein Vater es weiß.
Niez-vous qu'il (ne) soit à la hauteur de cette tâche?	Bestreiten Sie, dass er dieser Aufgabe gewachsen ist?
Je ne conteste pas qu'elle (n') ait dit la vérité.	Ich bestreite nicht, dass sie die Wahrheit gesagt hat.

2. nach den Verben *empêcher, éviter, avoir peur* und *craindre* im bejahten Satz sowie in den Ausdrücken *il s'en faut de peu/peu s'en faut*:

Évitez que les questions (ne) soient trop difficiles.	Sehen Sie zu, dass die Fragen nicht zu schwierig sind (eig. Vermeiden Sie, dass ...).
Il faut empêcher que cette toux (ne) dégénère en bronchite.	Man muss verhindern, dass dieser Husten sich zu einer Bronchitis entwickelt.
Je crains qu'il (ne) pleuve ce soir.	Ich fürchte, es regnet heute Abend.
J'ai peur que mon fils (n') abandonne ses études.	Ich habe Angst, dass mein Sohn sein Studium aufgibt.
Peu s'en est fallu que les deux voitures (ne) se tamponnent.	Es hätte/hat nicht viel daran gefehlt, dass die beiden Autos aufgefahren wären/und die beiden Autos wären aufgefahren.

3. nach den Konjunktionen *avant que, à moins que, de peur/crainte que*:

Il faut tondre la pelouse avant qu'il (ne) se mette à pleuvoir.	Man muss den Rasen mähen, bevor es zu regnen anfängt.
Pascal ne viendra pas, à moins que tu (n') ailles le chercher.	Pascal wird nicht kommen, es sei denn, du holst ihn ab.

4. in Komparativsätzen:

Tout est allé mieux que je (ne) l'avais espéré.	Alles ging besser, als ich gehofft hatte.
Mon ami gagne plus d'argent que sa femme (ne) peut en dépenser.	Mein Freund verdient mehr Geld, als seine Frau ausgeben kann.

Die Wiedergabe von dt. 'kein' im Französischen **322**

1. 'Kein(e)' in Subjektfunktion wird durch *aucun(e) ... ne* wiedergegeben:

Keine Lösung wurde akzeptiert. Kein Mensch ist unsterblich.	*Aucune solution n'a été acceptée.* *Aucun homme n'est immortel.*

2. 'Das ist kein(e)' wird durch *ce n'est pas un(e)* ausgedrückt, wenn im bejahten Satz *c'est un(e)* steht:

Das ist ein Fehler. Das ist kein Fehler.	*C'est une faute.* *Ce n'est pas une faute.*
Das ist keine Lösung Das ist kein Mann, das ist ein Waschlappen.	*Ce n'est pas une solution.* *Ce n'est pas un homme, c'est un dégonflé.*

Merke: Das ist keine einfache Sache. – *Ce n'est pas chose simple/aisée.*

3. 'Das ist/sind kein(e)' wird mit *ce n'est/ne sont pas* + partitiver Artikel bzw. unbest. Artikel im Plural wiedergegeben, wenn diese Artikelformen im bejahten Satz stehen:

Das ist Tee. Das ist kein Tee.	*C'est du thé.* *Ce n'est pas du thé.*
Das ist keine Konfitüre. Das sind keine Spanier.	*Ce n'est pas de la confiture.* *Ce ne sont pas des Espagnols.*

4. In Sätzen ohne Verb erscheint *pas de* bzw. *aucun*:

Kein Problem. Keine Post.	*Pas de/Aucun problème.* *Pas de courrier.*

5. Erscheint im bejahten Satz das direkte Objekt mit dem unbestimmten oder dem partitiven Artikel, so steht im verneinten Satz *pas de*:

Ich lerne Latein. Ich lerne kein Latein.	*Je fais du latin.* *Je ne fais pas de latin.*
Ich habe ein Auto. Ich habe kein Auto.	*J'ai une voiture.* *Je n'ai pas de voiture.*
Es gibt eine Lösung. Es gibt keine Lösung.	*Il y a une solution.* *Il n'y a pas de solution.*
Ich nehme Schlafmittel. Ich nehme keine Schlafmittel.	*Je prends des somnifères.* *Je ne prends pas de somnifères.*
Jean hat Geld. Jean hat kein Geld.	*Jean a de l'argent.* *Jean n'a pas d'argent.*

Anmerkung 1: Verstärktes 'kein' wird durch *ne ... aucun* ausgedrückt: (Die) Terroristen haben keine(rlei) Achtung vor dem menschlichen Leben. – *Les terroristes n'éprouvent aucun respect pour la vie humaine.*

Anmerkung 2: Liegt positive Bedeutung vor, so steht der Teilungsartikel: Ich verdiene kein Geld, um es zum Fenster hinauszuwerfen. – *Je ne gagne pas de l'argent pour le jeter par les fenêtres.* Der Sinn ist: Ich verdiene wohl Geld, aber keines zum Vergeuden.

Anmerkung 3: *Pas un(e)* bedeutet 'kein(e) einzige(r)': Ich habe keinen einzigen Augenblick für mich. – *Je n'ai pas un moment à moi.*

6. Erscheint im bejahten Satz kein Artikel, so steht auch im verneinten Satz keiner:

Ich habe Angst. Ich habe keine Angst.	*J'ai peur.* *Je n'ai pas peur.*
Ich spreche Französisch. Ich spreche kein Französisch.	*Je parle français.* *Je ne parle pas français.*
Meine Tochter hat noch Halsweh. Meine Tochter hat kein Halsweh mehr.	*Ma fille a encore mal à la gorge.* *Ma fille n'a plus mal à la gorge.*
Es gibt eine Möglichkeit, es anders zu machen. Es gibt keine Möglichkeit, es anders zu machen.	*Il y a moyen de faire autrement.* *Il n'y a pas moyen de faire autrement.*
Es scheint die Sonne. Es scheint keine Sonne.	*Il fait soleil.* *Il ne fait pas soleil.*
Am Samstag ist Unterricht. Am Samstag ist kein Unterricht.	*Il y a classe samedi.* *Il n'y pas classe samedi.*
Es macht ihm Spaß, seine Freunde in den April zu schicken. Es macht ihm keinen Spaß, seine Freunde in den April zu schicken.	*Il prend plaisir à faire un poisson d'avril à ses amis.* *Il ne prend pas plaisir à faire un poisson d'avril à ses amis.*
Dieses Wort bildet eine Ausnahme. Dieses Wort bildet keine Ausnahme.	*Ce mot fait exception.* *Ce mot ne fait pas exception.*
Das bringt Glück. Das bringt kein Glück.	*Ça porte bonheur.* *Ça ne porte pas bonheur.*
Ich habe Durst. Ich habe keinen Durst.	*J'ai soif.* *Je n'ai pas soif.*

Auch: *Je ne parle pas le français* und *Il ne fait pas de soleil*, weil der bejahte Satz auch *Je parle le français* und *Il fait du soleil* lauten kann.

Merke: Er sagt kein Wort. – *Il ne dit mot.*

7. Steht im bejahten Satz der bestimmte Artikel, so erscheint er auch im verneinten Satz:

Ich habe Zeit, (um) ins Kino zu gehen. Ich habe keine Zeit, (um) ins Kino zu gehen.	*J'ai le temps d'aller au cinéma.* *Je n'ai pas le temps d'aller au cinéma.*

Ich habe Fieber. Ich habe kein Fieber.	*J'ai la fièvre.* *Je n'ai pas la fièvre.*
Ich sehe eine Möglichkeit, ihn umzustimmen. Ich sehe keine Möglichkeit, ihn umzustimmen.	*Je vois la possibilité de le faire changer d'avis.* *Je ne vois pas la possibilité de le faire changer d'avis.*
Unser Mathelehrer versteht Spaß. Unser Mathelehrer versteht keinen Spaß.	*Notre prof de maths comprend la plaisanterie.* *Notre prof de maths ne comprend pas la plaisanterie.*
Ich rauche Pfeife. Ich rauche keine Pfeife.	*Je fume la pipe.* *Je ne fume pas la pipe.*
Ich habe ein Zahlengedächtnis. Ich habe kein Zahlengedächtnis.	*J'ai la mémoire des chiffres.* *Je n'ai pas la mémoire des chiffres.*
Du hast ein leichtes Leben. Du hast kein leichtes Leben.	*Tu as la vie facile.* *Tu n'as pas la vie facile.*
Wir haben schon Telefon. Wir haben noch kein Telefon.	*On a déjà le téléphone.* *On n'a pas encore le téléphone.*

Auch: *Je n'ai pas de fièvre*, weil der bejahte Satz auch *J'ai de la fièvre* lauten kann.

Merke: Meine Frau hat die Nacht kein Auge zugemacht. – *Ma femme n'a pas fermé l'œil de la nuit.* Eine Schwalbe macht noch keinen Sommer. – *Une hirondelle ne fait pas le printemps.*

8. Bei präpositionalen Objekten erscheint *aucun(e)*:

Ich spiele ein Instrument. Ich spiele kein Instrument.	*Je joue d'un instrument.* *Je ne joue d'aucun instrument.*
Er hat einen Brief beantwortet. Er hat keinen Brief beantwortet.	*Il a répondu à une lettre.* *Il n'a répondu à aucune lettre.*
Du hast dich nach einem Mädchen umgeschaut. – Ich? Ich habe mich nach keinem Mädchen umgeschaut.	*Tu t'es retourné sur une jeune fille. – Moi? Je ne me suis retourné sur aucune jeune fille.*

Anmerkung: Wird der Name des Instrumentes genannt, so bleibt *du/de la* im verneinten Satz erhalten: Ich spiele kein Klavier. – *Je ne joue pas du piano.* Sie spielt keine Flöte. – *Elle ne joue pas de la flûte.*

Die Einschränkung (la restriction) 323

1. Zur Einschränkung des Subjekts gebraucht man *il n'y a que ... qui* + Konj. oder *seul*. Ebenfalls möglich ist *le seul* + Infinitiv oder Relativsatz (vgl. §§ 258.9, 217.5):

Il n'y a que mon fils qui s'y connaisse./ Seul mon fils/Mon fils seul s'y connaît./Mon fils est le seul à s'y connaître/qui s'y connaisse.	Nur mein Sohn kennt sich damit aus.

Il n'y a que la langue sarde qui ait conservé ce mot./Seule la langue sarde/La langue sarde seule a conservé ce mot./La langue sarde est la seule à avoir conservé ce mot/qui ait conservé ce mot.	Nur die sardische Sprache hat dieses Wort bewahrt.

Anmerkung 1: Ist das Subjekt ein Personalpronomen, so geht es *seul* voraus: *Lui seul s'y connaît.* – Nur er kennt sich aus.

Anmerkung 2: Dt. 'Nicht nur' in Subjektfunktion wird durch *il n'y a pas que* + best. Artikel + Substantiv + Relativsatz ausgedrückt: Nicht nur Frauen haben Launen! – *Il n'y pas que les femmes qui aient des caprices.* Ebenfalls möglich ist ein Infinitivsatz mit *à*: *Les femmes ne sont pas seules à avoir des caprices.* In diesem Fall ist *seul* nicht möglich.

Anmerkung 3: Besteht das Subjekt aus einer Zahlenangabe, kann es auch durch *seulement* eingeschränkt werden: *Seulement 28% des Français ont le sentiment d'être bien representés par un parti politique.* – Nur 28% der Franzosen fühlen sich von einer politischen Partei gut vertreten.

2. Wird ein anderes Satzglied (direktes Objekt, indirektes/präpositionales Objekt, adverbiale Ergänzung, Prädikatsnomen) eingeschränkt, so steht *ne ... que* oder *seulement*:

Je n'ai qu'une semaine de vacances./ J'ai seulement une semaine de vacances.	Ich habe nur eine Woche Ferien.
De Mannheim à Heidelberg, il n'y a qu'un saut (de puce)/il y a seulement un saut (de puce).	Von Mannheim nach Heidelberg ist es nur ein Katzensprung.
Elle n'écrit qu'à sa mère./Elle écrit seulement à sa mère.	Sie schreibt nur ihrer Mutter.
Ton frère ne pense qu'à s'amuser./ Ton frère pense seulement à s'amuser.	Dein Bruder denkt nur ans Vergnügen.
Il ne passe ses vacances qu'en Italie./ Il passe ses vacances seulement en Italie.	Er verbringt seine Ferien nur in Italien
Ce n'est qu'une plaisanterie./C'est seulement une plaisanterie.	Das ist nur ein Scherz.

Anmerkung: Dt. 'nicht nur' + Substantiv in Objektfunktion wird mit *ne ... pas que/ne ... pas seulement* wiedergegeben: Ich lese nicht nur Kriminalromane. – *Je ne lis pas que des romans policiers./Je ne lis pas seulement des romans policiers.*

3. Ausschließlich *seulement* wird verwendet,

3.1. wenn ein *que*-Satz das eingeschränkte Objekt darstellt:

Je sais seulement qu'il est parti.	Ich weiß nur, dass er abgereist ist.
Par là, je veux seulement dire que je suis déçu.	Ich will damit nur sagen, dass ich enttäuscht bin.

3.2. wenn sich die Einschränkung auf ein prädikatives Adjektiv bezieht:

Je suis seulement triste.	Ich bin nur traurig.
Nous sommes seulement surpris.	Wir sind nur überrascht.

3.3. wenn der Satz kein Verb enthält:

Le plein? – Non, seulement vingt litres.	Volltanken? – Nein, nur 20 Liter.

3.4. wenn sich 'nur' auf den ganzen Satz bezieht:

Seulement, il ne faut pas oublier que c'est sa femme qui s'occupe de tout.	Nur darf man nicht vergessen, dass seine Frau sich um alles kümmert.

3.5. vor einem Infinitiv:

Je veux seulement dormir.	Ich will nur schlafen.
Il veut seulement se reposer.	Er will sich nur ausruhen.

3.6. vor einem artikellosen Substantiv:

J'ai seulement soif.	Ich habe nur Durst.
Il a seulement pitié d'elle.	Er hat nur Mitleid mit ihr.

3.7. bei der Wiedergabe von 'nicht nur ... sondern auch' durch *non seulement ... mais aussi* bzw. *ne ... pas seulement ... mais aussi*:

Non seulement mon argent a disparu, mais ma carte d'identité aussi.	Nicht nur mein Geld ist verschwunden, sondern auch mein Personalausweis.
Je ne fais pas seulement de l'italien, mais aussi de l'espagnol.	Ich lerne nicht nur Italienisch, sondern auch Spanisch.

4. Ein Verb kann durch *ne faire que* im Sinne von 'nichts anderes tun, als' eingeschränkt werden:

Il ne fait que répéter les mêmes choses.	Er wiederholt nur dieselben Dinge.
Tu ne fais que dormir.	Du schläfst nur.
Ces mots ne font que refléter l'opinion de la plupart de la population.	Diese Worte spiegeln lediglich die Meinung des größten Teils der Bevölkerung wider.

Unterscheide: *Il ne fait que dormir.* – Er schläft nur.
Il dort seulement. – Er schläft nur (= Er ist nicht tot).

5. Die Wiedergabe deutscher Wendungen mit 'nur':

Du brauchst es nur zu sagen.	*Tu n'as qu'à le dire.*
Er ist auch nur ein Mann.	*Ce n'est qu'un homme.*
Man braucht nur den ersten Teil des Textes zu lesen, um zu verstehen ...	*Il suffit de lire la première partie du texte pour comprendre ...*
Wenn ich nur daran denke, läuft mir das Wasser im Mund zusammen.	*Rien que d'y penser, l'eau me vient à la bouche.*
Alles nur dummes Gerede.	*Chansons que tout cela.*
Nur nicht lügen!	*Surtout ne pas mentir!*
Nur keine Müdigkeit vortäuschen!	*Ne pas jouer au fatigué!*
Ein kleines Haus nur für uns.	*Une petite maison rien que pour nous.*
Immer weniger wollen die Frauen 'nur' Hausfrau sein.	*De moins en moins, les femmes veulent rester au foyer.*
Ich will mich nur noch umziehen.	*Juste le temps de me changer.*
Ich will nur noch meinen Mann benachrichtigen.	*Le temps que je prévienne mon mari.*

6. Dt. 'fast nur' wird durch *ne ... guère que* ausgedrückt:

Nous ne buvons guère que du vin de France.	Wir trinken fast nur französischen Wein.

7. *Ne ... que* dient auch zur Wiedergabe von dt. 'erst':

Ce n'est qu'en 1990 que cette loi est entrée en vigueur./C'est seulement en 1990 que cette loi ...	Erst 1990 ist dieses Gesetz in Kraft getreten.
Il n'est que cinq heures.	Es ist erst fünf (Uhr).
La petite amie de mon fils n'a que quinze ans.	Die Freundin meines Sohnes ist erst fünfzehn.

Kapitel 22 Die Präpositionen (Les prépositions)

Übersicht über die Präpositionen und präpositionalen Fügungen 324

à (vgl. § 325)	
en l'absence du *chancelier* *en l'absence de preuves*	in Abwesenheit des Kanzlers mangels Beweisen
abstraction faite de *ce problème*	abgesehen von diesem Problem
en accord avec *le gouvernement*	in Übereinstimmung mit der Regierung
à l'aide d'*une échelle*	mit Hilfe einer Leiter
avec l'aide de *mon père*	mit Hilfe meines Vaters
après *la fête*	nach dem Fest
d'après *ce sondage d'opinion*	nach dieser Meinungsumfrage/dieser Meinungsumfrage zufolge
à l'aube de *la Renaissance* [geh.]	zu Beginn der Renaissance
auprès de *l'église* [geh.] *être populaire auprès des jeunes* *Mon vocabulaire est pauvre auprès de celui de mon frère* [geh.].	neben der Kirche bei den Jugendlichen beliebt sein Mein Wortschatz ist arm im Vergleich zu dem meines Bruders.
sous les auspices de *l'ONU* [geh.]	unter dem Schutz/der Leitung der UNO
autour de *la maison*	um das Haus herum
avant *l'examen* *la deuxième maison avant l'église*	vor der Prüfung das zweite Haus vor der Kirche
avec (vgl. § 326)	
sur la base *de ce contrat*	auf der Grundlage dieses Vertrages
au bénéfice de *nos enfants*	zugunsten unserer Kinder
par le biais d'*une augmentation des impôts*	auf dem Umweg über eine Steuererhöhung
à bord d'*un Boeing*	an Bord einer Boeing
au bord de *la mer*	am Meer
en bordure de *la route*	am Straßenrand
au bout de *trois heures*	nach drei Stunden
dans le cadre de *ce plan*	im Rahmen dieses Planes
en cas de *guerre*	im Falle eines Krieges
à cause de *ta mauvaise conduite*	wegen deines schlechten Betragens
au centre de *l'attention*	im Mittelpunkt der Aufmerksamkeit
chez (vgl. § 327)	
au cœur de *l'Europe* *au cœur de l'hiver* *au cœur des débats*	im Herzen Europas/mitten in Europa mitten im Winter im Mittelpunkt der Debatte
en collaboration avec/avec la collaboration de *nombreux spécialistes*	unter Mitarbeit zahlreicher Spezialisten
en compagnie d'*une femme*	in Begleitung einer Frau/zusammen mit einer Frau

en commémoration de*s morts*	zum Andenken/Gedenken an die Toten
par comparaison à/avec/ ***en comparaison de*** *ma mère*	im Vergleich zu meiner Mutter
pour le compte de *la CIA*	im Auftrag des CIA
en concertation avec *les clubs*	in Absprache mit den Klubs
sur le conseil de *mon médecin*	auf Anraten meines Arztes
en considération de *sa maladie*	in Anbetracht seiner/ihrer Krankheit mit Rücksicht auf seine/ihre Krankheit
contrairement à *mes habitudes*	im Gegensatz zu meinen Gewohnheiten
contre *un arbre*	gegen einen Baum
en contrebas d*u château*	unterhalb des Schlosses
côté *argent* [fam.]	punkto Geld
à côté de *la gare*	neben dem Bahnhof
sous couleur de *libre-échange* [geh.]	unter dem Vorwand des Freihandels
dans le courant de *la semaine*	im Laufe der Woche
au cours de *ma vie* *au cours d'une promenade*	im Laufe meines Lebens während eines Spaziergangs
dans (vgl. § 328)	
de (vgl. § 329)	
début *mai*	Anfang Mai
au début de *la conférence*	zu Beginn der Konferenz
en début de *matinée*	am frühen Vormittag
déduction faite des *frais*	unter Abzug der Kosten
à défaut de *mieux*	in Ermangelung eines Besseren
en dehors de *la ville* *en dehors de cela*	außerhalb der Stadt außerdem
au-delà de *la rivière*	jenseits des Flusses
à/sur la demande d*u ministre*	auf Wunsch/Verlangen des Ministers
aux dépens de *mes collègues*	auf Kosten meiner Kollegen
en dépit de *cette défaite*	trotz dieser Niederlage
depuis *trois semaines*	seit drei Wochen
derrière *l'église*	hinter der Kirche
dès *mon arrivée* *dès son enfance*	gleich bei meiner Ankunft von Kindheit an
au-dessous d*u genou*	unterhalb des Knies
au-dessus de *la terrasse*	oberhalb der Terrasse
au détriment de *l'économie*	zum Nachteil der Wirtschaft
devant *le téléviseur* *devant la loi* *devant cette situation*	vor dem Fernseher vor dem Gesetz angesichts dieser Lage
à la différence de *l'allemand*	im Unterschied zum Deutschen
sous la direction d'*un célèbre chef d'orchestre*	unter der Leitung eines berühmten Dirigenten
à *quelques années* ***de distance***	einige Jahre später/im Abstand von einigen Jahren
dans le domaine d*u droit*	auf dem Gebiet des Rechts

étant donné *la situation financière*	aufgrund der finanziellen Lage
à droite de *notre école*	rechts von unserer Schule
durant *la nuit* *deux heures durant*	während der Nacht ganze/geschlagene zwei Stunden
sous l'effet de *la drogue*	unter der Wirkung der Droge
à l'égard de*s élèves*	den Schülern gegenüber
eu égard à *son grand âge*	mit Rücksicht auf sein/ihr hohes Alter
sous l'égide d*u gouvernement* [geh.]	unter dem Schutz/der Leitung/der Schirmherrschaft der Regierung
en (vgl. § 330)	
à l'encontre de *cette thèse* *les critiques à l'encontre de l'ONU*	im Gegensatz zu dieser These die Kritik an der UNO
entre *six (heures) et huit heures*	zwischen sechs und acht Uhr
à l'entrée de *la reine*	beim Eintreten der Königin
envers *tes employés*	deinen Angestellten gegenüber
à l'époque de *Voltaire*	zur Zeit Voltaires
en l'espace de *deux ans*	innerhalb von zwei Jahren
dans un esprit de *conciliation*	im Geist der Versöhnung
excepté *Marie*	außer Maria/mit Ausnahme von Maria
à l'exception de*s Anglais*	mit Ausnahme der Engländer
à l'exclusion de*s équipes anglaises*	unter Ausschluss der englischen Mannschaften
à l'exemple de *mon frère*	nach dem Beispiel meines Bruders
à l'extérieur de *la ville*	außerhalb der Stadt
face à *cette vague de terreur* *ton attitude face au travail*	angesichts dieser Terrorwelle deine Einstellung zur Arbeit
en face d*u théâtre*	gegenüber dem Theater
du fait de *sa maladie*	durch seine Krankheit
faute de *preuves*	mangels Beweisen
en faveur de *notre association*	zugunsten unseres Vereins
au fil de*s années* [geh.]	im Laufe der Jahre
fin *juin*	Ende Juni
à la fin d*u match*	am Ende des Spiels
en fin d'*après-midi* *en fin de ligne*	am Spätnachmittag am Zeilenende
en fonction de *leur efficacité*	entsprechend/je nach ihrer Wirksamkeit
au fond d*u couloir* *au fond de la voiture*	am Ende des Ganges hinten im Auto
à force de *volonté/patience*	mit viel Willenskraft/mit großer Geduld
en forme de *banane*	in Form einer Banane
aux frais de *l'Etat*	auf Kosten des Staates/Staatskosten
à gauche de *notre jardin*	links von unserem Garten
grâce à *ton aide*	dank deiner Hilfe
en haut de *la montagne*	oben auf dem Berg
en l'honneur de *mon père*	zu Ehren meines Vaters
hormis *une protestation verbale* [geh.]	außer einem/abgesehen von einem verbalen Protest

hors de *la ville* *hors d’atteinte* *hors jeu* *hors concours*	außerhalb der Stadt außer Reichweite abseits [Sport] außer Konkurrenz
d’ici (à) *l’an 2020* *d’ici 8 jours*	bis zum Jahr 2020 (bis) in 8 Tagen
sous l’impulsion de *mes amis*	auf Drängen meiner Freunde
à l’instar de*s Romains* [geh.]	nach Art der Römer/wie die Römer
écrit ***à l’intention de****s enfants*	(speziell) für Kinder geschrieben
à l’intérieur de *l’entreprise*	innerhalb des Betriebes
par l’intermédiaire de *mon ami* *par l’intermédiaire d’une agence*	durch Vermittlung meines Freundes/ über meinen Freund über eine Agentur
à l’inverse de*s adultes*	im Gegensatz zu den Erwachsenen
à l’issue de *la conférence*	nach Abschluss der Konferenz
jusqu’à *Paris* *jusqu’à aujourd’hui*	bis nach Paris bis heute
jusqu’après *Noël*	bis nach Weihnachten
jusque chez *moi*	bis zu mir nach Hause
jusqu’en *Angleterre*	bis nach England
jusqu’(à) il y a *deux ans*	bis vor zwei Jahren
jusque vers *huit heures*	bis gegen acht Uhr
au large de *Cherbourg*	vor der Küste/auf der Höhe von Cherbourg
le lendemain de *mon arrivée*	am Tag nach meiner Ankunft
au lendemain de *la guerre*	kurz nach dem Krieg
au lieu de *cela*	statt dessen
loin de *Paris*	weit weg/entfernt von Paris
le long de *la côte*	die Küste entlang
tout au long de *l’année*	das ganze Jahr über/lang
lors de *ma promotion au poste de directeur*	bei meiner Beförderung zum Direktor
malgré *nos efforts*	trotz unserer Anstrengungen
en marge de *la société*	am Rande der Gesellschaft
en matière de *linguistique*	auf dem Gebiet der Linguistik/ was die Linguistik angeht
au milieu de *la foule* *au milieu des années 80*	inmitten der Menge Mitte der achtziger Jahre
au moment de *la mort*	im Augenblick des Todes
à la mort de *Charlemagne*	beim Tod Karls des Großen/als Karl der Große starb
au moyen d’*une fausse clé*	mittels eines Nachschlüssels
au niveau du *consommateur*	auf Verbraucherebene
au nom de *ma famille*	im Namen meiner Familie
à l’occasion de *notre mariage*	anlässlich unserer Heirat
à l’opposé d*u gouvernement actuel*	im Gegensatz zur jetzigen Regierung
aux ordres d*u président*	auf Befehl des Präsidenten

sous les ordres d*u général Morillon*	unter dem Befehl von General Morillon
sur ordre de *notre chef*	auf Anordnung unseres Chefs
Outre *l'anglais et l'italien, mon père parle l'allemand et le russe.*	Außer Englisch und Italienisch spricht mein Vater Deutsch und Russisch.
par (vgl. § 331)	
de par *son éducation*	durch seine Erziehung
parmi *mes amis*	unter meinen Freunden
à part *cela*	abgesehen davon
à partir d'*aujourd'hui* *à partir de Marseille* *à partir du territoire iranien* *le deuxième à partir de la gauche* *à partir de 50 euros* *Le Roquefort est fabriqué à partir de lait cru de brebis.*	ab heute/von heute an ab Marseille von iranischem Territorium aus der Zweite von links ab 50 Euro Der Roquefort wird aus roher Schafsmilch hergestellt.
sous le patronage de *la Croix-Rouge*	unter der Schirmherrschaft des Roten Kreuzes
pendant *ce temps*	während dieser Zeit
par peur de *représailles*	aus Angst vor Repressalien
au pied de *la montagne*	am Fuße des Berges
à la place de *son mari*	anstelle ihres Mannes
sur le plan de *ses finances* *sur le plan économique*	hinsichtlich seiner/ihrer Finanzen auf wirtschaftlicher Ebene/in wirtschaftlicher Hinsicht
en plus de *cette activité*	über diese Tätigkeit hinaus
du point de vue de*s professeurs*	aus der Sicht der Lehrer/ vom Standpunkt der Lehrer (aus)
à portée de *la main/du regard*	in Reichweite/Sichtweite
pour (vgl. § 332)	
au préjudice de *notre entreprise*	zum Schaden/Nachteil unserer Firma
près de *la boulangerie*	in der Nähe der Bäckerei
en présence de *la reine*	in Gegenwart der Königin
au prix de *grands efforts*	um den Preis großer Anstrengungen
au profit de *sa femme*	zugunsten seiner Frau
à propos de *cet échange*	was diesen Austausch angeht
sur proposition d*u ministre*	auf Vorschlag des Ministers
à proximité de *la ville*	(ganz) in der Nähe der Stadt
quant à *ce problème*	was dieses Problem angeht
en quête d'*un appartement*	auf der Suche nach einer Wohnung
en raison de *cette situation*	aufgrund dieser Lage/in Anbetracht dieser Lage
par rapport à *ma sœur* *par rapport au travail effectué*	im Vergleich zu meiner Schwester im Verhältnis zur ausgeführten Arbeit
à la recherche d'*un emploi*	auf der Suche nach einer Arbeit
sur la recommandation d'*un ami*	auf Empfehlung eines Freundes
en récompense de *ton courage*	als Belohnung für deinen Mut
en reconnaissance de *tes mérites*	in Anerkennung deiner Verdienste

en relation avec *une autre entreprise*	in Verbindung mit einer anderen Firma
en réponse à *mon reproche*	als Antwort auf meinen Vorwurf
à/sur la requête de *quelques ministres*	auf Antrag/Betreiben/Ersuchen einiger Minister
sans *alcool*	ohne Alkohol
Tout le monde était là, ***sauf*** *Henri.*	Alle waren da, außer Henri.
au sein de *l'Eglise*	im Schoß der Kirche
en signe de *protestation*	zum Zeichen des Protests
selon *plusieurs témoignages*	mehreren Zeugenaussagen zufolge
au service de *l'humanité*	im Dienst der Menschlichkeit
à la sortie de *leur école*	beim Verlassen ihrer Schule
sous (vgl. § 333)	
en souvenir de *notre voyage en Italie*	zur Erinnerung an unsere Italienreise
à la suite de *cette émission*	im Anschluss an diese Sendung
par suite de*s pluies continuelles*	infolge der ständigen Regenfälle
suivant *tes conseils*	nach/gemäß deinen Ratschlägen
Je suis venu vous voir ***au sujet de*** *ma fille.*	Ich bin wegen meiner Tochter zu Ihnen gekommen.
sur vgl. (§ 334)	
du temps de *Louis XIV*	zur Zeit Ludwigs XIV.
au terme de*s négociations*	am Ende der Verhandlungen
à travers *la forêt/****au travers de*** *la forêt*	durch den Wald (hindurch)
la veille de *la fête*	am Tag vor dem Fest
à la veille de *la guerre*	kurz vor dem Krieg
vers *cinq heures*	gegen fünf Uhr
en vertu de *l'article 5 de la Constitution*	aufgrund/kraft des Artikels 5 der Verfassung
aller de Milan à Rome ***via*** *Florence*	von Mailand über Florenz nach Rom fahren
vis-à-vis de *l'armoire* *mon attitude vis-à-vis de ce problème*	gegenüber dem Schrank meine Einstellung zu diesem Problem
vu *ces circonstances*	angesichts dieser Umstände
s'entraîner ***en vue d'****un championnat*	auf eine Meisterschaft hin trainieren
aux yeux de*s Allemands*	in den Augen der Deutschen

325 Die Präposition *à*

Die Präposition *à* wird verwendet

1. zur Angabe des Ortes (wo?/wohin?):

aller à Lyon	nach Lyon fahren
conduire à Paris	in Paris (Auto) fahren
aller à la montagne	in die Berge fahren
vivre à la campagne	auf dem Land leben

travailler à l'étranger	im Ausland arbeiten
se trouver au centre de la France	sich im Zentrum Frankreichs befinden
habiter au centre-ville	im Stadtzentrum wohnen
aller au marché	auf den Markt gehen
aller à l'école/au cinéma/au sauna	in die Schule/ins Kino/in die Sauna gehen
travailler au magasin de chaussures	im Schuhgeschäft arbeiten
au carrefour/au croisement	an der Kreuzung
s'arrêter au feu	an der Ampel anhalten
loger à l'hôtel	im Hotel wohnen
habiter au premier (étage)	im ersten Stock wohnen
au rez-de-chaussée	im Erdgeschoss
à la une	auf der ersten Seite [Zeitung]
s'installer à la terrasse	sich auf die Terrasse setzen
passer à la douane	den Zoll passieren
laisser sa voiture au garage	sein Auto in der Garage lassen
aller chercher qn à la gare	jdn. vom Bahnhof abholen

Anmerkung 1: Geht dem Substantiv der unbest. Artikel, das Demonstrativadjektiv oder das Possessivadjektiv voraus, so gebraucht man die Präposition *dans*: *dans un/ce/mon magasin de chaussures* in einem/diesem/meinem Schuhgeschäft.

Anmerkung 2: Das Verb *habiter* kann ein direktes Objekt oder eine Ortsergänzung zu sich nehmen: *J'habite (à) l'hôtel.* – Ich wohne im Hotel. *J'habite (dans la) rue Voltaire.* – Ich wohne in der rue Voltaire. *J'habite (au) 5, rue Voltaire.* – Ich wohne in der rue Voltaire 5. *J'habite (à) Paris.* – Ich wohne in Paris. *J'habite (dans) le Nord.* – Ich wohne im Norden. *J'habite en province/la province.* – Ich wohne in der Provinz. *J'habite en Provence/la Provence.* – Ich wohne in der Provence. *J'habite en Italie/l'Italie.* – Ich wohne/lebe in Italien. *J'habite en ville/la ville.* – Ich wohne/lebe in der Stadt. *J'habite (à) la campagne.* – Ich wohne/lebe auf dem Land.

Unterscheide: *au marché* auf dem (Wochen)Markt – *sur le marché international* auf dem internationalen Markt; *au centre de la France* im Zentrum Frankreichs – *dans le Centre* in Mittelfrankreich; *à l'ouest de Paris* westlich von Paris – *dans l'ouest de Paris* im Westen von Paris

2. zur Angabe der Zeit:

à trois heures de l'après-midi	um drei Uhr nachmittags
à midi/minuit	am Mittag/um Mitternacht
à la dernière minute	in der letzten Minute
à l'heure actuelle	gegenwärtig/zurzeit
au même moment	zur gleichen Zeit
à cette époque	zu jener Zeit/damals
au temps/à l'époque des Romains	zur Zeit der Römer
à la mi-novembre	Mitte November

à ce moment-là	in diesem/jenem Augenblick
se marier à (l'âge de) trente ans	mit dreißig (Jahren) heiraten
à mon âge	in meinem Alter
à l'avenir	in Zukunft
au troisième round	in der dritten Runde [Boxen]
à la récréation/[fam.] *récré*	in der (großen) Pause
arriver à propos/point (nommé)	gerade im richtigen Moment kommen
être à l'heure	pünktlich
aux heures de pointe	in der Hauptverkehrszeit

Aber: *le matin* am Morgen/morgens, *le soir* am Abend/abends, *jeudi* am (letzten/nächsten) Donnerstag, *le jeudi* donnerstags, *une femme de son âge* eine Frau in seinem/ihrem Alter

3. zur Angabe einer Eigenschaft, eines Merkmals:

des chaussures à talons hauts	Schuhe mit hohen Absätzen
les groupes à faible revenu	die Gruppen mit niedrigem Einkommen
un immeuble à plusieurs issues	ein Gebäude mit mehreren Ausgängen
un homme à principes	ein Mann mit Prinzipien
un vieux monsieur aux cheveux blancs	ein alter Herr mit weißem Haar
la femme aux lunettes noires	die Frau mit der dunklen Brille

Aber: *des chaussures avec des talons hauts*

4. zur Angabe der Art und Weise:

aller à pied	zu Fuß gehen
chanter à mi-voix	halblaut singen
parler à voix basse	leise sprechen
pleurer à chaudes larmes	bitterlich weinen
une crêpe à la confiture d'abricot	eine Crêpe mit Aprikosenmarmelade
être payé à l'heure	stundenweise bezahlt werden
travailler à la pièce/aux pièces	im Akkord arbeiten
travailler à forfait	zu einem Pauschalpreis arbeiten
acheter qc à crédit	etw. auf Kredit kaufen
au sens figuré	im übertragenen Sinn
traduire à livre ouvert	aus dem Stegreif übersetzen
Il pleut à verse.	Es regnet in Strömen.
payer à tempérament	in Raten zahlen
rouler au pas	Schritt fahren

5. zur Angabe des Mittels:

fermer qc à clé	etw. abschließen
écrire qc à l'ordinateur	etw. mit dem Computer schreiben
écrit à la main	handgeschrieben
sauter à la perche	Stabhochsprung betreiben
accompagner qn au piano	jdn. am Klavier begleiten
se piquer à l'héroïne	sich Heroin spritzen

6. zur Angabe der Bestimmung:

un verre à vin	ein Weinglas
une boîte aux lettres	ein Briefkasten

7. zur Angabe des Preises:

à prix réduit	zu ermäßigtem Preis
à 3 euros le kilo	zu 3 Euro das/pro Kilo

8. zur Angabe der Entfernung:

à trente kilomètres de Paris	dreißig Kilometer von Paris
à trois minutes de la fin du match	drei Minuten vor dem Ende des Spiels
à moins de trois mois des prochaines (élections) législatives	weniger als ein Vierteljahr vor den nächsten Parlamentswahlen
à cinq minutes d'ici	fünf Minuten von hier

9. in Wendungen:

à ma grande honte	zu meiner großen Schande
à la satisfaction générale	zur allgemeinen Zufriedenheit
à la surprise générale/de tous	zur allgemeinen Überraschung
vendre qc à perte	etw. mit Verlust verkaufen
au hasard	aufs Geratewohl/auf gut Glück
au choix	nach Wahl
Au revoir, à demain!	Auf Wiedersehen, bis morgen!
être au chômage	arbeitslos sein
être à la/en retraite	pensioniert sein
avoir les larmes aux yeux	Tränen in den Augen haben
prendre qn au mot	jdn. beim Wort nehmen
mettre au singulier/pluriel	in den Singular/Plural setzen
A ma montre, il est huit heures et quart.	Auf/Nach meiner Uhr ist es Viertel nach acht.
C'est bien aimable à vous.	Das ist sehr liebenswürdig von Ihnen.
à cet effet	zu diesem Zweck
à tort ou à raison	zu Recht oder Unrecht
au nom du peuple français	im Namen des französischen Volkes
au sens de	im Sinn von

Aber: *avec raison/à juste titre* zu Recht, *en son nom* in seinem Namen

10. in Verbindung mit folgenden Substantiven:

l'accoutumance à la drogue	die Gewöhnung an die Droge
l'additif au budget	der Nachtrag zum Haushalt
une allusion à sa consommation d'alcool	eine Anspielung auf seinen/ihren Alkoholkonsum
l'alternative à cette solution	die Alternative zu dieser Lösung
l'appel à la grève	der Aufruf zum Streik

l'aspiration à la justice	das Streben nach Gerechtigkeit
l'attachement à des valeurs essentielles	das Festhalten an wesentlichen Werten
une atteinte à la liberté individuelle	eine Gefährdung/Beeinträchtigung der persönlichen Freiheit
un attentat aux mœurs	ein Sittlichkeitsdelikt
Attention aux marches.	Vorsicht Stufen!
avertissement au lecteur	Hinweis für den Leser
candidat à la présidence	Präsidentschaftskandidat
la chasse au lion	die Löwenjagd
la course aux armements	das Wettrüsten
la croyance au progrès	der Glaube an den Fortschritt
le droit au travail	das Recht auf Arbeit
l'endurance à la douleur	die Fähigkeit, Schmerzen zu ertragen
une entorse à la règle	ein Verstoß gegen die Regel
l'entrée au couvent	der Eintritt ins Kloster
une exception à la règle	eine Ausnahme von der Regel
un hymne à la création	eine Hymne auf die Schöpfung
l'impulsion à cette action	der Anstoß zu dieser Tat
l'incitation à la xénophobie	die Anstiftung zum Fremdenhass
introduction à l'étude de l'italien	Einführung in das Studium des Italienischen
un manquement à la discipline	ein Verstoß gegen die Disziplin
un monument aux morts	ein Gefallenendenkmal
l'obéissance aux parents	der Gehorsam gegenüber den Eltern
l'objection à cette mesure	der Einwand gegen diese Maßnahme
un obstacle à la reprise	ein Hindernis für den Aufschwung
l'opposition à la construction de la centrale nucléaire	der Widerstand gegen den Bau des Kernkraftwerks
l'outrage public aux bonnes mœurs	die Erregung öffentlichen Ärgernisses
la participation à ce concours	die Teilnahme an diesem Wettbewerb
le passage à l'économie libérale	der Übergang zur freien Marktwirtschaft
Préface à la troisième édition	Vorwort zur dritten Auflage
le prélude au sommet	der Auftakt zum Gipfeltreffen
un prétexte à l'augmentation du prix de l'essence	ein Vorwand für die Erhöhung des Benzinpreises
la propension à la paresse	der Hang zur Faulheit
la réaction à/face à ce discours	die Reaktion auf diese Rede
le recours à la violence	die Anwendung von Gewalt
ma relation à Dieu	mein Verhältnis zu Gott
la réponse à cette lettre	die Antwort auf diesen Brief
une tendance à la baisse	eine fallende Tendenz

Aber: *la croyance en un progrès réel* der Glaube an einen wirklichen Fortschritt

Merke: *Il faut trouver une solution à ce problème.* – Man muss für dieses Problem eine Lösung finden. *C'est la solution du problème.* – Das ist die Lösung des Problems. *Il faut chercher une explication à son comportement.* – Man muss für sein Verhalten eine Erklärung finden. *C'est l'explication de son comportement.* – Das ist die Erklärung für sein Verhalten.

11. in Verbindung mit folgenden Adjektiven:

être accessible à qn	für jdn. zugänglich sein
être allergique à qc	gegen etw. allergisch sein
être apte à qc	für etw. geeignet sein
être attentif à qc	(sorgfältig) auf etw. achten
être conforme à qc	einer Sache gemäß sein
être confronté à/avec qc	mit etw. konfrontiert sein
être consacré à qc	einer Sache gewidmet sein
être destiné à qc	für etw. bestimmt sein
être essentiel à qc	für etw. wesentlich sein
être étranger à qc	einer Sache fremd gegenüberstehen
être fatal à qc	für etw. verhängnisvoll sein
être favorable à qc	einer Sache gewogen sein
être fermé à qc	sich einer Sache verschließen
être fiancé à/avec qn	mit jdm. verlobt sein
être habitué à qc	an etw. gewöhnt sein
être hostile à qn/qc	jdm./etw. feindlich gegenüberstehen
être identique à qn/qc	mit jdm./etw. identisch sein
être indifférent à qc	einer Sache gleichgültig gegenüberstehen
être indispensable à qc	für etw. unerlässlich/unbedingt notwendig sein
être inférieur à qn	jdm. unterlegen sein
être initié à qc	in etw. eingeweiht sein
être lié à qc	mit etw. verbunden sein/mit etw. im Zusammenhang stehen
être nécessaire à qc	für etw. notwendig sein
être nuisible à qc	für etw. schädlich sein
être opposé à qc	gegen etw. sein
être ouvert à qc	für etw./einer Sache gegenüber aufgeschlossen sein
être pareil à qc	einer Sache ähnlich sein
être prêt à qc	zu etw. bereit sein
être prompt à qc	zu etw. schnell bereit sein
être rebelle à qc	sich einer Sache widersetzen
être réservé à qn/qc	für jdn./etw. vorbehalten/bestimmt sein
être sensible à qc	für etw. sensibel/empfänglich sein
être sourd à qc	gegen etw. taub sein
être sujet à qc	zu etw. neigen/für etw. anfällig sein
être supérieur à qn/qc	jdm./einer Sache überlegen sein

Aber: *être réservé vis-à-vis de qn* jdm. gegenüber reserviert sein

12. in Slogans und Ausrufen:

Oui à l'Europe!	Ja zu Europa.
Non à la violence!	Nein zur Gewalt.

Halte à la torture!	Stoppt die Folter!
Stop au chômage!	Stoppt die Arbeitslosigkeit!
Malheur aux vaincus!	Wehe den Besiegten!
Mort aux vaches!	Nieder mit den Bullen!

326 Die Präposition *avec*

Die Präposition *avec* wird verwendet

1. zur Bezeichnung der Begleitung, der Gemeinschaft und des Mittels:

sortir avec une jeune fille	mit einem Mädchen ausgehen
chanter avec accompagnement de guitare	mit Gitarrenbegleitung singen
On apprend beaucoup avec ce prof.	Man lernt viel bei diesem Lehrer.
Avec les crêpes, on ne boit que du cidre.	Zu Crêpes trinkt man nur Cidre.
marcher avec des béquilles	an Krücken gehen

Anmerkung: Im Gegensatz zum Deutschen entfällt die Präposition bei der Beschreibung eines körperlichen oder seelischen Zustandes: mit klopfendem Herzen zuhören *écouter le cœur battant*, mit Tränen in den Augen *les larmes aux yeux*, mit dem Kopf zuerst *la tête la première*, mit der Waffe in der Hand *l'arme à la main*; Sprich nicht mit vollem Mund! – *Ne parle pas la bouche pleine.*

2. nach folgenden Substantiven:

la collaboration avec qn	die Zusammenarbeit mit jdm.
la comparaison avec/à qc	der Vergleich mit etw.
la confrontation avec qc	die Konfrontation mit etw.
le contact avec qn	der Kontakt zu jdm.
la rapport avec qn	die Beziehung zu jdm.

3. nach folgenden Adjektiven, die ein Verhältnis zu jdm. ausdrücken:

être accommodant avec qn	jdm. gegenüber zuvorkommend sein
être (in)compatible avec qc	mit etw. (un)vereinbar sein
être gentil avec qn	zu jdm. freundlich/nett sein
être insolent/méchant avec qn	zu jdm. frech/böse sein
être impitoyable avec qn	jdm. gegenüber unbarmherzig sein
être marié avec/à qn	mit jdm. verheiratet sein
être violent avec qn	jdm. gegenüber gewalttätig sein
être sévère avec qn	zu jdm. streng sein
être jumelé avec (une ville)	Partnerstadt sein von
être fâché avec qn	mit jdm. zerstritten/böse sein

Die Präposition *chez* 327

Die Präposition *chez* wird verwendet

1. in der Bedeutung 'bei jdm. zu Hause/im Geschäft' oder 'zu jdm. nach Hause/ins Geschäft':

Je suis chez Robert.	Ich bin bei Robert (zu Hause).
J'ai envoyé mon fils chez le médecin.	Ich habe meinen Sohn zum Arzt geschickt.
Tu vas chez le boulanger?	Gehst du zum Bäcker?

Anmerkung 1: Der Ausdruck *aller au coiffeur* gehört der familiären Sprache an.

Anmerkung 2: Nach Substantiven wird *chez* mit *de* angeschlossen: *Le rôti de chez Céleste est meilleur.* – Der Braten bei Céleste ist besser. *Les mécaniciens de chez Ferrari ont bien travaillé.* – Die Mechaniker bei Ferrari haben gut gearbeitet.

Merke: *s'habiller chez Pierre Cardin* nur Mode von Cardin tragen

Unterscheide: *J'ai (un) rendez-vous chez le médecin.* – Ich habe einen Termin beim Arzt.
J'ai (un) rendez-vous avec le médecin. – Ich habe eine Verabredung mit dem Arzt.
Venez chez moi. – Kommen Sie zu mir (nach Hause)!
Venez près de/vers moi. – Kommen Sie zu mir (her)!

2. in der Bedeutung 'bei/an', auf den Charakter einer Person bezogen:

Ce qui ne me plaît pas chez lui, c'est sa manie de vouloir toujours avoir raison.	Was mir nicht an ihm gefällt, ist seine Rechthaberei.
Le plus important chez un homme, c'est d'avoir le sens de l'humour.	Das Wichtigste bei einem Mann ist es, Sinn für Humor zu haben.

3. in der Bedeutung 'bei' im Werk eines Schriftstellers:

J'ai trouvé cette phrase chez/dans (l'œuvre de) Voltaire.	Ich habe diesen Satz bei Voltaire gefunden.

Anmerkung: Zu beachten sind folgende Wiedergaben der dt. Präposition 'bei': Ich habe kein Geld bei mir. – *Je n'ai pas d'argent sur moi.* Ich werde bei jedem Wetter hingehen. – *J'irai par n'importe quel temps/par tous les temps.* Ich schlafe bei offenem Fenster. – *Je dors les fenêtres ouvertes.* Bei Gott ist nichts unmöglich. – *Avec Dieu rien n'est impossible.* Bei diesem Text handelt es sich um einen Bericht, der ... – *Il s'agit, avec ce texte, d'un rapport qui ....* bei Trunkenheit *en cas d'ivresse*; bei einem Unfall umkommen *mourir dans un accident*; beim Publikum beliebt sein *être aimé du public/populaire auprès du public.*

328 Die Präposition *dans*

Die Präposition *dans* wird gebraucht

1. zur Angabe des Ortes (wo?/wohin?):

vivre dans le Centre	in Mittelfrankreich wohnen
dans le Midi	in Südfrankreich
s'installer dans le sud de la Suisse	sich im Süden der Schweiz niederlassen
aller vivre dans la région parisienne	in die Pariser Region ziehen
dans le Loir-et-Cher	im Département Loir-et-Cher
dans le seizième arrondissement	im sechzehnten Arrondissement
dans un quartier neuf	in einem neuen Viertel
se trouver dans le centre de Marseille	sich im Zentrum von Marseille befinden
habiter dans la banlieue de Lyon	in den Vororten von Lyon wohnen
dans/sur l'île	auf der Insel
dans le ciel	am Himmel
dans la rue	auf der Straße
dans les tribunes	auf den Tribünen
tomber dans l'escalier	auf der Treppe hinfallen
dans le couloir	auf dem Gang

Anmerkung: *Dans* steht auch bei bibliographischen Angaben in Sammelwerken: *Kleiber, Georges, Phrases et valeurs de vérité, dans: Bulletin des Jeunes Romanistes.*

Unterscheide: *descendre dans la rue* auf die Straße gehen (= demonstrieren) – *mettre qn à la rue* jdn. auf die Straße setzen (= entlassen) – *l'homme de la rue* der Mann auf der Straße

Merke:

prendre qc dans l'armoire	–	etw. aus dem Schrank nehmen
boire dans un verre	–	aus einem Glas trinken
manger dans une assiette	–	aus einem Teller essen
copier dans un livre	–	aus einem Buch abschreiben
puiser dans une source	–	aus einer Quelle schöpfen
découper un article dans un journal	–	einen Artikel aus der Zeitung ausschneiden
comme un coup de tonnerre dans un ciel serein	–	wie ein Blitz aus heiterem Himme

2. zur Angabe eines Zeitraums:

Qu'est-ce que vous avez fait dans la journée?	Was habt ihr tagsüber gemacht?
dans la soirée/l'année	im Laufe des Abends/Jahres
Hier, j'ai travaillé tard dans la nuit.	Gestern habe ich bis spät in die Nacht gearbeitet.

Merke: in den Ferien – *pendant les vacances*
in den großen Ferien – *pendant les/aux grandes vacances*
in meiner Freizeit – *pendant mes loisirs/mon temps libre*
zum ersten Mal in seiner Geschichte – *pour la première fois de son histoire*

3. zur Angabe eines Zeitpunkts in der Zukunft:

J'irai à Paris dans quinze jours.	Ich werde in vierzehn Tagen nach Paris fahren.
On se verra dans huit jours. (ohne *aujourd'hui*!)	Wir werden uns heute in acht Tagen sehen.
la suite dans quelques instants	Fortsetzung in einigen Augenblicken
Le train partira dans cinq minutes.	Der Zug fährt in fünf Minuten ab.

Aber: *J'ai fait mes devoirs en deux heures.* – Ich habe meine Hausaufgaben in zwei Stunden gemacht (= *J'ai mis deux heures pour/à faire mes devoirs*).

4. zur Angabe des Bereiches, in dem man tätig ist oder tätig werden möchte:

être dans le bâtiment	in der Baubranche tätig sein
être dans les Postes	bei der Post sein
être dans l'automobile	in der Autoindustrie tätig sein
entrer dans la police	zur Polizei gehen/Polizist werden

5. zur ungefähren Alters- oder Preisangabe:

Le père de Jacques a dans les soixante ans.	Der Vater von Jacques ist an die Sechzig.
La réparation va coûter dans les trois cents euros.	Die Reparatur wird an die dreihundert Euro kosten.

6. Wendungen:

entrer dans la légende	zur Legende werden
être dans la bonne voie	auf dem richtigen Weg sein
être dans le même bateau [auch fig.]	im gleichen Boot sitzen
dans de telles conditions	unter solchen Bedingungen
frapper dans une balle	auf einen Ball schlagen
fondre dans la bouche	im Munde/auf der Zunge zergehen
rentrer dans ses frais	auf seine Kosten kommen
regarder dans/derrière les coulisses	hinter die Kulissen schauen
arriver dans les cinq premiers	unter den ersten fünf ankommen

329 Die Präposition *de*

Die Präposition *de* wird gebraucht

1. zur Wiedergabe des deutschen Genitivs:

la voiture de mon père	das Auto meines Vaters
les jouets de mes enfants	die Spielsachen meiner Kinder

2. zur näheren Bestimmung eines Substantivs:

la ville de Paris	die Stadt Paris
l'ancienne province du Berry	die ehemalige Provinz Berry
la bataille de Verdun	die Schlacht von Verdun
le droit de vote	das Wahlrecht
le boulanger du coin	der Bäcker an der Ecke
les plages de la côte d'Azur	die Strände an der Côte d'Azur
le train de 7 heures	der Zug um 7 Uhr/der Sieben-Uhr-Zug
la manif(estation) de dimanche dernier	die Demo(nstration) am letzten Sonntag
le restaurant du Cheval Blanc	das Restaurant zum *Cheval Blanc*
une pièce de 1 euro	ein 1-Euro-Stück

Anmerkung: *le train de Paris* kann bedeuten: 1. der Zug aus Paris (= *le train en provenance de Paris*) 2. der Zug nach Paris (= *le train à destination de Paris*).

Aber: *la région Centre* die Region *Centre*

3. zur Angabe der Herkunft und der Trennung:

rentrer d'Italie/du Portugal	aus Italien/Portugal zurückkommen
Je suis de Marseille.	Ich bin aus Marseille.
Elle est originaire de Lyon.	Sie stammt aus Lyon.
Je ne suis pas d'ici.	Ich bin nicht von hier.
sauter du lit	aus dem Bett springen
rentrer de vacances	aus den Ferien zurückkommen
sortir du bureau	aus dem Büro kommen
descendre d'une voiture	aus einem Auto steigen
Ce mot dérive/vient du grec.	Dieses Wort kommt aus dem Griechischen.
Ce texte n'est pas de toi.	Dieser Text stammt nicht von dir.
savoir qc de bonne source	etw. aus guter Quelle wissen

Merke: *Je ne suis pas né d'hier.* – Ich bin nicht von gestern.
rentrer de chez le boulanger vom Bäcker kommen; *repartir à zéro* bei Null anfangen; *être d'origine allemande* aus Deutschland stammen/sein; *être enceinte de sept mois* im achten (!) Monat (schwanger) sein;
de ce côté auf dieser Seite; *du côté de la gare* beim Bahnhof; *Passons de l'autre côté.* – Gehen wir auf die andere Seite.
Aber: *dormir sur le côté* auf der Seite schlafen

4. in partitiver Funktion:

un verre de bière	ein Glas Bier
une tranche de jambon	eine Scheibe Schinken
une tablette de chocolat	eine Tafel Schokolade
une bouteille de vin	eine Flasche Wein
une cartouche de cigarettes	eine Stange Zigaretten
un morceau de fromage	ein Stück Käse

Aber: *un verre à vin* ein Weinglas

5. zur Angabe des Mittels:

claquer/grincer des dents	mit den Zähnen klappern/knirschen
faire non de la tête	den Kopf schütteln
frapper du poing sur la table	mit der Faust auf den Tisch schlagen
frapper des mains	in die Hände klatschen
rouler du popotin	mit dem Po wackeln
cligner de l'œil à qn	jdm. zublinzeln
calculer de tête	im Kopf rechnen
montrer qn du doigt	mit dem Finger auf jdn. zeigen
suivre qn des yeux	jdm. nachschauen

6. zur Angabe der Art und Weise:

de cette manière	auf diese Weise
vider son verre d'un trait	sein Glas in einem Zug trinken
regarder qn du coin de l'œil	jdn. aus den Augenwinkeln ansehen
vêtu de noir	schwarz gekleidet
dire qc d'un/sur un ton convaincu	etw. in einem überzeugten Ton sagen

7. zur Angabe des Grundes:

pleurer de rage	vor Wut heulen
rayonner de bonheur	vor Glück strahlen
sauter de joie	Freudensprünge machen
être rouge de colère	vor Zorn rot sein

8. zur Angabe einer Eigenschaft:

un homme de bon sens	ein Mann mit gesundem Menschenverstand
les jeunes de moins de 18 ans	die Jugendlichen unter 18 (Jahren)
une profession d'avenir	ein Beruf mit Zukunft
une personne d'origine douteuse	eine Person von zweifelhafter Herkunft

9. zur Angabe des Materials:

un vase d'argile	ein Tongefäß

Auch *en*: *un sac en plastique* eine Plastiktüte

10. zur Angabe des Wertes:

une pièce de deux euros	ein Zwei-Euro-Stück

11. bei Maßangaben (Frage: um wie viel?):

grossir/maigrir de cinq kilos	fünf Kilo zunehmen/abnehmen
augmenter/diminuer de dix pour cent	(um) zehn Prozent zunehmen/abnehmen
raccourcir une jupe de trois centimètres	einen Rock (um) drei Zentimeter kürzen
ajourner une séance d'une semaine	eine Sitzung um eine Woche verschieben
Il est de beaucoup plus âgé que moi.	Er ist viel älter als ich.
Il s'en est fallu de peu qu'il ne se fasse écraser par un camion.	Es hätte wenig gefehlt und er wäre unter einen Laster gekommen.
Ma montre avance/retarde de dix minutes.	Meine Uhr geht zehn Minuten vor/nach.

12. in Wendungen:

être de bonne/mauvaise humeur	gut/schlecht gelaunt sein
tomber de tout son long	der Länge nach hinfallen
de rien	keine Ursache!/bitte!
être large d'épaules	breitschultrig sein
être sain d'esprit	geistig gesund sein
être de rigueur	unbedingt notwendig sein
connaître qn de nom/de vue	jdn. dem Namen nach/vom Sehen kennen

13. in Verbindung mit *être* (zur Herkunft, vgl. § 329.3):

L'espérance de vie des Occidentaux est d'environ 80 ans.	Die Lebenserwartung der Menschen in den westlichen Ländern beträgt ungefähr 80 Jahre.
Mon cousin est de gauche/du centre.	Mein Cousin steht politisch links/in der Mitte.
Je suis du signe de Taureau.	Ich bin Stier. [Tierkreiszeichen]
Mon père est du matin.	Mein Vater ist ein Morgenmensch.
Je serai de la fête.	Ich werde beim Fest dabei sein.
Je ne suis pas de ceux qui sont d'avis que ...	Ich gehöre nicht zu denen, die der Meinung sind, dass ...

14. nach folgenden Substantiven:

l'attaque de touristes	der Überfall auf Touristen
le besoin de tendresse	das Bedürfnis nach Zärtlichkeit
la cause/la raison de cet échec	der Grund für diesen Misserfolg
les causes de la mort de la forêt	die Gründe für das Waldsterben
le chemin de la gare/paix	der Weg zum Bahnhof/Frieden
la clef de la réussite	der Schlüssel zum Erfolg
le contrôle de ma voiture	die Kontrolle über meinen Wagen
le désir d'une femme	das Verlangen nach einer Frau
l'envie d'une tasse de café	die Lust auf eine Tasse Kaffee
l'épisode du mendiant	die Episode mit dem Bettler
l'espoir de la victoire	die Hoffnung auf den Sieg
l'idée de ce projet	die Idee zu diesem Projekt
le manque de doigté	der Mangel an Fingerspitzengefühl
merci de ton cadeau	danke für dein Geschenk
le meurtre de cet évêque	der Mord an diesem Bischof
le mobile du crime	das Motiv für das Verbrechen
la nostalgie de ma famille	die Sehnsucht nach meiner Familie
l'odeur de gaz	der Geruch nach Gas/Gasgeruch
la pensée de ma mère	der Gedanke an meine Mutter
la peur du sida	die Angst vor Aids
professeur d'arts plastiques	Lehrer für bildende Kunst
la preuve de ton innocence	der Beweis für deine Unschuld
la raison de sa conduite	der Grund für sein/ihr Verhalten
la recherche de la vérité	die Suche nach der Wahrheit
le respect de la vie	die Achtung vor dem Leben
la responsabilité de cette mesure	die Verantwortung für diese Maßnahme
la route de Tarascon	die Straße nach Tarascon
la scène de la boulangère	die Szene mit der Bäckerin
la soif de l'argent	der Hunger nach Geld
le souvenir de l'enfance	die Erinnerung an die Kindheit
un symptôme de cette maladie	ein Symptom für diese Krankheit
un synonyme/antonyme de	ein Synonym/Antonym zu etw.

Merke: *la peur de la souris devant le chat* die Angst der Maus vor der Katze

15. nach folgenden Adjektiven:

être absent de qc	nicht bei etw. sein
être avare de qc	mit etw. geizen
être avide de qc	nach etw. gierig sein
être (in)capable de qc	zu etw. (un)fähig sein
être caractéristique de qc	für etw. charakteristisch sein
être certain de qc	sich einer Sache sicher sein
être chargé de qc	mit etw. beauftragt sein
être connu de qn	jdm. bekannt sein
être conscient de qc	sich einer Sache bewusst sein
être (mé)content de qc	mit etw. (un)zufrieden sein
être couvert de qc	mit etw. bedeckt sein

être (in)dépendant de qn/qc	von jdm./etw. (un)abhängig sein
être différent de qn/qc	anders als jd./etw. sein
être (in)digne de qn/qc	jds./einer Sache (un)würdig sein
être doué de qc	mit etw. ausgestattet/versehen sein
être empreint de qc	von etw. geprägt sein
être entouré de qc	von etw. umgeben sein
être envieux de qn/qc	auf jdn./etw. neidisch sein
être fâché de qc	sich über etw. ärgern
être fier de qn/qc	auf jdn./etw. stolz sein
être guéri de qc	von etw. geheilt sein
être heureux de qc	über etw. glücklich sein
être imprégné de qc	von etw. durchdrungen sein
être insouciant de qc	sich um etw. nicht kümmern
être issu de qc	aus etw. hervorgegangen sein
être jaloux de qn/qc	auf jdn./etw. eifersüchtig sein
être las de qc	einer Sache müde/etw. leid sein
être muni/pourvu de qc	mit etw. versehen/ausgestattet sein
être originaire de	stammen aus/gebürtig sein aus
être orné de qc	mit etw. verziert sein
être plein de qc	von etw. voll sein
être privé de qc	etw. nicht haben/entbehren
être prodigue de qc	mit etw. verschwenderisch umgehen
être rempli de qc	mit etw. gefüllt/von etw. voll sein
être représentatif de qc	für etw. repräsentativ sein
être responsable de qc	für etw. verantwortlich sein
être révélateur de qc	für etw. aufschlussreich sein
être (in)satisfait de qc	mit etw. (un)zufrieden sein
être significatif de qc	für etw. kennzeichnend sein
être solidaire de/avec qn	mit jdm. solidarisch sein
être soucieux de qc	auf etw. bedacht sein
être sûr de qc	sich einer Sache sicher sein
être symptomatique de qc	für etw. symptomatisch sein
être toqué de qc [fam.]	in etw. vernarrt sein
être triste de qc	über etw. traurig sein
être typique de qc	für etw. typisch sein

Merke: *être fâché contre qn* über jdn. verärgert sein

16. bei Maßausdrücken:

un rêve vieux de cent ans	ein hundert Jahre alter Traum
un lac profond de cinquante mètres	ein fünfzig Meter tiefer See
un mur haut de trois mètres	eine drei Meter hohe Mauer

17. nach folgenden Partizipien (vgl. § 226.2,3):

accompagné de	begleitet/in Begleitung von
admiré de	bewundert von
détesté/haï de	gehasst von
estimé de	geschätzt von
suivi de	gefolgt von

Die Präposition *en* 330

Die Präposition *en* wird verwendet

1. zur Angabe des Ortes (wo?/wohin?):

aller en Espagne	nach Spanien fahren
aller en ville	in die Stadt gehen
vivre en province	in der Provinz leben
habiter en banlieue	am Stadtrand wohnen
travailler en usine	in der Fabrik arbeiten
spéculer en Bourse	an der Börse spekulieren
s'asseoir en rond	sich im Kreis hinsetzen
en famille	in der Familie

2. zur Angabe des Zeitpunkts:

en ce temps-là	zu jener Zeit
Je suis né en 1963.	Ich bin 1963 geboren.
Il est venu me voir en mai.	Er hat mich im Mai besucht.
Je l'ai vu en décembre dernier.	Ich habe ihn letzten Dezember gesehen.
mardi en huit	Dienstag in acht Tagen

3. zur Angabe des Transportmittels:

aller en voiture/train	mit dem Auto/Zug fahren
monter en ascenseur	mit dem Aufzug hochfahren
sauter en parachute	mit dem Fallschirm abspringen

Auch: *par l'ascenseur, par le train*; aber nur: *par le train de 13h.* mit dem Zug um 13 Uhr

4. zur Angabe des Materials:

une montre en or	eine goldene Uhr
un sac en plastique	eine Plastiktüte

Vgl. auch § 329.9.

5. zum Ausdruck der Art und Weise:

en recommandé	per Einschreiben
en cachette	heimlich
recevoir qc en cadeau	etw. als Geschenk erhalten
battre les blancs en neige	das Eiweiß zu Schnee schlagen
couper le jambon en petits morceaux	den Schinken in kleine Stücke schneiden

6. nach folgenden Substantiven:

la confiance en lui	das Vertrauen in ihn
être connaisseur en vins	(ein) Weinkenner sein
être étudiant en médecine	Medizinstudent sein
la transformation en papillon	die Verwandlung in einen Schmetterling

7. nach folgenden Adjektiven:

être bon en calcul	im Rechnen gut sein
être divisé en	geteilt sein in
être fort/faible en anglais	in Englisch (sehr) gut/schwach sein
être riche/pauvre en vitamines	reich/arm an Vitaminen sein

Aber: *être faible dans les matières scientifiques* in den naturwissenschaftlichen Fächern schwach sein; *être terrible au foot* toll Fußball spielen können

8. in folgenden Wendungen:

8.1. ohne Artikel:

en tout cas	jedenfalls
en quelque sorte	gewissermaßen
en matière de langues	in Sachen Sprachen
être en manches de chemise	in Hemdsärmeln sein
être en proie à qc	von etw. geplagt werden/einer Sache ausgeliefert sein
en direct de New York	live aus New York
être en avance/en retard	zu früh/zu spät sein
être en retard pour l'école	zu spät zur Schule kommen
une paire de chaussures en 40	ein Paar Schuhe in (Größe) 40
être en voyage d'affaires	auf Geschäftsreise sein
être en vigueur	in Kraft sein
parler le premier/en premier	als Erster sprechen

8.2. mit Artikel:

en l'occurrence/en la circonstance	im vorliegenden Fall
en l'absence de mon père	in Abwesenheit meines Vaters
en l'honneur du chancelier	zu Ehren des Kanzlers
en l'espace de deux ans	innerhalb von zwei Jahren
en l'église de [z.B. in Einladungen]	in der Kirche von
les publications en la matière	die einschlägigen Publikationen
Il y a péril en la demeure.	Es ist Gefahr im Verzug.
jeter en l'air	in die Luft werfen
en l'an 2030	im Jahr 2030

Sonst: *à l'église de*

8.3. mit Demonstrativadjektiv:

en ce cas/dans ce cas-là	in diesem Fall
en ce sens que	insofern, als

8.4. mit Possessivadjektiv:

en son honneur	ihm/ihr zu Ehren
en mon nom	in meinem Namen
en votre présence	in Ihrer Anwesenheit

Merke: *en notre nom à tous* in unser aller Namen

Die Präposition *par* 331

Die Präposition *par* wird verwendet

1. zur Angabe des Ortes (meist 'durch/hindurch'):

entrer par la fenêtre	durch ein Fenster einsteigen
regarder par la fenêtre	aus dem Fenster schauen
être assis par terre	auf dem Boden sitzen
jeter de l'argent par les fenêtres	Geld aus dem Fenster werfen

2. bei Zeit- und Witterungsangaben:

par les temps qui courent	heutzutage
par beau temps	bei schönem Wetter
par cette chaleur	bei dieser Hitze
par trente degrés	bei dreißig Grad

3. zur Angabe der Art und Weise:

prendre qn par la douceur	jdn. sanft anfassen
entrer deux par deux	paarweise eintreten
gagner (par) quatre à deux	(mit) vier zu zwei gewinnen
répondre par retour du courrier	postwendend/umgehend antworten
par hasard	zufällig
par couples	paarweise
répondre par oui	mit ja antworten
par les voies diplomatiques/la voie diplomatique	auf diplomatischem Wege
tirer qn par la manche	jdn. am Ärmel ziehen
prendre qn par la main	jdn. bei der Hand nehmen
répondre par écrit	schriftlich antworten
parler par énigmes	in Rätseln sprechen

4. zur Angabe des Mittels:

payer par chèque	mit Scheck bezahlen
la télévision par câble	das Kabelfernsehen
par la force	mit Gewalt
joindre qn par téléphone	jdn. telefonisch erreichen
transporter par hélicoptère	mit dem Hubschrauber transportieren
arriver par le train de trois heures	mit dem Drei-Uhr-Zug ankommen

5. beim Passiv zur Angabe des Urhebers oder der Ursache:

Dominic Thiem a été battu par Rafael Nadal en trois sets.	Dominic Thiem wurde von Rafael Nadal in drei Sätzen geschlagen.
La plus grande partie de la ville a été détruite par un tremblement de terre.	Der größte Teil der Stadt wurde durch ein Erdbeben zerstört.

Anmerkung: Wird bei Zeitungsberichten der Name des Autors nicht genannt, so steht *de*: *de notre envoyé spécial* von unserem Sonderberichterstatter; *de notre correspondant* von unserem Korrespondenten. Aber: *Par nos envoyés spéciaux Carmen Bader et Jean-Michel Rodrigo* von unseren Sonderberichterstattern C.B. und J.-M. R.

Aber: *«L'Etranger» de Camus* „Der Fremde" von Camus

6. zur Angabe des Grundes:

par amour pour qn/de qc	aus Liebe zu jdm./etw.
par conviction	aus Überzeugung
par manque d'argent	aus Geldmangel
par mégarde	aus Versehen
par bêtise	aus Dummheit

7. mit distributiver Bedeutung:

Je gagne 2.000 euros par mois.	Ich verdiene 2.000 Euro im Monat.
Ils arrivent par milliers.	Sie kommen zu Tausenden (an).
Ça fait dix euros par tête de pipe.	Das macht zehn Euro pro Nase.
Je travaille neuf heures par jour.	Ich arbeite neun Stunden täglich.

Merke: 15 Euro in der Stunde verdienen *gagner 15 euros l'heure/par heure/* [gesprochene Sprache] *de l'heure.*

8. Wendungen:

par bonheur	zum Glück
par exemple	zum Beispiel
par expérience	aus Erfahrung
apprendre qc par le journal	etw. aus der Zeitung erfahren
par tous les moyens	mit allen Mitteln
par plaisanterie	aus Spaß
appeler qn/qc par son nom	jdn./etw. beim Namen nennen

Merke: *être intéressé par* interessiert sein an

Die Präposition *pour* 332

Die Präposition *pour* wird verwendet

1. zur Angabe der Bestimmung, des Ziels und des Zwecks:

lutter pour l'indépendance	für die Unabhängigkeit kämpfen
se sacrifier pour la famille	sich für die Familie opfern
s'entraîner pour les Jeux olympiques	für die olympischen Spiele trainieren
pour mon anniversaire	zu meinem Geburtstag
inviter qn pour l'apéritif	jdn. zum Aperitif einladen
C'est pour ton bien.	Das geschieht zu deinem Besten.

2. zur Angabe der Zeitdauer oder eines zukünftigen Zeitpunkts:

J'y vais pour deux mois.	Ich fahre für zwei Monate dorthin.
Nous partons pour dix jours.	Wir verreisen für zehn Tage.
Il me faut cette traduction pour la semaine prochaine.	Ich brauche diese Übersetzung für die nächste Woche.

3. zur Angabe des Grundes:

pour cette raison	aus diesem Grund
c'est la raison pour laquelle	das ist der Grund, weshalb
pour la forme	der Form halber
condamner qn pour escroquerie	jdn. wegen Betrug verurteilen

4. zum Ausdruck eines Vergleichs:

Ton fils est costaud pour son âge.	Dein Sohn ist kräftig für sein Alter.
Il fait beaucoup trop chaud pour janvier.	Es ist viel zu warm für Januar.
Pour un Anglais, il parle bien le français.	Für einen Engländer spricht er gut Französisch.

5. in Wendungen:

et pour cause	und das mit Grund
pour la première fois	zum ersten Mal
Il en va tout autrement pour l'orthographe.	Ganz anders verhält es sich mit der Orthographie.
Jean Eiffel, François Lejeune pour l'état civil	Jean Eiffel, mit bürgerlichem Namen François Lejeune
Je l'ai eu pour rien.	Ich habe es umsonst bekommen.
Je n'y suis pour rien.	Ich habe nichts damit zu tun.

6. nach folgenden Substantiven:

l'aversion pour cette matière	die Abneigung gegen dieses Fach
le dégoût pour la politique	die Abneigung gegen Politik
le départ pour l'Italie	die Abreise nach Italien
des dispositions pour la musique	Begabung für Musik
l'embarquement pour l'Amérique	die Einschiffung nach Amerika
la haine pour son père	der Hass auf seinen Vater
l'intérêt pour l'art	das Interesse für die/an der Kunst
la lutte pour l'indépendance	der Kampf für die Unabhängigkeit
la préférence pour la littérature	die Vorliebe für die Literatur

7. nach folgenden Adjektiven:

être connu pour qc	für etw. bekannt sein
être célèbre pour qc	für etw. berühmt sein
être doué pour les langues	sprachbegabt sein
être fameux pour qc	wegen etw. berühmt sein

333 Die Präposition *sous*

Die Präposition *sous* wird verwendet

1. zur Angabe des Ortes (wo?/wohin?):

La souris s'est cachée sous l'armoire.	Die Maus hat sich unter dem Schrank versteckt.
Nous étions assis sous un arbre.	Wir saßen unter einem Baum.
Une pomme de terre est tombée sous la table.	Eine Kartoffel ist unter den Tisch gefallen.

Merke: *dormir sous la tente* – im Zelt schlafen
marcher sous la pluie – im Regen gehen
sous les tropiques – in den Tropen

2. in temporaler Funktion:

sous (le règne de) Louis XIV	unter Ludwig XIV./zur Zeit Ludwigs XIV.
sous le pontificat de Jean XXIII	unter dem Pontifikat Johannes' XXIII.
sous peu	in Kürze/bald

3. in Wendungen:

emballé sous vide	vakuumverpackt
Défense d'afficher sous peine d'amende.	Ankleben von Plakaten bei (Geld)Strafe verboten.
sous le couvert de l'anonymat	im Schutze der Anonymität
sous presse	im Druck [Buch]
avoir qn/qc sous la main	jdn./etw. bei der/zur Hand haben
sous l'influence de	unter dem Einfluss von

Die Präposition *sur* 334

Die Präposition *sur* wird gebraucht

1. zur Angabe des Ortes (wo?/wohin?):

être assis sur une chaise	auf einem Stuhl sitzen
s'asseoir sur un canapé	sich auf ein Sofa setzen
aller sur la côte d'Azur	an die Côte d'Azur fahren
sur les bords de la Seine	am Ufer/an den Ufern der Seine
sur un terrain de camping	auf einem Campingplatz
sur place	an Ort und Stelle
sur votre droite	zu Ihrer Rechten
sur le marché du travail	auf dem Arbeitsmarkt
La clé est sur la porte.	Der Schlüssel steckt.
jouer sur terre battue	auf Sand spielen [Tennis]
presser qn sur/contre son cœur	jdn. an seine Brust drücken
marcher sur la pointe des pieds	auf Zehenspitzen gehen
inscrire qn sur la liste	jdn. auf die Liste setzen
sur TF1	im Ersten [französisches Fernsehen]

Merke: *ramasser qc sur le plancher* – etw. vom Fußboden aufheben
mourir sur la croix – am Kreuz sterben

Unterscheide: *sur l'Elbe* an der Elbe – *sur l'île d'Elbe* auf Elba

2. zur Angabe des Themas:

faire/prononcer un discours sur qc	über etw. eine Rede halten
écrire un article sur qc	über etw. einen Artikel schreiben
la loi sur le financement des partis politiques	das Gesetz über die Finanzierung der politischen Parteien/Parteienfinanzierung
Que savez-vous sur/de ...?	Was wissen Sie über ...?

3. in Wendungen:

La foudre est tombée sur un arbre.	Der Blitz hat in einen Baum eingeschlagen.
Ce médicament n'est délivré que sur ordonnance.	Dieses Medikament ist rezeptpflichtig.
Elle est sur le retour (d'âge).	Sie ist in den Wechseljahren./[scherzh.] Sie ist nicht mehr ganz jung.
mettre les mains sur les hanches	die Hände in die Hüften stemmen
Je n'ai pas de papiers sur moi.	Ich habe keine Papiere bei mir.
lire sur les lèvres	von den Lippen ablesen
s'habiller sur mesure	(nur) Maßkleidung tragen
travailler sur ordinateur	am Computer arbeiten

peser sur l'estomac	schwer im Magen liegen
fumer cigarette sur cigarette	eine Zigarette nach der anderen rauchen
marcher sur les pas de qn	in jds. Fußstapfen treten
aller sur les brisées de qn/[fam.] *marcher sur les plates-bandes de qn*	jdm. ins Gehege kommen
brancher qn sur un numéro	jdn. mit einer Nummer verbinden
passer sa colère sur qn/qc	seinen Zorn an jdm./etw. auslassen
se casser les dents sur qc	sich an etw. die Zähne ausbeißen
avoir l'œil sur qn	ein Auge auf jdn. haben
compter qc sur les doigts	etw. an den fünf Fingern abzählen
prendre exemple sur qn	sich an jdm. ein Beispiel nehmen
fermer la porte sur qn	die Tür hinter jdm. schließen
faire main basse sur qc	etw. stehlen/sich etw. unter den Nagel reißen
ouvrir le feu sur qn	das Feuer auf jdn. eröffnen
rester sur ses positions	auf seinem Standpunkt beharren
sur une idée de ...	nach einer Idee von ...
être sur ses gardes	auf der Hut sein
sur une musique de ...	nach der Musik von ...
sur rendez-vous	nach Vereinbarung
Sur quels critères choisissez-vous les candidats?	Nach welchen Kriterien wählen Sie die Kandidaten aus?
jeter de l'huile sur le feu	Öl ins Feuer gießen
sur le plan scientifique	in wissenschaftlicher Hinsicht
un jour sur deux	jeden zweiten Tag
Un jeune sur cinq en France est au chômage.	Jeder fünfte Jugendliche in Frankreich ist arbeitslos.
Ma chambre donne sur la rue.	Mein Zimmer ist zur Straße hin gelegen.
remporter une victoire sur soi-même	sich selbst überwinden

4. nach folgenden Substantiven (vgl. auch § 334.2):

l'avantage sur ses concurrents	der Vorteil gegenüber seinen Konkurrenten
les dégâts sur les voitures	die Schäden an den Autos
l'effet sur les spectateurs	die Wirkung auf die Zuschauer
l'emprise sur le parti	der große Einfluss auf die Partei
faute sur Ronaldo	Foul an Ronaldo
l'impact des sondages sur les résultats des élections	der Einfluss der Meinungsumfragen auf die Wahlergebnisse
l'incidence de la hausse des prix sur le pouvoir d'achat	die Aus-/Rückwirkung der Preissteigerung auf die Kaufkraft
l'influence sur le lecteur	der Einfluss auf den Leser
l'ouverture sur l'extérieur	die Öffnung nach außen
la pression sur les dirigeants	der Druck auf die Führungskräfte
le retard sur la classe	der Rückstand gegenüber der Klasse

5. nach folgenden Adjektiven:

être axé/orienté sur qc	auf etw. ausgerichtet sein
être aveugle sur les fautes de qn	gegenüber jds. Fehler blind sein
être basé/fondé sur qc	auf etw. fußen
être ferré sur une question	über eine Frage gut Bescheid wissen
être optimiste/pessimiste sur qc	in etw. optimistisch/pessimistisch sein

Aber: *être ferré en géographie* in Geographie beschlagen/bewandert sein

Verbindung mehrerer Präpositionen 335

Einige Präpositionen können mit *de* Verbindungen eingehen:

Ma femme vient de rentrer de chez le coiffeur.	Meine Frau ist gerade vom Friseur zurückgekommen.
C'est loin de chez toi?	Ist das weit von dir (zu Hause)?
Le divorce d'avec sa femme l'a bouleversé.	Die Scheidung von seiner Frau hat ihn aus der Bahn geworfen.
La plupart d'entre nous étaient d'accord.	Die meisten von uns waren einverstanden.
Deux enfants grièvement blessés ont été retirés de dessous les décombres.	Zwei schwer verletzte Kinder wurden unter den Trümmern hervorgezogen.
Enlève tes affaires de dessus la table!	Nimm deine Sachen vom Tisch (herunter)!
Tout à coup un homme surgit de derrière le buisson.	Plötzlich trat ein Mann hinter dem Gebüsch hervor.

Die Wiederholung der Präposition 336
(la répétition de la préposition)

Die Präpositionen *à, de* und *en* werden gewöhnlich vor jedem Satzteil wiederholt:

la séparation de l'Église et de l'État	die Trennung von Staat und Kirche
Je vous souhaite beaucoup de plaisir et de succès.	Ich wünsche Ihnen viel Vergnügen und Erfolg.
Nous avons besoin d'eau, d'électricité, de centres de santé, d'écoles ...	Wir brauchen Wasser, Strom, Krankenhäuser, Schulen ...
En notre absence, notre voisine s'occupe de nos animaux et de nos plantes.	In unserer Abwesenheit kümmert sich unsere Nachbarin um unsere Tiere und Pflanzen.
Les Français estiment largement que le bonheur est lié avant tout à la santé (49%), à l'amour (32%) et au fait d'avoir un emploi (32%).	Die Franzosen sind mehrheitlich der Meinung, dass das Glück vor allem von der Gesundheit, der Liebe und dem Besitz eines Arbeitsplatzes abhängt.
Je passe mes vacances en Italie ou en Espagne.	Ich verbringe meine Ferien in Italien oder in Spanien.

Anmerkung: Von einem Verb können zwei Präpositionen abhängen, die sich auf dieselbe Nominalgruppe beziehen: *une chaîne de télévision faite par et pour les habitants des bidonvilles* ein Fernsehprogramm, das von den Bewohnern und für die Bewohner der Elendsviertel gemacht wird.

337 Adverbialer Gebrauch von Präpositionen

Eine Reihe von Präpositionen können adverbial gebraucht werden:

Je ne suis pas taillé pour.	Ich bin nicht dafür geschaffen.
Pourquoi est-ce que tu as voté contre?	Warum hast du dagegen gestimmt?
Qu'est-ce qu'on mange avec? [fam.]	Was isst man dazu?
Passe-moi mes lunettes, s'il te plaît, je ne peux pas lire sans.	Reich mir bitte meine Brille, ich kann nicht ohne lesen.

Merke: *Tu viens avec?* (= *avec moi*) [fam.] – Gehst/Kommst du mit?

Kapitel 23 Die Konjunktionen (Les conjonctions)

Konjunktionen dienen zur Verknüpfung von Satzgliedern und Haupt- und Nebensätzen. Man unterscheidet beiordnende Konjunktionen (§§ 338-342) und unterordnende Konjunktionen (§§ 343-349). Neben einfachen Konjunktionen, wie z.B. *quand*, gibt es zusammengesetzte Konjunktionen, wie z.B. *pendant que*, und konjunktionale Ausdrücke, wie z.B. *au moment où.*

Die beiordnenden Konjunktionen
(les conjonctions de coordination)

Die aneinanderreihenden Konjunktionen 338
(les conjonctions copulatives)

et	und
ainsi que/de même que	sowie
aussi bien que	ebenso wie
comme	wie
tant ... que	sowohl ... als auch
et aussi	und auch
non seulement ... mais aussi	nicht nur ... sondern auch

Yves et Luc sont très consciencieux.	Yves und Luc sind sehr gewissenhaft.
Cet élève est doué aussi bien pour les langues que pour les sciences.	Dieser Schüler ist ebenso für Sprachen wie für Naturwissenschaften begabt.
Cinq touristes français ainsi qu'un couple belge ont été grièvement blessés.	Fünf französische Touristen sowie ein belgisches Ehepaar wurden schwer verletzt.
Ce chant de Noël est moderne tant par son contenu que par son rythme.	Dieses Weihnachtslied ist modern sowohl durch seinen Inhalt als auch durch seinen Rhythmus.
L'italien, comme l'espagnol, vient du latin.	Das Italienische wie auch das Spanische stammen vom Latein ab.

Anmerkung 1: Dt. 'gehen/kommen und etw. tun' wird durch *aller/venir* + Inf. ausgedrückt: Geh und öffne die Tür! – *Va ouvrir la porte.* Er kommt und bringt Würstchen. – *Il vient apporter des saucisses.*

Anmerkung 2: Nach einem Imperativ wird 'und zwar' mit einfachem *et* wiedergegeben: *Taille-toi, et vite !* – Verdufte, und zwar schnell!

Anmerkung 3: Dt. 'je ... desto' wird durch *plus ... et plus* ausgedrückt: *Plus je réfléchissais et plus de choses méconnues et oubliées je sortais de ma mémoire.* (Camus) – Je mehr ich nachdachte, desto mehr unbekannte und vergessene Dinge kramte ich aus meinem Gedächtnis hervor.

Anmerkung 4: 'Ohne … und' wird durch *sans … ni* wiedergegeben: *sans leader officiel ni organisation fixe* – ohne offiziellen Anführer und feste Organisation.

339 Die ausschließenden Konjunktionen
(les conjonctions disjonctives)

ou	oder
ou bien	oder aber
soit ... soit/ou bien ... ou bien	(entweder) ... oder
soit que ... soit que/ou que + Konj.	sei es, dass ... oder dass
tantôt ... tantôt	bald ... bald/mal ... mal
ne ... ni ... ni	weder ... noch ... noch

Il viendra demain ou après-demain.	Er wird morgen oder übermorgen kommen.
La violence est souvent banalisée par l'agresseur, soit qu'il n'en ait pas conscience, soit qu'il fasse appel à une violence dont il a été lui-même victime.	Die Gewalt wird oft von dem Angreifer banalisiert, sei es, dass er sich darüber nicht im Klaren ist, sei es, dass er auf eine Gewalt zurückgreift, unter der er selbst zu leiden hatte.
Le match sera disputé soit à Paris soit à Barcelone.	Das Spiel wird entweder in Paris oder in Barcelona ausgetragen (werden).
La moitié des jeunes quittent leur famille parce que leurs études ou le travail les appellent au loin ou bien, plus souvent, pour se marier.	Die Hälfte der Jugendlichen verlassen ihre Familie, weil ihr Studium oder die Arbeit sie in die Ferne führen, oder häufiger, um zu heiraten.
Ma fille est tantôt gaie, tantôt triste.	Meine Tochter ist mal heiter, mal traurig.
Mon fils n'aime ni les fraises ni les framboises.	Mein Sohn mag weder Erdbeeren noch Himbeeren.
Je ne veux ni t'y engager, ni t'en dissuader.	Ich will dir weder zu- noch abraten.
Rien ni personne ne les arrêtera.	Nichts und niemand wird sie aufhalten.

340 Die entgegensetzenden Konjunktionen
(les conjonctions adversatives)

mais	aber/sondern
par contre/en revanche	dagegen/hingegen
cependant/pourtant/quand même/ malgré cela	(je)doch/dennoch
toutefois	gleichwohl/jedoch
néanmoins	nichtsdestoweniger
(Il) n'empêche que/Cela n'empêche que	Trotzdem/Dennoch/Immerhin
Il n'en reste pas moins que ...	nichtsdestoweniger/dessen ungeachtet
Il est vrai que/... certes, mais ...	zwar ..., aber ...

Cet élève est intelligent, mais paresseux.	Dieser Schüler ist intelligent, aber faul.
Le chien est sorti, et pourtant je t'avais bien dit de fermer la porte.	Der Hund ist hinausgelaufen, und ich hatte dir doch gesagt, du solltest die Tür schließen.
Il est vrai qu'il est riche, mais il est très avare.	Er ist zwar reich, aber sehr geizig.
Il n'en reste pas moins que le nombre des touristes a diminué de 10%.	Dessen ungeachtet hat die Zahl der Touristen um 10% abgenommen.

Die kausalen Konjunktionen (les conjonctions causales) 341

car	denn
en effet	nämlich/denn

Mon école me plaît, car on y organise beaucoup d'activités.	Meine Schule gefällt mir, denn dort gibt es viele Arbeitsgemeinschaften.
Mon ami a été licencié. En effet, il avait bu de l'alcool pendant le travail.	Mein Freund wurde entlassen, denn er hatte während der Arbeit Alkohol getrunken.

Anmerkung: *C'est que* hat erläuternde Funktion: *Tu ne lui as rien dit? – C'est que je veux la surprendre.* – Du hast ihr nichts gesagt? – Ich will sie nämlich überraschen.

Die folgernden Konjunktionen (les conjonctions consécutives) 342

donc	also/folglich
c'est pourquoi/voilà pourquoi/c'est la raison pour laquelle/[fam.] *c'est pour ça que/c'est à cause de ça que*	darum/deshalb/deswegen
en conséquence/par conséquent	folglich/infolgedessen
dès lors/d'où/de là/aussi + Inversion [geh.]	daher

Je pense donc je suis. (Descartes)	Ich denke, also existiere ich.
C'est pour ça qu'il y a pas mal de gens qui s'abstiennent aux élections.	Daher gibt es eine ganze Menge Leute, die nicht wählen gehen.
Aussi ai-je pris la décision de renoncer à mon voyage.	Daher habe ich den Beschluss gefasst, auf meine Reise zu verzichten.
Elle était déçue; d'où sa réaction violente.	Sie war enttäuscht; daher ihre heftige Reaktion.

Die unterordnenden Konjunktionen
(les conjonctions de subordination)

343 Die temporalen Konjunktionen (les conjonctions temporelles)

quand/lorsque	als/wenn
au/du temps où/du temps que	(zu der Zeit) als
avant que ... (ne) + Konj.	bevor/ehe
après que + Ind./[gespr. Spr.] Konj.	nachdem
depuis que/depuis le temps que	seitdem
dès que/aussitôt que	sobald
une fois que/chaque fois que	wenn (erst) einmal/jedesmal wenn
pendant que/alors que/tandis que/[geh.] *cependant que*	während
en même temps que	zur selben Zeit wie
la première fois que	als ... das erste Mal
au moment où	in dem Augenblick, als/wo
à partir du moment où	von dem Augenblick an, als/wo
jusqu'au moment où	bis zu dem Augenblick, als/wo
tant que/aussi longtemps que	solange
à peine + Inversion/*ne ... pas plus tôt ... que/ne ... pas que/c'est à peine si ... que*	kaum ..., als
jusqu'à ce que + Konj.	bis
en attendant que + Konj.	(so lange,) bis
maintenant que/à présent que	jetzt, da/wo
(tout juste) comme	(gerade,) als

Quand je rentre de l'école, j'ai très faim.	Wenn ich von der Schule nach Hause komme, habe ich großen Hunger.
Quand je suis arrivé, les autres étaient déjà là.	Als ich ankam, waren die anderen schon da.
Je suis arrivé à l'école juste quand la cloche sonnait pour entrer en classe.	Ich bin gerade an der Schule angekommen, als es zum zweiten Mal läutete.
Quand la cloche a sonné, tous les élèves sont sortis en courant.	Als es läutete, rannten alle Schüler hinaus.
Quand la cloche sonnait, tous les élèves sortaient en courant.	Wenn es läutete, rannten alle Schüler hinaus.
Quand l'inconnu eut disparu, ils s'aperçurent que ...	Als der Unbekannte verschwunden war, bemerkten sie, dass ...
Quand il a eu fini, il s'est adressé à moi en m'appelant «mon ami». (Camus)	Als er geendet hatte, wandte er sich an mich und nannte mich „mein Freund".
Quand j'avais ton âge, je voyageais beaucoup.	Als ich so alt war wie du, reiste ich viel.

Quand tu auras fini, tu pourras aller jouer dans le jardin. *Je m'en occuperai quand j'aurai le temps.*	Wenn du fertig bist, kannst du im Garten spielen. Ich werde mich darum kümmern, wenn ich Zeit habe.
Chaque fois que mon oncle vient me voir, il m'apporte quelque chose.	Jedesmal wenn mein Onkel mich besucht, bringt er mir etwas mit.
Mon mari s'ennuie depuis qu'il est à la retraite.	Mein Mann langweilt sich, seitdem er pensioniert ist.
Préviens-moi dès que tu seras de retour d'Espagne. *Je t'enverrai les photos dès qu'elles seront développées.* *Dès que j'aurai obtenu les renseignements nécessaires, je t'écrirai de nouveau.* *Il n'avait pas le dos tourné que les élèves éclatèrent de rire./A peine avait-il le dos tourné que.../Il n'avait pas plus tôt le dos tourné que ...*	Benachrichtige mich, sobald du aus Spanien zurück bist. Ich werde dir die Fotos schicken, sobald sie entwickelt sind. Sobald ich die notwendigen Informationen bekommen habe, werde ich dir wieder schreiben. Kaum hatte er den Rücken gekehrt, da brachen die Schüler in Gelächter aus.
Attendez-nous jusqu'à ce que nous revenions.	Wartet/Warten Sie auf uns, bis wir zurückkommen.
C'est juste au moment où il faut partir que tu te mets à jouer.	Gerade jetzt, da wir gehen müssen, fängst du an zu spielen.
J'attendrai tant qu'il faudra.	Ich werde warten, solange es nötig ist.
Après que sa femme s'était séparée de lui, il a commencé à se laisser aller.	Nachdem sich seine Frau von ihm getrennt hatte, fing er an, sich gehen zu lassen.
Une fois qu'elle a décidé quelque chose, rien ne peut l'en faire démordre/l'en détourner.	Wenn sie erst einmal etwas beschlossen hat, kann sie nichts davon abbringen.
Maintenant que l'affaire est dans le sac [fam.], *je peux me reposer.*	Jetzt, da die Sache unter Dach und Fach ist, kann ich mich ausruhen.
Il aurait fallu évacuer la tribune alors qu'il était encore temps.	Man hätte die Tribüne räumen müssen, während/solange noch Zeit war.
Pendant que je mets le couvert, tu pourrais faire du café.	Während ich den Tisch decke, könntest du Kaffee kochen.
- Je vous écoute, murmurait-il en tirant sur sa pipe cependant que sa femme tenait l'allumette enflammée au-dessus du fourneau. (Simenon)	„Ich höre Ihnen zu", murmelte er und zog an seiner Pfeife, während seine Frau das brennende Streichholz über den Pfeifenkopf hielt.

Die kausalen Konjunktionen (les conjonctions causales) 344

comme [am Satzanfang]	da
vu que/du fait que/étant donné que	da
puisque	da ja
parce que	weil

du moment que	da ja/wo doch
d'autant que	zumal (da)
d'autant plus que	um so mehr als
surtout que	besonders da/zumal
ce n'est pas que/non que + Konj.	nicht dass

Comme il n'y a pas de professeur de gymnastique pour l'instant, les enfants cherchent d'autres activités pour y déverser le trop-plein de leur énergie. (Sempé/Goscinny)	Da es im Augenblick keinen Sportlehrer gibt, suchen sich die Kinder andere Aktivitäten, um ihre überschüssige Energie loszuwerden.
Parce que Luc a réussi son examen, il se croit tout permis.	Weil Luc seine Prüfung bestanden hat, glaubt er, es sei ihm alles erlaubt.
Je suis arrivé en retard parce que j'ai raté le bus.	Ich bin zu spät gekommen, weil ich den Bus verpasst habe.
Puisque tu n'as pas le téléphone, je n'ai pas pu te prévenir. *Puisque tu es là, je peux te rendre tes cent euros.* *Ce n'est pas grave puisque, de toute façon, nous nous verrons dans quinze jours.*	Da du ja kein Telefon hast, konnte ich dich nicht benachrichtigen. Da du (schon) hier bist, kann ich dir deine hundert Euro zurückgeben. Das ist nicht schlimm, da wir uns ja sowieso in vierzehn Tagen sehen werden.
Du moment que tu sais que ce n'est pas vrai, pourquoi est-ce que tu continues à répéter toujours la même histoire?	Da du weißt, dass das nicht wahr ist, warum erzählst du weiterhin immer dieselbe Geschichte?
Je regrette cela, d'autant plus qu'il aurait été possible d'écarter toutes ces difficultés.	Ich bedaure das um so mehr, als es möglich gewesen wäre, alle diese Schwierigkeiten aus dem Weg zu räumen.
Du fait que les moyens d'information touchent un vaste public, ils peuvent jouer un rôle capital dans l'aggravation ou l'élimination des préjugés raciaux. (UNESCO)	Da die Informationsmittel ein großes Publikum erreichen, können sie bei der Verschärfung oder bei der Beseitigung der Vorurteile gegenüber Rassen eine wesentliche Rolle spielen.
Ce n'est pas que je sois très fatigué, mais je vais me reposer un peu.	Nicht dass ich sehr müde bin/wäre, aber ich werde mich ein wenig ausruhen.
Cela le gênait de voyager en tête-à-tête avec elle, vu qu'il n'avait pour elle que des sentiments d'amitié.	Es war ihm peinlich, mit ihr alleine zu reisen, da er für sie nur freundschaftliche Gefühle hegte.

345 **Die finalen Konjunktionen** (les conjonctions finales)

pour que/afin que + Konj.	damit
de façon/manière à ce que + Konj.	damit
exprès pour que + Konj.	eigens, damit
de peur/crainte que ... (ne) + Konj.	aus Angst, dass ... nicht/damit ... nicht

Nous devons faire de grands sacrifices pour que notre fils puisse faire son droit.	Wir müssen große Opfer bringen, damit unser Sohn Jura studieren kann.
De peur que nous arrivions en retard, elle nous a réveillés une heure plus tôt.	Damit wir nicht zu spät ankommen, hat sie uns eine Stunde früher geweckt.
Je viendrai exprès pour que nous puissions parler de ce projet.	Ich komme eigens, damit wir über dieses Projekt sprechen können.

Anmerkung: Konjunktiv steht auch nach *trop* + Adj./Adv. + *pour que*: *Aujourd'hui, il a trop bien joué pour que je puisse le battre.* – Heute hat er zu gut gespielt, als dass ich ihn hätte schlagen können.

Die konsekutiven Konjunktionen 346
(les conjonctions consécutives)

de (telle) façon/manière/sorte que	so dass
si bien que	so dass
au point/à tel point que	so dass
si/tellement + Adjektiv/Adverb + *que*	so ... , dass
ce qui fait que [gespr. Spr.]	so dass

Il parle l'anglais couramment si bien qu'on le prendrait pour un Anglais.	Er spricht fließend Englisch, so dass man ihn für einen Engländer halten könnte.
Dire bonjour à quelqu'un, lui serrer la main, sont des actes ordinaires de la vie quotidienne, au point que l'on finit souvent par ne plus y prêter attention.	Jemandem guten Tag wünschen, ihm die Hand geben, sind gewöhnliche Akte des täglichen Lebens, so dass man ihnen schließlich oft keine Beachtung mehr schenkt.
Dans nombre de régions françaises, l'eau du robinet est tellement chargée en nitrates qu'elle devient impropre à la consommation. (Le Monde)	In vielen französischen Regionen ist das Leitungswasser so nitrathaltig, dass es für den Genuss ungeeignet ist.
Je suis si occupé que je me vois dans l'obligation de renoncer à ce voyage.	Ich bin so beschäftigt, dass ich mich gezwungen sehe, auf diese Reise zu verzichten.
J'ai dû attendre assez longtemps la correspondance, ce qui fait que je suis arrivé avec vingt minutes de retard.	Ich habe ziemlich lange auf den Anschluss warten müssen, so dass ich mit zwanzigminütiger Verspätung angekommen bin.
On regrettera que les lois ne soient pas appliquées avec suffisamment de sévérité. Ce qui fait que certains industriels trouvent préférable de payer des amendes, même élevées et répétées, plutôt que de construire une coûteuse station d'épuration.	Man wird bedauern, dass die Gesetze nicht streng genug angewandt werden. So kommt es, dass manche Industrielle es vorziehen, Geldstrafen – selbst hohe und mehrmalige – zu zahlen, als eine kostspielige Kläranlage zu bauen.

Anmerkung 1: Haben *de (telle) façon/manière/sorte que* finale Bedeutung, so steht der Konjunktiv: *Explique-le-lui de manière qu'il puisse le comprendre.* – Erkläre es ihm so, dass er es verstehen kann.

Anmerkung 2: Die Konjunktion *de sorte que* erscheint nicht selten am Satzanfang: *Le jour où j'avais enterré maman, j'étais très fatigué, et j'avais sommeil. De sorte que je ne me suis pas rendu compte de ce qui se passait.* (Camus) – An dem Tag, an dem ich Mutter beerdigt hatte, war ich sehr müde und ich war schläfrig. Daher merkte ich nicht, was vor sich ging.

347 Die konzessiven/adversativen Konjunktionen
(les conjonctions concessives/adversatives)

bien que/quoique/[fam.] *malgré que* + Konj./[lit.] *encore que* + Konj.	obwohl
au lieu que + Konj.	anstatt dass
alors que/tandis que	während
tout + Adj. *que* + Konj./Ind./ *si* + Adj./Adv. *que* + Konj.	wie/so + Adj. + auch (immer)

Bien qu'il soit très riche, mon oncle ne me donne jamais rien.	Obwohl mein Onkel sehr reich ist, gibt er mir nie etwas.
Il ne reconnaissait pas la voix, encore qu'elle lui parût familière. (Simenon)	Er erkannte die Stimme nicht wieder, obwohl sie ihm vertraut schien.
Il a pris cela comme une offense personnelle alors que je n'avais aucune intention de le blesser.	Er hat das als eine persönliche Beleidigung aufgefasst, wo ich doch gar keine Absicht hatte, ihn zu verletzen.
Ta sœur est toujours prête à nous aider, tandis que toi, tu dis toujours que tu as autre chose à faire.	Deine Schwester ist immer bereit, uns zu helfen, während du immer sagst, dass du anderes zu tun hast.

348 Die konditionalen Konjunktionen
(les conjonctions conditionnelles)

si (vgl. § 221)	wenn/falls
à condition que + Konj./ *pourvu que* + Konj.	unter der Bedingung, dass
au/dans le cas où + Kond.	wenn/falls/für den Fall, dass
dans l'hypothèse où + Kond.	in dem Fall, dass

Je suis d'accord à condition que cela ne te mette pas en difficulté.	Ich bin einverstanden unter der Bedingung, dass dich das nicht in Schwierigkeiten bringt.

J'accepte les opinions des autres, pourvu qu'ils respectent les miennes.	Ich akzeptiere die Meinungen der anderen, vorausgesetzt sie respektieren meine.
Au cas où vous ne pourriez pas venir, dites-le-moi.	Für den Fall, dass Sie nicht kommen können, sagen Sie es mir!

Anmerkung 1: Nach hypothetischem *comme si* 'als ob' steht Indikativ Imperfekt/Plusquamperfekt: *C'est si beau, comme si le temps s'était arrêté.* – Das ist so schön, als ob die Zeit stehen geblieben wäre. *Il courait comme s'il avait le feu au derrière.* – Er rannte, als ob er Feuer unter dem Hintern hätte. Literarisch erscheint auch Konjunktiv Plusquamperfekt: ... *comme si c'eût été la chose la plus naturelle du monde.* - ... als wäre es die einfachste Sache der Welt gewesen (vgl. Anm. 2).
Merke: *comme si de rien n'était* als ob nichts geschehen wäre.

Anmerkung 2: Mit dem Konditional wird *comme si* gebraucht, um einen Vorwurf oder Ironie auszudrücken: *Comme si nous n'aurions pas pu manger en arrivant à la maison.* (Simenon) – Als ob wir nicht hätten essen können, wenn wir nach Hause kommen.

Anmerkung 3: *Si seulement* leitet einen Wunschsatz ein: *Si seulement je le savais!* – Wenn ich es nur wüsste! *Si seulement je l'avais su!* – Wenn ich es nur gewusst hätte!

Anmerkung 4: Der *si*-Satz kann auch eine Tatsache ausdrücken, die im Hauptsatz begründet wird: *Si, au XVIII*[e] *siècle, on avait peu d'enfants, c'était pour leur assurer un meilleur avenir.* – Wenn man im 18. Jahrhundert wenige Kinder hatte, so deshalb, weil man ihnen eine bessere Zukunft sichern wollte. *Si la France a connu au cours des années 60 et au début des années 70 une croissance soutenue, c'est aussi grâce à l'arrivée massive d'une main-d'œuvre immigrée.* – Wenn Frankreich während der sechziger und zu Beginn der siebziger Jahre ein gleich bleibendes Wachstum erfahren/erlebt hat, so ist das auch der massiven Zuwanderung ausländischer Arbeitskräfte zu verdanken. *Si je n'ai pas accepté votre invitation, c'est parce que je suis déjà pris.* – Wenn ich Ihre Einladung nicht angenommen habe, so deshalb, weil ich schon anderweitig in Anspruch genommen bin.

Anmerkung 5: *Si* kann die Bedeutung von *non seulement ... mais aussi* haben: *Si Brassens est un poète, c'est aussi un musicien et un chanteur.* – Brassens ist nicht nur ein Dichter, sondern er ist auch Musiker und Sänger.

Anmerkung 6: In literarischen Texten findet sich *si* mit iterativer Bedeutung: *Si je sortais, tout le monde se mettait aux fenêtres: si j'étais aux Tuileries, je voyais aussitôt un cercle se former autour de moi.* (Montesquieu) – Wenn ich ausging, trat jeder ans Fenster; wenn ich in den Tuilerien war, sah ich, wie sich sogleich ein Kreis um mich bildete.

Anmerkung 7: Nach *si* 'ob' kann Futur und Konditional stehen: *Je ne sais pas s'il viendra/viendrait/serait venu.* – Ich weiß nicht, ob er kommen wird/käme/ gekommen wäre.

Anmerkung 8: Zuweilen kann *si* auch adversative Bedeutung haben: *S'il n'y a qu'une façon de venir au monde, il y en a mille d'en sortir, et choisir entre elles est chose délicate.* – Während es nur eine Art gibt, auf die Welt zu kommen, gibt es tausend, sie zu verlassen, und es ist eine heikle Angelegenheit, unter ihnen zu wählen.

349 **Die modalen Konjunktionen** (les conjonctions modales)

sans que + Konj.	ohne dass
outre que/à part que	außer dass [einschließlich]
sauf que/excepté que	außer dass [ausschließlich]
au fur et à mesure que	in dem Maße, wie
à mesure que	in dem Maße, wie
selon que/suivant que	je nachdem, ob

Ces deux valises sont exactement pareilles, excepté que la mienne a quelques éraflures.	Diese beiden Koffer sind völlig gleich, außer dass meiner einige Kratzer hat.
Outre qu'il travaille tous les samedi, il fait des heures supplémentaires.	Außer dass er jeden Samstag arbeitet, macht er noch Überstunden.
Notre fils s'est marié sans que nous le sachions.	Unser Sohn hat geheiratet, ohne dass wir es wussten.
[...] *mais l'espoir de mon père grandissait à mesure que le temps marchait.* (Maupassant)	[...] aber die Hoffnung meines Vaters wuchs in dem Maße, wie die Zeit voranschritt.
On fête Noël différemment selon qu'on habite à la campagne ou à la ville.	Man feiert Weihnachten auf verschiedene Weise, je nachdem ob man auf dem Land oder in der Stadt wohnt.

Anmerkung: Liegt Subjektgleichheit vor, so steht *sans* + Infinitiv. *Il est parti sans rien dire.* – Er ist gegangen, ohne etwas zu sagen.

Merke: Je nachdem. – *C'est selon./Ça dépend.*

Kapitel 24 Die Struktur des französischen Satzes (La structure de la phrase française)

Der Form nach unterscheidet man zwischen einfachen Sätzen (phrases simples) und zusammengesetzten Sätzen (phrases complexes). Ein einfacher Satz ist stets ein Hauptsatz (proposition principale). Ein zusammengesetzter Satz besteht entweder aus zwei oder mehr aneinander gereihten Hauptsätzen (Satzreihe, § 362) oder aus einem Hauptsatz und einem oder mehreren Nebensätzen (propositions subordonnées), die vom Hauptsatz abhängen (Satzgefüge, §§ 363-367). Dem Inhalt nach unterscheidet man Aussagesätze (phrases déclaratives, § 350), Fragesätze (phrases interrogatives, §§ 353, 354), Aufforderungssätze (phrases impératives, § 355) und Ausrufesätze (phrases exclamatives, § 356).

Die Struktur des einfachen Aussagesatzes (la structure de la phrase déclarative simple) 350

In der folgenden Übersicht sind die regelmäßigen Strukturen des einfachen Aussagesatzes zusammengestellt (Zur Stellung der verbundenen Objektpronomen und Pronominaladverbien vgl. § 138; zur Stellung der adverbialen Bestimmung vgl. § 351; zur Reihenfolge Prädikat – Subjekt vgl. §§ 352, 353, zur Segmentierung vgl. § 357, zur Hervorhebung bestimmter Satzglieder vgl. §§ 358-361):

1. Subjekt + Verb:

Les enfants jouent.	Die Kinder spielen.
Ils jouent.	Sie spielen.

2. Subjekt + Verb + direktes Objekt:

Jeanne cherche sa poupée.	Jeanne sucht ihre Puppe.
Je regarde la télé.	Ich sehe fern.

3. Subjekt + Verb + indirektes Objekt:

Paul écrit à Pierre.	Paul schreibt Pierre.
J'ai téléphoné à mon ami.	Ich habe meinen Freund angerufen.

4. Subjekt + Verb + direktes Objekt + indirektes Objekt:

Le professeur apprend l'allemand aux élèves.	Der Lehrer lehrt die Schüler Deutsch/ bringt den Schülern Deutsch bei.
J'ai envoyé une carte postale à mes grands-parents.	Ich habe meinen Großeltern eine Karte geschickt.

Anmerkung 1: Das direkte Objekt steht nach dem indirekten Objekt, wenn es durch einen Relativsatz erweitert ist, wenn es bedeutend länger ist oder wenn es den Schwerpunkt der Mitteilung darstellt: *Quand vas-tu rendre à Jacques le livre qu'il t'a prêté il y a cinq mois?* – Wann wirst du Jacques das Buch zurückgeben, das er dir vor fünf Monaten geliehen hat? *Le professeur a posé à Frédéric une question extrêmement difficile.* – Der Lehrer hat Frédéric eine äußerst schwere Frage gestellt. *Je souhaite à tous bon voyage.* – Ich wünsche allen (eine) gute Reise.

Anmerkung 2: Bildet das direkte Objekt mit dem Verb eine feste Wendung, so kann es nicht nachgestellt werden. *Il faut mettre fin à la guerre.* – Man muss dem Krieg ein Ende machen.

5. Subjekt + Verb + präpositionales Objekt:

J'ai copié sur mon voisin.	Ich habe von meinem Nachbarn abgeschrieben.
Il a profité de l'occasion.	Er hat die Gelegenheit genutzt.
Mon cousin a divorcé d'avec sa femme.	Mein Cousin hat sich von seiner Frau scheiden lassen.

6. Subjekt + Verb + direktes Objekt + präpositionales Objekt:

J'ai remercié mon oncle pour le cadeau.	Ich habe meinem Onkel für das Geschenk gedankt.
Je vais dispenser les élèves de la dernière heure.	Ich werde den Schülern die letzte Stunde freigeben.

7. Subjekt + Verb + indirektes Objekt + präpositionales Objekt:

Papa a parlé à son collègue de son voyage.	Papa hat seinem Kollegen von seiner Reise erzählt.

Anmerkung: Dieser Satztyp ist selten.

8. Subjekt + Verb + präpositionales Objekt + präpositionales Objekt:

Je me suis excusé auprès de mon collègue de mon mauvais comportement.	Ich habe mich bei meinem Kollegen wegen meines schlechten Benehmens entschuldigt.

9. Subjekt + *être* + Prädikatsnomen (attribut):

Son mari est entrepreneur de bâtiment.	Ihr Mann ist Bauunternehmer.
Elle est nerveuse.	Sie ist nervös.

10. Subjekt + Kopulaverb + Prädikativum (attribut du sujet):

La question reste ouverte.	Die Frage bleibt offen.
Elle est morte jeune.	Sie ist jung gestorben.

11. Subjekt + Verb + direktes Objekt + Prädikativum (attribut de l'objet):

Jacques a laissé les fenêtres ouvertes.	Jacques hat die Fenster offen gelassen.
La naissance de son petit-fils l'a rendue très heureuse.	Die Geburt ihres Enkels hat sie sehr glücklich gemacht.

12. Im Gegensatz zum Deutschen bleibt die Reihenfolge der Satzglieder im Aussagesatz im Französischen auch dann bestehen, wenn eine adverbiale Bestimmung am Satzanfang steht (vgl. jedoch § 352.1) oder ein Nebensatz vorausgeht:

Hier soir, j'ai rencontré ton chef au restaurant.	Gestern Abend traf ich deinen Chef im Restaurant.
Quand je l'ai aperçue, elle s'est cachée derrière un arbre.	Als ich sie bemerkte, versteckte sie sich hinter einem Baum.

Die Stellung der adverbialen Bestimmung 351

(la place du complément circonstanciel)
(vgl. auch Stellung der Adverbien § 305)

1. Wie im Deutschen können adverbiale Bestimmungen entweder am Satzanfang oder am Satzende stehen. Die Stellung hängt vom Schwerpunkt der Mitteilung ab. Was am Satzende steht, wird stärker hervorgehoben:

Après le déjeuner, on s'est installés à la terrasse.	Nach dem Mittagessen haben wir uns auf die Terrasse gesetzt.
D'ici, on voit mieux.	Von hier sieht man besser.
Sur les trottoirs, il y a beaucoup de gens.	Auf den Bürgersteigen sind viele Menschen.
De l'autre côté, c'est la Suisse.	Auf der anderen Seite liegt die Schweiz.
Le match commence dans dix minutes.	Das Spiel beginnt in zehn Minuten.
J'ai connu ma femme à Londres.	Ich habe meine Frau in London kennen gelernt.
Il faut s'attendre à tout avec son frère.	Man muss sich bei seinem Bruder auf alles gefasst machen.

2. Adverbiale Bestimmungen, die eine Aussage bewerten, stehen gewöhnlich am Satzanfang:

A mon avis, ton père a raison.	Meiner Meinung nach hat dein Vater Recht.
A ma grande surprise, elle était déjà partie.	Zu meiner großen Überraschung war sie schon weg.
A mon regret, je n'ai pas eu de ses nouvelles.	Zu meinem Bedauern habe ich nichts von ihm/ihr gehört.

3. Adverbiale Bestimmungen, die inhaltlich eng zum Verb gehören, stehen nach dem Verb:

Mon frère travaille chez Renault.	Mein Bruder arbeitet bei Renault.
J'aime voyager en avion.	Ich fliege gern.
Aujourd'hui, je ne vais pas à l'école.	Heute gehe ich nicht in die Schule.
Tous les jours, je me lève à six heures moins le quart.	Jeden Tag stehe ich um Viertel vor sechs auf.

4. Sowohl am Satzanfang als auch am Satzende können mehrere adverbiale Bestimmungen erscheinen. Dabei ist zu beachten, dass am Satzende in der Regel eine Ortsangabe vor weiteren Angaben steht. Am Satzanfang jedoch geht die Zeitangabe der Ortsangabe voraus:

Je vais à Paris par le train.	Ich fahre mit dem Zug nach Paris.
Ma fille cadette est née à Berlin en 2012.	Meine jüngere Tochter wurde 2012 in Berlin geboren.
Dimanche prochain, à Paris, aura lieu un congrès international de médecins.	Am nächsten Sonntag findet in Paris ein internationaler Ärztekongress statt.
On a décidé de se retrouver tous à six heures du soir au Café de la Paix, à côté de l'Opéra.	Wir haben beschlossen, uns alle um sechs Uhr abends im Café de la Paix neben der Oper zu treffen.
Hier à midi, à Paris, à cause de la grève, le métro ne circulait pas.	Gestern Mittag fuhr in Paris wegen des Streiks die Metro nicht.

5. Eingeschobene adverbiale Bestimmungen:

Jean, de son côté, n'a pas accepté l'invitation.	Jean seinerseits hat die Einladung nicht angenommen.
Quels sont, selon vous, les différents dangers qui menacent notre environnement?	Welches sind Ihrer Meinung nach die verschiedenen Gefahren, die unsere Umwelt bedrohen?

6. Die Apposition steht in der Regel nach ihrem Bezugswort (vgl. §§ 27.7, 45); soll sie hervorgehoben werden, kann sie ihm auch vorangehen:

Ecrivain et moraliste, Montaigne fut aussi un homme politique.	Montaigne war nicht nur Schriftsteller und Moralist, sondern auch Politiker.

Génie multiple, Diderot est considéré par ses contemporains comme «le philosophe par excellence».	Diderot, ein mehrfaches Genie, wird von seinen Zeitgenossen als der Philosoph schlechthin angesehen.

Die Inversion (l'inversion du sujet) 352

Abweichend von der Struktur des einfachen Aussagesatzes (vgl. § 350) tritt Inversion ein, d.h. das Verb steht vor dem Subjekt,

1. wenn der Satz durch eine adverbiale Ortsbestimmung eingeleitet wird und das Subjekt mit Hilfe eines Präsentationsverbs eingeführt wird:

Au premier étage sont situées les pièces d'apparat.	Im ersten Stock befinden sich die Prunkzimmer.
A cela s'ajoute un autre problème: ...	Hinzu kommt ein weiteres Problem: ...
Dessus étaient écrits ces mots: ...	Darauf standen folgende Worte: ...
Devant eux passe un groupe folklorique accompagné d'un orchestre.	Vor ihnen zieht eine Folkloregruppe, die von einem Orchester begleitet wird.

2. in formelhaften Wendungen ohne satzeinleitendes Element (Wunschsätze, Behördensprache, Bühnenanweisungen, Handelssprache):

Ont été reçus: Dupont, Leclerc, ...	Bestanden haben: Dupont, Leclerc, ...
Entre le numéro 15, sort le numéro 8.	Herein kommt (die) Nummer 15, hinaus geht (die) Nummer 8.
Étaient présents: ...	Es waren anwesend: ...
Se déroula alors un étonnant dialogue.	Es lief dann ein erstaunlicher Dialog ab.
Entre Ismène.	Ismène tritt auf.
Vive le roi!	Es lebe der König!
Reste une question: ...	Bleibt noch eine Frage: ...
Restent quinze euros.	Es bleiben 15 Euro übrig.
Ci-gît/Ici repose Ernest Dubois.	Hier ruht Ernest Dubois.

Anmerkung: Bei Bühnenanweisungen jedoch auch: *Le chœur entre.* – Der Chor tritt ein.

3. beim emphatischen Gebrauch eines prädikativen Adjektivs:

Grande fut ma déception.	Groß war meine Enttäuschung.
Beaucoup plus préoccupante que dans la capitale paraît être la situation dans le reste du pays.	Viel besorgniserregender als in der Hauptstadt scheint die Lage im übrigen Land zu sein.
Rares sont ceux qui réussissent à cet examen.	Es gibt nur wenige, die diese Prüfung bestehen./Nur wenige bestehen diese Prüfung.

4. bei Sätzen, die in die direkte Rede eingeschoben bzw. nachgestellt werden:

Un peu de silence! a dit la maîtresse.	Etwas Ruhe! sagte die Lehrerin.
Tu es, dit-elle, le plus grand imbécile que je connaisse.	Du, sagte sie, bist der größte Dummkopf, den ich kenne.

Anmerkung 1: In der ersten Person Singular ist in diesem Fall die Reihenfolge Prädikat – Subjekt außer in literarischer Sprache ungebräuchlich: *Tu m'en donnes un morceau? j'ai demandé.* Gibst du mir ein Stück? fragte ich.

Anmerkung 2: In der Umgangssprache findet sich bei pronominalem Subjekt die regelmäßige Reihenfolge: *Fous le camp, il m'a dit.* – Hau ab, hat er zu mir gesagt.

5. nach bestimmten satzeinleitenden Adverbien oder adverbialen Bestimmungen, besonders in der Schriftsprache. Ist das Subjekt ein Personalpronomen, so steht einfache Inversion: besteht das Subjekt aus einer Nominalgruppe, so steht die komplexe Inversion.

5.1. Die Reihenfolge Prädikat – Subjekt ist die Regel nach:

aussi	daher
à peine … que	kaum
sans doute	sicherlich/wahrscheinlich
peut-être	vielleicht

Aussi le chancelier a-t-il remanié le gouvernement.	Daher hat der Kanzler die Regierung umgebildet.
A peine est-elle entrée dans le restaurant, qu'elle s'évanouit.	Kaum hat sie das Restaurant betreten, da wird sie ohnmächtig.
Sans doute s'est-il trompé.	Wahrscheinlich hat er sich getäuscht.
Peut-être ce philosophe a-t-il raison.	Vielleicht hat dieser Philosoph Recht.

Anmerkung: Nach *peut-être que* und *sans doute que* steht keine Inversion.

Merke: *toujours est-il que* jedenfalls/immerhin/feststeht, dass: *Toujours est-il qu'il nous a donné un bon conseil.* – Immerhin hat er uns einen guten Rat gegeben.

5.2. Die Inversion ist fakultativ nach:

ainsi	daher	*tout au plus*	allenfalls
encore	allerdings/freilich	*probablement*	wahrscheinlich
au moins	mindestens	*toutefois*	gleichwohl/dennoch
du moins	wenigstens	*en vain*	vergeblich

Ce monsieur voulait nous aider; du moins le pensions-nous.	Dieser Herr wollte uns helfen; wenigstens dachten wir es.

En vain avons-nous essayé de le convaincre.	Vergeblich haben wir ihn zu überreden/überzeugen versucht.
Tout au plus peut-on dire qu'il s'est efforcé de réduire ses dépenses.	Allenfalls kann man sagen, dass er sich angestrengt hat, seine Ausgaben zu senken.

Immer: *Ainsi soit-il.* – Amen.

6. bei Verwendung des unpersönlichen *il* (vgl. § 127.3) als grammatisches Subjekt (Scheinsubjekt, sujet apparent). Dabei ist zu beachten, dass sich im Französischen das Prädikat im Numerus nicht nach dem logischen (sujet réel), sondern nach dem grammatischen Subjekt richtet:

Il s'écoula encore dix minutes.	Es vergingen noch zehn Minuten.
Il se fit un grand silence.	Es entstand eine große Stille.
Il s'est produit un accident rue Voltaire.	In der Rue Voltaire hat sich ein Unfall ereignet.

7. in Relativsätzen, adverbialen Nebensätzen und indirekten Fragesätzen:

C'est la même montre que m'a offerte mon mari à l'occasion de nos noces d'argent.	Das ist die gleiche Uhr, die mir mein Mann zu unserer silbernen Hochzeit geschenkt hat.
Ce creuset multiculturel où vivent 13.000 personnes, pose des problèmes de sécurité comparables à ceux des Etats-Unis.	Dieser multikulturelle Schmelztiegel, in dem 13.000 Personen leben, stellt Sicherheitsprobleme dar, die mit denen in den Vereinigten Staaten vergleichbar sind.
Je ne sais pas où est passé ton dictionnaire.	Ich weiß nicht, wo dein Wörterbuch hingekommen ist.

Der direkte Fragesatz (la proposition interrogative directe)

Es gibt direkte Fragesätze und indirekte Fragesätze (vgl. § 372). Man unterscheidet Fragesätze ohne Fragewort (Entscheidungsfragen, interrogations totales/complexes, vgl. § 353) und mit Fragewort (Ergänzungs-/Teil fragen, interrogations partielles vgl. § 354). Zur Segmentierung von Fragesätzen vgl. § 357.

Fragesätze ohne Fragewort 353

Das Französische kennt drei Formulierungsmöglichkeiten für Fragesätze, die Inversionsfrage (l'interrogation avec inversion du sujet), die mit *Est-ce que* eingeleitete Frage (l'interrogation avec *est-ce que*) und die Intonationsfrage (l'interrogation marquée par l'intonation). Während die *Est-ce que*-Frage in jedem Sprachregister verwendbar ist, ist die Inversionsfrage in der Regel auf die Schriftsprache beschränkt. Die Intonationsfrage findet sich in der Umgangssprache und in familiärer Redeweise.

1. Die Inversionsfrage:

1.1. Besteht das Subjekt aus einem Personalpronomen, so wird dieses der Verbform nachgestellt. Dabei wird das Pronomen in der Schriftform durch Bindestrich mit dem Verb verbunden (zum Einschub des sog. Fugen-*t* bzw. *t intercalé* vgl. § 8.1.7 Anm.):

Arrivera-t-il demain?	Wird er morgen (an)kommen?
N'avez-vous pas le temps?	Haben Sie keine Zeit?
L'acceptera-t-elle?	Wird sie es annehmen?

Anmerkung 1: 'Kann ich ...?' wird entweder durch *Puis-je* oder *Est-ce que je peux* ausgedrückt: *Puis-je/Est-ce que je peux vous déposer ici?* – Kann ich Sie hier absetzen?

Anmerkung 2: Auf eine verneinte Frage wird mit *si* bejahend geantwortet: *Tu ne viendras pas? – Si.* – Wirst du nicht kommen? – Doch.

1.2. Besteht das Subjekt aus einer Nominalgruppe, so steht diese links vom Verb, und das entsprechende Personalpronomen wird an das Verb angehängt (absolute Fragestellung):

Jacques arrivera-t-il demain?	Wird Jacques morgen (an)kommen?
Le progrès technique a-t-il amélioré la vie humaine ou non?	Hat der technische Fortschritt das menschliche Leben verbessert oder nicht?

2. Die mit *est-ce que* eingeleitete Frage

Wird die Frage mit dem Ausdruck *Est-ce que* eingeleitet, so wird die Struktur des Aussagesatzes beibehalten:

Est-ce qu'il arrivera demain?	Wird er morgen (an)kommen?
Est-ce que ta sœur acceptera cette offre?	Wird deine Schwester dieses Angebot annehmen?

3. Die Intonationsfrage

Die Intonationsfrage ist durch ansteigende Intonation am Satzende gekennzeichnet. Die Satzstruktur ist mit der des Aussagesatzes identisch. Die Intonationsfrage gehört der Umgangssprache an:

Il arrivera demain?	Wird er morgen (an)kommen?
Jean se mariera à Pâques?	Wird Jean an Ostern heiraten?

Fragesätze mit Fragewort 354

(Zu den Interrogativa vgl. §§ 113-124)

1. Die Inversionsfrage

1.1. einfache Inversion (einfache Fragestellung):

Où habite ton ami?	Wo wohnt dein Freund?
Où habite-t-il?	Wo wohnt er?
Quand viendra ta sœur?	Wann wird deine Schwester kommen?
Quand viendra-t-elle?	Wann wird sie kommen?
A qui écrit Pierre?	Wem schreibt Pierre?
Qui est-ce?	Wer ist das?
Qui as-tu vu?	Wen hast du gesehen?
Que fait ton père?	Was macht dein Vater?
A quoi pense ta mère?	Woran denkt deine Mutter?
A quoi pense-t-elle?	Woran denkt sie?
Quels musées as-tu visités?	Welche Museen hast du besucht?
Pourquoi ne manges-tu pas?	Warum isst du nicht?

Anmerkung 1: Nur die Inversionsfrage ist möglich bei folgenden Ausdrücken: *Quel jour sommes-nous?* – Welchen Tag haben wir? *Comment allez-vous?* – Wie geht es Ihnen? *Quel âge avez-vous?* – Wie alt sind Sie? In familiärer Ausdrucksweise auch *Quel âge vous avez?*

Anmerkung 2: In nachlässiger Umgangssprache kommen weitere Fragekonstruktionen vor: *Qui c'est?* – Wer ist das? *Où (c'est) que tu vas?* – Wohin gehst du? *Qui c'est que t'as vu?* – Wen hast du gesehen? *Pourquoi (qu') il est parti?* – Warum ist er weggegangen?

1.2. komplexe Inversion (absolute Fragestellung):

A qui Pierre écrit-il?	Wem schreibt Pierre?
De quoi Yves se plaint-il?	Worüber beklagt sich Yves?
Où ton ami habite-t-il?	Wo wohnt dein Freund?
Sur quoi cet article porte-t-il?	Worauf bezieht sich dieser Artikel?
En quoi cette différence consiste-t-elle?	Worin besteht dieser Unterschied?
A qui Pierre écrit-il une lettre?	Wem schreibt Pierre einen Brief?
Pourquoi ton ami n'écrit-il pas?	Warum schreibt dein Freund nicht?
Depuis quand ton ami n'écrit-il plus?	Seit wann schreibt dein Freund nicht mehr?

Anmerkung: Auf ein substantivisches Subjekt kann kein direktes Objekt folgen. Nicht: **A qui écrit Pierre une lettre?* Nach *pourquoi* steht bei substantivischem Subjekt immer die absolute Fragestellung (außer im *français populaire*). Ist das Prädikat verneint, so steht ebenfalls nur die absolute Fragestellung (s. Beispiele).

2. Die mit Fragewort + *est-ce que* eingeleitete Frage (ohne Inversion):

Où est-ce que Pierre habite?	Wo wohnt Pierre?
Où est-ce qu'il habite?	Wo wohnt er?
Qui est-ce que la police a arrêté?	Wen hat die Polizei verhaftet?
Pourquoi est-ce que ton ami n'écrit pas?	Warum schreibt dein Freund nicht?
De quoi est-ce que l'étudiante s'est plainte?	Worüber hat sich die Studentin beschwert?

Anmerkung 1: Erscheint *quel* in Nominalgruppen, die als Objekt oder präpositionale Ergänzung fungieren, so kann nach ihnen die Frageformel *est-ce que* eingeschoben werden *Quel rôle est-ce que cette invention va jouer dans l'avenir?* – Welche Rolle wird diese Erfindung in der Zukunft spielen? *Pour quelle raison est-ce que l'auteur a écrit cet article?* – Aus welchem Grund hat der Autor diesen Artikel geschrieben? Man vermeidet jedoch diese Ausdrucksweise.

Anmerkung 2: Die Umschreibung mit *est-ce que* wird bei einsilbigen Verbformen gemieden: *Où est Jean?* (nicht: **Où est-ce que Jean est*?) – Wo ist Jean?

Anmerkung 3: Nach *qu'est-ce que* kann die einfache Inversion stehen, wenn das Subjekt kein Personalpronomen ist: *Qu'est-ce que ce monsieur-là mange?/Qu'est-ce que mange ce monsieur-là?* – Was isst der Herr dort?

3. Fragesatz mit Fragewort am Satzende (interrogation avec rejet du mot interrogatif) [Umgangssprache]:

Pierre habite où?	Wo wohnt Pierre?
Sa femme a dit quoi?	Was hat seine Frau gesagt?
Vous nous téléphonez d'où?	Von wo rufen Sie uns an?
Elle pense à quoi?	Woran denkt sie?
Tu l'as vue quand?	Wann hast du sie gesehen?
Il est en quelle classe?	In welcher Klasse ist er?
Vous êtes de quel signe? – Je suis Vierge./Je suis du signe de la Vierge.	Welches Sternzeichen sind Sie? – Ich bin Jungfrau.

Anmerkung: Bei *pourquoi* ist die Endstellung unüblich.

355 **Der Aufforderungssatz** (la phrase impérative)

1. Aufforderungen in der 2. Person Singular/Plural und in der 1. Person Plural werden durch den Imperativ ausgedrückt:

Attends.	Warte!
Lisez.	Lest!
Restons encore un peu.	Bleiben wir noch ein wenig!

2. Eine an einen Dritten gerichtete Aufforderung wird durch *que* + Konjunktiv ausgedrückt:

Qu'il se taise!	Er soll schweigen!
Qu'il aille au diable!	Er soll sich zum Teufel scheren!
Qu'elle prenne une décision!	Sie soll eine Entscheidung treffen!

3. Aufforderungen, die sich an die Allgemeinheit richten, stehen oft im Infinitiv:

Ralentir.	Langsam(er) fahren!
Agiter avant de s'en servir	Vor Gebrauch schütteln!
Ne pas se pencher au dehors.	Nicht hinauslehnen!
Mettre le texte au passé.	Setzen Sie/Setzt/Setz den Text in die Vergangenheit.

Anmerkung 1: Beispiele mit dem Imperativ sind z.B. *Tirez* Ziehen; *Poussez* Drücken.

Anmerkung 2: Verbote werden oft durch *Défense de* + Infinitiv ausgedrückt: *Défense de marcher sur la pelouse.* – Betreten des Rasens verboten! *Défense d'afficher.* – Plakate ankleben verboten!

4. Weitere Möglichkeiten, eine Aufforderung auszudrücken, sind:

4.1. das Präsens:

Vous faites la traduction pour demain.	Macht die Übersetzung für morgen!
Tu prends la deuxième rue à gauche.	Geh die zweite Straße links!

4.2. das Futur:

Vous me direz tout de suite qui a cassé la soupière.	Sagt mir sofort, wer die Suppenschüssel kaputtgemacht hat!

4.3. ein Fragesatz mit *vouloir/pouvoir* + Infinitiv:

Tu veux bien continuer?	Mach bitte weiter!
Vous ne pouvez pas arrêter de bavarder?	Hört endlich auf zu schwatzen!

Der Ausrufesatz (la phrase exclamative) 356

1. Der Ausrufesatz kann aus dem bestimmten Artikel/Demonstrativadjektiv + (Adjektiv) + Substantiv bestehen:

La menteuse!	So eine Lügnerin!
Ce crâneur!	Dieser Angeber!
La belle affaire!	Was ist da schon dabei?/Was hat das schon zu sagen?

2. Der Ausrufesatz kann durch *comme/que* in Verbindung mit einem Adjektiv und durch *quel* + Substantiv eingeleitet werden:

Comme je suis heureux!	Wie glücklich ich bin!
Ah! Que tu es lent!	Mein Gott, du brauchst aber lang!
Quelle mentalité!	Ist das eine Einstellung!
Quelle horreur!	Wie schrecklich!

3. In der Umgangssprache wird häufig *ce que* oder *qu'est-ce que* verwendet; dabei kann *pouvoir* hinzutreten:

Qu'est-ce qu'il est agaçant! *Ce qu'il est agaçant!* *Ce qu'il peut être agaçant!*	Geht der einem auf die Nerven!

357 Die Segmentierung des Satzes (la phrase segmentée)

Unter Segementierung versteht man die Herauslösung eines Satzglieds aus der regelmäßigen Satzstruktur (vgl. § 350) und seine Versetzung nach links oder rechts. Sie bewirkt stets eine Thematisierung. Die Linksversetzung (dislocation à gauche) stellt den Zusammenhang zu etwas bereits Erwähntem dar oder bezieht sich auf etwas, was als bekannt vorausgesetzt wird. Die Rechtsversetzung (dislocation à droite) dient zur nachträglichen Verdeutlichung des Gemeinten. Die Segmentierung ist vorwiegend eine Erscheinung der gesprochenen Sprache. Bei der Verschriftung beachte man die Abtrennung des segmentierten Satzglieds durch ein Komma.

1. Die Links- oder Rechtsversetzung des Subjekts

1.1. An die Stelle der nach links oder rechts versetzten Nominalgruppe tritt das entsprechende verbundene Personalpronomen:

Robert, il n'est pas d'accord. *Cette poésie, elle est difficile à comprendre.*	Robert ist nicht einverstanden. Dieses Gedicht ist schwer zu verstehen.
Ils sont fous, ces Romains. *Il est sympa, ce garçon.*	Die spinnen, die Römer. Er ist nett, dieser Junge.

1.2. Besteht das Subjekt aus einem verbundenen Personalpronomen, so tritt bei Links- oder Rechtsversetzung das entsprechende unverbundene Personalpronomen ein:

Moi, je ne comprends pas ça.	Ich verstehe das nicht.
Je ne le connais pas, moi.	Ich kenne ihn nicht.

Toi, tu peux partir.	Du kannst gehen.
Tu le sais, toi?	Weißt du es?
Lui (, il) s'y connaît.	Er kennt sich aus.
Il trouve toujours à redire, lui.	Er hat immer etwas auszusetzen.
Elle, elle ne se gêne pas.	Sie geniert sich nicht.
Elle a la langue bien pendue, elle.	Sie ist nicht auf den Mund gefallen.
Nous, nous restons à la maison.	Wir bleiben zu Hause.
Nous n'y allons pas, nous.	Wir gehen nicht hin.
Vous, vous n'avez pas peur?	Ihr habt keine Angst?
Vous y êtes, vous?	Seid ihr so weit?
Eux (, ils) sont toujours contre.	Sie sind immer dagegen.
Ils s'en fichent, eux.	Die pfeifen darauf.
Elles, elles sont chouettes.	Die/Sie sind nett.
Elles sont bien à plaindre, elles.	Sie sind wirklich zu bedauern.

Anmerkung: Fungiert das unpersönliche Personalpronomen *on* als Subjekt, so tritt bei Links- oder Rechtsversetzung *nous* ein: *Nous, on y va en auto.* – Wir, wir fahren mit dem Auto hin.

1.3. Besteht das Subjekt aus dem neutralen Demonstrativpronomen *ce/ça* (vgl. §§ 54, 55), so wird bei Links- oder Rechtsversetzung die Form *ça* verwendet:

Ça, c'est bon.	Das ist aber gut.
C'est joli, ça.	Das ist aber hübsch.
Ce n'est pas très gentil, ça.	Das ist aber nicht sehr nett.
Ça, ça m'est égal.	Das ist mir egal.
Ça te plaît, ça?	Gefällt dir das?

1.4. Bei der Intonationsfrage kann das Subjekt aus der Satzstruktur herausgelöst und nach links oder rechts versetzt werden:

Jean, il se mariera à Pâques? *Il se mariera à Pâques, Jean?*	Wird Jean an Ostern heiraten?
Eux, ils viendront? *Ils viendront, eux?*	Werden sie kommen?
Toi, tu le ferais à ma place? *Tu le ferais à ma place, toi?*	Würdest du es an meiner Stelle tun?

2. Die Links- oder Rechtsversetzung des direkten Objekts

2.1. Das direkte Objekt wird im Falle der Linksversetzung durch das entsprechende verbundene Personalpronomen bzw. das Pronominaladverb *en* wieder aufgenommen (anaphorischer Verweis, référence anaphorique); bei Rechtsversetzung weist das Personalpronomen auf das direkte Objekt voraus (kataphorischer Verweis, référence cataphorique):

Cette imprimante, je l'ai achetée il y a deux ans.	Diesen Drucker habe ich vor zwei Jahren gekauft.
Les Durand, tu les connais déjà?	Kennst du die Durands schon?
Ces fleurs, tu les as achetées où?	Wo hast du diese Blumen gekauft?
Des lettres de menaces, tous les gens de ma position en reçoivent. (Boileau-Narcejac)	Drohbriefe bekommen alle Leute in meiner Position.
De la patience, il en faut!	Geduld bracht man!
Il en faut, de la patience!	Da braucht man Geduld!
Des filous, il y en a partout.	Gauner gibt es überall.
Tu l'as déjà lu, ce roman?	Hast du ihn schon gelesen, diesen Roman?
Je n'en ai pas mangé, de(s) cerises.	Kirschen habe ich keine gegessen.

2.2. Besteht das direkte Objekt aus einem verbundenen Personalpronomen, so tritt bei Links- oder Rechtsversetzung das entsprechende unverbundene Personalpronomen ein:

Moi, ça m'a étonné un peu.	Mich hat das ein wenig erstaunt.
Eux, je les connais depuis trois ans.	Sie kenne ich seit drei Jahren.

3. Bei der Linksversetzung des indirekten bzw. präpositionalen Objekts entfällt zumeist die Präposition. Das Objekt wird durch das entsprechende Personalpronomen bzw. Pronominaladverb wieder aufgenommen:

Mes parents, je leur ai raconté que ...	Meinen Eltern habe ich erzählt, dass ...
L'affaire Brachet, je m'en charge. (Boileau-Narcejac)	Um die Sache Brachet kümmere ich mich.
Cette histoire, je ne m'en souviens plus.	An diese Geschichte erinnere ich mich nicht mehr.
(A) cette lettre, il n'y a pas encore répondu.	Auf diesen Brief hat er noch nicht geantwortet.
(De) ta bicyclette, personne n'en veut.	Dein Fahrrad will niemand.
Aux échecs, j'y joue souvent.	Schach spiele ich oft.

Anmerkung 1: Ein indirektes, mit *à* oder *de* eingeleitetes Objekt ohne pronominale Wiederaufnahme erscheint im Französischen selten am Satzanfang: *A mes parents, j'ai raconté que ... De cela, je ne suis pas tout à fait certain.* – Dessen bin ich nicht ganz sicher.

Anmerkung 2: Die Rechtsversetzung ist seltener: *Personne n'en veut, de ta bicyclette.* – Niemand will es, dein Fahrrad. *On n'y pense plus, à cette affaire.* – Wir denken nicht mehr daran, an diese Angelegenheit.

4. Bei der Segmentierung von verbgebundenen Orts- und Richtungsangaben werden diese durch das Pronominaladverb *y* wieder aufgenommen:

A Paris, nous y allons deux fois par an.	Nach Paris fahren wir zweimal im Jahr.
A Reims, nous y avons habité pendant cinq ans.	In Reims haben wir fünf Jahre (lang) gewohnt.

Anmerkung: Selten ist die Rechtsversetzung: *Nous y avons habité pendant cinq ans, à Reims.* – Wir haben dort fünf Jahre gewohnt, in Reims.

5. Bei der Segmentierung des Prädikativums wird dieses durch das Personalpronomen *le* wieder aufgenommen (vgl. § 132.2):

Solidaires, la France et l'Allemagne doivent l'être dans leur volonté d'unir l'Europe.	Solidarisch müssen Deutschland und Frankreich in ihrem Willen sein, Europa zu einigen.
Pénalisées, elles le sont, les familles nombreuses.	Bestraft/Benachteiligt sind sie, die kinderreichen Familien.
Intelligent, il ne l'est pas.	Intelligent ist er nicht.

Anmerkung: In emphatischer Ausdrucksweise entfällt *le*: *Mon parti est pris. Solitaire je suis, solitaire je resterai.* Ich habe meine Wahl getroffen: Single bin ich und Single werde ich bleiben.

6. Der segmentierte Infinitiv wird durch das Demonstrativpronomen *ce* bzw. *cela/ça* (vgl. §§ 54, 55) wieder aufgenommen:

Jouer au tennis, ça me fait plaisir.	Tennis (zu) spielen macht mir Spaß.
Ecrire une grammaire, c'est dur.	Eine Grammatik zu schreiben ist hart.
Apprendre des langues étrangères, cela demande beaucoup de patience.	Fremdsprachen (zu) lernen erfordert viel Geduld.

7. Ist der segmentierte *que*-Satz Subjekt, so gebraucht man das Demonstrativpronomen *ce*; ist er direktes Objekt, so wird er durch das Personalpronomen *le* wieder aufgenommen (vgl. § 132.2; zum Modusgebrauch vgl. § 215):

Que le député n'ait pas dit la vérité, c'est évident.	Dass der Abgeordnete nicht die Wahrheit gesagt hat, ist offenkundig.
Qu'il ait menti, nous le savons.	Dass er gelogen hat, wissen wir.

Die Hervorhebung einzelner Satzglieder (la mise en relief)

Während im Deutschen einzelne Satzglieder durch ihre Stellung oder besondere Betonung hervorgehoben werden, bedient sich das Französische zur Hervorhebung besonderer syntaktischer Mittel.

358 Die Hervorhebung mittels Spaltsatz (la phrase clivée)

Die Hervorhebung mittels Spaltsatz geschieht durch *c'est ... qui/que.* Dabei ist zu beachten, dass *c'est* auch in anderen Tempora erscheinen kann; ebenfalls ist der Plural möglich (*ce sont ... qui/que*, vgl. § 369.3).

1. Die Hervorhebung des Subjekts geschieht durch *c'est ... qui*:

C'est cette solution qui me convainc.	**Diese Lösung** überzeugt mich.
C'est ça qui presse le plus.	**Das** ist am dringlichsten.
C'est moi qui décide.	Hier entscheide **ich**!
C'est leur mère qui a dit ça.	**Ihre Mutter** hat das gesagt.

Anmerkung: Zu beachten ist, dass sich die Verbform nach dem Bezugswort des Relativpronomens richtet: *Ce sera moi qui m'en occuperai.* – Ich werde mich darum kümmern. *Ce sera toi qui t'en occuperas.* – Du wirst dich darum kümmern.

2. Die Hervorhebung der übrigen Satzglieder geschieht durch *c'est ... que*:

2.1. direktes Objekt:

C'est ma clé que j'ai perdue.	**Meinen Schlüssel** habe ich verloren.
C'est son meilleur ami qu'il a trahi!	**Seinen besten Freund** hat er verraten!

2.2. indirektes Objekt:

C'est à Marc que j'ai donné les cent euros.	**Marc** habe ich die hundert Euro gegeben.
C'est à toi que je parle.	Mit **dir** rede ich!

2.3. präpositionales Objekt:

C'est à cela que je pense.	**Daran** denke ich.
C'est sur ce problème qu'il faut se concentrer.	**Auf dieses Problem** muss man sich konzentrieren.
C'est d'une place sûre que j'ai besoin.	**Einen sicheren Arbeitsplatz** brauche ich.

2.4. Adverbien und adverbiale Bestimmungen:

C'est demain que je dois finir cet article.	**Morgen** muss ich diesen Artikel abschließen.
Ce n'est que huit jours après que j'ai appris que mon voisin était mort.	**Erst acht Tage später** habe ich erfahren, dass mein Nachbar gestorben war.
C'est à Paris que j'ai fait sa connaissance.	**In Paris** habe ich ihn/sie kennen gelernt.

C'est là que je l'ai vue pour la première fois.	**Dort** habe ich sie zum ersten Mal gesehen.
C'est pour cette raison que j'ai refusé.	**Aus diesem Grund** habe ich abgelehnt.

2.5. *gérondif*:

C'est en travaillant dur que ton frère a eu ce succès.	**Durch harte**(**s**) **Arbeit**(**en**) hat dein Bruder diesen Erfolg gehabt.
C'est en forgeant qu'on devient forgeron.	Übung macht den Meister.

Die Hervorhebung mittels Sperrsatz (la phrase pseudo-clivée) 359

Die Hervorhebung mittels Sperrsatz geschieht durch *ce* + Relativpronomen ..., *c'est*:

Ce qui m'agace, c'est son arrogance.	Was mich aufregt, ist seine/ihre Arroganz.
Ce que j'admire chez elle, c'est sa force de volonté.	Was ich an ihr bewundere, ist ihre Willensstärke.
Ce dont je me souviens, c'est de ton premier baiser.	Woran ich mich erinnere, ist dein erster Kuss.

Die Hervorhebung durch das unverbundene Personalpronomen 360

Die Hervorhebung mit Hilfe des unverbundenen Personalpronomens bewirkt eine kontrastierende Thematisierung:

Tandis que Jean était content, son frère, lui, n'arrêtait pas de rouspéter.	Während Jean zufrieden war, hörte sein Bruder nicht auf zu meckern.

Weitere Möglichkeiten der Hervorhebung 361

1. *voilà/voici ... qui/que/comment/pourquoi*:

Voilà déjà trente ans qu'ils sont mariés.	Sie sind schon seit dreißig Jahren verheiratet.
Voilà mon frère qui répare son vélo.	Schau an, mein Bruder repariert sein Fahrrad!
Voilà qui s'appelle vivre.	**Das** nennt man leben!
Voilà pourquoi j'ai abandonné.	**Das** ist der Grund, weshalb ich aufgegeben habe.
Voilà comment il faut s'y prendre.	**So** muss man das anstellen.

2. *ça fait* + Zeitangabe *que*:

Ça fait dix ans que j'attends ma mutation.	Schon seit zehn Jahren warte ich auf meine Versetzung.
Ça fait deux ans que je ne l'ai pas vu.	Schon seit zwei Jahren habe ich ihn nicht mehr gesehen./Es sind zwei Jahre her, dass ich ihn nicht mehr gesehen habe.
Ça fait une éternité que ça ne marche plus.	Das geht schon seit einer Ewigkeit nicht mehr.

Anmerkung: Der Ausdruck *ça fait ... que* unterliegt den Regeln der Zeitenfolge: *Papa nous a expliqué que ça ne faisait pas longtemps que M. Bougrain avait acheté sa maison.* (Sempé/Goscinny) – Papa erklärte uns, dass es nicht lange her sei, dass Herr Bougrain sein Haus gekauft habe.

3. *il y a* + Zeitangabe *que*:

Il y a cinq ans que ma mère est morte.	Meine Mutter ist vor fünf Jahren gestorben./Es ist fünf Jahre her, dass meine Mutter gestorben ist.
Il y a eu hier quatre mois que mon mari a été licencié.	Gestern vor vier Monaten ist mein Mann entlassen worden.
Il y aura demain quinze jours que mon fils est parti.	Morgen ist es vierzehn Tage her, dass mein Sohn abgereist ist.

4. *il y a quelque chose ... qui/que* (vgl. § 77 Anm. 3):

Il y a quelque chose qui ne va pas.	Irgendetwas geht/stimmt da nicht.
Il y a quelque chose que je ne comprends pas.	Etwas verstehe ich nicht.

362 Die Satzreihe (phrases coordonnées)

Zwei oder mehr durch beiordnende Konjunktionen verbundene Hauptsätze bilden eine Satzreihe:

Je suis né à Marseille, mais j'habite à Lyon.	Ich bin in Marseille geboren, aber ich wohne in Lyon.
Luc fait de la planche à voile, et son frère fait du deltaplane.	Luc surft und sein Bruder fliegt Drachen.

Das Satzgefüge (la phrase complexe)

Ein Satzgefüge besteht aus einem Hauptsatz und einem oder mehreren von ihm abhängigen Nebensätzen. Je nachdem, welches Satzglied ein Nebensatz vertritt, unterscheidet man zwischen Subjektsätzen, direkten Objektsätzen, präpositionalen Objektsätzen, Adverbialsätzen und Attributsätzen.

Der Subjektsatz (la proposition sujet) 363

Ein Subjektsatz kann in Abhängigkeit von unpersönlichen Ausdrücken stehen oder durch die Konjunktionen *que* oder *le fait que* eingeleitet werden (zum Modusgebrauch vgl. § 215):

Faire justice soi-même n'est pas acceptable.	Selbstjustiz zu üben kann nicht akzeptiert werden.
Dire que rien ne s'est fait serait injuste.	Zu sagen, dass sich nichts getan hat, wäre ungerecht.
Que mon professeur se soit trompé, c'est évident.	Dass mein Lehrer sich geirrt hat, ist offenkundig.
Le fait qu'il n'y aille pas ne me surprend pas.	Dass er nicht hingeht, überrascht mich nicht.

Der direkte Objektsatz (la proposition objet) 364

Bei einem direkten Objektsatz kann es sich um einen Aussagesatz (zum Modusgebrauch vgl. § 210-215) oder um einen indirekten Fragesatz (vgl. § 372) handeln:

Je crois qu'elle a dit la vérité.	Ich glaube, dass sie die Wahrheit gesagt hat.
Son père exige qu'il s'excuse auprès d'elle.	Sein Vater verlangt, dass er sich bei ihr entschuldigt.
Je ne sais pas ce qu'il a fait.	Ich weiß nicht, was er gemacht hat.

Der präpositionale Objektsatz (la proposition objet prépositionnel) 365

Ein präpositionaler Objektsatz hängt von einem Verb mit einer präpositionalen Ergänzung ab:

Il faut tenir compte du fait que votre fils ne s'est pas encore adapté à la nouvelle situation.	Man muss berücksichtigen, dass Ihr Sohn sich noch nicht auf die neue Situation eingestellt hat.
Je m'étonne de ce qu'elle ne nous a/ait pas téléphoné.	Ich wundere mich, dass sie uns nicht angerufen hat.
Je tiens à ce qu'il le sache.	Ich lege Wert darauf, dass er es weiß.
La secrétaire insiste sur le fait qu'elle n'a rien dit à personne.	Die Sekretärin betont, dass sie niemandem etwas gesagt hat.

366 Der Adverbialsatz (la proposition circonstancielle)

Nach ihrem inhaltlichen Bezug zum Hauptsatz unterscheidet man folgende Adverbialsätze: Temporalsatz, Kausalsatz, Finalsatz, Konsekutivsatz, Konzessivsatz, Konditionalsatz und Modalsatz (zu den hierbei verwendeten Konjunktionen vgl. §§ 343-349). Geht der Adverbialsatz dem Hauptsatz voraus, so kann im Gegensatz zum Deutschen das nominale Subjekt auch im Hauptsatz stehen:

Comme sa femme ne parle pas italien, il faut que nous parlions français.	Da seine Frau kein Italienisch spricht, müssen wir Französisch sprechen.
Bien qu'il ait déjà 80 ans, mon père est toujours solide comme un chêne.	Obwohl mein Vater schon 80 Jahre alt ist, ist er noch äußerst rüstig.

367 Der Attributsatz (la proposition apposition)

Ein Attributsatz bestimmt ein Substantiv näher. Er hat die Form eines Relativsatzes (vgl. §§ 143-152). In einem durch *que* eingeleiteten Relativsatz kann das nominale Subjekt dem Prädikat folgen:

C'est le même conseil que mon oncle m'avait donné/que m'avait donné mon oncle.	Das ist derselbe Rat, den mir mein Onkel gegeben hatte.

368 Die Kongruenz in Genus und Numerus (l'accord en genre et en nombre)

In Genus und Numerus richten sich nach dem Subjekt

1. das Partizip Perfekt der mit *être* konjugierten Verben:

Elle est déjà arrivée.	Sie ist schon angekommen.
Ils ne sont pas encore partis.	Sie sind noch nicht gegangen.

2. das prädikative Adjektiv:

Il est fier.	Er ist stolz.
Elles sont très heureuses.	Sie sind sehr glücklich.

Anmerkung: Bei dem Ausdruck *avoir l'air* richtet sich das prädikative Adjektiv bei belebten Subjekten meist, bei sächlichen Subjekten immer nach dem Subjekt: *Cette femme a l'air heureuse/heureux.* – Diese Frau sieht glücklich aus. *Cette tarte aux pommes a l'air bonne.* – Dieser Apfelkuchen sieht gut aus.

3. das Prädikatsnomen:

Yves est infirmier.	Yves ist Krankenpfleger.
Angélique est infirmière.	Angélique ist Krankenschwester.
Yves et Jacques sont infirmiers.	Yves und Jacques sind Krankenpfleger.
Angélique et Yvonne sont infirmières.	Angélique und Yvonne sind Krankenschwestern.

Anmerkung zu 1-3: Sind die Subjekte verschiedenen Geschlechts, so steht die maskuline Form im Plural: *Jean et Louise sont sortis.* – Jean und Louise sind ausgegangen. *Ce pull et cette jupe sont chers.* – Dieser Pulli und dieser Rock sind teuer.

Sonderfälle der Kongruenz 369

1. Das Prädikat erscheint im **Singular** nach

1.1. dem grammatischen Subjekt *il* (vgl. §§ 127.3, 352.6):

Il s'est produit plusieurs accidents.	Es haben sich mehrere Unfälle ereignet.

1.2. einem Kollektivbegriff ohne Ergänzung im Plural:

Une foule a envahi la place.	Eine Menge strömte auf den Platz.

2. Das Prädikat erscheint im **Plural** nach

2.1. *la plupart* - 'die meisten' (§ 310.5):

La plupart des gens pensent comme moi.	Die meisten Leute denken wie ich.

2.2. *bien des* - 'sehr viele' (§ 310.3):

Bien des collègues ont été mis à la retraite.	Sehr viele Kollegen wurden in den Ruhestand geschickt.

2.3. *nombre de* [geh.]/*quantité de* - 'viele'

Nombre de gens s'abstiennent aux élections.	Viele Menschen gehen nicht wählen.

3. Das Prädikat steht im **Singular oder** im **Plural** nach

3.1. einem Kollektivbegriff wie z.B. *une foule, un tas de* [fam.] 'eine Menge', *un grand nombre de* 'eine große Zahl' mit Ergänzung im Plural:

Une foule de supporters a/ont envahi la place.	Eine Menge Fans ist/sind auf den Platz geströmt.

3.2. *ce* in Verbindung mit *être* + Substantiv oder Pronomen der 3. Pers. im Plural (§ 358):

Ce sont/C'est les puristes qui disent cela.	Die Puristen sagen das.
Ce sont/C'est mon frère et ma sœur qui m'ont offert cette montre.	Mein Bruder und meine Schwester haben mir diese Uhr geschenkt.
C'est/Ce sont eux.	Sie sind es.

Aber nur: *C'est nous/vous.* – Wir sind/Ihr seid/Sie [Anredeform] sind es. *Ce doit/peut être mes amis.* – Das müssen/können meine Freunde sein.

3.3. Substantiven oder Pronomen, die durch *comme, ainsi que, de même que, aussi bien que* 'ebenso wie', *avec* 'mit' oder *ou* 'oder' verbunden sind (§§ 338, 339):

La France comme l'Italie s'est déjà qualifiée/se sont déjà qualifiées pour la demi-finale.	Frankreich ebenso wie Italien haben sich schon für das Halbfinale qualifiziert.
Mon ami(,) avec sa femme(,) s'est trompé/se sont trompés de route.	Mein Freund hat sich mit seiner Frau verfahren.
Cette jupe-ci ou celle-là irait/iraient bien avec mon chemisier bleu.	Dieser Rock oder der dort würde(n) gut zu meiner blauen Bluse passen.

3.4. *l'un(e) et l'autre* 'beide' und *ni l'un(e) ni l'autre* 'weder der/die eine noch der/die andere':

L'une et l'autre est jolie/sont jolies.	Beide sind hübsch.
Ni l'un ni l'autre ne s'est prononcé/se sont prononcés sur ce problème.	Weder der eine noch der andere hat/haben sich zu diesem Problem geäußert.

3.5. Bruchzahlen (§ 108) und Prozentangaben:

Un tiers (des députés) a/ont voté pour.	Ein Drittel (der Abgeordneten) hat/haben dafür gestimmt.
30% de la population est/sont contre.	30% der Bevölkerung sind dagegen.

Kapitel 25 Die indirekte Rede (Le discours/style indirect)

Eine Äußerung kann in direkter oder in indirekter Rede erfolgen. Während im Deutschen in der indirekten Rede Konjunktiv oder Indikativ erscheinen kann, steht im Französischen Indikativ:

direkte Rede	indirekte Rede
Je n'ai pas le temps d'aller en ville. Ich habe keine Zeit, in die Stadt zu gehen.	*Jacqueline dit qu'elle n'a pas le temps d'aller en ville.* Jacqueline sagt, dass sie keine Zeit habe/hat, in die Stadt zu gehen.
Je ne la connais pas. Ich kenne sie nicht.	*Robert a dit qu'il ne la connaissait pas.* Robert hat gesagt, dass er sie nicht kenne/kennt.

Die Umsetzung von der direkten in die indirekte Rede (la transformation du style direct en style indirect) 370

Bei der Umsetzung von der direkten in die indirekte Rede sind folgende Regeln der Zeitenfolge zu beachten:

1. Steht im einleitenden Satz eine Zeit der **Gegenwartsgruppe** (Präsens, Futur oder Konditional), so wird im abhängigen Satz die Zeit gesetzt, die auch in der direkten Rede steht. Der Imperativ wird zum Konjunktiv Präsens [schriftsprachlich] oder zum Infinitiv, eingeleitet mit der Präposition *de*; eine Anrede in der direkten Rede wird dabei zum indirekten Objekt des Verbs im einleitenden Satz. Wie im Deutschen erfolgt eine Veränderung in der Person des Subjekts, wenn sie sinngemäß erforderlich wird:

direkte Rede	indirekte Rede
J'ai mal aux dents. Ich habe Zahnschmerzen.	*Ma fille dit qu'elle a mal aux dents.* Meine Tochter sagt, dass sie Zahnschmerzen habe/hat.
La reprise va encore se faire attendre cette année. Der Aufschwung wird dieses Jahr noch auf sich warten lassen.	*Les experts disent que la reprise va encore se faire attendre cette année.* Die Experten sagen, dass der Aufschwung dieses Jahr noch auf sich warten lassen werde/wird.
Robert, éteins la lumière. Robert, mach das Licht aus!	*Le père dit à Robert d'éteindre la lumière/qu'il éteigne la lumière.* Der Vater sagt zu Robert, er soll(e) das Licht ausmachen.

2. Steht im einleitenden Satz eine Zeit der **Vergangenheitsgruppe** (Imperfekt, *passé simple, passé composé* oder Plusquamperfekt), so ergeben sich im abhängigen Satz folgende Veränderungen:

2.1. Präsens wird zu Imperfekt,

2.2. Futur I wird zu Konditional I,

2.3. Futur II wird zu Konditional II,

2.4. *passé composé* und *passé simple* werden zu Plusquamperfekt,

2.5. Imperfekt, Plusquamperfekt und Konditional bleiben unverändert,

2.6. Imperativ wird zu Konjunktiv Präsens (in sehr gehobener Sprache zu Konjunktiv Imperfekt) bzw. zu Infinitiv, eingeleitet mit der Präposition *de*:

direkte Rede	indirekte Rede
Dans ma classe il y a une bonne ambiance. In meiner Klasse herrscht ein gutes Klima.	*Mon fils m'a dit que dans sa classe il y avait une bonne ambiance.* Mein Sohn hat mir gesagt, dass in seiner Klasse ein gutes Klima herrsche.
Tu as fait des progrès. Du hast Fortschritte gemacht.	*Mon prof de maths m'a dit que j'avais fait des progrès.* Mein Mathelehrer hat mir gesagt, dass ich Fortschritte gemacht hätte.
Je viendrai dès que j'aurai fait mes devoirs. Ich werde kommen, sobald ich meine Hausaufgaben gemacht habe.	*Jean a dit qu'il viendrait dès qu'il aurait fait ses devoirs.* Jean hat gesagt, dass er kommen werde, sobald er seine Hausaufgaben gemacht habe.
Je vais lutter contre la corruption dans la vie publique. Ich werde gegen die Korruption im öffentlichen Leben kämpfen.	*Le ministre avait déclaré qu'il allait lutter contre la corruption dans la vie publique.* Der Minister hatte erklärt, dass er gegen die Korruption im öffentlichen Leben kämpfen werde.
Fais attention et n'endommage pas la pelouse. Pass auf und beschädige nicht den Rasen.	*Je t'ai déjà dit plusieurs fois que tu fasses/de faire attention et de ne pas endommager la pelouse.* Ich habe dir schon mehrmals gesagt, dass du aufpassen und nicht den Rasen beschädigen sollst.
Je voudrais le savoir. Ich möchte es wissen.	*Il a dit qu'il voudrait le savoir.* Er hat gesagt, er möchte es wissen.

Anmerkung: Handelt es sich im abhängigen Satz um eine allgemein gültige Aussage, so steht auch nach einer Zeit der Vergangenheitsgruppe das Präsens: *Le professeur nous a expliqué que l'eau bout à cent degrés.* – Der Lehrer erklärte uns, dass Wasser bei 100 Grad kocht.

3. Bei den Adverbien und Demonstrativa ergeben sich folgende Veränderungen, wenn es der Sinn verlangt:

direkte Rede		→	indirekte Rede	
ici	hier	→	*là*	da/dort
maintenant/ en ce moment	jetzt	→	*alors/à ce moment-là*	damals
aujourd'hui	heute	→	*ce jour-là*	an jenem Tag
ce matin	heute Morgen	→	*ce matin-là*	an jenem Morgen
cette année	in diesem Jahr	→	*cette année-là*	in jenem Jahr
hier	gestern	→	*la veille/le jour d'avant*	am Tag zuvor
hier matin	gestern Morgen	→	*la veille au matin*	am Tag zuvor morgens
hier midi	gestern Mittag	→	*la veille à midi*	am Tag zuvor mittags
hier après-midi	gestern Nachmittag	→	*la veille dans l'après-midi*	am Tag zuvor nachmittags
avant-hier	vorgestern	→	*l'avant-veille/ deux jours avant*	zwei Tage zuvor
mardi dernier	letzten Dienstag	→	*le mardi d'avant/ précédent*	am Dienstag zuvor
il y a deux ans	vor zwei Jahren	→	*deux ans avant/ plus tôt*	zwei Jahre zuvor
demain	morgen	→	*le lendemain/le jour suivant*	am folgenden Tag
demain midi	morgen Mittag	→	*le lendemain midi*	am folgenden Tag mittags
la semaine prochaine	nächste Woche	→	*la semaine d'après/ suivante*	in der folgenden Woche
dans trois heures	in drei Stunden	→	*trois heures après/plus tard*	drei Stunden später
dans/d'ici un mois	in einem Monat	→	*un mois après/ plus tard*	einen Monat später

direkte Rede	indirekte Rede
Je partirai la semaine prochaine. Ich werde in der nächsten Woche abfahren.	*Il nous avait dit qu'il partirait la semaine suivante.* Er hatte uns gesagt, er werde in der folgenden Woche abfahren.

Anmerkung: Bei gleichem Zeitbezug bleibt das Zeitadverb unverändert: *Mon père a dit qu'il avait entendu à la radio que demain il allait faire beau temps.* – Mein Vater hat gesagt, er habe im Radio gehört, dass morgen schönes Wetter sein werde.

371 **Die erlebte Rede** (Le discours/style indirect libre)

Die erlebte Rede ist eine in erzählenden Texten auftretende Zwischenform zwischen direkter und indirekter Rede. Sie dient zum Ausdruck von Gedanken des Protagonisten, wobei der Autor völlig zugunsten der handelnden Person zurücktritt und dem Leser sozusagen Einblick in die Gedanken des Protagonisten gewährt, die in der 3. Person wiedergegeben werden. Die in der erlebten Rede auftretenden Tempora sind: Imperfekt zum Ausdruck der Gegenwart, Plusquamperfekt zum Ausdruck der Vergangenheit und Konditional zum Ausdruck der Zukunft. Ein einleitendes Verb fehlt. Die folgenden Sätze in direkter Rede

«Est-ce que je dois lui téléphoner?»	„Soll ich ihn anrufen?“
«Est-ce que je me suis trompée?»	„Habe ich mich getäuscht?“
«Qui m'écoutera?»	„Wer wird mich anhören?“

werden in indirekter und erlebter Rede folgendermaßen wiedergegeben:

1. indirekte Rede:

Elle se demanda si elle devait lui téléphoner.	Sie fragte sich, ob sie ihn anrufen sollte.
Elle se demanda si elle s'était trompée.	Sie fragte sich, ob sie sich getäuscht hatte.
Elle se demanda qui l'écouterait.	Sie fragte sich, wer sie anhören würde.

2. erlebte Rede:

Devait-elle lui téléphoner?	Sollte sie ihn anrufen?
S'était-elle trompée?	Hatte sie sich getäuscht?
Qui l'écouterait?	Wer würde sie anhören?

3. Die Übergänge zwischen Erzählung und erlebter Rede sind oft fließend:

Jusqu'à présent, qu'avait-il eu de bon dans l'existence? Était-ce son temps de collège, où il restait enfermé entre ces hauts murs, seul au milieu de ses camarades plus riches ou plus forts que lui [...]?	Was hatte er bis jetzt Gutes in seinem Leben gehabt? War es seine Zeit im Collège, wo er in diesen hohen Mauern eingeschlossen war, allein inmitten seiner Kameraden, die reicher oder stärker waren als er [...]?
Était-ce plus tard, lorsqu'il étudiait la médecine et n'avait jamais la bourse assez ronde [...]?	War es später, als er Medizin studierte und nie genug Geld hatte [...]?
Ensuite il avait vécu pendant quatorze mois avec la veuve, dont les pieds, dans le lit, étaient froids comme des glaçons. (Flaubert)	Dann hatte er vierzehn Monate mit der Witwe gelebt, deren Füße im Bett wie Eiszapfen waren.

Der indirekte Fragesatz (la proposition interrogative indirecte) 372

Bei der Umsetzung von der direkten Frage in die indirekte Frage sind folgende Regeln zu beachten:

1. Es gelten die Regeln der Zeitenfolge (vgl. § 370).

2. Wenn die direkte Frage ohne Fragewort eingeleitet wird, wird die indirekte Frage mit *si* eingeleitet. Dabei ist zu beachten, dass erstens nach *si* (ob) Futur und Konditional stehen kann, und dass zweitens *si* vor *elle(s)* nicht elidiert werden darf:

direkte Frage	indirekte Frage
Viendra-t-elle? Wird sie kommen?	*Je ne sais pas si elle viendra.* Ich weiß nicht, ob sie kommen wird.
Est-ce que tu vas accepter cette offre? Wirst du dieses Angebot annehmen?	*Je ne sais pas encore si je vais accepter cette offre.* Ich weiß noch nicht, ob ich dieses Angebot annehmen werde.
Tu as des devoirs pour demain? Hast du für morgen Hausaufgaben auf?	*Papa m'avait demandé si j'avais des devoirs pour le lendemain.* Papa hatte mich gefragt, ob ich für den nächsten Tag Hausaufgaben aufhätte.
Est-ce que tu viendras me voir? Wirst du mich besuchen?	*Il voulait savoir si j'irais le voir.* Er wollte wissen, ob ich ihn besuchen würde.

Zur Verwendung von *aller/venir voir* vgl. § 257.4 Anm. 3

3. Bei den Interrogativpronomen ergeben sich folgende Veränderungen:

qui est-ce qui	→	*qui*
qui est-ce que	→	*qui*
Präp. + *qui est-ce que*	→	Präp. + *qui*
qu'est-ce qui	→	*ce qui*
que/qu'est-ce que	→	*ce que*

direkte Frage	indirekte Frage
Qui/Qui est-ce qui a mangé mes cacahuètes? Wer hat meine Erdnüsse gegessen?	*Je voudrais bien savoir qui a mangé mes cacahuètes.* Ich möchte gern wissen, wer meine Erdnüsse gegessen hat.
Qui êtes-vous? Wer sind Sie?	*Dites-moi qui vous êtes.* Sagen Sie mir, wer Sie sind!
Qui est ce monsieur-là? Wer ist der Herr dort?	*Mon fils veut savoir qui est ce monsieur-là.* Mein Sohn will wissen, wer der Herr dort ist.

direkte Frage	indirekte Frage
Qui as-tu vu?/ *Qui est-ce que tu as vu?* Wen hast du gesehen?	*Le commissaire m'a demandé qui j'avais vu.* Der Kommissar fragte mich, wen ich gesehen hätte.
A qui a téléphoné Josiane?/ *A qui est-ce que Josiane a téléphoné?* Wen hat Josiane angerufen?	*Je ne sais pas à qui Josiane a téléphoné/ à qui a téléphoné Josiane.* Ich weiß nicht, wen Josiane angerufen hat.
De qui avez-vous parlé?/ *De qui est-ce que vous avez parlé?* Über wen habt ihr gesprochen?	*Dis-moi de qui vous avez parlé.* Sag mir, über wen ihr gesprochen habt!
Qu'est-ce qui se passe? Was ist los?	*Dites-moi ce qui se passe.* Sagt mir, was los ist!
Qu'est-ce que l'amour?/ *Qu'est-ce que c'est que l'amour?* Was ist Liebe?	*Sais-tu ce qu'est l'amour* [selten]/ *ce que c'est que l'amour?* Weißt du, was Liebe ist?
Qu'as-tu fait?/Qu'est-ce que tu as fait? Was hast du gemacht?	*Maman m'a demandé ce que j'avais fait.* Mama fragte mich, was ich gemacht hätte.
De quoi ont parlé tes amis?/ *De quoi est-ce que tes amis ont parlé?* Worüber haben deine Freunde gesprochen?	*Dis-moi de quoi tes amis ont parlé/ ont parlé tes amis.* Sag mir, worüber deine Freunde gesprochen haben!
Quand sortira votre grammaire portugaise?/Quand est-ce que votre grammaire portugaise sortira? Wann wird eure portugiesische Grammatik erscheinen?	*On nous a demandé quand sortirait notre grammaire portugaise.* Wir wurden gefragt, wann unsere portugiesische Grammatik erscheinen werde.

4. Wird der indirekte Fragesatz durch ein Interrogativpronomen oder ein Interrogativadverb eingeleitet, so kann das nominale Subjekt vor dem Verb stehen oder diesem folgen. Ist das Verb schwachtonig, steht das Subjekt immer nach dem Verb:

direkte Frage	indirekte Frage
Comment va/se porte M. Lagrange? Wie geht es Herrn Lagrange?	*Excusez-moi, docteur, je voudrais savoir comment M. Lagrange se porte/comment se porte M. Lagrange/comment va M. Lagrange.* Entschuldigen Sie, Herr Doktor, ich möchte wissen, wie es Herrn Lagrange geht.
A quelle heure rentrera ton mari? Um wie viel Uhr wird dein Mann nach Hause kommen?	*Je ne sais pas à quelle heure mon mari rentrera/rentrera mon mari.* Ich weiß nicht, um wie viel Uhr mein Mann nach Hause kommen wird.

5. Drückt die indirekte Frage Zweifel oder Unsicherheit aus, so steht meist der Infinitiv (vgl. § 257.9):

Je ne sais pas où aller.	Ich weiß nicht, wohin ich gehen soll.
Je ne savais plus à quel saint me vouer.	Ich wusste nicht mehr ein noch aus.

Anmerkung: In folgenden Fällen muss dem indirekten Fragesatz *de* bzw. *pour savoir* vorgeschaltet werden:

attendre de savoir si ...	– warten, ob
débattre pour savoir si ...	– darüber diskutieren, ob ...
être curieux de savoir si ...	– neugierig/gespannt sein, ob ...
il s'agit de savoir si ...	– es geht darum, ob ...
questionner qn pour savoir si ...	– jdn. befragen, ob ...
se renseigner pour savoir où ...	– sich informieren, wo ...
la question de savoir si ...	– die Frage, ob ...
Cela dépend de la question de savoir si ...	– Das hängt davon ab, ob ...

Kapitel 26 Die Wortbildung (La formation des mots)

Durch Ableitung mit Hilfe von Suffixen (suffixes, vgl. §§ 373-376), Präfixen (préfixes, vgl. § 377), durch Zusammensetzung (composition, vgl. § 378) von zwei oder mehr Wörtern, durch Konversion (dérivation impropre, vgl. § 379) oder Kürzung (troncation, vgl. § 380) kann eine Sprache ständig neue Wörter bilden. In der nachfolgenden Übersicht sind nur die gebräuchlichsten Typen der französischen Wortbildung aufgeführt. Dabei ist zu beachten, dass viele der aufgeführten Prä- und Suffixe nicht mehr oder nur noch in geringem Maße produktiv sind.

Die Wortbildung mittels Suffixen und Suffixoiden

Ausgangsbasis einer Ableitung mittels Suffixen kann ein Substantiv, ein Verb oder ein Adjektiv sein. Hierbei wird das Suffix in der Regel an den Stamm angehängt, wie z.B. in *sport* Sport → *sport-if* sportlich, *fum-er* rauchen → *fum-eur* Raucher, *grand* groß → *grand-ir* wachsen. Das abgeleitete Wort kann gegenüber dem Stamm des Ausgangswortes lautliche und orthographische Veränderungen aufweisen, wie z.B. *terreur* Schrecken → *terror-iser* terrorisieren, *sourd* taub → *surd-ité* Taubheit, *long* lang → *longu-eur* Länge. Zuweilen treten auch Kombinationen von Suffixen auf, wie z.B. in *nation* Nation → *national* national → *nationaliser* verstaatlichen → *nationalisation* Verstaatlichung. Suffixe können verschiedene Bedeutungen haben; einige Suffixe können sowohl zur Ableitung von Substantiven als auch zur Bildung von Adjektiven verwendet werden.

373 Suffixe zur Bildung von Substantiven

Suffix	Bedeutung	Ableitungs-basis	Beispiele	
-ace/ ***-asse*** f.	pejorativ	Subst.	*populace* *paperasse*	Pöbel Papierkram
-ade f.	1. Vorgang/ Ergebnis 2. Mischung	Verb Subst.	*promenade* *fusillade* *citronnade*	Spaziergang Schießerei Zitronenlimonade
-age m.	1. Vorgang/ Ergebnis 2. Zustand 3. Kollektiv-bezeichnung	Verb Subst. Subst.	*accrochage* *emballage* *apprentissage* *feuillage* *équipage*	Zusammenstoß Verpackung Lehre Blattwerk Besatzung
-ail m.	Instrument	Verb	*épouvantail*	Vogelscheuche

Suffix	Bedeutung	Ableitungs-basis	Beispiele	
-aille f.	1. Kollektiv-bezeichnung [Pl.] 2. Instrument 3. pejorativ	Subst. Verb Subst. Verb	*broussailles* *tenailles* *flicaille* *mangeaille*	Gestrüpp Zange Bullen [Polizei] Fraß
-ain m./ **-aine** f.	1. Bewohner 2. Strophe	Subst. Zahlwort	*Romain* *Romaine* *quatrain*	Römer Römerin Vierzeiler
-aine f.	Anzahl	Zahlwort	*douzaine*	Dutzend
-aire m.	1. Handlungs-träger 2. Gegenstand	Subst.	*libraire* *dictionnaire*	Buchhändler Wörterbuch
-ataire/ **-itaire** m.	Handlungs-träger	Verb	*destinataire* *dépositaire*	Empfänger Treuhänder
-*(a)***ison** f.	Vorgang/ Ergebnis	Verb	*terminaison* *guérison*	Endung Genesung
-ance/ **-ence** f.	Vorgang/ Ergebnis	Verb	*assurance* *divergence*	Versicherung Verschiedenheit
-ant m./ **-ante** f.	Handlungs-träger	Verb	*conquérant* *étudiante*	Eroberer Studentin
-ard m./ **-arde** f.	1. Bewohner 2. pejorativ	Subst. Subst. Adj. Verb	*campagnard* *soiffarde* *faiblard* *pillard*	Landbewohner Säuferin Schwächling Plünderer
-at m.	1. Amt 2. Kollektiv-bezeichnung 3. Vorgang	Subst. Verb Verb	*professorat* *habitat* *attentat*	Lehrberuf Wohngebiet/ Wohnung Attentat
-é m.	Herrschafts-gebiet	Subst.	*comté*	Grafschaft
-eau m./ **-elle** f.	diminutiv	Subst.	*chevreau* *tourelle*	Zicklein Türmchen
-ée f.	Menge	Subst.	*cuillerée*	Löffelvoll
-*(e)***ment** m.	1. Vorgang/ Ergebnis 2. Eigenschaft	Verb Adj.	*redressement* *contentement*	Wiederaufbau Zufriedenheit
-erie f.	1. Vorgang/ Ergebnis 2. Herstel-lungs-/ Verkaufsort	Verb Subst.	*flatterie* *moquerie* *boucherie* *verrerie* *boulangerie*	Schmeichelei Spott Metzgerei Glashütte Bäckerei
-eron m.	Beruf	Subst.	*bûcheron*	Holzfäller
-esse f.	1. Eigenschaft 2. weiblich	Adj. Subst.	*tristesse* *princesse*	Traurigkeit Fürstin

Suffix	Bedeutung	Ableitungs-basis	Beispiele	
-***et*** m./ -***ette*** f.	diminutiv	Subst.	*poulet* *fillette*	Hühnchen kleines Mädchen
-***eur*** f.	Eigenschaft	Adj.	*fraîcheur*	Frische
-***eur*** m./ -***euse*** f.	Handlungs-träger	Verb	*chercheur* *chanteuse*	Forscher Sängerin
-***ie*** f.	1. Eigenschaft 2. Bereich	Adj.	*modestie* *francophonie*	Bescheidenheit Länder, in denen Frz. gesprochen wird
-***ier***/ -***er*** m.	1. Handlungs-träger 2. Baum/Bee-renpflanze 3. Behältnis	Subst.	*jardinier* *horloger* *poirier* *fraisier* *cendrier*	Gärtner Uhrmacher Birnbaum Erdbeerpflanze Aschenbecher
-***ien*** m./ -***ienne*** f. -***icien*** m. -***icienne*** f.	Beruf	Subst.	*théologien* *chirurgienne* *physicien* *musicienne*	Theologe Chirurgin Physiker Musikerin
-***ière*** f.	Behältnis	Subst.	*soupière*	Suppenschüssel
-***ise*** f.	Eigenschaft	Adj. Subst. Verb	*sottise* *maîtrise* *hantise*	Dummheit Beherrschung (panische) Angst
-***isme*** m.	1. System/ Ideologie 2. Spracheigen-tümlichkeit	Subst. Eigenname Verb Adj.	*racisme* *stalinisme* *dirigisme* *germanisme*	Rassismus Stalinismus Dirigismus Germanismus
-***iste*** m./f.	1. Anhänger 2. Beruf	Adj. Eigenname Verb Subst.	*socialiste* *gaulliste* *arriviste* *dentiste*	Sozialist Gaullist Emporkömmling Zahnarzt
-***ite*** f.	Entzündung	Subst.	*appendicite*	Blinddarment-zündung
-***ité***/ -(*e*)***té*** f.	Eigenschaft	Adj.	*popularité* *sûreté* *fierté*	Beliebtheit Sicherheit Stolz
-(*i*)***tude*** f.	1. Eigenschaft 2. Zustand	Adj.	*inquiétude* *certitude*	Unruhe Gewissheit
-***oir*** m.	1. Ort 2. Instrument	Verb	*dortoir* *mouchoir*	Schlafsaal Taschentuch
-***oire*** f.	Instrument	Verb	*passoire*	Sieb
-***on*** m.	diminutiv	Subst.	*chaton*	Kätzchen
-***ot*** m.	Beruf	Subst.	*cheminot*	Eisenbahner
-***ot*** m./ -***ot***(*t*)***e*** f.	diminutiv	Subst. Verb	*îlot* *roulotte*	kleine Insel Wohnwagen

Suffix	Bedeutung	Ableitungs-basis	Beispiele	
-(s)**sion** -**tion**/ -**ation**/ -**ition**/ -**xion** f.	Vorgang/ Ergebnis	Verb	*expression* *conviction* *organisation* *punition* *réflexion*	Ausdruck Überzeugung Organisation Bestrafung Überlegung
-**teur** m./ -**trice** f./ -**ateur** m./ -**atrice** f./ -(i)**teur** m.	1. Handlungs-träger	Verb Verb	*acteur* *lectrice* *dessinateur* *dessinatrice* *serviteur*	Schauspieler Leserin/Lektorin Zeichner Zeichnerin Diener
	2. Instrument		*aspirateur* *perforatrice*	Staubsauger Locher
-**ure**/ -**ature** f.	Ergebnis	Verb	*coupure* *signature*	Schnitt(wunde) Unterschrift

Anmerkung: Diminutivsuffixe sind im modernen Französisch kaum noch produktiv. Zur Verkleinerung wird einem Substantiv in der Regel das Adjektiv *petit* vorangestellt: *une petite maison* ein Häuschen.

Suffixe zur Bildung von Adjektiven 374

Suffix	Bedeutung	Ableitungs-basis	Beispiele	
-**able**/ -**ible**/ -**uble**	1. Möglichkeit 2. Eigenschaft	Verb Subst.	*lavable* *lisible* *soluble* *raisonnable*	waschbar leserlich löslich vernünftig
-**ain(e)**	Zugehörigkeit	Subst.	*romain(e)* *africain(e)*	römisch afrikanisch
-**aire**	1. Eigenschaft 2. zusammen-hängend mit	Subst.	*révolutionnaire* *monétaire* *scolaire*	revolutionär Währungs- Schul-
-**ais(e)**	Herkunft	Subst.	*français(e)*	französisch
-**al(e)**	Eigenschaft	Subst.	*infernal(e)*	Höllen-
-**ant(e)**/ -**ent(e)**	Eigenschaft	Verb	*charmant(e)* *négligent(e)*	bezaubernd nachlässig
-**ard(e)**	pejorativ	Adj. Verb	*soûlard(e)* *vantard(e)*	versoffen großspreche-risch
-**âtre**	Abschwächung	Adj.	*jaunâtre*	gelblich
-**é(e)**	etw. habend	Subst.	*ailé(e)*	geflügelt
-**éen(ne)**	Zugehörigkeit	Subst.	*européen(ne)*	europäisch
-**el(le)**	Eigenschaft	Subst.	*sensationnel(le)*	sensationell
-**esque**	typisch	Subst.	*romanesque*	romanhaft/ schwärmerisch
-**estre**	bezüglich	Subst.	*terrestre*	Land-

Suffix	Bedeutung	Ableitungs-basis	Beispiele	
-(el)et(te)	diminutiv	Adj.	*aigrelet(te)*	säuerlich
-eur/euse	Eigenschaft	Verb	*rêveur/euse*	träumerisch
-eux/euse ***-ueux/ueuse*** ***-urieux/ -urieuse***	Eigenschaft	Subst.	*peureux/euse* *luxueux/euse* *luxurieux/euse*	ängstlich luxuriös geil
-ième	Ordnungszahl	Zahlwort	*troisième*	dritte(r,s)
-ien(ne)	Zugehörigkeit	Subst.	*iranien(ne)*	iranisch
-ier/ière	bezüglich	Subst.	*printanier/ière*	Frühlings-
-if/ive ***-atif/ative***	Eigenschaft	Subst.	*expressif/ive* *normatif/ative*	ausdrucksvoll normativ
-in(e)	Zugehörigkeit	Subst.	*enfantin(e)*	kindlich
-ique/ ***-atique***	in Zusammen-hang stehend	Subst.	*typique* *énigmatique*	typisch rätselhaft
-issime	superlativisch	Adj.	*richissime* *rarissime*	steinreich sehr selten
-iste	Anhänger von	Subst.	*fasciste* *socialiste*	faschistisch sozialistisch
-oire	hervorrufend	Subst.	*illusoire*	illusorisch
-ois(e)	Zugehörigkeit	Subst.	*chinois(e)* *bourgeois(e)*	chinesisch bürgerlich
-ot(te)	diminutiv	Adj.	*vieillot(te)*	ältlich
-ple/ ***-uple***	vervielfältigend	Zahlwort	*triple* *quadruple*	dreifach vierfach
-u(e)	ausgestattet	Subst.	*charnu(e)* *ventru(e)*	fleischig dickbäuchig

Zu den femininen Formen französischer Adjektive vgl. §§ 155-157.

375 Suffixe zur Bildung von Verben

Suffix	Bedeutung	Ableitungs-basis	Beispiele	
-ailler	1. frequentativ 2. pejorativ	Verb	*tirailler* *criailler*	hin- und herzerren kreischen
-asser	1. pejorativ 2. abschwächend	Verb	*rêvasser* *brumasser*	vor sich hin-träumen leicht neblig sein
-er/-ir	Vorgang	Adj. Subst.	*vider* *grandir* *téléphoner*	leeren wachsen telefonieren

Suffix	Bedeutung	Ableitungs-basis	Beispiele	
-eter	frequentativ	Subst. Verb	*feuilleter* *voleter*	durchblättern flattern
-ifier	faktitiv	Subst. Adj.	*codifier* *amplifier*	kodifizieren erweitern
-iller	frequentativ	Verb Subst.	*sautiller* *pointiller*	hüpfen punktieren
-iner	frequentativ	Verb	*trottiner*	trippeln
-iser	faktitiv	Adj.	*moderniser*	modernisieren
-nicher	frequentativ	Verb	*pleurnicher*	flennen
-ocher	pejorativ	Verb	*effilocher*	ausfasern
-onner	iterativ	Verb	*tâtonner*	herumtasten
-oter	iterativ	Verb	*toussoter*	hüsteln
-ouiller	diminutiv	Verb	*grattouiller*	jucken
-oyer	1. faktitiv 2. inchoativ	Subst. Adj.	*coudoyer* *verdoyer*	streifen grünen

Anmerkung: Zwischen Verbstamm und Suffix *-er/-ir* ist manchmal ein Bindekonsonant eingeschoben: *abri**t**er* schützen, *noir**c**ir* schwärzen.

Die Suffixoide 376

Suffixoide (suffixoïdes) sind (lautlich angepasste) lateinische oder griechische Wörter oder Wortstämme, die reihenbildend sind und an eine Ableitungsbasis angehängt werden:

Suffix	Bedeutung	Beispiele	
-algie	Schmerz	*névralgie*	Neuralgie
-cide	tötend	*insecticide*	Insekten tötend/ Insektenvertilgungs-mittel
-colore	Farbe	*multicolore*	vielfarbig
-crate	Herrscher	*technocrate*	Technokrat
-fère	1. ...haltig 2. erzeugend	*métallifère* *somnifère*	metallhaltig Schlafmittel
-fuge	vertreibend	*fébrifuge*	fiebersenkend
-gène	erzeugend	*cancérigène*	krebserzeugend
-graphie	Beschreibung	*océanographie*	Ozeanographie
-manie	Sucht/Wahn	*mégalomanie*	Größenwahn
-pathie	Leiden	*névropathie*	Neuropathie
-phile	Freund	*germanophile*	deutschfreundlich
-phobe	Feind/feindlich	*germanophobe*	deutschfeindlich
-scopie	Sicht	*gastroscopie*	Magenspiegelung
-thèque	Sammlung/Ort	*discothèque*	Diskothek

377 Die Wortbildung mittels Präfixen und Präfixoiden

Präfixe sind Wortbildungselemente, die einer Ableitungsbasis vorangesetzt werden und mit dieser ein neues, abgeleitetes Wort bilden, jedoch nicht als selbständige Wörter auftreten können. Von den Präfixen zu unterscheiden sind die sog. Präfixoide, die auf lateinische oder griechische Wörter oder Wortstämme zurückgehen. Präfixe und Präfixoide verändern die Wortklasse der Ableitungsbasis in der Regel nicht.

1. Präfixe:

Präfix	Bedeutung	Beispiele	
a-/	Negation	*asocial*	asozial
an-		*analphabète*	Analphabet
a-	1. nach unten gerichtet	*abattre*	niederreißen
		amerrir	wassern
	2. faktitiv	*agrandir*	vergrößern
anté-	vorangehend	*antéposition*	Voranstellung
anti-	Gegensatz	*antisémite*	antisemitisch
béné-	gut/wohl	*bénéfique*	wohltuend
bis-/	zweifach	*bis(s)exuel*	bisexuell
bi-		*biscuit*	Zwieback
co-/	zusammen mit	*coaccusé*	Mitangeklagter
com-/		*compatriote*	Landsmann
con-/		*concitoyen*	Mitbürger
col-/		*collaborer*	mitarbeiten
cor-		*corrélation*	Wechselbeziehung
contra-	Gegensatz	*contradiction*	Widerspruch
dé-/	1. Trennung	*défaire*	auf-/wegmachen
dés-	2. Verneinung	*désapprouver*	missbilligen
dis-	1. Trennung	*dislocation*	Verschiebung
	2. Verneinung	*discrédit*	Misskredit
é-	heraus	*épuiser*	erschöpfen
en-/	1. hinein	*enfermer*	einschließen
em-	2. faktitiv	*emporter*	mitnehmen
	3. Trennung	*enlever*	wegnehmen
ex-	1. heraus	*extraire*	herausziehen
	2. ehemalig	*ex-fiancé*	ehemaliger Verlobter
extra-	außerhalb	*extra-conjugal*	außerehelich
	hoher Grad	*extraordinaire*	außergewöhnlich
inter-	zwischen	*international*	international
im-/	Verneinung/	*immobile*	unbeweglich
in-/	Gegenteil	*indigne*	unwürdig
il-/		*illisible*	unleserlich
ir-		*irrégulier*	unregelmäßig
mé-/	1. Negation	*mécontent*	unzufrieden
més-	2. schlecht	*mésalliance*	Missheirat

Präfix	Bedeutung	Beispiele	
pré-/ ***pres-***	voraus	*prédire* *préretraite* *pressentiment*	voraussagen vorgezogener Ruhestand Vorgefühl/Ahnung
re-/ ***ré-/*** ***ra-/*** ***r-***	Wiederholung	*reprendre* *rééditer* *rapporter* *rhabiller*	wieder nehmen neu auflegen wiederbringen wieder anziehen
sub-	untergeordnet	*subordonner*	unterordnen
super-	1. übergeordnet 2. hoher Grad	*superposé* *supercarburant*	überlagert Superbenzin
trans-	hinüber	*transmettre*	übertragen
ultra-	extrem	*ultrasensible*	hochsensibel

2. Präfixoide

Präfixoid	Bedeutung	Beispiele	
aéro-	Luft-	*aéroport*	Flughafen
archi-	überaus	*archifaux*	total falsch
auto-	selbst	*autonettoyant*	selbstreinigend
homo-	gleichartig	*homophonie*	Gleichklang
macro-	groß	*macrocosme*	Weltall
méga-	groß	*mégalomane*	größenwahnsinnig
méta-	in einen anderen Zustand übergehend	*métamorphose*	Umwandlung
micro-	klein	*microfilm*	Mikrofilm
néo-	neu	*néo-fascisme*	Neofaschismus
ortho-	richtig/gerade	*orthographe*	Orthographie
para-	neben/gegen	*parasol*	Sonnenschirm
philo-	Freund-	*philosophie*	Philosophie
poly-	vielfältig	*polytechnique*	polytechnisch
pseudo-	falsch	*pseudonyme*	Pseudonym
télé-	fern/weit	*télécommande*	Fernbedienung
xylo-	Holz-	*xylophone*	Xylophon

Die Zusammensetzung (la composition) 378

Je nach der Wortart des zusammengesetzten Wortes unterscheidet man Substantivkomposita, Verbkomposita und Adjektivkomposita. Im Folgenden sind die wichtigsten Typen der Komposition im Französischen aufgeführt:

1. Substantivkomposita:

1.1. Substantiv + Substantiv:

le coin repas	die Essecke
le remède miracle	das Wundermittel
la pochette surprise	die Wundertüte
le parachute frein	der Bremsfallschirm
le wagon-lit	der Schlafwagen
l'assurance maladie	die Krankenversicherung
le rallye-vélo	die Fahrradrallye
le prix choc	der Preisknüller

1.2. Substantiv + Präposition + Substantiv (zur Funktion der Präpositionen vgl. S. 460ff.):

le bac ***à*** *sable*	der Sandkasten
un temps à grippe	ein Grippewetter
la boîte à gants	das Handschuhfach
la planche à voile	das Surfbrett
les groupes à risques	die Risikogruppen
la lime à ongles	die Nagelfeile
la brosse à dents	die Zahnbürste
la course aux armements	das Wettrüsten
l'argent ***de*** *poche*	das Taschengeld
le manque d'argent	der Geldmangel
la société de consommation	die Konsumgesellschaft
un succès d'estime	ein Achtungserfolg
l'idée de base	der Grundgedanke
l'espérance de vie	die Lebenserwartung
la crise du logement	die Wohnungsnot
la grève de la faim	der Hungerstreik
la mise ***en*** *service*	die Inbetriebnahme
un étudiant en médecine	ein Medizinstudent
le rédacteur en chef	der Chefredakteur
l'arc-en-ciel	der Regenbogen
le sucre en morceaux	der Würfelzucker
le travail en équipe	die Teamarbeit
la télévision ***par*** *câble*	das Kabelfernsehen
l'empoisonnement/l'intoxication par les champignons	die Pilzvergiftung
la plaie par brûlure	die Brandwunde
le cours ***pour*** *débutants*	der Anfängerkurs
la lutte pour l'existence	der Existenzkampf
le hockey ***sur*** *glace*	das Eishockey
l'impôt sur le revenu	die Einkommenssteuer

1.3. Substantiv + Präposition + Verb:

la machine ***à*** *laver*	die Waschmaschine
la mousse à raser	der Rasierschaum
la chanson à boire	das Trinklied
le couteau à découper	das Tranchiermesser
le permis ***de*** *conduire*	der Führerschein
la joie de vivre	die Lebensfreude
la façon de procéder	die Verfahrensweise

1.4. Adjektiv + Substantiv:

le haut-parleur	der Lautsprecher
la grand-route	die Landstraße
le libre-service	die Selbstbedienung
la grand-mère	die Großmutter
le rouge-gorge	das Rotkehlchen

1.5. Substantiv + Adjektiv:

le coffre-fort	der Panzerschrank
la chaise-longue	der Liegestuhl
l'amour-propre	die Selbstachtung

Anmerkung: Das Adjektiv kann auch ein Partizip Präsens oder Perfekt sein: *la chaise roulante* der Rollstuhl, *la place assise* der Sitzplatz.

1.6. Adverb + Substantiv:

l'arrière-pensée	der Hintergedanke
l'avant-garde	die Vorhut/Avantgarde
la moins-value	der Wertverlust
le non-sens	der Unsinn
le bienfait	die Wohltat
la maladresse	die Ungeschicklichkeit

Anmerkung: Das Adverb kann in seltenen Fällen dem Substantiv folgen: *la place debout* der Stehplatz.

1.7. Präposition + Substantiv:

l'après-saison [fem.]	die Nachsaison
le contrepoids	das Gegengewicht
l'entracte [mask.]	der Zwischenakt
l'outremer [mask.]	der Ultramarin [Edelstein]
le sans-abri	der Obdachlose
le sous-ordre	der Untergebene
la surdose	die Überdosis

1.8. Verbform + Substantiv:

le lave-vaisselle	die Geschirrspülmaschine
le sèche-linge	der Wäschetrockner
le cure-dent	der Zahnstocher
le chasse-neige	der Schneepflug
l'ouvre-boîtes [mask.]	der Dosenöffner
le tire-bouchon	der Korkenzieher

1.9. Verb + Verb:

le laissez-passer	der Passierschein
le faire-valoir	die Bewirtschaftung

1.10. Verb + Adverb:

le passe-partout	der Passepartout/der Wechselrahmen
le lève-tôt	der Frühaufsteher

2. Verbkomposita

2.1. Präposition + Verb:

contredire	widersprechen
s'entraider	sich gegenseitig helfen
sous-alimenter	unterernähren
survoler	überfliegen

2.2. Adverb + Verb [selten]:

maltraiter	misshandeln

3. Adjektivkomposita:

3.1. Adjektiv + Adjektiv:

sourd-muet(te)	taubstumm
aigre-doux/douce	süßsauer
nouveau-né(e)	neugeboren

3.2. Adverb + Adjektiv:

malheureux/euse	unglücklich
bienfaisant(e)	wohltuend/wohltätig

Zu den femininen Formen französischer Adjektive vgl. §§ 155-157.

4. Die Zusammenrückung

Unter Zusammenrückung versteht man eine spontane Substantivierung einer mehrgliedrigen syntaktischen Fügung:

le je-m'en-foutisme	die Ohne-mich-Mentalität
l'ôte-toi-de-là-que-je-m'y-mette	die Ellenbogenmentalität
le qu'en-dira-t-on	das Gerede der Leute

Die Konversion (la dérivation impropre) 379

Bei der Konversion geht ein Wort von einer Wortart formal unverändert in eine andere Wortart über. Meist handelt es sich dabei um eine Substantivierung:

sourire	lächeln	*le sourire*	das Lächeln
étudiant	studierend	*l'étudiant*	der Student
reçu	erhalten	*le reçu*	die Quittung
derrière	hinter/hinten	*le derrière* [fam.]	der Hintern
dessus	oben	*le dessus*	die Oberseite
pour/contre	für/gegen	*le pour et le contre*	das Für und Wider

Anmerkung: Gelegentlich kann auch ein Substantiv in die Klasse der Adjektive überwechseln. Dieser Fall ist in der Sprache der Mode nicht selten: *une blouse cerise* eine kirschfarbene Bluse, *une jupe citron* ein zitronengelber Rock.

Die Wortkürzung (la troncation) 380

In der familiären Umgangssprache erfreuen sich Wörter, die um eine oder mehrere Silben gekürzt sind, wachsender Beliebtheit:

la télévision	*la télé*	das Fernsehen
l'automobile [fem.]	*l'auto*	das Auto
la diapositive	*la diapo*	das Dia
la motocyclette	*la moto*	das Motorrad
l'accumulateur [mask.]	*l'accu*	der Akku
le baccalauréat	*le bac*	das Abi

Anmerkung 1: Nicht immer nimmt die Wortkürzung auf die Silbenstruktur Rücksicht, wie z.B. in *le/la prof(esseur)* der Lehrer/die Lehrerin, *math(ématique)s* Mathe, *la manif(estation)* die Demo, *l'indic(ateur)* der Spitzel.

Anmerkung 2: Eine Wortkürzung auf *-o* findet manchmal auch dann statt, wenn sie von der Silbenstruktur her nicht gerechtfertigt ist: *le dico* [fam.] das Wörterbuch, *le dirlo* [Schülersprache] Direktor/Direx.

Anhang

Alphabetische Liste der wichtigsten unregelmäßigen Verben

Vorbemerkung: Der Konjunktiv Imperfekt (subjonctif imparfait) kommt im heutigen Französisch nur noch in der Literatursprache vor, und zwar meist in der 3. Pers. Sing. Daher ist in der folgenden Tabelle nur diese Form angegeben.

abattre	fällen/niederreißen	s. ***battre***
absoudre	freisprechen	s. ***dissoudre***
s'abstenir	sich enthalten	s. ***tenir***
accourir	herbeilaufen	s. ***courir***
accroître	vergrößern/steigern	s. ***croître***
accueillir	empfangen	s. ***cueillir***
acquérir	erwerben	
ind. prés.: *j'acquiers, tu acquiers, il acquiert, nous acquérons, vous acquérez, ils acquièrent* ind. imparf.: *j'acquérais, tu acquérais, il acquérait, nous acquérions, vous acquériez, ils acquéraient* p.s.: *j'acquis, tu acquis, il acquit, nous acquîmes, vous acquîtes, ils acquirent* p.c.: *j'ai acquis* fut.: *j'acquerrai, tu acquerras, il acquerra, nous acquerrons, vous acquerrez, ils acquerront* cond.: *j'acquerrais, tu acquerrais, il acquerrait, nous acquerrions, vous acquerriez, ils acquerraient* impér.: *acquiers, acquérons, acquérez* subj. prés.: *que j'acquière, que tu acquières, qu'il acquière, que nous acquérions, que vous acquériez, qu'ils acquièrent* subj. imparf.: *qu'il acquît*		
adjoindre	hinzufügen	s. ***joindre***
admettre	zugeben	s. ***mettre***
advenir	geschehen	s. ***venir***
aller	gehen/fahren	
ind. prés.: *je vais, tu vas, il va, nous allons, vous allez, ils vont* ind. imparf.: *j'allais, tu allais, il allait, nous allions, vous alliez, ils allaient* p.s.: *j'allai, tu allas, il alla, nous allâmes, vous allâtes, ils allèrent* p.c.: *je suis allé(e)* fut.: *j'irai, tu iras, il ira, nous irons, vous irez, ils iront* cond.: *j'irais, tu irais, il irait, nous irions, vous iriez, ils iraient* impér.: *va, allons, allez* subj. prés.: *que j'aille, que tu ailles, qu'il aille, que nous allions, que vous alliez, qu'ils aillent* subj. imparf.: *qu'il allât*		
apercevoir	erblicken	s. ***recevoir***
apparaître	erscheinen	s. ***connaître***
appartenir	gehören	s. ***tenir***
apprendre	lernen/lehren	s. ***prendre***

assaillir angreifen
ind. prés.: *j'assaille, tu assailles, il assaille, nous assaillons, vous assaillez, ils assaillent*
ind.: imparf.: *j'assaillais, tu assaillais, il assaillait, nous assaillions, vous assailliez, ils assaillaient*
p.s.: *j'assaillis, tu assaillis, il assaillit, nous assaillîmes, vous assaillîtes, ils assaillirent*
p.c.: *j'ai assailli*
fut.: *j'assaillirai, tu assailliras, il assaillira, nous assaillirons, vous assaillirez, ils assailliront*
cond.: *j'assaillirais, tu assaillirais, il assaillirait, nous assaillirions, vous assailliriez, ils assailliraient*
impér.: *assaille, assaillons, assaillez*
subj. prés.: *que j'assaille, que tu assailles, qu'il assaille, que nous assaillions, que vous assailliez, qu'ils assaillent*
subj. imparf.: *qu'il assaillît*

---

s'asseoir sich setzen
ind. prés.: *je m'assieds, tu t'assieds, il s'assied, nous nous asseyons, vous vous asseyez, il s'asseyent* oder: *je m'assois, tu t'assois, il s'assoit, nous nous assoyons, vous vous assoyez, ils s'assoient*
ind.: imparf.: *je m'asseyais, tu t'asseyais, il s'asseyait, nous nous asseyions, vous vous asseyiez, ils s'asseyaient* oder: *je m'assoyais, tu t'assoyais, il s'assoyait, nous nous assoyions, vous vous assoyiez, ils s'assoyaient*
p.s.: *je m'assis, tu t'assis, il s'assit, nous nous assîmes, vous vous assîtes, ils s'assirent*
p.c.: *je me suis assis(e)*
fut.: *je m'assiérai, tu t'assiéras, il s'assiéra, nous nous assiérons, vous vous assiérez, ils s'assiéront* oder: *je m'assoirai, tu t'assoiras, il s'assoira, nous nous assoirons, vous vous assoirez, ils s'assoiront*
cond.: *je m'assiérais, tu t'assiérais, il s'assiérait, nous nous assiérions, vous vous assiériez, ils s'assiéraient* oder: *je m'assoirais, tu t'assoirais, il s'assoirait, nous nous assoirions, vous vous assoiriez, ils s'assoiraient*
impér.: *assieds-toi, asseyons-nous, asseyez-vous* oder *assois-toi, assoyons-nous, assoyez-vous*
subj. prés.: *que je m'asseye, que tu t'asseyes, qu'il s'asseye, que nous nous asseyions, que vous vous asseyiez, qu'ils s'asseyent* oder: *que je m'assoie, que tu t'assoies, qu'il s'assoie, que nous nous assoyions, que vous vous assoyiez, qu'ils s'assoient*
subj. imparf.: *qu'il s'assît*
Anmerkung: Die Formen auf *ie/e* sind häufiger als diejenigen auf *oi/oy.*

---

astreindre nötigen s. ***atteindre***

---

atteindre erreichen
ind. prés.: *j'atteins, tu atteins, il atteint, nous atteignons, vous atteignez, ils atteignent*
ind. imparf.: *j'atteignais, tu atteignais, il atteignait, nous atteignions, vous atteigniez, ils atteignaient*
p.s.: *j'atteignis, tu atteignis, il atteignit, nous atteignîmes, vous atteignîtes, ils atteignirent*
p.c.: *j'ai atteint*
fut.: *j'atteindrai, tu atteindras, il atteindra, nous atteindrons, vous atteindrez, ils atteindront*
cond.: *j'atteindrais, tu atteindrais, il atteindrait, nous atteindrions, vous atteindriez, ils atteindraient*
impér.: *atteins, atteignons, atteignez*
subj. prés.: *que j'atteigne, que tu atteignes, qu'il atteigne, que nous atteignions, que vous atteigniez, qu'ils atteignent*
subj. imparf.: *qu'il atteignît*

battre schlagen
ind. prés.: *je bats, tu bats, il bat, nous battons, vous battez, ils battent*
ind.: imparf.: *je battais, tu battais, il battait, nous battions, vous battiez, ils battaient*
p.s.: *je battis, tu battis, il battit, nous battîmes, vous battîtes, ils battirent*
p.c.: *j'ai battu*
fut.: *je battrai, tu battras, il battra, nous battrons, vous battrez, ils battront*
cond.: *je battrais, tu battrais, il battrait, nous battrions, vous battriez, ils battraient*
subj. prés.: *que je batte, que tu battes, qu'il batte, que nous battions, que vous battiez, qu'ils battent*
subj. imparf.: *qu'il battît*

boire trinken
ind. prés.: *je bois, tu bois, il boit, nous buvons, vous buvez, ils boivent*
ind. imparf.: *je buvais, tu buvais, il buvait, nous buvions, vous buviez, ils buvaient*
p.s.: *je bus, tu bus, il but, nous bûmes, vous bûtes, ils burent*
p.c.: *j'ai bu*
fut.: *je boirai, tu boiras, il boira, nous boirons, vous boirez, ils boiront*
cond.: *je boirais, tu boirais, il boirait, nous boirions, vous boiriez, ils boiraient*
impér.: *bois, buvons, buvez*
subj. prés.: *que je boive, que tu boives, qu'il boive, que nous buvions, que vous buviez, qu'ils boivent*
subj. imparf.: *qu'il bût*

bouillir sieden/kochen
ind. prés.: *je bous, tu bous, il bout, nous bouillons, vous bouillez, ils bouillent*
ind.: imparf.: *je bouillais, tu bouillais, il bouillait, nous bouillions, vous bouilliez, ils bouillaient*
p.s.: *je bouillis, tu bouillis, il bouillit, nous bouillîmes, vous bouillîtes, ils bouillirent*
p.c.: *j'ai bouilli*
fut.: *je bouillirai, tu bouilliras, il bouillira, nous bouillirons, vous bouillirez, ils bouilliront*
cond.: *je bouillirais, tu bouillirais, il bouillirait, nous bouillirions, vous bouilliriez, ils bouilliraient*
impérf.: *bous, bouillons, bouillez*
subj. prés.: *que je bouille, que tu bouilles, qu'il bouille, que nous bouillions, que vous bouilliez, qu'ils bouillent*
subj. imparf.: *qu'il bouillît*

combattre	kämpfen	s. ***battre***
comparaître	erscheinen	s. ***connaître***
comprendre	verstehen	s. ***prendre***
compromettre	gefährden	s. ***mettre***
concevoir	erfassen	s. ***recevoir***

conclure folgern/schließen
ind. prés.: *je conclus, tu conclus, il conclut, nous concluons, vous concluez, ils concluent*
ind.: imparf.: *je concluais, tu concluais, il concluait, nous concluions, vous concluiez, il concluaient*
p.s.: *je conclus, tu conclus, il conclut, nous conclûmes, vous conclûtes, ils conclurent*
p.c.: *j'ai conclu*
fut.: *je conclurai, tu concluras, il conclura, nous conclurons, vous conclurez, ils concluront*
cond.: *je conclurais, tu conclurais, il conclurait, nous conclurions, vous concluriez, ils concluraient*
impér.: *conclus, concluons, concluez*
subj. prés.: *que je conclue, que tu conclues, qu'il conclue, que nous concluions, que vous concluiez, qu'ils concluent*
subj. imparf.: *qu'il conclût*

concourir	beitragen	s. ***courir***
conduire	führen/fahren	
ind. prés.: *je conduis, tu conduis, il conduit, nous conduisons, vous conduisez, ils conduisent* ind.: imparf.: *je conduisais, tu conduisais, il conduisait, nous conduisions, vous conduisiez, ils conduisaient* p.s.: *je conduisis, tu conduisis, il conduisit, nous conduisîmes, vous conduisîtes, ils conduisirent* p.c.: *j'ai conduit* fut.: *je conduirai, tu conduiras, il conduira, nous conduirons, vous conduirez, ils conduiront* cond.: *je conduirais, tu conduirais, il conduirait, nous conduirions, vous conduiriez, ils conduiraient* impér.: *conduis, conduisons, conduisez* subj. prés.: *que je conduise, que tu conduises, qu'il conduise, que nous conduisions, que vous conduisiez, qu'ils conduisent* subj. imparf.: *qu'il conduisît*		
connaître	kennen	
ind. prés.: *je connais, tu connais, il connaît, nous connaissons, vous connaissez, ils connaissent* ind.: imparf.: *je connaissais, tu connaissais, il connaissait, nous connaissions, vous connaissiez, ils connaissaient* p.s.: *je connus, tu connus, il connut, nous connûmes, vous connûtes, ils connurent* p.c.: *j'ai connu* fut.: *je connaîtrai, tu connaîtras, il connaîtra, nous connaîtrons, vous connaîtrez, ils connaîtront* cond.: *je connaîtrais, tu connaîtrais, il connaîtrait, nous connaîtrions, vous connaîtriez, ils connaîtraient* impér.: *connais, connaissons, connaissez* subj. prés.: *que je connaisse, que tu connaisses, qu'il connaisse, que nous connaissions, que vous connaissiez, qu'ils connaissent* subj. imparf.: *qu'il connût*		
conquérir	erobern	s. ***acquérir***
construire	bauen	s. ***conduire***
contenir	enthalten	s. ***tenir***
contredire	widersprechen aber: ind. prés. *vous contredisez*	s. ***dire***
contrefaire	fälschen	s. ***faire***
convaincre	überzeugen	s. ***vaincre***
convenir	passen/zusagen Zum Gebrauch des Hilfsverbs vgl. § 191.2, Anm. 3	s. ***venir***
coudre	nähen	
ind. prés.: *je couds, tu couds, il coud, nous cousons, vous cousez, ils cousent* ind.: imparf.: *je cousais, tu cousais, il cousait, nous cousions, vous cousiez, ils cousaient* p.s.: *je cousis, tu cousis, il cousit, nous cousîmes, vous cousîtes, ils cousirent* p.c.: *j'ai cousu* fut.: *je coudrai, tu coudras, il coudra, nous coudrons, vous coudrez, ils coudront* cond.: *je coudrais, tu coudrais, il coudrait, nous coudrions, vous coudriez, ils coudraient* impér.: *couds, cousons, cousez* subj. prés.: *que je couse, que tu couses, qu'il couse, que nous cousions, que vous cousiez, qu'ils cousent* subj. imparf.: *qu'il cousît*		

courir laufen
ind. prés.: *je cours, tu cours, il court, nous courons, vous courez, ils courent*
ind.: imparf.: *je courais, tu courais, ils courait, nous courions, vous couriez, ils couraient*
p.s.: *je courus, tu courus, il courut, nous courûmes, vous courûtes, ils coururent*
p.c.: *j'ai couru*
fut.: *je courrai, tu courras, il courra, nous courrons, vous courrez, ils courront*
cond.: *je courrais, tu courrais, il courrait, nous courrions, vous courriez, ils courraient*
impér.: *cours, courons, courez*
subj. prés.: *que je coure, que tu coures, qu'il coure, que nous courions, que vous couriez, qu'ils courent*
subj. imparf.: *qu'il courût*

couvrir bedecken
ind. prés.: *je couvre, tu couvres, il couvre, nous couvrons, vous couvrez, ils couvrent*
ind.: imparf.: *je couvrais, tu couvrais, il couvrait, nous couvrions, vous couvriez, ils couvraient*
p.s.: *je couvris, tu couvris, il couvrit, nous couvrîmes, vous couvrîtes, ils couvrirent*
p.c.: *j'ai couvert*
fut.: *je couvrirai, tu couvriras, il couvrira, nous couvrirons, vous couvrirez, ils couvriront*
cond.: *je couvrirais, tu couvrirais, il couvrirait, nous couvririons, vous couvririez, ils couvriraient*
imper.: *couvre, couvrons, couvrez*
subj. prés.: *que je couvre, que tu couvres, qu'il couvre, que nous couvrions, que vous couvriez, qu'ils couvrent*
subj. imparf.: *qu'il couvrît*

craindre fürchten
ind. prés.: *je crains, tu crains, il craint, nous craignons, vous craignez, ils craignent*
ind. imparf.: *je craignais, tu craignais, il craignait, nous craignions, vous craigniez, ils craignaient*
p.s.: *je craignis, tu craignis, il craignit, nous craignîmes, vous craignîtes, ils craignirent*
p.c.: *j'ai craint*
fut.: *je craindrai, tu craindras, il craindra, nous craindrons, vous craindrez, ils craindront*
cond.: *je craindrais, tu craindrais, il craindrait, nous craindrions, vous craindriez, ils craindraient*
impér.: *crains, craignons, craignez*
subj. prés.: *que je craigne, que tu craignes, qu'il craigne, que nous craignions, que vous craigniez, qu'ils craignent*
subj. imparf.: *qu'il craignît*

croire glauben
ind. prés.: *je crois, tu crois, il croit, nous croyons, vous croyez, ils croient*
ind. imparf.: *je croyais, tu croyais, il croyait, nous croyions, vous croyiez, ils croyaient*
p.s.: *je crus, tu crus, il crut, nous crûmes, vous crûtes, ils crurent*
p.c.: *j'ai cru*
fut.: *je croirai, tu croiras, il croira, nous croirons, vous croirez, ils croiront*
cond.: *je croirais, tu croirais, il croirait, nous croirions, vous croiriez, ils croiraient*
impér.: *crois, croyons, croyez*
subj. prés.: *que je croie, que tu croies, qu'il croie, que nous croyions, que vous croyiez, qu'ils croient*
subj. imparf.: *qu'il crût*

croître wachsen
ind. prés.: *je croîs, tu croîs, il croît, nous croissons, vous croissez, ils croissent*
ind. imparf.: *je croissais, tu croissais, il croissait, nous croissions, vous croissiez, ils croissaient*
p.s.: *je crûs, tu crûs, il crût, nous crûmes, vous crûtes, ils crûrent*
p.c.: *j'ai crû*
fut.: *je croîtrai, tu croîtras, il croîtra, nous croîtrons, vous croîtrez, ils croîtront*
cond.: *je croîtrais, tu croîtrais, il croîtrait, nous croîtrions, vous croîtriez, ils croîtraient*
impérf.: *croîs, croissons, croissez*
subj. prés.: *que je croisse, que tu croisses, qu'il croisse, que nous croissions, que vous croissiez, qu'ils croissent*
subj. imparf.: *qu'il crût*

cueillir pflücken
ind. prés.: *je cueille, tu cueilles, il cueille, nous cueillons, vous cueillez, ils cueillent*
ind. imparf.: *je cueillais, tu cueillais, il cueillait, nous cueillions, vous cueilliez, ils cueillaient*
p.s.: *je cueillis, tu cueillis, il cueillit, nous cueillîmes, vous cueillîtes, ils cueillirent*
p.c.: *j'ai cueilli*
fut.: *je cueillerai, tu cueilleras, il cueillera, nous cueillerons, vous cueillerez, ils cueilleront*
cond.: *je cueillerais, tu cueillerais, il cueillerait, nous cueillerions, vous cueilleriez, ils cueilleraient*
impér.: *cueille, cueillons, cueillez*
subj. prés.: *que je cueille, que tu cueilles, qu'il cueille, que nous cueillions, que vous cueilliez, qu'ils cueillent*
subj. imparf.: *qu'il cueillît*

cuire	kochen	s. ***conduire***
débattre	diskutieren	s. ***battre***
décevoir	enttäuschen	s. ***recevoir***
découdre	auftrennen	s. ***coudre***
découvrir	entdecken	s. ***couvrir***
décrire	beschreiben	s. ***écrire***
déduire	ableiten	s. ***conduire***
défaire	auseinander nehmen	s. ***faire***
déplaire	missfallen	s. ***plaire***
déteindre	entfärben	s. ***teindre***
détenir	festhalten	s. ***tenir***
devenir	werden	s. ***venir***

devoir müssen/sollen/schulden/verdanken
ind. prés.: *je dois, tu dois, il doit, nous devons, vous devez, ils doivent*
ind. imparf.: *je devais, tu devais, il devait, nous devions, vous deviez, ils devaient*
p.s.: *je dus, tu dus, il dut, nous dûmes, vous dûtes, ils durent*
p.c.: *j'ai dû* [Akzent nur in mask. Sing.]
fut.: *je devrai, tu devras, il devra, nous devrons, vous devrez, ils devront*
cond.: *je devrais, tu devrais, il devrait, nous devrions, vous devriez, ils devraient*
impér.: *dois, devons, devez*
subj. prés.: *que je doive, que tu doives, qu'il doive, que nous devions, que vous deviez, qu'ils doivent*
subj. imparf.: *qu'il dût*

dire	sagen	
ind. prés.: *je dis, tu dis, il dit, nous disons, vous dites, ils disent* ind. imparf.: *je disais, tu disais, il disait, nous disions, vous disiez, ils disaient* p.s.: *je dis, tu dis, il dit, nous dîmes, vous dîtes, ils dirent* p.c.: *j'ai dit* fut.: *je dirai, tu diras, il dira, nous dirons, vous direz, ils diront* cond.: *je dirais, tu dirais, il dirait, nous dirions, vous diriez, ils diraient* impér.: *dis, disons, dites* subj. prés.: *que je dise, que tu dises, que'il dise, que nous disions, que vous disiez, qu'ils disent* subj. imparf.: *qu'il dît*		
disparaître	verschwinden	s. ***connaître*** p.c.: *j'ai disparu*
dissoudre	auflösen	
ind. prés.: *je dissous, tu dissous, il dissout, nous dissolvons, vous dissolvez, ils dissolvent* ind. imparf.: *je dissolvais, tu dissolvais, il dissolvait, nous dissolvions, vous dissolviez, ils dissolvaient* p.s.: *je dissolus, tu dissolus, il dissolut, nous dissolûmes, vous dissolûtes, ils dissolurent* p.c.: *j'ai dissous* ([Part. Perf. fem.] *dissoute*) fut.: *je dissoudrai, tu dissoudras, il dissoudra, nous dissoudrons, vous dissoudrez, ils dissoudront* cond.: *je dissoudrais, tu dissoudrais, il dissoudrait, nous dissoudrions, vous dissoudriez, ils dissoudraient* impér.: *dissous, dissolvons, dissolvez* subj. prés.: *que je dissolve, que tu dissolves, qu'il dissolve, que nous dissolvions, que vous dissolviez, qu'ils dissolvent* subj. imparf.: –		
se distraire	sich ablenken	s. ***extraire***
éconduire	abweisen	s. ***condurie***
écrire	schreiben	
ind. prés.: *j'écris, tu écris, il écrit, nous écrivons, vous écrivez, ils écrivent* ind. imparf.: *j'écrivais, tu écrivais, il écrivait, nous écrivions, vous écriviez, ils écrivaient* p.s.: *j'écrivis, tu écrivis, il écrivit, nous écrivîmes, vous écrivîtes, ils écrivirent* p.c.: *j'ai écrit* fut.: *j'écrirai, tu écriras, il écrira, nous écrirons, vous écrirez, ils écriront* cond.: *j'écrirais, tu écrirais, il écrirait, nous écririons, vous écririez, ils écriraient* impér.: *écris, écrivons, écrivez* subj. prés.: *que j'écrive, que tu écrives, qu'il écrive, que nous écrivions, que vous écriviez, qu'ils écrivent* subj. imparf.: *qu'il écrivît*		
élire	(jdn.) wählen	s. ***lire***
émettre	ausstrahlen	s. ***mettre***
enduire	einschmieren	s. ***conduire***
s'enfuir	davonlaufen	s. ***fuir***
entreprendre	unternehmen	s. ***prendre***
entretenir	unterhalten	s. ***tenir***
entrevoir	flüchtig sehen	s. ***voir***
envoyer	schicken	
fut.: *j'enverrai, tu enverras, il enverra, nous enverrons, vous enverrez, ils enverront* cond.: *j'enverrais, tu enverrais, il enverrait, nous enverrions, vous enverriez, ils enverraient* [in den anderen Formen wie *employer*, § 181,2.1]		

équivaloir	gleichkommen	s. ***valoir***
éteindre	(aus)löschen	s. ***atteindre***
étreindre	umarmen	s. ***atteindre***
exclure	ausschließen	s. ***conclure***
extraire	fördern (Bodenschätze)/herausziehen (Zahn)	
ind. prés.: *j'extrais, tu extrais, il extrait, nous extrayons, vous extrayez, ils extraient* ind. imparf.: *j'extrayais, tu extrayais, il extrayait, nous extrayions, vous extrayiez, ils extrayaient* p.s.: – p.c.: *j'ai extrait* fut.: *j'extrairai, tu extrairas, il extraira, nous extrairons, vous extrairez, ils extrairont* cond.: *j'extrairais, tu extrairais, il extrairait, nous extrairions, vous extrairiez, ils extrairaient* impér.: *extrais, extrayons, extrayez* subj. prés.: *que j'extraie, que tu extraies, qu'il extraie, que nous extrayions, que vous extrayiez, qu'ils extraient* subj. imparf.: –		
faire	machen/tun	
ind. prés.: *je fais, tu fais, il fait, nous faisons* [fəzõ], *vous faites, ils font* ind. imparf.: *je faisais* [fəzɛ], *tu faisais, il faisait, nous faisions, vous faisiez, ils faisaient* p.s.: *je fis, tu fis, il fit, nous fîmes, vous fîtes, ils firent* p.c.: *j'ai fait* fut.: *je ferai, tu feras, il fera, nous ferons, vous ferez, ils feront* cond.: *je ferais, tu ferais, il ferait, nous ferions, vous feriez, ils feraient* impér.: *fais, faisons, faites* subj. prés.: *que je fasse, que tu fasses, qu'il fasse, que nous fassions, que vous fassiez, qu'ils fassent* subj. imparf.: *qu'il fît*		
falloir	nötig sein/müssen	
ind. prés.: *il faut* ind. imparf.: *il fallait* p.s.: *il fallut* p.c.: *il a fallu* fut.: *il faudra* cond.: *il faudrait* subj. prés.: *qu'il faille* subj. imparf.: *qu'il fallût*		
feindre	vortäuschen	s. ***atteindre***
fuir	fliehen	
ind. prés.: *je fuis, tu fuis, il fuit, nous fuyons, vous fuyez, ils fuient* ind. imparf.: *je fuyais, tu fuyais, il fuyait, nous fuyions, vous fuyiez, ils fuyaient* p.s.: *je fuis, tu fuis, il fuit, nous fuîmes, vous fuîtes, ils fuirent* p.c.: *j'ai fui* fut.: *je fuirai, tu fuiras, il fuira, nous fuirons, vous fuirez, ils fuiront* cond.: *je fuirais, tu fuirais, il fuirait, nous fuirions, vous fuiriez, ils fuiraient* impér.: *fuis, fuyons, fuyez* subj. prés.: *que je fuie, que tu fuies, qu'il fuie, que nous fuyions, que vous fuyiez, qu'ils fuient* subj. imparf.: *qu'il fuît*		

haïr	hassen	
ind. prés.: *je hais* ['ɛ], *tu hais, il hait, nous haïssons* ['aisõ], *vous haïssez, ils haïssent* ind. imparf.: *je haïssais, tu haïssais, il haïssait, nous haïssions, vous haïssiez, ils haïssaient* p.s.: *je haïs, tu haïs, il haït, nous haïmes, vous haïtes, ils haïrent* p.c.: *j'ai haï* fut.: *je haïrai, tu haïras, il haïra, nous haïrons, vous haïrez, ils haïront* cond.: *je haïrais, tu haïrais, il haïrait, nous haïrions, vous haïriez, ils haïraient* impér.: *hais, haïssons, haïssez* subj. prés.: *que je haïsse, que tu haïsses, qu'il haïsse, que nous haïssions, que vous haïssiez, qu'ils haïssent* subj. imparf.: *qu'il haït*		
inclure	einschließen p.c.: *j'ai inclus* [in den anderen Formen wie ***conclure***]	
inscrire	einschreiben	s. ***écrire***
instruire	unterrichten	s. ***conduire***
interdire	untersagen 2. Pers. Pl. Ind. Präs.: *vous interdisez* [in den anderen Formen wie *dire*]	
intervenir	eingreifen	s. ***venir***
introduire	einführen	s. ***conduire***
joindre	verbinden	
ind. prés.: *je joins, tu joins, il joint, nous joignons, vous joignez, ils joignent* ind. imparf.: *je joignais, tu joignais, il joignait, nous joignions, vous joigniez, ils joignaient* p.s.: *je joignis, tu joignis, il joignit, nous joignîmes, vous joignîtes, ils joignirent* p.c.: *j'ai joint* fut.: *je joindrai, tu joindras, il joindra, nous joindrons, vous joindrez, ils joindront* cond.: *je joindrais, tu joindrais, il joindrait, nous joindrions, vous joindriez, ils joindraient* impér.: *joins, joignons, joignez* subj. prés.: *que je joigne, que tu joignes, qu'il joigne, que nous joignions, que vous joigniez, qu'ils joignent* subj. imparf.: *qu'il joignît*		
lire	lesen	
ind. prés.: *je lis, tu lis, il lit, nous lisons, vous lisez, ils lisent* ind. imparf.: *je lisais, tu lisais, il lisait, nous lisions, vous lisiez, ils lisaient* p.s.: *je lus, tu lus, il lut, nous lûmes, vous lûtes, ils lurent* p.c.: *j'ai lu* fut.: *je lirai, tu liras, il lira, nous lirons, vous lirez, ils liront* cond.: *je lirais, tu lirais, il lirait, nous lirions, vous liriez, ils liraient* impér.: *lis, lisons. lisez* subj. prés.: *que je lise, que tu lises, qu'il lise, que nous lisions, que vous lisiez, qu'ils lisent* subj. imparf.: *qu'il lût*		
luire	leuchten	s. ***nuire***
maintenir	aufrechterhalten	s. ***tenir***
méconnaître	verkennen	s. ***connaître***
médire	verleumden 2. Pers. Pl. Ind. Präs.: *vous médisez* [in den anderen Formen wie ***dire***]	
se méprendre	sich täuschen	s. ***prendre***

mettre setzen/stellen/legen ind. prés.: *je mets, tu mets, il met, nous mettons, vous mettez, ils mettent* ind. imparf.: *je mettais, tu mettais, il mettait, nous mettions, vous mettiez, ils mettaient* p.s.: *je mis, tu mis, il mit, nous mîmes, vous mîtes, ils mirent* p.c.: *j'ai mis* fut.: *je mettrai, tu mettras, il mettra, nous mettrons, vous mettrez, ils mettront* cond.: *je mettrais, tu mettrais, il mettrait, nous mettrions, vous mettriez, ils mettraient* impér.: *mets, mettons, mettez* subj. prés.: *que je mette, que tu mettes, qu'il mette, que nous mettions, que vous mettiez, qu'ils mettent* subj. imparf.: *qu'il mît*	
moudre mahlen ind. prés.: *je mouds, tu mouds, il moud, nous moulons, vous moulez, ils moulent* ind imparf.: *je moulais, tu moulais, il moulait, nous moulions, vous mouliez, ils moulaient* p.s.: *je moulus, tu moulus, il moulut, nous moulûmes, vous moulûtes, ils moulurent* p.c.: *j'ai moulu* fut.: *je moudrai, tu moudras, il moudra, nous moudrons, vous moudrez, ils moudront* cond.: *je moudrais, tu moudrais, il moudrait, nous moudrions, vous moudriez, ils moudraient* impér.: *mouds, moulons, moulez* subj. prés.: *que je moule, que tu moules, qu'il moule, que nous moulions, que vous mouliez, qu'ils moulent* subj. imparf.: *qu'il moulût*	
mourir sterben ind. prés.: *je meurs, tu meurs, il meurt, nous mourons, vous mourez, ils meurent* ind. imparf.: *je mourais, tu mourais, il mourait, nous mourions, vous mouriez, ils mouraient* p.s.: *je mourus, tu mourus, il mourut, nous mourûmes, vous mourûtes, ils moururent* p.c.: *je suis mort(e)* fut.: *je mourrai, tu mourras, il mourra, nous mourrons, vous mourrez, ils mourront* cond.: *je mourrais, tu mourrais, il mourrait, nous mourrions, vous mourriez, ils mourraient* impér.: *meurs, mourons, mourez* subj. prés.: *que je meure, que tu meures, qu'il meure, que nous mourions, que vous mouriez, qu'ils meurent* subj. imparf.: *qu'il mourût*	
mouvoir bewegen ind. prés.: *je meus* [mø], *tu meus, il meut, nous mouvons, vous mouvez, ils meuvent* [mœv] ind. imparf.: *je mouvais, tu mouvais, il mouvait, nous mouvions, vous mouviez, ils mouvaient* p.s.: *je mus, tu mus, il mut, nous mûmes, vous mûtes, ils murent* p.s.: *j'ai mû* fut.: *je mouvrai, tu mouvras, il mouvra, nous mouvrons, vous mouvrez, ils mouvront* cond.: *je mouvrais, tu mouvrais, il mouvrait, nous mouvrions, vous mouvriez, ils mouvraient* impér.: *meus, mouvons, mouvez* subj. prés.: *que je meuve, que tu meuves, qu'il meuve, que nous mouvions, que vous mouviez, qu'ils meuvent* subj. imparf.: *qu'il mût*	

naître	geboren werden	
ind. prés.: *je nais, tu nais, il naît, nous naissons, vous naissez, ils naissent* ind. imparf.: *je naissais, tu naissais, il naissait, nous naissions, vous naissiez, ils naissaient* p.s.: *je naquis, tu naquis, il naquit, nous naquîmes, vous naquîtes, ils naquirent* p.c.: *je suis né(e)* fut.: *je naîtrai, tu naîtras, il naîtra, nous naîtrons, vous naîtrez, ils naîtront* cond.: *je naîtrais, tu naîtrais, il naîtrait, nous naîtrions, vous naîtriez, ils naîtraient* imper.: *nais, naissons, naissez* subj. prés.: *que je naisse, que tu naisses, qu'il naisse, que nous naissions, que vous naissiez, qu'ils naissent* subj. imparf.: *qu'il naquît*		
nuire	schaden p.c.: *j'ai nui* [in den übrigen Formen wie ***conduire***]	
obtenir	erlangen	s. ***tenir***
offrir	anbieten	s. ***couvrir***
omettre	auslassen	s. ***mettre***
ouvrir	öffnen	s. ***couvrir***
paraître	(er)scheinen Zum Gebrauch des Hilfsverbs vgl. § 192.2, Anm. 5	s. ***connaître***
parcourir	durchlaufen	s. ***courir***
parvenir	gelangen/gelingen	s. ***venir***
peindre	malen	s. ***atteindre***
percevoir	wahrnehmen	s. ***recevoir***
permettre	erlauben	s. ***mettre***
plaindre	beklagen	s. ***craindre***
plaire	gefallen	
ind. prés.: *je plais, tu plais, il plaît, nous plaisons, vous plaisez, ils plaisent* ind. imparf.: *je plaisais, tu plaisais, il plaisait, nous plaisions, vous plaisiez, ils plaisaient* p.s.: *je plus, tu plus, il plut, nous plûmes, vous plûtes, ils plurent* p.c.: *j'ai plu* fut.: *je plairai, tu plairas, il plaira, nous plairons, vous plairez, ils plairont* cond.: *je plairais, tu plairais, il plairait, nous plairions, vous plairiez, ils plairaient* impér.: *plais, plaisons, plaisez* subj. prés.: *que je plaise, que tu plaises, qu'il plaise, que nous plaisions, que vous plaisiez, qu'ils plaisent* subj. imparf.: *qu'il plût*		
pleuvoir	regnen	
ind. prés.: *il pleut* ind. imparf.: *il pleuvait* p.s.: *il plut* p.c.: *il a plu* fut.: *il pleuvra* cond.: *il pleuvrait* impér.: – subj. prés.: *qu'il pleuve* subj. imparf.: *qu'il plût*		

<table>
<tr><td>poursuivre</td><td>verfolgen</td><td>s. suivre</td></tr>
<tr><td>pourvoir</td><td colspan="2">versehen mit (de)/sorgen für (à)</td></tr>
<tr><td colspan="3">fut.: je pourvoirai, tu pourvoiras, il pourvoira, nous pourvoirons, vous pourvoirez, ils pourvoiront
cond.: je pourvoirais, tu pourvoirais, il pourvoirait, nous pourvoirions, vous pourvoiriez, ils pourvoiraient
p.s.: je pourvus, tu pourvus, il pourvut, nous pourvûmes, vous pourvûtes, ils pourvurent
[die übrigen Formen wie voir]</td></tr>
<tr><td>pouvoir</td><td colspan="2">können/dürfen</td></tr>
<tr><td colspan="3">ind. prés.: je peux [pø], tu peux, il peut, nous pouvons, vous pouvez, ils peuvent [pœv]
ind. imparf.: je pouvais, tu pouvais, il pouvait, nous pouvions, vous pouviez, ils pouvaient
p.s.: je pus, tu pus, il put, nous pûmes, vous pûtes, ils purent
p.c.: j'ai pu
fut.: je pourrai, tu pourras, il pourra, nous pourrons, vous pourrez, ils pourront
cond.: je pourrais, tu pourrais, il pourrait, nous pourrions, vous pourriez, ils pourraient
impér.: –
subj. prés.: que je puisse, que tu puisses, qu'il puisse, que nous puissions, que vous puissiez, qu'ils puissent
subj. imparf.: qu'il pût</td></tr>
<tr><td>prédire</td><td colspan="2">vorhersagen
2. Pers. Pl. Ind. Präs.: vous prédisez [die übrigen Formen wie dire]</td></tr>
<tr><td>prendre</td><td colspan="2">nehmen</td></tr>
<tr><td colspan="3">ind. prés.: je prends, tu prends, il prend, nous prenons, vous prenez, ils prennent
ind. imparf.: je prenais, tu prenais, il prenait, nous prenions, vous preniez, ils prenaient
p.s.: je pris, tu pris, il prit, nous prîmes, vous prîtes, ils prirent
p.c.: j'ai pris
fut.: je prendrai, tu prendras, il prendra, nous prendrons, vous prendrez, ils prendront
cond.: je prendrais, tu prendrais, il prendrait, nous prendrions, vous prendriez, ils prendraient
impér.: prends, prenons, prenez
subj. prés.: que je prenne, que tu prennes, qu'il prenne, que nous prenions, que vous preniez, qu'ils prennent
subj. imparf.: qu'il prît</td></tr>
<tr><td>prescrire</td><td>vorschreiben</td><td>s. écrire</td></tr>
<tr><td>prévaloir</td><td colspan="2">vorherrschen</td></tr>
<tr><td colspan="3">subj. prés.: que je prévale, que tu prévales, qu'il prévale, que nous prévalions, que vous prévaliez, qu'ils prévalent [die übrigen Formen wie valoir]</td></tr>
<tr><td>prévenir</td><td>benachrichtigen</td><td>s. venir</td></tr>
<tr><td colspan="3">p.c.: j'ai prévenu</td></tr>
<tr><td>prévoir</td><td colspan="2">vorhersehen</td></tr>
<tr><td colspan="3">fut.: je prévoirai, tu prévoiras, il prévoira, nous prévoirons, vous prévoirez, ils prévoiront
cond.: je prévoirais, tu prévoirais, il prévoirait, nous prévoirions, vous prévoiriez, ils prévoiraient [die übrigen Formen wie voir]</td></tr>
<tr><td>promettre</td><td>versprechen</td><td>s. mettre</td></tr>
<tr><td>promouvoir</td><td>fördern</td><td>s. mouvoir</td></tr>
<tr><td>proscrire</td><td>verbieten</td><td>s. écrire</td></tr>
<tr><td>provenir</td><td>herrühren</td><td>s. venir</td></tr>
<tr><td>rabattre</td><td>herunterschlagen</td><td>s. battre</td></tr>
<tr><td>réapprendre</td><td>wieder lernen</td><td>s. prendre</td></tr>
</table>

<table>
<tr><td>recevoir</td><td>erhalten</td><td></td></tr>
<tr><td colspan="3">ind. prés.: je reçois, tu reçois, il reçoit, nous recevons, vous recevez, ils reçoivent
ind. imparf.: je recevais, tu recevais, il recevait, nous recevions, vous receviez, ils recevaient
p.s.: je reçus, tu reçus, il reçut, nous reçûmes, vous reçutes, ils reçurent
p.c.: j'ai reçu
fut.: je recevrai, tu recevras, il recevra, nous recevrons, vous recevrez, ils recevront
cond.: je recevrais, tu recevrais, il recevrait, nous recevrions, vous recevriez, ils recevraient
impér.: reçois, recevons, recevez
subj. prés.: que je reçoive, que tu reçoives, qu'il reçoive, que nous recevions, que vous receviez, qu'ils reçoivent
subj. imparf.: qu'il reçût</td></tr>
<tr><td>reconnaître</td><td>(an)erkennen</td><td>s. connaître</td></tr>
<tr><td>recueillir</td><td>sammeln</td><td>s. cueillir</td></tr>
<tr><td>réduire</td><td>einschränken</td><td>s. conduire</td></tr>
<tr><td>rejoindre</td><td>einholen</td><td>s. joindre</td></tr>
<tr><td>relire</td><td>wieder lesen</td><td>s. lire</td></tr>
<tr><td>remettre</td><td>übergeben</td><td>s. mettre</td></tr>
<tr><td>renaître</td><td>wiedergeboren werden</td><td>s. naître</td></tr>
<tr><td>renvoyer</td><td>zurückschicken</td><td>s. envoyer</td></tr>
<tr><td>reprendre</td><td>wieder aufnehmen</td><td>s. prendre</td></tr>
<tr><td>résoudre</td><td>lösen (Problem)
p.c.: j'ai résolu [mit der Bedeutung 'auflösen' lautet das Part. Perf. résous, résoute]</td><td>s. dissoudre</td></tr>
<tr><td>restreindre</td><td>beschränken</td><td>s. atteindre</td></tr>
<tr><td>retenir</td><td>zurückhalten</td><td>s. tenir</td></tr>
<tr><td>revenir</td><td>zurückkommen</td><td>s. venir</td></tr>
<tr><td>revoir</td><td>wiedersehen</td><td>s. voir</td></tr>
<tr><td>rire</td><td>lachen</td><td></td></tr>
<tr><td colspan="3">ind. prés.: je ris, tu ris, il rit, nous rions, vous riez, ils rient
ind. imparf.: je riais, tu riais, il riait, nous riions, vous riiez, ils riaient
p.s.: je ris, tu ris, il rit, nous rîmes, vous rîtes, ils rirent
p.c.: j'ai ri
fut.: je rirai, tu riras, il rira, nous rirons, vous rirez, ils riront
cond.: je rirais, tu rirais, il rirait, nous ririons, vous ririez, ils riraient
impér.: ris, rions, riez
subj. prés.: que je rie, que tu ries, qu'il rie, que nous riions, que vous riiez, qu'ils rient
subj. imparf.: qu'il rît</td></tr>
<tr><td>satisfaire</td><td>zufrieden stellen</td><td>s. faire</td></tr>
<tr><td>savoir</td><td>wissen/können</td><td></td></tr>
<tr><td colspan="3">ind. prés.: je sais, tu sais, il sait, nous savons, vous savez, ils savent
ind. imparf.: je savais, tu savais, il savait, nous savions, vous saviez, ils savaient
p.s.: je sus, tu sus, il sut, nous sûmes, vous sûtes, ils surent
p.c.: j'ai su
fut.: je saurai, tu sauras, il saura, nous saurons, vous saurez, ils sauront
cond.: je saurais, tu saurais, il saurait, nous saurions, vous sauriez, ils sauraient
impér.: sache, sachons, sachez
subj. prés.: que je sache, que tu saches, qu'il sache, que nous sachions, que vous sachiez, qu'ils sachent
subj. imparf.: qu'il sût
part. prés./gérondif: (en) sachant</td></tr>
</table>

séduire	verführen	s. ***conduire***
souffrir	leiden	s. ***couvrir***
soumettre	unterwerfen	s. ***mettre***
sourire	lächeln	s. ***rire***
souscrire	unterschreiben	s. ***écrire***
soutenir	unterstützen	s. ***tenir***
se souvenir	sich erinnern	s. ***venir***
suffire	genügen	
ind. prés.: *je suffis, tu suffis, il suffit, nous suffisons, vous suffisez, ils suffisent* ind. imparf.: *je suffisais, tu suffisais, il suffisait, nous suffisions, vous suffisiez, ils suffisaient* p.s.: *je suffis, tu suffis, il suffit, nous suffîmes, vous suffîtes, ils suffirent* p.c.: *j'ai suffi* fut.: *je suffirai, tu suffiras, il suffira, nous suffirons, vous suffirez, ils suffiront* cond.: *je suffirais, tu suffirais, ils suffirait, nous suffirions, vous suffiriez, ils suffiraient* impér.: *suffis, suffisons, suffisez* subj. prés.: *que je suffise, que tu suffises, qu'il suffise, que nous suffisions, que vous suffisiez, qu'ils suffisent* subj. imparf.: *qu'il suffît*		
suivre	folgen	
ind. prés.: *je suis, tu suis, il suit, nous suivons, vous suivez, ils suivent* ind. imparf.: *je suivais, tu suivais, il suivait, nous suivions, vous suiviez, ils suivaient* p.s.: *je suivis, tu suivis, il suivit, nous suivîmes, vous suivîtes, ils suivirent* p.c.: *j'ai suivi* fut.: *je suivrai, tu suivras, il suivra, nous suivrons, vous suivrez, ils suivront* cond.: *je suivrais, tu suivrais, il suivrait, nous suivrions, vous suivriez, ils suivraient* impér.: *suis, suivons, suivez* subj. prés.: *que je suive, que tu suives, qu'il suive, que nous suivions, que vous suiviez, qu'ils suivent* subj. imparf.: *qu'il suivît*		
surprendre	überraschen	s. ***prendre***
survenir	plötzlich eintreten	s. ***venir***
survivre	überleben	s. ***vivre***
se taire	schweigen	
ind. prés. 3. Pers. Sing.: *il se tait* [die übrigen Formen wie ***plaire***]		
teindre	färben	s. ***atteindre***
tenir	halten	
ind. prés.: *je tiens, tu tiens, il tient, nous tenons, vous tenez, ils tiennent* ind. imparf.: *je tenais, tu tenais, il tenait, nous tenions, vous teniez, ils tenaient* p.s.: *je tins, tu tins, il tint, nous tînmes, vous tîntes, ils tinrent* p.c.: *j'ai tenu* fut.: *je tiendrai, tu tiendras, il tiendra, nous tiendrons, vous tiendrez, ils tiendront* cond.: *je tiendrais, tu tiendrais, il tiendrait, nous tiendrions, vous tiendriez, ils tiendraient* impér.: *tiens, tenons, tenez* subj. prés.: *que je tienne, que tu tiennes, qu'il tienne, que nous tenions, que vous teniez, qu'ils tiennent* subj. imparf.: *qu'il tînt*		
transcrire	abschreiben	s. ***écrire***
transmettre	übertragen	s. ***mettre***
tressaillir	zusammenzucken	s. ***assaillir***

vaincre (be)siegen
ind. prés.: *je vaincs, tu vaincs, il vainc, nous vainquons, vous vainquez, ils vainquent*
ind. imparf.: *je vainquais, tu vainquais, il vainquait, nous vainquions, vous vainquiez, ils vainquaient*
p.s.: *je vainquis, tu vainquis, il vainquit, nous vainquîmes, vous vainquîtes, ils vainquirent*
p.c.: *j'ai vaincu*
fut.: *je vaincrai, tu vaincras, il vaincra, nous vaincrons, vous vaincrez, ils vaincront*
cond.: *je vaincrais, tu vaincrais, il vaincrait, nous vaincrions, vous vaincriez, ils vaincraient*
impér.: *vaincs, vainquons, vainquez*
subj. prés.: *que je vainque, que tu vainques, qu'il vainque, que nous vainquions, que vous vainquiez, qu'ils vainquent*
subj. imparf.: *qu'il vainquît*

valoir wert sein
ind. prés.: *je vaux, tu vaux, il vaut, nous valons, vous valez, ils valent*
ind. imparf.: *je valais, tu valais, il valait, nous valions, vous valiez, ils valaient*
p.s.: *je valus, tu valus, il valut, nous valûmes, vous valûtes, ils valurent*
p.c.: *j'ai valu*
fut.: *je vaudrai, tu vaudras, il vaudra, nous vaudrons, vous vaudrez, ils vaudront*
cond.: *je vaudrais, tu vaudrais, il vaudrait, nous vaudrions, vous vaudriez, ils vaudraient*
impér.: *vaux, valons, valez*
subj. prés.: *que je vaille, que tu vailles, qu'il vaille, que nous valions, que vous valiez, qu'ils vaillent*
subj. imparf.: *qu'il valût*

venir kommen
ind. prés.: *je viens, tu viens, il vient, nous venons, vous venez, ils viennent*
ind. imparf.: *je venais, tu venais, il venait, nous venions, vous veniez, ils venaient*
p.s.: *je vins, tu vins, il vint, nous vînmes, vous vîntes, ils vinrent*
p.c.: *je suis venu(e)*
fut.: *je viendrai, tu viendras, il viendra, nous viendrons, vous viendrez, ils viendront*
cond.: *je viendrais, tu viendrais, il viendrait, nous viendrions, vous viendriez, ils viendraient*
impér.: *viens, venons, venez*
subj. prés.: *que je vienne, que tu viennes, qu'il vienne, que nous venions, que vous veniez, qu'ils viennent*
subj. imparf.: *qu'il vînt*

vêtir (be)kleiden
ind. prés.: *je vêts, tu vêts, il vêt, nous vêtons, vous vêtez, ils vêtent*
ind. imparf.: *je vêtais, tu vêtais, il vêtait, nous vêtions, vous vêtiez, ils vêtaient*
p.s.: *je vêtis, tu vêtis, il vêtit, nous vêtîmes, vous vêtîtes, ils vêtirent*
p.c.: *j'ai vêtu*
fut.: *je vêtirai, tu vêtiras, il vêtira, nous vêtirons, vous vêtirez, ils vêtiront*
cond.: *je vêtirais, tu vêtirais, il vêtirait, nous vêtirions, vous vêtiriez,ils vêtiraient*
impér.: *vêts, vêtons, vêtez*
subj. prés.: *que je vête, que tu vêtes, qu'il vête, que nous vêtions, que vous vêtiez, qu'ils vêtent*
subj. imparf.: *qu'il vêtît*

vivre leben

ind. prés.: *je vis, tu vit, il vit, nous vivons, vous vivez, ils vivent*
ind. imparf.: *je vivais, tu vivais, il vivait, nous vivions, vous viviez, ils vivaient*
p.s.: *je vécus, tu vécus, il vécut, nous vécûmes, vous vécûtes, ils vécurent*
p.c.: *j'ai vécu*
fut.: *je vivrai, tu vivras, il vivra, nous vivrons, vous vivrez, ils vivront*
cond.: *je vivrais, tu vivrais, il vivrait, nous vivrions, vous vivriez, ils vivraient*
impér.: *vis, vivons, vivez*
subj. prés.: *que je vive, que tu vives, qu'il vive, que nous vivions, que vous viviez, qu'ils vivent*
subj. imparf.: *qu'il vécût*

voir sehen

ind. prés.: *je vois, tu vois, il voit, nous voyons, vous voyez, ils voient*
ind. imparf.: *je voyais, tu voyais, il voyait, nous voyions, vous voyiez, ils voyaient*
p.s.: *je vis, tu vis, il vit, nous vîmes, vous vîtes, ils virent*
p.c.: *j'ai vu*
fut.: *je verrai, tu verras, il verra, nous verrons, vous verrez, ils verront*
cond.: *je verrais, tu verrais, il verrait, nous verrions, vous verriez, ils verraient*
impér.: *vois, voyons, voyez*
subj. prés.: *que je voie, que tu voies, qu'il voie, que nous voyions, que vous voyiez, qu'ils voient*
subj. imparf.: *qu'il vît*

vouloir wollen

ind. prés.: *je veux, tu veux, il veut, nous voulons, vous voulez, ils veulent*
ind. imparf.: *je voulais, tu voulais, il voulait, nous voulions, vous vouliez, ils voulaient*
p.s.: *je voulus, tu voulus, il voulut, nous voulûmes, vous voulûtes, ils voulurent*
p.c.: *j'ai voulu*
fut.: *je voudrai, tu voudras, il voudra, nous voudrons, vous voudrez, ils voudront*
cond.: *je voudrais, tu voudrais, il voudrait, nous voudrions, vous voudriez, ils voudraient*
impér.: *veux/veuille, voulons, voulez/*[in der höflichen Anrede] *veuillez*
subj. prés.: *que je veuille, que tu veuilles, qu'il veuille, que nous voulions, que vous vouliez, qu'ils veuillent*
subj. imparf.: *qu'il voulût*

Wort- und Sachregister

Die Zahlenangaben verweisen auf die Paragraphen am Seitenrand. Das Register ist zusammen mit dem Inhaltsverzeichnis zu benutzen. Die Abkürzung F bedeutet Formen. Für die übrigen Abkürzungen vgl. Abkürzungsverzeichnis.

A

D

E

M

N

O

P

Q

R

S

T

U

V

W

Y

Z

Abkürzungen und Zeichen

abgel.	abgeleitet
absol.	absolut
abweich.	abweichend
Adj.	Adjektiv
adj.	adjektivisch
Adv.	Adverb
advers.	adversativ
Ang.	Angabe
angeschl.	angeschlossen
Anh.	Anhang
Anm.	Anmerkung
Appos.	Apposition
Art.	Artikel
artikell.	artikellos
astrol.	astrologisch
atm.	atmosphärisch
Ausdr.	Ausdruck
ausgew.	ausgewählt
Ausr.	Ausruf
Ausspr.	Aussprache
Bed.	Bedeutung
Besonderh.	Besonderheit
best.	bestimmt
bet.	betont
Bez.	Bezeichnung
Bild.	Bildung
biol.	biologisch
dir.	direkt
dt.	deutsch
einf.	einfach
Erg.	Ergänzung
etw.	etwas
F	Formen
fakult.	fakultativ
fam.	familiär/français familier
fehl.	fehlend
fem./f.	feminin
fig.	figurativ/übertragen
fin.	final
frz.	französisch

Füg.	Fügung
Gebr.	Gebrauch
gebr.	gebraucht
geh.	gehoben
geogr.	geographisch
geom.	geometrisch
geschr.	geschrieben
gespr.	gesprochen
Hilfsv.	Hilfsverb
Imperf.	Imperfekt
Ind.	Indikativ
indir.	indirekt
Inf.	Infinitiv
intrans.	intransitiv
Inv.	Inversion
iron.	ironisch
kirchl.	kirchlich
jdm.	jemandem
jdn.	jemanden
jds.	jemandes
kaus.	kausal
Kond.	Konditional
kond.	konditional
Kongr.	Kongruenz
Konj.	Konjunktiv
konj.	konjunktivisch
Kons.	Konsonant
kons.	konsekutiv
kontr.	kontrahiert
konz.	konzessiv
lexikal.	lexikalisiert
lit.	literarisch
log.	logisch
männl.	männlich
mask./m.	maskulin
med.	medizinisch
milit.	militärisch
mod.	modal
neutr.	neutral
Nominalgr.	Nominalgruppe

Obj.	Objekt
Obj.pron.	Objektpronomen
Part.	Partizip
part.	partitiv
pass.	passivisch
Perf.	Perfekt
Pers.	Person
pers.	persönlich
phys.	physikalisch
Pl.	Plural
pleon.	pleonastisch
pop.	*français populaire*
possess.	possessiv
präd.	prädikativ
Präd.nom.	Prädikatsnomen
Präp.	Präposition
präp.	präpositional
Präs.	Präsens
Pron.	Pronomen
qc	*quelque chose*
qn	*quelqu'un*
refl.	reflexiv
reg.	regional
regelm.	regelmäßig
relat.	relativ
relig.	religiös
sächl.	sächlich
scherzh.	scherzhaft
Sing.	Singular
Spr.	Sprache
Subj.	Subjekt
Subj.pron.	Subjektpronomen
Subst.	Substantiv
subst.	substantiviert
Superl.	Superlativ
temp.	temporal
umgspr.	umgangssprachlich
unbest.	unbestimmt
unpers.	unpersönlich
unregelm.	unregelmäßig
untersch.	unterschiedlich
unveränderl.	unveränderlich
unverb.	unverbunden
Veränderl.	Veränderlichkeit
Verbind.	Verbindung
verb.	verbunden
Verhältn.	Verhältnis
Verkürz.	Verkürzung
vern.	verneint
Verw.	Verwendung
weibl.	weiblich
Wend.	Wendung
Wiederg.	Wiedergabe
Wiederh.	Wiederholung
Zeitang.	Zeitangabe
zeitl.	zeitl.
zus.ges.	zusammengesetzt
zw.	zwischen
( )	In runden Klammern stehen fakultative Elemente, Ergänzungen, Fachausdrücke oder Quellenangaben.
[ ]	In eckigen Klammern stehen Lautschrift, grammatische Angaben, Registermarkierungen, Sachgebiet oder Auslassungen
*	Die nachfolgende Äußerung ist ungrammatisch
→	wird zu/entspricht